AF577471

Jens Graul

# IMMER AUF DEM SPRUNG

Die Berufsfeuerwehr Wilhelmshaven
1940–2016
und das Feuerlöschwesen an der Jade

ISENSEE VERLAG
OLDENBURG

GEFÖRDERT DURCH

aus dem Vermächtnis der Eheleute Irmgard und Egon Hanschen aus Wilhelmshaven

Ein besonderer Dank gilt
**der Sparkasse Wilhelmshaven und den Öffentlichen Versicherungen Oldenburg**,
ohne deren Unterstützung dieses Buch nicht hätte erscheinen können.

**Herausgeber**
Oldenburgische Landschaft

**Autor**
Dr. Jens Graul (†)



**Umschlagabbildungen**
Vordere Umschlagseite: Ausbildung auf dem neuen Hilfeleistungs-Löschfahrzeug HiLF, 1975 (Stadtarchiv, Best. 5370 Feuerwehr); Rüstringer Ganzstahldrehleiter mit Vorbaupumpe, 1936 (Stadtarchiv, Best. 5370 Feuerwehr); Einsatzübung auf der Mellum, 9. Mai 2012 (Sammlung Markus Bulling); Großbrand im Einkaufsmarkt Fedderwardergroden, 26. Mai 2013 (Einsatz eines Monitors von der Drehleiter aus) (Foto: Olaf Preuschoff).

Hintere Umschlagseite: Freiwillige Feuerwehr Bant vor dem Geschäftshaus von August Hillmann am Banter Markt, o.D. (100 Jahre Ortsfeuerwehr Bant, 1997).

Bibliografische Information der Deutschen Bibliothek
Die Deutsche Bibliothek verzeichnet diese Publikation in der Deutschen Nationalbibliografie; detaillierte bibliografische Daten sind im Internet über <http://dnb.d-nb.de> abrufbar.

ISBN 978-3-7308-2011-7


Gedruckt bei Isensee in Oldenburg

# Inhalt



## Anhang

# Geleitwort

„Wer schreibt, der bleibt" sagt der Volksmund. Mit der ursprünglich als Feuerwehr-Chronik betitelten Arbeit bleibt Dr. Jens Graul mit einem weiteren akribischen Werk.

Den Anstoß für den vorgenannten Arbeitstitel gab das 75-jährige Bestehen der Berufsfeuerwehr Wilhelmshaven am 1. April 2015. Wer Dr. Jens Graul mit seinem Herangehen an Beiträge zur Stadtgeschichte Wilhelmshavens kannte, weiß, dass der Umfang seines entstehenden Buches nicht annähernd von einem solchen Arbeitstitel erfasst worden wäre. Zählte er doch als städtischer Feuerschutzdezernent von 1986 bis 2013 zu den Top-Insidern und Entscheidungsträgern. Der jetzt in der Reihe Oldenburgische Studien von der Oldenburgischen Landschaft herausgegebene Band lautet aussagekräftiger „Immer auf dem Sprung – Die Berufsfeuerwehr Wilhelmshaven 1940–2016 und das Feuerlöschwesen an der Jade".

Dahinter verbirgt sich schon im ersten Teil einerseits die Dynamik der Feuerwehren, egal ob es sich um Berufs-, Werk- oder Freiwillige Feuerwehren handelt. Jederzeit sind deren Angehörige einsatzwillig, lassen alles andere stehen oder liegen, wenn es darum geht, Feuer zu löschen und Menschen aus Gefahren zu retten, wie es Dr. Jens Graul in seinem Vorwort schreibt. Andererseits sind Feuerwehrkameraden Menschen, die vor den gleichen Herausforderungen des Lebens stehen wie andere, aber sie tragen durch ihre Einsätze noch manches mehr mit sich herum. Das wird nur zu oft vergessen.

Der anlassbezogene Kern des Buches ist in der Tat eine chronologische Darstellung der Berufsfeuerwehr. Allerdings in allen Facetten, die weit über eine Verknüpfung von Ereignissen, einer Beschreibung der eingesetzten Technik oder einer Auflistung des zur Verfügung stehenden Personals hinausreichen. An einigen Stellen „menschelt" es, dann schimmert trotz aller Einsatzroutine eine persönliche Betroffenheit der „Einsatzkräfte" durch. In diesen kurzen Sequenzen kommt die Geschichte hinter der Geschichte zum Vorschein.

Und mit den Kapiteln zum Feuerlöschwesen ist der Autor in seinem Element, hier kann er die Ortsgeschichte der Jadegemeinden mit wenigen Strichen exakt skizzieren. Denn ohne den Hintergrund von verfassungs- und verwaltungsrechtlichen Regelungen ist eine weit über 100 Jahre dauernde Feuerwehrgeschichte nicht umfassend darstellbar. Zahlreiche Hinweise im Text als Vor- oder Rückblende ermöglichen Vergleiche mit früher oder mit der Neuzeit. Ein Anhang aus Glossar, Personallisten oder Einsatzzahlen und natürlich mit vielen Anmerkungen zu weiteren Details – die auch gut im Text platziert gewesen wären – bildet den Abschluss. In der Summe hat er damit mehr als ein Sach- oder Fachbuch verfasst. Es ist eine Monographie entstanden, ein Nachlagewerk, ein Techniklexikon für Feuerwehrfreunde, eine umfangreich bebilderte empathische Wertschätzung an „seine" Feuerwehr.

Sein Manuskript hat Dr. Jens Graul u.a. wegen gesundheitlicher Rückschläge erst 2017 vorübergehend abschließen können. Der gedruckte Text ist inhaltlich unverändert, es sind lediglich Korrekturlesungen und Absatzstraffungen erfolgt, offene Punkte sind nach inhaltlicher Überprüfung übernommen worden. Meinen ausdrücklichen Dank sage ich allen, die an der Fertigstellung dieses Buches beteiligt gewesen sind. Eine namentliche Nennung bliebe trotz aller Sorgfalt unvollständig.

Insbesondere historische Darstellungen sind voller Herausforderungen, um Belege und Quellen zum Thema zu finden, die zugleich für Authentizität stehen. Dr. Jens Graul hat sich dem auch in seinem letzten umfangreichen Werk erfolgreich gestellt.

Dieses Buch erscheint im Gedenken an ihn, er verstarb am 8. Juli 2018.

Ulrich Räcker-Wellnitz
Stadtarchivar a. D.

# Vorwort

Die Berufsfeuerwehr Wilhelmshaven besteht seit mehr als 75 Jahren. Aus der 1940 als Teil des NS-Polizeiapparats gegründeten Feuerschutzpolizei entstand nach dem Ende des Zweiten Weltkriegs eine heute nicht mehr wegzudenkende hauptamtliche Gefahrenabwehrorganisation in einem demokratischen Gemeinwesen.

Der Blick auf die Berufsfeuerwehr wäre allerdings unvollständig ohne die Entwicklung der Brandbekämpfung und des Feuerlöschwesens an der Jade seit den 1870er Jahren – im preußischen Wilhelmshaven und im oldenburgischen Rüstringen, aber auch in dessen Vorgängern, den Landgemeinden Bant, Heppens und Neuende und ihren Freiwilligen Feuerwehren. Schließlich bildet die „Feuerwehrgeschichte" auch die Geschichte der Gemeinwesen ab, ihrer bürgerschaftlichen Organisationsfähigkeit und finanziellen Leistungsstärke, durchweg unter den spezifischen Rahmenbedingungen einer militärisch geprägten Stadtgründung.

Es begann in den 1870er Jahren mit einer nebenamtlichen „Marinefeuerwehr", die zu Einsätzen im Siedlungsgebiet ausrückte, ebenso wie die Feuerwehr der Marinewerft, die nach 1896 als erste und einzige hauptamtlich besetzt war. Ab 1880 wurden die ersten Freiwilligen Feuerwehren in den Städten und Gemeinden an der Jade gegründet. Sie bildeten die Grundlage für die Feuerschutzpolizei Wilhelmshaven von 1940, die sich schon bald mit den Folgen der alliierten Luftangriffe auf Wilhelmshaven auseinandersetzen musste.

Nach dem Zusammenbruch 1945 und der Entmilitarisierung der Feuerwehren entstand unter schwierigen äußeren Bedingungen die haupt- und nebenamtliche „Feuerwehr der Stadt Wilhelmshaven". Schrittweise gelang die Reparatur der Gebäude, die Modernisierung der Fahrzeuge und der Kommunikationstechnik. Seit 1946 fuhr die Berufsfeuerwehr auch die Krankentransporte, aus denen sich später schrittweise der Rettungsdienst entwickelte. Die schon seit den 1920er Jahren als kommunale Einrichtungen geführten Freiwilligen Feuerwehren unterstützten und verstärkten die hauptamtlichen Kräfte nachhaltig.

Mit der „Wache Nord" 1982 und dem Notarzteinsatzfahrzeug am kommunalen Krankenhaus 1985 erreichte die Berufsfeuerwehr ihre heute gültige Aufstellung im Stadtgebiet. Bald schon setzten die kommunalen Finanzen und der demographische Wandel jedoch neue Rahmenbedingungen, die Feuerwehren standen mehrfach auf dem Prüfstand.

Es gelang der Berufsfeuerwehr, sich für neue Aufgaben wie die Schiffsbrandbekämpfung zu qualifizieren und mit Dienstleistungen für Dritte Einnahmen zu erzielen. In einem mehrjährigen Prozess wurden die einstmals sechs Freiwilligen Feuerwehren in vier leistungsfähige Wehren an überwiegend neuen bzw. erneuerten Standorten mit verbesserter Ausstattung überführt. Von dort aus erfüllen sie neben den Aufgaben ihres Ausrückbereichs auch Sonderaufgaben für die „Feuerwehr Wilhelmshaven". Alle vier führen Jugendfeuerwehren.

Die Bürgerinnen und Bürger der Stadt können sich jederzeit und rund um die Uhr auf die „Feuerwehr Wilhelmshaven" verlassen. Haupt- und nebenamtliche Werkfeuerwehren der Industrie und die Feuerwehr der Bundeswehr in Wilhelmshaven sind wichtige Kooperationspartner, ebenso wie die Polizei und die Hilfsorganisationen des Katastrophenschutzes. Gemeinsam bilden sie ein Netzwerk der Sicherheit bei Bränden, technischen Schadenslagen, Verkehrsunfällen oder gesundheitlichen Notfällen.

Aus Anlass des Jubiläums der Berufsfeuerwehr Wilhelmshaven 2015 ist dieses Buch entstanden. Wie in den überaus meisten Feuerwehr-Chroniken stehen die Organisation und die Technik im Vordergrund, die sich immer wieder der Entwicklung der Risiken und dem technischen Fortschritt anpassen mussten. Von wichtigen Einsätzen wird berichtet – in der Statistik fallen sie kaum ins Gewicht, aber jeder für sich wurde zur Episode in einer langen Geschichte und ging in die kollektive Erinnerung ein.

Vergessen werden soll darüber aber nicht die nur scheinbar banale Tatsache, dass es Menschen waren und sind, die das Feuer ausmachen und andere Menschen aus der Gefahr retten. Einzelne Persönlichkeiten beeinflussten immer wieder die Entwicklung der Feuerwehren maßgeblich. Ihre Verdienste wären jedoch wertlos ohne die vielen, die in den Löschgruppen und auf den Fahrzeugen einfach nur ihren Dienst versahen und versehen – immer bereit, anderen zu helfen und dafür Leben und Gesundheit zu riskieren.

Die Geschichte der Feuerwehr wird abgerundet durch lesenswerte Beiträge von Alice Düwel zum Einsatzalltag heute und von Steffen Lutter zur Zukunft der Feuerwehr sowie einen umfangreichen Anhang.

Mein Dank gilt Michael Weiser, der mein Vorhaben aus innerer Überzeugung und alter Verbundenheit nachhaltig unterstützte. Auch das Team des Stadtarchivs hat die Recherchen wie immer nach Kräften gefördert. Zu jenen, die Akten- und Bildmaterial sicherten und bereitstellten, gehörten Markus Bulling, Walter Menßen, Dieter Gese, Norbert Meiners, Maren Frerichs und nicht zuletzt Rolf Enkler, der einst den Grundstock für ein Feuerwehr-Archiv legte, welches zukünftig den Interessierten zur Verfügung stehen soll. Olaf Preuschoff ist zu danken für zahlreiche Fotos und Ralf Götz für die Unterstützung bei der Darstellung der Statistiken. Erich Gerdes, Gerold Gießenberg und Steffen Lutter danke ich für die kritische Durchsicht des Textes. Die Chronik zum 50jährigen Bestehen der Berufsfeuerwehr 1990 von Erich Gerdes und Hans Wigger war eine wichtige Quelle und ein Ansporn.

Wilhelmshaven, im Juni 2017
Dr. Jens Graul

# Vor der Feuerwehr ...
# der Brandschutz in den Jadegemeinden bis 1871

Feuerwehren, wie wir sie heute als ehren- oder hauptamtliche kommunale Einrichtungen kennen, sind eine Errungenschaft des 19. Jahrhunderts. Bis dahin galt das Prinzip der „Selbsthilfe". Der Staat beschränkte sich lange Zeit im Wesentlichen auf rechtliche Regelungen für den vorbeugenden Brandschutz: bauliche Mindeststandards an Gebäuden, Vorhaltung von Leitern und Eimern und Versorgung mit Löschwasser.

Den betroffenen Hauseigentümern und Bewohnern blieb zunächst allein die Hoffnung auf rechtzeitige Entdeckung und Meldung des Feuers, damit die Selbst- und Nachbarschaftshilfe noch etwas bewirken und man vor allem die Ausbreitung des Feuers verhindern konnte. Alarmiert durch Hornsignale oder Glockengeläut eilten Hilfswillige zur Brandstelle und bemühten sich nach Kräften mit Eimern, Leitern oder Einreißhaken. Der Gemeinde- oder Amtsvogt, Bürgermeister o.ä. leitete als amtierender Repräsentant staatlicher Macht vor Ort „qua Amt" nach bestem Wissen und mit natürlicher Autorität die Hilfsmaßnahmen.

Natürlich bestanden Unterschiede zwischen Stadt und Land. In den größeren Städten bildeten die Handwerkszünfte und Kaufmannschaften genossenschaftlich organisierte Löschdienste und beschafften dafür gemeinsam die Ausrüstung. Wegen des größeren Problemdrucks wurden hier schon im 18. Jahrhundert „Feuerspritzen" (mit Muskelkraft betriebene Handdruckspritzen) vorgehalten. Vielfach verpflichteten die Städte ihre Bürger zum „Feuerlöschdienst" und beschäftigten haupt- oder nebenamtliche „Spritzenmeister" als Führungskräfte. Oft genug jedoch endete das gemeinsame Bemühen mit dem Abbrand des Gebäudes, des Straßenzuges oder ganzer Quartiere.

Im Laufe der Zeit erließen die Behörden immer speziellere Vorschriften zur Brandverhütung und Brandbekämpfung – auch für den ländlichen Raum. So galt in der oldenburgischen Landgemeinde Heppens, von der ein größerer Teil mit dem „Jade-Vertrag" 1853 preußisch wurde, seit 1737 eine „Brandverordnung" des Landdrosts in Aurich bzw. Esens als staatlicher Aufsicht. Sie enthielt Vorschriften zum vorbeugenden Brandschutz und zur Feuerversicherung. Ähnliche Regelungen erließen die Zivilbehörden auch während der kurzen französischen Besatzungszeit nach 1806: Feuerverbot bei Dunkelheit, Brandwachen bei großen Festen, Wasservorratsbehälter an den Häusern, Nachweis einer Feuerversicherung durch die Hauseigentümer u.a.[1] Bereits in der zweiten Hälfte des 18. Jahrhunderts entstanden zur Absicherung der privaten Eigentumsschäden auch im Nordwesten die ersten Feuerversicherungen bzw. Brandkassen: 1754 in Ostfriesland und 1764 die „Generale-Brandversicherungssozietät in den Grafschaften Oldenburg und Delmenhorst", die bald auch in den Herrschaften Varel und Kniphausen galt. Im Jeverland existierte seit 1794 eine private „Brandversicherungs-Gesellschaft", ab 1916 gehörten die Amtsverbände Jever und Rüstringen zur Oldenburgischen Landesbrandkasse.

Städte und Gemeinden wuchsen gerade im 19. Jahrhundert rasch. Mit der dichteren Bebauung und der industriellen Entwicklung, mit neuen Stoffen und Maschinen vergrößerten sich die Gefahren erheblich. Das Feuer, einst als nützliches Werkzeug ein Meilenstein in der Zivilisationsgeschichte der Menschheit, wurde als Schadenfeuer nun zur Bedrohung insbesondere der städtischen Siedlungen. In den Städten trat das System des verpflichtenden Feuerlöschdienstes der Bürger nun endgültig an die Stelle der bisherigen Selbsthilfeorganisationen von Kaufleuten und Handwerkern. Die Magistrate bildeten „Brandkommissionen" und beschäftigten „Brandinspektoren" und hauptamtliche „Feuermänner" oder „Gemeindelöschmannschaften".

Auch in den ländlichen Gemeinden etablierte sich der Pflichtdienst zur Brandbekämpfung, wurde dafür ein Minimum an technischer Ausstattung vorgehalten. Das Amt Kniphausen als nächsthöhere Verwaltungsbehörde für die selbstständigen friesischen Landgemeinden Fedderwarden und Sengwarden in der Herrschaft Kniphausen erließ 1853 ein „Regulativ über die Handhabung der Brandsprützen in der Herrschaft Kniphausen". Dazu dienstverpflichtete Männer schafften bei Feueralarm die auf Kosten der Gemeinden stationierten „Brandspritzen" oder „Feuerspritzen", Leitern und andere Hilfsmittel zum Einsatzort und bedienten sie dort. Sofern genügend Wasser aus Gräben und Teichen zur Verfügung stand, war damit gegenüber der bislang weit verbreiteten Eimerkette eine deutliche Steigerung der Wirksamkeit verbunden.

Im Großherzogtum Oldenburg galt ab 1876 ein Gesetz über feuerpolizeiliche Vorschriften, in dem die bisherigen Verordnungen und Bekanntmachungen zusammengefasst und vereinheitlicht wurden. Den Gemeinden wurde die Vorhaltung einer Brandspritze aufgegeben, in einem Ortsstatut konnten sie deren Alarmierung und Bedienung regeln.

*

In vielen deutschen Ländern und Provinzen bildeten sich in der ersten Hälfte des 19. Jahrhunderts kleine geschulte „Brandcorps". Sie orientierten sich an den mit Handdruckspritzen ausgestatteten „Sapeur-Pompiers-Corps" in den Kasernenstandorten der französischen Armee, die über eine militärische Ausbildung und Organisation verfügten. Den bisherigen „Massenaufläufen" ungeschulter freiwilliger Helfer an der Brandstelle waren sie naturgemäß haushoch überlegen.[2] Dazu trug maßgeblich ein systematisiertes, arbeitsteiliges und immer wieder gedrilltes Vorgehen der Brandbekämpfer an der Einsatzstelle bei, das sich ab 1846 verbreitete. Diese Strukturierung der Abläufe in einem „Nummernsystem" sollte für die nächsten 80 Jahre zum Standard werden. Für das Anleitern am Gebäude und den Löschangriff waren die sogenannten „Steiger" verantwortlich. Mit Leitern, die an der Fassade oder in Fenstern der höheren Stockwerke eingehakt wurden, konnten sie auch einen direkten Angriff auf das Feuer im Gebäude vortragen. Die „Pumpenmannschaft" unter der Leitung des „Rohrführers" übernahm die Wasserförderung und -verteilung nach der Pumpe. Die bessere Ausbildung, immer leistungsfähigere Pumpen und eine schnellere Alarmierbarkeit ermöglichten erstmals auch Erfolge gegen Entstehungsbrände.

Das 1872 von Conrad Dietrich Magirus in Ulm entwickelte mechanische Leiter-System verbesserte die Wirkungsmöglichkeiten weiter. Einzelne Hersteller von Feuerspritzen wie der Heidelberger Carl Metz boten den Gemeinden neben der technischen Ausbildung am Gerät auch die Beratung in Fragen der Organisation der Bedienungsmannschaften an. Daraus entstanden vielerorts freiwillige „Löschvereine" oder „Feuerwehren".

In diesen Vereinen kam nicht zuletzt die allgemeine bürgerliche Emanzipation in der Demokratiebewegung vor 1848 zum Ausdruck. Der Begriff „Feuerwehr" entsprach dem der „Landwehr", abgeleitet aus den Bürgerwehren der Befreiungskriege (1813–1815) von der napoleonischen Herrschaft. Auch andere Parallelen zur militärischen Begriffswelt waren nicht zufällig: „Löschzug", „Zugführer", „Brandmajor", „Löschangriff" oder Befehle wie „Wasser marsch". Bei der Suche nach Referenzen für strukturiertes Handeln von Menschen in größerer Zahl lag der Rückgriff auf die militärische Organisation nahe. Allerdings waren die militärischen Ordnungsprinzipien und Abläufe, waren Selbstbeherrschung und Disziplin in Gefahrensituationen zunächst kein Selbstzweck, sondern notwendige Mittel zur Erfüllung der selbstgestellten Aufgabe der Brandbekämpfung.

Vielfach brachten „Turnvereine", die der Körperertüchtigung durch regelmäßige, disziplinierte Turnübungen nachgingen, ihre Fähigkeiten als praktische Anwendung in sog. „Rettungsvereine" ein. Diese bemühten sich, vor allem Menschen, Tiere und Sachwerte vor dem Feuer zu bewahren. Ab der Mitte des 19. Jahrhunderts engagierten sich die Turner auch in der Brandbekämpfung. Sie gründeten Freiwillige Feuerwehren, die sich häufig auch als „Turnerfeuerwehren" bezeichneten. Ein naheliegendes Beispiel dafür ist die 1883 in Jever aus den Reihen des „Männerturnvereins Jever" gegründete „Freiwillige Turner-Feuerwehr", die ihren Namen bis in die Mitte der 1930er Jahre beibehielt. Auch die freiwilligen Feuerwehren in Wilhelmshaven 1880 und Heppens 1900 (vgl. Seite 25 bzw. 39) gehen nicht zuletzt auf Turnvereine zurück.

Die Idee der „Freiwilligen Feuerwehren" verbreitete sich nun rasch in allen deutschen Ländern. Ihre privatrechtliche Organisationsform als bürgerliche Vereine, die in der nachrevolutionären Restaurationsphase nach 1848 zunächst noch stigmatisiert worden war, wurde von der Obrigkeit als notwendige Voraussetzung für ehrenamtliches Engagement akzeptiert. Es handelte sich zumeist um zweckgebundene Personengemeinschaften in der Form nicht eingetragener Vereine. Mit einer Satzung gaben sie sich eine Verfassung mit allen notwendigen Regularien. Sie waren dennoch nicht rechtsfähig, vergleichbar etwa den Studentenverbindungen oder später auch den Gewerkschaften.

Demokratisch geführte und idealistisch geprägte Vereine und durchgehende, akzeptierte Befehlsstrukturen sowie ein regelmäßiger, systematisierter Übungsdienst waren kein Widerspruch, sondern die Bedingungen für das Gelingen. Tobias Engelsing stellte in einer der wenigen publizierten sozialgeschichtlichen Betrachtungen der Feuerwehren fest: „Einerseits hatte sich jeder eintretende Bürger in der Erfüllung der Dienstaufgaben als Untergebener zu betrachten; andererseits sollte er dafür – anders als beim Militär – seine Vorgesetzten selbst wählen können und an den Grundentscheidungen über die Leitung der Feuerwehr beteiligt werden."[3]

Neben den Mitgliedsbeiträgen finanzierten sich die Feuerwehrvereine im Laufe der Zeit zunehmend auch aus kommunalen Mitteln, auch die Feuerversicherungen förderten mit Zuschüssen immer wieder die Gründung von Feuerwehren. Oftmals waren einzelne große Schadenfeuer der Gründungsanlass, in dem sie den Handlungsbedarf auf drastische Weise sichtbar machten.

Das Wachstum der großen Städte und die Industrialisierung zeigten aber auch die Grenzen des vorbeugenden Brandschutzes und der Reaktionsfähigkeit ehrenamtlicher Feuerwehren auf. So entstanden schon bald die ersten hauptamtlichen Feuerwehren: Berlin 1851, Memel 1856 oder Danzig 1859. In Niedersachsen gründeten Braunschweig 1875 und Hannover 1880 die ersten Berufsfeuerwehren.[4] Sie waren mit leistungsfähigeren pferdebespannten und dampfbetriebenen Spritzen ausgestattet und führten auch schon einen Wasservorrat für den Erstangriff mit. In Berlin ermöglichte ein „Feuertelegraf" die gleichzeitige Alarmierung zusätzlicher Kräfte, ab 1877 verfügte man dort über Löschzüge mit definierter Größe und Ausstattung.

Nach den Kriegen von 1864 (Dänemark), 1866 (Österreich) und 1870/71 (Frankreich) erlebte die Gesellschaft im 1871 gegründeten Deutschen Reich eine „soziale Militarisierung" (Tobias Engelsing), mit der sich militärische Prinzipien wie Subordination, Pflichterfüllung und Gleichförmigkeit zum gesellschaftlichen Selbstzweck wandelten.[5] Dies wirkte sich auch auf die Feuerwehren aus: Der Formaldienst gewann an Bedeutung, Vorbeimärsche „mit Musik" wurden zum regelmäßigen Bestandteil der Außendarstellung. „Festumzüge durch fahnenbehängte Straßen, Landeshymnen, Eidesformeln, allegorische Bilder am Straßenrand des Umzugs und die Rede vom Patriotismus der Feuerwehren" gehörten von nun an dazu.[6]

Die ursprünglich eher funktionale Kleidung aus leichten Baumwollstoffen wich dem militärisch geprägten Tuchrock, für Veranstaltungen, Wachen etc. setzte sich die Teller- oder Schirmmütze an Stelle des Helms durch. Auch die Geselligkeit mit Alkoholkonsum, die bis heute zuweilen das Vorurteil über die Freiwilligen Feuerwehren prägt, wurde in dieser Zeit zum Bestandteil der Vereinskultur.

**„Zur Ehre dem Höchsten,**
**Dem Nächsten zur Wehr,**
**Dem Feuer zum Trutze,**
**lebt auf unser Heer.**
**Und prasseln die Flammen,**
**in glühendem Rot,**
**So treibt uns kein Schrecken,**
**Zu fürchten den Tod."**

(Konstanzer Feuerwehr Liederbuch, 1855)

*

In dem vom Großherzogtum Oldenburg an das Königreich Preußen zur Anlage eines Kriegshafens abgetretenen „Jadegebiet" existierte zur Mitte des 19. Jahrhunderts weder ein Bedarf an organisiertem Brandschutz noch das soziale Umfeld zur Gründung einer freiwilligen Feuerwehr. Nach dem Abschluss des „Jadevertrages" 1853 unterstellte die preußische Regierung das gesamte Areal der neu eingerichteten Admiralität mit einem „Admiralitätskommissariat" in Oldenburg, das im Rang einer preußischen Provinzialbehörde stand.

Zwar galt im Jadegebiet vom Tage der Übernahme am 23. November 1854 an allgemein die preußische Verfassung, in Ermangelung einer geeigneten zivilen Körperschaft konnte sie für die neuen Untertanen im Jadegebiet keine unmittelbare Wirkung entfalten. Deshalb blieben die oldenburgischen Gesetze für den zivilen Bereich solange in Kraft, bis die Verwaltung des Gebiets es anders erforderte. Preußen richtete nach oldenburgischem Vorbild ein „Königlich Preußisches Amt des westlichen Jadegebiets" ein, das vom oldenburgischen Amt Jever mitverwaltet wurde. In einem Amt bzw. Amtsverband waren mehrere Gemeinden zusammengefasst, vergleichbar dem späteren Landkreis. Es verkörperte zugleich die unterste Stufe der staatlichen Hoheitsverwaltung (Polizei, Rechtsprechung etc.). Spezielle Regelungen nach preußischem Recht wurden nur im Bedarfsfall erlassen und im „Gesetzblatt für das Jadegebiet" bekannt gemacht. Sicherlich gehörten Vorschriften über den Brandschutz nicht zu dem vordringlichen Regelungsbedarf. Die Anfänge waren schließlich bescheiden: Im preußischen Jadegebiet lebten 1854 wenig mehr als 120 Einwohner in 20 Wohnhäusern.[7] Das benachbarte Kirchspiel Heppens zählte 263 Einwohner in gerade acht Wohnhäusern sowie einigen in der Marschenlandschaft verstreuten Bauerngehöften, Streusiedlungen bzw. Deichreihensiedlungen.

Weitergehende Vorkehrungen mussten zunächst auch nicht getroffen werden, da ja lediglich ein „Marineétablissement" und keine eigenständige zivile Ansiedlung geplant war. In den nächsten zehn Jahren herrschten ohnehin eher Bedingungen wie auf einer Großbaustelle.

1857 begannen der Straßenbau und die Vorarbeiten für den Hafenbau, ab 1859 bestand mit der Sander Chaussee (heute Bismarckstraße und Bundesstraße 210) eine durchgehende Straßenverbindung für den Personen- und Materialtransport von der „Scharfen Ecke" in Sande, dem Anschluss an die Landstraße nach Jever bzw. Varel/Oldenburg, über Kopperhörn bis zur Hafenbaustelle. Dort wuchs beiderseits der Sander Chaussee eine mehr oder weniger ungeplante Siedlung, die zur Unterscheidung vom Kirchspiel Heppens als „Neu-Heppens" bezeichnet wurde. Offiziere und Beamte, die den Hafenbau an der Jade organisierten, kamen zunächst in den umliegenden Gehöften und Häusern unter. Auf einem Gelände am Ende der Sander Chaussee (später III. Hafeneinfahrt) errichtete man die so genannten „Kommissionshäuser" als kombinierte Wohn- und Bürogebäude. Weiterhin entstanden dort Arbeiterbaracken wie z. B. das Barackenlager „Strohhausen" in der Nähe der heutigen II. Hafeneinfahrt und die ersten Versorgungseinrichtungen. Im Bereich der heutigen Neuen Straße siedelten sich auf oldenburgischem Gebiet Handwerker und Einzelhändler, vor allem aber zahlreiche Gastwirte an (vgl. Abbildung 17).

Der von dem Wasserbauingenieur Gotthilf Hagen 1856 im Auftrag der Admiralität entworfene Plan für das „Marineétablissement" sah die eigentliche zivile Ansiedlung auf Flächen südlich des Bauhafens bzw. des Hafenkanals vor. Der Straßenbau zur Erschließung dieses Areals in ostwestlicher Richtung mit der Königstraße (heute Ebertstraße) und der Roonstraße (heute Rheinstraße) und ihren Querstraßen Oldenburger Straße (heute Ahrstraße) und Kronprinzenstraße (heute Moselstraße) hatte 1858 begonnen. Hier entstanden weitere fiskalische Wohn- und Diensthäuser. Auf den vom Marinefiskus erschlossenen und verkauften Grundstücken siedelten sich Handwerker, Kolonialwarenhändler, Hotels und Gastwirtschaften sowie eine Apotheke in durchweg zweistöckigen Häusern an.

Am östlichen Ende der Sander Chaussee zweigte die spätere Jachmannstraße/Manteuffelstraße nach Süden ab. Sie verband Neu-Heppens mit der geplanten zivilen Siedlung. Den im Bau befindlichen Hafenkanal überquerte man auf einem Damm. Anfang der 1870er Jahre wurde die Gökerstraße als zweite und eigentliche Nord-Süd-Verbindung hergestellt. Mit der Inbetriebnahme des Hafens 1871 ersetzte eine Schwimmbrücke den Damm über den Hafenkanal. Die Admiralität verfolgte ein durchgängiges Besiedlungskonzept: Offiziere und Beamte sollten sich im Westen des Hafens rund um die Adalbertstraße ansiedeln, Bürgertum, Kaufleute und Handwerker im Süden und Arbeiter nördlich des Hafens bzw. auf oldenburgischem Gebiet.[8] Auf ihrem Territorium achtete sie auf eine planmäßige Bebauung und auf qualitative Mindeststandards für eine der Garnison angemessene soziale Mischung und erließ dazu 1862 eine „Baupolizeiordnung". Die „Feuerlöschordnung für das Jadegebiet" vom 9. Februar 1863 bestimmte die Mindestanforderungen an Abstände, die Obergrenzen für Brandlasten und die Vorhaltung von Feuerlöscheinrichtungen.

1864 lebten im preußischen Jadegebiet einschließlich der Militärpersonen bereits 1.453 Einwohner.[9] Das Kirchspiel Heppens hatte zu diesem Zeitpunkt 1.180 Einwohner – mehr als das Dreifache als zum Zeitpunkt des Vertragsabschlusses 1853, die meisten davon jedoch in Neu-Heppens. Das Großherzogtum Oldenburg trat mit einem weiteren Vertrag zusätzlich 109 ha, etwa ein Drittel der ursprünglichen Fläche, im Westen und Norden der Werft an das Königreich ab. Auf Wunsch Preußens gehörte dazu auch das „Vergnügungsviertel" Neu-Heppens, die damals größte Siedlung außerhalb des preußischen Jadegebiets. Wegen eines Verfassungskonflikts zwischen König Wilhelm I. und dem Parlament wurde die Gebietserweiterung und damit die Übertragung der staatlichen Hoheitsrechte allerdings erst 1873 rechtskräftig.

Am 17. Juni 1869 erhielten der Hafen und die preußische Ansiedlung in einer feierlichen Zeremonie auf der Mole der heutigen II. Hafeneinfahrt vom preußischen König Wilhelm I. den Namen „Wilhelmshaven". Ende 1871 lebten hier bereits 5.045 Einwohner und damit wesentlich mehr als in Neuende und Heppens zusammen (3.527 Einwohner).[10] Zum 1. April 1873 wurde das Jadegebiet in die preußische Provinz Hannover aufgenommen. Nun galt hier uneingeschränkt preußisches Recht.

Wilhelmshaven erhielt mit dem Verfassungsstatut vom 4. August 1873 – zwanzig Jahre nach dem Abschluss des Jadevertrags – die elementaren Selbstverwaltungsrechte einer „Stadt II. Klasse". Sie war dem nächstgelegenen Landkreis Wittmund zugehörig, das örtliche Polizeirecht und die Aufsicht über die junge Kommune nahm

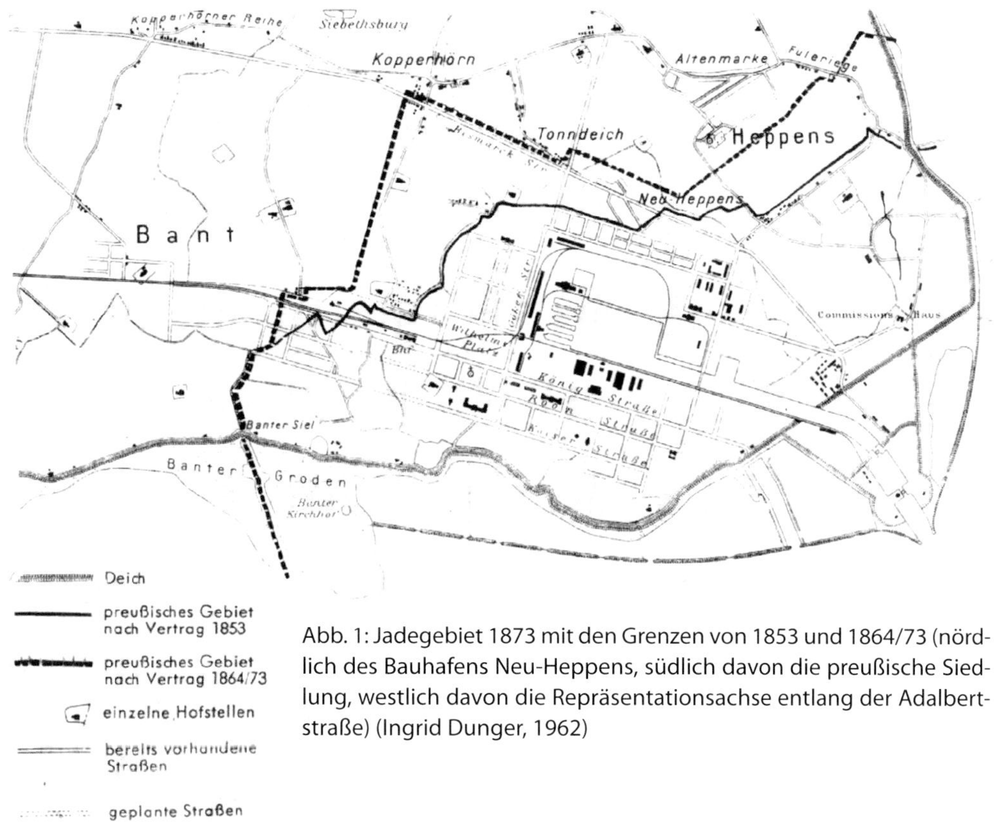


Abb. 1: Jadegebiet 1873 mit den Grenzen von 1853 und 1864/73 (nördlich des Bauhafens Neu-Heppens, südlich davon die preußische Siedlung, westlich davon die Repräsentationsachse entlang der Adalbertstraße) (Ingrid Dunger, 1962)

im Auftrag des Landrats ein „Polizeiinspektor" wahr. Die handelnden Organe waren das „Bürgervorsteherkollegium" (heute Rat der Stadt) und der Magistrat aus gewählten ehrenamtlichen Bürgervorstehern unter dem Vorsitz des Bürgermeisters (vergleichbar in etwa mit dem heutigen Verwaltungsausschuss). Gerade der Magistrat sollte besonders bei Feuerschutzangelegenheiten als kollegiales Führungsorgan immer wieder in Erscheinung treten.

Mit dem 1871 gegründeten Werftbetrieb war der dauerhafte Zuzug ziviler Arbeiter verbunden, die vor allem auf oldenburgischem Gebiet sesshaft wurden und in den Gemeinden Heppens und Neuende sowie dem 1879 gebildeten Bant ein rasches, aber weitgehend planloses Wachstum auslösten. Ihre Siedlungen erhielten dem Zeitgeist entsprechend die Namen von Schauplätzen des deutsch-französischen Krieges 1870/71: Belfort, Elsass, Lothringen oder Metz. Damit war die kommunale Entwicklung für die nächsten vier Jahrzehnte vorgegeben.

Während im preußischen Wilhelmshaven aufgrund seiner Einwohnerstruktur ein bescheidener Wohlstand aufkam, verfügten die schnell wachsenden oldenburgischen Landgemeinden zu keiner Zeit über die erforderlichen finanziellen Mittel für eine gleichwertige kommunale Daseinsvorsorge. Die Grundsteuer als damalige kommunale Haupteinnahmequelle spielte nur eine untergeordnete Rolle. Reichsliegenschaften und -betriebe waren von den Steuern befreit, damit fiel in Bant, Heppens und Neuende beinahe die Hälfte der Grundfläche für eine Besteuerung aus. Letztlich konnten hier nur die vergleichsweise geringen Einkommen von Werftarbeitern, Handwerkern und Unteroffizieren besteuert werden. Aber auch Militärpersonen waren von der Einkommenssteuer befreit. Für die Gemeinde Heppens beispielsweise entsprach der allein daraus resultierende Einnahmeausfall in jenen Jahren fast dem Gesamtaufkommen seiner sonstigen jährlichen Steuereinnahmen.[11]

Als Folge dieser strukturellen Einnahmeschwäche waren die Haushalte der Gemeinden Bant, Heppens und Neuende von Anfang an unterfinanziert. Gerade in den Aufbaujahren vor der Jahrhundertwende tat man sich schwer, die erforderlichen Finanzmittel für notwendige Aufgaben, auch für die Feuerwehren, bereitzustellen. Investitionen in Straßen und Gebäude mussten jahrelang über Anleihen finanziert werden. Im preußischen Wilhelmshaven war die Kassenlage aufgrund des höheren Einkommensteueraufkommens vergleichsweise besser, dafür waren aber auch die Ansprüche der Garnisonsstadt höher. Erstmals 1904 erhielten Bant und Heppens aus dem Marine-Etat 10.000 bzw. 5.000 Reichsmark zur Unterhaltung der Schulen und für die Armenpflege. Edgar Grundig stellte in seiner „Chronik der Stadt Wilhelmshaven" 1957 fest: „Wilhelmshaven, das es nicht so nötig hatte, bekam 20.000 M, Neuende nichts."[12]

## Die ersten Feuerwehren an der Jade

Die Gründung von Freiwilligen Feuerwehren setzte ein selbstbewusstes, „gesetztes" Bürgertum und eine funktionierende kommunale Selbstverwaltung voraus. Beides war in der preußischen Stadt Wilhelmshaven und den oldenburgischen Landgemeinden Heppens bzw. Neuende nach der Gründung von Hafen und Werft zunächst nicht unbedingt gegeben. So leistete die Kaiserliche Marine als Hauptarbeitgeber der Region auch den ersten Beitrag zur Bekämpfung von Schadenfeuern.

Wilhelm Winkler, der viele Jahre in der Freiwilligen Feuerwehr Wilhelmshaven Verantwortung trug, beschrieb anschaulich die „Militär- oder Garnison-Feuerwehr" aus der Zeit vor 1880: „Diese war mit einer großen Handdruckspritze ausgerüstet. Auf dieser Spritze hingen an einem aufgebauten Gerüst eine große Anzahl Ledereimer. Diese dienten zum Füllen der Spritze, da es wohl damals noch kaum Hydranten oder nur sehr wenige, aber viele Gräben gab. Das ‚Spritzenhaus' dieser Spritze stand an der Ostfriesenstraße, kurz vor der Werftkaserne. [...] Damit die zur Bedienung der Spritze abgeteilten Mannschaften und die verheirateten Unteroffiziere wussten, wo ein Feuer ausgebrochen war, wurden am Signalmast, der auf dem Turm des Stationsgebäudes stand, die entsprechenden Signale geheißt. Diese bestanden bei Tage durch Flaggen und bei Nacht durch Lampen. Die Ortsteile wurden nach ihren Anfangsbuchstaben durch die entsprechenden Flaggen gekennzeichnet."[13] So stand z.B. die Flagge „W" für Wilhelmshaven, d.h. für die heutige östliche Südstadt entlang

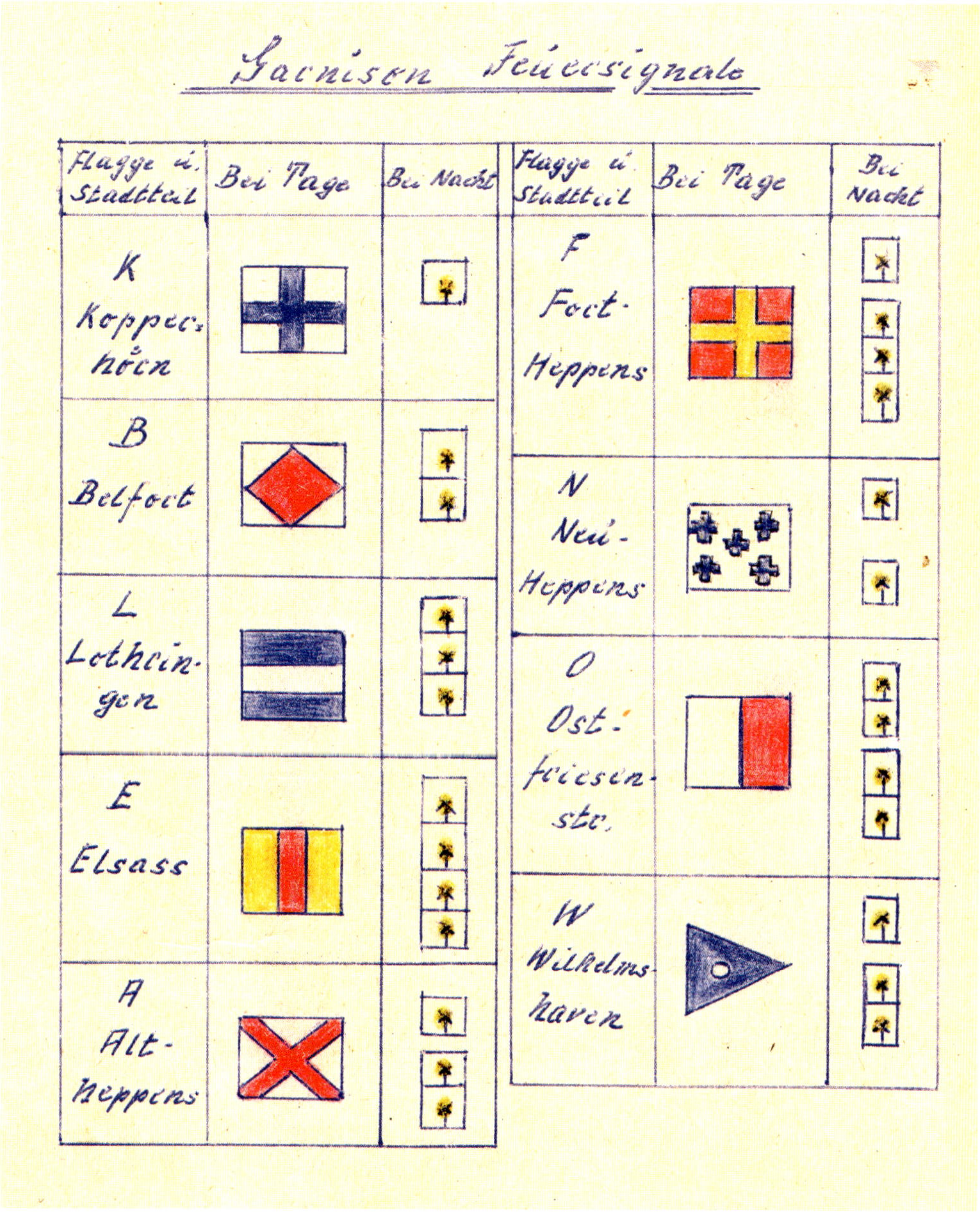

## Garnison Feuersignale

| Flagge u. Stadtteil | Bei Tage | Bei Nacht | Flagge u. Stadtteil | Bei Tage | Bei Nacht |
|---|---|---|---|---|---|
| K Koppen-hörn | | | F Fort-Heppens | | |
| B Belfort | | | N Neu-Heppens | | |
| L Lothringen | | | O Ost-friesen-str. | | |
| E Elsass | | | W Wilhelms-haven | | |
| A Alt-Heppens | | | | | |

Abb. 2: „Feuersignale“ für die Alarmierung der Militär- oder Garnisonfeuerwehr, vor 1880 (Stadtarchiv, Best. 3767 Feuerwehr)

der Rhein- und Weserstraße. Mangels Pferdebespannung wurde die Handdruckspritze von den Männern durch „Mannschaftszug“ im Laufschritt bewegt.

Das Deutsche Reich war wegen seines umfangreichen Gebäudeeigentums „Selbstversicherer“ und musste deshalb für den Brandschutz in eigener Regie aufkommen. So zog die Kaiserliche Werft schon mit der Betriebsaufnahme 1871 Mitarbeiter des Ausrüstungsressorts in einer nebenamtlichen Werftfeuerwehr zu Übun-

Abb. 3: Werftfeuerwehr mit Pferdebespannung, um 1907 (zwei Dampfspritzen, in der Mitte die Drehleiter) (WZ-Bilddienst)

gen und Einsätzen auf dem Werftgelände heran. Dieser „Feuerlöschdienst" stand gemeinsam mit dem Polizei- und Wachdienst der Werft unter der Leitung eines Seeoffiziers im Stab des Oberwerftdirektors. 1896 entstand daraus ein hauptamtlicher „Feuerlöschbetrieb" in Tag- und Nachtbesetzung, angesiedelt beim Zentralressort der Werft. Nachts übernahmen die Feuerwehrleute auch die Kontrollgänge als Werftwächter. Die nebenamtlichen Löschgruppen einzelner Werftressorts blieben dennoch bestehen.

Die Werftfeuerwehr war zunächst ebenfalls mit Handdruckspritzen ausgestattet. Es folgten jedoch schon bald pferdebespannte Dampfspritzen, von denen die Werft 1889 bereits zwei besaß, darüber hinaus je eine Handdruckspritze im Artillerie-Depot, im Minen-Depot und in der Fortifikation.[14] Diese Dienststelle der Werft hatte ihr Büro in der Moltkestraße (an der Jachmannstraße) und war für die Verteidigungsanlagen in und um Wilhelmshaven zuständig. Ab 1899 stand erstmals eine pferdegezogene Gasspritze mit einem Wasservorrat von 600 Litern und einer Schnellangriffseinrichtung zur Verfügung: aus mitgeführten Gasflaschen mit Kohlensäuregas wurde das Löschwasser so lange in die Schläuche gedrückt, bis die Zufuhr über Pumpen aufgebaut war. Auf der Abbildung um 1907 ist auch eine pferdegezogene Drehleiter erkennbar, wie sie seit Ende der 1870er Jahre bei den städtischen Feuerwehren in Deutschland allgemein üblich war.

Für das Jahr 1910 ist die Beschaffung einer „Automobilfeuerspritze" der „Allgem. Feuer-Geräte- und Maschinenfabrik Nürnberg" nach einem Entwurf der Kaiserlichen Werft dokumentiert: „Sie hat elektrischen Radnabenmotorenantrieb", berichtete die

Abb. 4: Pferdebespannte Dampfspritze der Werftfeuerwehr, o. D. (Sammlung Benno Goldammer)

Abb. 5: Pferdebespannter Krankenwagen der Werftfeuerwehr, o. D. (Sammlung Benno Goldammer)

Abb. 6: Leiterübung der Werftfeuerwehr, o. D. (WZ-Bilddienst)

„Wilhelmshavener Zeitung".[15] Großstädtische Berufsfeuerwehren rüsteten schon vor dem Ersten Weltkrieg auf motorgetriebene Löschfahrzeuge (Motorspritzen) und Drehleitern um, wie sie beispielsweise seit 1909 von der Firma Metz angeboten wurden. Einen der ersten voll motorisierten Löschzüge stellte die Berufsfeuerwehr Braun-

Abb. 7: Werftfeuerwehr, 1916 (links die Remise mit Schlafsaal, in der Mitte das „Übungshaus", dahinter das Wachgebäude und der Schlauchturm) (Stadtarchiv, Best. 2000-57 Sammlung Alfred Wulf)

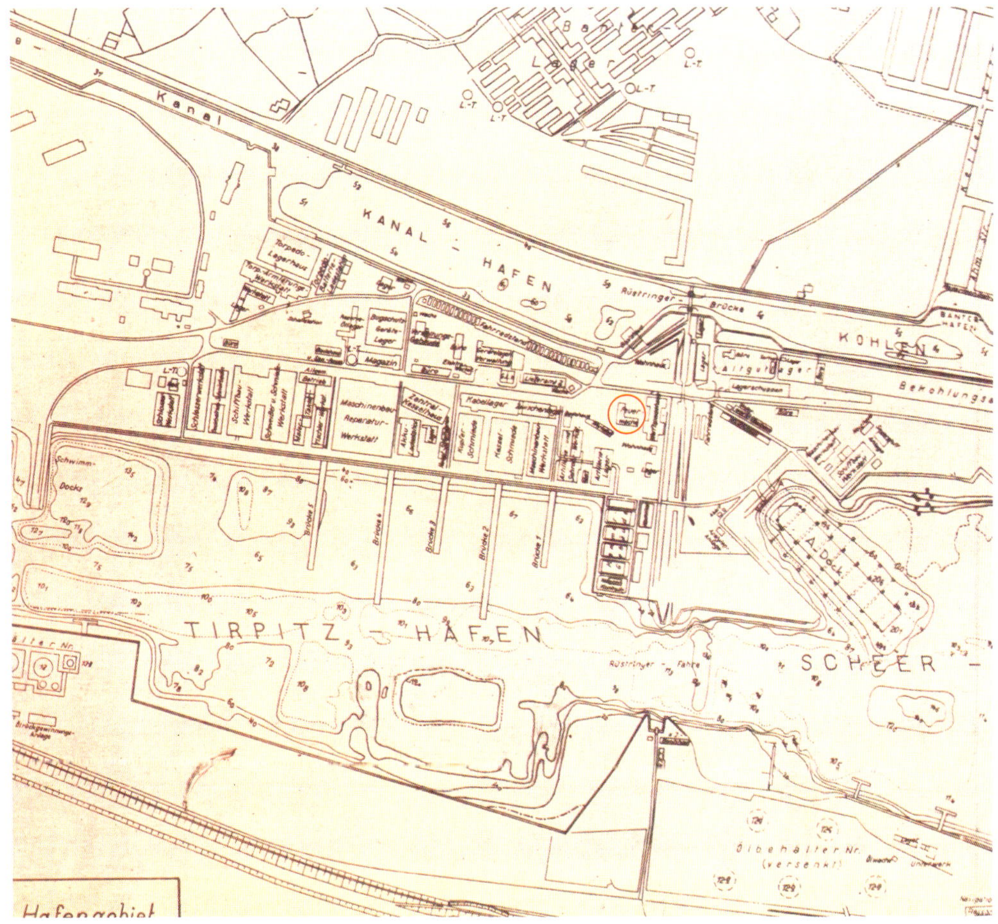


Abb. 8: Lageplan der Westwerft mit Feuerwehrgerätehaus neben dem Werftspeisehaus, (Kreis) 1945 (Stadtarchiv)

schweig 1912 in Dienst. Zu diesem Zeitpunkt verfügte die Werftfeuerwehr bereits über eine zeitgemäße Infrastruktur mit einem „Wachtgebäude" und einem „Wagenhaus". Ein mehrgeschossiges „Übungshaus" diente speziell der Ausbildung der Angriffstrupps im Anleitern. Der Gebäudekomplex nahe dem Werfttor I ist erhalten, die Stallungen der „Feuerwehrpferde" sind heute noch erkennbar.

Während des Ersten Weltkriegs arbeitete die Werft im Hochbetrieb, das Brand- und Unfallrisiko nahm zu. Die Werftfeuerwehr wurde weiter motorisiert: drei Motorspritzen, zwei Alarm- und Schlauchwagen, eine Abprotzleiter (Leiteranhänger), eine Leiter auf einer der Motorspritzen, ein Kohlensäuregroßgerät (für Benzolbrände) auf einer der Motorspritzen.

Wie die Aufnahme aus dem Jahre 1916 zeigt, bestand der zweite Abmarsch aber nach wie vor aus pferdebespannten Handdruck- oder Dampfspritzen. Feuerwehren bezeichnen diejenigen Fahrzeuge, die nach der Alarmierung sofort losgeschickt werden, üblicherweise als den „ersten Abmarsch". Da es auf Schnelligkeit und Schlagkraft ankommt, handelt es sich dabei in der Regel um die modernsten und leistungsfä-

Abb. 9: Telefonvermittlungsanlage der Werftfeuerwehr, o. D. (Stadtarchiv, Best. 5370 Feuerwehr)

higsten Fahrzeuge. Der „zweite Abmarsch" dagegen wird als Verstärkung oder bei Paralleleinsätzen abgerufen.

Auch die bis 1914 fertiggestellte U-Boot- und Torpedowerft (Uto-Werft, später Westwerft) am Westhafen verfügte über ein Feuerwehrgebäude neben dem Werftspeisehaus (an der heutigen Henschelstraße), vermutlich als Gerätehaus einer nebenamtlichen Löschgruppe.

*

Bis 1875 stieg die Einwohnerzahl in der preußischen Stadt Wilhelmshaven auf 8.915 an. Die Vorschriften der Feuerlöschordnung von 1863, deren Einhaltung drei ehrenamtliche „Brandmeister" überwachten, reichten allein nicht mehr aus.

Der Brand des Hauses von Domäneninspektor Hugo Wilhelm Meinardus[16] im Kathrinenfeld 1873 und der Klempnerei Steinforth in der Kronprinzenstraße (heute Moselstraße) 1876 führten in Wilhelmshaven zur Aufstellung einer Feuerwehr, von der auch das Heppenser Gebiet nördlich der Werft profitierte. Zunächst stellte der Magistrat der Stadt im Jahr 1877 1.500 Thaler zur Beschaffung von Feuerlösch-Gerätschaften und zum Bau von Spritzenhäusern für eine „Pflichtfeuerwehr" bereit, die mit einem Ortsstatut aus dienstverpflichteten Bürgern gebildet werden sollte. In der Hoffnung auf einen staatlichen Zuschuss erhöhte man die Summe noch. Die preußische Regierung erkannte jedoch nur 1.500 Thaler an. Damit wurde zunächst in Oldenburg eine Handdruckspritze beschafft und ein erstes Feuerwehrgerätehaus errichtet.[17]

Offensichtlich führte eine Gefährdungseinschätzung dazu, dieses erste Gerätehaus in „Neu-Heppens", an der Sander Chaussee (später Bismarckstraße, gegenüber

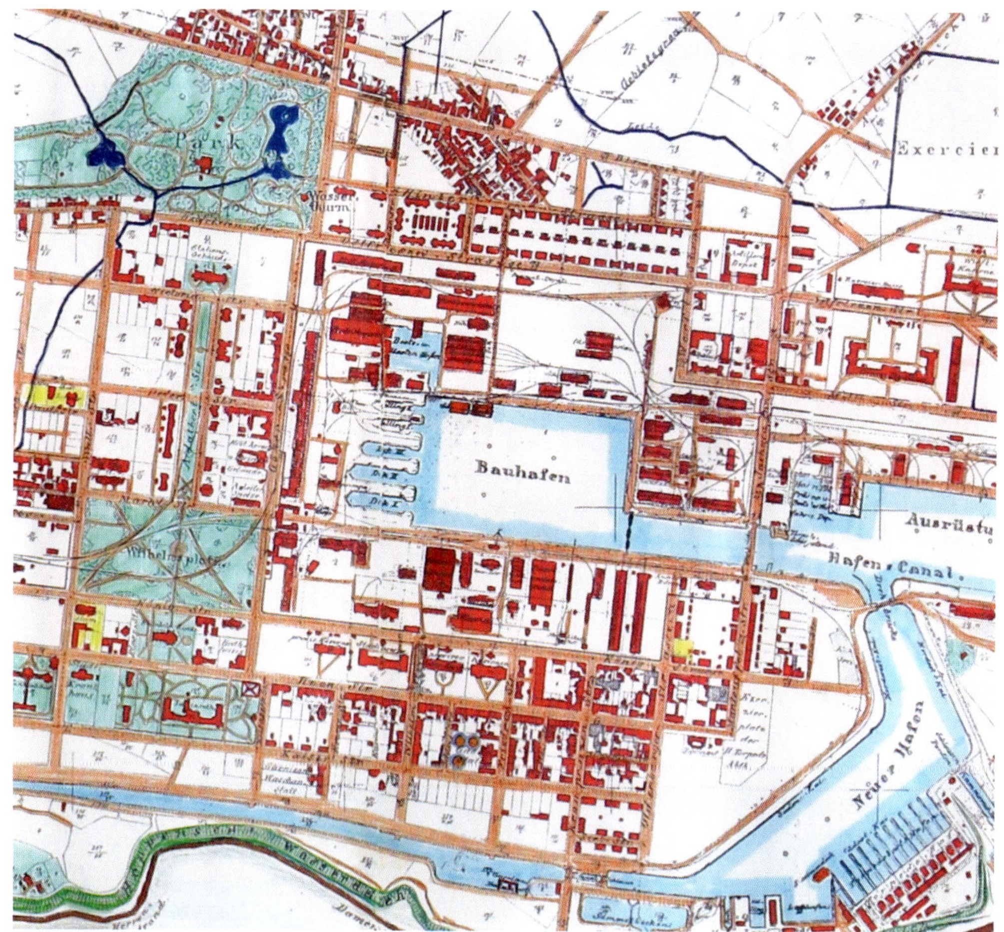


Abb. 10: Wilhelmshaven mit der Bebauung um den Bauhafen, 1891 (Stadtarchiv)

dem Seemannshaus an der Heppenser Straße) zu platzieren. Der Zimmerer- und Maurermeister Franz Siersky errichtete den Fachwerkbau mit einem „Steigerturm" zur Schlauchtrocknung und für die Ausbildung an der Leiter.[18] Die Fassade wurde später verputzt, der Turm auf 13 Meter erhöht.[19]

Am Sonnabend, dem 7. Februar 1880 trafen sich auf Einladung des Hafenbaumeisters Alwin Weigelin 25 Mitglieder des früheren „Turnvereins Wilhelmshaven"[20] von 1871 und des „Krieger- und Kampfgenossenvereins" von 1874 im Hotel „Burg Hohenzollern" (an der Stelle des späteren Karstadt-Gebäudes) und gründeten die „Freiwillige Feuerwehr Wilhelmshaven". Dem Turnverein hatte es zuletzt an dem notwendigen Interesse am Turnsport gemangelt, er blieb als Verein jedoch bestehen und fand in der Feuerlöschhilfe ein neues Betätigungsfeld (vgl. Seite 13). Die sog. „Kriegervereine" waren nach dem deutsch-französischen Krieg von 1870/71 allerorten in der Absicht der Traditions- und Kameradschaftspflege gegründet worden.

Die Anwesenheit des Polizeiinspektors Karl Louis von Winterfeldt, der auch die Versammlung leitete, sowie des Intendanturrats Adolph Budag-Muhl von der Marineintendantur unterstrich die Bedeutung des Vorgangs.[21] Der Polizeiinspektor hatte – so berichtete die „Wilhelmshavener Zeitung" – „unter Zuhülfenahme verschiedener Feuerwehr-Statuten ein den hiesigen Verhältnissen entsprechendes Statut ausgearbeitet."[22] Und weiter: „In der ‚Burg Hohenzollern' hat sich ein Feuerlöschverein konstituiert und als offizielle Bezeichnung den Namen ‚Freiwillige Feuerwehr Wilhelmshaven' angenommen."[23] Zu den Gründungsmitgliedern gehörte auch der spätere Bürgermeister Fritz Feldmann. Jeder gesunde, unbescholtene Einwohner des Gemeinwesens konnte Mitglied der Freiwilligen Feuerwehr werden, über die Aufnahme entschied die Mitgliederversammlung. Die Führung des „Korps", wie sich die Wehr auch nannte, bestand aus dem Hauptmann, seinem Stellvertreter, dem Kassierer, dem Feldwebel sowie den Zugführern der Abteilungen und wurde von der Mitgliederversammlung jeweils für ein Jahr gewählt.

Der Hauptmann führte das Korps bei Einsätzen, Übungen und Ausmärschen, er vertrat es in Vereinsangelegenheiten nach außen und hatte den Vorsitz in den Versammlungen. Der Feldwebel übernahm alle Aufgaben des Schriftführers, er kümmerte sich um die Mitgliederverwaltung und die Ausgabe der persönlichen Ausrüstung. Die Zugführer organisierten die spezielle Ausbildung ihrer Abteilungen und die Pflege der Ausrüstung, im Einsatz waren sie Unterführer (heute Gruppenführer). Die aktiven Angehörigen der Wehr gliederten sich in „Steiger", „Pumpmannschaft" und „Sicherheitswache". Gebräuchlich waren später auch die Bezeichnungen „Steigerabteilung", „Schlauchabteilung" und „Sicherheitsmannschaft". Als Steiger musste man gesund und schwindelfrei sein. Die weniger geeigneten Mitglieder dienten allgemein im „Spritzenzug" oder in der Sicherheitswache, d.h. sie bewegten die Handdruckspritze und sicherten die Einsatzstelle ab.

Zum „I. Hauptmann" wählte die Gründungsversammlung den Hafenbaumeister Alwin Weigelin, zu seinem Stellvertreter („II. Hauptmann") den Bankvorsteher Gustav Closter. Die Aufgaben der Zugführer übernahmen der Schlosser Albert Hurtig, der Bauführer Emil Ewald und der Werkführer August Wolf. Der Bautechniker Adolf Grohmann fungierte als Schriftführer.[24] Unter Hauptmann Weigelin begann die junge Wehr mit der Ausbildung. Die ersten Anfänge waren bescheiden, so heißt es in der Festschrift zum 75-jährigen Bestehen: „Die erste Übung, für die bereits eine Spritze zur Verfügung stand, fand noch in Zivilkleidung bei der Kopperhörner Mühle statt, da Uniformen und sonstige Ausrüstungsstücke noch fehlten."[25] Aus Mitteln der Stadt Wilhelmshaven erhielten die Männer jedoch bald schon Uniformen, persönliche Ausrüstung und Geräte. Nun gab es regelmäßig einmal im Monat Übungsdienst.

Nachdem Alwin Weigelin 1881 nach Berlin versetzt worden war, wurde der Bautechniker Hermann Grashorn zu seinem Nachfolger gewählt, zum Stellvertreter wiederum der Bankvorsteher Gustav Closter. Auch die übrigen Führungspositionen nahmen durchweg handfeste, im Leben stehende Männer wahr:

| | |
|---|---|
| Zeugwart: | Bautechniker Adolf Grohmann |
| Kassenwart: | Kaufmann Johann Berend Grashorn |
| Zugführer: | Bauführer Emil Ewald und Bauaufseher Adolf Kulms |
| Führer des Steigercorps: | Schlosser Albert Hurtig.[26] |

Abb. 11: Gerätehaus der Freiwilligen Feuerwehr Wilhelmshaven an der späteren Bismarckstraße, 1880 (Wilhelmshavener Zeitung, Skizze Heimat am Meer)

Am 23. Februar 1881 trat die Polizeiverordnung des Magistrats „betr. das Feuerlöschwesen für die Stadt Wilhelmshaven" in Kraft. Alle männlichen Einwohner zwischen 18 und 60 Jahren mussten einen Pflichtdienst für die Feuerwehr leisten, freigestellt waren lediglich Lehrer, Beamte und Soldaten. Mit 6 Mark, später 10 Mark, jährlich konnte man sich allerdings vom Dienst freikaufen. Diese sog. „Pflichtfeuerwehr" wurde als „Bürgerwehr-Abteilung" der Führung der Freiwilligen Feuerwehr unterstellt, die auch eine Abteilung „soziale Mitglieder" aus Förderern, Geschäftsleuten etc. unterhielt.

Die Freiwillige Feuerwehr Wilhelmshaven unterhielt bald weitere Gerätehäuser: In der Roonstraße neben dem Rathaus von 1896 (heute Rheinstraße/Gökerstraße) und schließlich in der Prinz-Heinrich-Straße (heute Mozartstraße), das sich später zum Zentrum der Feuerwehr in Wilhelmshaven entwickeln sollte.

Ein Bericht der „Wilhelmshavener Zeitung" aus dem Jahr 1915 gibt wieder, wie die Freiwillige Feuerwehr in dieser Zeit bei Bränden alarmiert wurde: „Im Falle eines Brandes wird die Feuerwehr durch Läuten der Glocke der Christuskirche (evangelische Kirche der Zivilgemeinde an der Peterstraße/Adalbertstraße, der Verf.) (zwei kurze Schläge, die sich in Zeitabschnitten wiederholen), zur Nachtzeit (das heißt nach zehn Uhr abends, solange der Nachtwächter Dienst tut) durch Blasen der Nachtwächterhörner alarmiert. Die Lage der Brandstätte wird gleichzeitig von der Polizeiwache stets telefonisch oder durch Boten den Sammelstellen mitgeteilt."[27]

Inzwischen bestanden im Großherzogtum Oldenburg genügend Feuerwehren, um einen eigenen Interessensverband zu bilden. Dort wollte man den Erfahrungs-

Abb. 12: Gerätehaus mit Schlauchturm der Freiwilligen Feuerwehr Wilhelmshaven in der Prinz-Heinrich-Straße, 1907 (rechts das Wohngebäude „Grauer Esel", links die Oberrealschule) (Stadtarchiv, Best. 5370 Feuerwehr)

ausstauch pflegen, einheitliche Standards für Ausbildung und Ausrüstung entwickeln und Einfluss auf die Gesetzgebung ausüben. Bereits am 26. Juli 1868 war in Hamburg der „Niedersächsische Feuerwehr-Verband" für Schleswig-Holstein, Hamburg, Bremen, Mecklenburg, Braunschweig und Oldenburg gegründet worden, der sich 1893 in „Feuerwehrverband für die Provinz Hannover" umbenannte.

Die Freiwillige Feuerwehr Wilhelmshaven beteiligte sich aktiv am 25. Juni 1882 in Oldenburg an der Gründung des „Feuerwehr-Verbandes für das Herzogtum Oldenburg und das königlich-preußische Jadegebiet". Dessen Ziel war es, „die Leistungsfähigkeit der Wehren zu heben und das Feuerlöschwesen allgemein zu verbessern."[28] Der Feuerwehrangehörige und Bauunternehmer Emil Wittber aus Wilhelmshaven wurde in den Vorstand des Verbandes gewählt, ihm folgten später Adolf Grohmann und Julius Bürger. Schon ein Jahr später fand am 12. August 1883 der „2. Verbands-Feuerwehrtag" mit 468 Teilnehmern in Wilhelmshaven statt. Viele nutzten die Gelegenheit, den Werft-, Hafen- und Schleusenbetrieb des „Reichskriegshafens" (seit 1871) und die ersten Kriegsschiffneubauten zu besichtigen. Zur Anreise gewährte die Großherzogliche Eisenbahn-Gesellschaft (GOE) den ermäßigten Fahrpreis wie für Militärangehörige. Rund um die eigentliche Delegiertenversammlung wurde ein gesellschaftliches Programm mit Empfang, Begrüßungsschoppen, Festzug, Kommers und Ball geboten. Eine Demonstrations-Übung der Wilhelmshavener Wehr in der Roonstraße (heute Rheinstraße) rundete den fachlichen Teil des Verbandstags ab. Es zeigte sich, so der Auswertungsbericht, dass die Brandbekämpfer noch am Anfang standen: „So heißt es in dem Bericht unter anderem, daß die Leistung der Spritze infolge unvorteilhafter Stellung des Rohrführers nicht voll zur Geltung kam, auch konnte er von dem eingenommenen Platz den Brand nicht treffen (was auch heute noch des öfteren bei Übungen und Bränden beobachtet werden kann) […]. Auch die Steiger gehen nicht leer aus. Hervorgehoben wird allerdings die von ihnen bei der Übung bewiesene Gewandtheit, so daß sie auch vom Publikum reichen Beifall ernteten, doch sagt die Beurteilung letzten Endes, ‚die Steiger seien, abgesehen von einigen Kunstproduktionen, in der Handhabung der Leitern nicht korrekt zu Werke gegangen.' Zusammenfassend wird aber gesagt, daß die Wehr eine besondere Strebsamkeit und Energie besitze, durch welche sie befähigt werde, mit ihren guten Geräten bei Feuersgefahren tüchtige Leistungen zu erzielen."[29]

Hauptmann Hermann Grashorn musste wegen einer Erkrankung schon nach drei Jahren zurücktreten, zu seinem Nachfolger wurde 1884 Emil Wittber gewählt. Die Wehr hatte nun insgesamt 153 Mitglieder, beim Feuerwehr-Verband in Oldenburg wurde sie 1884 wegen ihrer Herkunft immer noch als „Freiwillige Turner-Feuerwehr Wilhelmshaven" geführt. Auch Emil Wittber stellte sein Amt bald wieder zur Verfügung, mit dem Bautechniker Adolf Grohmann übernahm 1886 einer der Mitbegründer der Wehr die Führung. 1887 hatte die Freiwillige Feuerwehr 196 aktive und passive Mitglieder. Ungeachtet dieser positiven Entwicklung schloss die Stadt

**Abb. 13: Mitglieder der Freiwilligen Feuerwehr Wilhelmshaven auf einem „Gedenkblatt" zum Feuerwehr-Verbandstag in Wilhelmshaven, 30. August 1896 (2. v. r. sitzend Hauptmann Julius Bürger) (Feuerwehr-Archiv)**

Wilhelmshaven 1889 mit der Kaiserlichen Werft erstmals einen „Löschhilfevertrag" ab. Er beinhaltete jedoch keine automatische Alarmierung. Die Hilfe der Werftfeuerwehr, die zu diesem Zeitpunkt auch noch nicht hauptamtlich besetzt war, musste von Fall zu Fall angefordert werden. Der Vertrag ersetzte insofern nicht die Gemeindefeuerwehr, entlastete die Kommune aber bei der vorzuhaltenden Kapazität. Krankheitsbedingt musste auch Hauptmann Adolf Grohmann schon bald ausscheiden, zum neuen Hauptmann wählten die Mitglieder 1890 den Schuhmachermeister Julius Bürger. Der 10. Verbandstag des „Feuerwehr-Verbandes für das Großherzogtum Oldenburg und das königlich-preußische Jadegebiet" fand am 30. August 1896 wiederum in Wilhelmshaven statt.

Die häufigen Wechsel in der Führungsspitze hatten der Aufbauarbeit in der jungen Wehr nicht gutgetan. Unter der Führung von Hauptmann Bürger trat in dem folgenden Jahrzehnt eine gewisse Stabilisierung ein, die sich nach seinem Tod im Jahre 1900 mit seinem Nachfolger, Stadtsekretär Wilhelm Thörner, fortsetzte. Als Leiter des Magistratsbüros der Stadt Wilhelmshaven verfügte Thörner über gute Verbindungen. Der Verwaltungsfachmann engagierte sich u.a. auch bei der Gründung der Wohnungsbaugenossenschaften „Wilhelmshavener Spar- und Baugesellschaft" 1893 und „Bauverein Rüstringen" 1903.

Wilhelm Thörner sorgte bei der Stadt Wilhelmshaven für die Mittel zur Beschaffung einer modernen Ausziehleiter der Firma Magirus, Ulm. Er wirkte auch im Vorstand des Feuerwehr-Verbandes sowie bei der Gründung der Sterbekasse der Feuerwehren Ostfrieslands mit. Die Hinterbliebenen eines Feuerwehrmanns erhielten beim Tode ihres Angehörigen ein einmaliges Sterbegeld von 100 Reichsmark (heute etwa 700 €).

Abb. 14: Hauptmann Wilhelm Thörner, o. D. (Sammlung Benno Goldammer)

Im Jahr 1900 war die „Oldenburgische Feuerwehr-Unfallkasse" gegründet worden, die sich aus Mitgliedsbeiträgen der Feuerwehren finanzierte. Erst ab 1928 genossen die Feuerwehranghörigen den Schutz der gesetzlichen Unfallversicherung.[30] Für die Mitglieder der Freiwilligen Feuerwehr Wilhelmshaven initiierte Wilhelm Thörner die Einrichtung einer „Kranken-Unterstützungskasse". Er amtierte erfolgreich und geschätzt viele Jahre lang – bis zu seinem plötzlichen Tod mitten im Ersten Weltkrieg 1916.

Am 28. Dezember 1903 trat eine neue „Ordnung für die Stadt Wilhelmshaven über die Bildung einer Pflichtfeuerwehr" in Kraft.[31] Der Leiter der Freiwilligen Feuerwehr war zugleich der Leiter der Pflichtfeuerwehr, die man nun „Bürger-Abteilung" nannte.

Abb. 15: Postkarte mit einer Straßenansicht der Prinz-Heinrich-Straße, o. D. (rechts das Gebäude der Oberrealschule von 1906 und unmittelbar davor das Gerätehaus der Freiwilligen Feuerwehr mit dem heruntergezogenen Dach, rechts davon das Wohngebäude „grauer Esel", im Hintergrund rechts der Turm der St. Willehad-Kirche von 1911) (Stadtarchiv, Best. 5370 Feuerwehr)

Praktisch erreichte sie nie die Einsatzstärke und Schlagkraft der Freiwilligen Feuerwehr, sondern bildete eher eine Art Einsatzreserve.

Nachdem die Stadt Wilhelmshaven um die Jahrhundertwende eine eigene Leitung zum Marine-Wasserwerk in Feldhausen gelegt hatte, verbesserte sich die Löschwasserversorgung spürbar. Bis dahin stand Leitungswasser nur an achtzehn öffentlichen Entnahmestellen des von der Marine in der Mitte der 1870er Jahre verlegten Wasserversorgungsnetzes zur Verfügung.

Auf Betreiben von Wilhelm Thörner, der sich vergeblich für einen Anschluss des Feuerwehr-Verbandes für das Großherzogtum Oldenburg und das königlich-preußische Jadegebiet an den Feuerwehrverband für die Provinz Hannover eingesetzt hatte, verließ die Freiwillige Feuerwehr Wilhelmshaven 1905 den oldenburgischen Verband.[32] Als „preußische" Feuerwehr wechselte sie zum „Feuerwehrverband für Ostfriesland und Harlinger Land", immerhin gehörte dazu Wilhelmshavens Landkreis Wittmund, den Thörner nun vertrat. Hauptmann Wilhelm Köster aus Bant (vgl. Seite 35) übernahm seinen bisherigen Sitz im Vorstand des Oldenburger Verbands, in dem jetzt nur noch die Feuerwehren des Großherzogtums vertreten waren. Folgerichtig änderte er seinen Namen 1906 in „Feuerwehr-Verband des Herzogtums Oldenburg".[33] Auch eine sehr frühzeitige Initiative zur Einrichtung einer gemeinsamen „ständigen" Feuerwehr Wilhelmshaven, Bant, Heppens und Neuende 1906 dürfte auf den tat-

**Abb. 16: Chorhornist Wilhelm Schulz, Freiwillige Feuerwehr Wilhelmshaven, o. D. (Stadtarchiv, Best. 2000-57 Alfred Wulf)**

kräftigen Thörner zurückgegangen sein. Dokumentiert ist leider nur die Ablehnung des Vorschlags im Gemeinderat Neuende – „wegen der Kosten."[34]
Nachdem die mechanische Ausziehleiter der Freiwilligen Feuerwehr Wilhelmshaven in ausgefahrenem Zustand bei einer Verbandsübung in Bant am 5. November 1905 umgestürzt war, beschaffte man 1907 eine Magirus-Drehleiter. Bei dem Unfall war der Rohrführer Kräft ums Leben gekommen und der Feuerwehrmann Janßen schwer verletzt worden.[35] Für 1913 ist die Beschaffung des ersten Sprungtuchs vermerkt.[36]

*

Aus dem Gebiet der Landgemeinde Neuende westlich des preußischen Jadegebiets waren am 13. März 1879 die Arbeitersiedlungen „Belfort", „Sedan", „Neu-Bremen" und „Metz" herausgetrennt und als oldenburgische Landgemeinde Bant verselbstständigt worden. Ende des Jahres hatte sie bereits 4.665 Einwohner (gegenüber Neuende mit 2.062 und Wilhelmshaven mit 9.408 Einwohnern) und wuchs rasch weiter.[37] Noch Jahre nach ihrer Gründung verfügte sie über keinerlei eigene Feuerlöscheinrichtungen, sondern war auf die Hilfe aus Wilhelmshaven und von der Werft angewiesen.

Nach den im Großherzogtum geltenden Rechtsvorschriften und hier insbesondere einer „Ministerialbekanntmachung" des oldenburgischen Staatsministeriums vom 1. Juli 1878 sollte jede Gemeinde eine Brandspritze vorhalten. Ausnahmen konnte das Staatsministerium genehmigen. Die Gemeinde Bant stellte im Mai 1889 einen entsprechenden Antrag und verwies dabei auf eine in „Belfort" befindliche Brandspritze, die von dem in der Werftarbeiter-Siedlung Bant vorhandenen Personal der Hausverwaltung bedient werden könne, sowie auf die beiden bei der Kaiserlichen Werft stationierten, pferdegezogenen Dampfspritzen und weitere Handdruckspritzen.[38] Das Großherzogliche Amt Jever legte den Fall dem Staatsministerium in Oldenburg vor, zusammen mit einem Schreiben der Werft, in dem diese erklärte: „Bei einem in einem fiskalischen Gebäude in Bant ausbrechenden Feuer, würde die Werft [...] der Gemeinde ihre Spritzen zur Hilfeleistung entsenden, vorausgesetzt, daß die in Bant sich befindliche Spritze das Feuer zu bewältigen nicht im Stande sein würde. Für den Fall, daß das Feuer in einem nicht fiskalischen Gebäude ausbricht, würden die Spritzen der Werft zum sofortigen Abrücken zwar bereit gemacht werden, das Abrücken würde jedoch erst auf Requisition erfolgen können."[39] Die Grundlage für die nachbarliche

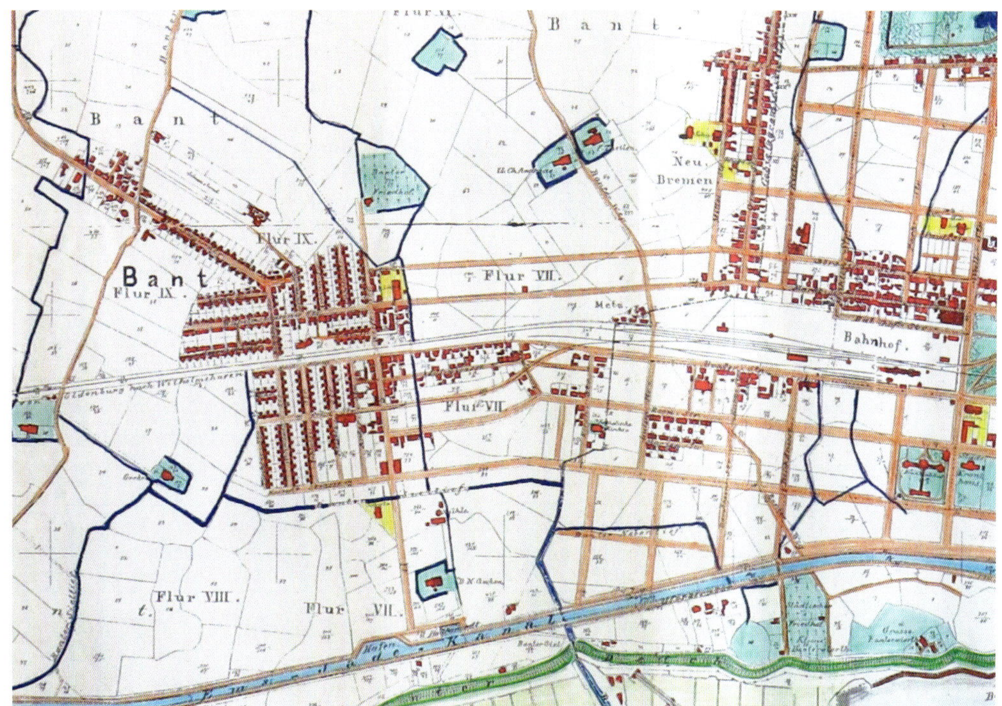


Abb. 17: Gemeinde Bant mit den Siedlungen „Belfort" (beiderseits der Bahnstrecke), „Sedan", „Neu-Bremen" und „Metz", 1891 (Stadtarchiv)

Löschhilfe der Werftfeuerwehr in Bant waren also zunächst der fiskalische Grundbesitz und die sich daraus ergebende Verpflichtung. Sie eröffneten jedoch die Chance, auf Anforderung auch auf sonstigen Grundstücken tätig zu werden.

Das Amt Jever stellte „unter diesen obwaltenden Verhältnissen gehorsamst anheim, der Gemeinde Bant das Halten einer Feuerspritze zu erlassen."[40] Damit war die Gemeinde zunächst von der Verpflichtung zum Unterhalt einer Brandspritze und Mannschaft entbunden. Bald darauf schloss die Kaiserliche Werft mit dem Oldenburgischen Staatsministerium wie bereits mit der Stadt Wilhelmshaven (vgl. Seite 30) eine Vereinbarung über die nachbarschaftliche Löschhilfe ab. Der Einsatz der Werftfeuerwehr musste in jedem Einzelfall vom Gemeindevorstand angefordert werden.[41]

Im Jahr 1895 führte auch in Bant ein besonderes Brandereignis zum Umdenken: Das Kolonialwarengeschäft Evers in der Werftstraße brannte bis auf die Grundmauern nieder, weil die Freigabe der Brandspritze der Werft durch den Oberwerftdirektor zu lange gedauert hatte. Der zuständige Werftbeamte hatte, obwohl in Bant wohnhaft, auf einer Anforderung durch den Gemeindevorstand bestanden, sodass die Werftfeuerwehr zu spät anrückte. Das Ergebnis wird in einer Feuerwehr-Chronik wie folgt beschrieben: „Als die wackeren Wehrmänner endlich am Brandort eingetroffen waren, schwelten noch ein paar Dachsparren und Fußbodenbalken. Das ganze Haus war bis auf die Grundmauern niedergebrannt."[42]

Ein erster Versuch zur Gründung einer Freiwilligen Feuerwehr misslang. Der Gemeinderat konstituierte jedoch 1896 mit dem „Statut betreffend das Feuerlöschwesen in der Gemeinde Bant" nach den landesgesetzlichen Rechtsvorschriften eine „Gemeindefeuerwehr" als Pflichtfeuerwehr, wie es Wilhelmshaven 1881 nach preußischem Recht getan hatte. „Jeder gesunde männliche Bewohner der Gemeinde" zwischen 18 und 50 Jahren war „zur Leistung der Nothilfe bei ausbrechenden Bränden" verpflichtet (§ 5).[43] Bedienstete des Reiches, des Staates, der Gemeinde und der Kirchen waren von dem Pflichtdienst befreit. Die Besitzer von Pferdegespannen hatten diese unentgeltlich zur Verfügung zu stellen. In den drei Löschbezirken (entsprechend den drei Gemeindebezirken Belfort, Sedan und Neu-Bremen) sollte je eine Löschmannschaft aus mindestens 58 verpflichteten Personen aufgestellt werden, die in drei Abteilungen gegliedert war: die Spritzenabteilung (32 Mann), die Steigerabteilung (10 Mann) sowie die Sicherheitswache (16 Mann). Dies entsprach der damals allgemein üblichen Vorgehensweise gegen Brände (vgl. Seite 26). Man gliederte die Abteilungen in zwei Züge bzw. Gruppen: in der ersten Gruppe wurden die Beschäftigten im jeweiligen Gemeindebezirk zusammengefasst, die damit schneller einsatzbereit war. In der zweiten Gruppe dienten die außerhalb des jeweiligen Bezirks Beschäftigten. Die Löschmannschaften wurden vom Gemeinderat für jeweils ein Jahr Dienstzeit bestellt, alle zwei Jahre wechselte die Hälfte, um die Belastung möglichst gleichmäßig zu verteilen. Dieses „Feuerlöschkorps" konnte jederzeit durch Freiwillige verstärkt werden.

Der vom Gemeinderat für jeweils vier Jahre gewählte „Brandmajor" (vergleichbar dem heutigen Gemeindebrandmeister) führte die Aufsicht über die Pflichtfeuerwehr, er leitete die Ausbildung und die Einsätze. Ihm zur Seite standen aus jedem Löschbezirk ein Spritzenmeister sowie dessen Stellvertreter, die für die Instandhaltung der Geräte und Ausrüstung verantwortlich waren und die Ausbildung durchführten. Jede Abteilung hatte einen ersten und zweiten Rohrführer. Alle Führungskräfte wurden vom Großherzoglichen Amt Jever als Aufsichtsbehörde verpflichtet. Auch die Alarmierung war geregelt. Jeder Bürger hatte ein Feuer sofort zu melden, die Fenster der benachbarten Häuser waren zu beleuchten (anstelle der damals noch fehlenden Straßenbeleuchtung). Der Brandmajor bestimmte für jeden Löschbezirk einen hauptamtlichen Hornisten, der die Löschmannschaften mit einem Hornsignal benachrichtigte (vgl. Seite 42). Nach dem Alarm begab sich der Brandmajor zur Brandstelle und übernahm die Einsatzleitung, der Spritzenmeister führte die Spritze zum Einsatz.

Für die Beschaffung der Ausrüstung – zwei Handdruckspritzen, Leitern sowie einen Schlauchwagen – bewilligte der Gemeinderat 3.020 Reichsmark und nahm eine Anleihe über 7.000 Reichsmark zum Bau eines „Gemeindespritzenhauses" neben dem 1895 fertiggestellten Rathaus an der Ecke Wilhelmshavener Straße (heute westliche Marktstraße) /Bordumstraße auf. Den Bauauftrag erhielt das Unternehmen Joh. Grashorn. Damit gründete die Gemeinde Bant als erste unter den drei oldenburgischen Landgemeinden im Jadegebiet eine Feuerwehr als kommunale Einrichtung. Die ersten Mannschaften wurden 1897 unter der Leitung von Brandmajor Elimar Schmidt (Uhrmacher) aufgestellt und die technische Ausstattung schrittweise vervollständigt. Alle Angehörigen der Gemeindefeuerwehr waren beim „Allgemeinen Deutschen Versicherungsverein" in Stuttgart unfallversichert, auch bei Invalidität und Erwerbsunfähigkeit.

Abb. 18: Freiwillige Feuerwehr Bant, o. D. (100 Jahre Ortsfeuerwehr Bant, 1997)

In der jungen Gemeinde regte sich aber bald auch der Bürgerwille. Am 10. September 1897 gründeten 16 Männer in der „Restauration zum Rathaus" eine „Freiwillige Feuerwehr".[44] Ihr erster Vorsitzender war Kurt Specht, seine Vertreter die Herren Thomas und Sperling.[45] Am 7. Dezember 1897 übernahm der Tischler Wilhelm Köster, der zuvor schon der Freiwilligen Feuerwehr Wilhelmshaven angehört hatte, das Amt des „Brandhauptmanns".

Abb. 19: Handdruckspritze in einem Prospekt der Firma Louis Tidow, Hannover, 1924 (Nieders. Landesarchiv Oldenburg, Best. 230 – 4, Nr. 673)

Die Gemeinde Bant sah sich zunächst nicht in der Lage, auch die Ausrüstung einer zweiten Feuerwehrtruppe zu finanzieren, deshalb musste die Freiwillige Feuerwehr die erforderlichen Mittel selbst aufbringen: „Sammellisten wurden im Vereinslokal ausgelegt und ein Spendenaufruf in dem damaligen ‚Norddeutschen Volksblatt' an die Geschäftsleute

Abb. 20: Rathaus der Gemeinde Bant an der Ecke Wilhelmshavener Straße, heute westliche Marktstraße/ Bordumstraße, links daneben das Gemeindespritzenhaus, o. D. (Stadtarchiv, Sammlung Sengebusch)

und Hauseigentümer war erfolgreich", heißt es in der Chronik zum 100-jährigen Bestehen der Ortsfeuerwehr.[46] Die Kaiserliche Werft, die wegen der Werftarbeitersiedlung Bant ein elementares Interesse am Brandschutz hatte, beteiligte sich mit einem Zuschuss von 2.000 Reichsmark an den Beschaffungskosten. Die Oldenburgische Landesbrandkasse gab eine Spende.

Die Freiwillige Feuerwehr Bant beschaffte eine Handdruckspritze der Firma Louis Tidow (Hannover), einen Schlauch- und Gerätewagen, einen Gerätewagen, zwei Dutzend Laternen, sieben Offiziersbeile und 50 Uniformröcke. Am 28. November 1897 wurde die neue Spritze nach einer Erprobung mit einem Umzug durch Bant und „einer kleinen Festlichkeit" ihrer Bestimmung übergeben.[47] Bei der Ausbildung alle 14 Tage half die Freiwillige Feuerwehr Wilhelmshaven in der Person ihres Hauptmanns Julius Bürger (vgl. Seite 30).[48]

Die Banter Wehr war zunächst provisorisch in einem privaten Stallgebäude des Mitglieds Kruse in der Nordstraße (heute Ebertstraße) untergebracht, der auch das Pferdegespann für die Spritze stellte. Am 9. Juni 1898 zog sie in das Gemeindespritzenhaus in der Wilhelmshavener Straße um. Sie gliederte sich in einen „Steigerzug", einen „Spritzenzug" und einen „Schlauchwagenzug". Ihre erste Bewährungsprobe bestand sie am 27. Juli 1898 bei einem Großfeuer in der Kieler Straße Ecke Peterstraße (Gebäude Kotte). In diesem Jahr trat sie auch dem Feuerwehr-Verband für das Großherzogtum Oldenburg und das königlich-preußische Jadegebiet bei. Zwei Jahre später erwarb die Gemeinde Bant die bis dahin beschaffte Ausrüstung der Freiwilligen Feuerwehr, stellte sie der Wehr wieder zur Verfügung und sorgte von da an für Ergänzung und angemessenen Ersatz. Auch die Kaiserliche Werft zahlte in den folgenden Jahren weiterhin immer wieder kleinere Beträge für den Unterhalt der Feuerwehr.

Bant, Heppens und Neuende schlossen im Jahr 1897 mit einem Mannheimer Unternehmer einen Vertrag zum Bau und Betrieb einer Wasserversorgung ab. Das eigens errichtete neue Wasserwerk bei Moorhausen (Sillenstede) lieferte erstmals im Herbst 1899 Frischwasser. Damit verbesserte sich auch die Löschwasserversorgung in den Gemeinden wesentlich.

Bei der Brandbekämpfung arbeiteten die Gemeindefeuerwehr und die Freiwillige Feuerwehr in Bant zusammen, die Einsatzleitung hatte dann der Brandmajor Schmidt. 1902 gründete die Freiwillige Feuerwehr Bant ein „Trommel- und Pfeiferkorps". Erstmals am 9. Juni 1903 richtete sie eine sogenannte „Gewitterwache" ein. Neben Öfen und Schornsteinen stellten Gewitter damals das größte Brandrisiko dar, zudem bestand die Gefahr einer raschen Ausbreitung des Feuers. Zog ein Gewitter auf, wurde das Feuerwehrgerätehaus mit acht Feuerwehrmännern in Bereitschaft besetzt, damit man auf Brandmeldungen schneller reagieren konnte. Seit dieser Zeit gab es auch Feuermeldestellen.

Die drei oldenburgischen Gemeinden im Jadegebiet profitierten in besonderem Maß von dem raschen Wachstum des Kriegshafens nach den Flottengesetzen (1898 bis 1912) und dem Zuzug von Arbeitern, Handwerkern und Soldaten. Mit 22.367 Einwohnern gehörte die Gemeinde Bant 1905 zu den größeren Kommunen im Großherzogtum Oldenburg und hatte das in seiner Fläche begrenzte preußische Wilhelmshaven (17.895 Einwohner) schon längst überflügelt.[49] Anlässlich ihres 25-jähri-

Abb. 21: Freiwillige Feuerwehr Bant vor dem Geschäftshaus von August Hillmann am Banter Markt, o.D. (100 Jahre Ortsfeuerwehr Bant, 1997)

gen Bestehens zog die Gemeinde 1904 ein positives Fazit: „Geradezu mustergültig ist das Feuerlöschwesen organisiert. Die gleiche Ausbildung wie die Wilhelmshavener, Heppenser und die neugegründete Neuender Wehr, das Zusammenwirken mit denselben und die häufigen Übungen an den neuesten und teuersten Geräten, vor deren Beschaffung die Gemeindeverwaltung nie zurückschreckt, gewähren der Bevölkerung größte Beruhigung und Sicherheit bei Feuersgefahr und mehrfach schon ist die Banter Wehr auf Feuerwehrtagen als nachahmenswertes Muster hingestellt worden."[50]

Am 22. August 1906 fand in Bant das Verbandsfest des „Feuerwehr-Verbandes für das Großherzogtum Oldenburg" statt, nach fast zehn Jahren war die Freiwillige Feuerwehr Bant in der oldenburgischen Feuerwehrfamilie angekommen. Bis zum Ersten Weltkrieg stellte sie mehrfach ihr Können unter Beweis, u.a. bei Brandeinsätzen im Saalbetrieb „Friedrichshof" an der Peterstraße, in einer Kraftfahrzeug-Halle an der Rüstringer Brücke sowie in einem Kohlenlager an der Börsenstraße.[51]

*

In der Gemeinde Heppens nördlich der Werft schien der Problemdruck zunächst nicht so stark ausgeprägt zu sein. Mit einem hohen Anteil von Arbeitern, Handwerkern und Soldaten in den neuen Wohnquartieren beiderseits der Gökerstraße und in Tonndeich war ihre Sozialstruktur durchaus mit der in Bant vergleichbar. Der Gemeinderat erließ jedoch erst am 15. Oktober 1898 ein „Statut betreffend das Feuerlöschwesen in der Gemeinde Heppens" für eine Pflichtfeuerwehr der Ge-

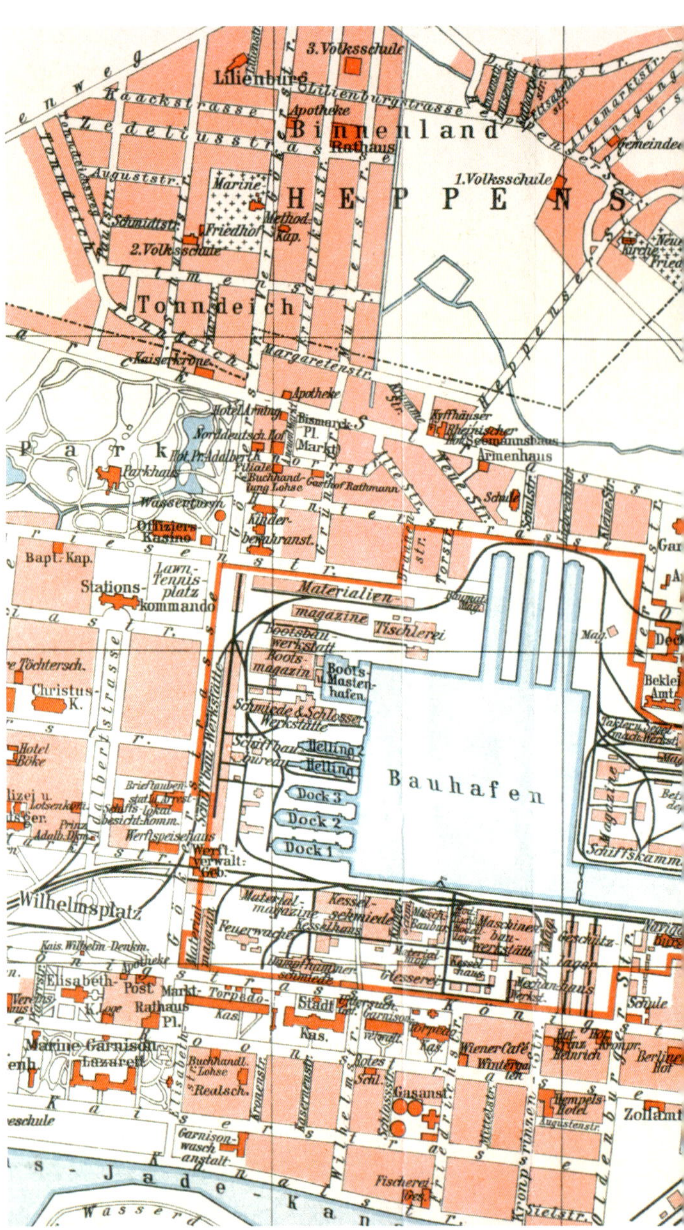

Abb. 22: Stadtgebiet Heppens beiderseits der Gökerstraße, 1910 (oben rechts Alt-Heppens am heutigen Ölhafendamm) (Stadtarchiv)

Abb. 23: Freiwillige Feuerwehr Heppens vor dem Gerätehaus in der Zedeliusstraße, 1910 (Stadtarchiv, Best. 5370 Feuerwehr)

meinde nach dem Banter Vorbild und stellte wenig mehr als 500 Mark für die technische Ausrüstung zur Verfügung.[52]

Aber auch in Heppens zeigte sich bald darauf bürgerschaftliches Engagement: Zwanzig Männer vor allem aus dem „Turnverein Heppens" gründeten im Jahre 1900 die „Freiwillige Feuerwehr Heppens". Ihr erster „Wehrführer" war Friedrich Wilken. Die Gemeinde übertrug der Wehr die Bedienung einer zuvor beschafften Handdruckspritze, die Pflichtfeuerwehr blieb als Reserve bestehen. Man richtete Gerätehäuser in der Elisabethstraße (heute Rudolfstraße) und in der Katharinenstraße (heute Helenenstraße) ein. Später baute man unmittelbar neben dem 1902 fertiggestellten Rathaus in der Zedeliusstraße ein weiteres Feuerwehrgerätehaus „mit Steigerturm".[53] Eine zweite Brandspritze, ein Schlauchwagen sowie eine Magirus-Drehleiter auf einem Fahrgestell wurden erworben.[54] Bei der Ausbildung half der Hauptmann Wilhelm Köster aus Bant, dessen Wehr wiederum zuvor von der Hilfe aus Wilhelmshaven profitiert hatte. 1901 trat die Freiwillige Feuerwehr Heppens dem Feuerwehr-Verband für das Großherzogtum Oldenburg und das königlich-preußische Jadegebiet bei.

Es gibt Hinweise darauf, dass die Wehren in Bant und Heppens ebenso wie Wilhelmshaven Mitglieder im „Feuerwehrverband für Ostfriesland und Harlinger Land" wurden, wenn auch wegen der Doppelmitgliedschaft mit eingeschränkten Rechten.[55] Jedenfalls gründeten die Freiwilligen Feuerwehren im Jadegebiet einen regionalen „Unterverband" dieses Feuerwehr-Verbandes, der im Blick auf die räumliche Nachbarschaft gemeinsame Übungen und gegenseitige Hilfeleistung organisierte. 1902 richteten sie eine gemeinsame Sterbekasse ein. Zu einem guten Brauch wurde auch der alljährliche gemeinsame „Himmelfahrtsausmarsch" der drei Wehren.

Abb. 24: Einsatz der Freiwilligen Feuerwehr Heppens in Tonndeich, o. D. (Schulstraße in nördlicher Richtung/Ecke Tonndeichstraße) (WZ-Bilddienst)

Über eine gemeinsame Übung der Feuerwehren von Bant und Heppens berichtete die „Wilhelmshavener Zeitung" 1905: „Zunächst wurden am Hause der Schul- und Zedeliusstraßenecke Spritzübungen vorgenommen. Hierauf zogen die Feuerwehren zum Rathause, wo Schulübungen stattfanden. Nach Abschluß der Übungen zog man mit klingendem Spiel zurück zu den Spritzenhäusern."[56] Am 13. Juli 1908 beschloss auch die Freiwillige Feuerwehr Heppens die Aufstellung eines „Spielmannscorps".[57] Ende Juli 1914 hatte sie den buchstäblich letzten Brand vor dem Ersten Weltkrieg zu löschen: „In der Sanitätsmolkerei von Runge in Neuengroden entstand gestern ein Feuer, durch das der Giebel des Gebäudes komplett zerstört wurde. Vieh ist dabei nicht verbrannt, ebenso blieb das villenartige Wohngebäude durch das beherzte Eingreifen der Heppenser Feuerwehr verschont", meldete die „Wilhelmshavener Zeitung".[58]

*

Von den drei oldenburgischen Landgemeinden an der Jade war Neuende am stärksten ländlich geprägt. Auch deshalb hatte man 1879 vier Arbeitersiedlungen abgetrennt und als Gemeinde Bant verselbstständigt (vgl. Seite 32). Dennoch hatte sich der Charakter Neuendes im Laufe der Jahre, vor allem mit der Entstehung der „Kolonie Siebethsburg" ab 1903, erheblich gewandelt. Nach der Berufszählung 1905 waren von 1.941 männlichen Einwohnern über 14 Jahren nur noch 125 in der Landwirtschaft tätig, aber 1.274 in der Industrie, d.h. bei der Werft beschäftigt. Dennoch bestimmten weiterhin vor allem bäuerliche Grundbesitzer in Neuende die Richtlinien der Politik, die ihre eigenen Vorstellungen von den Prioritäten der Kommunalpolitik hatten und sich auch lange gegen die Vereinigung mit Bant und Heppens zur Stadt Rüstringen 1911 zur Wehr setzten.

Als letzte in den drei oldenburgischen Landgemeinden wurde am 5. Oktober 1904 die „Freiwillige Feuerwehr Neuende“ gegründet. Sie trat dem Feuerwehr-Verband für das Großherzogtum Oldenburg und das königlich-preußische Jadegebiet bei.

In diesem Fall zog die Gemeinde nach und erließ erst am 28. Dezember 1905 ein „Statut betreffend das Feuerlöschwesen in der Gemeinde Neuende“, das in einigen Punkten von den allgemein üblichen Statuten abwich.[59] Die Aufsicht und Leitung des Feuerlöschwesens führte nicht wie in den beiden anderen Gemeinden ein Brandmajor, sondern eine fünfköpfige „Feuerwehr-Kommission“ unter dem Vorsitz des aus Himmelreich stammenden Ibo Koch, Gemeindebaumeister in Neuende und Mitglied der Freiwilligen Feuerwehr. Er unterstützte den Aufbau der Wehr maßgeblich und wurde zu ihrem ersten Hauptmann gewählt. In jedem Gemeindebezirk war aus den Bewohnern zwischen 18 und 45 Jahren eine Sicherheitswache von lediglich je 16 Mann aufzustellen, die von der Feuerwehrkommission berufen wurden. Die Gemeinde übertrug der Wehr die Bedienung der von ihr angeschafften Brandspritze. Damit ruhte die allgemeine Verpflichtung zur Löschhilfe (mit Ausnahme der Sicherheitswache) bis auf weiteres. Das Kommando bei Einsätzen hatte der Hauptmann der Freiwilligen Feuerwehr.

In ihrem Gemeindebezirk Rüstersiel am südlichen Maadeufer arbeitete die Gemeinde Neuende mit der Gemeinde Fedderwarden (Kniphausersiel) zusammen, in dem man die Löschbezirke entsprechend abgrenzte und die Funktionen der verantwortlichen Feuerwehrführer gemeinsam besetzte.[60]

Nachdem Ibo Koch 1912 aus beruflichen Gründen nach Oldenburg verzogen war, wurde der Schornsteinfegermeister Johann Rogge zum Hauptmann in Neuende gewählt. Nach dessen Tod übernahm der Schlossermeister Wilhelm Ulich die Führung der Wehr bis zu ihrer Auflösung 1930. Sie erhielt bei der Ausbildung Unterstützung von der Freiwilligen Feuerwehr Bant. So berichtete die „Wilhelmshavener Zeitung“ im Jahre 1904 von einer gemeinsamen Übung, „zu welcher bereitwilligst die Freiwillige Feuerwehr von Bant in Uniform und mit allen Gerätschaften erschienen war. Die Übungen wurden von der Banter Feuerwehr sehr korrekt ausgeführt und danach von der Neuender Feuerwehr wiederholt.“[61] Die Ausstattung der Freiwilligen Feuerwehr Neuende bestand zunächst lediglich aus einem Schlauchkarren. Als „Feuerwehrgerätehaus“ diente ein Schuppen des Bauern Harms an der Ebkeriege, nahe „Café Hillmers“. In den folgenden Jahren beschaffte die Gemeinde neben einer bereits vorhandenen Handdruckspritze auch eine fahrbare mechanische Leiter. Die Neuender Wehr kam bei einigen Großbränden zum Einsatz, u.a. auf der Werft 1921 (Magazin) und 1928 (Mechanikerwerkstatt, vgl. Seite 65) sowie 1930 beim Landwirt Hettinga in Altengroden.

*

Am 1. Mai 1911 schlossen sich die Gemeinden Bant, Heppens und Neuende zur Stadt Rüstringen zusammen. Damit wollten die führenden Köpfe wie z.B. Paul Hug aus Bant und Johann Gerhard Athen aus Heppens gemeinsam den besonderen Herausforderungen der Entwicklung rund um den preußischen Kriegshafen und die Marinegarnison Wilhelmshaven begegnen: auf der einen Seite ein rasches und diskontinuierliches Wachstum als Folge der Werftbeschäftigung und der militärischen Stationierung, auf der anderen Seite eine strukturbedingte unterdurchschnittliche Steuerkraft, steigende Ansprüche an die Daseinsvorsorge und vergleichsweise hohe Wohlfahrtslasten.

Ein Bündnis aus Sozialdemokraten und fortschrittlichen Liberalen verwirklichte in der neuen Stadt ein anspruchsvolles und zugleich pragmatisches Politikmodell. Dr. Emil Lueken war mit 28 Jahren zum ersten hauptamtlichen Bürgermeister der Stadt Heppens gewählt worden, die bereits 1907 mit mehr als 12.000 Einwohnern den Status einer unselbstständigen „Stadt II. Klasse" erhalten hatte. 1911 übernahm er dieses Amt auch in der neuen Stadt Rüstringen.

Wegen der militärischen Vorbehalte erhielt jedoch auch das oldenburgische Rüstringen ebenso wie das preußische Wilhelmshaven lediglich den Status einer unselbstständigen „Stadt II. Klasse". Dennoch gehörte es mit mehr als 47.195 Einwohnern bei seiner Gründung zu den größten Gemeinwesen im damaligen Großherzogtum Oldenburg. Die Stadt Oldenburg verzeichnete 1905 49.895 Einwohner. Entsprechend den landesgesetzlichen Vorgaben hatte Rüstringen ebenso wie die Nachbarstadt Wilhelmshaven eine Magistratsverfassung (vgl. Seite 17).

Die drei Freiwilligen Feuerwehren in der Stadt Rüstringen erhielten als kommunale Einrichtungen neue Bezeichnungen, unabhängig von ihren Vereinsnamen. „Rüstringen I" (Freiwillige Feuerwehr Bant) war mit 75 Aktiven nach wie vor im Feuerwehrgerätehaus an der Wilhelmshavener Straße stationiert. Dort standen eine Saug- und Druckspritze, zwei Schlauchwagen, eine mechanische Leiter sowie ein Gerätewagen mit mehreren Leitern zur Verfügung. Zum Gebäude gehörte ein Trockenturm mit einer Vorrichtung zum Aufziehen der Schläuche. Die übrige Ausrüstung lagerte in einem Schuppen in der Bordumstraße.

„Rüstringen II" (Freiwillige Feuerwehr Heppens) verfügte mit 50 Aktiven in ihrem Spritzenhaus in der Friederikenstraße neben dem bisherigen Heppenser Rathaus ebenfalls über einen Trockenturm, der auch als Übungsturm genutzt wurde.

„Rüstringen III" (Freiwillige Feuerwehr Neuende) und seinen 30 Aktiven diente ein Schuppen des Landwirts H. D. Janssen an der Ebkeriege als „Remise". Die Wände bestanden aus Lattenverschlägen, der Boden aus festgestampftem Lehm, die Zuwegung war ungepflastert.[62] „Dem Unterzeichneten ist es unverständlich, warum in diesem Stadtteil für die Maschinen und Geräte der Freiwilligen Feuerwehr kein ordnungsmässiges Spritzenhaus erbaut ist", monierte der Vorsitzende des Feuerwehr-Verbands des Herzogtums Oldenburg, Gustav von Gruben, 1912 in einem Revisionsbericht.[63]

Anlässlich dieser Revision wurde auch ein Probealarm zum Übungseinsatz ausgelöst, in dem man die „Feuermeldestellen" anrief: Rüstringen I = Rathaus-Restaurant, Rüstringen II = Wohnung Hauptmann Otto, Rüstringen III = Café Hillmers. So gibt der Revisionsbericht ein authentisches Bild der damaligen Alarmierungswege: Hornisten (sog. „Hupenbläser") gaben den Alarm mit Hornsignalen von den Meldestellen an die Feuerwehrangehörigen im Stadtteil weiter. „Das Feuerhorn ließ heute Nacht seinen unheimlichen Ruf durch die Stille ertönen", berichtete die „Wilhelmshavener

Zeitung" bei anderer Gelegenheit über die Alarmierung zu einem Brand 1911 im Logenhaus in der Roonstraße (heute Rheinstraße).[64]

Nach dem akustischen Alarm begaben sich die Feuerwehrmänner zum Spritzenhaus, wo das erste besetzte Fahrzeug sofort abrückte. In Bant blieb der Feldwebel im Spritzenhaus und wies die folgenden Einsatzkräfte ein. In Heppens schrieb der Hauptmann die Adresse der Einsatzstelle auf eine schwarze Tafel, sodass sich die Nachkommenden orientieren konnten. Ähnlich verfuhr man in Neuende. Die Eintreffzeiten an der Einsatzstelle lagen zwischen 30 und 40 Minuten. Die (übungsmäßigen) Löscharbeiten begannen nach weiteren zehn Minuten.

In ihrem Resumé bescheinigten die Prüfer des Verbandes den drei Wehren dennoch ausreichende Schlagfertigkeit und gute Instandhaltung der Ausrüstung. Sie forderten jedoch eine Verbesserung der Alarmierung und ein angemessenes Spritzenhaus für die Freiwillige Feuerwehr Neuende.[65]

Neben dem „Feuerhorn" wurde der Feueralarm nach wie vor auch über Glockengeläut ausgelöst, wie die „Wilhelmshavener Zeitung" am 19. Juni 1908 anlässlich eines Brandes in der Hafenkaserne an der Ostfriesenstraße (heute Nordhafen) berichtete: „Großfeuer kündeten gestern Nachmittag gegen 3.30 Uhr die dumpfen Glockenschläge der Christuskirche an.[66] Das Feuer selbst war in einer der Waffenkammern ausgebrochen und wurde von den Matrosen selbst und der herbei geeilten Werftfeuerwehr mit einer Dampfspritze gelöscht. Dem Feuerhorn und der Kirchenglocke folgten auf der Werft in den 1920er Jahren die Alarmsirene (vgl. Seite 48), die sich in den 1930er Jahren als weiträumig wirksames Signalmittel für den Luftschutz durchsetzte und auch von den Feuerwehren genutzt wurde.

*

Mit dem Beginn des Ersten Weltkrieges wurden auch die wehrtüchtigen Angehörigen der Feuerwehren nach und nach als Soldaten eingezogen. Die Bereitschaften mussten neu eingeteilt werden, beispielsweise konnte die Wehr in Bant nur noch mit der Hälfte ihrer Aktiven antreten. Die Freiwillige Feuerwehr Wilhelmshaven verlor mit den Kameraden Kräft, Meiners und Pohlmann drei der eingezogenen 24 Mitglieder als Kriegsopfer.[67]

Die Kommunalverwaltungen sahen sich gezwungen, die Regelungen über die Pflichtfeuerwehr und insbesondere die allgemeine Pflicht zur Löschhilfe wieder einzuführen bzw. schärfer anzuwenden und damit zusätzliches Personal zu rekrutieren, da gerade die Handdruckspritzen besonders viele Bedienungskräfte erforderten. Edgar Grundig schreibt: „Erst als 1915 die dauernden Musterungen einsetzten und später noch das Hilfsdienstgesetz kam, strömten viele herbei, weil sie hofften, dann nicht eingezogen zu werden."[68] Mit dem „Gesetz über den vaterländischen Hilfsdienst" vom 6. Dezember 1916 konnten Männer zwischen 17 und 60 Jahren, sofern sie nicht Wehrdienst leisteten, zur Arbeit in Rüstungsbetrieben oder anderen kriegswichtigen Betrieben verpflichtet werden.

### Roonstraße (Rheinstraße) 19. Januar 1917: Brand in einer Buchhandlung

„Der Feuerruf der Turmglocke alarmierte die Mannschaften unserer Brandwehr. Im Kontor der Buchhandlung Gebrüder Ladewigs war ein Brand ausgebrochen, der so schnell um sich griff, daß man sich schleunigst zur Herbeirufung der Feuerwehr entschloß. Mit vier Rohren ging die freiwillige Feuerwehr gemeinsam mit der Werftfeuerwehr dem wütenden Element zu Leibe. Das Kontor und das große Bücherlager wurden ein Raub der Flammen."

(„Wilhelmshavener Zeitung")

Auch organisatorisch änderte sich einiges: Wilhelmshaven und Rüstringen sowie ihr oldenburgisches Umland bis über die Maade hinaus und rund um den Jadebusen waren nach dem Preußischen Gesetz über den Belagerungszustand von 1851 (seit 1871 Reichsgesetz) zum Festungsgebiet erklärt worden, in dem ein Festungskommandant bzw. Militärgouverneur für die militärische Sicherung und die öffentliche Ordnung zuständig war. Diese Aufgabe nahm Vizeadmiral Günther von Krosigk als Kommandierender Admiral der Marinestation der Nordsee wahr.

Zur Sicherung des Brandschutzes unterstellte man die Freiwilligen Feuerwehren zunächst den lokalen Polizeibehörden, ab 1917 dem Festungskommandanten direkt. In dessen Stab war der Feuerlöschoffizier, Kapitänleutnant d. R. von der Schulenburg, zuständig. Der Festungskommandant übertrug die Leitung der Wehren (Dienstbetrieb, Einsatzleitung) dem Kommando der Werftfeuerwehr. Er ordnete an, dass die Gerätehäuser ständig, auch nachts, mit vier Mann zu besetzen seien. Die Freiwillige Feuerwehr Wilhelmshaven richtete daraufhin neben ihrem Gerätehaus in dem Wohnhaus Prinz-Heinrich-Straße 9, dem sog. „grauen Esel", erstmals eine Unterkunft ein. Die Marine stellte dafür Feldbetten zur Verfügung.

Kurz vor dem Kriegsende ordnete der Feuerlöschoffizier für Wilhelmshaven die Anschaffung einer Motorspritze an. Die Stadt Wilhelmshaven stornierte die Bestellung jedoch angesichts der unsicheren Zukunft nach dem Kriegsende und schloss 1919 mit der Marinewerft ein neues Abkommen über die Löschhilfe ab.

Bis zur Jahrhundertwende hatten engagierte Bürger, die oftmals aus den Turnvereinen stammten, im preußischen Wilhelmshaven ebenso wie in den oldenburgischen Gemeinden, Bant, Heppens und Neuende Freiwillige Feuerwehren gegründet. Anfangs taten sich die Kommunen mit der nötigen finanziellen Unterstützung schwer, zumal sie alle seit Mitte der 1890er Jahre über Löschhilfeverträge mit der hauptamtlichen Werftfeuerwehr verfügten. Diese stellte in jeder Hinsicht und bis in die 1930er Jahre im Brandschutz das Maß der Dinge dar.

## Wilhelmshaven und Rüstringen

Die Niederlage des Deutschen Reiches im Ersten Weltkrieg veränderte die Situation in den beiden Jadestädten von Grund auf. Innerhalb weniger Wochen endete die kriegsbedingte Hochkonjunktur einer von 30.000 Soldaten im Jahre 1913/14 auf bis zu 80.000 Soldaten angewachsenen Garnison. Eine von Heizern und Matrosen auf den Linienschiffen der vor Wilhelmshaven liegenden Hochseeflotte ausgehende Revolte beschleunigte im November 1918 den politischen Systemwechsel im ganzen Reich, die Monarchie und die bisherige staatliche Ordnung gingen unter. An ihre Stelle traten eine von der Nationalversammlung eingesetzte Regierung und eine republikanische Verfassung.

Große Teile der Hochseeflotte, die der Werft im Krieg Arbeit für bis zu 20.000 Menschen gegeben hatte, mussten zur Internierung in den britischen Flottenstützpunkt von Scapa Flow auf den schottischen Orkney-Inseln verlegt werden, wo sich die Schiffe im Juni 1919 selbst versenkten. Nach den Abrüstungsvorgaben des Versailler Vertrages betrug die Größe der Wilhelmshavener Garnison nur etwa 5.000 Soldaten, auf der Werft arbeiteten 1924 gerade noch 5.344 Beschäftigte, ihre Zahl stabilisierte sich später bei etwa 7.000. Dennoch veränderte sich die Einwohnerzahl der Jadestädte kaum. Die Marine zog sich auf ihre Liegenschaften östlich der Kaiser-Wilhelm-Brücke zurück, die Flächen der Süderweiterung vor dem Ersten Weltkrieg (Großer Hafen, Zwischen- und Westhafen einschl. der U-Boot- und Torpedowerft) wurden für zivile Nutzungen (Industrie, Handel, Tourismus) frei. Unter den schwierigen konjunk-

**Abb. 25: Freiwillige Feuerwehr Wilhelmshaven, anlässlich ihres 40-jährigen Stiftungsfestes, 1920 (im Hintergrund die Magirus-Drehleiter von 1907, möglicherweise vor dem Gerätehaus an der Bismarckstraße) (Feuerwehr-Archiv)**

Abb. 26: Hauptmann Hinrich Janßen, Freiwillige Feuerwehr Wilhelmshaven, bei seiner Verabschiedung, 1. April 1930 (Sammlung Benno Goldammer)

turellen Rahmenbedingungen der 1920er Jahre blieben wesentliche Erfolge trotz vielfältiger Bemühungen allerdings aus.

In der Weimarer Republik galten demokratische Willensbildung und parlamentarische Kontrolle auf allen Ebenen, die kommunale Selbstverwaltung war garantiert. Wilhelmshaven und Rüstringen erhielten zum 1. April bzw. zum 1. Juni 1919 die seit langem ersehnte Kreisfreiheit. In ihrer Verantwortung gestärkt nahmen sie nun auch mehr als bisher Einfluss auf das Geschehen in den Feuerwehren. Diese wurden endgültig zu Einrichtungen der Kommunen, von denen sie regelmäßige finanzielle Zuwendungen erhielten, wenn auch immer wieder eingeschränkt durch die wirtschaftliche Lage. Als Mitglied des Magistrats der Stadt Wilhelmshaven zeichnete Senator Adolf Fooken verantwortlich für „Feuerwehr und Feuerlöschhilfe" (1924).[69]

Nach dem plötzlichen Tod des Hauptmanns Wilhelm Thörner im Jahr 1916 hatte dessen Stellvertreter Hinrich Janßen die Führung der Freiwilligen Feuerwehr Wilhelmshaven übernommen, der schon 1880 als 20-Jähriger zu den Gründern der Wehr gehört und vielfältige Aufgaben wahrgenommen hatte.[70] Das Amt des Stellvertreters übernahm der Magistratsbote Johann Schönbohm. Janßen führte die Wehr bis 1930, als er schon das 70. Lebensjahr erreicht hatte, und wurde zum „Ehrenhauptmann" ernannt.

Zum 1. April 1928 schlossen beide Jadestädte eine neue Vereinbarung mit der Reichsmarinewerft über die nachbarliche Löschhilfe ab. Möglicherweise versuchte die Werftleitung auf diese Weise, ihre inzwischen vollständig motorisierte Feuerwehr in wirtschaftlich schwierigen Zeiten und angesichts eines erheblich kleineren Werftbetriebs mit einer zusätzlichen Aufgabe abzusichern. Sie definierte ihr Leistungsangebot: „Die Marinewerft übernimmt vom 1. April 1928 ab durch ihre Feuerwehr die erste Feuerlöschhilfe in der Stadt Rüstringen, einschließlich der Deutschen Werke (der früheren U-Boot- und Torpedowerft, der Verf.), jedoch ausschließlich der südlich des Ems-Jade- Kanals gelegenen industriellen Werke."[71] Sie sicherte zu, „auf jeden Anruf – mündlich, telephonisch oder durch Feuermelder [...] mit einem der alarmbereiten Löschzüge" ausrücken, sofern es nicht gerade auf dem Werftgelände einen Großbrand zu bekämpfen galt. Nach heutigem Verständnis entsprach das einer neunköpfigen Löschgruppe (1/8) mit zwei Fahrzeugen. Die Alarmierung sollte über die Polizei, später auch über öffentliche oder private Fernsprecher erfolgen. Mit Blick

Abb. 27: Feuerwehr der Reichsmarinewerft, 1924 (Feuerwehr-Archiv)

auf die kommunalen Feuerwehren war auch das Ende des Einsatzes definiert. „Die Werftfeuerwehr löscht bis zu dem Augenblick, in dem ihre Tätigkeit auf der Brandstelle entbehrlich wird, d.i. wenn nach Ansicht des Leiters der Werftfeuerwehr die freiwillige Feuerwehr in der Lage ist, die weiteren Ablösch- und Aufräumungsarbeiten zu verrichten."[72] Für ihre Unterstützung verlangte die Werft als Aufwandsentschädigung von den beiden Städten zusammen ein Drittel ihrer eigenen Personalkosten. Nach Edgar Grundig betrug die jährliche Forderung insgesamt 35.000 Mark, davon 12.000 Mark für Wilhelmshaven und 23.000 Mark für das doppelt so große Rüstringen, die aber in keinem Jahr tatsächlich gezahlt wurde.

Der Vertrag hatte eine sechsmonatige Kündigungsfrist, von der die Werft bereits zum Jahresende 1929 Gebrauch machte, nachdem der Rechnungshof des Deutschen Reiches in Potsdam die geringe Höhe der Entschädigung moniert hatte. Assessor Kuhlmann von der Werftverwaltung, Stadtrat Walter Kleine (Stadt Rüstringen) und Senator Adolf Fooken (Stadt Wilhelmshaven) einigten sich in Verhandlungen darauf, den Vertrag unter Vorbehalt mit einer monatlichen Kündigungsfrist und den bisherigen Monatspauschalen weiterlaufen zu lassen.[73]

Die beiden Städte hatten deutlich gemacht, dass die Löschhilfe für sie nur so lange von Interesse sein konnte, wie sie finanziell wesentlich günstiger sei als eine voll ausgerüstete eigene Feuerwehr. Der Werft wiederum war es offenkundig wichtig, die Werftfeuerwehr in ihrer bisherigen Größe zu erhalten und wenigstens einen Teil der Einnahmen zu erzielen. Tatsächlich zahlte die Stadt Wilhelmshaven von 1928 bis 1934 mit durchschnittlich 3.000 Mark pro Jahr (250 Mark/Monat) nur etwa ein Viertel des von der Werft geforderten Betrages.[74]

## Großfeuer auf der Marinewerft

### Das obere Stockwerk der alten Mechanikerwerkstatt völlig abgebrannt

Abb. 28: Feuerwehreinsatz beim Brand der alten Mechaniker-Werkstatt auf der Reichsmarinewerft, 10. März 1928: Feuerwehrleute im Einsatz mit Drehleitern, Ausziehleitern und direkt über eine Außentreppe (Zeichnung des „Sonderzeichners" der „Wilhelmshavener Zeitung" 12. März 1928) (Stadtarchiv)

## Reichsmarinewerft, 10. März 1928: Großbrand in der alten Mechaniker-Werkstatt

Ein Feuer auf der Reichsmarinewerft an der Königstraße (heute Ebertstraße) in Höhe der Kronprinzenstraße (heute Moselstraße) forderte am Nachmittag des 10. März 1928 den Einsatz aller Feuerwehren an der Jade. Im oberen Stockwerk der „alten Mechaniker-Werkstatt", in der elektrische Signalanlagen gewartet und repariert wurden, war möglicherweise durch einen Kurzschluss ein Feuer ausgelöst worden und hatte schnell auf dort gelagertes Reinigungsbenzin übergegriffen. In der hölzernen, mit Dachpappe belegten Dachkonstruktion fand es dann reiche Nahrung.

Auf das Sirenen-Signal der Werft für Großbrand hin – einem Dauerton, der auch als „Brandsirene" bezeichnet wurde – rückten die Freiwilligen Feuerwehren aus Heppens, Bant, Neuengroden und natürlich Wilhelmshaven zum Einsatz aus: „Bald erfüllte auch das Klingelsignal der verschiedenen Freiwilligen Feuerwehren die Straßen", berichtete die „Wilhelmshavener Zeitung" über die im Laufschritt mit den Handdruckspritzen anrückenden Wehren: „Außer Atem kamen die Feuerwehrleute in der Königstraße an."

Vom Bauhafen her versorgte das Feuerlöschboot *Hilfe* der Werftfeuerwehr mit seiner leistungsfähigen Pumpe die Einsatzkräfte mit Löschwasser. Bei diesem Einsatz stießen selbst die zwei eingesetzten Motorspritzen der Werftfeuerwehren an Grenzen, ihre Pumpleistung reichte nicht aus, um die abbrennende Dachkonstruktion von oben löschen zu können. Dazu bedurfte es der mechanischen Schiebeleitern, von denen aus die Einsatzkräfte mit dem über eine Schlauchleitung gespeisten Strahlrohr das Feuer bekämpften. Der Löschangriff musste also direkt vorgetragen werden: „Tollkühn war das Vorgehen einiger Feuerlöschmannschaften, die von außen auf der Eisentreppe […] dem Feuer zu Leibe rückten."

Mitten im Einsatz am Gebäude brach die Magirus-Drehleiter der Freiwilligen Feuerwehr Heppens (vgl. Seite 39) plötzlich auseinander. Der Schlauchführer, Heizer Strahl, stürzte acht Meter tief, leicht verletzt wurde er von der Sanitätskolonne versorgt.

Das Gebäude war nicht mehr zu retten, Teile davon stürzten im Laufe des Einsatzes ein. Den Feuerwehren und den eingesetzten Soldaten gelang es jedoch, die Nachbargebäude zu schützen. Gegen 18 Uhr war das Feuer eingedämmt, eine halbe Stunde später rückten die ersten Wehren wieder ab.

Abb. 29: Feldwebel Wilhelm Winkler, o. D. (Sammlung Benno Goldammer)

Zum Nachfolger Hinrich Janßens als I. Hauptmann der Freiwilligen Feuerwehr Wilhelmshaven wählten die Feuerwehrangehörigen 1930 den Stadt-Bürodirektor Otto Fröhlich. Er stand in den Diensten der Stadt Wilhelmshaven und verfügte zwar nur über geringe Feuerwehrerfahrung, aber ebenso gute Kontakte wie zuvor der erfolgreiche Hauptmann Thörner. Ihm zur Seite standen als II. Hauptmann und Stellvertreter der bisherige Feldwebel Wilhelm Bleschke und als Feldwebel der bisherige Kassierer Wilhelm Winkler.

1930 beging die Freiwillige Feuerwehr Wilhelmshaven in großem Rahmen ihr 50-jähriges Bestehen. Aus diesem Anlass veranstaltete der Feuerwehrverband für Ostfriesland und Harlinger Land seinen 16. Verbandstag am 14. und 15. Juni 1930 in der Stadt an der Jade. Im „Ehrenausschuss" waren u.a der Auricher Regierungspräsident Jan Berghaus, die beiden Oberbürgermeister Emil Bartelt und Dr. Friedrich Paffrath vertreten, ebenso Konteradmiral Werner Tilleßen als Chef der Marinestation der Nordsee, Polizeipräsident Willi Mai und Senator Adolf Fooken als Magistratsmitglied für das Feuerlöschwesen der Stadt Wilhelmshaven.[75] Die gesellschaftlichen Veranstaltungen fanden im „Parkhaus" (Kurpark) und im „Gesellschaftshaus" an der Bismarckstraße statt.

Abb. 30: 50-jähriges Jubiläum der Freiwilligen Feuerwehr Wilhelmshaven: der I. Zug (Steigerzug) angetreten zur Schulübung, 15. Juni 1930 (Stadtarchiv, Best. 3767 Feuerwehr)

„Wenn die Flammen wild wütig die Nacht durchlohen,
Der Menschen Leben und Werke bedrohen,
Nach allen Seiten sich gierig strecken,
Vom Sturme gepeitscht zum Himmel sich recken,
Dann gibt es zu kämpfen, dann seid Ihr da,
Ihr, die Ihr kamet von Fern und Nah.
Noch heulen die Stürme, noch wüten die Flammen,
Ihr friesischen Männer schließt Euch zusammen,
Reicht Euch die Hände zum festen Bunde,
Dann wächst heraus aus der festlichen Stunde
Der starke Feuerwehrverband
Zum Heil fürs Deutsche Vaterland."

Festgruß von Studienrat Dr. Santelmann zum 50-jährigen Bestehen der Freiwilligen Feuerwehr Wilhelmshaven 1930 (Stadtarchiv, Best. 3767 Feuerwehr)

Zum Beweis ihrer Leistungsfähigkeit zeigte die Freiwillige Feuerwehr Wilhelmshaven am 15. Juni ab 11 Uhr neben ihrem Gerätehaus in der Prinz-Heinrich-Straße (heute Mozartstraße) eine „Schulübung auf dem Oberrealschulplatz".[76] Sie präsentierte den zahlreichen Zuschauern im Rahmen eines schulmäßigen Exerzierens ihre Geräte wie die Handdruckspritze und die handgezogene Drehleiter. Daran schloss sich ein „Manöver" an, eine öffentliche Schauübung am Gebäude der Möbeltischlerei Gruss

Abb. 31: 50-jähriges Jubiläum der Freiwilligen Feuerwehr Wilhelmshaven: „Schulexerzieren" des II. Zuges an der Handdruckspritze, 15. Juni 1930 (im Hintergrund das Schulgebäude und rechts die Bebauung an der Parkstraße) (Stadtarchiv, Best. 3767 Feuerwehr)

Abb. 32: 50-jähriges Jubiläum der Freiwilligen Feuerwehr Wilhelmshaven: Vorführung der fahrbaren Magirus-Drehleiter, 15. Juni 1930 (im Hintergrund die Bebauung an der Prinz-Heinrich-Straße, heute Mozartstraße) (Stadtarchiv, Best. 3767 Feuerwehr)

auf der Südseite des Bismarckplatzes an der Knorrstraße. Die Übungslage war ein „klassischer Wohnungsbrand" als Folge einer Gasflaschenexplosion, einschließlich Menschenrettung und Verletztenversorgung durch die „Freiwillige Sanitätskolonne Wilhelmshaven". Mit einem „Rettungsschlauch" ließen die Einsatzkräfte angedeutet

Abb. 33: 50-jähriges Jubiläum der Freiwilligen Feuerwehr Wilhelmshaven: Schauübung am Bismarckplatz, 15. Juni 1930 (Stadtarchiv, Best. 3767 Feuerwehr)

Abb. 34: 50-jähriges Jubiläum der Freiwilligen Feuerwehr Wilhelmshaven: Übung mit dem Rettungsschlauch, 15. Juni 1930 (die Angehörigen der Sanitätskolonne tragen weiße Armbinden) (Stadtarchiv, Best. 3767 Feuerwehr)

Abb. 35: Werftfeuerwehr, aufgestellt an der Innenseite des Torgebäudes von Werfttor I, 1930 (Denkschrift 75 Jahre Marinewerft, 1931)

verletzte Personen aus einem oberen Stockwerk zum Abtransport auf den Gehweg ab. Da die Handdruckspritze nicht genug Wasser gab, wurde dann planmäßig auch noch die besser ausgestattete Werftfeuerwehr gerufen – vielleicht um die Notwendigkeit der Beschaffung einer eigenen Motorspritze zu untermauern.

Aus Anlass des Verbandstages in Wilhelmshaven präsentierte sich auch die Werftfeuerwehr um 12.30 Uhr mit einem eigenen Beitrag. Sie verfügte inzwischen über 50 hauptamtliche Feuerwehrleute, aufgeteilt in zwei Wachen: zwei Wachvorsteher, sechs Oberfeuerwehrleute, acht Maschinisten, sechs Telegrafisten und 28 Feuerwehrleute. Darüber hinaus standen in den verschiedenen Werftressorts insgesamt 200 nebenamtliche Feuerwehrleute bereit.

Seit 1924 waren ihre beiden Löschzüge voll motorisiert (vgl. Seite 46). Die Geräteausstattung konnte sich sehen lassen: vier schwere Motorspritzen (Magirus 2.400 l/Min., Daimler 1.800 l/Min., Opel 1.800 l/Min., Hansa 1.600 l/Min. für Schaum) sowie ein Löschfahrzeug Hansa/Lloyd für Kohlensäure. Hinzu kamen eine mechanische Magirus-Drehleiter mit 26 Meter Ausziehhöhe, ein Alarmwagen, ein Schlauchwagen sowie ein Krankenwagen. Für den Einsatz vom Wasser her verfügte die Werftfeuerwehr über das Feuerlöschboot *Retter*. Die an Bord eingebauten Pumpen hatten eine Leistung von insgesamt 4.000 l/Min. und waren mit Schaumgeneratoren ausgestattet. Außerdem lagen zwei Motorboote (u.a. *Hilfe*, vgl. Seite 48) für den Nachschub auf dem Wasserweg bereit.

Die Werftfeuerwehr demonstrierte ihr Können zunächst bei einem „Schulexerzieren mit einem Fahrzeug am Übungsturm“. Danach zeigte man das Löschen von

Abb. 36: Feuerlöschboot *Retter* der Werftfeuerwehr, o. D. (Stadtarchiv, Best. 2000-57 Sammlung Alfred Wulf)

Benzolbränden mit Schaum und Kohlensäure. Im Mittelpunkt des darauffolgenden Übungsalarms stand der angenommene Brand eines Holzschuppens, gegen den zunächst der erste Löschzug vorging, unterstützt vom Feuerlöschboot *Retter*. Da dies nicht ausreichte, kam auch noch die Freiwache mit dem zweiten Löschzug zum Einsatz. Der Abschluss entsprach den damaligen Gebräuchen: „Nach beendeter Übung findet ein Vorbeimarsch sämtlicher Fahrzeuge an den Zuschauern statt."[77] Zum Abschluss des Verbandstages führte ein Festzug mit beinahe 70 Abordnungen der Feuerwehren des Verbandsgebiets, der „Freiwilligen Sanitätskolonne Wilhelmshaven", dem „Arbeiter-Samariterbund" u.v.a.m. um 15.00 Uhr nachmittags vom Bismarckplatz aus durch die Stadt.

Die „Freiwillige Sanitätskolonne vom Roten Kreuz'" von 1908, wie sie offiziell hieß, widmete sich ehrenamtlich der Versorgung von Akutkranken und Verletzten.[78] In der Weimarer Republik hatten die im 1879 gegründeten „Zentralkomitee der deutschen Vereine vom Roten Kreuz" zusammengefassten Organisationen der Verwundeten-Fürsorge ihr Tätigkeitsspektrum auf den zivilen Sektor ausgedehnt. Seit 1912 trug der Dachverband den Namen „Deutsches Rotes Kreuz". In Wilhelmshaven unterhielt die Freiwillige Sanitätskolonne eine „Sanitätsstelle", sie bildete in „Erster Hilfe" aus und führte Krankentransporte auf fahrbaren Tragen durch. Ab 1934 arbeiteten die Freiwillige Sanitätskolonne und der bereits 1874 gegründete „Vaterländische Frauenverein", der sich verschiedenen wohltätigen Aufgaben widmete, in einer einheitlichen örtlichen Gliederung des Deutschen Roten Kreuzes zusammen.

Ebenfalls vor dem Ersten Weltkrieg hatte der gewerkschafts- und SPD-nahe „Arbeiter-Samariter-Bund" im Jahr 1909 die „Banter Kolonne" gegründet, die 1912 als „Kolonne Rüstringen" neuformiert wurde.[79] Sie widmete sich vor allem der Ausbildung in Erster Hilfe, der häuslichen Krankenpflege und dem Sanitätsdienst bei Veranstaltungen. Schon 1916 war der Ruf nach ständig besetzten „Sanitätswachen" laut geworden, die „Wilhelmshavener Zeitung" schrieb: „Es geht nicht an, daß ein Mensch länger als eine Stunde auf der Straße liegt und verblutet."[80] Im Jahr darauf berichtete die Zeitung von einer Unfallwache beim Garnisonsarzt in der Elisabethstraße (heute Neckarstraße), die Tag und Nacht besetzt war. Die Mitarbeiter leisteten Militär- und Zivilpersonen Erste Hilfe und organisierten den Transport in Lazarette oder Krankenhäuser durch Sanitätspersonal und Krankenwagen.[81]

1924 richtete der „Arbeiter-Samariter-Bund" in einem Keller des Gebäudes Schulstraße/Ulmenstraße erstmals eine stundenweise besetzte „Sanitätsdienststelle" ein. Die Wohnungen von besonders gut in Erster Hilfe ausgebildeten Arbeiter-Samaritern waren mit dem Schild „Erste Hilfe-Station" gekennzeichnet.

Zwei Jahre später erhielt die Organisation von der Stadt Rüstringen auf Antrag ein Kraftfahrzeug für den Krankentransport zugewiesen. Inwieweit damit tatsächlich Krankentransporte durchgeführt wurden, ist nicht dokumentiert, wohl aber der Einsatz einer „Fahrradtrage", eines hölzernen zweirädrigen Karrens mit einem Segeltuchbezug. Drei Jahre später zog der ASB mit der „Sanitätsdienststelle" oder auch „Unfallhilfsstelle" in das Gebäude des bisherigen Rüstringer Standesamtes an der Einmündung des Mühlenwegs in die Bismarckstraße um. Dort konnte man in Notfällen

Abb. 37: Unfallhilfstelle des Arbeiter-Samariter-Bundes am Mühlenweg/Bismarckstraße, 1929 (Arbeiter-Samariter-Bund Wilhelmshaven)

Abb. 38: Motorspritze und Drehleiter der Werftfeuerwehr nach einem Einsatz in der Bäckerei Henning (Werftstraße/Adolfstraße), o. D. (Stadtarchiv, Best. 2000-57 Sammlung Alfred Wulf)

anrufen, zwischen 19 und 24 Uhr stand auch ein Helfer der Organisation bereit. Mit dem Verbot des „Arbeiter-Samariter-Bunds" 1933 gingen seine Aktivitäten auf das nunmehr staatsnahe „Deutsche Rote Kreuz" über (vgl. Seite 110).[82]

Die Freiwillige Feuerwehr Wilhelmshaven zog in ihrem Jubiläumsjahr 1930 Bilanz: Seit der Gründung vor 50 Jahren hatte sie 173 Brände im Entstehen gelöscht, bei 196 Bränden war es ihr gelungen, den Brandherd zu isolieren und die benachbarten Bereiche zu schützen. 52-mal entstanden größere Brände, „bei denen sie erst nach langer schwerer Anstrengung des Feuers Herr zu werden vermochte."[83] Das bedeutete: Zum Zeitpunkt der Meldung „Feuer aus!" waren größere Teile des Gebäudes abgebrannt. 1930 hatte die Wehr 55 aktive Mitglieder, vergleichsweise wenig im Verhältnis zu den Gründerjahren und zu den 23.554 Einwohnern der Stadt. Die „Wilhelmshavener Zeitung" merkte kritisch an: „Eigenartig mutet die Tatsache an, daß die Wilhelmshavener Feuerwehr zu 80 Prozent aus Werfthandwerkern und Arbeitern besteht, zum andern Teil vorwiegend aus städtischen Beamten, Angestellten und Arbeitern. [...] Gewerbetreibende, Handwerksmeister und Kaufleute fehlen so gut wie ganz in der Wehr. In vielen anderen Städten betrachten gerade sie es als ihre Pflicht, die Uniform des Feuerwehrmannes zu tragen und ihre Stadt vor großem Feuerschaden zu bewahren. Die ungenügende Ausstattung der Wilhelmshavener Wehr mag viel Schuld daran haben, daß das Interesse für sie nicht sehr groß ist. Der Bürger vertraut auf die Werftfeuerwehr".[84]

Auch die Verantwortlichen im Rathaus nahmen die Existenz der Werftfeuerwehr offenkundig weiterhin gerne zum Vorwand, bei der Ausstattung der Freiwilligen Feuerwehr zu sparen, und erklärten in der Zeitung: „Die freiwillige Feuerwehr verfügt nicht über die modernen Geräte, wie sie jede Feuerwehr haben müsste. Die Stadt hat bisher davon abgesehen, die Feuerwehr modern auszustatten, da wir ja die Werftfeuerwehr haben [...]."[85] So entstand ausgerechnet im Jubiläumsjahr 1930 eine Debatte über den Stellenwert und die Ausstattung der Feuerwehr. Die Verantwortlichen der Wehr wandten sich direkt an die Stadtvertretung und wiesen auf die Risiken des Löschhilfevertrages mit der Werft hin: „[...] wenn die Freiwillige Feuerwehr zu Beginn des Jahres in einer Denkschrift die Stadtvertretung auf die ungenügende Ausstattung der Wehr und ihre Gefahren hingewiesen hat, so sprach daraus keineswegs der Ehrgeiz, hinter anderen Wehren nicht zurückstehen zu wollen, sondern nur das Gefühl der Verantwortung. Die Denkschrift ging aus von der Tatsache, daß die Löschhilfe der Marinewerft nur eine bedingte ist, die Werftfeuerwehr nicht in Tätigkeit tritt, wenn es auch auf der Werft brennt."[86]

Es ist nicht auszuschließen, dass diese Initiative schon auf den neuen Hauptmann Fröhlich zurückzuführen war. Er überzeugte den Magistrat jedenfalls 1931 von der Notwendigkeit der Beschaffung einer Motorspritze (800 l/Min.) der Fima Magirus/Goliath – trotz der im Zuge der Weltwirtschaftskrise äußerst schwierigen wirtschaftlichen Situation mit hoher Arbeitslosigkeit und defizitären öffentlichen Haushalten. Es war die erste Motorspritze der kommunalen Feuerwehren an der Jade. Genauer gesagt handelte es sich um eine motorgetriebene Pumpe auf einem Anhänger, vergleichbar der späteren Tragkraftspritze. Angesichts ihrer Pumpenleistung konnte gleichwohl die Pflichtfeuerwehr aufgelöst werden, deren Angehörige man bisher vor allem als Bedienung an die Handdruckspritzen gestellt hatte. Die Mitglieder der Freiwilligen Feuerwehr Wilhelmshaven kauften aus eigenen Mitteln einen gebrauchten Sechs-Sitzer (Mercedes-Benz) als Zugwagen für die Motorspritze und für den Mannschaftstransport. Dies entsprach der Praxis vieler freiwilliger Feuerwehren, die mit Hilfe der Handwerker in ihren Reihen geeignete Fahrzeuge, zumeist mehrsitzige offene Personenwagen oder Kleinlastwagen, als Mannschaftswagen herrichteten und die Motorpumpe entweder aufluden oder auf einem Anhänger zogen. So geschah es z.B. in Neuengroden 1927 (vgl. Seite 60) und in Fedderwarden 1934.[87] Die Stadt Wilhelmshaven erwarb das Fahrzeug später.

*

Rüstringen definierte sich von Anfang an stark über städtebauliche und kulturelle Projekte. Sie sollten die Idee einer neuen Stadt verkörpern und Ausdruck moderner Kommunalpolitik sein. Da man in der gewachsenen Siedlungsstruktur zunächst kaum Veränderungen erreichen konnte, entstanden fortschrittliche städtebauliche Konzepte für Wohnsiedlungen, Grünanlagen und Plätze vor allem als Neubauprojekte. Oberbürgermeister Dr. Emil Lueken holte dafür Fachleute wie Martin Wagner oder Leberecht Migge nach Rüstringen, die noch heute wahrnehmbare Spuren z. B. den Stadtpark und den Ehrenfriedhof, die Stadtpark-Kolonie oder die Bebauung entlang der Siebethsburger Straße hinterließen.

Sehr ambitionierte Planungen und ein national ausgeschriebener Architektenwettbewerb galten 1913 der neuen Mitte Rüstringens, den „Zentralanlagen" an der Bismarckstraße, deren Standort in der geografischen Mitte Rüstringens bereits bei der Gründung 1911 festgelegt worden war. Mit einem Rathaus und anderen zentralen Einrichtungen sollte das Zentrum des neuen Gemeinwesens entstehen: höhere Schulen, ein „Bürgerforum" mit Versammlungsraum und Bibliothek, eine Sparkasse, eine Markthalle und nicht zuletzt eine Feuerwache. Das Wettbewerbsprogramm sah dafür eine Fläche von 2.500 qm einschließlich eines „Übungshofs" vor. Martin Wagner, dessen Wettbewerbsbeitrag die Grundlage für die weitere Planung werden sollte, platzierte die Feuerwache an der Ecke Mitscherlichstraße/Paul-Hug-Straße, dem Standort des heutigen Finanzamts. Vor dort aus hätte die Feuerwehr die Stadtteile Bant, Heppens und Neuende schnell erreichen können. Nach den Grundrisszeichnungen sollten in der neuen Feuerwache zwei vollständige Löschzüge stationiert werden.

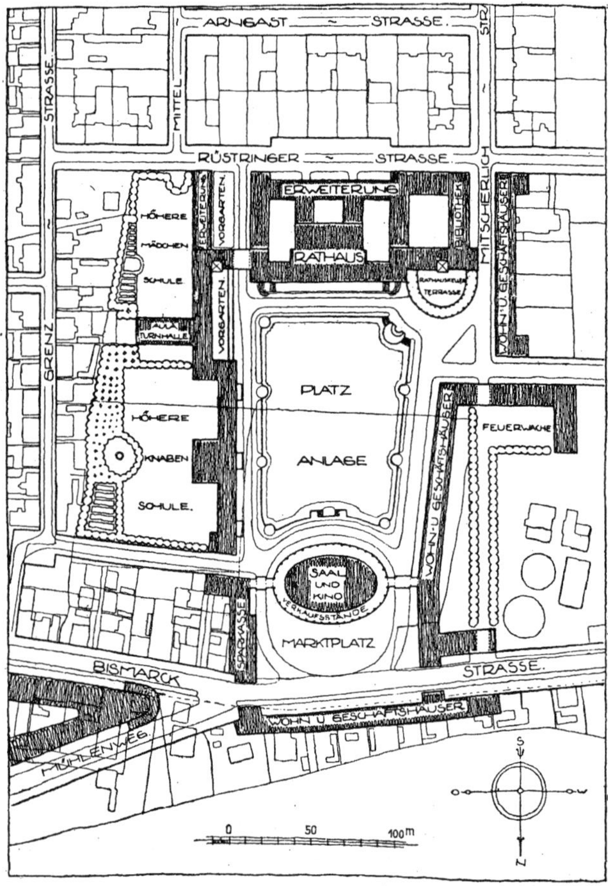


Abb. 39: Wettbewerbsbeitrag von Martin Wagner für die „Zentralanlagen Rüstringen", mit der geplanten Feuerwache an der Stelle des heutigen Finanzamtes, 1913 (Stadtarchiv Best. 2000-35 Sammlung Dr. Ingo Sommer)

Man kann wohl davon ausgehen, dass es sich zu diesem Zeitpunkt (1913) um einen Platzhalter im Hinblick auf die zukünftige Entwicklung einer zentralen neben- oder hauptamtlichen Feuerwehr handelte. Hier trafen sich städtebauliche Ambitionen und die Notwendigkeit, die Infrastruktur und die kommunalen Einrichtungen der drei Gründergemeinden – Schulen, Verwaltungsgebäude, technische Einrichtungen u.v.a.m. – auf die zukünftige Struktur eines einzigen Gemeinwesens auszurichten. In diesem Zusammenhang ordnete die Stadt Rüstringen auch ihr Feuerlöschwesen neu. Nachdem die Satzungen der Feuerwehren in Bant, Heppens und Neuende zunächst noch übergangweise fortgegolten hatten, schuf sie mit dem „Statut betreffend das Feuerlöschwesen" vom 30. Juli 1915 einheitliche Rechtsgrundlagen für die Feuerwehr. In seinen grundsätzlichen Regelungen glich es sehr stark den vorhergehenden Bestimmungen, die den allgemeinen gesetzlichen Vorgaben entsprachen und sich bewährt hatten.

Der Charakter der Feuerwehr als Einrichtung der kommunalen Daseinsvorsorge und damit die Dualität mit den privaten „Feuerwehrvereinen" traten nun schon stärker hervor. Die Pflichtfeuerwehr blieb als Option bestehen. Der Magistrat konnte jedoch nach neuerem Landesrecht den „organisierten freiwilligen Feuerwehren" die Aufgabe der Löschzüge in ihren Löschbezirken übertragen, wenn dort mindestens 20 aktive Feuerwehranghörige bereitstanden.[88] Außer zu Kriegszeiten ruhte damit die Verpflichtung zum Dienst in der Feuerwehr. In jedem Löschbezirk war jedoch eine Sicherheitswache von 50 Personen zu stellen, in Neuengroden 12 Personen. Die Freiwillige Feuerwehr Bant bildete nun den „Banter Löschzug", Heppens den „Heppenser Löschzug" und Neuende den „Neuender Löschzug" (ohne Neuengroden und Rüstersiel). In dem Statut von 1915 wurde auch der „Neuengrodener Zug" (für Neuengroden und Rüstersiel) aufgeführt, zunächst als Pflichtfeuerwehr, da es eine Freiwillige Feuerwehr dort erst ab 1919 gab. Die Stadt Rüstringen behielt sich die Genehmigung der Vereinssatzungen der Freiwilligen Feuerwehren und die Bestätigung der gewählten Hauptleute, Feldwebel und Zugführer vor.

Neu war die Vorschrift des § 17 über die „Feuerwache bei Veranstaltungen", nach der bei Theater- und Zirkusveranstaltungen, bei Maskenbällen sowie Schieß- und Volksfesten eine Feuerwache (heute Brandsicherheitswache) erforderlich war. Sie sollte aus geeignetem eigenen Personal oder gebührenpflichtig aus dem Personal der freiwilligen Feuerwehr gestellt werden. Die Aufsichtsbehörde in Oldenburg bezweifelte allerdings die Rechtsgrundlage einer solchen Vorschrift, sodass das Statut erst am 18. Juli 1916 endgültig in Kraft trat.

Zu dem bewährten Regelungsbestand gehörte offenkundig u.a. auch eine Vorschrift aus der vormaligen Neuender Satzung, die nun als § 20 übernommen wurde: „Geistige Getränke dürfen beim Brande nur mit Genehmigung des Brandmajors oder des Hauptmanns eines Löschzuges verabreicht werden."[89]

*

Beiderseits der nördlichen Fortifikationsstraße (heute Freiligrathstraße) war schon vor dem Ersten Weltkrieg der Stadtteil Neuengroden entstanden. Allen Ungewissheiten der Nachkriegszeit zum Trotz gründeten 27 Männer am 10. Februar 1919 in der Gaststätte „Erholung" (Frerichs, später „Hotel Jacobi", heute Seniorenheim an der Freiligrathstraße, nahe der „Nordseestation") die „Freiwillige Feuerwehr Neuengroden". Zum Hauptmann wählten sie Wilhelm Tietken, zu seinem Stellvertreter Johann Gerdes.[90] Als Teil des Rüstringer Feuerlöschwesens wurde die Wehr auf der Grundlage des Statuts von 1915 mit den Aufgaben des „Löschzuges Neuengroden/Rüstringen IV" betraut.

Die persönliche Ausrüstung (Jacken, Gurte etc.) stellten zunächst die Wehren aus Bant, Heppens und Neuende zur Verfügung. Die eher provisorische Geräteausstattung bestand aus einer fahrbaren Schlauchhaspel mit vier C-Schläuchen, einer Baupumpe (von der Wehr in Heppens) sowie einem Standrohr. 1921 kamen eine tragbare Schiebeleiter und eine Handdruckspritze hinzu. Bis zur Motorisierung vergingen noch ein paar Jahre: Erst 1927 erwarb die Freiwillige Feuerwehr Neuengroden von der Reichsmarinewerft für 720 Reichsmark ein Fahrzeug der Marke Opel, das man gegen einen „Hansa" umtauschte und zum Mannschafts- und Gerätewagen umrüstete, finanziert über Anteilscheine der Mitglieder. Es wurde 1929 von der Stadt Rüstringen übernommen.[91] Als Remise nutzte man zunächst ein Stallgebäude beim Bauern Sjauken an der Einmündung des Neuengrodener Weges in die Freiligrathstraße (heute Spielhalle).[92] Im Ort verteilt waren „Feuermeldestellen" eingerichtet, von denen aus die Feuerwehrleute mit Signalhörnern („Signalhupen") alarmiert wurden: im Restaurant „Erholung" (s.o.), in den Gaststätten „Nordseestation" und „Borsum" sowie beim Dachdeckermeister Jünemann. Einer der ersten „scharfen" Einsätze führte die junge Wehr 1921 zum Brand eines Bauernhauses in Altengroden.

Ein Großbrand in einem Magazin des Schiffbauressorts der Marinewerft am 1. Oktober 1921 zeigte selbst der leistungsstarken Werftfeuerwehr ihre Grenzen auf. Die zu diesem Zeitpunkt noch keineswegs motorisierten Feuerwehren aus Wilhelmshaven und Rüstringen kamen zum Einsatz, Soldaten bedienten die Handruckspritzen. Sogar die Freiwillige Feuerwehr Oldenburg schickte motorisierte Hilfe.[93]

Anfang der 1920er Jahre nahm auch die Interessenvertretung der Feuerwehren wieder ihre Arbeit auf. Nach der Abdankung des oldenburgischen Großherzogs hatte sich 1919 der Freistaat Oldenburg mit einer parlamentarischen Verfassung konstituiert, der Verband der Feuerwehren führte seit 1922 die Bezeichnung „Oldenburgischer Feuerwehrverband". Hauptmann Wilhelm Köster aus Bant wurde erneut in den Vorstand gewählt.[94] 1922 folgte ihm Wilhelm Ulich aus Neuende, der das Mandat bis 1930 wahrnahm. Angesichts weiterhin steigender Mitgliederzahlen gründeten sich nach 1926 immer mehr Bezirksverbände, auf deren jährlichen Verbandstagen die Übungen der jeweils gastgebenden Feuerwehr vorgeführt wurden.[95]

Abb. 40: Hauptmann Wilhelm Tietken (Freiwillige Feuerwehr Rüstringen, 2015)

Für das Feuerlöschwesen in der Stadt Rüstringen war in diesen Jahren fachlich der Brandmajor Wilhelm Knauf verantwortlich, in der Verwaltungsspitze seit 1920 der Ordnungsdezernent Stadtrat Walter Kleine und als zuständiges Magistratsmitglied der Ratsherr Alfred Jans. Die Freiwillige Feuerwehr Bant (Rüstringen I) führte Hauptmann Wilhelm Kluth,[96] die Freiwillige Feuerwehr Heppens (Rüstringen II) Hauptmann Folkert Ommen, die Freiwillige Feuerwehr Neuende (Rüstringen III) Hauptmann Wilhelm Ulich, die Freiwillige Feuerwehr Neuengroden (Rüstringen IV) Hauptmann Wilhelm Tietken. Die Wehren übernahmen die neuen Bezeichnungen (Rüstringen I – IV) in ihre Vereinssatzungen.

Die Verwaltungsangelegenheiten der Feuerwehr bearbeitete im Rathaus der Inspektor Ulfers, später

(1926) Inspektor Folkens. Unter dem Begriff „Feuerwehrsachen" gab das Adressbuch 1924/25 die „Stadtbaracke an der Bismarckstraße" als Standort an, 1928 die „Bureaubaracken Bismarckstraße", in denen auch das Meldeamt, das Arbeitsamt, die Erwerbslosenfürsorge und das Versicherungsamt erreichbar waren. Offenkundig hatte man bereits während des Baus des Rüstringer Rathauses 1928/29 einige Ämter provisorisch in der Mitte der neu gegründeten Stadt untergebracht.

### Immer schon ein Phänomen: Schaulustige…

> Bei den Rettungsarbeiten nach einem Gebäudeeinsturz in der Müllerstraße 1925 erschwerten Schaulustige die Arbeit der Wehr (Freiwillige Feuerwehr Heppens, der Verf.) durch „ungebührliches Verhalten". Die Feuerwehrmänner griffen zur Selbsthilfe und gaben Wasser in die Menge, die zurückwich, aber dabei Schläuche zerschnitt. Man forderte Militär an, das mit 25 Mann vom Seebataillon die Einsatzstelle absperrte.
>
> (75 Jahre Freiwillige Feuerwehr Wilhelmshaven, Wilhelmshaven 1955)

Die Stadt hielt die Gliederung der Wehren und die Abgrenzung der Löschbezirke zunächst bei. Sie bot der Freiwilligen Feuerwehr Neuende, die ihre Gerätschaften immer noch bei einem Landwirt unterstellte, eine Liegenschaft hinter dem „Schützenhof Schaar" an. Dies traf auf den energischen Widerstand der Aktiven.[97] So sah sich der Magistrat schließlich genötigt, 1923 ein eigenes Gebäude am „Wiesenhof" zum Feuerwehrgerätehaus umzubauen und mit einem hölzernen Schlauchtrockenturm zu versehen.[98] In zwei danebenstehende Häuser zogen je zwei Feuerwehrmänner mit ihren Familien ein, zwei weitere in ein Wohnhaus am Eingang zum Wiesenhof, sodass die Einsatzbereitschaft der Wehr deutlich verbessert werden konnte. Das frühere landwirtschaftliche Anwesen „Wiesenhof" befand sich seit 1904 im Besitz der Gemeinde Bant, die Stadt Rüstringen richtete in den 1920er Jahren auf dem Gelände einen Betriebshof für die Müll- und Fäkalienabfuhr ein.

Seitens der Freiwilligen Feuerwehren in Rüstringen wurde im Laufe der Zeit die Forderung nach einer besseren Ausrüstung immer lauter. 1919 richteten sie erstmals eine Eingabe an den Magistrat. Aus der Bevölkerung kamen, wie Friedrich Bohländer später schrieb, Beschwerden über die „unzulängliche Alarmierungseinrichtung".[99] Die finanziellen Möglichkeiten der Kommune waren trotz aller Bemühungen jedoch begrenzt, die Leistungsfähigkeit der hauptamtlichen Werftfeuerwehr einfach zu attraktiv. So bemühte sich der Magistrat zunächst um die Fortschreibung des „Löschhilfevertrages" mit der Marinewerft, der an die Stelle der vorherigen Vereinbarungen mit den einzelnen Gemeinden treten sollte. Man schenkte andererseits solchen Stimmen kein Gehör, die eine gänzliche Übertragung des abwehrenden Brandschutzes auf die Werftfeuerwehr forderten. 1924 schloss die Stadt Rüstringen ebenso wie die Stadt Wilhelmshaven (vgl. Seite 44) eine neue Vereinbarung mit der Reichsmarinewerft ab, die monatliche Pauschale dafür betrug RM 179,90. Während der Inflation wurde vorübergehend ein leistungsbezogenes Entgelt je Einsatz gezahlt.[100] Vereinbarungsgemäß rückte die Werftfeuerwehr auch in Rüstringen wieder ab, sobald das Feuer unter Kontrolle war. Für die freiwilligen Feuerwehren blieb damit noch genug zu tun, selten allerdings der prestigeträchtige Erstangriff.

Die Wehren kritisierten die Vereinbarung. Sie wollten als erste gerufen werden und beanspruchten für sich das Recht, sodann die Werftfeuerwehr zu alarmieren. Namentlich die Hauptleute Kluth (Bant) und Ommen (Heppens) reichten bei der Aufsichtsbehörde, dem Ministerium des Innern des Freistaates Oldenburg, am 23. August 1924 eine diesbezügliche Beschwerde ein.

Dieser Forderung konnte die Stadt Rüstringen nicht zustimmen und berichtete entsprechend: „Auf dieses Verlangen können die Städteverwaltungen im Interesse einer möglichst schnellen Unterdrückung eines ausbrechenden Brandes nicht eingehen."[101] Schließlich konnte die motorisierte, hauptamtliche Werftfeuerwehr innerstädtische Einsatzstellen rund um den Bauhafen schon in fünf Minuten erreichen, während die Angehörigen der freiwilligen Feuerwehr erst von ihren Arbeitsstätten zu den Gerätehäusern gerufen werden mussten. „Die Freiwilligen Wehren können und wollen die Tatsache nicht anerkennen, daß durch die moderne Berufsfeuerwehr die Tätigkeit der freiwilligen Feuerwehren bei Bränden naturgemäß eingeschränkt wird."[102] Aber es ging nicht nur um die Schnelligkeit der Werftfeuerwehr: „Die Stadtverwaltung Rüstringen kann bei dieser ausgezeichneten Löschhilfe durch die Berufsfeuerwehr der Werft auf die Anschaffung kostspieliger, moderner Löschgeräte (Motorspritze) verzichten."[103]

Abb. 41: Motorspritze der Werftfeuerwehr, 1928 (Stadtarchiv, Best. 5370 Feuerwehr)

Dennoch nahm der Druck auf die Stadt Rüstringen von Jahr zu Jahr zu. Die Oldenburgische Landesbrandkasse wies darauf hin, „daß trotz des Vertrages mit der Werft die eigene Feuerwehr nicht vernachlässigt werden dürfe. Zumal die Werftfeuerwehr nur Löschhilfe leiste, wenn sie auf der Werft nicht benötigt würde."[104] Sie forderte die Stadt Rüstringen auf, ihre Feuerwehren auf einen Stand zu bringen wie es einer Stadt ihrer Größe entspräche, die mit mehr als 50.000 Einwohnern die zweitgrößte Stadt im Freistaat Oldenburg war: „Der heutige Zustand des Geräteparks und der Organisation sei nur mit einer Dorffeuerwehr vergleichbar [...]"[105] Das oldenburgische Ministerium des Innern als Aufsichtsbehörde schloss sich der Kritik der Landesbrandkasse an und wies den Magistrat „[...] ganz besonders auf den hohen Stand der freiwilligen Feuerwehren von Oldenburg und Delmenhorst hin, die in ihrem Gerätepark zum Teil noch die Werftfeuerwehr überträfen."[106]

Zu diesem Zeitpunkt waren Feuerwehren in Rüstringen ebenso wie in Wilhelmshaven noch überwiegend mit handgezogenen oder pferdebespannten Handdruckspritzen ausgestattet, sieht man von einer Motorspritze mit Zugwagen der Freiwilligen Feuerwehr Wilhelmshaven und einem Zugwagen der Freiwilligen Feuerwehr Neuengroden ab (vgl. Seite 57). Die Freiwillige Feuerwehr Heppens benutzte wann immer möglich den Trecker (Marke Ford) eines Kohlenhändlers als Zugmaschine für ihre Drehleiter. Dagegen verfügten die Freiwilligen Feuerwehren in Oldenburg und Delmenhorst, aber auch in dem kurz vor Wilhelmshaven gegründeten Wesermünde (heute Bremerhaven) bereits über mehrere leichte und mindestens eine schwere automobile Spritze mit einer Pumpenleistung von 800 – 1.000 bzw. 2.000 l /Min.[107]

Auch bei den immer wieder angesetzten „Prüfungen des Feuerlöschwesens der Stadt Rüstringen" durch Vertreter der Aufsichtsbehörde traten die Mängel offen zu Tage, so z.B. bei einer Inspektionsübung auf dem Gelände der städtischen Ziegelei an der Kirchreihe am 3. Juli 1928, an der als Beobachter neben Vertretern der Stadt und der Landesbrandkasse auch Ibo Koch, nunmehr Vorsitzender des „Oldenburgischen Landes-Feuerwehr-Verbandes", teilnahm. Die Interessenvertretung der Feuerwehren hatte sich angesichts der nun flächendeckend vorhandenen Bezirksverbände inzwischen eine neue Bezeichnung gegeben.

**Geräteausstattung der Rüstringer Feuerwehren, 1928**

| Rüstringen I (Bant) | Rüstringen II (Heppens) |
|---|---|
| 1 Saug- und Druckspritze, pferdebespannt | 1 Saug- und Druckspritze mit |
| mechanische Schiebeleiter, 16-18 m | 1 Ford Trecker |
| 3 Schlauchwagen (2-rädrig) | 2 Anstell-Leitern, 19-21 m[108] |
| 1 Gerätekarren (2-rädrig) | 2 Schlauchwagen (2-rädrig) |
| Handfeuerlöscher, Eimerspritze | Handfeuerlöscher |
| Hakenleitern, Steckleitern | Hakenleitern |

| Rüstringen III (Neuende) | Rüstringen IV (Neuengroden) |
| --- | --- |
| 1 Saug- und Druckspritze, pferdebespannt | 1 Saug- und Druckspritze, pferdebespannt |
| 1 mechanische Schiebeleiter, 12 m | 1 Mannschaftswagen |
| 1 Drehleiter | 1 Anstelleiter, 12 m |
| 3 Schlauchwagen (2-rädrig) | 2 Schlauchwagen (2-rädrig) |
| 2 Gerätewagen (2-rädrig) | Kübelspritze, Minimax |
| Handfeuerlöscher | Hakenleitern |
| Hakenleitern | |

(Prüfungsbericht vom 3. Juli 1928, Niedersächsisches Landesarchiv Oldenburg, Best. 135/Nr. 4339)

Bei dieser Übung traf die Freiwillige Feuerwehr Neuengroden mit ihrem „automobilen Vorspannwagen" relativ schnell ein. Die mannschafts- oder bestenfalls pferdebespannten Handdruckspritzen aus Bant, Heppens und Neuende brauchten mehr als 30 Minuten bis zur Einsatzstelle. Trotz der inzwischen vorgenommenen Verbesserungen genügte auch die Alarmierung der Feuerwehrangehörigen durch Signalinstrumente nicht den Anforderungen. Ministerialamtmann Körber hielt als Vertreter der Aufsichtsbehörde zu Protokoll fest: „Es ist unbedingt erforderlich, in Rüstringen eine von der Post unabhängige selbstständige elektrische Alarmeinrichtung zu schaffen, an die die einzelnen Feuerwehrmänner angeschlossen sind und von einer Zentrale aus gerufen werden können."[109]

Die Gestellung von Pferden erwies sich als Risiko, so mussten die Männer aus Neuende gerade bei dieser Übung ihre Spritze zunächst selbst ziehen, bevor unterwegs Pferde aufgetrieben werden konnten. Zentraler Kritikpunkt blieb die techni-

**Abb. 42: Freiwillige Feuerwehr Neuengroden, 1928 (50 Jahre Berufsfeuerwehr, 1990)**

sche Ausrüstung: „Die Stadt Rüstringen muß mit grösster Beschleunigung das Feuerlöschwesen neu aufziehen, eine eigene Zentrale und Nebenstellen in der Stadt mit automobilen Kraftdruckspritzen, mech. Leitern usw. einrichten."[110]

Die Kommune begann umzudenken. Schon am 29. Juli 1927 hatte sie, als erster Schritt in Richtung einer weiteren Kommunalisierung, die Geräte und Ausrüstung ihrer vier Feuerwehren erworben und sich zur Instandhaltung und Ersatzbeschaffung verpflichtet.[111] Für die Freiwillige Feuerwehr Neuengroden ließ sie am Triftweg ein Gerätehaus errichten, das Oberbürgermeister Paul Hug am 24. Juni 1928 seiner Bestimmung übergab. Damit trug die Stadt Rüstringen der gewachsenen Stärke der Wehr Rechnung, die im Jahr 1930 mit 55 aktiven Feuerwehrmännern so viele in ihren Reihen hatte wie die Freiwillige Feuerwehr Wilhelmshaven (vgl. Seite 56).

Bei dem Großbrand in der Mechaniker-Werkstatt der Marinewerft, nahe der Königstraße (heute Ebertstraße), am 10. März 1928 (vgl. Seite 49) zerbrach die vor dem Ersten Weltkrieg beschaffte Heppenser Magirus-Drehleiter, angesichts der anstehenden Veränderungen wurde sie jedoch nicht mehr ersetzt.

Ungeachtet der Diskussion über die Ausstattung ihrer Feuerwehren schloss die Stadt Rüstringen gemeinsam mit der Stadt Wilhelmshaven zum 1. April 1928 einen fortgeschriebenen Löschhilfevertrag mit der Marinewerft (vgl. Seite 46) ab. Die monatliche Pauschale für die Löschhilfe betrug für Rüstringen nun 285 Reichsmark.[112] Die Hilfe der Werft mit ihren zu diesem Zeitpunkt 50 Feuerwehrleuten war schnell und wirksam, aber nicht uneingeschränkt, wie die Aufsichtsbehörde der Stadt Rüstringen vorrechnete: „Auf Wache befinden sich 20 Mann, die eine Leiter und eine Motorspritze besetzen können. Die Werft hat 4 Motorspritzen. Sobald auf der Werft Grossfeuer ist oder in Wilhelmshaven die Hilfe der Werft beansprucht wird, muss Rüstringen sich allein helfen. Das kann es aber bei seinen jetzigen Einrichtungen nicht, die Werftfeuerwehr genügt trotz ihrer vorzüglichen Ausrüstung und Schulung auch nicht für mehrere gleichzeitige Brände in Rüstringen."[113]

In diesem Jahr legte der Magistrat dem Rat der Stadt Rüstringen erstmals eine „Vorlage über die Modernisierung der freiwilligen Feuerwehren" vor. Eine „Feuerwehr-Kommission" hatte den Vorschlag erarbeitet, die Anzahl der Wehren durch Zusammenlegung von vier auf zwei zu verringern, um sie schlagkräftiger zu machen.[114] Brandmajor Wilhelm Knauf hielt je 40 Aktive in den beiden neuen Wehren für ausreichend und empfahl, nur für diese Zahl zukünftig noch finanziell aufzukommen.[115] Anfang Februar 1929 informierte Hauptmann Wilhelm Tietken seine Kameraden in Neuengroden über die geplante „Bildung eines Löschzuges mit neuzeitlichem Alarmsystem."[116] Vorübergehend kam auch der Gedanke an eine zentralisierte Feuerwehr an einem neuen Standort in der Nähe des neuen Rathauses wieder auf (vgl. Seite 58), er wurde aber nicht weiter verfolgt.[117] Vielmehr stellte der Magistrat die Vorlage insgesamt wegen der mit der Neuordnung verbundenen finanziellen Belastungen noch einmal zurück.

Unerwartet ergab sich jedoch eine neue Situation: Auf dem im Niedersächsischen Landesarchiv in Oldenburg erhaltenen Exemplar des Vertrages mit der Marinewerft ist handschriftlich vermerkt: „Abkommen am 20.6.29 gekündigt und am 20.12.29 stillschweigend von Monat zu Monat verlängert." Der Hintergrund dafür waren die finanziellen Mehrforderungen der Werft (vgl. Seite 47). Auch wenn der Vertrag nun unter Vorbehalt weiterlief: Wilhelmshaven und gerade Rüstringen mit seiner großen Fläche und Einwohnerzahl konnten zukünftig nicht mehr in jedem Fall auf die Hilfe der Werftfeuerwehr rechnen.

Das war der endgültige Auslöser für grundlegende Veränderungen, die „Neuorganisation der Rüstringer Feuerwehr", wie es der neue Brandmajor Friedrich Bohländer nannte.[118] Mit dem Stadtamtmann wurde Anfang 1930 ein technischer Beamter aus dem eigenen Bauamt als Leiter der Rüstringer Feuerwehr berufen. Seine Aufgabe war die Umsetzung der Reform. Er beschrieb später die neue Lage: „Die schlechte Organisation und Ausstattung der Rüstringer freiwilligen Feuerwehren und das unsichere Vertragsverhältnis zur Werft führten dann auch dazu, daß Magistrat und Stadtrat in diesem Jahre die Mittel für eine Neuorganisation zur Verfügung stellten."[119] Die vier Rüstringer Freiwilligen Feuerwehren sollten in zwei Löschbezirken an je einem zentralen, leistungsstarken Standort zusammengefasst und entsprechend ausgestattet werden. Nur so waren die erforderlichen Personalstärken für motorisierte Spritzen und Leitern in ausreichender Qualifikation auch tagsüber zu gewährleisten und damit die Option gegeben, kleine und mittlere Feuer auch ohne die Hilfe der Werftfeuerwehr löschen zu können. Das eine moderne Feuerwehrgerätehaus war gerade am Triftweg fertig geworden, das andere würde in Bant stehen.

Mit der Konzentration der Kräfte wollte man den jährlichen Aufwand für die Feuerwehren soweit begrenzen, dass er tragbarer war als das Risiko eines wesentlich teureren Vertrages mit der Marinewerft mit einer Forderung von jährlich 23.000 Reichsmark für Rüstringen, gegenüber 3.450 Reichsmark, die in diesen Jahren tatsächlich gezahlt wurden (vgl. Seite 47).

In der Monatsversammlung der Freiwilligen Feuerwehr Heppens, die Anfang 1929 44 Aktive hatte, erklärte Friedrich Bohländer am 12. April 1930, dass der Magistrat beschlossen habe, der Wehr die finanzielle Förderung zu entziehen und dafür „eine Feuerlöscheinrichtung zu schaffen, die den heutigen Verhältnissen sich besser anpasst und die Schlagfertigkeit in Notfällen gewährleistet."[120] Er analysierte offen und ehrlich den Status quo: „Wenn auch die heutige Einrichtung mit den primitiven Geräten ihre volle Pflicht und Schuldigkeit taten, so war es aber ohne die Werftfeuerwehr nicht möglich, einmal weil das Personal nicht zur Stelle sein konnte und zum andern Mal waren die veralteten Geräte nicht mehr konform, den städtischen Wünschen gerecht zu werden."[121] Die Heppenser Wehr möge doch mit den beiden verbleibenden Wehren fusionieren.

Dies traf naturgemäß auf wenig Gegenliebe. Die Heppenser Kameraden fühlten sich in ihrem jahrzehntelangen Engagement nicht ausreichend gewürdigt, sondern eher zurückgestoßen. Eine außerordentliche Generalversammlung der Freiwilligen Feuerwehr Heppens beschloss am 28. Juni 1930 einstimmig, „daß die Wehr Heppens niemals an eine Auflösung denkt. […] Eine Angliederung bei den bestehenden Wehren kommt nicht in Frage."[122] Es half jedoch nichts, der Magistrat der Stadt Rüstringen hielt an seiner Entscheidung fest. Dabei respektierte er die rechtliche Stellung der Freiwilligen Feuerwehren als Vereine nach dem Bürgerlichen Gesetzbuch (BGB), auf deren Verhalten die Stadt keinen unmittelbaren Einfluss nehmen konnte und wollte.

Er entschied aber über die Beauftragung der Löschzüge (vgl. Seite 59) und legte die Standorte von Wachen bzw. Gerätehäusern fest, für die die Stadt in Zukunft finanziell geradestehen würde.

Die Freiwillige Feuerwehr Bant wurde als Wache „Bant-Rüstringen I", Wilhelmshavener Straße, unter Hauptmann Karl Ott beauftragt. Die Freiwillige Feuerwehr Heppens ging mit der Freiwilligen Feuerwehr Neuengroden in der Wache „Neuengroden-Rüstringen II" am Triftweg unter Hauptmann Wilhelm Tietken auf. Die Freiwillige Feuerwehr Neuende löste sich ebenso wie der Bezirksverband Rüstringen auf.[123] Das bisherige Spritzenhaus in Heppens wurde als Unterstand für die Fahrräder von Arbeitslosen genutzt, das Spritzenhaus in Neuende (Wiesenhof) als Depot für älteres Feuerwehrgerät.[124] Bald darauf änderte die Stadt Rüstringen auch ihr Feuerwehr-Statut: Rüstringen I deckte Bant, Neuende und Mariensiel ab, Rüstringen II Heppens, Neuengroden und Neuende/Rüstersiel.[125]

Viele Heppenser Kameraden machten als „Verein Freiwillige Feuerwehr Heppens" (ab 1936 „Verein Ehemalige Freiwillige Feuerwehr Heppens") weiter. Da man keine Feuerwehraufgaben im Auftrag der Stadt mehr wahrnahm, widmete man sich hauptsächlich der Traditions- und Kameradschaftspflege.

Mit der Grundsatzentscheidung war der Weg frei für ein umfangreiches Beschaffungsprogramm. Am 14. Juni 1930 erhielt Bant-Rüstringen I eine Kleinmotorspritze (400-600 l/Min.) auf einem Anhänger sowie einen umgebauten „Automobil-Mannschaftswagen" als Zugfahrzeug. In den Wohnungen von 24 Angehörigen installierte man postunabhängige Alarmglocken (Meldeschleifen), sodass man jetzt diese und

Abb. 43: Einsatz mit Kleinmotorspritze an der Ecke Königstraße (heute Ebertstraße)/Deichstraße, 1938 (Stadtarchiv, Best. 2000-57 Sammlung Alfred Wulf)

zehn Mann in der Werftstraße (146 und 148), die bereits 1923 dort gezielt untergebracht worden waren, direkt und ohne das gewohnte Feuerhorn schnell und präzise alarmieren konnte.

Auch Neuengroden-Rüstringen II erhielt in diesem Jahr eine Kleinmotorspritze (600 l/Min.) auf einem Anhänger – das Zugfahrzeug war bereits vorhanden – sowie eine fahrbare, pferdebespannte Schiebeleiter (20 m Ausfahrhöhe). Damit ging in Rüstringen das Zeitalter der Handdruckspritzen endgültig zu Ende. Mitte des Jahres wurden in Neuengroden 16 Mann ebenfalls an eine elektrische Klingelleitung mit Alarmweckern angeschlossen. Von nun an alarmierte man im Bedarfsfall beide Löschzüge parallel.

Die Stadt Rüstringen berichtete im Herbst 1930 an das Oldenburgische Ministerium des Innern: „Die Neuorganisation unserer freiwilligen Feuerwehr und die Ausrüstung derselben mit neuzeitlichen Geräten ist beendet. Statt der bisherigen 4 Löschzüge bestehen in Zukunft nur noch 2 Löschzüge zu je 50 Wehrleuten. Jeder Zug besitzt einen automobilen Mannschafts- und Gerätewagen nebst angehängter Motorspritze, sowie je eine mechanische Auszieh- bzw. Drehleiter von 18 – 20 m Steighöhe. Außerdem verfügt jeder Zug über etwa 1000 m Schläuche und die erforderlichen Kleingeräte."[126] Erstmals, so schätzte es Friedrich Bohländer ein, konnte man nun auch der Werft nachbarliche Löschhilfe bei Großbränden anbieten.[127]

Nach dem Tod von Wilhelm Tietken übernahm sein bisheriger Stellvertreter Johann Gerdes 1932 die Führung der Freiwilligen Feuerwehr Neuengroden. Wichtige Großeinsätze jener Jahre waren 1930 die Brände auf dem Anwesen Müller an der Kirchreihe, 1933 auf dem Hof Morgenstern in Altengroden, 1934 bei der Schneiderei Egts in Rüstersiel und 1935 im Reichsarbeitsdienstlager Rüstersiel (später Hochschuldorf Rüstersiel).[128]

Abb. 44: Hauptmann Johann Gerdes, Wache Neuengroden/Rüstringen II. o. D. (Freiwillige Feuerwehr Rüstringen 2015)

Im Herbst 1932 beschaffte die Stadt Rüstringen für die Wache Neuengroden-Rüstringen II eine Magirus-Kraftfahrspritze mit einer Pumpenleistung von 1.500 l/Min. Brandmajor Friedrich Bohländer berichtete in der Monatsversammlung der Freiwilligen Feuerwehr Neuengroden am 7. September 1932 über „seine Reise nach Ulm und zurück zwecks Abholung der neuen Spritze."[129] Das Fahrzeug (3 t) wurde noch offen gefahren, auf einem Rahmengestell über der Pumpe und den Sitzbänken waren Steckleitern und Saugschläuche verlastet. An den Fahrzeugseiten befanden sich Haspeln mit den Löschschläuchen (vgl. Abbildung auf Seite 82).

Friedrich Bohländer wurde 1931 als Leiter der Feuerwehr einer Stadt I. Klasse zum dritten stellvertretenden Vorsitzenden des Oldenburgischen Landes-Feuerwehr-Verbandes gewählt.[130]

Ibo Koch, der 1904 die Neuender Feuerwehr mit gegründet und aufgebaut hatte, war bereits 1912 als Revisor zur Oldenburgischen Landesbrandkasse gegangen. Er engagierte sich weiter im Feuerlöschwesen, vor allem von 1921 bis 1924 als Geschäftsführer und ab 1927 als Vorsitzender des Oldenburgischen Feuerwehr-Verbandes. In dieser Funktion gründete er 1930 die heutige Landesfeuerwehrschule in Loy. 1932/33 wurde er von den im Freistaat Oldenburg durch Wahlen an die Macht gekommenen Nationalsozialisten aus seinen Ämtern bei der Landesbrandkasse und im Oldenburgischen Landes-Feuerwehr-Verband gedrängt. Seine Nachfolge im Verband übernahm Bernhard Fortmann (vgl. Seite 72).

Abb. 45: Vorstand des Oldenburgischen Landesfeuerwehrverbandes, 1932 (4.v.r. Ibo Koch, 2.v.r. Friedrich Bohländer, Rüstringen) (Archiv des Oldenburgischen Feuerwehrverbandes)

Bis Anfang der 1930er Jahre hatten sich die bis zur Jahrhundertwende gegründeten Freiwilligen Feuerwehren im preußischen Wilhelmshaven und in den oldenburgischen Gemeinden des Jadegebiets als kommunale Einrichtungen des Feuerlöschwesens etabliert. Mit motorisierten Löschwasserpumpen und telefonischer bzw. elektrischer Alarmierung waren ihre Leistungsstärke und Reaktionsfähigkeit wesentlich verbessert worden. Die neue oldenburgische Stadt Rüstringen reorganisierte in diesem Zusammenhang ihre Feuerwehren. Das vertraglich gesicherte Rückgrat der Brandbekämpfung bildet in beiden Kommunen aber nach wie vor die Feuerwehr der Marinewerft.

Abb. 46: Brandkassenamtmann Ibo Koch, Landesbrandmeister und Vorsitzender des Oldenburgischen Feuerwehr-Verbandes, 1927 (Archiv des Oldenburgischen Feuerwehrverbandes)

## Die „Verstaatlichung" der Feuerwehren

Die Machtübernahme durch die NSDAP 1933 und die Diktatur des Dritten Reiches veränderten die Rahmenbedingungen für die Feuerwehren grundlegend. Tobias Engelsing: „Ein Staat, der mit dem ideologischen Anspruch auftrat, streng hierarchisch gegliederter Führerstaat zu sein, konnte – zumindest theoretisch – nicht dulden, daß zentrale staatlich kaum kontrollierbare Institutionen hoheitliche Aufgaben wahrnahmen. […] Denn nach der nationalsozialistischen Staatstheorie waren sie überholte Überreste aus der ‚staatsfreien Sphäre' des Liberalismus, in der sich der Staat von den Bürgern wichtige hoheitliche Aufgaben hatte aus der Hand nehmen lassen."[131]

Ob als hauptamtliche oder nebenamtliche, bürgerschaftlich geprägte freiwillige Organisationen: Die Feuerwehren mussten in den neuen Staatsaufbau und dessen ideologisches Wertesystem integriert werden. Das führte zu durchgreifender staatlicher Kontrolle und der Einführung des Führerprinzips auf nahezu allen Ebenen, zur Vereinheitlichung von Organisationsformen, Ausbildung und Ausrüstung, zur ideologischen Anpassung und nicht zuletzt zum Ausschluss missliebiger Personen. Wie die nächsten Jahre und insbesondere die Tage um den 9. November 1938 noch zeigen würden, sollte auch das traditionelle Selbstverständnis der Feuerwehren – Menschenleben zu schützen und Sachwerte zu retten – nur noch insoweit gelten, wie es mit den ideologischen Zielen des nationalsozialistischen Staates übereinstimmte.

Die Vorgehensweise bei der Veränderung der Feuerwehren entsprach der durchgängigen Praxis der Machtübernahme und Gleichschaltung in Deutschland: Besetzung der Schlüsselpositionen in den Verwaltungen des Reiches, der Länder und der Kommunen; personelle Umgestaltung der Vereine und Verbände zugunsten von Parteigängern der NSDAP; Veränderung von Strukturen und Abläufen durch die formal korrekte Novellierung bestehender und/oder durch neue Gesetze, vielfach begleitet von Durchführungsverordnungen der Ministerien.

Es lag nahe, in Preußen zu beginnen. Noch galt formal die Reichsverfassung: Feuerschutz war Ländersache und längst nicht in allen Ländern war die NSDAP wie 1930 im Freistaat Braunschweig oder 1932 im Freistaat Oldenburg durch Wahlen an die Macht gekommen. Preußen war der dominierende Staat im Reich, ihn zu kontrollieren bedeutete, maßgeblichen Einfluss auszuüben. Mit der Absetzung der geschäftsführenden Landesregierung durch die Reichsregierung, dem „Preußenschlag", trat 1932 an deren Stelle ein vom Reichskanzler eingesetzter Reichskommissar. Bald nach der Machtergreifung 1933 ernannte Adolf Hitler Hermann Göring zum Reichskommissar für das preußische Innenministerium und später zum preußischen Ministerpräsidenten. Damit befand sich der wichtigste Staat des Reiches unmittelbar in der Hand der NSDAP.

Das „Preußische Gesetz über das Feuerlöschwesen" vom 15. Dezember 1933 schuf die Grundlage für die Integration der Feuerwehren in den Polizeiapparat. Formal handelte es sich um die Novellierung eines Gesetzes von 1904. Ausgerechnet eines der ersten und bis dahin modernsten Feuerwehrgesetze in Deutschland wurde für die Kontrolle der Feuerwehren missbraucht. Das Gesetz definierte die Gefahrenabwehr als Aufgabe der Polizei und erklärte die Feuerwehren zu einer „Polizeiexekutive besonderer Art": „Die Feuerwehr hat im Auftrag des Ortspolizeiverwalters die Gefahren abzuwehren, die der Allgemeinheit oder dem einzelnen durch Schadenfeuer drohen."[132] Ortspolizeiverwalter waren die Oberbürgermeister und Landräte, die über kurz oder lang überwiegend von der NSDAP gestellt wurden.

An die vereinsrechtliche Struktur der freiwilligen Feuerwehren selbst und ihre Grundlage, das Bürgerliche Gesetzbuch, trauten sich jedoch selbst die Juristen der neuen Machthaber (noch) nicht heran. Die Freiwilligen Feuerwehren behielten als

Vereine ihre rechtliche Selbstständigkeit, wurden aber der staatlichen Aufsicht durch die Polizeibehörden auf den verschiedenen Ebenen unterstellt. Das Gesetz bzw. die darauffolgende Durchführungsverordnung verpflichtete sie auch zur Registrierung beim Vereinsgericht, was den Behörden weitere Eingriffsmöglichkeiten eröffnete. Sie setzten ihre Aufsichts- und Genehmigungsrechte halbwegs vereinsrechtskonform durch, indem sie die gewählten Feuerwehrführer bestätigten (oder auch nicht) und die vorgelegten Vereinssatzungen nach reichsweit erarbeiteten Mustersatzungen genehmigten oder beanstandeten.

Das Gesetz galt nicht nur für die Freiwilligen Feuerwehren, sondern auch für Berufsfeuerwehren und die Pflichtfeuerwehren. Städte mit mehr als 100.000 Einwohnern sollten, solche mit weniger als 100.000 Einwohnern konnten Berufsfeuerwehrmänner einstellen, die Anzahl wurde von der Polizeiaufsichtsbehörde „unter Berücksichtigung der örtlichen Verhältnisse" bestimmt.[133] Bei größeren Bränden und Katastrophen lag die Einsatzleitung bei der Polizeibehörde.

Obwohl sie im Gesetz gar nicht so definiert oder auch nur erwähnt wurde, verbreitete sich ab 1934 in Preußen und bald auch schon in den anderen Ländern die Bezeichnung „Feuerlöschpolizei", zunächst für die Berufsfeuerwehren und später auch für die diejenigen Freiwilligen Feuerwehren, die sich der Ortspolizeibehörde unterstellt hatten und damit ein Teil der Polizeiexekutive geworden waren.

Aufgrund der abweichenden rechtlichen Rahmenbedingungen und Verwaltungsstrukturen gestaltete sich die Umsetzung der preußischen Gesetzesnovelle in den anderen Ländern schwierig. Ein schon früh geplantes „Reichsgesetz über das Feuerlöschwesen" kam nicht so schnell zustande, weil eine reichseinheitliche Polizeiorganisation als wichtige Voraussetzung dafür fehlte. Das Reichsministerium des Innern nutzte deshalb die Möglichkeiten des „Gesetzes zum Neuaufbau des Reiches" vom 30. Januar 1934, mit dem die Reichsverfassung geändert und die Hoheitsrechte der Länder stark eingeschränkt bzw. Zuständigkeiten auf das Reich übertragen worden waren. Nach der I. Durchführungsverordnung zu diesem Gesetz vom 2. Februar 1934 konnten die Reichsministerien jederzeit Einfluss auf die Tätigkeit der Landesministerien nehmen. Auf diesem Weg wurden die Maßnahmen zur Gleichschaltung der Feuerwehren und zu ihrer Einbeziehung in den neuen Polizei- und Sicherheitsapparat der Länder nach dem preußischen Muster vorbereitet bzw. formaljuristisch abgesichert. Ein häufig gebrauchtes Mittel waren Runderlasse des im gleichen Jahr aus dem bisherigen Reichsinnenministerium und dem preußischen Innenministerium gebildeten Reichs- und Preußischen Ministeriums des Innern, um – so hieß es in einem Runderlass 1935 – „die aus verschiedenen Gründen dringend erwünschte Einheitlichkeit des Feuerlöschwesens im gesamten Reich wenigstens anzubahnen."[134]

In der Praxis der Umsetzung wichen dennoch die rechtlichen Bedingungen in einigen Ländern sehr stark von denen in Preußen ab. Da das Reichsgesetz noch auf sich warten ließ, behalf sich das Reichs- und Preußische Ministerium des Innern (im Folgenden vereinfacht Reichsministerium des Innern) mit dem „Runderlass zur Angleichung der außerpreußischen Feuerwehren" vom 12. Januar 1936. Damit wurden die Regelungen des preußischen Gesetzes von 1933 praktisch in allen Ländern und Provinzen zur Verwaltungspraxis erklärt und zum Teil noch verschärft.

Auch die Interessen des Reichsluftfahrtministeriums hinsichtlich der Gliederung und Ausstattung der Feuerwehren für den Luftschutz (vgl. Seite 91ff.) fanden dabei Berücksichtigung. Als Teil der staatlichen Gefahrenabwehr wurden die Feuerwehren auch in die Zivilverteidigung und den Luftschutz einbezogen, zumal die neuen Machthaber mehr oder weniger offen die rasche Wiederbewaffnung Deutschlands zur Vorbereitung aggressiver Eroberungskriege anstrebten.

Die bisher bestehenden Feuerwehrverbände auf Kreis- und Provinzebene waren aufzulösen. Nach Maßgabe der neuen Machtverhältnisse gaben die Aufsichtsbehörden die neuen Verbands- und Vereinsstrukturen vor. So wurden der bisherige „Oldenburgische Landes-Feuerwehr-Verband" und alle seine Bezirksverbände auf einem eigens anberaumten Landesverbandstag durch einen formal korrekten Beschluss der Delegierten, der jedoch vom oldenburgischen Innenministerium herbeigeführt worden war, am 10. September 1933 aufgelöst. Bernhard Fortmann, der erst am 4. August 1933 zum Nachfolger von Ibo Koch gewählt worden war, verlor nach wenig mehr als einem Monat sein Amt als Vorsitzender. Als Nachfolgeorganisation rief die Oldenburgische Staatsregierung mit dem „Grundgesetz über die Umbildung des Landesfeuerwehr-Verbandes des Landesteils Oldenburg" zum 10. September 1933 den „Landesfeuerwehrverband Oldenburg" ins Leben, dem alle Freiwilligen Feuerwehren und Pflichtfeuerwehren des Landes Oldenburg angehörten. Er unterstand dem Minister des Innern, der Bernhard Fortmann zum „Führer der Feuerwehr" mit der bisherigen Dienstbezeichnung „Landesbrandmeister", ab 1937 „Landesbranddirektor", ernannte. In dieser Funktion war er nicht nur Vorsitzender des neuen Verbandes, sondern führte im Namen des Ministers auch die „Polizeiaufsicht über die Feuerwehren in feuerwehrtechnischer Hinsicht".[135] Auch die vom Verband 1930 gegründete Feuerwehrschule in Loy gehörte nun dem Land Oldenburg. Der Landesverband gliederte sich entsprechend den ab 1933 geltenden Verwaltungsgrenzen in sechs Amtsfeuerwehrverbände mit einem „Amtsbrandmeister" und drei Stadt-Feuerwehrverbände mit einem „Stadt-Brandmeister" an der Spitze.[136] Die neue Landesregierung hatte eine schon länger geplante Verwaltungsreform verwirklicht, mit der die Zahl der Ämter (heute Landkreise) wegen der größeren Effizienz von zwölf auf sechs verringert wurde. Damals entstand u.a. das Amt Friesland, der heutige Landkreis Friesland. Wilhelmshaven und Rüstringen blieben in ihrer längst zum Hindernis gewordenen Zweistaatlichkeit zunächst noch bestehen.

Bei den Feuerwehren galt nun auf allen Ebenen das „Führerprinzip". An Stelle der Landesdelegiertenversammlungen wurden „Führertagungen" abgehalten. Die Mustersatzungen enthielten Vorgaben für die inneren Strukturen der Freiwilligen Feuerwehren: Wehrführer, Führerrat und Mitgliederversammlung. Funktionen wurden nicht mehr wie bisher durch Wahl, sondern durch Ernennung seitens der jeweils vorgesetzten Behörde besetzt. Auch das „Vereinsleben" veränderte sich: neben den Dienstabenden gab es vor allem „Kameradschaftsabende" oder „Deutsche Abende", Feuerwehrbälle oder andere traditionelle Vergnügungen waren von nun an verpönt.[137]

Naturgemäß brauchte die Einsicht mancherorts Zeit, sodass sich der Landesfeuerwehrführer Fortmann in einem Rundschreiben zu folgenden Bemerkungen veranlasst sah: „Es ist bedauerlich, daß es immer noch Einheiten gibt, die noch nicht begriffen haben, daß sie heute eine Polizeiexekutive darstellen und daß wir uns vollkommen von der verfluchten Vereinsmeierei gelöst haben [...]. Die Feuerwehr ist auch nicht dazu da, sonntags öffentlichen Schwof abzuhalten. Wenn das noch einmal wieder vorkommt, wird der betreffende Führer der Einheit sofort seines Dienstes enthoben."[138]

Nach einer Mustersatzung des Reichsinnenministeriums aus dem Jahr 1936 konnten „nur gesunde, kräftige und gewandte Männer" Mitglied der Freiwilligen Feuerwehren werden, „die den Anforderungen des Dienstes in der Wehr zu genügen imstande sind, einen guten Ruf haben und arischer Abstammung sind."[139] Die politische Säuberung der Feuerwehren hatte jedoch schon 1933 begonnen. Tobias Engelsing gab einen zeitgenössischen Artikel in einer Feuerwehrzeitschrift wieder: „Führer der Feuerwehr und einfache Mitglieder, die Mitglieder der ‚regierungsfeindlichen' Parteien seien, müssten die Wehr verlassen, denn sie genössen in der Ausführung der öffentlichen Aufgabe nicht mehr das Vertrauen der Polizeibehörden. Bleiben könne, so heißt es im Papier, wer beispielsweise der SPD angehört, sich aber parteipolitisch nicht betätigt habe und weiterhin das Vertrauen seiner Mannschaftskollegen genieße."[140] Mitglieder der KPD sowie alle „Nicht-Arier" wurden aus den Feuerwehren ausgeschlossen. NSDAP-Mitglieder oder -Sympathisanten übernahmen Führungsaufgaben, was wiederum von den neu besetzten Aufsichtsbehörden unterstützt wurde.

Die SA (Sturmabteilung) als paramilitärische Massenorganisation der NSDAP betrachtete gerade die Freiwilligen Feuerwehren als Rivalen um ihre Position im Staat und bedrängte sie nach der Machtergreifung auch auf lokaler Ebene, wie dem Protokoll über die Monatsversammlung der Freiwilligen Feuerwehr Neuengroden am 7. Juni 1933 in der Gaststätte „Nordseestation" zu entnehmen ist: „Vor Eröffnung der Versammlung betraten mehrere SA-, Marinesturm- und Stahlhelmleute unter Führung des Sturmbannführers Herrn Lotto das Versammlungslokal. Letzterer hielt eine Ansprache an die anwesenden Feuerwehrleute, worin er die heutige Lage kurz schilderte und betonte, daß auch die Verhältnisse innerhalb unserer Wehr dringend einer Änderung bedürften. Zum Schluss ließ Herr Lotto durch einen SA-Mann dem 1. Hauptmann eine Liste mit den Namen von 11 SA- und Stahlhelmleuten überreichen mit der Bemerkung, daß diese Leute als Feuerwehrmänner ausgebildet werden müssen. [...] Danach verließ Herr Lotto mit seinen Leuten wieder das Lokal."[141] In der gleichen Sitzung präsentierte der I. Hauptmann Johann Gerdes eine bei der Stadt Rüstringen eingegangene Liste mit den Namen von sieben Kameraden, denen man vorwerfe, Marxisten zu sein und denen man nahelegen solle, die Wehr zu verlassen. Die Versammlung stellte sich nach ausführlicher Diskussion hinter ihre Kameraden. Gleichwohl unterschrieben die Anwesenden eine Erklärung, mit der sie sich „hinter die nationale Regierung" stellten und gelobten, auch in Zukunft mit ihrer ganzen Person zum Nutzen der Allgemeinheit zu wirken.[142]

Die Rivalität zwischen der SA und den Feuerwehren klang erst ab, nachdem die SA-Führung auf Befehl Hitlers Ende Juni 1934 wegen des Vorwurfs staatsfeindlicher Umtriebe (sog. „Röhm-Putsch") liquidiert worden war. Die SA traf mit dem Reichsministerium des Innern Vereinbarungen zur Abgrenzung der Befugnisse. Hierbei kam der Feuerwehr ihr inzwischen halbstaatlicher Charakter als „Hilfspolizeitruppe" zu Gute.

Sobald sie sich der örtlichen Polizeibehörde gegenüber verpflichtet und damit als „Feuerlöschpolizei" unterstellt hatten, trugen die Feuerwehrleute das Polizeihoheitsabzeichen (Ährenkranz, Adler, Hakenkreuz). Die Kragenspiegel und Schulterstücke der dunkelblauen Uniformen wurden denen der Polizei angeglichen, ab 1937 reichseinheitlich. Im gleichen Jahr führte man auch für die Feuerwehren das „SS-Liederbuch" ein.[143] Speziell im Land Oldenburg wurde 1933 eine braune Uniformjacke (vergleichbar der SA-Uniform) mit einer vom Reichsstatthalter Oldenburg/Bremen verliehenen Hakenkreuzarmbinde eingeführt, die jedoch schon 1935 wieder dem traditionellen blauen Tuch wich.

Es sollte jedoch an dieser Stelle nicht der Eindruck entstehen, die Gesetzesnovelle in Preußen und alle darauf folgenden Veränderungen seien den Feuerwehren ausschließlich aufgezwungen worden: Schließlich hatte sich die „Arbeits- und Interessengemeinschaft Deutscher Feuerwehrorgane" unter dem Vorsitz des „Deutschen Feuerwehrverbands" schon Ende Mai 1933 in einem Schreiben an den preußischen und Reichsinnenminister Herrmann Göring für eine stärkere Zentralisierung des Feuerlöschwesens unter staatlicher Aufsicht ausgesprochen.[144] Zwischen den neuen Machthabern und den Feuerwehren bestanden einige inhaltliche Gemeinsamkeiten, weniger in der nationalsozialistischen Ideologie als vielmehr bei Sekundärtugenden wie der Unterordnung des Einzelnen, der Einheit der Gruppe, dem Eintreten für die vaterländische Sache und das nationale Ansehen sowie dem Festhalten an militärischen Traditionen. Dafür standen die Feuerwehren seit der Kaiserzeit und gerade auch während der schwierigen 1920er Jahre. Viele hatten sich in der Weimarer Republik vernachlässigt gefühlt. „Die ‚Parteiregierungen' hätten, beklagt eine offizielle Verlautbarung des Deutschen Feuerwehr-Verbandes nach seiner Tagung am 25. April 1925 in Cottbus, kein Interesse am Feuerwehrwesen gezeigt."[145]

Bernhard Fortmann erklärte nach seiner Wahl zum Verbandsvorsitzenden in einem Aufruf an die Freiwilligen Feuerwehren im Land Oldenburg im August 1933: „Solange es Freiwillige Feuerwehren gibt, steht auf unserem Banner ‚Gemeinnutz geht vor Eigennutz'. Wir stehen somit in gleicher Front des nationalen Deutschlands mit seinem herrlichen Führer, dem Volkskanzler Adolf Hitler, und werden mithelfen an dem großen Werk Deutschland."[146]

*

Ebenso stark wie neue Gesetze und Verordnungen wirkte sich auch „vor Ort" in Wilhelmshaven und Rüstringen der radikale Wandel des politischen Systems aus, die Aus- und Gleichschaltung von demokratischen Parteien, Gewerkschaften und vieler gesellschaftlicher Organisationen. In Wilhelmshaven dominierte die NSDAP nach den vom kommissarischen preußischen Ministerpräsidenten Hermann Göring für den 12. März 1933 angeordneten Neuwahlen das Bürgervorsteherkollegium. Oberbürgermeister Emil Bartelt wurde aufgrund unbewiesener Untreuevorwürfe in den Ruhestand versetzt und durch Carl Heinrich Renken ersetzt.

## Reichsfeuerschutzwoche 1934

„Alle Jadestädter werden zur Teilnahme am Großkampftag der Reichsfeuerschutz-Woche am Sonnabend aufgerufen. Keiner darf abseits stehen. Um 18 Uhr bewegt sich ein Zug vom Bismarckplatz durch die Gökerstraße, Peterstraße und Mitscherlichstraße zum Rüstringer Rathaus. Unter Vorantritt der SA-Kapelle werden alle Formationen, die die Träger dieses Feldzuges gewesen sind, noch einmal ihre Gedanken vor der Öffentlichkeit propagieren. Und dann züngelt der Brand in einer Großübung von noch nie gesehenen Ausmaßen. Jadestädter, auf zum Rüstringer Rathaus!" (Wilhelmshavener Zeitung, 13. September 1934)

Aus der „Freiwilligen Feuerwehr Wilhelmshaven" wurde der „Feuerwehrverband Stadtkreis Wilhelmshaven". Hauptmann Otto Fröhlich und die übrigen bisherigen Führungskräfte legten ihre Ämter nieder, der 1880 gegründete Verein blieb zwar bestehen, spielte aber praktisch keine Rolle mehr. Am 12. April 1934 ernannte der Stadtmagistrat den Stadtbauinspektor Heinrich Isermann zum „Kreisfeuerwehrführer", d.h. zum Leiter der Freiwilligen Feuerwehr Wilhelmshaven. Dem „Führerrat" gehörten der bisherige Feldwebel Wilhelm Winkler als stellvertretender Kreisfeuerwehrführer (Hauptbrandmeister), der Hauptbrandmeister Peters als Adjutant und der Brandmeister Herrmann Springer als Pressewart an. Im Magistrat war der Stadtrat Ernst Jockusch für die Feuerwehr verantwortlich.

Einem Bericht des Landesfeuerwehrverbandes Oldenburg zufolge wurden bereits 1933 alle KPD- und SPD-Mitglieder sowie alle Nicht-Arier aus den Feuerwehren ausgeschlossen. „Kommunisten und Juden wurden bedrängt, die Wehr zu verlassen." Dies bestätigt auch eine lokale Chronik.[147] Die „neue Zeit" machte sich auch äußerlich bemerkbar, wie die „Wilhelmshavener Zeitung" am 2. Dezember 1934 berichtete: „Sonntag früh um 8 Uhr stand die Wilhelmshavener Freiwillige Feuerwehr auf dem Schulhof der Oberrealschule zum Geräte- und Exerzierdienst angetreten. Es waren drei Löschzüge vollzählig zur Stelle. Mit besonderem Stolz trugen die Wehrangehörigen zum ersten Mal den neuen Stahlhelm, sowie er nunmehr allgemein für die persönliche Ausrüstung des Feuerwehrmannes vorgesehen ist."[148] Die Feuerwehr trug einheitlich die blaue Uniform, dazu den von der Wehrmacht übernommenen Stahlhelm mit Nackenleder. Oberbürgermeister Renken nahm als „Ortspolizeiverwalter" nach der neuen Rechtslage den Appell ab.

Abb. 47: Kreisfeuerwehrführer Heinrich Isermann, o. D. (Stadtarchiv, Best. 5370 Feuerwehr)

### Reichsfeuerschutzwoche 1934

„Feuerschutzwoche! Der Angriff der Feuerwehren hat mit voller Wucht eingesetzt. Wilhelmshaven-Rüstringen stehen im Zeichen der Aufklärungsaktion. Das Gerümpel von den Böden wird auf dem Großen Exerzierplatz zu einem Riesenscheiterhaufen aufgestapelt. Beim Schein der Flammen wird Kreispropagandawalter Pg Dr. Bohne den Volksgenossen Sinn und Bedeutung dieser wichtigen Aufklärungsaktion aufzeigen. Keiner bleibt fern, alle reihen sich ein!"
(Wilhelmshavener Zeitung, 19. September 1934)

Beim Großbrand eines Lagerschuppens an der Gazellebrücke zeigten sich am 21. Juli 1934 neben der personellen Leistungsfähigkeit der mit der Werftfeuerwehr eingesetzten Freiwilligen Feuerwehren von Wilhelmshaven und Rüstringen aber auch die technischen Grenzen ihrer bisherigen Ausstattung. Oberbürgermeister Renken, der an der Einsatzstelle anwesend war, setzte sich danach für die Beschaffung der Fahrzeuge für einen voll motorisierten Löschzug ein. Die Stadt gab ihre bisherige finanzielle Zurückhaltung auf, im Zeichen des in Wilhelmshaven einsetzenden wirtschaftlichen Aufschwungs als Folge der Anfang der 1930er Jahre verstärkten maritimen Wiederaufrüstung konnte sie sich größere Investitionen leisten.

Am 14. Juli 1935 wurden „drei funkelnagelneue Magirus-Wagen", wie die „Wilhelmshavener Zeitung" schrieb, auf dem Platz beim Feuerwehrgerätehaus in der

Abb. 48: Fahrzeuge für die Freiwillige Feuerwehr Wilhelmshaven auf dem Gelände der Herstellerfirma Magirus nach der Rohbauabnahme, 5. Juni 1935 (v. l. Kraftfahrspritze KS 15, Ganzstahldrehleiter KLS, Rüstwagen; vor dem Kühler jeweils der Rasselwecker und das fest installierte Warnlicht) (Stadtarchiv, Best. 2000-57 Sammlung Alfred Wulf)

Prinz-Heinrich-Straße (heute Mozartstraße) ausgeliefert und nach der Einweisung durch die Monteure des Herstellers übernommen:[149]

- eine Kraftfahrspritze KS 15 (Pumpenleistung 1.500 l/Min.) auf Magirus Fahrgestell (3 t), mit 300 Liter Wasservorrat, Schaumlöschgerät, 90 Meter Schlauch, Leitern, Sauerstoffgerät und geschlossener Kabine für eine Löschgruppe (Kennzeichen Pol-34360)[150]
- eine Auto-Ganzstahldrehleiter KLS (Kraftfahrdrehleiter mit Stahlleitersatz) auf Magirus Fahrgestell (3 t), motorgetrieben, 24 + 2 m Steighöhe, Belastungsanzeige, offener Führersitz, Schlauchanhänger (Kennzeichen Pol-34359)[151]
- ein Rüstwagen auf Magirus Fahrgestell (3 t) mit einem 3-Tonnen-Heckspill, herausnehmbarer Kleinmotorspritze, Schaumbehälter, Rauchabsauger, Sanitätsausstattung, Sauerstoffapparat, Schneidbrenner, Starkstromwerkzeug, Flaschenzug 1,5 Tonnen etc. (Kennzeichen Pol-34358).

Alle Fahrzeuge erhielten eine Polizei-Zulassung. Die geschlossene Bauweise des Löschfahrzeugs und des Rüstwagens war noch nicht lange üblich und sollte bald zum Standard werden (vgl. Seite 101). Auch die motorisierte Ganzstahldrehleiter war erst Mitte der 1920er Jahre auf den Markt gekommen. „Diese drei Wagen stellen das Modernste dar, was es an Feuerwehrausrüstung gibt […]", schwärmte der Redakteur der „Wilhelmshavener Zeitung".[152] Die „Hannoversche Feuerwehrzeitung" – ein Fachorgan, das zwischen 1902 und 1941 in Preußen und der Provinz Hannover erschien – schrieb: „Mit dem Rüstwagen, der in erster Linie Luftschutzzwecken dient und mit

Abb. 49: Neubau für die Feuerwehr in der Prinz-Heinrich-Straße, 1935 (rechts anschließend der „graue Esel") (Stadtarchiv, Best. 5370 Feuerwehr)

einer Spilleinrichtung, Schneidegerät usw. ausgerüstet ist, wird man in der Lage sein, Hindernisse jeglicher Art zu beseitigen."[153] Das Fahrzeug konnte mit der Magirus-Kleinmotorspritze und der Rauchabsauganlage an Bord sogar als zweites Angriffsfahrzeug eingesetzt werden.

Rechtzeitig hatte man für die neuen Fahrzeuge Platz geschaffen. Das bisherige Spritzenhaus in der Prinz-Heinrich-Straße (Nr. 11) war 1934/35 bis auf die Grundmauern abgerissen worden, nur der Schlauchturm blieb erhalten. Der zweigeschossige Neubau, den die Feuerwehr im Mai 1935 einweihte, entsprach eher dem Bautyp einer Feuerwache mit vier Fahrzeugständen, deutlich mehr als in dem bis dahin üblichen Feuerwehrgerätehaus mit maximal zwei Stellplätzen. Zur Hofseite hin erhielt das Gebäude einen Anbau für die Schlauchwäscherei. Im Obergeschoss wurden eine Wohnung für den Gerätewart der Wehr sowie vier weitere Räume als Büros, Lager und Schreibstube eingerichtet.

Der erste Zug der Freiwilligen Feuerwehr Wilhelmshaven war nun auf einen Schlag voll motorisiert und hatte damit eine neue Qualitätsstufe erreicht, den die „Hannoversche Feuerwehrzeitung" natürlich den neuen Machtverhältnissen zuschrieb: „[…] ist unsere Freiwillige Feuerwehr, die während der Systemzeit stets das Stiefkind der Stadtverwaltung war, erst durch die Initiative der nationalsozialistischen Stadtverwaltung im Juni dieses Jahres mit einem allen Anforderungen der Neuzeit entsprechenden Gerätepark ausgerüstet worden, der sie in den Stand setzte, nun

Abb. 50: Neubau für die Feuerwehr in der Prinz-Heinrich-Straße mit den neuen Fahrzeugen, 1940 (v.l. Drehleiter, Rüstwagen, Löschfahrzeug; hinter dem Gebäude der Schlauchturm, links die Oberrealschule) (Stadtarchiv, Best. 2000-8 Sammlung Kampen)

auch bei vorkommenden größeren Bränden aktiv und erfolgreich Löschhilfe zu leisten, während sie sich in früheren Jahren stets auf die Löschhilfe der Werftfeuerwehr verlassen mußte."[154]

Bei einer Großübung mit den beiden Löschzügen der Freiwilligen Feuerwehr Wilhelmshaven am 21. September 1935 kamen die Neuanschaffungen erstmals zum Einsatz. Die Übungsleitung hatten der technische Leiter des Provinzial-Feuerwehrverbandes, Branddirektor Schmidt (Leiter der Berufsfeuerwehr Hannover) und Kreisfeuerwehrführer Heinrich Isermann. Am Gebäude der Tischlerei Gruss am Bismarckplatz übte der Löschzug die Bekämpfung eines Werkstattbrandes sowie eines Dachstuhlbrandes mit der Verqualmung eines Raumes und der Bergung von Verletzten. Dabei überzeugte die Leistungsstärke der neuen Technik, wie in den „Wilhelmshavener Neuesten Nachrichten" zu lesen war: „Zwanzig Minuten, nachdem die neuen Wagen eingetroffen waren und sich schon längst in voller Arbeit befanden, kam auch der alte Leiterwagen (die mechanische Ausziehleiter von 1907, der Verf.) an, der von einem Schlepper gezogen wurde."[155]

Vor Vertretern der Stadt Wilhelmshaven, der Polizei, der NSDAP und der Marinewerft betonte Branddirektor Schmidt, „daß Wilhelmshaven stolz sein kann auf seine Feuerwehr, deren Ausrüstung für alle freiwilligen Feuerwehren Niedersachsen geradezu vorbildlich zu nennen sei."[156] Natürlich versäumte er nicht die Mahnung, „neben der technischen Ausbildung die weltanschauliche Schulung nicht zu vernachlässi-

Abb. 51: Löschzug der Freiwilligen Feuerwehr Wilhelmshaven auf dem Schulhof der Oberrealschule, Ende der 1930er Jahre (rechts der Rüstwagen, daneben die Drehleiter und die Kraftfahrspritze; die Fahrzeugscheinwerfer sind schon zur Verdunklung bis auf kleine Öffnungen verkleidet, gut sichtbar sind die vor dem Kühlergrill angebrachten Rasselwecker) (Stadtarchiv, Best. 5370 Feuerwehr)

gen“ und „entbot dem Führer seinen Gruß, in den alle einstimmten.“[157] Oberbürgermeister Renken erklärte: „Wir haben also jetzt eine ebenso modern ausgerüstete wie gut geschulte Wehr und wollen der Stadt wie jedem einzelnen unserer freiwilligen Feuerwehrmänner für diese Bürgschaft unserer Sicherheit danken.“[158]

Feuerwehr-Pressewart Herrmann Springer zog Mitte 1935 ein positives Fazit: „[…] die Wilhelmshavener Feuerwehr ist dank dem Bemühen des Oberbürgermeisters der Stadt Wilhelmshaven und des Kreisfeuerwehrführers Heinrich Isermann in den Zustand versetzt worden, der notwendig ist, um den Gefahren des Feuers, der Luft usw. wirksam entgegentreten zu können. Die ist geschehen durch Neubildung eines Führercorps, durch zahlenmäßige Verstärkung einer befähigten Mannschaft mit neuen Uniformen und der vorschriftsmäßigen persönlichen Ausrüstung und durch die Anschaffung modernster Geräte.“[159]

Mit den neuen Fahrzeugen wurde die Freiwillige Feuerwehr Wilhelmshaven auch immer wieder zu Einsätzen nach außerhalb gerufen, so z.B. am 19. April 1936 nach Wiesmoor. Als Teil des Staatsapparats stand sie aber auch am 16. Juni 1937 Fackelspalier für die Toten des Panzerschiffs *Deutschland* aus einem Einsatz im Spanischen Bürgerkrieg, als diese feierlich vom Bontekai zum Ehrenfriedhof geleitet wurden.[160] Die beiden Wehren aus Wilhelmshaven und Rüstringen nahmen auch am Aufmarsch der Feuerwehren beim Kreisfeuerwehrtag auf Wangerooge am 4./5. September 1937 mit je einer Abordnung teil (vgl. Abbildung auf Seite 81).[161]

*

In Rüstringen setzte der oldenburgische Ministerpräsident Carl Röver (NSDAP) 1933 den seit 1929 amtierenden Oberbürgermeister Dr. Friedrich Paffrath per Erlass ab, obwohl dieser zuvor noch aus der SPD ausgetreten war. Zu seinem Nachfolger wurde Dr. Gustav Nutzhorn, bislang Studienrat am Reformrealgymnasium, ernannt. Stadtamtmann Friedrich Bohländer erhielt am 12. April 1934 die Ernennung zum „Kreisfeuerwehrführer“ und Leiter der Freiwilligen Feuerwehr. Gebräuchlich waren zeitweise aber auch Bezeichnungen wie „Amtsbrandmeister“ oder „Branddirektor“.[162] Er erklärte den Aktiven der Freiwilligen Feuerwehr Neuengroden während einer Versammlung am 4. Oktober 1933 den zukünftigen Aufbau der Freiwilligen Feuerwehr: „Die Zwangswehren (Pflichtfeuerwehren, der Verf.) werden aufgelöst und die Freiw. Feuerwehren verstaatlicht. Die Satzungen sind für ungültig erklärt. Es wird in Zukunft nach dem Führerprinzip verfahren. Versammlungen werden in Zukunft als Schulungsabende mit Vorträgen abgehalten. […] Feuerwehrleute, die das 65. Lebensjahr erreicht haben, müssen aus dem aktiven Dienst ausscheiden, Juden und ehemalige Angehörige der KPD sind auszuschließen.“[163] Einen Monat später wurde der Wehr mitgeteilt, dass auch „Angehörige von Freimaurerlogen oder deren Ersatzorganisationen“ auszuschließen seien.[164]

Am 1. November 1933 verpflichtete der Kreisfeuerwehrführer die Neuengrodener Aktiven durch Handschlag auf die neue Regierung, danach gab er die neuen Hoheitsabzeichen und die Hakenkreuzbinden aus.[165] Die Monatsversammlung am 13. Dezember 1933 schloss erstmals mit der ersten Strophe des „Deutschland-Liedes“ und der vierten Strophe des „Horst-Wessel-Liedes“ („Die Fahne hoch …“).[166] Die jähr-

Abb. 52: Fahnengruppe und Abordnung der Freiwilligen Feuerwehr Rüstringen beim Kreisfeuerwehrtag auf Wangerooge, 4./5. September 1937 (Feuerwehr-Archiv)

lichen Jahreshauptversammlungen endeten von nun an mit einem dreifachen „Sieg Heil!" auf Führer und/oder Vaterland. 1934 wurden die Versammlungsprotokolle im traditionellen Protokollbuch immer kürzer und Ende 1935 gänzlich eingestellt.

Auch in Rüstringen machte sich der Machtwechsel in den Rathäusern bei der Geräteausstattung bemerkbar. Im August 1934 erhielt die Wache Neuengroden – Rüstringen II eine „automobile Drehleiter mit Pumpe" (Kraftfahrzeugbrief): „Die Stadt Rüstringen hat die bisher von Pferden gezogene Leiter auf ein Automobilchassis setzen lassen, das von der Firma Magirus in Ulm geliefert wurde", berichtete die „Wilhelmshavener Zeitung".[167] Dabei handelte es sich um die hölzerne Schiebeleiter, die 1930/31 beschafft worden war (vgl. Seite 68) und die sich nun auf einem seit 1931 angebotenen 2,5-Tonnen-Fahrgestell des Typs M 25 wiederfand. Der 6-Zylinder-Benzinmotor des Typs S 88 leistete mit 4,6 l Hubraum 65 PS und trieb auch die Pumpe an.[168] Die Leiter selbst konnte auf bis zu 20 m Höhe ausgefahren werden. Das Fahrzeug war die erste automobile Drehleiter an der Jade, mit der leistungsfähigen Vorbaupumpe (1.500 l/Min.) und den sieben eingetragenen Sitzplätzen konnte es – im Gegensatz zu der ein Jahr später beschafften Wilhelmshavener Drehleiter – eine Löschstaffel zum Einsatz bringen. Damit unterhielt die Wache Neuengroden-Rüstringen II den ersten vollmotorisierten Löschzug (nach dem damaligen Verständnis) der Freiwilligen Feuerwehren in den Jadestädten.

Nach den wenigen aus jener Zeit erhaltenen Quellen übernahm Oberbrandmeister Karl Matzke, bisheriger Stellvertreter und Gründungsmitglied, Ende 1934 die Führung der Neuengrodener Feuerwehr von Johann Gerdes. Zum neuen Stellvertreter wurde Ludwig Michel ernannt.[169]

Abb. 53: Kraftfahrspritze Magirus KS 15 (1932, links) und Magirus-Drehleiter mit Vorbaupumpe und Schlauchhaspel (1934) der Wache Neuengroden-Rüstringen II vor dem Gerätehaus am Triftweg, o. D. (Freiwillige Feuerwehr Rüstringen)

Im gleichen Jahr begann der Neubau eines Feuerwehrgerätehauses für die Wache Bant-Rüstringen I in der Oldeoogestraße (Nr. 14) als Ersatz für das alte Gebäude in der Wilhelmshavener Straße, das baufällig und mit dem Zulauf neuer Fahrzeuge zu klein geworden war. Der Neubau enthielt auch eine Wohnung für den Gerätewart. Die „Wilhelmshavener Zeitung" schrieb: „In wenigen Monaten entstand zwischen der Städtischen Badeanstalt und der Schule Lessingstraße (Lyzeum Fräulein-Marien-Schule, 1953 ersetzt durch das Verwaltungsgebäude der Wohnungsbaugesellschaft Jade, der Verf.) ein neues Feuerwehrhaus, in dem auch die neue Einheitsspritze der Feuerwehr I Rüstringen untergebracht wird."[170] Als Führer der Wehr in Bant war 1934 Otto Maier ernannt worden. Zur Einweihung am 30. November 1935 erschienen Oberbürgermeister Dr. Nutzhorn, Vertreter der Parteiorganisation wie der SA, SS (Schutzstaffel)[171] und dem Nationalsozialistischen Kraftfahrkorps (NSKK),[172] der Marine,

Abb. 54: Magirus-Löschfahrzeug für die Freiwillige Feuerwehr Rüstringen, 1936 (Hersteller-Foto, vor der Auslieferung) (50 Jahre Berufsfeuerwehr, 1990)

der anderen Behörden und Hilfsorganisationen sowie der Polizei. Dr. Nutzhorn appellierte, so die „Wilhelmshavener Zeitung", „an die Hausbesitzer, die sich für den Ehrendienst in der Wehr zur Verfügung stellen sollten. Im Hinblick auf die Einwohnerzahl Rüstringens seien die freiwilligen Meldungen für die Feuerwehr, die heute aus rund 100 Mann bestehe, zu gering. Durch Verträge mit der Werftfeuerwehr sei man allerdings bestens gegen Brandgefahren gesichert, wenn nicht alle Männer, die tagsüber ihrem Beruf nachgehen müssten, zur Stelle sein könnten."[173] Am Abend kam man im „Schützenhof" zu einem „Deutschen Abend" zusammen. Dazu erschienen auch Abordnungen der Feuerwehren aus Fedderwarden und Schortens.

1935 beschaffte die Stadt Rüstringen eine „Einheitskraftspritze" der Firma Magirus mit einer Kleinmotorspritze (1.500 l/Min.), ausgestattet als Rüstwagen mit einem Schaumlöschgerät und Steigleitern von 14 Metern Gesamtlänge. Der Begriff deutet auf die in diesen Jahren zunehmende Tendenz zur Vereinheitlichung und Normung von Löschfahrzeugen hin, die durch das Beschaffungsprogramm des Luftschutzes wesentlich verstärkt wurde (vgl. Seite 96). Ratsherr Alfred Zebitz und Kreisfeuerwehrführer Friedrich Bohländer holten das Fahrzeug Ende Oktober persönlich beim Hersteller in Ulm ab. Am Stadteingang bei Café Hillmers wurden sie von den Männern der Wache Bant-Rüstringen I und deren Trommler- und Pfeiferkorps empfangen. Der „Wilhelmshavener Kurier" schrieb: „Stadtrat Zebitz richtete eine kurze Ansprache an die Wehrmänner. Der neue Wagen wurde dann von Wehrmännern mit Tannengrün und Hakenkreuzfähnchen geschmückt und im Triumphzuge, die Wehrmänner mit der Kapelle an der Spitze, [...] zum Spritzenhaus der Wehr geleitet."[174]

Bant-Rüstringen I erhielt im Jahr darauf eine Magirus-Ganzstahldrehleiter der Bauart H 30 L mit einer Steighöhe von 24 + 2 m und vorgebauter Löschpumpe (1.500 l/Min.). Sie war mit einem 6-Zylinder-Dieselmotor von Humboldt-Deutz (4,5 Liter Hubraum, 70 PS) auf einem 4,6-Tonnen-Fahrgestell ausgestattet. Auch dieses Fahrzeug

Abb. 55: Rüstringer Ganzstahldrehleiter mit Vorbaupumpe, 1936 (Stadtarchiv, Best. 5370 Feuerwehr)

konnte mit einer Vorbaupumpe eine Löschgruppe mit Wasser versorgen. Es hatte ein „limousinenartig geschlossenes" Fahrerhaus mit drei Sitzen und drei geschützten halboffenen Sitzplätzen für die Bedienungsmannschaft.[175] In der „Wilhelmshavener Zeitung" konnte man lesen: „Vor dem Rüstringer Rathaus fand die Abnahme und Erprobung einer neuen Drehleiter statt, welche die Stadt Rüstringen für den Wagenpark ihrer Feuerwehr beschafft hat. Es handelt sich um das modernste Gerät, welches zurzeit vorhanden ist, eine Original-Magirus-Ganzstahl-Autodrehleiter [...]"[176] Das Fahrzeug wurde am 7. Oktober 1936 mit einem Polizei-Kennzeichen auf die „Feuerlöschpolizei" zugelassen.

Abb. 56: Rüstringer Ganzstahldrehleiter mit halboffenen Sitzplätzen und Schlauchhaspel, 1936 (Stadtarchiv, Best. 5370 Feuerwehr)

Nun war Bant-Rüstringen I vergleichbar ausgestattet wie die Schwesterfeuerwehr Neuengroden-Rüstringen II und die Freiwillige Feuerwehr Wilhelmshaven. Sie kam 1935 bei dem Brand im Reichsarbeitsdienstlager Rüstersiel (später Hochschuldorf Rüstersiel) zum Einsatz.[177] Im Stadtgebiet Rüstringen hatte es in diesem Jahr insgesamt 43 Brände gegeben, von denen die Werftfeuerwehr 29 und die Freiwillige Feuerwehr 14 löschten.[178]

Anfang 1936 verfügten die beiden Rüstringer Feuerwehren zusammen über 100 aktive Feuerwehrmänner, zwei Kraftfahrspritzen (1.500 l/Min.), zwei Kraftfahrdrehleitern (20 bzw. 24 m) mit Pumpe (1.500 l/Min.), zwei Mannschaftswagen sowie zwei Kleinmotorspritzen (800 l/Min.).

Auch an einer außergewöhnlichen Brandstelle machte sich die Motorisierung der Rüstringer Wehren bemerkbar: Mehrfach hatte es auf der Rüstringer Müllkippe in den abgeziegelten Gruben neben der städtischen Ziegelei am Neuengrodener Weg gebrannt. 1934 übernahm die Werftfeuerwehr noch einmal die Löscharbeiten, ein Jahr später kam die Rüstringer Feuerwehr zu einem fünfstündigen Einsatz, da sie nun über die notwendige Ausrüstung verfügte.

*

Trotz der politischen und administrativen Gleichschaltung im nationalsozialistischen Einheitsstaat dauerte die „ineffektive konkurrierende Doppelverwaltung der Jadestädte" Wilhelmshaven und Rüstringen auch in den 1930er Jahren zunächst noch an.[179]

Zwischen den beiden Kommunen herrschte Konkurrenz. Dies wurde dadurch nicht gerade erleichtert, dass Wilhelmshaven 1934 mit 26.228 Einwohnern gerade halb so groß wie Rüstringen mit 50.357 Einwohnern war.[180] Die Rivalität betraf auch die Feuerwehren. Es kam vor, dass über die mitten im Siedlungsgebiet verlaufende Grenze hinweg alarmiert und Einsätze auf dem Gebiet des jeweils anderen gefahren wurden. Auch bei der Rekrutierung von Mitgliedern respektierte man nicht immer die Grenzen des Wohnortes. Rüstringens Oberbürgermeister Dr. Nutzhorn monierte 1935 in einem Schreiben an das oldenburgische Ministerium des Innern, dass kein Vertreter seiner Stadt zu der Geräteübernahme in Wilhelmshaven (vgl. Seite 76f.) eingeladen worden sei.[181] Andererseits verwies er stolz auf das „Alarmsystem, das in Rüstringen durch elektrische Alarmweckerlinien erfolgt, während in Wilhelmshaven m.W. zur Zeit noch das sog. Schneeballsystem vorherrscht."[182]

Am 1. April 1937 war Schluss mit der Konkurrenz, die Städte Wilhelmshaven und Rüstringen wurden auf der Grundlage des „Groß-Hamburg-Gesetzes" vereinigt. Für den Reichsautobahnbau im Raum Hamburg war ein großflächiger Gebietstausch zwischen den Ländern Preußen und Oldenburg notwendig geworden, der die Bildung eines einheitlichen Gemeinwesens an der Jade zuvor immer wieder verhindert hatte. Wilhelmshaven gehörte von nun an vollständig zum Land Oldenburg, auch wenn dies angesichts der zentralistischen Strukturen und der schwachen Stellung der Länder im Dritten Reich nicht mehr allzu viel bedeutete. Als neue Stadtspitze wurde der bisherige Oberbürgermeister von Delmenhorst, Dr. Wilhelm Müller, eingesetzt. Bürgermeister Ulrich Balfanz, der seit 1926 in Wilhelmshaven als Beigeordneter tätig war, übernahm die Aufgaben des Dezernenten für das „Feuerlöschwesen". Stadtrat Walter Kleine, der diese Funktion vorher in Rüstringen wahrgenommen hatte, wurde Stadtkämmerer.

Die Freiwilligen Feuerwehren in Bant, Neuengroden und Wilhelmshaven standen nun als „Freiwillige Feuerwehr Wilhelmshaven" unter dem Kommando von Stadtbauinspektor Heinrich Isermann als Kreisfeuerwehrführer. Sie gliederte sich in den „Zug I Prinz-Heinrich-Straße" (Heinrich Isermann), „Zug II Oldeoogestraße" (Brandmeister Otto Maier) und „Zug III Triftweg" (Oberbrandmeister Karl Matzke). Die Standorte und die Organisation der Feuerwehr blieben ansonsten unverändert, sie entsprachen der Siedlungsstruktur und der Gefahrenverteilung. Das alte Feuerwehrgerätehaus an der Bismarckstraße aus den 1880er Jahren wurde nicht mehr benötigt und endgültig aufgegeben. Es fiel 1943 einem Bombenangriff zum Opfer.

Behörden und Medien verwandten für die Feuerwehr angesichts ihrer Zuordnung zur Ordnungspolizei immer öfter den Begriff „Feuerlöschpolizei". So berichtete die „Wilhelmshavener Zeitung" 1937: „In unserer Stadt fanden mehrere Übungen der Feuerlöschpolizei statt. Immer wieder erregen die schönen Geräte des Zuges II – dieselben Geräte besitzt auch der Zug I – das Interesse der Zuschauer. Zug III hatte ein Brandobjekt in Rüstersiel angenommen und hierbei die schlechten Löschwasserverhältnisse in Rüstersiel besonders berücksichtigt."[183]

Bürgermeister Balfanz wies anlässlich eines Übungsabends mit Ehrungen, so der „Wilhelmshavener Kurier", „auf die großen Fortschritte hin, die die Wilhelmshavener Feuerlöschpolizei in den letzten Jahren unter ihrem Kreisfeuerwehrführer Isermann gemacht hat. Er dankte allen Feuerwehrmännern für ihren freiwilligen Einsatz und forderte sie auf, auch weiterhin zu jeder Zeit ihren schweren Dienst zu erfüllen, der ein ehrenvoller, opferbereiter Einsatz für die deutsche Volksgemeinschaft ist."[184]

### Schillerstraße/Goethestraße, 17. März 1938: Großfeuer in einer Tischlerei mit Holzlager

„Gestern Nachmittag gegen 16 Uhr wurde von dem in der Schillerstraße gelegenen Tischlereibetrieb Klimm Großfeuer gemeldet. Hier war ein Brand ausgebrochen, der in dem äußerst brandfähigen Holz- und Spanmaterial reichlichen Stoff zur überaus raschen Verbreitung fand." (Wilhelmshavener Zeitung, 18. März 1938) Die städtische Freiwillige Feuerwehr und die Werftfeuerwehr bekämpften den Großbrand gemeinsam. Insgesamt kamen zehn Feuerlöschzüge (nach heutigem Verständnis Löschgruppen) zum Einsatz. Auch ein Krankenwagen war vor Ort. Der „Wilhelmshavener Kurier" berichtete am folgenden Tag, dass „Feuerwehrleute mit Gasmasken und Rauchmeldern zur Brandbekämpfung in das Gebäude eindrangen. Das Feuer im Holz- und Spänelager wurde mit Strahlrohren bekämpft, erstmals setzte die Werftfeuerwehr eine sog. „Wasserkanone" (heute Monitor oder Werfer, der Verf.) mit deutlich höherer Leistung ein. Die an Ort und Stelle vorhandenen Hydranten reichten für diesen massiven Löschwassereinsatz nicht aus, deshalb mussten lange Schlauchleitungen bis in die Marktstraße, die westliche Mellumstraße und die Oldeoogestraße zu den dortigen Wasseranschlüssen gelegt werden.

Zahlreiche Schaulustige wollten den Einsatz aus nächster Nähe beobachten. Da das Absperrgebiet wegen der vielen Fahrzeuge relativ groß war, reichten die Sicherungskräfte der Polizei nicht aus, Soldaten der 2. Marineartillerieabteilung rückten zur Sicherung an." Gegen 19 Uhr war der Großeinsatz beseitigt, eine Brandwache blieb vor Ort.

Anfang Juni 1938 leitete „Kreisfeuerwehrführer Pg. Isermann" auf dem Gelände einer Holzhandlung an der Peterstraße/Mitscherlichstraße eine „Übung Großfeuer" für alle drei Züge der Freiwilligen Feuerwehr. Das Feuer wurde mit Rauchpatronen simuliert, die Feuerwehren gingen schulbuchmäßig vor. „Ein Löschzug stand an der Peterstraße, der zweite an der Mitscherlichstraße und der dritte wurde an der Gerichtsstraße angesetzt, so daß das Feuer bald eingekreist war", berichtete der „Wilhelmshavener Kurier".[185] Auch Gasmasken sowie die mechanische Leiter kamen zum Einsatz und erstmals auch die neuen Blaulichter an den Fahrzeugen des Löschzuges Prinz-Heinrich-Straße: „Nach einer neuen Anordnung werden alle Feuerlöschfahrzeuge mit blauen Signallampen ausgerüstet, die bereits bei diesem einen Löschzug angebracht sind und sehr gute Wirkung haben."[186]

Anfang der 1930er Jahre hatten die Feuerwehren in Deutschland damit begonnen, ihre Einsatzfahrzeuge mit ursprünglich rot leuchtenden, feststehenden Kennscheinwerfern auszurüsten, um die Wahrnehmbarkeit der Fahrzeuge bei Alarmfahr-

Abb. 57: Freiwillige Feuerwehr Wilhelmshaven, 1938 (Stadtarchiv, Best. 2000-8 Sammlung Kampen)

ten zu erhöhen. 1938 wurden diese Scheinwerfer auf blaues Licht umgestellt, weil diese Lichtfarbe wegen ihrer spezifischen Streuung aus der Luft kaum wahrnehmbar war. Als „klassische" Rundumleuchte kam das „Blaulicht" jedoch erst in den 1950er Jahren zur Verwendung. Bis zum Kriegsausbruch waren die Feuerwehrfahrzeuge auch bereits mit dem Anfang der 1930er Jahre entwickelten und danach gesetzlich vorgeschriebenen Mehrtonhorn („Martinshorn") ausgestattet (s. Anhang, Glossar).[187]

Abb. 58: Unfall der Kraftspritze „Neuengroden" an der Kreuzung Gökerstraße/Mühlenweg, 18. Juni 1938 (Blick in östliche Richtung) (Stadtarchiv, Best. 5370 Feuerwehr)

Es löste die zuvor auf den Fahrzeugen eingebauten Rasselwecker (lauttönende, aufziehbare Läutwerke) ab, mit denen die Fahrzeuge auf sich aufmerksam machten.

Bei einer Luftschutzübung am 18. Juni 1938 verunglückte die Kraftspritze „Neuengroden" von 1932 (vgl. Seite 68) an der Ecke Gökerstraße/Mühlenweg. Aus nördlicher Richtung auf der Gökerstraße kommend musste sie einem Personenwagen ausweichen, der vom Mühlenweg kommend die Vorfahrt missachtet hatte, und schlug um. Mehrere Feuerwehrleute erlitten Verletzungen. Das Fahrzeug wurde als Totalschaden ausgemustert und noch im gleichen Jahr durch ein Einheitslöschfahrzeug aus Beständen des Luftschutzes ersetzt (vgl. Seite 105).[188]

Mit der verbesserten Ausstattung und der gewachsenen Stärke wurde die Freiwillige Feuerwehr aus Wilhelmshaven auch zu Großeinsätzen in der Region gerufen. Der „Wilhelmshavener Kurier" berichtete darüber, dass die Feuerwehr der Marinewerft mit vier Fahrzeugen unter dem Kommando von Korvettenkapitän von Lilienhoff sowie fünf Fahrzeuge der Wachen Prinz-Heinrich-Straße und Oldeoogestraße unter dem Kommando von Kreisfeuerwehrführer Heinrich Isermann am 21. Juli 1938 nach Emden zum Brand der Gasthauskirche ausrückten.[189] Dort kamen sie allerdings nicht zum Einsatz.

## Die Feuerwehr in der Reichspogromnacht 1938

In der Nacht vom 9. zum 10. November 1938 griffen die Parteiorganisationen der NSDAP reichsweit jüdische Geschäfte und Einrichtungen an. Jüdische Bürger wurden getötet oder verletzt, ihr Eigentum geplündert und ihre Gotteshäuser angezündet.

Eine zentrale Lenkung sollte dafür sorgen, dass die Feuerwehren gar nicht zu brennenden jüdischen Synagogen ausrückten bzw. nur defensiv den Schutz der Nachbarschaft sicherstellten. Dazu erteilte Reinhard Heydrich als Leiter des Reichssicherheitshauptamtes eine fernschriftliche Weisung an die Dienststellen der Ordnungs- und der Feuerschutzpolizei: „Die Feuerwehr darf nicht eingreifen. Es sind nur Wohnhäuser arischer Deutscher zu schützen von der Feuerwehr, jüdische anliegende (bei der Synagoge) sind auch von der Feuerwehr zu schützen, allerdings müssen die Juden raus. Die Polizei darf nicht eingreifen. Der Führer wünscht, daß die Polizei nicht eingreift. Aufgabe der Polizei besteht im Schutz nichtjüdischen Lebens und Eigentums, die Ausbreitung von Synagogenbränden ist zu verhindern."[190]

So gesehen wurden mit der Kontrolle der Gefahrenabwehrorganisationen erst die Voraussetzungen für das koordinierte Abbrennen einer großen Zahl von Synagogen geschaffen, weil damit der Schutz der Nachbargebäude in den dicht besiedelten deutschen Innenstädten gewährleistet war.

In Wilhelmshaven organisierten der SA-Standartenführer Johannes Hinz, der Gestapobeamte Kirchner, der NSDAP-Kreisleiter Ernst Meyer und der Sturmführer Christian Gunkel vom Nationalsozialistischen Kraftfahrerkorps (NSKK) den Anschlag auf die Synagoge in der Börsenstraße. Es gelang ihnen, die Einrichtung im Inneren der Synagoge in Brand zu setzen. Wer genau den Brand legte, blieb allerdings auch in einem Strafprozess vor dem Landgericht Oldenburg im Juli 1949 gegen Meyer und Gunkel sowie einen weiteren Mittäter, Andreas Köhler, ungeklärt. Hinz und Kirchner waren im Krieg ums Leben gekommen.

Die Staatsanwaltschaft beschrieb in der Anklageschrift den Ablauf der Ereignisse am 9. November 1938: „Auch die Feuerwehr war alarmiert worden und an der Brandstelle erschienen. Die Löscharbeiten gestalteten sich schwierig, weil verschiedene Personen eine Löschung untersagten und auch wiederholt die Wasserzufuhr unterbrochen wurde, indem die Hydranten abgedreht wurden. Der Feuerwehr gelang es, die Nachbarhäuser zu schützen und den Brand abzulöschen. Als sie die Synagoge verließ, standen die Außenmauern noch."[191]

Zum Einsatz war der Löschzug der Werftfeuerwehr unter der Führung von Andreas Macijewski ausgerückt. Ob auch Einheiten der Freiwilligen Feuerwehr Wilhelmshaven ausrückten, und aus welchen Gründen nicht zum Einsatz kamen, ist nicht überliefert.

Das Gericht bewertete in der Urteilsbegründung das Verhalten der Feuerwehr: „Es gelang der zunächst unentschlossenen und zeitweilig an der Löschung behinderten Feuerwehr, das Feuer zu löschen."[192] Die Synagoge war beschädigt, aber nicht zerstört. Dies besorgte erst ein zweites Feuer, welches am Morgen des 10. November gelegt wurde. Diesmal wurde die Feuerwehr gar nicht erst alarmiert, am Nachmittag stürzte die Kuppel des Gebäudes ein.

Für die Feuerwehren bedeuteten das Dritte Reich und die nationalsozialistische Diktatur rechtliche Gleichschaltung und ideologische Anpassung als Teil des Polizeiapparats. In den Jadestädten verbesserte sich mit dem erneuten Wachstum von Werft und Garnison die wirtschaftliche Situation, beide Städte konnten in ihre Feuerwehren investieren: Insgesamt drei Löschzüge waren nun voll motorisiert, neue Gerätehäuser entstanden in der Prinz-Heinrich-Straße und der Oldeoogestraße. Die Vereinigung von Wilhelmshaven und Rüstringen beendete eine sinnlose Konkurrenzsituation. Im Laufe der 1930er Jahre sollten die Anforderungen des Luftschutzes immer mehr auch die Entwicklung der Feuerwehren beeinflussen.

## Feuerwehr und Luftschutz

Das Flugzeug war erst im Laufe des Ersten Weltkriegs als Waffe zur Einsatzreife gekommen, zunächst als Aufklärer, dann als Bombenträger und als Jagdflugzeug. Dennoch führten die Erfahrungen mit immerhin 683 Bombenangriffen auf das westliche bzw. südwestliche Reichsgebiet bis zum Kriegsende bereits zu ersten Überlegungen für den Schutz der Bevölkerung vor Luftangriffen (Luftschutz).

Ungeachtet der militärpolitischen Beschränkungen, die dem Deutschen Reich nach dem Krieg auferlegt worden waren, konkretisierte sich Mitte der 1920er Jahre die Organisation des Luftschutzes. Erste Pläne sahen den Aufbau eines Warndienstes und die Förderung des Selbstschutzgedankens in der Bevölkerung durch Interessenvereine vor, die sich später zum „Deutschen Luftschutzverband" zusammenschlossen. Im Vordergrund stand allerdings zunächst die Verteidigungsfähigkeit gegen Luftangriffe von außen und weniger die Bekämpfung der Folgen von Luftangriffen (Katastrophenschutz). Erst Ende der 1920er Jahre wurden auch dafür erstmals Konzepte entwickelt: Brandschutz, Instandsetzung zerstörter Gebäude und Infrastruktur, Sanitätswesen, Gasschutz.

Dazu folgten alsbald ministerielle Regelungen. In einer „Richtlinie für die Organisation des zivilen Luftschutzes" legte das Reichsministerium des Innern im Oktober 1931 mit einem Runderlass die Grundlagen für einen öffentlichen Katastrophenschutz unter Führung der Polizei fest, u.a. mit einem „Sicherheits- und Hilfsdienst", der aus den Fachdiensten der Feuerwehren, der „Technischen Nothilfe" als Vorläufer des heutigen Technischen Hilfswerks (THW)[193] und den Hilfsorganisationen „Deutsches Rotes Kreuz" und „Arbeiter-Samariter-Bund" bestehen sollte.[194]

Das 1933 auf Betreiben Hermann Görings gegründete Reichsluftfahrtministerium (RLM) beanspruchte und erhielt die Zuständigkeit für den zivilen Luftschutz, der damit gleichzeitig der Wehrmacht näher rückte. Die Polizei im Geschäftsbereich des Reichsministeriums des Innern (RMI) blieb dennoch insgesamt für die Gefahrenabwehr zuständig, bis zum Kriegsende herrschte, wie Andreas Linhardt es formulierte, ein „zentralistischer Dualismus".[195] Die doppelten Zuständigkeiten schufen einen Kompetenzwirrwarr, erschlossen aber gerade für die Feuerwehren auch neue technische und finanzielle Ressourcen.

In der Luftschutzorganisation teilte man die deutschen Städte nach der Schutzwürdigkeit von Anlagen und Infrastrukturen ein. Luftschutzorte I. Ordnung – 94 Standorte der Rüstungsindustrie oder bedeutende Wehrmachtsstandorte, darunter auch Wilhelmshaven – hatten einen örtlichen Luftschutzleiter, den Polizeipräsidenten, einzusetzen. Der örtlichen Luftschutzleitung gehörten darüber hinaus weitere Polizeioffiziere, Fachberater bzw. Leiter der Fachdienste sowie ein Vertreter der Stadtverwaltung (Obdachlosenfürsorge, Ernährung und technische Infrastruktur) an. In den Befehlsstellen der Polizeiführung richtete man Luftschutzbefehlsstellen und -ausweichbefehlsstellen ein, gestützt auf die Kommunikationsmöglichkeiten des Polizeifernsprechnetzes, des Postfernsprechnetzes, auf Fernschreiber und Polizeifunk.

Luftschutzorte I. Ordnung erhielten aus Mitteln des Reichsluftfahrtministeriums eine technische Zusatzausstattung. Die Luftschutzorte II. und III. Ordnung hatten sich dagegen aus den vorhandenen Beständen oder mit eigenen Mitteln auszurüsten. Der ebenfalls 1933 gegründete und vom Ministerium finanziell geförderte „Reichsluftschutzbund" übernahm die Ausbildung der Bevölkerung für den Selbstschutz und bildete in den Luftschutzorten I. Ordnung Ortsgruppen.

Der neu geschaffene ehrenamtliche „Sicherheits- und Hilfsdienst (SHD)" war die operative Gefahrenabwehr-Organisation des Luftschutzes. Seine Aufgabe bestand darin, „[...] durch raschen Einsatz bei Luftangriffsschäden personell und sachlich Hilfe zu leisten und der Entstehung von Katastrophen entgegenzutreten [...]."[196] Der SHD bestand aus Fachdiensten, in die bestehende Organisationen soweit wie möglich integriert wurden:

Luftschutz-Feuerlöschdienst = Feuerwehren
Luftschutz-Instandsetzungsdienst = Technische Nothilfe
Luftschutz-Sanitätsdienst = Deutsches Rotes Kreuz und öffentliche Gesundheitseinrichtungen
Luftschutz-Entgiftungsdienst = Chemische Betriebe, Straßenreinigungsbetriebe.

In den Luftschutzorten I. Ordnung sollten „Feuerschutz- und Entgiftungsbereitschaften (F.- und E.-Bereitschaften)" aufgestellt werden. Sie bestanden aus drei Löschzügen mit je zwei Löschgruppen, einem Entgiftungstrupp sowie Ergänzungspersonal und waren damit etwa 100 Mann stark. Die Ausstattung jedes Löschzuges sollte aus zwei Löschfahrzeugen (Pumpenleistung 2.500 l/Min.), je zwei Motorspritzen (800 und 1.500 l/Min.), einem Schlauchwagen und einer Drehleiter bestehen.

Praktisch nahmen zunächst die Freiwilligen Feuerwehren den „Feuerlösch- und Entgiftungsdienst (F.-E.-Dienst)" wahr. Sie behielten ihre bisherigen Dienstgradbezeichnungen. Im Entgiftungsdienst sollten in der Regel fachlich vorgebildete Männer (z.B. Chemiker, chemische Assistenten) ohne Feuerwehrausbildung eingesetzt werden. Dieser Dienst verlor allerdings später an Bedeutung, da es im Luftkrieg nicht zum Einsatz von Giftstoffen kam.

Wilhelmshavens Oberbürgermeister Carl-Heinrich Renken ordnete 1935 an, „daß die Feuerwehr Wilhelmshaven in Luftschutzangelegenheiten (einschl. Ausbildung)

Abb. 59: Übungsdienst des SHD-Feuerlöschdienstes auf dem Hof der Admiral-Scheer-Schule (ehemals Reformrealgymnasium) am Rathausplatz, 1941 (Stadtarchiv, Best. 5370 Feuerwehr)

sich dem stellv. Pol.-Dir. zu unterstellen habe. Die sonstige Organisation und Ausbildung der aktiven Wehr wird hiervon nicht berührt."[197]

Da die Einsatzkräfte der Freiwilligen Feuerwehren auf Dauer nicht ausreichen würden, stellte der SHD neben den Freiwilligen Feuerwehren und Berufsfeuerwehren einen eigenen Feuerlöschdienst auf. Schließlich waren im Laufe des Krieges auch Einsatzreserven und Kräfte für den überörtlichen Einsatz vorzuhalten. Dabei stützte sich der SHD auf die bestehenden Wachen und Gerätehäuser und deren Infrastruktur (Fernmeldemittel, Schlauchturm, Werkstatt) und richtete in der Nähe der Wachgebäude oder Gerätehäuser bei Kriegsausbruch zusätzliche behelfsmäßige Unterkünfte ein, so zum Beispiel in dem Schulgebäude neben dem Feuerwehrgerätehaus Prinz-Heinrich-Straße (heute Mozartstraße).

Der SHD gliederte sich in Luftschutz-Abteilungen, -Bereitschaften, -Züge, -Gruppen und -Trupps. Die Luftschutzhelfer wurden von der Polizeibehörde zum Dienst herangezogen, gem. § 2 des Luftschutzgesetzes von 1935 bestand eine Dienstpflicht.[198] Das Personal führte die Dienstgradbezeichnungen Luftschutzmann, Truppführer, Gruppenführer, Zugführer, Oberzugführer, Bereitschaftsführer, Abteilungsführer. Soweit es nicht von den bereits bestehenden Organisationen gestellt oder als Verstärkung benötigt wurde, wurde es hauptsächlich aus älteren Reservisten rekrutiert, die Wehrmacht genoss bei den jüngeren Jahrgängen Priorität. Da zunächst keine Uniformen/Arbeitskleidung und persönliche Ausstattung bereitstanden, trugen die SHD-Männer ihre zivile Kleidung mit einer Armbinde.

Abb. 60: „Feuerwehr-Gefolgschaft" der Dietrich-Eckart-Schule (vorm. Oberrealschule), o. D. (Stadtarchiv, Best. 2000-57 Sammlung Alfred Wulf)

Personal war von Anfang an knapp. In den Luftschutzorten I. und II. Ordnung wurden deshalb ab 1939 „HJ-Feuerwehrscharen" aufgestellt. Der Reichsjugendführer Baldur von Schirach und der Reichsführer SS und Chef der Deutschen Polizei Heinrich Himmler hatten eine Vereinbarung geschlossen, nach der älter als 15 Jahre alte Mitglieder der Hitler-Jugend in den HJ-Feuerwehrscharen verwendet werden konnten. Sie stammten aus dem „Streifendienst" der Hitler-Jugend, d.h. den 16- bis 18-jährigen Mitgliedern der nationalsozialistischen Jugendorganisation, die ab 1934 zunächst innerhalb der HJ, später auch allgemeine Ordnungsaufgaben wahrnahmen. Während des Krieges stellte der Streifendienst bevorzugt den Nachwuchs für die Ordnungspolizei und die SS-„Totenkopfverbände", die u.a. die Bewachung der Konzentrationslager wahrnahmen.

Die Jungen erhielten bei der Feuerwehr eine vereinfachte Truppmann-Ausbildung (35 Doppelstunden) an Gerät und Ausrüstung bis zum Löscheinsatz. Anders als beispielsweise die Marine-HJ bildeten die HJ-Feuerwehrscharen keine eigenständigen Einheiten, sondern waren den örtlichen Einheiten der Feuerschutzpolizei truppweise als Hilfskräfte zugeordnet. Während der Ausbildung und im Feuerwehrdienst wurden sie den jeweiligen Feuerwehrführern unterstellt, disziplinarisch blieben sie bis zum Erreichen der Altersgrenze von 18 Jahren Mitglieder der Hitler-Jugend.[199]

Abb. 61: Feuerwehr-Ausbildung von Hitler-Jungen durch Beamte der Feuerschutzpolizei, o. D. (Stadtarchiv, Best. 5370 Feuerwehr)

Nach Tobias Engelsing wurden reichsweit zwischen 1939 und 1943 insgesamt etwa 300.000 Jungen für Hilfsdienste bei den Feuerwehren gewonnen.[200] Für die Nachwuchsgewinnung der Feuerwehren standen sie nicht zur Verfügung, da die Wehrmacht und die SS den exklusiven Zugriff auf die Hitler-Jugend hatten.[201]

Für Wilhelmshaven als Luftschutzort I. Ordnung waren insgesamt 80 Jugendliche vorgesehen, die in Gruppen und Züge gegliedert wurden.[202] Am 26. Oktober 1939, so berichtete die „Wilhelmshavener Zeitung", „fanden sich [...] auf dem Schulhof der Dietrich-

Eckart-Schule die Hitlerjungen ein, die dafür ausgesucht waren, fortan als HJ-Angehörige in der Feuerwehr ausgebildet und eingesetzt zu werden."[203] Sie wurden von Kreisfeuerwehrführer Heinrich Isermann begrüßt und eingewiesen.

Abb. 62: Hans Wigger in der Uniform der Luftschutzpolizei (HJ-Feuerwehrschar), 1943 (Feuerwehr-Archiv)

Die Bevölkerung und die Betriebe wurden offen und proaktiv über die Vorkehrungen zum Luftschutz informiert. Kreisfeuerwehrführer Friedrich Bohländer organisierte 1936 auch den betrieblichen Luftschutz im Rüstringer Rathaus: Ausstattung des Gebäudes mit Alarmglocken; Brandwachen und Ordnungskräfte mit Stahlhelm auf den einzelnen Etagen; Bevorratung von Gasmasken, Schutzanzügen und Luftschaum-Kübelspritzen; Ausbildungsmaßnahmen.[204]

Aus den Jahren 1934 und 1938 sind „Große Luftschutzübungen" belegt. Die „Wilhelmshavener Zeitung" berichtete Ende Oktober 1937 über eine Alarmübung des Luftschutzes mit einer ehrlichen Aussage: „In einem modernen Krieg wird die Grenze zwischen Front und Heimat nicht mehr bestehen."[205] Die Übung verlief zufriedenstellend: „Keine Menschenseele war während der Übung auf den sonst belebten Straßen zu sehen."[206]

Ein Jahr später wurden die Luftschutzsirenen der „Großalarmanlage in Wilhelmshaven" erprobt, so schrieb die „Wilhelmshavener Zeitung": „Es wird der gleichbleibende hohe Dauerton für die Dauer einer Minute gegeben. Diese Maßnahme dient lediglich der Erprobung auf Betriebssicherheit. Von der Bevölkerung ist nichts zu veranlassen."[207] Der Heulton „Fliegeralarm" wurde bei solchen Erprobungen zur Vermeidung von Missverständnissen grundsätzlich nicht ausgelöst.

Mit dem Aufbau des Luftschutzes gehörten die Feuerhörner der Freiwilligen Feuerwehren endgültig der Vergangenheit an, die Alarmierung erfolgte nun einheitlich über Sirenen.

*

Im Laufe der Zeit verstärkte sich der Widerspruch zwischen der notwendigerweise reichseinheitlichen Luftschutzorganisation und den nach wie vor in Ländern und Kommunen dezentral aufgestellten Feuerwehren. Der Luftschutz erforderte von seiner Natur her einen gebietsübergreifenden Formationseinsatz der Feuerwehren, deshalb mussten wichtige Ausstattungselemente wie Fahrzeuge, Schläuche, Kupplungen, Strahlrohre oder Leitern so weit wie möglich genormt werden. Großserien senkten darüber hinaus die Kosten der Ausstattung für die neu aufzustellenden Einheiten und erleichterten die Ausbildung.

Unter Deutschlands Feuerwehren hatte bis dahin eine große Vielfalt an Fahrzeug-Typen, Ausstattungsvarianten, Maßen und Normen geherrscht. Nach dem Ersten

Weltkrieg entwickelte der „Reichsverein Deutscher Feuerwehringenieure (RDR)" die ersten Ansätze zur Normung von Feuerwehrfahrzeugen. Sein „Fachausschuss für die Normung von Feuerwehrgeräten" schloss sich 1920 dem „Normenausschuss der Deutschen Industrie" an. Dennoch orientierte sich das Beschaffungswesen, begünstigt durch geringe Stückzahlen, zunächst noch stark an individuellen Anforderungen oder örtlichen Besonderheiten.

Das Reichsministerium des Innern unternahm nun im Interesse des Luftschutzes erste Schritte zur Vereinheitlichung der Feuerwehr-Ausstattung. Da das geplante Reichsfeuerlöschgesetz noch auf sich warten ließ (vgl. Seite 100), bemühte sich das Reichsluftfahrtministerium, mit dem Reichsluftschutzgesetz vom 26. Juni 1935 und einigen Durchführungsverordnungen das Nötige an Strukturbildung und Vereinheitlichung vorwegzunehmen.

Die wesentlichen Merkmale der sogenannten „Einheitslöschfahrzeuge" waren die Mannschaftskabine, der separate Geräteaufbau, die eingebaute Heckpumpe mit Schnellangriffseinrichtung sowie der mitgeführte Wasservorrat. Ab 1942 waren die Löschfahrzeuge auch mit Sauerstoffschutzgeräten, den sogenannten „Heeresatmern", bestückt. Dabei handelte es sich um außenluftabhängige Geräte mit einem Luftfilter (Kalipatronen). Sie waren die Vorgänger der heutigen außenluftunabhängigen Pressluftatmer.

Mit hohen Stückzahlen in der Beschaffung sorgte der Luftschutz für die Verbreitung einer Fahrzeug-Norm, aus der sich die heutigen Löschgruppenfahrzeuge ableiten lassen. Zunächst verwendete man noch den Begriff „Kraftspritze" (KS), später im Zusammenhang mit neuen Einsatzkonzepten auch „Löschgruppenfahrzeug" (LF). Das Reichsluftfahrtministerium stattete die Einheiten des Sicherheits- und Hilfsdiensts (SHD) schrittweise mit technisch genormten Fahrzeugen in luftwaffengrauer Lackierung aus, die man nach der Pumpenleistung klassifizierte: KS 8 = 800 l/Min., KS 15 = 1.500 l/Min., KS 25 = 2.500 l/Min.). Aus der militärischen Praxis bürgerten sich z.T. andere Begriffe ein:

- tragbare Kraftspritze (TS) (800 l/Min.)
- einachsiger Anhänger mit eingebauter Tragkraftspritze (TSA) (800 l/Min.)
- Leichtes Löschgruppenfahrzeug (LLG) mit TS und TSA (LF 8)
- Schweres Löschgruppenfahrzeug (SLG) (1.500 l/Min.) (LF 25)
- Leichte Drehleiter (LDL) (17 m Steighöhe) (DL 17)
- Schwere Drehleiter (SDL) (22 + 2 m Steighöhe) (DL 22).

Es folgten später noch das Große Löschgruppenfahrzeug (GLG, auch LF 32) und die Große Drehleiter (DL 32), der Schlauchwagen (SKW) und das Tanklöschfahrzeug (TLF).

Als Zugfahrzeug für eine angehängte Kraftspritze (KS 8) nutzte der SHD reichsweit vielfach ein umgerüstetes Polizeifahrzeug der Marke Opel „Blitz" (bekannt als das Fahrzeug der „Überfallkommandos"), auf dem neben der Ausrüstung eine Löschstaffel (1/5) Platz fand.

*

Abb. 63: Fahrzeugappell des SHD mit einer Tragkraftspritze TSA 8 und Zugwagen auf dem Schulhof der Dietrich-Eckart-Schule, 1941 (Stadtarchiv, Best. 2000-8 Sammlung Kampen)

Unter der Beteiligung von Landesbranddirektor Bernhard Fortmann sowie zahlreicher militärischer und ziviler Dienststellen fand am 8./9. Januar 1938 in Wilhelmshaven ein Planspiel „Brandbekämpfung nach Luftangriffen" statt. Fortmanns Resumé lautete anschließend: „Die Stadt Wilhelmshaven war hinsichtlich der friedensmäßigen Ausrüstung in Bezug auf Feuerwehrgeräte ausreichend ausgerüstet. Die für den Luftschutz zusätzlichen Geräte sollen vom Reichsminister der Luftfahrt und Oberbefehlshaber der Luftwaffe zur Verfügung gestellt werden. Die fehlende Feuermelde- und Alarmierungsanlage spielt für den Luftschutz keine wesentliche Rolle, dagegen waren in der Wasserversorgung große Mängel festzustellen."[208] Er forderte zusätzlich zum Hydranten-Netz die Beflutung einer Spülleitung (600 mm) der Stadtentwässerung aus dem Hafenbecken sowie den Bau eines entsprechenden Pumpwerks.

Während die Feuerwehren immer weiter in die Ordnungspolizei integriert wurden (Reichsminister des Innern/Chef der Ordnungspolizei – Regionale Befehlshaber der Ordnungspolizei – Landräte bzw. Oberbürgermeister als örtliche Polizeiverwalter), stand der gesamte Luftschutz, also auch der Sicherheits- und Hilfsdienst und dessen Feuerwehrkräfte im Geschäftsbereich des Reichsluftfahrtministeriums (Oberbefehlshaber der Luftwaffe – Inspekteur des Luftschutzes – Luftgaukommandos – Örtliche Luftschutzleiter).

Die regionalen Befehlshaber der Ordnungspolizei wie z.B. der Befehlshaber der Ordnungspolizei Hamburg (BdO) konnte als überörtliche Reserve paramilitärisch ausgebildete und mit Handwaffen ausgerüstete „Feuerschutzpolizei-Regimenter" anfordern. Sechs dieser Einheiten mit insgesamt 6.000 Mann wurden ab Ende 1939 aufgestellt. Sie bestanden jeweils aus zwei Abteilungen mit drei Bereitschaften zu je sechs Löschgruppen sowie vier Löschgruppen als Reserve, Tross etc. Die Offiziere und Gruppenführer kamen zunächst aus den Berufsfeuerwehren, die Feuerwehrmänner aus den Freiwilligen Feuerwehren.[209] Theoretisch waren die Regimenter sogar bahnverladefähig, was aber praktisch nicht vorkam, da sie bald in ihren Einsatzbereichen gebunden waren.

So wie es der Einsatzpraxis nach dem Kriegsausbruch schon bald entsprach, wurden die Feuerschutzpolizei-Regimenter mit Erlass vom 7. Mai 1943 in zehn selbstständige „Feuerschutzpolizei-Abteilungen (mot.)" mit jeweils etwa 600 Mann aufgeteilt.[210] Die meisten der neuen Einheiten erhielten Einsatzräume im Reichsgebiet, das nach den alliierten Beschlüssen auf der Konferenz von Casablanca (14. – 26. Januar 1943) verstärkt Ziel von Bombenangriffen geworden war.

Das Gegenstück zu den Feuerschutzpolizei-Regimentern waren die „SHD-Abteilungen (mot.)" des Luftschutzes auf der Ebene der Luftgaukommandos. Sie wurden kurz nach Kriegsbeginn als überörtliche Einsatzreserve insbesondere für die Luftschutzorte I. Ordnung aufgestellt.[211] Diese Einheiten umfassten zwei, später drei Feuerlösch- und Entgiftungsbereitschaften (aus jeweils drei Löschzügen und einem Entgiftungszug), eine Sanitätsbereitschaft (mit Krankentransportstaffel), eine Ergänzungsstaffel sowie den Tross (Verpflegungs-, Werkstatt- und Tankfahrzeuge), insgesamt rd. 500 Mann mit 120 Fahrzeugen.

Sie waren sehr beweglich, gut ausgerüstet und wurden auf Anforderung über das Luftgaukommando regional eingesetzt. Als besonders leistungsfähige Einheiten kamen sie an Schadensschwerpunkten zum Einsatz und rückten nach Beseitigung der Hauptgefahr wieder ab, die Aufräumungs- und Sicherungsaufgaben übernahmen die örtlichen Kräfte.

Abb. 64: Übernahmeappell des SHD anlässlich der Integration in die Luftwaffe als Luftschutzpolizei, Juli 1942 (Stadtarchiv, Best. 2000-8 Sammlung Kampen)

Der Sicherheits- und Hilfsdienst (SHD) hatte den Charakter einer paramilitärischen Organisation, seine Angehörigen wurden vereidigt wie Soldaten oder Beamte. Die „Wilhelmshavener Zeitung" berichtete 1941: „In einer geschichtlichen, für das deutsche Volk entscheidungsschweren Stunde traten am gestrigen Sonntag viele hunderte von Männern des Wilhelmshavener Sicherheits- und Hilfsdienstes an, um in feierlicher Weise den Eid auf den Führer und Volk zu leisten. Auf dem Hofe der Admiral-Scheer-Schule standen die einzelnen Züge im weiten Geviert aufmarschiert, an dessen Sternfront eine Ehrenkompanie der Schutzpolizei mit ihrer Waffe Aufstellung genommen hatte."[212]

1942 wurde der SHD als „Luftschutzpolizei" (LSP) der Luftwaffe militarisiert. Die SHD-Abteilungen (mot.) hießen nun „Luftschutz-Einheiten (mot.)" bzw. „Luftschutz-Abteilungen" der Luftwaffe und wurden in „Luftschutz-Regimentern" zusammengefasst, umstrukturiert und bewaffnet. Für Wilhelmshaven waren die Luftschutz-Abteilungen (mot.) 11 (Bockhorn) und 32 (Marx) des Luftschutz-Regiments 2 zuständig.[213] Aus der „Luftschutz-Bereitschaft" wurde die „Luftschutz-Kompanie". Die bisher zivilen Luftschutz-Helfer erhielten militärische Dienstgrade.

## Die Gründung der Feuerschutzpolizei Wilhelmshaven

Trotz aller Bemühungen zeigte die Anwendung des „Runderlasses zur Angleichung der außerpreußischen Feuerwehren" vom 12. Januar 1936 (vgl. Seite 71) in den Ländern und Provinzen auf Dauer nicht die gewünschte Wirkung. Ein wichtiger Schritt war deshalb die Umorganisation des Reichsministeriums des Innern und damit die Stärkung der Zentralverwaltung der Polizei gegenüber den Ländern und Provinzen. Heinrich Himmler, der bis dahin vor allem die Parteiorganisation SS aufgebaut und geleitet hatte, wurde 1936 zum „Chef der deutschen Polizei" berufen. Formal war er dem Reichsminister des Innern, Wilhelm Frick, untergeordnet.

Himmler reorganisierte den Polizeibereich des Ministeriums und bildete die Hauptämter „Sicherheit" (Sicherheitshauptamt) und „Ordnungspolizei". Zur Ordnungspolizei unter dem General der Ordnungspolizei Kurt Daluege gehörte auch die Feuerwehr. Dazu war ihm Dr. Johannes Meyer, zuvor Landesbranddirektor in Thüringen, als „Inspekteur des Feuerlöschwesens" (später „Generalinspekteur") unterstellt. Dieser war Vorgesetzter aller höheren Feuerwehrbeamten im Reich und übte die Fachaufsicht in allen Fragen des Brandschutzes aus.

Im Hauptamt Ordnungspolizei wurden ein „Amt Feuerlöschpolizei/Berufsfeuerwehren" sowie ein „Amt Freiwillige Feuerwehren" eingerichtet. Sie steuerten von nun an zentral über entsprechende Weisungen oder Erlasse des „Chef der Ordnungspolizei" (Daluege) oder des „Reichsführer SS und Chef der Deutschen Polizei" (Himmler) alle Feuerwehrangelegenheiten von grundsätzlicher Bedeutung. Die Innenressorts der Länder und Provinzen richteten entsprechende Aufsichtsinstanzen ein. Auf diese

Weise war die fachliche Arbeit für die Feuerwehren innerhalb des gesamten Polizeiapparats gewährleistet.

Der bisherige Provinzialfeuerwehrführer (vergleichbar Landesbranddirektor) Hannover, Dipl. Ing. Walter Schnell, übernahm die Leitung des Amtes Freiwillige Feuerwehren. An die Spitze des Amtes Feuerlöschpolizei/Berufsfeuerwehren wurde der 38-jährige Oberbaurat (später Oberst der Feuerschutzpolizei) Dipl. Ing. Walter Goldbach von der Berufsfeuerwehr Hannover berufen.[214]

Solange ein reichseinheitliches Feuerlöschgesetz noch nicht existierte, nutzte die Polizeiführung jede Gelegenheit, ihre Ziele durch Einzelmaßnahmen zu verwirklichen. Walter Schnell propagierte in Erlassform und über die Ausbildungsvorschriften eine grundlegende Veränderung der Einsatztaktik, die zuvor in den Feuerwehren und Feuerwehrschulen entwickelt worden war. Der sog. „dreigeteilte Löschangriff" ersetzte in den 1930er Jahren schrittweise das klassische „Nummernsystem", mit dem die Feuerwehren einst erfolgreich geworden waren (vgl. Seite 12). Er ging auf Entwicklungen u.a. bei der Berliner Feuerwehr in den 1920er Jahren zurück und erforderte entsprechend konzipierte, genormte Feuerwehrfahrzeuge.

An die Stelle des starren, konsequent arbeitsteiligen Systems der „Steiger" und „Rohrführer" trat der „Angriffstrupp", der sich den Weg zum Feuer bahnte und das Löschmittel Wasser dorthin mitführte. Er formierte sich an der Einsatzstelle, dahinter zur Wasserversorgung der „Schlauchtrupp" und zur rückwärtigen Versorgung (aus Oberflächengewässern oder Hydranten) der „Wassertrupp". War der Einsatz einer mechanischen Leiter erforderlich, kam der „Leitertrupp" hinzu, der die Leiter für den Angriffstrupp vorbereitete und bediente. Bislang hatten die Feuerwehren den Angriff von der Wasserversorgung her aufgebaut, nun stand der Angriffstrupp im Vordergrund, dem die anderen Trupps zuarbeiteten.

Dieses taktische Konzept entsprach den inzwischen gegebenen technischen Möglichkeiten der Feuerwehren, insbesondere nach der Motorisierung der Fahrzeuge und der Entwicklung leistungsfähigerer Pumpen. Es ermöglichte nun auch wirksamere Innenangriffe auf Brände in Gebäuden. Dadurch erhöhte man den Wirkungsgrad der eingesetzten Mannschaft und sparte letztlich Personal, was insbesondere den Berufsfeuerwehren zu Gute kam.

Die traditionelle Arbeitsteilung im Einsatz galt nicht mehr: Jeder Feuerwehrmann musste für alle Funktionen ausgebildet sein, um das verfügbare Personal an der Einsatzstelle lageabhängig variabel einsetzen zu können. Damit war der „Einheitsfeuerwehrmann" geboren, den Walter Schnell so definierte: „Unter Einheitsfeuerwehrmann verstehen wir den Feuerwehrmann, der nicht wie früher entweder nur als Steiger in der Handhabung der Leitern, oder als sogenannter Bedienungsmann an der Handdruckspritze ausgebildet ist, sondern der unabhängig von Gerät und Ort alle Tätigkeiten der Bekämpfung des Feuers beherrscht und daher überall eingesetzt werden kann."[215]

Aus der Zusammenfassung mehrerer Trupps entstand die selbstständig handlungsfähige „Löschstaffel" bzw. „Löschgruppe". Kam eine mechanische Leiter mit dem Leitertrupp hinzu, sprach man von einem „Löschzug". Beide stellen bis heute das einsatztaktische Grundmuster der Feuerwehren dar.

Dr. Paul Kalaß, Leiter der Feuerwehr-Normenstelle, hatte den Löschzug bereits 1933 in einem Entwurf für eine Feuerwehr-Norm beschrieben: „Die Einheit für die Einteilung der Berufsfeuerwehren ist der Löschzug. […] Als Löschzug gilt eine Abteilung der Feuerwehr, die als selbstständige Truppe ein Schadenfeuer erfolgreich bekämpfen kann und mit den dazu erforderlichen Geräten ausgerüstet ist […] Die Aufgabe des Löschzugs ist die gleichzeitige Ausführung einer Lösch- und einer Rettungsarbeit."[216]

Der dreigeteilte Löschangriff, die Löschgruppe bzw. ihre innere Gliederung wurden 1938 erstmals reichsweit als Vorschrift verbindlich. Mit der Löschgruppe waren auch die Einsatzkräfte definiert, die möglichst rasch an der Einsatzstelle eintreffen sollte. Der Weg zur Fahrzeugentwicklung war kurz, bereits 1934 entstand bei der Firma Metz der Prototyp eines Löschfahrzeuges für eine Löschgruppe aus neun bis elf Feuerwehrleuten, die in einer Kabine Platz fanden. In dem geschlossenen Aufbau waren eine Kreiselpumpe und ein Wasservorratstank eingebaut. Größere Ausrüstungsteile wie z.B. die Steckleitern oder die Saugschläuche befanden sich auf dem Dach. In den Gerätefächern des Aufbaus war Platz für die persönliche Schutzausrüstung, für Werkzeuge, Schläuche und Strahlrohre.[217]

*

Mit dem Aufbau einer zentralen Polizeiorganisation in der Mitte der 1930er Jahre entfiel der bisherige Hinderungsgrund für ein Feuerwehrgesetz des Reiches. So trat am 23. November 1938 das „Gesetz über das Feuerlöschwesen" in Kraft. Schon aus der Präambel ging das neue Verständnis von Feuerwehr hervor: „Die wachsende Bedeutung des Feuerlöschwesens vor allem für den Luftschutz erfordert, daß schon seine friedensmäßige Organisation hierauf abgestellt wird. Hierzu ist nötig die Schaffung einer straff organisierten, vom Führerprinzip geleiteten, reichseinheitlich gestalteten, von geschulten Kräften geführten Polizeitruppe (Hilfspolizeitruppe) unter staatlicher Aufsicht."[218]

Das Gesetz unterschied die hauptamtliche „Feuerschutzpolizei" (bisher Berufsfeuerwehr) als Teil der Ordnungspolizei von den ehrenamtlichen Freiwilligen Feuerwehren und den Pflichtfeuerwehren als Hilfspolizeitruppe. Wenn sie nebeneinander in einer Gemeinde existierten, bildeten sie eine organisatorische Einheit unter der Leitung der Feuerschutzpolizei. Der Begriff der Feuerlöschpolizei (vgl. Seite 71 bzw. 86) tauchte aber auch in dem neuen Gesetz nicht auf.

Die Länder verloren endgültig ihre Zuständigkeit für die Feuerwehren. Von nun an bestimmte der Reichsminister des Innern, welche Gemeinden eine Feuerschutzpolizei aufzustellen hatten und welche bestehenden Berufsfeuerwehren als Feuerschutzpolizei übergeleitet würden. Mit Hilfe von Rechts- und Verwaltungsvorschriften konnte er fachliche Leitlinien für alle Feuerwehren vorgeben. In der Folge erließ das Ministerium eine Reihe von Durchführungsverordnungen, u.a. zur Organisation der Feuerschutzpolizei und der Freiwilligen Feuerwehren.

Für das hauptamtliche Personal und die Ausbildung der Feuerwehrangehörigen sowie die Beschaffung und Unterhaltung der Löschgeräte waren weiterhin die Gemeinden verantwortlich, ebenso für Bekleidung, Ausrüstung, Alarmeinrichtungen, Wasserversorgungsanlagen, Wachgebäude und Gerätehäuser. In der ersten Durchführungsverordnung vom 27. September 1939 waren die als Feuerschutzpolizeien überzuleitenden Berufsfeuerwehren in 65 deutschen Städten, u.a. Wesermünde (Bremerhaven), Oldenburg und Osnabrück aufgeführt. Nach den Vorgaben des Reichsministers des Innern legte die jeweilige Aufsichtsbehörde die Sollstärke der Berufsfeuerwehren fest. Städte mit 80.000 bis 150.000 Einwohnern hatten mindestens eine Zugwache mit einem Löschzug vorzuhalten.

Gemeinden ohne Feuerschutzpolizei mussten eine leistungsfähige Freiwillige Feuerwehr oder eine Pflichtfeuerwehr aufstellen. Die IV. Durchführungsverordnung zum Gesetz ermöglichte die Einberufung von Personen im Alter zwischen 17 und 65 Jahren zur Pflichtfeuerwehr, wenn die freiwilligen Feuerwehren zu schwach besetzt waren.

Ein Runderlass des Reichsführers SS und Chef der deutschen Polizei vom 28. Januar 1943 zur Stärke und Gliederung der Feuerschutzpolizei definierte die Führungsstrukturen: An der Spitze der Feuerschutzpolizei stand ein „Kommandeur", der gegenüber dem Oberbürgermeister für das gesamte Feuerlöschwesen und den vorbeugenden Brandschutz verantwortlich war. Die Offiziere und Unterführer bildeten das „Kommando" der Feuerschutzpolizei, sie waren arbeitsteilig für den Dienstbetrieb, die Ausbildung und den Einsatz zuständig.

Neben Fachkompetenz und Führungsstärke sollte der Leiter der Feuerschutzpolizei, so heißt es in einem damaligen Runderlass, auch über die Fähigkeit verfügen, die Feuerwehrangehörigen zu erziehen und ihre Motivation zu fördern: „Der Ausbildung und weltanschaulichen Erziehung der übrigen Angehörigen der Feuerschutzpol. und der Feuerwehren weist er durch allgemeine Richtlinien die Wege. […] Er muß unermüdlich anregend und aufmunternd, belehrend und ermahnend tätig sein, um Arbeitsfreudigkeit, Entschlußkraft und Verantwortungsgefühl lebendig zu erhalten."[219]

Die Feuerwehrbeamten in den Berufsfeuerwehren waren den Polizeivollzugsbeamten gleichgestellt, mit den Rechten und Pflichten nach dem Deutschen Polizeibeamtengesetz von 1937. Ihre Dienstgrade entsprachen der Systematik der Polizei, beispielsweise der Oberfeuerwehrmann dem Hauptwachtmeister, der Brandinspektor dem Leutnant und der Baurat dem Major.[220] Wie bei der Wehrmacht, im Polizeidienst und bei allen anderen Beamten war der Treueeid auf Adolf Hitler abzuleisten. Die bis heute gültige Altersgrenze für den Ruhestand wurde auf das 60. Lebensjahr festgelegt.

Das Reichsministerium des Innern übte die Personalhoheit über die Feuerschutzpolizeioffiziere aus, insbesondere bei Einstellung, Anstellung und Beförderung. Da es die Auswahl der Angehörigen der Freiwilligen Feuerwehren nicht direkt beeinflussen konnte, machte das Ministerium mit der III. Durchführungsverordnung zum Gesetz über das Feuerlöschwesen vom 24. Oktober 1939 von seiner Richtlinienkompetenz Gebrauch und verpflichtete die nachgeordneten Aufsichtsbehörden: „In die freiwillige Feuerwehr können nur gesunde und kräftige Männer deutscher Staatsangehörigkeit aufgenommen werden, die den Anforderungen des Dienstes gewachsen sind, als Volksgenossen einen guten Ruf haben und die Gewähr dafür bieten, daß sie jederzeit rückhaltlos für den nationalsozialistischen Staat eintreten.[...] Juden können nicht der Freiwilligen Feuerwehr angehören. Jüdische Mischlinge können nicht Vorgesetzte sein."

Mit dem Inkrafttreten des Gesetzes waren die von den Freiwilligen Feuerwehren bisher gebildeten Vereine und ihre Verbände wie z.B. der Landesfeuerwehrverband Oldenburg aufgelöst. Für die Steuerung der Feuerwehren wurden sie nicht mehr benötigt. Das Reichsministerium des Innern bestimmte lediglich den Zeitpunkt und die Rechtsnachfolge. An die Stelle der bisherigen Bezeichnung „Freiwillige Feuerwehr" mit dem Ortszusatz trat auf lokaler Ebene der Begriff „Einheit" oder „Löscheinheit". Nach dem Erlass zur „Gliederung und Stärke der einer Feuerschutzpolizei unterstellten Feuerwehren" vom 28. Januar 1943 sollten sie in Löschgruppen aufgestellt werden. Das entsprach einer Größe von 27 Mann je Einheit.

Ein Runderlass des Reichsministers des Innern machte im November 1939 die neue Situation deutlich: „Die aus Mitgliedern des aufgelösten Feuerwehrvereins gebildete Freiwillige Feuerwehr (Hilfspolizei-Truppe) [...] ist ebenfalls auf den Führer zu vereidigen."[221] Den Eid nahm der Oberbürgermeister oder Landrat für jeden einzelnen Feuerwehrmann ab.

Mit dem Reichsgesetz über das Feuerlöschwesen war die Eingliederung der Feuerwehren in die Strukturen der Ordnungspolizei endgültig vollzogen. Als Uniformfarbe der Feuerschutzpolizei wurde grün festgelegt, ab 1942 durften Mitglieder der SS auch die SS Runen am Ärmel tragen. Die Uniformfarbe der Freiwilligen Feuerwehr blieb traditionell blau; Uniformschnitt, Kragenspiegel, Schulterstücke und Abzeichen wurden jedoch der Polizeiuniform angepasst.

Nach einem Runderlass des Reichsministeriums des Innern vom 1. März 1937 waren die Fahrzeuge dunkelgrün („polizeigrün") zu lackieren, mit schwarz abgesetzten Kotflügeln und Radfelgen. An den Türen trugen sie nun an Stelle des Stadtwappens das Polizeihoheitszeichen über der Bezeichnung „Feuerschutzpolizei" und dem Ortsnamen. Die Kennzeichen entsprachen der Polizei-Systematik. Als während des Krieges der grüne Farbstoff knapp wurde, erhielten alle neuen Fahrzeuge der Feuerwehren einheitlich eine mattgraue Lackierung.[222]

Sie wurden nun bald auch akustisch eher wie Polizeifahrzeuge wahrgenommen, wie die „Wilhelmshavener Zeitung" 1939 berichtete: „Für die Kraftwagen der Polizei und Feuerlöschpolizei sind blaue Kennscheinwerfer und besondere Polizeisignale mit einer Folge verschieden hoher Töne eingeführt worden, damit beim Einsatz der so gekennzeichneten Fahrzeuge jeder andere Verkehr auf den Straßen gegenüber der schnelleren Fortbewegung dieser Fahrzeuge zurücktritt."[223]

Ordnungspolizei und Feuerlöschpolizei wurden in der Wahrnehmung kaum noch getrennt. Vom „Tag der Polizei" berichtete die „Wilhelmshavener Zeitung" am 14. Februar 1940, dass neben der Vorführung des Kriminalfilms „Mordsache Holm" und einem „kriminalistischen Fahndungswettbewerb" auch eine „Schauvorführung der Feuerlöschpolizei in der Göringstraße (heute Parkstraße, der Verf.) mit sämtlichen Löschzügen" viele Zuschauer anlocken würde.[224]

*

Als militärische Stadtgründung hatte Wilhelmshaven von der erneuten maritimen Aufrüstung und den Kriegsvorbereitungen des Dritten Reiches stark profitiert. Die Reichsmarine, ab 1935 Kriegsmarine, nahm schrittweise auch diejenigen Hafenbereiche, die sie nach 1918 zunächst geräumt hatte, wieder in Beschlag, einschließlich der U-Boot- und Torpedowerft am Westhafen, jetzt Westwerft am Tirpitz-Hafen. Die Reichsmarinewerft, seit 1935 Kriegsmarinewerft, baute auch wieder große Kriegsschiffe – die Panzerschiffe *Admiral Graf Spee* und *Admiral Scheer*, die Schlachtschiffe *Scharnhorst* und *Tirpitz*. Die Zahl ihrer Beschäftigten stieg bis 1939 auf mehr als 11.000 an.

Mit der Erweiterung um die Nordwerft und einer neuen, vierten Hafeneinfahrt sollte die Werft für den Bau größerer Schlachtschiffe und Flugzeugträger ausgebaut werden. Soldaten, Handwerker und in zunehmendem Maß auch Dienstverpflichtete zogen in die Stadt, neue Stadtteile wie Altengoden, Fedderwardergroden oder Voslapp entstanden, die aus heutiger Sicht völlig überdimensionierten Siedlungsplanungen für bis zu 500.000 Einwohner reichten bis weit in das Jeverland.

Im Jahr der Vereinigung mit Rüstringen 1937 hatte Wilhelmshaven 91.108 Einwohner, schon ein Jahr später war diese Zahl auf 107.745 angestiegen und lag nun definitiv über der Sollgrenze von 100.000 Einwohnern des Preußischen Gesetzes über das Feuerlöschwesen von 1933, dessen Vorschriften seit 1936 reichsweit galten.

Landesbranddirektor Bernhard Fortmann überprüfte und beurteilte für das Oldenburgische Ministerium des Innern als nächsthöherer Aufsichtsbehörde im September 1938 die „Feuerlöscheinrichtungen der Stadt Wilhelmshaven". Er stellte fest, dass keine Feuermeldeanlage vorhanden sei, „sodass die Meldung eines Feuers über das Fernsprechamt erfolgen muss. […] Mit der Feuermeldung wird die Werftfeuerwehr verbunden. Diese nimmt die Feuermeldung telefonisch entgegen. Die Werft übermittelt die Feuermeldung wiederum telefonisch nach der Feuerwache des Stadtteils, von wo aus das Feuer gemeldet wurde."[225] Fortmann monierte diese umständlichen und zeitraubenden Alarmierungswege: „Der jetzige Stand der Feuermeldung ist vollkommen unzureichend."[226]

Zum Zeitpunkt der Überprüfung verfügte die Freiwillige Feuerwehr in Wilhelmshaven über 185 Aktive, davon waren 70 Mann in Wehrmachtsbetrieben beschäftigt. Einige Wohnungen von Feuerwehranghörigen in Bant und Neuengroden waren mit „Alarmweckern" ausgestattet, die schon in den 1920er Jahren installiert worden waren (vgl. Seite 67) und über eine eigene Leitung vom Feuerwehrgerätehaus angesteuert wurden. An zentral gelegenen Gebäuden, Kaufhäusern, Versammlungsstätten etc. befanden sich sog „Laufwerkfeuermelder". Wurden sie mit einem Druckknopf ausgelöst, lief ein Rasselwecker ab, dessen lautes Klingeln die Umgebung warnte. Auf den Löschfahrzeugen wurde Werkzeug mitgeführt, mit dem das Laufwerk wieder aufgezogen werden konnte. Später bestand auch die Möglichkeit, mittels eines mitgeführten Telefonhörers eine Sprechverbindung zur Feuerwehr herzustellen.

Die drei Wilhelmshavener Feuerwehr-Einheiten waren wie folgt ausgerüstet:

- Neuengroden: Kraftfahrspritze KS 25 (Luftwaffe), Kraftfahrdrehleiter mit vorgebauter Pumpe (1500 l/min.), Klingelalarmschleife in der Privatwohnung des Einheitsführers

- Prinz-Heinrich-Straße: Kraftfahrspritze KS 15, Kraftfahrdrehleiter, Rüstwagen mit tragbarer Motorspritze (600 l/min.), Kommandowagen; Klingelalarmschleife in der Dienstwohnung des Gerätewarts im Gebäude
- Oldeoogestraße: Kraftfahrspritze KS 15, Kraftfahrdrehleiter, älterer Mannschaftswagen mit angehängter Motorspritze (600 l/min.); Klingelalarmschleife in der Dienstwohnung des Gerätewarts im Gebäude.

Während in der Prinz-Heinrich-Straße und in der Oldeoogestraße die Fahrzeuge des früheren ersten Abmarsches der Freiwilligen Feuerwehren Wilhelmshaven und Rüstringen I (Bant) standen, hatte Rüstringen II (Neuengroden) aus dem Beschaffungsprogramm des Luftschutzes ein leistungsstärkeres Einheitslöschfahrzeug als Ersatz für die im Juni 1938 verunfallte Kraftfahrspritze von 1932 bekommen. Alle Fahrzeuge aus dem Luftschutz-Kontingent waren mit dem Kennweichen „WL …" (für Wehrmacht/Luftwaffe) zugelassen.

Am Vormittag des 26. September 1938 führte Landesbranddirektor Fortmann eine Probealarmierung durch. Nach jeweils 10 Minuten waren in Neuengroden ein Brandmeister und fünf Mann, in der Oldeoogestraße der Gerätewart und der Oberbrandmeister erschienen. In der Prinz-Heinrich-Straße konnte nach 13 Minuten ein Fahrzeug besetzt werden. Dieses Ergebnis war nicht weiter verwunderlich, arbeiteten doch viele Feuerwehrangehörige tagsüber auf der Kriegsmarinewerft.

Der Aufsichtsbeamte kam zu dem Ergebnis, „dass das Feuerlöschwesen für die Stadt Wilhelmshaven nicht ausreichend ist. Die Stadt Wilhelmshaven ist von der Werftfeuerwehr vollkommen abhängig. Hierbei muss berücksichtigt werden, dass die Werftfeuerwehr nur dann ausrückt, wenn im eigenen Betrieb z. Zt. kein Feueralarm ist. Die Einheiten der freiwilligen Feuerwehr können nur als zusätzliche Kräfte betrachtet werden. Die Einrichtung einer Berufsfeuerwehr muss schnellstmöglich durchgeführt werden. Mit der Errichtung der Berufsfeuerwehrwache ist auch das Feuermeldewesen neu zu beordnen."[227]

Nach diesem Prüfungsergebnis erhöhte das Oldenburgische Ministerium des Innern den Druck auf die Stadt Wilhelmshaven. Oberbürgermeister Dr. Müller verwies jedoch wieder einmal auf die Leistungsfähigkeit der Werftfeuerwehr und vereinnahmte diese schon einmal sprachlich: „Die bisherigen Erfahrungen bestätigen, dass der Einsatz der Berufsfeuerwehr der Werft in Gemeinschaft mit der gut ausgestatteten Freiwilligen Feuerwehr zur Feuerbekämpfung im Stadtbezirk voll ausreicht."[228] Er lehnte die Forderung nach einer städtischen Berufsfeuerwehr jedoch nicht rundweg ab: „Wenn der Herr Minister dennoch die Einrichtung einer städtischen Berufsfeuerwehr in Rücksicht auf die Marineinteressen und die besondere Luftgefahr der Stadt Wilhelmshaven für erforderlich hält, so soll dieser Forderung nicht widersprochen werden."[229] Wegen der hohen Kosten und der vielfachen Belastungen des städtischen Haushalts erwartete er dafür jedoch eine finanzielle „Reichsbeihilfe" in Form einmaliger und laufender Zuschüsse, da sich die Notwendigkeit einer hauptamtlichen Feuerwehr aus den nationalen Aufgaben ergab, die Wilhelmshaven zu erfüllen habe, speziell der Expansion der Kriegsmarine.

Ausgerechnet zu diesem Zeitpunkt kündigte die Kriegsmarinewerft die Löschhilfe durch die Werftfeuerwehr für das Jahr 1939 endgültig auf, so heißt es in der Chronik 1990: „Durch die Erweiterung des Aufgabengebietes der Werftfeuerwehr war diese nicht mehr in der Lage, den Brandschutz der Stadt mit zu übernehmen."[230] Sie verfügte zu diesem Zeitpunkt über mehr als 70 Mann. Im Zentralressort der Werft war der Kapitänleutnant Rolf von Lilienfeld-Zwowitzky für die Feuerwehr verantwortlich, die Leitung des Feuerlöschbetriebs hatte der Marineoberverwaltungsinspektor Andreas Macijewski.

Der Hauptgrund für die Kündigung dürfte in der kontinuierlichen Zunahme der Schiffbauarbeiten an den beiden Werftstandorten Bauhafen und Westwerft bestanden haben. Auch die Norderweiterung der Werft („Nordwerft") könnte ausschlaggebend gewesen sein, auf der einzelne Bauten wie z.B. das Schnürbodengebäude bereits vor dem Kriegsbeginn fertiggestellt worden waren, und die schon von ihrer Größe her mit Sicherheit eine eigene, ständig besetzte Feuerwache benötigt hätte.

Damit schränkten sich die Handlungsoptionen für die Stadt Wilhelmshaven stark ein. Dennoch wartete die Stadtverwaltung erst mal ab, während sich die Reichs- und Landesbehörden mit den Anforderungen an eine Berufsfeuerwehr in Wilhelmshaven, deren Größe und personeller Ausstattung beschäftigten. Der Status quo war finanziell verlockend und schien auch weiterhin zunächst auszureichen. Die Kosten einer Berufsfeuerwehr veranschlagte man im Rathaus dagegen auf jährlich 153.000 Reichsmark. Demgegenüber standen im Rechnungsjahr 1938 für das Feuerlöschwesen insgesamt 42.110 Reichsmark zur Verfügung, davon 6.420 Reichsmark als Vergütung für die „vertragliche erste Löschhilfe" durch die Kriegsmarinewerft.[231]

Nachdem sich auch das Oberkommando der Kriegsmarine und der Oberbefehlshaber der Luftwaffe schriftlich für die Einrichtung einer Berufsfeuerwehr in Wilhelmshaven eingesetzt hatten, nahm die Dienststelle des Reichsführers SS/Chef der deutschen Polizei die Angelegenheit Mitte Mai 1939 selbst in die Hand. Der Leiter des

Abb. 65: Werftfeuerwehr mit etwa 70 Mann angetreten zum Appell, 1937 (vor der Front links Kapitänleutnant v. Lilienhoff-Zwowitzky, rechts daneben Marineoberverwaltungsinspektor Macijewski; die Horch-Limousine links ist der Dienstwagen des Oberwerftdirektors) (Stadtarchiv, Best. 5370 Feuerwehr)

Abb. 66: Älteres Löschfahrzeug der Werftfeuerwehr, 1939 (noch als offen gefahrene Motorspritze mit Pumpe, Schlauchhaspel und Steckleitersatz) (Stadtarchiv, Best. 5370 Feuerwehr)

Kommandoamtes der Ordnungspolizei, Generalleutnant der Polizei Adolf von Bomhard, entsandte Oberbaurat Walter Goldbach als den ranghöchsten Fachbeamten für die hauptamtlichen Feuerwehren im Reich zu einer Besprechung am 26. Mai 1939 nach Wilhelmshaven.

Daran nahmen Vertreter der Stadt Wilhelmshaven und des Oldenburgischen Ministerium des Innern (Landesbranddirektor Fortmann) sowie der Behörde des Reichsstatthalters für Oldenburg und Bremen teil. Die Reichsstatthalter repräsentierten die Reichsführung in den Gauen, so der NSDAP-Gauleiter Carl Röver und sein Nachfolger Paul Wegener 1942 für den Gau Oldenburg-Bremen.

Über die Besprechung berichtete der Polizeirat Ahrens, Oldenburgisches Ministerium des Innern, in einem Vermerk: „Oberbaurat Goldbach führte aus, daß die Kriegsmarine darauf hingewiesen habe, daß die Werftfeuerwehr der Stadt dann keine Hilfe leisten könne, wenn der Luftschutz aufgerufen würde und wenn eigene Anlagen zu schützen seien. Der Feuerschutz der Stadt reiche für sich nicht aus. Der Oberbürgermeister sei aber für den friedensmäßigen Feuerschutz der Stadt verantwortlich. Die Stadt hat nur eine freiwillige Feuerwehr von 185 Mann. Davon arbeiten 70 Mann in Wehrmachtsbetrieben. Es wurde anerkannt, das der Feuerschutz der Stadt nicht ausreichend sei."[232]

Der Vertreter der obersten Reichsbehörde ging auch auf die bisherige Argumentation der Stadtverwaltung ein: „Den Einwand, dass in Wilhelmshaven alles mit der Kriegsmarine und der Werft zusammen hänge und die Stadt die laufenden finanziellen Aufwendungen nicht tragen könne, liess Oberbaurat Goldbach nicht gelten. Der Werft als Reichsbetrieb könne der Feuerschutz der Stadt nicht auferlegt werden. Oberbaurat Goldbach forderte die ständige Besetzung einer Feuerwache mit mindestens einer Gruppe. Einschließlich Ablösungs- und Sondermannschaften seien etwa 35 Mann erforderlich."[233] Nach heutigen Maßstäben würde das der Stärke einer hauptamtlichen Wachbereitschaft (Löschgruppe 1/8) entsprechen.

Der Oberbürgermeister sicherte daraufhin zu, „einen Vorschlag für einen stufenmäßigen Aufbau einer [...] Feuerschutzpolizei vorzulegen."[234] Landesbranddirektor

Fortmann hielt fest, dass zunächst „Bereitschaftskräfte in der Freiwilligen Feuerwehr angestellt werden", um zumindest eine Löschgruppe alarmieren zu können.[235] Die 24-Stunden-Bereitschaft sollte bis zum 1.4.1940 eingerichtet werden.

Offenkundig ließ sich die Stadt Wilhelmshaven aber weiterhin Zeit. Nach mehrfachen Aufforderungen durch das Oldenburgische Ministerium des Innern und den Inspekteur der Ordnungspolizei im Nordwesten verschärfte sich der Umgangston: „Sollte bis zum 20.10.39 kein Bericht bei mir eintreffen, sehe ich mich gezwungen, an den Reichsführer SS entsprechend zu berichten", drohte der Inspekteur der Ordnungspolizei für Oldenburg/Bremen, Generalmajor der Polizei Rudolf Querner, der Stadt Wilhelmshaven.[236]

Oberbürgermeister Dr. Müller ließ am 20. Oktober 1939 wissen, dass für ihn die Finanzierungsfrage noch keineswegs geklärt sei. Auch sei der § 8 der inzwischen am 27. September 1939 erschienenen Durchführungsverordnung zum Gesetz über das Feuerlöschwesen bezüglich der Kostentragepflicht der Gemeinden wegen der besonderen Verhältnisse in Wilhelmshaven nicht anwendbar. Er beurteilte die Situation insofern auch nicht kritisch, da Angehörige der Freiwilligen Feuerwehr mit dem Kriegsbeginn am 1. September 1939 zum Sicherheits- und Hilfsdienst eingezogen und zum Teil kaserniert worden seien, so dass nun immer 36 Mann in Bereitschaft ständen (vgl. Seite 120).[237]

Die oberste Polizeiführung in Berlin ging auf diese Argumente aber nicht ein und setzte mit Schnellbrief vom 1. November 1939 eine Vorlagefrist von vier Wochen. Das Oldenburgische Ministerium des Innern entsandte Landesbranddirektor Fortmann nach Wilhelmshaven, um mit der Stadtverwaltung einen entsprechenden Aufstellungsplan abzustimmen.

Das Ergebnis der gemeinsamen Bemühungen legte Oberbürgermeister Dr. Müller am 28. November vor: Bis zum 1. April 1940 sollte in der Wache Prinz-Heinrich-Straße eine Feuerschutzpolizei mit 22 Mann aufgestellt werden. „Doch betrachtet auch die Stadt eine Feuerschutzpolizei von 22 Mann nur als ersten Anfang. Sie wird, sobald sich die Verhältnisse besser übersehen lassen, Vorschläge für einen weiteren Ausbau machen."[238] Pläne für den weiteren Aufbau könnten jedoch nicht gemacht werden, da dafür ein neues Wachgebäude erforderlich sei, dessen Standort aber wegen der laufenden „Stadtplanungsarbeiten" derzeit nicht festgelegt werden könne. Gemeint sind damit wohl die umfangreichen, ambitionierten Planungen zur Erweiterung und Umgestaltung Wilhelmshavens, wie sie beispielsweise Adolf Hitler bei seinem Besuch am 1. April 1939 im Rathaus vorgetragen worden waren.[239]

Damit hatte Dr. Müller offensichtlich einen aus seiner Sicht tragfähigen weiteren Verzögerungsgrund gefunden. Vorsorglich wies er aber auch noch einmal auf den Finanzierungsvorbehalt hin.[240] Vierzehn Tage später reichte er eine von Kreisfeuerwehrführer Heinrich Isermann erstellte Kostenaufstellung nach, in der der jährliche Finanzbedarf für die Feuerlöschpolizei nach Abzug von Zuschüssen der Luftwaffe für die Unterhaltung der Fahrzeuge mit insgesamt 112.499 Reichsmark angegeben wurde.

Die wesentliche Veränderung gegenüber der Berechnung von 1939 waren die geringeren Personalkosten in Höhe von 81.000 RM für insgesamt 22 hauptamtliche Feuerwehrleute: ein Brandingenieur als Leiter, ein Oberbrandmeister, zwei Brandmeister, zwei Löschmeister, vier Oberfeuerwehrmänner, zwölf Feuerwehrmänner (einschl. zwei Telefonisten).

Die einmaligen Investitionskosten bezifferte Isermann auf 73.300 Reichsmark, davon 16.000 Reichsmark für den Umbau des Wachgebäudes Prinz-Heinrich-Straße 11 und des danebenstehenden Wohnhauses Nr. 9 als behelfsmäßige Unterkunft und 30.000 Reichsmark für eine Feuermeldeanlage (I. Abschnitt). Die Landesbrandkasse sollte einen Zuschuss in Höhe von 20 % leisten.

Auf dem Dienstweg über das Oldenburgische Ministerium des Innern gingen diese Berichte nach Hamburg zum Befehlshaber der Ordnungspolizei bzw. nach Berlin zum Reichsführer SS und Chef der Deutschen Polizei. Weitere Schreiben von dort sind nicht aktenkundig, wohl aber eine offizielle Reaktion am 5. Februar 1940: Im „Ministerialblatt des Reichs- und Preußischen Ministeriums des Inneren", Nr. 7 vom 14. Februar 1940 wurde der folgende Runderlass vom 5. Februar 1940 veröffentlicht: „Auf Grund des § 2 Abs. 3 der Ersten Durchf.-VO zum Ges. über das Feuerlöschwesen (Organisation der Feuerschutzpolizei) v. 27.9.1939 (RGBl. I, S. 193 8) bestimme ich hiermit, daß die Stadt Wilhelmshaven eine Feuerschutzpolizei einzurichten hat."[241]

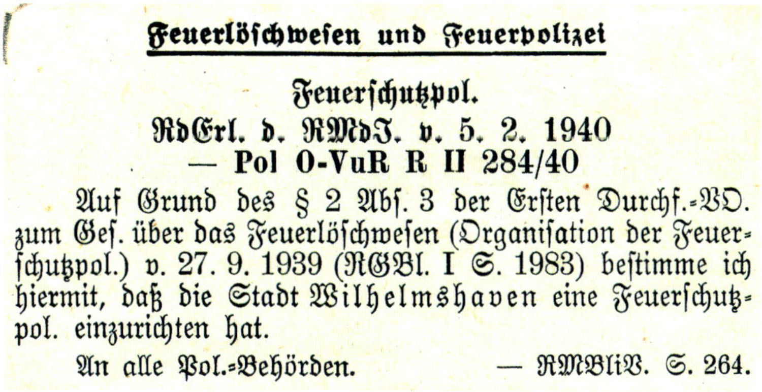

**Feuerlöschwesen und Feuerpolizei**

**Feuerschutzpol.**

**RdErl. d. RMdI. v. 5. 2. 1940**
**— Pol O-VuR R II 284/40**

Auf Grund des § 2 Abs. 3 der Ersten Durchf.-VO. zum Ges. über das Feuerlöschwesen (Organisation der Feuerschutzpol.) v. 27. 9. 1939 (RGBl. I S. 1983) bestimme ich hiermit, daß die Stadt Wilhelmshaven eine Feuerschutzpol. einzurichten hat.

An alle Pol.-Behörden. — RMBliV. S. 264.

Abb. 67: Die „Geburtsurkunde": Erlass zur Gründung einer Feuerschutzpolizei der Stadt Wilhelmshaven, 5. Februar 1940 (Feuerwehr-Archiv)

Mit einem Abdruck des Erlasses erhielt die Stadt Wilhelmshaven noch für das Haushaltsjahr 1939 einen Zuwendungsbescheid über 80.000 Reichsmark aus Mitteln der Feuerschutzsteuer. Dafür hatte sich auch die Kommunalabteilung des Reichsministeriums des Inneren ausgesprochen, weil sie die besondere Lage Wilhelmshavens durchaus anerkannte: geringere Steuerkraft wegen der Dominanz staatlicher Arbeitgeber, zusätzliche Belastungen durch den Ausbau als Kriegshafen.

Anfang März 1940 erweiterte Oberbürgermeister Dr. Müller das Personal-Soll für die aufzustellende Feuerschutzpolizei in Wilhelmshaven von 22 auf 28 Mann: zusätzliche vier Mann für Sonderfahrzeuge (Leiterwagen) und zwei Mann für den Krankentransport, der als neue Aufgabe hinzugekommen war.[242]

Die Beförderung von akut Erkrankten und Verletzten in die Krankenhäuser hatten in den Großstädten schon vor dem Ersten Weltkrieg zunächst private Vereine und

Gesellschaften übernommen. Entsprechend ihrer organisatorischen und finanziellen Fähigkeiten engagierten sich hier neben Vereinen wie dem „Deutschen Roten Kreuz (DRK)" oder dem „Arbeiter-Samariter-Bund (ASB)" (vgl. Seite 55) vor allem die Berufsfeuerwehren. Diese Tendenz setzte sich nach dem Ersten Weltkrieg und auch in den 1930er Jahren fort.

Ein Erlass des Reichministers des Inneren forderte die Kommunen 1938 zur Zusammenarbeit mit dem gleichgeschalteten Deutschen Roten Kreuz auf. Diese Organisation war als Teil der Kriegsvorbereitungen zur bestimmenden Sanitätsorganisation geworden und hatte auch die Ressourcen des 1933 aufgelösten ASB übernommen. Das DRK erfüllte im Luftschutz die Aufgaben des Fachdienstes Sanität (vgl. Seite 92).

In Wilhelmshaven hatte bislang der „Krankenbeförderungs- und Unfallhilfsdienst der Kriegsmarinewerft" bei Notfällen Kranke oder Unfallverletzte im Rahmen der nachbarschaftlichen Hilfe in die Krankenhäuser gebracht. Vor allem in den 1930er Jahren war die Einwohnerzahl deutlich angestiegen. Im Stadtnorden waren völlig neue Wohngebiete entstanden: „Da durch die immer umfangreicheren Anforderungen dieser Hilfsdienst für die Gesamtbevölkerung nicht mehr unbedingt sichergestellt werden kann, entschloss sich die Stadt Wilhelmshaven zur Anschaffung eigener Krankenwagen, von denen jetzt der erste in den Dienst der Allgemeinheit gestellt wurde", berichtete die „Wilhelmshavener Zeitung" im September 1940.[243]

*

Am 1. April 1940 „traten die ersten 29 Mann der Feuerschutzpolizei im Gerätehaus Prinz-Heinrich-Straße, jetzt Feuerwache, ihren Dienst an."[244] Es handelte sich zunächst vor allem um Angehörige der Freiwilligen Feuerwehr, die zum Sicherheit- und Hilfsdienst (SHD) eingezogen worden waren und sich nun beruflich neu orientierten. So konnten zehn Mann gewonnen werden. Dazu gehörte beispielsweise Paul John, der beim SHD Gruppen- und Zugführer gewesen war.

Als wenig erfolgreich erwiesen sich reichsweite Stellenanzeigen und Werbung bei anderen Berufsfeuerwehren, trotz der in Aussicht gestellten Aufstiegschancen. In der Chronik 1990 heißt es: „Die Werbung zeigte nur teilweise Erfolg, da in der Zwischenzeit bekannt wurde, daß Wilhelmshaven Frontstadt mit schweren Luftangriffen war."[245] Wilhelmshaven war mit der Gründung seiner Berufsfeuerwehr auch nicht allein: Brandenburg/Havel stellte 1936, Oldenburg und Wismar 1937 eine hauptamtliche Feuerwehr auf.[246]

Mit der Unterstützung der Aufsichtsbehörde in Oldenburg wollte die Stadt den bisherigen Kreisfeuerwehrführer Heinrich Isermann als Leiter der Feuerschutzpolizei, die zunächst Löschgruppenstärke hatte, im Amt lassen, zumal er dieses seit dem 1. April 1940 ohnehin kommissarisch wahrnahm. Die Besetzung mit einem Beamten des höheren Dienstes sollte zu einem späteren Zeitpunkt erfolgen, bei weiterem Aufwuchs der Mannschaft und Klärung der Finanzierungsfrage. Bald darauf akzeptierte man jedoch grundsätzlich die reichsbehördliche Vorgabe, dass für die Leitung der Feuerschutzpolizei ein Beamter des höheren Dienstes (Baurat) erforderlich sei, und setzte im Stellenplan der Feuerschutzpolizei eine entsprechend dotierte Stelle ein.[247]

Das Reichsministerium des Innern betrieb nachdrücklich die Besetzung der Leitungsstelle in Wilhelmshaven. Dafür hatte das Personalreferat zunächst den Baurat Zettner von der Feuerschutzpolizei Bremen ausersehen.[248] Nachdem dieser aus persönlichen Gründen abgelehnt hatte, erhielt der Baurat Hans Meyer zu Köcker, Feuerschutzpolizei Hannover, zum 1. Juni 1940 „im Interesse der Landesverteidigung" die Versetzung nach Wilhelmshaven mit Dienstantritt am 10. Juni 1940.[249]

Der Oberbürgermeister

der Stadt Wilhelmshaven.

E r n e n n u n g s u r k u n d e .

Ich ernenne

unter Berufung in das Beamtenverhältnis

den Schlosser Paul J o h n

zum Oberwachtmeister der Feuerschutzpolizei.

Ich vollziehe diese Urkunde in der Erwartung, dass der Ernannte getreu seinem Diensteide seine Amtspflichten gewissenhaft erfüllt und das Vertrauen rechtfertigt, das ihm durch die Ernennung bewiesen wird. Zugleich darf er des besonderen Schutzes des Führers sicher sein.

Wilhelmshaven, den 17.Januar 1941.

Oberbürgermeister.

Abb. 68: Ernennungsurkunde von Paul John zum Oberwachtmeister der Feuerschutzpolizei Wilhelmshaven, 17. Januar 1941 (Feuerwehr-Archiv)

Er war am 24. Mai 1905 in Bielefeld zur Welt gekommen. Nach dem Abitur studierte er Elektrotechnik. Seinen Vorbereitungsdienst als „Brandingenieuranwärter" für eine Laufbahn im Führungsdienst der Feuerwehr absolvierte er von 1932 bis 1934 bei den Berufsfeuerwehren in Köln, Düsseldorf, Königsberg, Berlin und Bremen. Mit dem Abschluss ging er als Brandingenieur zur Berufsfeuerwehr Hannover, wo er zum städtischen Baurat ernannt wurde und als Abschnittskommandeur tätig war.

Entsprechend den damaligen Gepflogenheiten teilte er der Aufsichtsbehörde in Oldenburg am 12. Juni 1940 mit: „Ich melde gehorsamst, daß ich meinen Dienst angetreten habe und die Geschäfte des Kommandeurs der Feuerschutzpolizei übernommen habe."[250] Stadtbauoberinspektor Heinrich Isermann wurde als stellvertretender Kommandeur mit dem Dienstgrad eines Hauptmanns der Feuerschutzpolizei übernommen. Mitte 1942 versetzte man ihn zur vertretungsweisen Leitung der Feuerschutzpolizei nach Elbing.[251] Seine Nachfolge als Führer des Zuges I (Prinz-Heinrich-Straße) der Freiwilligen Feuerwehr übernahm der Brandmeister Waldemar Baron.[252] Die Züge II und III führten weiterhin die Oberbrandmeister Otto Maier und Karl Matzke.

Abb. 69: Baurat/Major Hans Meyer zu Köcker vor Männern des Luftschutzhilfsdienstes, o. D. (Stadtarchiv, Best. 5370 Feuerwehr)

Bereits am 6. September 1940 hatte Baurat Meyer zu Köcker Gelegenheit, dem Magistrat seine Vorstellungen über den Aufbau der „städtischen Feuerschutzpolizei" vorzutragen. Er ging von einer zukünftigen Sollstärke von 58 – 60 Mann aus und begründete aus der absehbaren Siedlungsentwicklung Wilhelmshavens die Notwendigkeit eines neuen Standorts für die Hauptwache. Diese solle an der Ebkeriege/Sander Chaussee (heute Oldenburger Straße/Bundesstraße 210) liegen. Aus den gleichen Gründen solle in Fedderwardergroden eine Nebenwache für den Stadtnorden eingerichtet werden. Neben der Feuerschutzpolizei müsse es als Reserve weiterhin eine Freiwillige Feuerwehr geben. Auch die Werftfeuerwehr müsse im Notfall im Stadtgebiet Löschhilfe leisten, selbst wenn ein besonderer Vertrag dafür nicht bestehe.[253]

Bei dieser Gelegenheit trug er auch zur Organisation des von der Stadt einzurichtenden Krankentransports vor. Meyer zu Köcker hatte sich zuvor bei anderen Städten erkundigt und hielt zunächst einen Krankentransportwagen, der mit zwei Mann („Fahrer, Begleitmann") zu besetzen war, für ausreichend. Die Feuerlöschpolizei erhielt an diesem Tag den Auftrag zur Durchführung der Krankentransporte durchgehend mit einem Fahrzeug, die Gebührensätze wurden genehmigt.[254]

Seit März 1941 trugen einige Kommandeure von Feuerschutzpolizeien nach einer Änderung der Reichsbesoldungsordnung die Dienstbezeichnung „Major der Feuerschutzpolizei", so auch Hans Meyer zu Köcker in Wilhelmshaven.[255] Die Polizeiführung in Berlin stimmte einem fortgeschriebenen Stellenplan „als erste Aufbaustufe" zu und verzichtete auf die Festsetzung einer Mindeststärke, wie es nach der Ersten Durchführungsverordnung zum Gesetz über das Feuerlöschwesen von 1938 möglich gewesen wäre.

*

Inzwischen hatte es bei der Freiwilligen Feuerwehr in Wilhelmshaven weiteren Zuwachs gegeben. Im Juli 1938 bezogen die ersten Familien ihre Häuser in einem neuen Stadtteil, der „Siedlung Voslapp" oder „Arbeiter-Wohnstadt Voslapp", die insbesondere für Facharbeiter und Vorarbeiter der Kriegsmarinewerft errichtet worden war.[256] Bis Jahresende 1938 waren 820 Siedlerstellen als Eigentumsmaßnahmen nach dem Reichsheimstättengesetz mit jeweils 600 bis 900 qm Land zur Eigenversorgung belegt. Erst während des Krieges wurden darüber hinaus 400 Mietwohnungen, eine Schule und ein Gewerbetrakt fertiggestellt.

Am 18. Januar 1940 gründeten zwölf Männer die „Freiwillige Feuerwehr Voslapp". Dem ersten Gruppenführer Dietrich Poppen aus der Tiefstraße, der die Initiative zur Gründung ergriffen hatte, folgte später als erster Wehrführer Fritz Upts. Das in der Planung für die Siedlung vorgesehene Feuerwehrgerätehaus wurde wie viele andere Infrastrukturbauten nicht mehr fertig. Die Wehr stellte deshalb ihr erstes Gerät, eine Handdruckspritze, in einer Baubaracke der Firma Hustedt in der Tiefstraße unter. 1941 verlegte sie damit zur Flutstraße in einen massiven ehemaligen Zementschuppen.

Als verbesserte Ausstattung stand nun ein „Horchwagen" mit eingeschobener Tragkraftspritze TS 8 zur Verfügung, der aber schon bald wieder abgezogen wurde. Dafür erhielt die junge Wehr einen Tragkraftspritzenanhänger TSA, der von einem Opel P 4, eigentlich der „Bäckerwagen" der Bäckerei Stamerjohanns, gezogen wurde – oft aber auch von der Mannschaft im Laufschritt.

Die „Einsatzbekleidung" bestand aus „Beuteuniformen" jugoslawischer und tschechischer Herkunft mit Wickelgamaschen. Nachdem einzelne Aktive entweder zum Wehrdienst eingezogen oder „in besetzte Gebiete abkommandiert" worden waren,[257] erhielt die Wehr 1942 Verstärkung durch Jungen der „HJ-Feuerwehrschar".[258]

Die Freiwillige Feuerwehr Voslapp übernahm den friedensmäßigen Brandschutz in den neuen Siedlungen Voslapp und Fedderwardergroden, für die man Flächen der Gemeinde Kniphausen nördlich der Maade 1938 nach Wilhelmshaven eingemeindet hatte. In dem neuen Stadtteil Fedderwardergroden wurden die ersten Wohnungen in der Kulmer Straße und der Weichselstraße im Juli 1940 bezugsfertig. Zum Jahresende waren 369 Wohnungen und bis 1943 2.302 von den insgesamt geplanten 4.100 Einheiten bezogen. Weitere 962 Einheiten waren im Bau, dann stellte man die Bauarbeiten kriegsbedingt ein.[259]

*

Am 17. Januar 1941 legte die Stadt Wilhelmshaven der Aufsichtsbehörde ihre Vorstellungen über den weiteren Aufbau der Feuerschutzpolizei vor. Der Brandschutz in den Stadtteilen „Alt-Wilhelmshaven-Rüstringen" – eine damals übliche Bezeichnung für das bisher besiedelte Gebiet zur Unterscheidung von den großräumigen Stadterweiterungsgebieten im Norden und Westen – einschließlich „des neuen Industriegeländes und des Kulturzentrums (Schaar, Langewerth)"[260] sollte mit einem Löschzug von einer neuen Hauptfeuerwache an der Ebkeriege sichergestellt werden, für die bereits ein Vorentwurf vorlag.[261] Da die Realisierung angesichts des Krieges und der Materialknappheit ungewiss war, würde man die Wache Prinz-Heinrich-Straße bis zum 1. Quartal 1941 zunächst „behelfsmäßig" ausbauen.

Für den Brandschutz in den bereits bebauten Stadtteilen Alten- und Neuengroden, Rüstersiel, Fedderwardergroden und Voslapp und den geplanten Siedlungen Breddewarden und Utters (15.000 Einwohner)[262] sollte in Fedderwardergroden zum 1. April 1942 eine neue Wache als Nebenwache für eine Löschgruppe eingerichtet werden. Sie war in der Planung für den neuen Stadtteil bereits enthalten. Der genaue Standort ist leider nicht überliefert, er dürfte sich jedoch nahe der Hauptverkehrsstraßen (heute Posener Straße und Preußenstraße) befunden haben.

Die Besetzung der neuen Hauptwache in Zugstärke war ab 1944 vorgesehen. Dementsprechend sollte die Sollstärke der Feuerlöschpolizei von 29 Mann im Jahr 1940 auf 49 Mann im Jahr 1941/42, 67 Mann im Jahr 1942/43 und schließlich 76 Mann im Jahr 1943/44 aufwachsen.

Mit der Fertigstellung des neuen Wachgebäudes im Stadtnorden konnte allerdings wegen des Krieges kurzfristig nicht mehr gerechnet werden. Stattdessen richtete die Feuerschutzpolizei 1943, als schon mehr als die Hälfte der geplanten Wohnungen in Fedderwardergroden bezogen war, in einem angemieteten Einfamilienhaus (Memeler Straße 26), in zentraler Lage eine provisorische Nebenwache ein.[263]

Die Aufsichtsbehörde in Berlin genehmigte den Aufbauplan unter dem Vorbehalt der Anpassung an die kommenden Richtlinien über die Mindeststärke und Gliederung. Sie hatte ihr wesentliches Ziel erreicht: den Aufbau einer hauptamtlichen Feuerwehr, wie sie der Größe Wilhelmshavens und seiner Bedeutung bzw. Gefährdung als Rüstungsstandort entsprach. Nun ging es nur noch um die Details.

Um die Sollstärke zu erreichen, wurden Feuerwehrbeamte aus anderen Städten nach Wilhelmshaven abkommandiert und später versetzt: Breslau, Frankfurt, Görlitz, Innsbruck, Königsberg, Plauen, Danzig, Leipzig, Offenbach, Stettin, Wien, Wiesbaden und Zwickau.[264] Dokumentiert ist beispielsweise die Versetzung des Feuerschutzpolizeimeisters Johannes Mahn von der Feuerschutzpolizei Leipzig nach Wilhelmshaven zum 1. März 1941.[265] Einsprüche gegen die Versetzungen wurden von der

Polizeiführung in Berlin geprüft und unter Hinweis auf die angespannte Personallage bei der Feuerschutzpolizei Wilhelmshaven in der Regel abgelehnt. Die erste Mannschaft nach der Gründung war also, wie es in der Chronik 1990 heißt, „eine gemischte Einheit aus deutschen Landsmannschaften mit den unterschiedlichsten Mentalitäten."[266]

Wenngleich viele Feuerwehrleute und Offiziere aus anderen Städten zur Auffüllung des Stellenplans vor allem nach Wilhelmshaven abgeordnet bzw. versetzt worden waren, wurden einige Angehörige des mittleren Führungsdienstes (Bezirksleutnant, Leutnant) mit der Fortdauer des Krieges wegen eines besonderen Bedarfs auch von Wilhelmshaven wegversetzt. Nachdem die deutsche Wehrmacht im Sommer 1941 die Sowjetunion angegriffen hatte, wurde beispielsweise der Leutnant der Schutzpolizei der Reserve Fiedler aus Wilhelmshaven zum Kommandeur der Ordnungspolizei[267] nach Riga/Lettland abgeordnet, um sich beim dortigen Polizeiführungsstab mit den Verhältnissen im Hinblick auf eine spätere Verwendung als „Sachbearbeiter für das Feuerlöschwesen" vertraut zu machen.[268] Ende 1943 wurde er dann auch in eine solche Funktion berufen – beim Kommandeur der Ordnungspolizei in Bialystok/Ostpolen.

Mit Zustimmung der Aufsichtsbehörde stellte die Stadt Wilhelmshaven im Blick auf die Sollstärke auch Feuerwehrmänner als Beamte ein, die nicht als „Militäranwärter, Anwärter des Reichsarbeitsdienstes oder Versorgungsanwärter alten Rechts" zu

Abb. 70: Feuerwehrmänner der Feuerschutzpolizei und des Sicherheits- und Hilfsdienstes, 1941 (unterscheidbar an der Uniform und insbesondere der Kopfbedeckung: die Feuerschutzpolizei trägt Schirmmütze, der Luftschutz Schiffchen) (Stadtarchiv, Best. 5370 Feuerwehr)

bevorzugen waren.[269] Und schließlich griff die Feuerschutzpolizei „zur Auffüllung von Fehlstellen auf den Fahrzeugen" auch auf Mitglieder der HJ-Feuerwehrscharen zurück (vgl. Seite 94f.).[270]

Zum 1. April 1941 betrug der Personalbestand der Feuerschutzpolizei 49 Mann einschließlich der Offiziere. „Der Tagesablauf wurde militärisch abgewickelt.", heißt es in der Chronik 1990.[271] Die Ausbildung entsprach den Vorgaben der „Ausbildungsvorschrift für den Feuerwehrdienst (AVF)". Neben der eigentlichen Feuerwehrausbildung erhielten die Beamten als Hilfspolizeibeamte auch eine vollzugspolizeiliche Grundausbildung in Strafrecht und im Verhalten bei Straftaten (Festnahme, Verhaftung, Vorbeugungshaft und andere Zwangsmittel, Beschlagnahme, Durchsuchung). Sie sollten auch Polizeigriffe und Boxen lernen und wurden im Gebrauch des Karabiners unterwiesen, die Offiziere an Faustfeuerwaffen.[272] Dafür stellte die Ordnungspolizei leihweise Waffen zur Verfügung.[273]

Andererseits sollte auch die politische Indoktrination nicht zu kurz kommen, wie ein Runderlass des Reichsführers SS und Chefs der Deutschen Polizei 1940 anordnete: „Die Angehörigen der Feuerschutzpolizei sind ab sofort wie der Einzeldienst der Ordnungspolizei weltanschaulich zu schulen. […] Die Kosten haben die Gemeinden zu tragen."[274]

Mitte 1941 war mit der Aufstellung der Feuerschutzpolizei der größte Teil der bewilligten 80.000 RM Investitionsmittel ausgegeben, das meiste davon für Umbauten, Einkleidung, Geräte und Fernmeldetechnik.

Im Kern bestand die Ausstattung der Feuerlöschpolizei aus Fahrzeugen der bisherigen freiwilligen Feuerwehr, zunächst nur eine Kraftfahrspritze KS 16 und eine Drehleiter sowie ein Rüstwagen, um die nach wie vor einsatztaktisch notwendige Freiwillige Feuerwehr nicht allzu sehr zu schwächen.

Auf diesen Fahrzeugen musste man aber nun das aufwachsende Personal unterbringen. Das wiederum rief den Widerspruch der Aufsichtsbehörde hervor: „Die derzeitig als Schweres Löschgruppenfahrzeug mit einer Besetzung von 1 Führer und 8 Mann verwandte Schwere Drehleiter (die Rüstringer Dreheiter von 1936, vgl.

Abb. 71: Offiziere des Kommandos der Feuerschutzpolizei, o. D. (Stadtarchiv, Best. 5370 Feuerwehr)

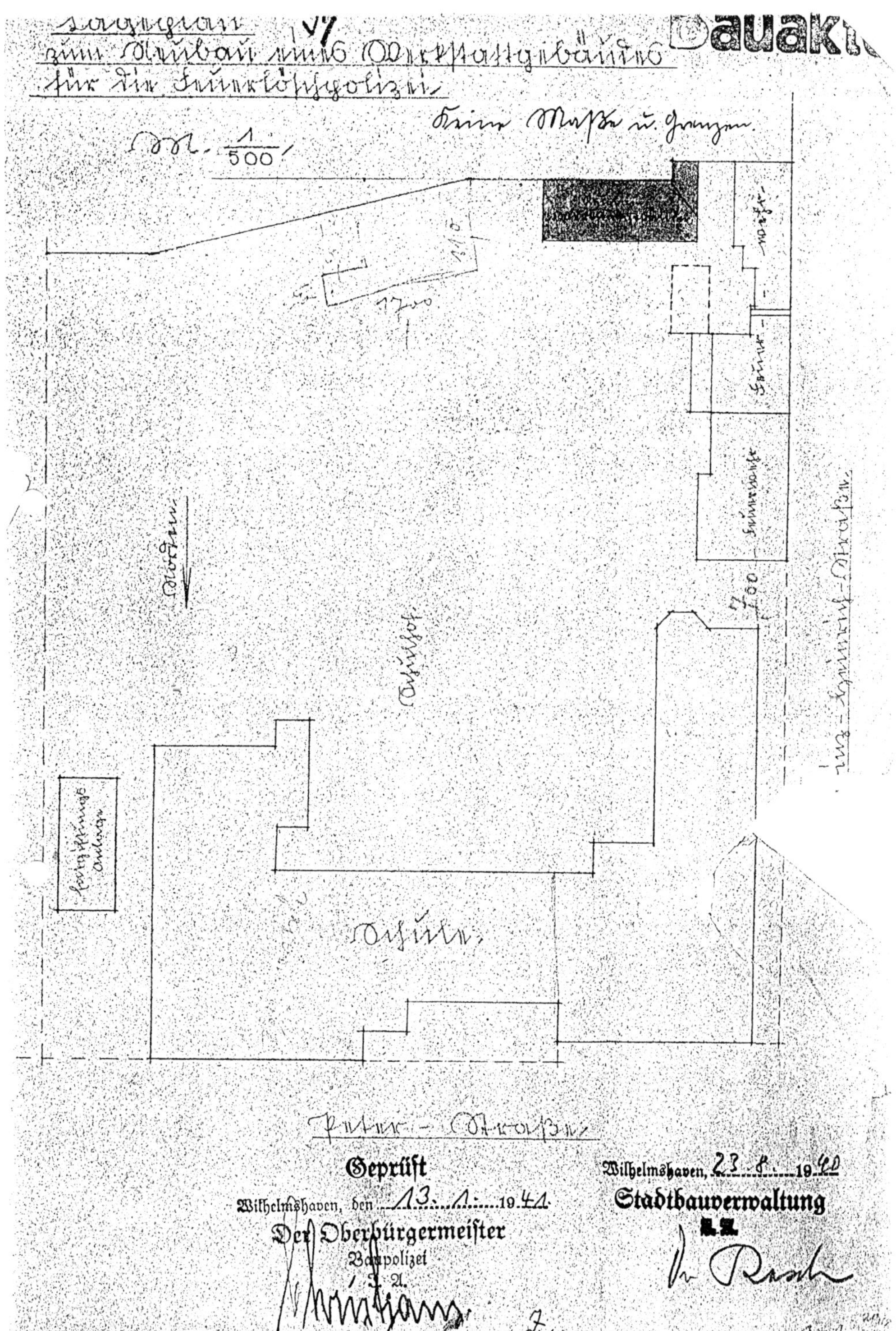


Abb. 73: Lageplan des Schul- und Feuerwehrgebäudes Peter-/Prinz-Heinrich-Straße (heute Mozartstraße), 1940 (Feuerwehr-Archiv)

Teil des Polizeiapparates, grundlegend verändert. Die Aufsichtsbehörden in Berlin und Oldenburg setzten 1940 ihre Vorstellungen über die Gründung einer hauptamtlichen Feuerwehr mit Hilfe neuer Gesetze durch. Gleichwohl steuerte die Freiwillige Feuerwehr Wilhelmshaven wesentliche Elemente zum Aufbau der Feuerschutzpolizei Wilhelmshaven 1940 bei: den Kern der ersten Mannschaft, die meisten Fahrzeuge und nicht zuletzt die Unterkunft an der Prinz-Heinrich-Straße (heute Mozartstraße).

Die ersten Einsätze der jungen Feuerwehr galten kleineren oder größeren Feuern, fast wie in Friedenszeiten. Das sollte sich jedoch schon wenige Monate später grundlegend ändern. Die Kräfte der Feuerschutzpolizei, des Brandschutzdienstes des SHD und die Freiwilligen Feuerwehren sollten ab 1941 bei zahlreichen Luftangriffen ihre erste große Bewährungsprobe erleben und an ihre Grenzen geraten.

## Die Feuerwehr im Zweiten Weltkrieg

Mit dem deutschen Angriff auf Polen begann am 1. September 1939 der Zweite Weltkrieg. In Wilhelmshaven war davon in den ersten Monaten nicht viel zu spüren. Rolf Uphoff beschreibt den Übergang vom Frieden zum Krieg: „Nach Bekanntgabe des Kriegszustandes rief der Polizeipräsident von Wilhelmshaven den zivilen Luftschutz aus. Damit wurde die Luftschutz-Organisation mobilisiert […].“[281]

Der Brandschutzdienst des Sicherheits- und Hilfsdiensts (SHD) wurde einberufen und in der Dietrich-Eckart-Schule kaserniert. Die Grundrisse des Schulgebäudes (große Klassenräume und breite Flure) waren dafür ohne weitere Umbauten geeignet. In die Turnhalle der Schule an der Peterstraße zog der „Entgiftungszug“ des SHD ein. Der Schulbetrieb lief im übrigen Gebäude zunächst noch weiter und wurde nur teilweise in andere Gebäude wie z.B. die Admiral-Scheer-Schule (ehemals Rüstringer Reformrealgymnasium) am Rathausplatz ausgelagert.

Das Gebäude der Wilhelmshavener Oberrealschule – entworfen von den Architekten Köhler und Kranz, Berlin-Charlottenburg – war am 8. Mai 1906 eingeweiht worden. Mit seiner aufwändig gestalteten Fassade prägte es die Straßensituation an der Peterstraße/Ecke Prinz-Heinrich-Straße. Die Klassenräume befanden sich in drei Etagen vor allem in dem Flügel an der Prinz-Heinrich-Straße, die Fachräume, Aula und Turnhalle an der Peterstraße.

Angesichts der ausbleibenden Luftangriffe wurden die Männer des SHD in den folgenden Kriegsmonaten bis auf einen Bestand von 25 bis 30 % wieder freigestellt und nur zu den Alarmen und zur Ausbildung herangezogen.

Etwa um diese Zeit müssen sich erstmals die Wege der Feuerwehr und eines Mannes gekreuzt haben, der nach dem Krieg für viele Jahre zur bestimmenden Persönlichkeit für den Wiederaufbau Wilhelmshavens und im Besonderen der Feuerwehr werden sollte: Arthur Grunewald. Er war am 30. Juni 1902 in Wilhelmshaven zur

Abb. 74: Städtische Oberrealschule Wilhelmshaven, Peterstraße/Prinz-Heinrich-Straße (Stadtarchiv, Best. 5404 Gymnasien)

Abb. 75: Schulhof der Oberrealschule, o. D. (Stadtarchiv, Best. 2000-20 Verein der ehemaligen Oberrealschüler VEO)

Abb. 76: Kunstunterricht in der Oberrealschule bei Karl Sommerfeld, o. D. (Stadtarchiv, Best. 2000-20 Verein der ehemaligen Oberrealschüler VEO)

Welt gekommen. Nach dem Abitur am Kaiser-Wilhelm-Gymnasium studierte er Rechts-, Staats- und Wirtschaftswissenschaften. Aus politischen Gründen, nicht zuletzt wegen seiner Mitgliedschaft in der Sozialdemokratischen Partei und im „Reichsbanner", einem von Veteranen des Ersten Weltkrieges gegründeten sozialdemokratisch geprägten Verband zum Schutz der Weimarer Demokratie, musste er das Studium 1933 aufgeben und arbeitete von nun an im elterlichen Lederwarengeschäft Franke Nachf.

Abb. 77: Freiwillige Feuerwehr und Brandschutzdienst des SHD auf dem Schulhof der Dietrich-Eckart-Schule, Herbst 1939 (Stadtarchiv, Best. 2000-8 Sammlung Kampen)

Bei Kriegsausbruch wurde Arthur Grunewald zum Sicherheits- und Hilfsdienst (SHD) eingezogen. Er spezialisierte sich auf den Brandschutz und erhielt die Möglichkeit, an der Reichsfeuerwehrschule in Eberswalde einen Auswahllehrgang für Reserveoffiziere zu besuchen. Nach bestandener Prüfung wurde er aus dem Luftschutzdienst entlassen und zunächst bis auf weiteres in die Polizeireserve aufgenommen. Bei der Feuerschutzpolizei führte er den provisorischen Dienstgrad und die Rangabzeichen eines Leutnants der Schutzpolizei der Reserve. Der endgültigen Ernennung stand die Frage seiner politischen Zuverlässigkeit entgegen, wie das Personalreferat beim Reichsführer SS und Chef der Deutschen Polizei 1942 feststellte: „Grunewald hat, abgesehen von seiner Mitgliedschaft in der SPD vor der Machtübernahme nach 1933 nicht versucht, in irgendeiner Gliederung oder einem angeschlossenen Verband der Bewegung mitzuwirken und so seinen Willen zur Mitarbeit am nationalsozialistischen Staat kundzutun."[282]

Seine Leistungen sprachen für ihn und so erklärte man sich in Berlin bereit, „noch einmal die Frage seiner Ernennung zum Leutnant d. Sch. d. Res. zu prüfen, nachdem G. bewiesen hat, daß er den Willen besitzt, im nationalsozialistischen Sinne mitzuarbeiten und in der Lage ist, in diesem Sinne auf andere erzieherisch zu wirken."[283] Bis dahin wurde ihm auch gestattet, Dienstgrad und Rangabzeichen weiterzutragen.

Als Offizier der Feuerschutzpolizei war er für die Ausbildung der SHD- bzw. der Luftschutzpolizeiangehörigen in Wilhelmshaven verantwortlich. Gleichzeitig trug er in vielen Einsätzen der Feuerwehr als Zugführer Verantwortung.

Während die Feuerschutzpolizei im Alltag auch während des Krieges weiterhin dem Oberbürgermeister als Ortspolizeiverwalter unterstellt war, wurde sie bei Luftangriffen vom Polizeipräsidenten als „Leiter der zivilen Luftschutzkräfte" eingesetzt. Ihm stand Major Meyer zu Köcker wiederum als Fachberater für Brandschutz zur Ver-

Abb. 78: Arthur Grunewald (hintere Reihe, links) in der Uniform des Sicherheits- und Hilfsdiensts (SHD), mit Männern des SHD und der Feuerlöschpolizei, 1940 (Stadtarchiv, Best. 5370 Feuerwehr)

fügung, ebenso wie die Fachberater für Sanitätswesen (Obermedizinalrat Dr. Erich Kaltenpoth) oder Entgiftung (Studienrat Dr. Hermann Brandes).[284]

Die Befehlsstelle der Luftschutzleitung befand sich im Bunker Westbahnhof. Dort liefen die Lageinformation des Luftschutz-Warndienstes sowie der Turmbeobachter (vgl. Seite 129) zusammen. Ein Verbindungsoffizier hielt den Kontakt zum Befehlsstand des Festungskommandanten (Luftabwehr, militärische Verteidigung) im Fort Schaar, ab 1942 im Bunker Rosenhügel.

Die Einsatzkräfte des SHD (Brandschutz, Sanitätsversorgung und Instandsetzung) waren nach möglichen Schadensschwerpunkten dezentral im Stadtgebiet aufgestellt. Zum Sicherheits- und Hilfsdienst wurden unter anderem auch 21 Angehörige der Freiwilligen Feuerwehr Wilhelmshaven einberufen, gleichzeitig verließen viele als Beschäftigte der Kriegsmarinewerft ab 1940 Wilhelmshaven, um die Werftbetriebe in den U-Boot-Stützpunkten an der französischen Atlantikküste aufzubauen und zu betreiben. Die verbliebenen Männer der Freiwilligen Feuerwehr wurden als „verstärkter Feuerschutz" der Feuerschutzpolizei unterstellt. Sie standen als „Bereitschaften" in ihren Gerätehäusern vom Einbruch der Dunkelheit bis zum Hellwerden für den Alarmfall zur Verfügung.[285] Im Feuerwehrgerätehaus Oldeoogestraße war z.B. die „II. Bereitschaft" untergebracht, neben einer Brandschutzeinheit des SHD.[286]

Auch Angehörige der Feuerschutzpolizei wurden, sofern sie sich im wehrfähigen Alter bis 45 Jahre befanden, zur Wehrmacht eingezogen, insbesondere im weiteren Verlauf des Krieges. Ihre Funktionen wurden mit dienstverpflichteten „Ergänzungs-

Abb. 79: II. Bereitschaft der Freiwilligen Feuerwehr Wilhelmshaven, Wache Oldeoogestraße, o. D. (in der Mitte das Löschfahrzeug von 1935, links die Drehleiter von 1936, weitere Löschfahrzeuge aus dem Luftschutzkontingent) (Stadtarchiv, Best. 2000-8 Sammlung Kampen)

kräften" aus den anderen Feuerwehren besetzt, später auch mit „Fremdarbeitern" (vgl. Seite 134).

Dennoch standen im April 1941 insgesamt etwa 200 gut ausgebildete Männer in den Feuerwehren (Feuerschutzpolizei, Freiwillige Feuerwehr, Sicherheits- und Hilfsdienst) bereit.[287] Die zahlreichen Brände nach den im Laufe des Krieges an Heftigkeit zunehmenden Luftangriffen waren aber nur mit zusätzlichen Kräften aus der Region zu bewältigen.

Die Anforderung nachbarlicher Löschhilfe erfolgte über die nächsthöhere Kommandoebene der Polizei bzw. der Feuerschutzpolizei. Diese konnte sowohl die Feuerwehrbereitschaften der Städte und Kreise wie auch die motorisierten SHD-Abteilungen (mot.) des Luftschutzes mit bis zu 500 Mann und entsprechender Fahrzeugausstattung in Marsch setzen (vgl. Seite 98). Für den Einsatz bei Großangriffen auf Wilhelmshaven waren vorrangig die SHD-Abteilungen (mot.) 11 (Bockhorn) und 32 (Marx) eingeteilt, von der Freiwilligen Feuerwehr elf Löschgruppen aus den Landkreisen Friesland und Wittmund.[288]

An den Stadteingängen richtete man für die überörtlichen Kräfte sog. „Lotsenstellen" ein, an denen ortskundige Lotsen die Einheiten übernahmen: „Café Hillmers" am westlichen Stadteingang für die von Westen und Südwesten anrückenden Einheiten und „Restaurant Nordseestation" für das nordwestliche und nördliche Umland. Von dort aus fuhren sie je nach Lage direkt in den Einsatz oder zunächst zu Bereitstellungplätzen wie der Feuerwache Prinz-Heinrichstraße, der Admiral-Scheer-Schule am Rathausplatz, dem Jugendheim Lessingstraße (heute „Krähenbusch") oder größeren Gaststätten wie „Elisenlust" und „Mariensieler Hof". An den Bereitstellungsplätzen konnten die Kräfte versorgt und telefonisch erreicht werden.[289]

Der erste britische Bombengriff auf Wilhelmshaven galt am 3. September 1939 den Kriegsschiffen auf der Jade und im Hafen. Wohngebiete waren nicht unmittelbar betroffen. Ein weiterer Angriff dieser Art folgte am 18. Dezember 1939. Nach erheblichen Verlusten griff die britische Luftwaffe künftig nur noch nachts an.

Die ersten größeren Angriffe auf das Werft- und Hafengelände wurden ab Sommer 1940 geflogen, nun auch unter Einsatz von Brandbomben. Auch wenn die Angriffe immer wieder Hafen und Werft galten: wegen der unmittelbaren Nähe der Innenstadt und Wohngebiete wurden diese unvermeidlich in Mitleidenschaft gezogen. Dennoch entsprachen die dadurch ausgelösten Brände wegen der vergleichsweise geringen Mengen abgeworfener Bomben ihrem Ausmaß nach zunächst noch dem Vorkriegsmaßstab und konnten zumeist bis zum nächsten Morgen „schwarz gemacht" werden. Das war der Feuerwehr-Ausdruck dafür, wenn von der Brandstelle kein Rauch mehr aufstieg.

Die Lage veränderte sich grundlegend mit den Großangriffen 1941. Nachdem die deutsche Luftwaffe in der Luftschlacht um England im Sommer 1940 einen Teil ihrer Einsatzstärke verloren hatte, flog die Royal Air Force ab Januar 1941 Großangriffe auf strategische Ziele in Deutschland. Wilhelmshaven genoss als Kriegshafen und Rüstungsschwerpunkt hohe Priorität, es lag nahe zu den süd- und ostenglischen Flugplätzen und war über die Nordsee relativ ungefährdet zu erreichen.

In der Nacht des ersten Großangriffs vom 15. auf den 16. Januar 1941 waren alle Wilhelmshavener Löschzüge im Einsatz. Die in größeren Mengen abgeworfenen Brandbomben lösten insgesamt 92 registrierte Brände aus.[290] Sie wurden zunächst zur Kennzeichnung des Stadtgebiets abgeworfen. Danach folgten Spreng- und Brandbomben im Wechsel in sog. „Bombenteppichen", sodass sich die Brände immer weiter ausbreiteten und die Feuerwehrkräfte bis über die Grenze ihrer Leistungsfähigkeit forderten.

Nun brannten Häusergruppen oder ganze Straßenzüge, die Einsatzkräfte mussten Prioritäten setzen: Menschenrettung aus den brennenden Gebäuden bzw. gefährdeten Hauskellern, Verhinderung der Ausbreitung von Bränden, Schutz wichtiger Gebäude und Infrastrukturen. Aber auch jetzt hatten „Feuer aus!" und eine schwarze Brandstelle hohe Priorität, um den möglicherweise folgenden Angriffswellen die Orientierung zu erschweren.

### Feuerwehreinsatz beim Luftangriff auf Wilhelmshaven am 15. Januar 1941 – ein Augenzeugenbericht

„Eine schneidende trockene Kälte bei sternenklarer Nacht herrschte um die Monatsmitte. Am Abend des 15. Januar, gegen 22.00 Uhr, heulten wieder mal die Luftschutzsirenen. Wie üblich zerrissen nach einigen Minuten die grellen Mündungsfeuer der schweren Flakgeschütze die Nacht: Die Luft war erfüllt von dem Abschußlärm der Flak und von den Detonationen der Granaten. Immer heftiger wurde das Flakfeuer. Dann fielen die ersten Bomben. Zum ersten Mal gelang es einer größeren Zahl britischer Bomber, den starken Gürtel der Luftabwehr zu durchbrechen und ihre tödliche Last mitten ins Ziel abzuwerfen. Es wurde zum ersten Mal ein sog. Bombenteppich geworfen. Der weiche Boden schwankte und bebte. Die Zerstörung begann. […] Ungeachtet der Bombenabwürfe fuhren zur damaligen Zeit Lösch- und Hilfszüge aus. Durch verwüstete Straßen versuchte man sich zu den Brandherden durchzukämpfen. […] Besonders der Frost machte den Feuerwehrmännern und den zivilen Rettern schwer zu schaffen. Das Wasser gefror fast sofort und bildete lange Eiszapfen. Wenn die Wasserversorgung mal zusammenbrach, froren die Schläuche zu Eisstangen. Die Drehleitern, einmal eingesetzt, wurden durch das gefrierende Löschwasser zu Eismonumenten." (50 Jahre Berufsfeuerwehr, 1990)

Abb. 80: Flakfeuer und Feuerschein über Wilhelmshaven, 15./16. Januar 1941 (aufgenommen an der Bahnstrecke bei Mariensiel) (Sammlung Holger Frerichs)

Die örtliche Luftschutzleitung forderte frühzeitig motorisierte überörtliche Einheiten an, die jedoch wegen eines befürchteten Großangriffs auf Bremen zunächst nicht freigegeben wurden. Dafür wurden Löschgruppen der Freiwilligen Feuerwehr aus dem Landkreis Friesland nach Wilhelmshaven beordert: je eine Löschgruppe aus Sengwarden, Fedderwarden, Sillenstede, Hooksiel, Hohenkirchen, Tettens, Neuenburg, Bockhorn und Hooksiel. Sie kamen unter der Leitung des Kreisfeuerwehrführers Friesland, Richard Borchers, vor allem im Bereich Bismarckstraße/Gökerstraße zum Einsatz, u.a. beim Brand des Textilkaufhauses von Franz Högemann (heute „Atlantik-Haus").

Walter Haack von der Freiwilligen Feuerwehr Fedderwarden, Gemeindebrandmeister in Sengwarden 1968 bis 1972, erinnerte sich später an seinen Einsatz als junger Feuerwehrmann in der Prinz-Heinrich-Straße sowie bei den „Kammerlichtspielen" in der Marktstraße: „Bei der langen Betriebsdauer ging uns während des Einsatzes der Brennstoff für den Motor unserer Tragkraftspritze aus, so daß ich gezwungen war, entsprechenden Nachschub zu organisieren. Mit einem Personenkraftwagen gelang es mir auf Umwegen, manche Straßen waren nicht passierbar, von der damaligen Polizeiwache 1 neuen Treibstoff zu besorgen [...]."[291]

Später kamen auch Löschgruppen aus Jever und Zetel, dem Regierungsbezirk Aurich, der Stadt Oldenburg, Delmenhorst, Ganderkesee, Vechta, Lohne, Cloppenburg, Jade/Jaderberg, Edewecht und Westerstede zu Hilfe. Die insgesamt 22 Löschgruppen aus dem Land Oldenburg hatten bis zu 120 km Anfahrt, teils noch in offenen Fahrzeugen.[292] Gerade bei diesen ersten Großeinsätzen kam es vor, dass auswärtige Feuerwehren mangels passender Anschlussstücke die Hydranten in Wilhelmshaven nicht nutzen konnten, weil die von den Reichsbehörden seit Jahren betriebene Normung noch nicht weit genug vorangeschritten war.

Um die Versorgung obdachlos gewordener Menschen kümmerte sich die Nationalsozialistische Volkswohlfahrt (NSV), die NSDAP-Parteiorganisation stellte Melder für die Kommunikation zwischen den Einsatzstäben und Einsatzkräften zur Verfügung.

Der Einsatz dauerte bis zum Nachmittag des folgenden Tages.[293] Ein Feuerwehrmann kam ums Leben, mehrere wurden schwer verletzt. Unter der Zivilbevölkerung gab es 21 Tote und 74 Verletzte. In seinem Erfahrungsbericht zog der Wilhelmshavener Polizeipräsident Dr. Rust ein Fazit: „Es wurden sämtliche Einheiten des F.- und E.- Dienstes in Wilhelmshaven eingesetzt. Bei starker Kälte und während dauernden Bombenabwurfs haben diese Männer voll und ganz ihre Pflicht getan. Ihrem mustergültigen, mutigen Verhalten ist es zu verdanken, daß eine weitere Ausdehnung der Brände zu einer Katastrophe verhindert wurde. Es ist gelungen, die Brände auf ihren Herd zu beschränken."[294] Allerdings machte er eine Einschränkung: „In personeller Beziehung muß herausgestellt werden, daß ein Teil der Männer der F.- und E.- Bereitschaften für den äußerst anstrengenden Dienst auf die Dauer nicht geeignet ist. Sie sind z.T. überaltert."[295]

Der Polizeipräsident hob auch die Rolle der friesländischen Feuerwehren hervor: „Die von auswärts herangezogenen Kräfte des Feuerlöschdienstes waren mit großem Eifer tätig. Die freiwilligen Feuerwehren sind aber infolge ihrer schwächeren

Ausrüstung nicht in der Lage, die Feuerwehr der Mot.-Abteilung zu ersetzen."[296] Die „Mot.-Abteilung des F.- und E.-Dienstes des SHD" traf allerdings erst ein, als die meisten Brände schon unter Kontrolle waren. Dr. Rust befürwortete als Konsequenz die Stationierung einer weiteren Bereitschaft des F.- und E. Dienstes des SHD, besser noch Teile einer Mot.-Abteilung in Wilhelmshaven, da bei solchen Angriffen der Feuerlöschdienst der Kriegsmarine nicht helfen könne. Schließlich seien deren Einrichtungen das eigentliche Ziel der Angriffe. Angesicht der allgemeinen Knappheit an Feuerwehrkräften hatte der Vorschlag allerdings keine Aussicht auf Erfolg.

Die Entnahme von Löschwasser aus der Spülleitung des (tieferliegenden) Kanalnetzes über ein Feuerlöschpumpwerk, wie der Landesbranddirektor es gefordert hatte (vgl. Seite 97) bewährte sich, da beispielsweise bereits kurz nach Beginn des Angriffs am 15./16. Februar das Wasserversorgungsnetz an 30 Stellen unterbrochen war. Landesbranddirektor Bernhard Fortmann, der die überörtliche Hilfe im Nordwesten koordinierte, war während des Einsatzes vor Ort, um sich ein eigenes Bild zu machen: „In Wilhelmshaven habe ich mich zunächst zu den Einsatzstellen einiger Löschgruppen begeben und habe mich davon überzeugen können, dass die Männer mit einer ruhigen Überlegung an ihre teilweise recht schwere Aufgabe gingen. Hervorgehoben werden muss, dass auch die Löschgruppen des flachen Landes den an sich neuen Aufgaben nicht fremd gegenüber standen."[297]

Er forderte, in den Städten und Landkreisen diejenigen Einheiten, die personell und technisch unter diesen Bedingungen für die nachbarschaftliche Löschhilfe ge-

Abb. 81: Einsatz am Marinebekleidungsamt (heute Textilhof), Ulmenstraße, o. D. (Sammlung Alfred Wulf)

eignet seien, zu definieren und in den Alarmplänen zu berücksichtigen. In ihren jeweiligen Standorten sollten sie in Alarmbereitschaft stehen, um die Ausrück- und damit die Eintreffzeit zu verkürzen.[298]

Daraus entstanden schon bald die „örtlichen Feuerwehrbereitschaften". Als vollmotorisierte Verbände sollten sie die unterschiedliche Stationierung von Feuerwehren in der Fläche und die höhere Gefährdung der Luftschutzorte I. Ordnung ausgleichen und insbesondere diejenigen Feuerwehrkräfte für den Einsatz bei Großbränden verfügbar machen, deren Standorte selten oder gerade nicht angegriffen wurden. Dazu wurden 1943 einheitliche Vorgaben für Stärke, Gliederung und Ausrüstung erlassen und Fahrzeuge aus Mitteln des Luftschutzes zugewiesen.

Jeder Landkreis und jede kreisfreie Stadt hatte eine Feuerwehrbereitschaft aus drei Löschzügen mit je zwei Löschgruppen, d.h. 16 Feuerwehrmännern und Führungspersonal sowie einem Bereitschaftsstab zu stellen, also auch die Feuerwehr in Wilhelmshaven, die im Rahmen der nachbarlichen Löschhilfe auch für Einsätze in Bremen oder Emden in Frage kamen.[299] Näheres wie z.B. die Einsatzdisposition regelte später ein Erlass des Reichsführers SS und Chefs der Deutschen Polizei.[300]

Ein zweiter Angriff in der Nacht vom 16. auf den 17. Januar 1941 verlief weniger heftig, nachdem die zweite Welle der Bomber wegen aufkommenden Nebels abdrehen musste. Die bereits wieder alarmierten Löschgruppen aus dem Umland (Jever, Varel, Grabstede, Obenstrohe und Sillenstede) blieben bei der Hauptwache Prinz-Heinrich-Straße in Bereitschaft.

Als die Luftangriffe im Lauf des Jahres 1941 weiter zunahmen, erhöhte man die Zahl der seit Kriegsbeginn eingesetzten „Turmbeobachter" auf dem Rathausturm, dem Karstadt-Gebäude und den Gebäuden Ecke Göker-/Kaakstraße, Peterstraße 49 und Schule Fedderwardergroden um weitere Standorte wie das Gebäude des St. Willehad-Hospitals und der Verbrauchergenossenschaft „Volkskraft" in der Gökerstraße 75.

Diese Beobachtungsposten waren auf höheren Gebäuden splittergeschützt eingerichtet und mit einem 360$^{0}$-Richtkreis und Telefonanschluss ausgestattet. Der Beobachter peilte größere Brandstellen an und meldete sie telefonisch der Befehlsstelle im Bunker Westbahnhof. Dort wurden die Meldungen auf Stadtkarten mit den Positionen der Beobachtungsstellen und der Peilung aufgetragen. Aus der Summe der Meldungen konnte man größere Brandherde identifizieren. In einem Rundschreiben der Schutzpolizei hieß es dazu: „Um dem Feind durch Entstehen einer Brandfackel die weitere Möglichkeit gezielter Bombenabwürfe zu nehmen ist es besonders wichtig, die ersten Brände schnell festzustellen und bekämpfen zu können."[301]

Wegen des massiven Bombardements suchten auch die Einsatzkräfte von Feuerwehr und SHD zunächst die Schutzräume auf, was Ausfälle unter den Helfern vermied. In der Chronik 1990 heißt es: „Erst nach Ende der Luftangriffe oder zwischen den Angriffswellen wurde mit der Brandbekämpfung und mit den Rettungsmaßnahmen begonnen bzw. wurden sie fortgesetzt."[302]

Die Großangriffe nahmen weniger an Häufigkeit als vielmehr an Heftigkeit zu, so die Chronik 1990: „Die durch Brand und Sprengbomben verursachten Groß- und Trümmerbrände stellten den Brandschutzdienst vor immer schwerere und gefähr-

Abb. 82: Feuerwehreinsatz in der Bismarckstraße, o. D. (Ecke Gökerstraße, Blick in Richtung Bismarckplatz) (WZ-Bilddienst)

lichere Lagen. Entstehungs- und Kleinfeuer wurden meistens schon durch die Löschtrupps der Selbstschutzgemeinschaften und von Ortsgruppen mit ihren Tragkraftspritzen gelöscht."[303] Einen „Feuerwehralltag" gab es in dieser Phase kaum noch: „In den Ruhepausen zwischen den Angriffen wurden die Fahrzeuge und Geräte instand gesetzt, sowie Keller zu Bunkern ausgebaut und Fahrzeugunterstände geschaffen."[304]

Bei dem Großangriff am 14. September 1941 rückte wiederum nachbarliche Löschhilfe an: zwei Löschgruppen aus der Stadt Oldenburg, zwei von der Landesfeuerwehrschule Loy, je eine aus Rastede, Bad Zwischenahn, Edewecht, Westerstede, Brake, Jaderberg und Seefeld.[305]

## Bombengefahr – auch nach dem Luftalarm

Ernst-Erich Neumann, der als Kind in Bant die Bombenangriffe auf Wilhelmshaven erlebte, erinnerte sich: „Während eines Bombenangriffes fiel eine Luftmine auf die Fahrbahn unserer Straße, die ein riesiges Loch riss. Auf dem Wege vom Bunker nach Hause sahen wir uns alle das große Loch an. Die Erwachsenen diskutierten darüber, wie wohl bei Bedarf die Feuerwehr diesen Teil der Straße passieren könne. Wir waren kaum zu Hause, als eine gewaltige Explosion alle Häuser erschütterte. Fensterscheiben zerbrachen, und die Erde bebte. Wir rannten aus unseren Häusern, weil wir nicht wussten was geschehen war. [...] Bei dem Betreten der Straße empfing uns eine riesige Staubwolke, die sich langsam ausbreitete und die Straße entlang zog. [...] Die Feuerwehr war zu einem Großbrand gerufen worden. Der kürzeste Weg zum Brandherd führte durch die Genossenschaftsstraße. Fünf Löschfahrzeuge waren in Marsch gesetzt worden, die mühsam versuchten, sich an dem Minenkrater vorbei zu schlängeln. Zweien gelang es. Beim dritten Fahrzeug explodierte eine Luftmine. Keiner hatte damit gerechnet, dass die Luftmine ein Blindgänger war. Zwei Fahrzeuge wurden total zerstört, zwei Werfthäuser ebenfalls." („Heimat am Meer", Wilhelmshavener Zeitung, Nr. 17/2012, 25. August 2012)

Trotz der häufigen Einsätze fanden immer wieder auch Übungen der Führungsstäbe statt, um das Zusammenspiel der beteiligten Kräfte der Wehrmacht, der Polizei/Feuerwehr, des Sicherheits- und Hilfsdienstes u.a. weiter zu verbessern. So ist z.B. eine „Luftschutzplanbesprechung" auf Einladung des Polizeipräsidenten am 17. November 1941 in der „Polizeikaserne" Königstraße (heute Ebertstraße) dokumentiert. Daran nahmen 90 Vertreter u.a. der Polizeiführung, des Oldenburgischen Ministeriums des Innern, des Stadtkommandanten der Wehrmacht, des Küstenbefehlshabers Deutsche Bucht, der NSDAP-Kreisleitung, der Stadtverwaltung und der Sonderverwaltungsbehörden teil. Gemeinsam spielte man das Szenario eines schweren nächtlichen Bombenangriffs auf Wilhelmshaven mit Spreng- und Brandbomben durch.

Die nächsten heftigen Angriffe der Royal Air Force folgten wegen der längeren Dunkelheit erst im Winter 1941/42. Nun kamen auch Phosphorbrandbomben zum Einsatz, deren Inhalt sich bei Luftkontakt entzündete und mit Wasser praktisch nicht zu löschen war. Rolf Uphoff: „Sie konnten nur mit Gasmaske (Vollgasmaske) bekämpft werden."[306] Noch nicht voll entzündeter Phosphor konnte mit Sand abgedeckt werden. Die Erste Hilfe musste für Personen, die von Phosphorspritzern getroffen worden waren, nachgerüstet werden. Wegen des wachsenden Bedarfs an Feuerwehreinsatzkräften löste die Luftschutzleitung den für Gasangriffe vorgesehenen Entgiftungszug des SHD auf und machte das freigewordene Personal dem Brandschutz verfügbar.

Der Angriff am 28./29. Dezember 1941 war in seinen Auswirkungen heftiger als der vom 15./16. Januar, obwohl er nur zwei und nicht fünf Stunden wie im Januar dauerte und weniger Flugzeuge beteiligt waren. Die Royal Air Force führte die Bombardierung diesmal mit einzelnen Bombergruppen wesentlicher konzentrierter durch. Wegen der ausgedehnten Brände forderte die Luftschutzleitung überörtliche Hilfe an, die mit insgesamt 24 Löschgruppen der Feuerwehren und insbesondere den SHD-Abteilungen (mot.) 11 und 32 zum Einsatz kam.

Nach den Großangriffen u.a. auf Lübeck, Rostock, das Ruhrgebiet und Köln war Wilhelmshaven erst in der Nacht zum 9. Juli 1942 wieder „dran". Diesmal wandte die Royal Air Force die sog. „Bomberstrom"-Taktik an, d.h. einen ununterbrochenen, massierten Anflug nun auch viermotoriger Maschinen anstelle der bisherigen Angriffswellen. Bei einem Angriff in der Nacht zum 15. September 1942 wurde erstmals das

Abb. 83: Vor dem nächsten Großangriff: Weihnachtsfeier von Feuerschutzpolizei und SHD, 1941 (Stadtarchiv, Best. 5370 Feuerwehr)

gesamte Stadtgebiet bombardiert, die Folge waren Flächenbrände größeren Ausmaßes.

1943 nahmen die Zahl der Angriffe auf Wilhelmshaven und ihre Heftigkeit weiter zu. Inzwischen waren auch die Vereinigten Staaten von Amerika in den Krieg eingetreten. Auf der Konferenz von Casablanca im Januar 1943 hatten sich Präsident Franklin D. Roosevelt und der britische Premierminister Winston Churchill auf eine gemeinsame Bomberoffensive verständigt. Dazu verlegte die United States Army Air Force (USAAF) ihre 8. Luftflotte mit bis zu 3.000 Maschinen nach England. Der erste amerikanische Luftangriff auf das Reichsgebiet galt am 27. Januar 1943 den Rüstungsanlagen in Wilhelmshaven.

Im Gegensatz zur Royal Air Force flogen die Verbände der 8. US-Luftflotte Tagesangriffe aus großer Höhe und mit schwer bewaffneten Bombern. Wegen der damit verbundenen navigatorischen Schwierigkeiten verlief der erste Angriff für die Stadt noch glimpflich, der zweite amerikanische Angriff auf die Marinewerft am 26. Februar 1943, hauptsächlich mit Sprengbomben, verursachte jedoch im Werftgebiet und den angrenzenden Stadtteilen schwere Schäden, die auch die Unterkunft des SHD und der Feuerschutzpolizei betrafen: „Unterkunft Dietrich-Eckart-Schule stark beschädigt (1. Ber. FE.-Dienst)", meldete der Polizeipräsident.[307]

Der Schulbetrieb kam, auch als Folge der Kinderlandverschickung, praktisch zum Erliegen. Die älteren Schüler wurden als Marine- und als Luftschutzhelfer eingesetzt. Nach zwei weiteren Treffern ins Gebäude 1944 fand der Unterricht nur noch im Gebäude der Admiral-Scheer-Schule am Rathausplatz statt.

Zuvor hatte die Royal Air Force am 11., 18. und 19. Februar noch drei Nachtangriffe geflogen, bei denen sie erstmals über dem Reichsgebiet eine neue Taktik einsetzte: Ein vorausfliegender „Pfadfinder-Bomber" markierte mit Radarunterstützung das Zielgebiet, gefolgt von den „Aufhellern", die mit weiteren Leuchtbomben den Haupangriff der Bomber vorbereiteten. Der Angriff am Abend des 18. Februar verursachte 12 größere und 30 mittlere bis kleine Brände. Wieder unterstützten auswärtige Feuerwehren und die Werftfeuerwehr bei den Löscharbeiten.

So wurde der Februar 1943 der vorläufige Höhepunkt des Bombenkrieges. In diesem einen Monat fielen mehr Bomben auf Wilhelmshaven als im gesamten Jahr 1942. Aber auch der Brandschutz hatte nach den Erfahrungen der ersten Großangriffe aufgerüstet. Die Feuerschutzpolizei verfügte am 1. April 1943 über 67 Mann einschließlich der Offiziere. Daneben standen insgesamt drei Bereitschaften der Luftschutzpolizei (ehem. SHD) mit 335 Feuerwehrleuten zur Verfügung. Über die Stärke der Freiwilligen Feuerwehren im Krieg sind leider keine Zahlen überliefert. Sie dürfte jedoch kaum über dem Vorkriegsstand von etwa 150 Aktiven gelegen haben.

Die Feuerwehr der Kriegsmarinewerft wuchs bis Kriegsende auf mehr als 500 Offiziere und Mannschaften (vgl. Seite 139). Auch die „Feuerwehrscharen" der Hitler-Jugend hatten die Planzahl erreicht. Oberbürgermeister Dr. Müller beantragte 1942 beim Oldenburgischen Ministerium des Innern eine finanzielle Beihilfe für die Beschaffung von 60 Uniformen/Ausrüstungen „für die hiesige HJ-Feuerwehr".[308]

Abb. 84: Löschgruppe der Werftfeuerwehr vor einem Löschgruppenfahrzeug LF 25, 1943 (links Erich Adam) (Familie Wilfrid Adam)

Die Rekrutierung von Kräften beschränkte sich offenkundig nicht mehr auf das Reichsgebiet. „Auch die im FE.-Dienst eingesetzten Protektoratsangehörigen haben sich bewährt und voll ihre Pflicht getan", schrieb der Polizeipräsident in einem Erfahrungsbericht über die Angriffe im Frühjahr 1943.[309] In dem 1939 deklarierten „Protektorat Böhmen und Mähren", einem völkerrechtswidrig vom Deutschen Reich besetzten und annektierten Teil der Tschecho-Slowakischen Republik, lebten mehr als 7 Mio. Menschen, unter ihnen 200.000 Deutsche, die in die Wehrmacht einberufen oder zum Sicherheits- und Hilfsdienst, später zur Luftschutzpolizei, verpflichtet werden konnten.

Als Ersatz für die zum Wehrdienst eingezogenen Feuerwehrbeamten kamen ab 1944 auch „dienstverpflichtete Fremdarbeiter" aus der Tschechoslowakei im Feuerlöschdienst zum Einsatz.[310] „Fremdarbeiter" war zunächst ein Sammelbegriff für alle ausländischen Arbeitskräfte in Deutschland, freiwillig oder dienstverpflichtet. Der Grad der Freiwilligkeit nahm im Kriegsverlauf zweifellos ab, dennoch waren Fremdarbeiter zu unterscheiden von Zwangsarbeitern, Kriegsgefangenen oder gar KZ-Häftlingen.

Auch den Maler Franz Radziwill aus Dangast hatte man während des Zweiten Weltkrieges als Gruppenführer bei der Luftschutzpolizei Wilhelmshaven dienstverpflichtet. Er war seit 1933 NSDAP-Mitglied. Deshalb setzte sich die Partei-Kreisleitung Friesland für ihn ein und beantragte 1942 beim Polizeipräsidenten Wilhelmshaven seine Versetzung zur Freiwilligen Feuerwehr Dangast, damit er weiterhin als Kunstmaler „produktive Arbeit leisten" könne.[311] Obwohl ein großer Teil seiner Gemälde und Zeichnungen als „entartete Kunst" beschlagnahmt worden waren, erhielt er weiterhin Aufträge und beschickte auch Ausstellungen. So wurde Radziwill mit Wirkung vom 10. September 1942 aus der Luftschutzpolizei Wilhelmshaven entlassen, mit der Maßgabe der „Gestellung eines geeigneten Ersatzmannes".[312] Er wurde später als technischer Zeichner dienstverpflichtet und zum Volkssturm eingezogen.[313]

Die Kriegssituation beschleunigte die Integration der Freiwilligen Feuerwehren in die Polizeistruktur. Ein Erlass des Reichsführers SS und Chefs der Deutschen Polizei gestattete 1943 „drei Ehrensalven am Grabe des im Einsatz ums Leben gekommenen Angehörigen der Freiw. Feuerwehren durch Polizeikräfte [...] oder Abgabe von Karabinern/Platzpatronen von der Ordnungspolizei an die Freiwillige Feuerwehr".[314] Ein Jahr später erhielten alle Dienstgrade der Freiwilligen Feuerwehren die Erlaubnis, Waffen zu tragen.[315]

Aus Luftschutzmitteln wurden der Stadt Wilhelmshaven 1943 acht Schwere Löschgruppenfahrzeuge SLG für vier Löschzüge sowie 20 Tragkraftspritzen TS 8 zugewiesen. Mit den TS 8 wurden insbesondere diejenigen Feuerwehr- und Luftschutzpolizei-Einheiten ausgestattet, die anstelle der Einheitslöschfahrzeuge über entsprechende Zugfahrzeuge verfügten (vgl. Seite 96) Der Landkreis Friesland erhielt im gleichen Jahr für seine Feuerwehrbereitschaft aus einer „Sonderzuteilung des Sonderbeauftragten für das Feuerlöschgerätewesen (SBF)" u.a. zehn Leichte Löschgruppenfahrzeuge LLG mit Tragkraftspritzen sowie 8.400 m B-Schlauch „zum Schutz der Randgebiete von Wilhelmshaven und Bremen."[316] Die Fahrzeuge wurden bei den Feuerwehren in Jever und Varel stationiert, die dafür zusätzliche Kräfte ausbilden mussten.[317]

Abb. 85: Kriegsschäden an Einsatzfahrzeugen nach dem Angriff vom 21. Mai 1943 (das Fahrzeug rechts mit dem Kennzeichen WL für Wehrmacht/Luftwaffe ist als Fahrzeug aus dem Luftschutz-Kontingent erkennbar) (Stadtarchiv, Best. 5370 Feuerwehr)

Nach dem Angriff vom 26. Februar folgten im Jahr 1943 noch weitere vier Großangriffe von Bomberverbänden der 8. US-Luftflotte, zumeist mit Sprengbomben: 22. März, 21. Mai, 10. Juni und 3. November. Bei dem letzten Angriff dieses Jahres im November setzte die USAAF, die jetzt auch über Radargeräte verfügte, erstmals Brandbomben ein und bombardierte nun ebenfalls flächenhaft.

Am 12. Februar 1944 erhielt Major Meyer zu Köcker, der bis dahin die Feuerschutzpolizei durch den Krieg geführt hatte, seine Versetzung als Kommandeur der Feuerschutzpolizei nach Danzig zum 1. März 1944, verbunden mit der Beförderung zum Oberstleutnant der Feuerschutzpolizei. Arthur Grunewald ging mit ihm und übernahm in Danzig als Bezirksleutnant Führungsaufgaben in der Luftschutzpolizei. Kurz zuvor war seine Ernennung zum Offizier der Schutzpolizei der

Abb. 86: Übergabe von Major Hans Meyer zu Köcker (links) an Major Hanns-Dieter Spohn, 1944 (Stadtarchiv, Best. 2000-8 Sammlung Kampen)

Abb. 87: Einsatz bei Gebr. Meyer, Gökerstraße, 21. Mai 1943 (Stadtarchiv, Best. 5370 Feuerwehr)

Reserve bestätigt worden, gegen die noch 1942 Bedenken bestanden hatten (vgl. Seite 122).

Das Kommando über die Feuerschutzpolizei Wilhelmshaven übernahm der aus Hamburg abkommandierte Hauptmann der Feuerschutzpolizei Hanns-Dieter Spohn. Geboren am 21. Dezember 1911 in Berlin war er auf der Feuerwache Berlin-Wilmersdorf praktisch aufgewachsen, da sein Vater im höheren Dienst bei der Berliner Feuerwehr stand. Spohn trat 1920 in die Freiwillige Feuerwehr Berlin Schmargendorf ein, mit der er beim Reichstagsbrand am 27./28. Februar 1933 eingesetzt wurde. Er studierte Maschinenbau sowie Hoch- und Tiefbau und trat 1939 als Brandreferendar in die Feuerschutzpolizei Hamburg ein. Nach dem Referendariat wurde er u.a. als Abschnittsleiter für den Bereich Innenstadt und Hafen eingesetzt, seit dem 1. Januar 1940 als Brandingenieur bzw. Hauptmann.[318] Sein Sohn Hanns-Hellmuth Spohn erinnerte sich, dass seinem Vater auch eine Versetzung nach Potsdam angeboten wurde, er sich aber wegen seines Interesses für Schiffe zugunsten Wilhelmshavens entschied.[319]

Die Angriffe der United States Army Air Force (USAAF) auf das Werft- und Hafengebiet sowie die Innenstadt mit Brand- und Sprengbomben setzten sich am 3. Februar und am 3. März 1944 zunächst fort. Da der Schutzraumbau inzwischen weiter vorangeschritten war, fielen die Verluste an Menschenleben nicht so hoch aus wie in anderen Städten. Zur Brandbekämpfung wurde bei diesen Angriffen keine überörtliche Hilfe angefordert.

Danach nahm die Gefahr für Wilhelmshaven erst wieder im Herbst 1944 zu, als sich die alliierten Luftstreitkräfte nach der Landung in der Normandie stärker auf innerdeutsche Städte, Industrie- und Militäranlagen konzentrierten. Nun standen auch Flugplätze in Frankreich zur Verfügung, die Annäherung der Bomberverbände war wesentlich schwieriger vorherzusehen.

Einen Vorgeschmack darauf gaben die beiden Angriffe am 5. und 9. Oktober 1944, die nun auch von der Royal Air Force wieder als Tagesangriffe geflogen wurden. Am Abend des 15. Oktober 1944 bombardierten 492 britische Bomber Wilhelmshaven bei dem mit Abstand schwersten Angriff des Krieges, schwerer als jeder der bis dahin zehn Großangriffe. Das „wilhelminische" Wilhelmshaven – entstanden in einer Generation zwischen 1880 und 1918 – versank endgültig in Schutt und Asche oder wurde stark beschädigt: die Wohn- und Geschäftsgebiete beiderseits der Göker-, Markt- und Bismarckstraße bis zur Werftstraße im Westen und zum Mühlenweg im Norden sowie zahllose öffentliche Gebäude, darunter auch das Unterkunftsgebäude der Feuerschutzpolizei und der Luftschutzpolizei in der Peterstraße/Prinz-Heinrich-Straße (heute Mozartstraße).

Rolf Uphoff schreibt: „Überall stürzten Gebäude ein, die bisher unversehrt geblieben waren. Schon bald begann sich der Himmel über der Jadestadt blutig rot zu färben. Durch zerstörte Dächer und hölzerne Notkonstruktionen waren Brandbomben gedrungen und hatte das Innere der betroffenen Gebäude entflammt. Flüssigkeitsbrandsätze bespritzten Einrichtungsgegenstände mit Benzin, Phosphor und Kautschuk, Flammenstrahlbomben fungierten als Flammenwerfer. [...] Die Löschkräfte gingen noch im Bombenhagel zum Einsatz, benötigten aber bald Unterstützung. Sofort nach Abflug der Bomber (ca. 20.33 Uhr) wurden Männer aus den Bunkern geholt, um die Löschkräfte als erste zu unterstützen. Inzwischen hatte das Feuer die gesamte Altstadt ergriffen."[320]

Zur Bekämpfung der zahllosen Brände kamen Feuerwehren aus Cuxhaven, Bremerhaven, Oldenburg und Varel zum Einsatz:[321] In einer Chronik des Oldenburgischen Feuerwehrverbandes heißt es dazu: „Die Einheit Jaderberg wurde um 24.00 Uhr in Wilhelmshaven in der Kopperhörnerstraße eingesetzt. Um 2.00 Uhr war die offene Wasserstelle leer, die Einheit Rodenkirchen baute eine neue Wasserversorgung auf. Dann wurden 4 Brandstellen erfolgreich bekämpft. Anschließend erfolgten Einsätze an der Bismarckstraße und Brommystraße. Alle Brände wurden durch Innenangriff bekämpft. Beim Bunker in der Brommystraße erhielt jeder Feuerwehrmann 3 Scheiben Brot mit Wurst."[322] Am nächsten Morgen waren die meisten Brände gelöscht.

Der letzte große Luftangriff des Krieges traf Wilhelmshaven am 30. März 1945 (Karfreitag), als 358 Bomber der USAAF das Stadtgebiet und die Werft mit dem dort liegenden Leichten Kreuzer *Köln* angriffen.[323]

In den sechs Kriegsjahren hatten die alliierten Luftstreitkräfte insgesamt mehr als 100 Angriffe auf Wilhelmshaven geflogen, die meisten davon auf militärische Ziele. Mehr als zehn Großangriffe hatten zunächst Werft und Hafen, dann aber schließlich auch dem Stadtzentrum gegolten. Sie waren wegen der dadurch verursachten Groß- und Flächenbrände eine Herausforderung für die Feuerwehren gewesen, die sie an ihre Grenzen brachte und nur mit wesentlichen Verstärkungen aus der nachbarli-

Abb. 88: Gebäude der Dietrich-Eckart-Schule nach dem Bombenangriff vom 15. Oktober 1944 (rechts der stark zerstörte Ostflügel an der Peterstraße) (Stadtarchiv, Best. 5370 Feuerwehr)

chen Löschhilfe annähernd zu bewältigen gewesen war. Viele Fahrzeuge waren zerstört worden, vor allem aber große Teile der provisorischen Wache der Feuerschutzpolizei in der Prinz-Heinrich-Straße (heute Mozartstraße).

Die Feuerwehren in Wilhelmshaven hatten während des Krieges insgesamt 32 ihrer zur Wehrmacht eingezogenen Angehörigen verloren. Am 22. Mai 1955 enthüllten Oberbürgermeister Rudolf Onken und Stadtrat Arthur Grunewald im Hauptgebäude der Wache Mozartstraße eine Gedenktafel mit den Namen der im Krieg gefallenen Feuerwehrleute: „Nach ehrenden Worten des Leiters der Feuerwehr rühmte Stadtrat Arthur Grunewald die Taten dieser Männer, deren Einsatz immer leuchtendes Vorbild bleiben werde."[324]

### Die im Zweiten Weltkrieg gefallenen Feuerwehrmänner

Fritz Arionus, Karl Baumann, Hermann Bergemann, Wilhelm Böhnert, Heinz Boldt, Fritz Borchers, Erich Braams, Heinrich Buss, Franz Czermak, Hugo Dost, Hermann Ecklund, Herrmann Eiben, Wilhelm Fröhlich, Willi Gerosch, Edmund Hampf, Wilhelm Haufe, Christian Hedden, Bruno Inhülsen, Hermann Janssen, Fritz König, Erich Kohler, Rudolf Lindemann, Fritz Mackenstedt, Georg Meier, Edmund Müller, Wilhelm Obermark, Hans Otte, Bernhard Schipper, Karl Schröder, Hans Schwitters, Bernhard Thaden, Peter Weinstock

(Nordwestdeutsche Rundschau, 23. Mai 1955)

# Der Neubeginn 1945

Nach der Kapitulation der deutschen Wehrmacht im Westen am 4. Mai 1945 besetzten polnische und britische Truppen am Vormittag des 6. Mai Wilhelmshaven. Während eine Kampfgruppe der 1. Polnischen Panzerdivision das Stadtgebiet sicherte, übernahm eine dafür aufgestellte und ausgebildete Einheit der Royal Navy, die Naval Party 1735, unterstützt von einem Bataillon britischer Marineinfanterie, die Kontrolle über alle strategisch wichtigen Einrichtungen der Kriegsmarine: Kriegsmarinewerft, Hafenanlagen und Schleusen, Telefonzentralen sowie die „Befehlsstelle Nord" in der Kaserne Sengwarden.

Die britische Militärregierung in Wilhelmshaven, das 630th Military Government Detachment, richtete sich im früheren Dienstgebäude des Polizeiinspektors in der Hindenburgstraße (heute „Robert-Koch-Haus", Virchowstraße) ein. Unterstützt durch britische und kanadische Besatzungstruppen stellte sie die öffentliche Ordnung her, organisierte die Aufräumungsarbeiten und die Versorgung. Alle Strukturen und Institutionen der NS-Diktatur wurden aufgelöst.

Dagegen war die Naval Party 1735 unter dem Befehl des „Naval Officer In Charge (NOIC)", Captain Edward R. Conder RN, für die Entwaffnung und Neutralisierung der Wehrmacht und Kriegsmarine im Raum Wilhelmshaven, die Sicherung aller Verteidigungsanlagen, Waffen, Munition und Kriegsschiffe verantwortlich. Sie verfügte über buchstäblich alle Ressourcen der Kriegsmarine in der Region: Personal, Material, Gebäude und nicht zuletzt die Marinebetriebe wie z.B. die Werft mit allen Betriebsteilen, Depots, Fahrzeugen und Werkstätten. Die Einheit nahm die moderne, weitgehend intakt gebliebene U-Boot-Kaserne am Scheer-Hafen (Zwischenhafen, heute Banter See) als Unterkunft und nannte sie *H.M.S. Royal Rupert*. Das Stabsquartier befand sich auf dem dort festgemachten U-Boot-Depotschiff *Weichsel*.

Captain Conder löste zum 26. Juli 1945 die Werftluftschutzorganisation auf. Die Werftfeuerwehr arbeitete unter der Leitung von Marineverwaltungsoberinspektor Andreas Macijewski als „Feuerlöschbetrieb ZFb" in der Zentralabteilung weiter.[325] Von ihren bei Kriegsende mehr als 474 Mannschaften und 55 Offizieren wurde bis Juli 1945 bereits die Hälfte entlassen.[326]

Die Werftfeuerwehr stellte nun ausdrücklich nur noch den Brandschutz im Werftgebiet sicher, solange dieses noch nicht demilitarisiert wurde. Zu tun gab es genug, denn der Werftbetrieb ging zunächst unter der Leitung des bisherigen Oberwerftdirektors, jedoch unter strikter britischer Kontrolle weiter. Die verschiedenen Ressorts reparierten ihre eigenen Anlagen und setzten zahlreiche Schiffe instand: die von den Deutschen beschlagnahmten alliierten Handelsschiffe vor der Rückgabe ebenso wie alle an die Siegermächte auszuliefernden deutschen Kriegsschiffe, für die Wilhelmshaven zum zentralen Sammelplatz wurde. Die Werftfeuerwehr stellte Brandsicherheitswachen, löschte kleinere Brände oder leistete Hilfe bei Unfällen. Im Hinblick auf die absehbare Schließung der Werft wurde der Feuerlöschbetrieb im Frühjahr 1946 personell weiter verkleinert, sobald die Auftragslage der Werft es nach Abschluss der Instandsetzungen zuließ.

In allen Fragen der Gestaltung des täglichen Lebens – öffentliche Ordnung, Versorgung, Aufräumungsarbeiten – stützte sich die Militärregierung auf die Stadtverwaltung, sie ernannte Dr. Friedrich Paffrath (vgl. Seite 80) zum Oberbürgermeister, der „Im Auftrag der Militärregierung" („by order of military government") handelte. Anstelle eines Stadtparlaments berief die Besatzungsmacht einen „Vertrauensausschuss" unter dem Vorsitz des früheren Rüstringer Ratsvorsitzenden Reinhard Nieter, in dem die wesentlichen politischen Kräfte und gesellschaftlichen Gruppen aus der Zeit vor 1933 vertreten waren.

Dieses Gremium wurde im Herbst des Jahres zu einer „Stadtvertretung" aus 34 ernannten Mitgliedern erweitert, die auch Fachausschüsse bildete. Sie stellte einen ersten Schritt in Richtung der kommunalen Selbstverwaltung wie vor 1933 dar, wenn auch noch weitgehend abhängig von der Militärregierung.

Auch auf den anderen staatlichen Ebenen der britischen Besatzungszone übernahmen Militärregierungen die Kontrolle, so im Land Oldenburg das 821$^{st}$ Military Government Detachment (L/R) unter Colonel Dillon, und ließen sich von den bisherigen Ministerialverwaltungen zuarbeiten.

Da sie Bestandteil des Polizeiapparats gewesen war, konnte die Feuerschutzpolizei nicht weiter existieren und wurde formal aufgelöst. Die Militärregierung in Hannover, das 229$^{th}$ Military Government Detachment (L),[327] setzte für die Provinz Hannover sowie die Länder Braunschweig und Oldenburg die bisherige oberste Leitung des Feuerlöschwesens ab und übertrug die Aufgabe wieder den Landkreisen und Städten.

Gerade angesichts der zerstörten Städte musste die Gefahrenabwehr sichergestellt werden. Große Teile des Reichsgesetzes für das Feuerlöschwesen von 1938 blieben deshalb zunächst in Kraft, wurden aber im Wege von Anordnungen wo immer nötig den grundlegend neuen Verhältnissen angepasst. Die Militärregierung ernannte den bisherigen Major der Feuerschutzpolizei und späteren Landesbranddirektor Fritz Heimberg zum „Inspekteur des deutschen Feuerlöschwesens in Hannover, Braunschweig und Oldenburg". Ihm oblagen die Festlegung der Grundsätze des operativen Einsatzes, der Organisation und der Ausbildung, aber auch die Verteilung des Materials und die Beratung in Personalfragen sowie die Fachaufsicht über die zivilen Feuerwehren. Die Dienstaufsicht dagegen blieb, wenn auch unter alliierter Kontrolle, bei den Provinzial- und Länderverwaltungen.

So gab Ministerialdirektor August Wegmann, Abteilungsleiter Inneres, Verwaltung und Polizei im Oldenburgischen Staatsministerium, in einem Rundschreiben den Landräten und Oberbürgermeistern bereits einen Monat nach Kriegsende die neue Aufgabe bekannt: „Nach den ‚Dienstvorschriften der alliierten Militärregierung für die Kommandanten der deutschen Feuerwehren' besteht die Verpflichtung, allenthalben einsatzbereite Feuerwehren wieder aufzubauen. [...] Ich ersuche daher, mit allen Mitteln den Wiederaufbau der Feuerwehren zu betreiben."[328]

Ab sofort war die Brandbekämpfung also wieder eine ausschließlich kommunale Aufgabe. „Aus der Feuerschutzpolizei wurde eine städtische Berufsfeuerwehr", heißt es im ersten Jahresbericht der Feuerwehr 1946.[329] Als „Regular Fire Brigade Wilhelmshaven" war sie für den Brandschutz im gesamten Stadtgebiet verantwortlich, außerdem für die Gießerei in Sande und das Gelände der „Orbiswerke" (später Olympiawerke) im früheren Marinegerätelager in Roffhausen. Die Fahrzeuge trugen eine Kennzeichnung als „Fire Service/Feuerwehr" (vgl. Seite 150). Das Einsatzgebiet entsprach in brandschutztechnischer Hinsicht durchaus dem, was die Feuerwehr aus den Gewerbe- und Industriegebieten am Hafen gewohnt war.[330] Schon bald nach Kriegsende hatte die Stadtverwaltung mit Unterstützung durch Captain Conder damit begonnen, in den bisherigen Liegenschaften der Kriegsmarine zivile Produktionsbetriebe der Leichtindustrie (Konsumgüter, Textilien, Lebensmittel u.ä.) anzusiedeln.

Aufgrund seiner Mitgliedschaft in der NSDAP und der SS (mit dem Dienstgrad Sturmbannführer) setzte die Militärregierung den bisherigen Feuerwehrchef, Major Hanns-Dieter Spohn, unverzüglich ab. Zunächst übernahm Hauptmann Flachsbart die Leitung der Feuerwehr, seine Stellvertreter waren die Leutnante Strowig und Rudolf Dämmrich. Von diesen Dreien blieb nur Dämmrich in Wilhelmshaven, während die anderen beiden bald in ihre Heimat zurückkehrten. Die Übersicht vom 16. Mai 1945 (vgl. Anhang 4) zeigt mit 70 Mann noch annähernd die „Kriegsstärke" von 1943/44. Allerdings waren zwölf Mann zum auswärtigen Einsatz abgeordnet und andererseits 24 Mann von anderen Feuerwehren (Hamburg, Bremen, Wesermünde) und vor allem von der Luftschutzpolizei nach Wilhelmshaven versetzt worden.

Mitte Juli erschienen zwei britische Offiziere – Captain Cole, Militärregierung Hannover, und Captain Marshall, Militärregierung Oldenburg – und nahmen, so berichtete Hauptmann Flachsbart, die hauptamtliche Feuerwehr nach den neuen Bestimmungen ab. Die Besichtigung der Wachgebäude endete mit einer Probealarmierung.[331]

Anlässlich eines Inspektionsbesuchs vor Ort stellte Major Heimberg Ende Juli 1945 seinerseits fest, dass die hauptamtliche Feuerwehr Wilhelmshaven von Reserveoffizieren geführt werde, die kaum Erfahrung auf organisatorischem Gebiet hätten. „Es wurde nicht der Eindruck gewonnen, als wenn von Seiten der führenden Stelle mit aller Energie daran gearbeitet wird, die Berufsfeuerwehr wieder auf einen schlagkräftigen Stand zu bringen", schrieb er in seinem Bericht.[332]

In der Mannschaft machten sich die Erfahrungen der Kriegsjahre bemerkbar. Fremdbestimmt gegründet, rasch aufgewachsen und bunt zusammengewürfelt war die hauptamtliche Feuerwehr schon bald mit den Schrecken des Luftkrieges und seiner Opfer konfrontiert worden. Nun ließ der äußere Druck plötzlich nach. Major Heimberg stellte fest: „Die Disziplin der Männer läßt zu wünschen übrig. Im großen Ganzen ist dieses darauf zurückzuführen, daß noch eine Anzahl Notdienstverpflichteter sich in der Berufsfeuerwehr befinden, die im Laufe der Zeit gegen Neueinstellungen aus der Berufsfeuerwehr ausscheiden."[333] Der Stellenplan wies zu diesem Zeitpunkt noch 4 Offiziere sowie 61 Unterführer und Mannschaften aus.[334] Die meisten der im Krieg nach Wilhelmshaven abkommandierten Feuerwehrmänner setzten sich jedoch bald in ihre Heimat ab, ausgenommen derjenigen, die nicht in die sowjetische Besatzungszone oder in die besetzten Ostgebiete zurückkehren wollten. Bis zum 15. August 1945 mussten zehn Feuerwehrangehörige (Offiziere, Brand- und

Wachtmeister) aus politischen Gründen die Berufsfeuerwehr verlassen.[335] Zeitweise standen pro Schicht weniger als 20 Feuerwehrleute zur Verfügung.

Wie alle städtischen Bediensteten hatten sich auch die Feuerwehrangehörigen dem „Entnazifizierungs-Verfahren" zu unterziehen. Jeder musste in einem umfangreichen Fragebogen Auskunft über sein Verhältnis zum NS-Regime geben und wurde dann von einem Ausschuss aus Vertretern der Parteien, Kirchen und Gewerkschaften eingestuft und ggf. „entnazifiziert". Für einzelne Betriebe, Betriebsteile oder Organisationen wurden Unterausschüsse gebildet. Dem Unterausschuss für die Feuerwehr gehörten der Hauptbrandmeister Rudolf Dämmrich, der Unterbrandmeister Johannes Jung, der Oberfeuerwehrmann Erich Janßen sowie die Feuerwehrmänner Hans Behrends und Friedrich Spreen an.[336] Die Entnazifizierungsverfahren für die Feuerwehrangehörigen endeten allesamt mit der Einstufung 4 (Mitläufer) oder 5 (Entlastete), auch wenn etwa ein Drittel der Mannschaft von 1945 Mitglied der NSDAP gewesen war.[337] Nach Angaben von Oberbürgermeister Dr. Paffrath wurden allein bis zum 22. August 1945 70 Beamte und Angestellte der Stadtverwaltung entlassen, weil die vorliegenden Erkenntnisse und ihre persönliche Einstufung eine Weiterbeschäftigung nicht rechtfertigten.[338]

Der Vergleich mit der Personalübersicht 1946 (vgl. Anhang 5) zeigt, dass ein Jahr später von den 70 hauptamtlichen Feuerwehrmännern noch 25 dabei waren – die meisten davon Stammkräfte der Feuerschutzpolizei, aber auch einige von der Luftschutzpolizei. Von den zwölf abgeordneten Feuerwehrmännern waren inzwischen sechs zurückgekehrt.

Trotz der Personalabgänge blieben die Zugwache Prinz-Heinrich-Straße 11 und die Nebenwache Memeler Straße 26 bestehen und waren mit einer verstärkten Löschgruppe bzw. einer Löschgruppe besetzt. Ein realistisches Bild jener Tage zeigt die Wacheinteilung vom 17. Juli 1945 mit insgesamt 17 Feuerwehrleuten in der Wachschicht (damals Wachabteilung), verteilt auf zwei Gruppen mit je einem schweren Löschfahrzeug SLG sowie der Drehleiter auf der Hauptwache, der dort stehende Rüstwagen (Rkw) wurde nicht besetzt.

Die beiden Löschgruppen bestanden aus dem Gruppenführer, dem Maschinisten, dem Melder sowie dem Angriffstrupp, dem Wassertrupp und dem Schlauchtrupp. Die Position des Wachvorstehers blieb frei bzw. wurde von den wenigen Beamten des gehobenen Dienstes wahrgenommen, die Funktion des Zugführers (wenn beide Löschgruppen gemeinsam zum Einsatz kamen) übernahm der Wachhabende (später Wachschichtleiter), hier der Unterbrandmeister Hermann Schlee. Zum Arbeitsdienst wurden die wenigen Kräfte auf die wichtigsten Funktionen eingeteilt: Tischlerei, Schlauchmacherei, Schuhmacherei, Küche, Fahrzeuge, Kleiderkammer und Schlosserei.

Mit Zustimmung der Militärregierung übernahm die Feuerwehr zunächst 20 ausgebildete Feuerwehrleute von der Luftschutzpolizei (ehemals Sicherheits- und Hilfsdienst, vgl. Seite 99), die ihr schon während des Krieges zugeteilt worden waren – als Beamte auf Widerruf oder als Angestellte, wenn sie über dem bisher gültigen Höchsteinstellungsalter lagen. Der Alliierte Kontrollrat in Berlin hatte die Luftschutzpolizei (LSP) am 12. Januar 1946 wegen ihres paramilitärischen Charakters mit der

**Feuerwache** 1. **Wachabteilung**

Bericht vom Dienstag, den 17.7.45, 8.00 Uhr, bis Mittwoch, den 18.7.45. 1945, 8.00 Uhr

Wachvorsteher: Wachhabender: Mstr. Schulze

Wachstärke: ./. Bez.-Oblt. ./. Bez.-Lt. 2 Mstr. 14 Wm.(SB) Gesamtstärke: 16

**Fahrzeugbesetzung des Löschzuges:**

Pkw Pol.- 13039

| Zugführer | | Fahrer | |
|---|---|---|---|
| 1. Gruppe SLG Pol.- 13045 | | 2. Gruppe SLG Pol.- 78951 | |
| Gruppenf. | Grotheer | Gruppenf. | Schulze |
| Maschinist | Holzwarth | Maschinist | Janssen |
| Melder | Scharf | Melder | |
| A.-Trupp | Wöltbrand | A.-Trupp | Stahlmann |
| " | Noack | " | |
| W.-Trupp | Holweg | W.-Trupp | Spreen |
| " | Trabandt | " | |
| S.-Trupp | Wille | S.-Trupp | Behrends |
| " | Wigger | " | |

**Fahrzeugbesetzung der Sonderfahrzeuge und Sonderdienst:**

| DL Pol.- 78954 | | Kw | |
|---|---|---|---|
| Führer | Tohms | Führer | |
| Fahrer | Eilers | Fahrer | |
| Rkw Pol.- 34358 | | Kw | |
| Führer | nicht besetzt | Führer | |
| Fahrer | | Fahrer | |
| Stabswg. 1 | | Stabswg. 2 | |
| Außendienst | | Nachr.-Zentr. | |
| " | | " | |
| Nachr.-Staff. | | Innendienst | |
| Kraftf.-Staff. | | Mstr. v. Dienst | |

**Fahrzeuge und Geräte außer Dienst:**

wegen ab

Wetter: bewölkt Windrichtung: S.-Ost Temp.: $8^{00}$ °C, $12^{00}$ °C, $20^{00}$ °C.

Übungsdienst: $8^{00}$ - $10^{00}$ Uhr ; Leiter:

Unterricht; Thema Fahrzeugkunde, Angriffsführung "

Probealarm: $7^{00}$ Uhr

| Beurlaubte | Kranke | Abkommandierte |
|---|---|---|
| 1 Weers | 1 | 1 |
| 2 | 2 | 2 |
| 3 | 3 | 3 |
| 4 | 4 | 4 |
| 5 | 5 | 5 |

**Sonstige Vorkommnisse im Dienst:**

(Meldungen über Alarme — Feuer, Hilfeleistungen, ausgerückte Fahrzeuge — Sonderdienst, Sicherheitswachen, Revisionen — Lieferungen und Beschaffungen)

Arbeitsdienst:

2 Mann Tischlerei
3 " " Schlauchmacherei
1 " " Schuhmacherei
3 " " Küche
2 " " Fahrzeuge
1 " " Kleiderkammer
1 " " Schlosserei

$10^{15}$ - $12^{00}$ Uhr je 2 Mann an Polizeirevier I und II abgegeben.

Wilhelmshaven, am 17. Juli 1945

Wachhabender Schulze.

Gesehen:
Major d. FschP.
Wachvorsteher:

Abb. 89: Wachübersicht vom 18. Juli 1945 (Feuerwehr-Archiv)

Direktive Nr. 24 aufgelöst. Die ehemaligen Beamten der Feuerschutzpolizei wurden dagegen grundsätzlich als Beamte auf Widerruf eingestellt.

Schon bald kehrte Hans Meyer zu Köcker nach Wilhelmshaven zurück. Am 4. September 1945 beschloss der Exekutiv-Ausschuss (Hauptausschuss) der Stadtvertretung, ihn „mit dem Aufbau einer schlagkräftigen Feuerwehr für die Stadt Wilhelmshaven" zu beauftragen.[339] Die Verantwortlichen im Rathaus wussten seine Fachkompetenz zu schätzen, nicht zuletzt Oberbürgermeister Dr. Paffrath und Bürgermeister Balfanz, den die Militärregierung zunächst noch im Amt belassen hatte. Die Militärregierung drängte auf die Sicherstellung des Brandschutzes in der kriegszerstörten Stadt und es bestand kaum eine Hoffnung, man könne sich eines Tages wieder auf die Werftfeuerwehr verlassen.

Dieser Beschluss war der Startschuss für den Neuaufbau einer Berufsfeuerwehr sowie einer Freiwilligen Feuerwehr in kommunaler Regie, unter der Leitung von Hans Meyer zu Köcker, der nun die Dienstbezeichnung Brandrat führte.

Für die Feuerwehrangelegenheiten war der „Betriebsausschuss" der Stadtvertretung zuständig, der sich auch um Fragen der Energie- und Wasserversorgung, des öffentlichen Verkehrswesens und des Schlachthofes kümmerte. Ausweislich der Protokolle betrachtete er sich nicht als „Feuerwehrausschuss" im heutigen Sinne, sondern behandelte im Wesentlichen die finanziellen Angelegenheiten und die Baumaßnahmen der Feuerwehr. Sein erster Vorsitzender war Stadtkämmerer Arthur Kellerhoff, dem 1946 die Mitglieder der Stadtvertretung Paul-Willy Zieb (Oberwerftdirektor), August Peschel und Hermann Jochmann folgten, nachdem die Militärregierung aufgrund veränderter Direktiven die Rolle des provisorischen Kommunalparlaments gestärkt hatte.

Die Freiwillige Feuerwehr – „Volunteer Fire Brigade" – verlor ihre Eigenschaft als „Hilfspolizeitruppe" und wurde als kommunale Einrichtung neu gegründet. In einem zeitgenössischen Verwaltungsbericht hieß es: „Nach dem Organisationsplan bilden die Berufsfeuerwehr und die freiwillige Feuerwehr die „Feuerwehr in Wilhelmshaven" und unterstehen als Einheit dem Leiter der Berufsfeuerwehr."[340] Die einzelnen Wehren lebten als Personengemeinschaften wie vor 1938 wieder auf, die Mitgliederversammlungen wurden von der Stadtverwaltung im Auftrag der Militärregierung als „unpolitische Veranstaltungen" genehmigt.

Auch die Mitglieder der Freiwilligen Feuerwehr mussten sich dem Entnazifizierungsverfahren unterziehen. Dabei kam es nun vor allem auf die Angaben der Betroffenen an, denn beim Einmarsch der alliierten Truppen in Wilhelmshaven am 6. Mai 1945, so erinnerte sich Hauptbrandmeister Wilhelm Winkler 1955, waren „die gesamten Dokumente, Bilder und Schriften der Freiwilligen Feuerwehr absichtlich vernichtet worden. Sie sollten nicht in die Hände der Alliierten fallen."[341]

**Abb. 90: Brandrat Hans Meyer zu Köcker, noch ohne Hoheitsabzeichen bzw. Wappen an der Mütze, 1947 (Feuerwehr Hannover)**

Brandrat Meyer zu Köcker rief die Vertreter der Freiwilligen Feuerwehren für den 24. September 1945 zu einer ersten Zusammenkunft in der Wache Mozartstraße zusammen. Die Einheit Voslapp unter der Leitung von Oberbrandmeister Fritz Upts, die zuvor immer etwas stiefmütterlich behandelt worden war, erhielt ein Löschgruppenfahrzeug LF 8 (Opel Blitz) mit eingeschobener Tragkraftspritze TS 8 sowie einem Tragkraftspritzenanhänger TSA (vgl. Seite 113),[342] die man zunächst noch in dem Zementschuppen in der Flutstraße unterstellte. Auch die Einheiten aus der Vorkriegszeit blieben bestehen: Mozartstraße (Waldemar Baron), Oldeoogestraße (Otto Maier) und Neuengroden (Karl Matzke).[343] Man benutzte weiterhin die seit den 1930er Jahren gebräuchlichen Begriffe „Einheit" oder „Wache". An der Spitze standen „Zugführer" bzw. „Wachleiter" mit dem Dienstgrad Oberbrandmeister.

Am gleichen Tag fanden sich im neuen Stadtteil Fedderwardergroden, der sich nun rasch mit Ausgebombten aus der Stadt und Flüchtlingen aus den deutschen Ostgebieten füllte, sieben Männer zusammen und gründeten unter der Führung von Oberbrandmeister Fritz Ruseler eine Freiwillige Feuerwehr, die als „Wache Fedderwardergroden" in den kommunalen Brandschutz aufgenommen wurde.[344] Sie bezog mit einem Löschgruppenfahrzeug LF 15 das Nachbargebäude der provisorischen Nebenwache der Berufsfeuerwehr in der Memeler Straße, sodass die Feuerwehr in Endeffekt für zwei Häuser Miete zahlte:

Memeler Straße 24 und 26. Die neue Wehr profitierte vom Aufwuchs des Stadtteils: 1946 hatte sie bereits zwölf, ein Jahr später 19 Aktive.[345]

Im Oktober 1945 entließ die Militärregierung Bürgermeister Ulrich Balfanz, der bisher auch für die Feuerwehr verantwortlich gewesen war. Sie entsprach damit auch einem Antrag des Vertrauensausschusses, der keine Grundlage mehr für eine Zusammenarbeit sah. Unter anderem warf man Balfanz vor, sich bei der Feuerwehr für NSDAP-Mitglieder in führenden Positionen eingesetzt zu haben.[346]

Zum 1. Oktober 1945 traten neue Dezernenten ihre Ämter an: Hans Beutz, Fritz Irps (dem bald schon Dr. Herbert Heider folgte) und nicht zuletzt Arthur Grunewald, zu dessen Dezernat mit der Organisationsziffer 4 neben der Wirtschaftsförderung die Feuerwehr als „Stadtamt 71" gehörte – bis zu seinem Ausscheiden im Jahr 1967. Er hatte Feuerwehr buchstäblich „von der Pike auf" gelernt (vgl. Seite 122) und sollte nun den Neuaufbau der Berufsfeuerwehr und der Freiwilligen Feuerwehr, ihre technische und organisatorische Modernisierung für viele Jahre maßgeblich beeinflussen und verantworten: leistungsfähige Einsatzfahrzeuge, moderne Kommunikationsmittel und vor allem eine zeitgemäße Ausbildung der Feuerwehrmänner.

Richard Grotheer, Leiter der Berufsfeuerwehr von 1960 bis 1967, schrieb 1965: „Durch die Tätigkeit im Feuerschutzdienst während des Krieges war uns Herr Stadtdirektor Grunewald als Dezernent besonders willkommen, konnten wir doch bei den Ausschüssen sowie beim Rat durch die fachliche Unterstützung die notwendigen Mittel erhalten, um den Aufbau der Berufsfeuerwehr zu fördern und damit die Schlagkraft der Feuerwehr wieder herzustellen."[347]

Der neue Feuerschutzdezernent bemühte sich, das Verhältnis der Bürger zur Verwaltung nach zwölf Jahren Diktatur neu zu gestalten. In einer Dienstanweisung an die Ämter seines Dezernats beschrieb er sein Grundverständnis: „Bedenken Sie, daß es unser Stolz sein muß, Diener an der Allgemeinheit zu sein und daß nicht die Volksgenossen für uns, sondern wir für sie da sind."[348] Auch Details gab er vor: „Es ist mein Wunsch, daß die kalte Amtssprache mit einer persönlichen Note durchsetzt wird. Die Empfänger von Schreiben sollen aus der textlichen Fassung ersehen können, daß jeder einzelne von uns die besondere Lage genau geprüft und jeden einzelnen Fall mit dem ihm gebührenden Interesse bearbeitet hat."[349]

Schon bald nach seinem Dienstantritt hatte er Gelegenheit, für die Feuerwehr einzutreten. Gegenüber dem Oldenburgischen Staatsministerium beschwerte er sich über den Besuch des amtierenden oldenburgischen Landesbrandmeisters, Kreisbrandmeister Stöver, in Wilhelmshaven, der bei einer Besprechung mit Brandrat Meyer zu Köcker am 16. Oktober 1945 geäußert hatte, er habe „der Regierung zu berichten, was hier für eine Feuerwehr ohne Uniform herumlaufe."[350] Grunewald bestritt die Zuständigkeit des Landesbrandmeisters für das Feuerlöschwesen der Stadt Wilhelmshaven und berief sich dabei auf die bisherige Gesetzeslage. Etwas kühl erhielt er aus Oldenburg den Hinweis, der Landesbrandmeister handle im Auftrag der Militärregierung und die Untersuchung beziehe sich auf die Werftfeuerwehr.

Bald darauf unterstellte das Staatsministerium „auf Anordnung der Militärregierung" die beiden hauptamtlichen Feuerwehren in Wilhelmshaven und Oldenburg tatsächlich der Aufsicht durch den Landesbrandmeister.[351] Dieser überprüfte am

4. Dezember 1945, sieben Monate nach Kriegsende, im Auftrag der Militärregierung die Feuerwehr in Wilhelmshaven. Er hielt einen Personalbestand von 59 Mann zukünftig für angemessen. Das entsprach dem Löschgruppen-Modell von 1940 für den „normalen" Brandschutz, ohne zusätzliche Aufgaben. Die Militärregierungen in Oldenburg und Hannover forderten als Sollstärke 67, zeitweise sogar 76 Mann. Es blieb auf Bitten der Stadt wegen der ohnehin schon angespannten Personal- und Finanzlage letztlich bei 59 Mann, 39 auf der Hauptwache, 20 auf der Nebenwache Fedderwardergroden.[352] Die Freiwillige Feuerwehr sollte drei Löschzüge (Alt-Wilhelmshaven, Rüstringen, Neuengroden) und zwei Löschgruppen (Fedderwardergroden und Voslapp) in einer Sollstärke von insgesamt 106 Mann stellen.[353]

Mit einem Erlass trennte das Oldenburgische Staatsministerium am 27. März 1946 aufgrund einer Anordnung der Militärregierung die Feuerwehren endgültig und nun auch formal von der Polizei. Für die ehem. Feuerschutzpolizei galt nun die Bezeichnung „Berufsfeuerwehr".[354]

Zu diesem Zeitpunkt verfügte die hauptamtliche Feuerwehr tatsächlich über 39 von einst 70 Mann bei Kriegsende, davon 19 auf der Hauptwache und 20 in Fedderwardergroden.[355] Im Mai 1946 wechselten deshalb 19 Angehörige der Werftfeuerwehr zur Berufsfeuerwehr.[356] Auch sie mussten sich der Überprüfung durch den Entnazifizierungsausschuss unterziehen.

Entsprechend der neuen Rechtslage wurden die bisherigen Rottwachtmeister, Wachtmeister und Oberwachtmeister sowie Bezirksoberwachtmeister nun als „Feuerwehrmann" mit einer Bezahlung nach Dienstalter eingestuft.[357] Die Militärregierung hatte die bisherigen Dienstgrade und Hoheitsabzeichen abgeschafft, alles entsprach wieder dem Stand vor 1933: der „Feuerwehrmann" ersetzte den „Unterwachtmeister", der „Oberfeuerwehrmann" den „Rottwachtmeister", der „Brandmeister" den „Wachtmeister" und der „Zugführer" den „Zugbrandmeister". Zu dieser Gruppe gehörten der Hauptbrandmeister Andreas Macijewski (bisher Marineverwaltungsoberinspektor) und der Oberfeuerwehrmann Theodor Gerdes, die beide später einmal Leiter der Berufsfeuerwehr werden sollten.

Zusätzlich stellte die Berufsfeuerwehr dreizehn Anwärter ein, praktisch einen vollständigen Grundausbildungslehrgang, dem u.a. Hans Wigger und Hans Wilde angehörten, die einmal Leiter bzw. stellvertretender Leiter werden sollten.

Auch jetzt war die Berufsfeuerwehr eine sehr gemischte Truppe: Von den 65 Mann Mitte 1946 stammte gerade ein Drittel (23 Mann) aus Wilhelmshaven oder Rüstringen. Der älteste Feuerwehrmann war mit dem Jahrgang 1886 schon 60 Jahre alt, der jüngste der 14 Anwärter noch keine 20 Jahre (Jahrgang 1927) (siehe Anhang 5). Die Gesamtzahl von 65 Feuerwehrleuten lag wegen der Anwärter über dem damaligen, von den Alliierten festgelegten Stellen-Soll von 59, welches aber in der Folge durch Nichtübernahme von Anwärtern und weitere Abgänge erreicht wurde. Die Stadt Wilhelmshaven hielt sich die Stärke der Berufsfeuerwehr bewusst offen, zeitweise waren mehr als die Hälfte der Feuerwehrangehörigen als Angestellte beschäftigt.[358]

Hanns-Dieter Spohn widersprach seiner Entlassung und machte geltend, dass für ihn ausschließlich die Feuerwehr im Vordergrund gestanden und er sich nie politisch betätigt habe. Den Eintritt in die Parteiorganisation der SS habe man ihm bei der Überführung der Feuerwehr Hamburg in die Feuerschutzpolizei nahegelegt.[359] Anfang 1946 bat er Oberstadtdirektor Dr. Friedrich Paffrath, sich zumindest in der Freiwilligen Feuerwehr weiterhin zu engagieren zu können. Dies wurde ihm von Arthur Grunewald mit Hinweis auf seine Entlassung „aus politischen Gründen" und die Meinungsbildung in der Freiwilligen Feuerwehr verwehrt.[360]

Der Dienst bei der Berufsfeuerwehr war weiterhin in zwei Wachen eingeteilt, die sich jeweils alle 24 Stunden abwechselten. Daraus resultierte eine wöchentliche Arbeitszeit von 84 Stunden. Täglich waren in jeder Wachschicht eine Stunde Übungsdienst und sieben bis acht Stunden Arbeits- und Werkstattdienst angesetzt.[361] Mitte 1946 hatte die Berufsfeuerwehr 56 Beamte im Einsatzdienst, d.h. 28 pro Schicht, abzüglich der Abwesenden durch Urlaub, Krankheit, Ausbildung o.ä. Bis Ende 1946 stabilisierte sich der Stellenplan mit weiteren Zu- und Abgängen bei der festgelegten Sollstärke von 59 Mann.

Bei der Freiwilligen Feuerwehr standen im April 1946 fünf Einheiten mit etwa der Hälfte der angestrebten Sollstärke von 106 Mann zur Verfügung: Wache Prinz-Heinrich-Straße/Mozartstraße, Wache Oldeoogestraße, Wache Neuengroden, Wache Fedderwardergroden, Wache Voslapp.[362]

Die Uniformfarbe für Angehörigen der kommunalen Feuerwehren war nun (wieder) das traditionelle Blau. Im Jahresbericht für 1947 beschrieb die Feuerwehrführung, wie das in der Praxis umgesetzt wurde: „Die Berufsfeuerwehr mußte durch die Umstellung von grün auf blau neu eingekleidet werden. Die vorhandenen Bestände wurden umgefärbt und in eigener Schneiderwerkstatt entsprechend umgeändert."[363]

Auf diesen Uniformen trugen die Feuerwehrangehörigen entmilitarisierte Dienstgradabzeichen und dazu rot angestrichene Helme mit der Aufschrift „Fire Service". Das schwarz-weiß-rote Mützenabzeichen wich dem blau-roten der oldenburgischen Landesfarben.

Die Feuerwehrleute waren Beamte oder Angestellte, je nach Herkunft und Werdegang. Die Bezahlung fiel karg aus, der Monatslohn eines jungen Feuerwehrmanns in Höhe von 160 Reichsmark entsprach dem Schwarzmarktpreis einer Schachtel Zigaretten. In der Chronik 1990 heißt es: „Nach langen Verhandlungen gelang es, daß den Feuerwehrmännern eine Zusatzlebensmittelkarte für Schwerarbeiter zugestanden wurde."[364] Erst im Laufe der Jahre wurden mit dem Wiederaufbau einer staatlichen Ordnung auch einheitliche Grundlagen für die Einstellung als Feuerwehrbeamte geschaffen.

*

Über ein Wachgebäude im eigentlichen Sinn verfügte die Berufsfeuerwehr nicht, das als Unterkunft genutzte Schulgebäude an der Prinz-Heinrich/Peterstraße hatte überdies bei den Bombenangriffen 1943 und 1944 schwere Schäden erlitten. Die Chronik 1990 beschreibt den Zustand 1945: „[...] die Fenster vernagelt, kleine Flächen mit Drahtglas notdürftig abgedichtet. Es gab nur zwei Waschbecken auf dem Flur und eine Toilette. Bei Bedarf musste man im Notfall die Latrine auf dem Hof neben

Abb. 91: Schulgebäude der Dietrich-Eckart-Schule (Oberrealschule) bei Kriegsende, o. D. (Blick entlang der Peterstraße nach Westen mit dem zerstörten östlichen Gebäudeflügel, im Hintergrund das Gebäude von ehem. M.F. Tapken) (Feuerwehr-Archiv)

den Trümmern der Turnhalle (an der Peterstraße, der Verf.) aufsuchen. Jeder Raum, in dem die Männer wohnten, hatte einen Kanonenofen, dessen Rohr durch ein Fenster ins Freie führte. Die Küche war vom zerbombten Treppenhaus abgekleidet (an der Ecke Mozartstraße/Peterstraße, der Verf.). Es wurde im Waschkessel gekocht."[365]

Auf dem übrigen Gelände sah es etwas besser aus: „Die Fahrzeughalle an der jetzigen Mozartstraße, in der sich im Obergeschoss die Büros befanden, hatte den Krieg abgesehen von einem Bombentreffer vor der Halle relativ gut überstanden. Allerdings standen fünf Feuerwehrfahrzeuge im Freien. Zerstört war zum Teil der sogenannte „graue Esel", in dem sich die Unterkünfte der Führungskräfte befunden hatten."[366] Die provisorischen Werkstätten auf dem Hof waren stark mitgenommen und erneuerungsbedürftig. Mit ausschließlich eigenen Kräften hatte die Berufsfeuerwehr bis Mitte 1946 zu tun, um das Unterkunftsgebäude wieder einigermaßen nutzbar zu machen. Das Problem bestand nicht nur im Geldmangel: „Mit Rücksicht auf den Materialmangel versucht […] die Feuerwehr mit Hilfe von Teer und Lumpen die Dächer behelfsmäßig abzudichten", steht in einem Protokoll des Betriebsausschusses vom Mai 1946 zu lesen.[367]

Schon damals stand die Frage im Raum, ob selbst ein instandgesetztes ehemaliges Schulgebäude auf Dauer den Bedürfnissen einer Feuerwehr würde entsprechen können. Der Betriebsausschuss diskutierte die Frage, ob die Feuerwehr nicht „in den Gebäuden der zur Auflösung kommenden Werftfeuerwehr" neben dem Werfttor 1 untergebracht werden könne. So naheliegend der Gedanke auch war: Das bisherige Werftgelände rund um den Bauhafen war zu diesem Zeitpunkt noch von der Royal Navy besetzt, die Beseitigung der Werft beschlossene Sache. Über die Zukunft

Wilhelmshavens und die Schonung einzelner Gebäude hatten die Briten noch nicht entschieden. Die weitgehend unzerstörte Wache der Werftfeuerwehr stand also nicht zur Verfügung.

Ein Lageplan aus dem Jahr 1946 zeigt (umrandet) den erhaltenen Teil des Schulgebäudes an der Prinz-Heinrich-Straße, die vom neu gewählten Rat der Stadt Wilhelmshaven am 4. Dezember 1946 in Mozartstraße umbenannt wurde, das bisherige Wachgebäude („Garage") und das Werkstattgebäude von 1940. Allen Widrigkeiten zum Trotz richtete die Berufsfeuerwehr ihrem Bedarf entsprechend schon bald wieder acht Werkstätten ein: Schlosserei, Schmiede, Tischlerei, Malerei, Schlauchmacherei, Schneiderei, Schuhmacherei, Gasschutzwerkstatt.[368]

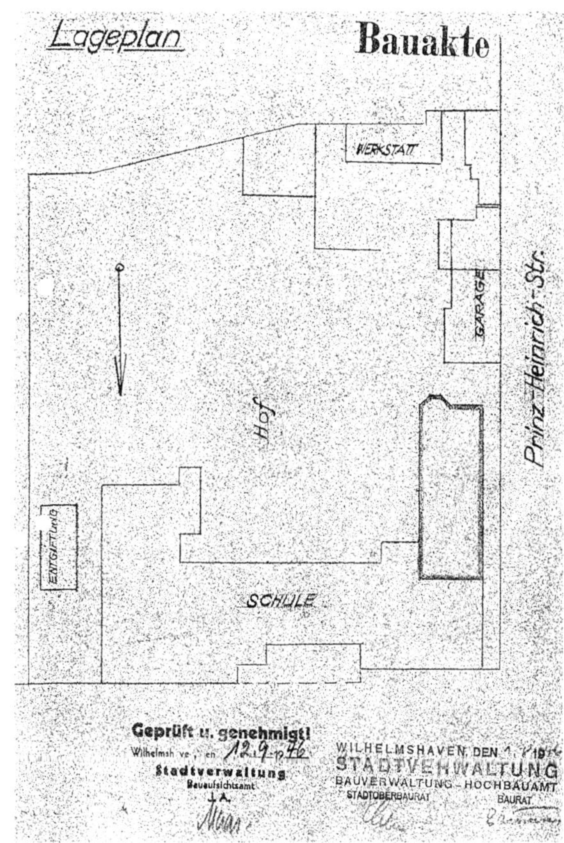


Abb. 92: Lageplan der Feuerwache Prinz-Heinrich-Straße, 1946 (Feuerwehr-Archiv)

### Die Rote Laterne…

„Nach einer Inspektion der Feuerwehr durch einen Offizier der Alliierten ordnete dieser an: An dem Haus, an dem sich die Leitung der Feuerwehr befand, mußte ein Schild groß und deutlich, Farbe Weiß Schrift Schwarz, rote Umrandung, angebracht werden mit der Aufschrift in Englisch und Deutsch: ‚Kommando des Feuerbekämpfungsdienstes, Feuermeldestelle'. Und damit man es in der Dunkelheit nicht übersah, verlangte der Herr, daß eine rote Laterne darauf hinwies. Der Eingang zum Kommando sah zur damaligen Zeit sehr zweifelhaft aus. Gittertür vor dem Durchgang, steil gezogene Treppe zum Obergeschoss und dann das rote Licht! So mancher Besatzungssoldat, der durch das rote Licht vor dem Eingang angelockt wurde, hatte hier ein gewisses Etablissement erwartet. Die Enttäuschung hierüber wurde nicht in wenigen Fällen durch derbe Flüche und gezielte Flaschen- und Steinwürfe auf die so harmlose Lampe abreagiert."

(50 Jahre Berufsfeuerwehr Wilhelmshaven 1940–1990, Wilhelmshaven 1990)

Trotz einiger Totalverluste durch Bombentreffer und vieler Beschädigungen war der Fahrzeug- und Gerätebestand durchaus gut, vor allem infolge der umfangreichen Beschaffungen neuer Fahrzeuge aus Luftschutzmitteln in den Jahren 1941–1944. Sie hatten die Luftangriffe größtenteils in Splitterbunkern überstanden und wurden nun in der Wache Mozartstraße zusammengezogen. Es bedurfte einiger Mühe, die Begehrlichkeiten der Wilhelmshavener angesichts des zum Teil offen herumstehenden Materials abzuwehren.

Mitte 1946 verfügte die Feuerwehr über insgesamt 30 Fahrzeuge, darunter drei Löschgruppenfahrzeuge LF 25, neun Löschgruppenfahrzeuge LF 15, drei Drehleitern, zwei Löschgruppenfahrzeuge LF 8, einen Rüstwagen, zwei Schlauchwagen, einen Kommandowagen Mercedes V 170,[369] Personenkraftwagen und Kräder, Zugmaschinen und Anhänger.[370] Bei den Löschfahrzeugen LF 25 handelte es sich um schwere Einheitslöschfahrzeuge von Magirus auf einem Klöckner-Humboldt-Deutz Fahrgestell (9,1 Liter Hubraum, 125 PS, Pumpenleistung 2.500 l/Min., vgl. Abb. 84). Sie sollten bis in die frühen 1960er Jahre das Rückgrat des abwehrenden Brandschutzes bilden.

Das Konzept der „Feuerwehr in Wilhelmshaven" spiegelte sich auch in der Fahrzeugverteilung wider: Die Berufsfeuerwehr verfügte über zwei Löschgruppenfahrzeuge LF 25, eine Drehleiter, einen Schlauchwagen sowie einen Rüstwagen. Bei der Freiwilligen Feuerwehr standen vier Löschgruppenfahrzeuge LF 15, ein Löschgruppenfahrzeug LF 8, sowie zwei Drehleitern (Oldeoogestraße und Neuengroden).[371] Einige überzählige Fahrzeuge aus Kriegsbeständen wurden schon bald stillgelegt oder abgegeben. Im Jahresbericht 1947 verwandte man erstmals durchgängig die Typbezeichnung „Löschgruppenfahrzeug" (LF).

Die Fahrzeuge sollten wieder im traditionellen Feuerwehr-Rot lackiert werden, sobald genügend Farbe zur Verfügung stand. Auf Anordnung der Militärregierung mussten die bisherigen Blaulichter durch rot verglaste Leuchten ersetzt werden. Diese Anordnung wurde allerding schon im Herbst 1947 wieder aufgehoben.

Mit dem Dritten Reich war die Fernmeldetechnik der Feuerschutzpolizei untergegangen bzw. von der Militärregierung beschlagnahmt worden. Major Heimberg

**Abb. 93: Schlauchwagen mit der Aufschrift „Fire Service/Feuerwehr" (später Kranwagen) und Löschgruppenfahrzeug LF 25, 1950 (WZ-Bilddienst)**

hatte als Inspekteur des Feuerlöschwesens im Juli 1945 kritisch angemerkt: „Die Feuermeldungen gehen nur über die Polizeiwachen oder durch mündliche Überbringung an die Wachen."[372]

Der Berufsfeuerwehr standen lediglich zwei Amtsleitungen, eine provisorische Vermittlungsstelle sowie eine Verbindung zum Rathaus, zur Polizei und zur Vermittlung der noch bestehenden Werftfeuerwehr zur Verfügung. „Die interne Alarmierung erfolgte über Kurbelinduktor mit Rasselwecker. Ein notdürftig installiertes Alarmlicht (in den Schlafräumen, der Verf.) wurde von Hand eingeschaltet."[373] Wie bei einem Feldtelefon erzeugte man mittels einer Kurbel elektrischen Strom, der die Läutwerke der Rasselwecker auslöste. Erst 1946 gelang die Inbetriebnahme der Feuerwehrnotrufnummer 112, zwischen Berufsfeuerwehr und Werftfeuerwehr wurde eine direkte Fernsprechverbindung geschaltet. Auf Antrag genehmigte die Militärregierung in Oldenburg 1946 zur Alarmierung der Freiwilligen Feuerwehren den Fortbetrieb von bis zu 22 Luftschutzsirenen im Stadtgebiet sowie sieben in Fedderwardergroden und Voslapp. Dazu verlegte die Feuerwehr die Auslösegeräte vom früheren Luftschutzwarnkommando zu ihrer Telefonzentrale.[374] Für verschiedene Alarmstufen bis hin zum Großbrand galten unterschiedliche Sirenensignale. Möglicherweise benötigte man nicht alle geplanten Standorte, bei den ersten größeren Alarmierungen in den folgenden Jahren wird jedenfalls von acht Sirenen berichtet.

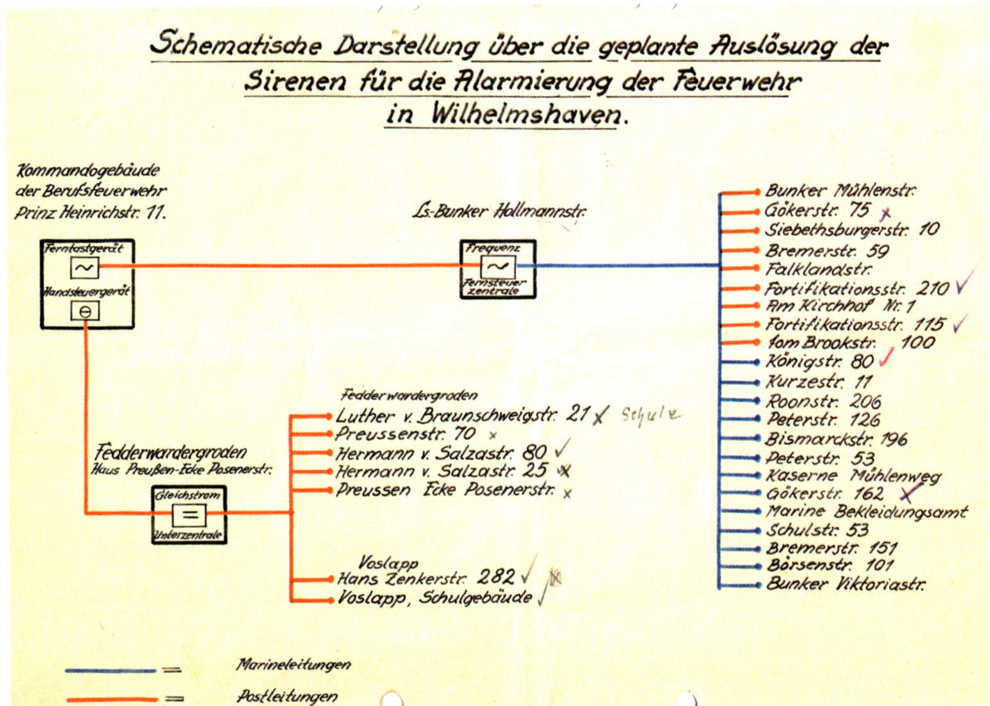


Abb. 94: Schaltschema für die zur Alarmierung der Feuerwehren in Wilhelmshaven vorgesehenen Luftschutzsirenen, 1946 (noch mit den bis Dezember 1946 geltenden Straßennamen) (Stadtarchiv, Akten Zivil- und Bevölkerungsschutz)

Abb. 95: Telefonzentrale der Berufsfeuerwehr, 1946 (Stadtarchiv, Best. 5370 Feuerwehr)

An Fahrzeugfunk war noch nicht zu denken, die Rückmeldung im Einsatz erfolgte mit Meldern zu Fuß oder auf dem Fahrrad. Die Einsatzleiter vor Ort waren also zunächst auf sich gestellt.

Die Auswirkungen des Krieges prägten in jenen Jahren auch das Einsatzspektrum der Berufsfeuerwehr. 1945 rückte die Feuerwehr allein 25-mal zur technischen Hilfeleistung bei „Gebäudeeinstürzen" aus, die als Folge von Luftangriffen mit Verzögerung auftraten. 1946 gab es 45 solcher Einsätze.[375] Eine Besonderheit jener Zeit war das sog. „Pferdehebekommando": War ein Pferd als das verbreitete Transportmittel der ersten Nachkriegsjahre aus Schwäche auf der Straße zusammengebrochen oder gestürzt, rief man die Feuerwehr, die über dem Pferd ein sog. „Dreibein" aus Stahlrohren aufstellte und das Tier dann mit Hilfe von Gurten und einem Kettenzug wieder aufrichtete. 1945 wurden 44 Einsätze dieser Art verzeichnet, 1946 nur noch 20.[376] Danach gingen die Zahlen deutlich zurück, allmählich setzten sich die motorisierten Transportmittel durch.

*

Mitten im Wiederaufbau erhielt die Berufsfeuerwehr eine zusätzliche Aufgabe. Nach einer Anordnung der Militärregierung in Oldenburg vom 16. Februar 1946 hatten die Feuerwehren der Städte und Landkreise zum 1. April des Jahres den Krankentransport zu übernehmen. Das war an sich nichts Neues, schon 1940 hatte die Feuerschutzpolizei dafür zusätzliches Personal und ein Fahrzeug bekommen (vgl. Seite 113). 1943 war die vielerorts kommunale Aufgabe allerdings durch den Führererlass über „Vereinheitlichung des Krankentransports" reichsweit dem Deutschen Roten

Kreuz als nationaler Sanitätsorganisation übertragen worden.[377] Offenkundig hatte man damit verstärkt Frauen und Jugendliche einsetzen und wehrfähige Männer für den Kriegseinsatz gewinnen wollen.[378]

Im September 1945 lösten die Alliierten das Deutsche Rote Kreuz wegen seiner engen Verflechtung mit der SA und der SS auf. In der britischen Besatzungszone übertrug die Militärregierung den Krankentransport generell auf die Kommunen, lies aber die Neugründung lokaler Rotkreuz-Gruppen z.B. als eingetragene Vereine wie auch in Wilhelmshaven zu, bevor 1950 der Bundesverband des Deutschen Roten Kreuzes entstand.

Für die neue Aufgabe waren auf den Feuerwachen Krankenwagen zu stationieren und mit Feuerwehrleuten zu besetzen. Die fachliche Aufsicht übte der Amtsarzt aus, der auch die Ausbildung in „Erster Hilfe" und „Krankentransport" durchführte. Den personellen und sächlichen Aufwand für den Krankentransport hatten die Städte und Landkreise zu tragen, die dafür Gebühren erheben konnten.[379]

Die Berufsfeuerwehr Wilhelmshaven verfügte zu diesem Zeitpunkt über einen eigentlich nicht mehr fahrbereiten städtischen Krankenwagen (Mercedes) aus der Vorkriegszeit (vgl. Seite 110), der während des Krieges vom Deutschen Roten Kreuz betrieben worden war. Dieses Fahrzeug wurde notdürftig instandgesetzt.[380]

Die Militärregierung stellte darüber hinaus vier beschlagnahmte Sanitätskraftwagen der Marinewerft zur Verfügung: zwei Behelfskrankenwagen Ford V 8 bzw. Opel sowie zwei Krankenkraftwagen der Marke Phänomen „Granit".[381] Leider stellte sich Anfang 1947 heraus, dass zwei der vier Fahrzeuge (der Opel bzw. einer der beiden Phänomen) auf der Liste der an die Sowjetunion auszuhändigenden Werftausrüstung standen. Sie mussten also zurückgegeben werden. Für die Krankenwagen standen ebenso wie für einen Teil der Löschfahrzeuge auch keine Garagen zur Verfügung.

Abb. 96: Städtischer Krankenwagen, 1940 (50 Jahre Berufsfeuerwehr Wilhelmshaven 1940–1990, Wilhelmshaven 1990)

Abb. 97: Behelfskrankenwagen Ford V 8, 1946 (Vorder- und Innenansicht) (Stadtarchiv, Best. 2000-57 Sammlung Alfred Wulf)

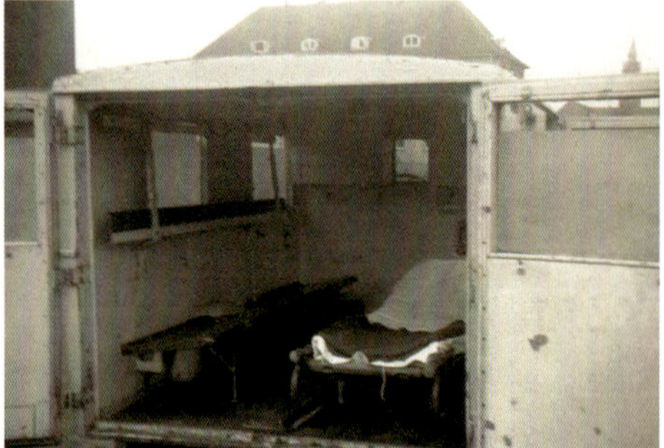

Abb. 98: Krankenkraftwagen Phänomen Granit, 1946 (Vorder- und Innenansicht) (Feuerwehr-Archiv)

Die damalige Philosophie bestand darin, die Kranken bzw. Verletzten so schnell wie möglich in ein Krankenhaus zu „transportieren", damit sie dort stabilisiert und behandelt werden konnten. Zuverlässige Fahrzeuge waren also wichtig. Die Berufsfeuerwehr bestellte 1946 schrittweise drei moderne Krankenwagen auf Mercedes-Fahrgestell, die aber bis zur Währungsreform 1948 nicht mehr zur Auslieferung kamen. In der danach als Folge der Entwertung der Reichsmark-Guthaben einsetzenden Geldknappheit musste sie die Bestellung stornieren. Erst mit der Normalisierung des Geldmarkts beschaffte sie später zwei neue Fahrzeuge des Typs Mercedes-Benz V 170 (vgl. Seite 172).[382]

Im Kalenderjahr 1947 führte die Berufsfeuerwehr 8.000 Krankentransporte durch, davon 300 Unfalltransporte. Für diese Aufgabe wurden zwölf Feuerwehrmänner in zwei Schichten á sechs Mann eingesetzt, die nach zwei Monaten wieder in den Brandschutz wechselten. Zusätzlich stellte die Berufsfeuerwehr auch noch zwei Mann pro Schicht als Fahrer für die städtischen Dienstwagen.[383]

*

Mitte 1946 waren die Reste der deutschen Kriegsflotte von Wilhelmshaven aus nach Großbritannien, in die Sowjetunion sowie in die Vereinigten Staaten überführt worden. Die Werftleitung verringerte nun kontinuierlich ihre Belegschaft und damit auch

Abb. 99: Städtischer Dienstwagen Opel Olympia mit einem Fahrer der Feuerwehr, 1953 (Stadtarchiv, Best. 5370 Feuerwehr)

die Zahl der Werftfeuerwehrleute auf den für die Absicherung der Demontagearbeiten erforderlichen Umfang.

Die britische Militärregierung in Hannover bzw. die Control Commission in Lübbecke hatten Mitte Juni 1946 eine Grundsatzentscheidung über die Zukunft Wilhelmshavens getroffen: keine Überflutung des Stadtgebiets; Aufbau von Leichtindustrie in früheren Marinegebäuden, wie es die Stadt Wilhelmshaven in mehreren Denkschriften vorgeschlagen hatte; Zerstörung aller Hafenanlagen und Schleusen mit Ausnahme der I. Hafeneinfahrt. Der alliierte Beschluss über die Schließung der Werft war bereits am 5. Januar 1946 bekannt gegeben worden, der bisher größte Arbeitgeber in der Stadt würde für den wirtschaftlichen Neuanfang keine Rolle mehr spielen.[384]

Am 24. Oktober 1946 sprach der Alliierte Kontrollrat die Ausrüstung der Werft in Wilhelmshaven der Sowjetunion zu. Für die Demontagearbeiten wurde eine eigenständige Organisation unter deutscher Leitung gebildet, das „German Liquidation Board" („Deutsche Abwicklungsbehörde"). Sie übernahm mit der Auflösung der Werft zum 31. März 1947 auch die verbliebenen etwa 4.100 Beschäftigten, einschließlich des Feuerlöschbetriebs mit der Organisationsziffer „GF 3".[385] Dieser hatte weiterhin den Feuerschutz auf den Werftanlagen zu gewährleisten. Dazu verfügte er auf der Wache Bauwerft über ein Löschgruppenfahrzeug LF 25 (vgl. Seite 133), ein Tanklöschfahrzeug TLF 15 sowie eine Drehleiter. Im Hafen lag weiterhin ein Feuerlöschboot bereit.[386]

Die Berufsfeuerwehr übernahm nun schrittweise auch den Brandschutz in den Hafen- und Werftanlagen, die jedoch weiterhin als militärisches Sperrgebiet galten. Die Zug- und Gruppenführer erhielten besondere Ausweise für die Bauwerft, die Westwerft und das Schwimmdockgelände, die Alte Torpedowerft, das Schleusengelände mit den Hafeneinfahrten und die frühere U-Boot-Kaserne am Zwischenhafen.

Angesichts des für den Brandschutz berechneten und aufsichtsbehördlich genehmigten Stellen-Solls von 59 Feuerwehrleuten wurde allmählich das Personal knapp: „Die Berufsfeuerwehr besteht jetzt aus einer verstärkten Gruppenwache, Mozartstraße 11, da nach Abzug des Personals für das Krankentransportwesen, die Werkstätten und städtischen Personenkraftwagen nur noch 1 Löschgruppenfahrzeug und 1 Leiter, sowie entweder der Schlauchwagen oder Rüstkraftwagen, letzterer allerdings nur mit Führer und Fahrer besetzt werden können", heißt es dazu im Jahresbericht für 1947.[387]

Unter diesen Bedingungen musste die Nebenwache im Stadtnorden, Memeler Straße, zum Jahresende 1946 aufgegeben werden, damit wenigstens die Wache in der Mozartstraße als Zugwache besetzt werden konnte. Der Betriebsausschuss beschloss: „Das Wachgebäude soll an Feuerwehrmänner vermietet werden, um die Überwachung der Fahrzeuge und den schnellen Einsatz der Freiwilligen Feuerwehr Fedderwardergroden sicherzustellen."[388] Bei dem „Wachgebäude" handelte es sich eines der beiden Einfamilienhäuser (vgl. Seite 114), das andere nutzte weiterhin die Freiwillige Feuerwehr Fedderwardergroden als Gerätehaus.

Im Laufe des Jahres 1946 festigten sich allmählich die Strukturen eines neuen föderalen Deutschlands, wenn auch geteilt in vier Besatzungszonen und abhängig von den unterschiedlichen politischen Prioritäten der jeweiligen Militärregierungen. Zum 1. April 1946 führte Großbritannien in seiner Besatzungszone eine neue Gemeindeordnung ein, die an der Spitze kreisfreier Städte nach britischem Muster einen ehrenamtlichen Oberbürgermeister und einen hauptamtlichen Oberstadtdirektor vorsah. Nach der Wiederzulassung der Parteien wählten die Wilhelmshavener Einwohner am 13. Oktober 1946 ihre erste kommunale Vertretung, die sich am 23. Oktober konstituierte und von nun an erweiterte Selbstverwaltungsrechte wahrnahm.

Aus dem Land Hannover und den Freistaaten Braunschweig, Oldenburg und Schaumburg-Lippe entstand am 1. November 1946 das neue Land Niedersachsen. Der „Verwaltungsbezirk Oldenburg" war von nun an für Wilhelmshaven die staatliche Mittelinstanz und damit auch die Aufsichtsbehörde in Feuerwehrangelegenheiten.

Nach dem Ende des Krieges war das Feuerlöschwesen wieder zur kommunalen Aufgabe geworden. Die am 5. September 1945 gegründete „Berufsfeuerwehr der Stadt Wilhelmshaven" ersetzte die aufgelöste Feuerschutzpolizei. Sie erneuerte zwei Drittel ihres Personalbestands mit Feuerwehrleuten des Luftschutzes und der Werftfeuerwehr und setzte ihre Hauptwache notdürftig instand. Auch die Freiwillige Feuerwehr war schon im September 1945 als kommunale Einrichtung neu aufgestellt worden. Die bislang dominierende Werftfeuerwehr sah ihrer Auflösung entgegen. Arthur Grunewald übernahm die Aufgaben des Feuerschutzdezernenten und sollte zur bestimmenden Persönlichkeit für den Wiederaufbau werden.

## Die Entwicklung zur Berufsfeuerwehr

Ende Mai 1947 verließ Brandrat Hans Meyer zu Köcker Wilhelmshaven und wechselte zur Berufsfeuerwehr Bochum: „Am 1. Juni 1947 begann die eigentliche Aufbauphase. Dipl. Ing Meyer zu Köcker übernahm die Leitung der Wehr. Die erste schwere Zeit des Wiederaufbaus war etwa 1951 mit dem 50jährigen Jubiläum abgeschlossen." heißt es in der Festschrift zu deren 75-jährigen Bestehen im Jahr 1976.[389] Während seiner Amtszeit in Bochum wurde die Hauptwache erweitert und zwei neue Wachstandorte gebaut, der Fahrzeugpark erneuert und der Personalbestand wesentlich erhöht. Ein besonderes Anliegen war ihm auch in Bochum die Entwicklung der Freiwilligen Feuerwehr und ihre Zusammenarbeit mit der Berufsfeuerwehr. Branddirektor Meyer zu Köcker trat am 1. Oktober 1965 in den Ruhestand, er blieb der Berufsfeuerwehr Bochum jedoch als Berater noch einige Jahre verbunden. Er verstarb 1980.

Seine Nachfolge in Wilhelmshaven trat zum 1. November 1947 Hauptbrandmeister Andreas Macijewski an, sein bisheriger Stellvertreter und früherer Leiter der Werftfeuerwehr.[390] Als ausgebildeter Ingenieur war er 1932 in die Werftfeuerwehr eingetreten. Die Beförderung zum Inspektor erfolgte 1940, zum Oberinspektor 1942. Gemeinsam mit 18 weiteren Angehörigen der Werftfeuerwehr war er im Mai 1946 zur Berufsfeuerwehr übergetreten und erlangte 1949 mit der Anpassung der landesrechtlichen Bestimmungen seine ursprüngliche Einstufung und Bezeichnung als Brandingenieur. Als neuer stellvertretender Leiter wurde der Oberbrandmeister Rudolf Dämmrich berufen. Er war aus der freiwilligen Feuerwehr 1941 zur Feuerschutzpolizei gekommen und 1944 zum Leutnant befördert worden. 1949 wurde er Hauptbrandmeister.

Allmählich bildete sich ein Führungsdienst heraus, das Organigramm von 1948 zeigt neben dem Leiter der Berufsfeuerwehr, seinem Stellvertreter und dem zweiten Wachvorsteher zur Unterstützung der Feuerwehrführung die Sekretärin Frau Käthe Miletzki, die auch die Abrechnung der Krankentransporte durchführte (vgl. Abb. 100). Der Brandmeister Hermann Schlee verstärkte die Feuerwehrführung vor allem im Bereich Technik (Beschaffungen, Werkstätten). Später kamen noch die Brandmeister Heinrich Freese und Hans Scherf hinzu.

Das Durchschnittsalter der 56 Beamten der Berufsfeuerwehr betrug 1948 42 Jahre.[391] Darin spiegelte sich die Übernahme bereits „altgedienter" Feuerwehrleute in der Gründungs- und Aufbauphase nach 1940 wider. In Einzelfällen kehrten Feuerwehrmänner erst später aus der Kriegsgefangenschaft zurück wie z.B. der Oberfeuerwehrmann Willy Ehrke, der 1942 aus Stettin zur Feuerschutzpolizei Wilhelmshaven versetzt worden war. Da innerhalb des Stellenplans kaum Spielraum für Neueinstellungen bestand, stieg der Altersdurchschnitt in den folgenden Jahren immer weiter und erreichte 1953 bereits einen Wert von 46,1 Jahren.[392] Mitte 1951 war mit 34 Personen wesentlich mehr als die Hälfte der Feuerwehrleute immer noch als Angestellte tätig (vgl. Seite 147).[393]

Zum Neuanfang der Feuerwehr in dieser Zeit gehörten auch wieder Großübungen mit möglichst vielen Einheiten. Die Übungslagen beschrieben einen Großbrand, wie er durchaus in einem der neuen Industriebetriebe entstehen konnte. So übten insgesamt 80 Einsatzkräfte der Berufsfeuerwehr und der Freiwilligen Feuerwehr am 17. August 1947 mit sechs Löschfahrzeugen, allen drei Drehleitern und einem Schlauchwagen auf dem Gelände der Ardelt-Werke (ehemals Westwerft, heute Manitowoc Crane Group) die Brandbekämpfung im größeren Verband, Kommunikation, Wasserförderung über längere Entfernungen usw. Erstmals erklang über acht Sirenen auch das neue Signal für „Großfeueralarm", mit dem die Feuerwehrmänner in die Gerätehäuser und zum Einsatz gerufen wurden.

1947 hatte die Freiwillige Feuerwehr ihre Sollstärke von 106 erreicht.[394] Mit den ersten „Feuerwehrwettkämpfen" unter den Bedienungsmannschaften von Motorspritzen im Oldenburger Land kehrte ein weiteres Stück Normalität zurück. Die Wettbewerbsaufgabe lautete: Bereitstellung einer Tragkraftspritze vom Anhänger, Verlegung der Schlauchleitungen, Löschbereitschaft auf Zeit nach den Wettkampfregeln von Heimberg/Fuchs.[395] Die Mannschaften der Wachen Mozartstraße, Oldeoogestraße, Neuengroden und Voslapp traten auf dem Gelände des „alliierten Kraftfahrparks" an der Ebkeriege, der früheren Marinefahrbereitschaft, gegeneinander an. Diese Vorausscheidung gewann die Wache Oldeoogestraße. Von nun an nahmen Wilhelmshavener Mannschaften auch regelmäßig an den jährlichen Feuerwehrwettkämpfen auf Verbandsebene teil.

Im Frühjahr 1946 hatten die Höheren Schulen Wilhelmshavens (Kaiser-Wilhelm-Gymnasium, Oberrealschule, Reformrealgymnasium, Höhere Mädchenschule) nach allerlei Provisorien und teilweise zerstörten Schulgebäuden in den weitgehend erhaltenen Kasernen am Mühlenweg ausreichend gute neue Bedingungen gefunden. Die Feuerwehr erhielt deshalb 1947 das Gebäude der früheren Oberrealschule in der Mozartstraße endgültig als Unterkunft zugesprochen. Die Grundstücksgröße betrug insgesamt mehr als 7.800 qm. Zum Vergleich: 1913 hatte die Stadt Rüstringen für eine neue, zentral gelegene Feuerwache einschließlich Übungsfläche 2.500 qm veranschlagt (vgl. Seite 58).

Jetzt konnten auch größere Instandsetzungsmaßnahmen geplant und verwirklicht werden. Dennoch war Baumaterial knapp, statt der benötigten 800 qm Dachpappe bekam die Feuerwehr zunächst nur 100 qm zugeteilt. Man wusste sich wie fast immer zu helfen, so heißt es im Jahresbericht für 1947: „Das Werkstättengebäude wurde deshalb mit einem Segel behelfsmäßig abgedeckt, um die wertvollsten Maschinen gegen Nässe zu schützen."[396]

Die Währungsreform am 20. Juni 1948 und die Gründung der Bundesrepublik Deutschland am 23. Mai 1949 stellten wichtige Meilensteine der deutschen Nachkriegsgeschichte dar. Die Feuerwehr war nun auch im föderalen Staatsaufbau Ländersache mit eigenen Gesetzen. Das „Gesetz über den Feuerschutz im Lande Niedersachsen" vom 21. März 1949 orientierte sich in seiner Legaldefinition am bisherigen Einsatzspektrum der Feuerwehren: „Die Abwehr von Gefahren, die der Allgemeinheit oder den Einzelnen durch Schadenfeuer drohen, und die Hilfeleistung bei anderen öffentlichen Notständen wie Hochwasserkatastrophen und Eisenbahnunfällen ist

Aufgabe des Feuerschutzes." (§ 1) Es bestimmte den Brandschutz als gesetzliche Aufgabe der Gemeinden und Kreise.

In der Durchführung unterschied das Gesetz Berufsfeuerwehren, Freiwillige Feuerwehren, Pflichtfeuerwehren und Werkfeuerwehren. Städte über 100.000 Einwohner *mussten*, Städte darunter *konnten* eine Berufsfeuerwehr unterhalten. Deren Angehörige konnten als Angestellte oder Beamte (nach allgemeinem Beamtenrecht) eingestellt, bezahlt bzw. besoldet und versorgt werden.

Ebenso wie die Berufsfeuerwehren wurden die freiwilligen Feuerwehren als Gemeindeeinrichtungen definiert: „In Gemeinden mit Berufsfeuerwehr ist neben dieser eine Freiwillige oder Pflichtfeuerwehr aufzustellen, wenn dies zur Gewährleistung eines ausreichenden Feuerschutzes erforderlich ist." (§10 Abs. 2). Sie waren dem Leiter der Berufsfeuerwehr unterstellt.

Wesentliche Inhalte dieses Gesetzes hatte die oberste britische Militärregierung bereits am 2. Januar 1948 mit ihrer Anordnung Nr. 21 „Grundlegende Prinzipien für die Organisation, Aufrechterhaltung und den Einsatz der deutschen Feuerwehren in der Britischen Zone" festgelegt.[397] Die bis dahin übergangsweise immer noch gültigen Bestimmungen des Reichsgesetzes für das Feuerlöschwesen von 1938 traten nun endgültig außer Kraft.

Wilhelmshaven überschritt in diesem Jahr erneut die Grenze von 100.000 Einwohnern (vgl. Anhang 15) und erfüllte insofern das Kriterium für eine hauptamtliche

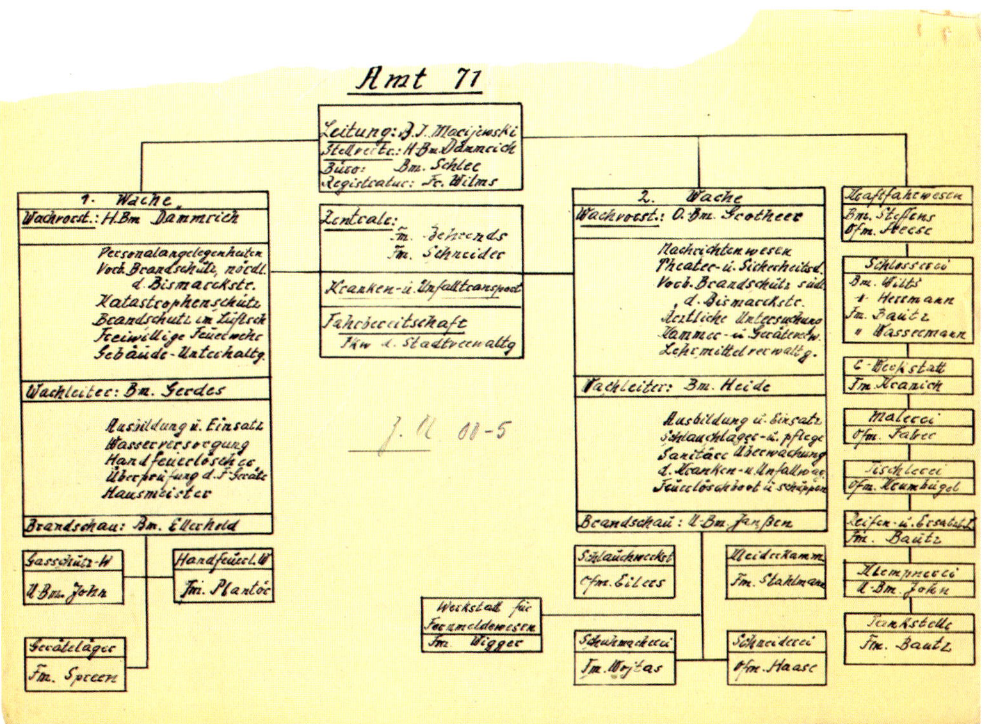


Abb. 100: Organisationübersicht der Berufsfeuerwehr (Stadtamt 71), 1948 (Wachvorsteher I: Hauptbrandmeister Dämmrich, Wachvorsteher II: Oberbrandmeister Grotheer, in der „Werkstatt für Fernmeldewesen" eingeteilt: Feuerwehrmann Wigger) (Feuerwehr-Archiv)

Feuerwehr. Innerhalb einer neuen Organisationsstruktur für die Stadtverwaltung gehörte die Berufsfeuerwehr als Stadtamt 71 ab dem 1. Oktober 1948 zur Ämtergruppe 7 (Öffentliche Einrichtungen) im Dezernat IV von Stadtrat Arthur Grunewald. Zuständiger Ratsausschuss war zunächst der Betriebsausschuss, später der Bauausschuss (unter dem Vorsitz von Ratsherr Wilhelm Rehbein).

Zur neuen demokratischen Ordnung in Westdeutschland gehörte die Neugründung und Zulassung von Gewerkschaften, auch für den öffentlichen Dienst und damit für die Berufsfeuerwehren, deren Angehörige Personalvertretungen wählten. Am 11./12. August 1947 hatten sich in Stuttgart Vertreter der Berufsfeuerwehren aus der amerikanischen, britischen und französischen Besatzungszone getroffen, um über Fragen der Dienstkleidung und Dienstgradabzeichen, der Ausbildung und der Gesetze für die Feuerwehren zu diskutieren. Aus diesem Treffen, an dem auch Angehörige der Berufsfeuerwehren aus Oldenburg und Wilhelmshaven teilnahmen, ging die „Fachgruppe Berufsfeuerwehren" in der Gewerkschaft Öffentliche Dienste, Transport und Verkehr (ÖTV, heute Dienstleistungsgewerkschaft ver.di) hervor.[398]

Die Gewerkschaft kritisierte den „militärischen Geist" in den Ausbildungsvorschriften (z.B. Heimberg/Fuchs in Niedersachsen), obwohl diese bereits 1945 entmilitarisiert worden waren, indem man die Vorschriften über den Fußdienst, das Grüßen und die Ausbildung am Gewehr gestrichen hatte. 1949 gab die ÖTV ihrerseits den Entwurf einer „Übungsvorschrift für Feuerwehrmänner" heraus, in dem jeglicher Befehlston und auch militärnahe Bezeichnungen wie z.B. „Angriffstrupp" fehlten.

Dies rief den Widerspruch der Praktiker z. B. bei der Berufsfeuerwehr Wilhelmshaven hervor, zitiert bei Harald Henne: „Wir sind mit dieser Vorschrift nicht einver-

Abb. 101: Junge Feuerwehrleute mit den neuen Schulterstücken, 1952 (Stadtarchiv, Best. 5370 Feuerwehr)

standen. Dieser Entwurf ist unvollständig, es fehlen klare Richtlinien und er weist große Lücken auf. Zu bemerken ist hier, dass auf der einen Seite Heimberg/Fuchs abgelehnt wird, auf der anderen Seite sind hier viele Sachen daraus entnommen. Wir wünschen eine Vorschrift, die für jeden verständlich ist, einmal für den Ausbilder und auch für den Feuerwehrmann-Anwärter."[399]

Auch im Hinblick auf die Dienstkleidung und die Dienstgradabzeichen der Feuerwehren vertrat die Gewerkschaft eine streng antimilitaristische Haltung. Sie betrachtete die Dienstkleidung als Schutzkleidung, nicht als Uniform und lehnte die traditionellen Schulterstücke konsequent ab. Die Berufsfeuerwehr Braunschweig ging schon Anfang der 1950er Jahre bei Neuanschaffungen zu Dienstgradabzeichen auf dem Ärmel über. Wilhelmshaven gehörte zu der Mehrheit der Berufsfeuerwehren, die zunächst bei den Schulterstücken blieben, wenn auch mit Balken anstelle der bisher üblichen Litzen und Spangen. Auch die Freiwilligen Feuerwehren behielten, frei von gewerkschaftlichem Einfluss, die optisch auffälligeren Schulterstücke.[400]

*

Mit der wirtschaftlichen Lage stabilisierte sich allmählich auch der Haushalt der Stadt Wilhelmshaven. Erstmals standen Mittel für die Beschaffung von neuen Uniformen und die persönliche Ausrüstung der Feuerwehrbeamten zur Verfügung. Jeder Feuerwehrmann verfügte über zwei Garnituren der Uniform aus festem Tuch, eine für „gut" wie z.B. Theaterwachen oder Fahrdienste, eine als Einsatzkleidung. Später wurde für die warme Jahreszeit zusätzlich eine leichtere graue Uniformjacke ausgegeben.

Auch für die ersten bescheidenen Baumaßnahmen in der Wache Mozartstraße gab es nun Geld, z.B. für die Instandsetzung der Unterkünfte und den Bau von Garagen an der Ostseite des Grundstücks für diejenigen Fahrzeuge, die bisher unter freiem Himmel hatten stehen müssen. Baumaßnahmen bedeutete allerdings in der Regel „Bauen in Selbsthilfe" der Feuerwehrbeamten, in deren Reihen alle wichtigen Gewerke des Handwerks vertreten waren. Die damals üblichen 24-Stunden-Dienstschichten mit acht Stunden Ausbildungs-, Werkstätten- und Arbeitsdienst sowie 16 Stunden Bereitschaftsdienst pro Schicht begünstigten diese Praxis.[401]

Das Hauptgebäude Mozartstraße 13 erhielt anstelle des bisherigen Provisoriums ein neues Treppenhaus mit einem Giebel zur Peterstraße hin. Dadurch entstand auch Raum für die spätere Rutschstangenanlage. Im Erdgeschoss wurde zur Ein- und Ausfahrt hin ein bis heute vorhandener verglaster Vorbau für die Telefonzentrale vorgesetzt. Aus den Trümmern des zerstörten Gebäudeteils der früheren Schule an der Peterstraße gewann man die Mauersteine, so beschreibt es die Chronik 1990: „Das Steineputzen hatte zur damaligen Zeit sogar Vorrang vor dem Übungsdienst."[402]

In dem erhalten gebliebenen Flügel der Oberrealschule (Mozartstraße 13) befanden sich die Hauptwache sowie die Telefonzentrale mit zwei Amtsleitungen, 26 Nebenstellen, einer gesonderten Amtsleitung für Notrufe und der Hausalarmanlage, außerdem die Unterkünfte für die Feuerwehrleute sowie die Werkstätten und einige

Lagerräume für Bekleidung und Geräte. Die Einsatzfahrzeuge standen im Gebäude Mozartstraße 11. Das im Krieg beschädigte Gebäude Mozartstraße 9 („grauer Esel") wurde mit Büroräumen und Dienstwohnungen belegt.

Nachdem die völlig zerstörten Gebäudeteile an der Peterstraße 1948/49 abgebrochen und das gesamte Grundstück an der Mozart-/Peterstraße enttrümmert worden waren, richtete man auf dem nunmehr eingefriedeten Gelände neue Garagen, eine Fahrzeugwerkstatt, eine Tischlerwerkstatt und eine Feuerlöscherwerkstatt ein, außerdem eine Tankanlage (auch für die städtischen Dienstfahrzeuge) sowie einen Übungs- und Sportplatz.

Die Werkstätten waren im Rahmen des täglichen Dienstplans von Feuerwehrbeamten mit der entsprechenden handwerklichen Qualifikation besetzt. So konnte man auch die Rückkehr zur traditionellen Farbe der Feuerwehrfahrzeuge endlich abschließen: „Die Umlackierung der Fahrzeuge auf den feuerwehrroten Farbton RAL 3000 ist durchgeführt", berichtete die Berufsfeuerwehr 1950.[403]

Abb. 102: Wachgebäude Mozartstraße, 1950 (noch ohne den Glasvorbau neben der Einfahrt zum Hof; links das instandgesetzte Schulgebäude, rechts die Garagen des ersten Abmarsches von 1935 mit einem Löschgruppenfahrzeug LF 25) (Familie Wilfrid Adam)

Im ersten Abmarsch waren 1948 ein Löschgruppenfahrzeug LF 25, die Drehleiter und der Rüstwagen (zugleich zweites Löschfahrzeug mit einem Trupp) aufgestellt. Die Wachen Mozartstraße, Oldeoogestraße, Neuengroden und Fedderwardergroden der Freiwilligen Feuerwehr verfügten über je ein Löschgruppenfahrzeug LF 15, die Wache Voslapp über ein Löschgruppenfahrzeug LF 8. In der Oldeoogestraße und am Triftweg waren darüber hinaus je eine Drehleiter stationiert.[404]

Für den Krankentransport standen weiterhin vier gebrauchte Krankentransportfahrzeuge, davon ein Unfallwagen und ein Fahrzeug für Infektionstransporte sowie ein Pkw für Sitzendtransporte bereit. „Sämtliche Fahrzeuge tragen jetzt den vorgeschriebenen cremegelben Anstrich und sind durch das sogen. Malteser-Kreuz und die Aufschrift „Krankenwagen" in Rot besonders kenntlich gemacht", berichtete die „Nordwestdeutsche Rundschau".[405]

Die voranschreitende Enttrümmerung und Aufräumung der Stadt veränderte allerdings die gewohnte Logistik: „Da die Feuerlöschteiche zugeschüttet wurden, steht als unabhängige Löschwasserversorgung nur noch der Hafen zur Verfügung", hatte die Berufsfeuerwehr schon in ihrem Jahresbericht für 1947 festgestellt. Das Wasserversorgungsnetz war weitgehend repariert, sodass in den dichter bebauten Stadtteilen Hydranten die Löschwasserversorgung sicherstellen konnten. Dennoch machte es Sinn, sich fahrzeugtechnisch auch auf Einsätze in Gebieten ohne Wasserleitungen einzustellen.

Die Berufsfeuerwehr beantragte bei der Aufsichtsbehörde in Oldenburg die Beschaffung eines Tanklöschfahrzeuges TLF 16

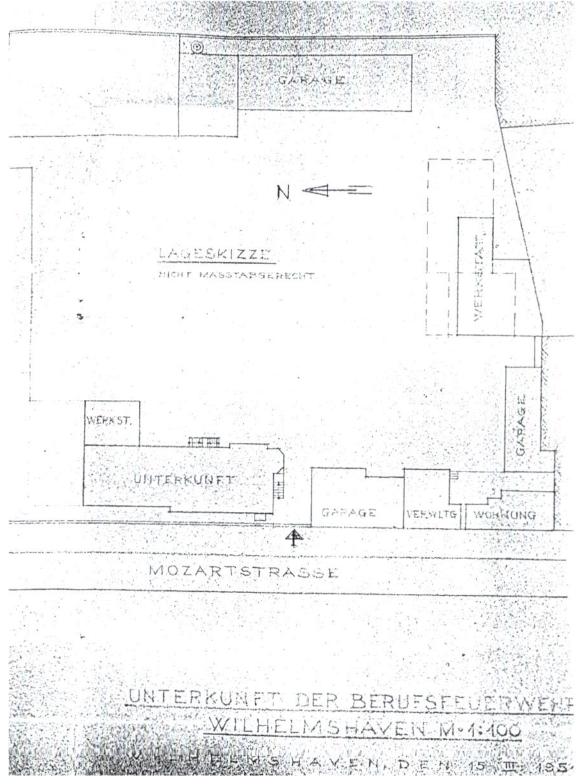


Abb. 103: Lageplan der Feuerwache Mozartstraße, 1951 (mit Werkstattanbau am Unterkunftsgebäude, provisorischen Werkstätten und Garagen auf dem südlichen und dem östlichen Grundstück) (Feuerwehr-Archiv)

Abb. 104: Übungsdienst am Löschgruppenfahrzeug LF 25, 1949 (im Hintergrund das zur Peterstraße hin angebaute Werkstattgebäude) (Stadtarchiv, Best. 5370 Feuerwehr)

und bot dafür im Tausch drei überzählige Löschgruppenfahrzeuge an, vermutlich aus dem Bestand an mehrfach vorhandenen Löschgruppenfahrzeugen LF 15 (vgl. Seite 150).[406] Das TLF 16 sollte mit seinem gegenüber dem Löschgruppenfahrzeug wesentlich größeren Wasservorrat das Einsatzspektrum des Löschzuges vergrößern, die Beschaffung kam aber erst 1951 zustande.

Die Alarmierung der Freiwilligen Feuerwehr und der Freiwache der Berufsfeuerwehr erfolgte über acht Sirenen. 84 private Fernsprechmeldestellen waren als „Feuermeldestellen" gekennzeichnet. Dieser Minimalstandard konnte auf Dauer nicht ausreichen, in den kommenden Jahren sollte der Ausbau der Kommunikationstechnik ein Arbeitsschwerpunkt mit ständigen technischen Innovationen werden. Das Wissen und die Erfahrung der Berufsfeuerwehr mit ihrer eigenen Fernmeldetechnik kamen aber auch anderen städtischen Einrichtungen zu Gute: So übernahm sie bereits 1947 die technische Leitung beim Einbau der neuen Fernsprechzentrale im Rathaus, dessen ursprüngliche Telefonanlage bei dem großen Luftangriff am 15. Oktober 1944 verbrannt war, und betreute fortan auch die Fernsprechanlagen der Krankenanstalten und des Schlachthofs.[407]

Das Einsatzgeschehen führte die Feuerwehr zunächst beinahe wieder zurück in die Gründerzeit der Feuerwehren im 19. Jahrhundert. Schornsteinbrände häuften sich in den vielen seit dem Krieg lädierten und meist nur notdürftig reparierten Häusern, gute Brennstoffe waren Mangelware, so die Chronik 1990: „Da alles was Wärme abgab, verbrannt wurde, waren Schonsteinbrände an der Tagesordnung."[408]

Auf der anderen Seite wirkten sich sechs Jahre Krieg und die massive Selbstschutzerziehung der Menschen aus: „Bemerkenswert ist, daß überwiegend Kleinbrände entstanden sind, weil die Brandbekämpfung in den meisten Fällen schon von den Wohnungsinhabern aufgenommen worden ist", stellte die Berufsfeuerwehr 1947 fest.[409]

Ein weiterer Einsatzschwerpunkt waren die ehemals mehr als 50 Wilhelmshavener Barackenlager. Einst waren sie als Lager für Bauarbeiter, Dienstverpflichtete, Soldaten, Zwangsarbeiter, Kriegsgefangene und KZ-Häftlinge Symbole des Wachstums, der Aufrüstung ebenso wie der Menschenverachtung, der Unterdrückung und des Terrors gewesen.[410] Nun dienten viele Lager als Unterkunft für Tausende Wohnungsloser sowie einer zunehmenden Zahl von Flüchtlingen und Vertriebenen aus den deutschen Ostgebieten. So praktisch und anpassungsfähig der Bautyp der Baracke auch war: Er bestand aus durchweg gut brennbaren Baustoffen (Holz mit geteertem Dach), die mangelhafte technische Ausstattung (Kohle- oder Holzöfen, Elektroinstallation) begünstigte immer wieder die Entstehung von Bränden.

Auch die in Wilhelmshaven entstehende neue, zivile Industrie in ehemaligen Marinegebäuden arbeitete in der Anfangszeit unter recht provisorischen Umständen, was immer wieder Schadenfeuer und damit Feuerwehreinsätze auslöste. Im Dezember 1948 brannte es beispielsweise bei den „Achilles-Werken" in einem früheren Barackenlager der Wehrmacht bei Langewerth, neben der Berufsfeuerwehr kamen die Wachen Oldeoogestraße und Neuengroden der Freiwilligen Feuerwehr zum Einsatz.[411] Schadenfeuer entstanden auch immer wieder bei den Abbrucharbeiten an Bunkern und militärischen Anlagen, die nach den alliierten Beschlüssen im ganzen Stadtgebiet restlos zu beseitigen waren.

### Sudetenstraße (Ölhafendamm), 7. Juni 1949: Großbrand in einer Samenhandlung

Im Gebäude der Fa. Radczinski, einer Großhandlung für Samen und landwirtschaftlichen Bedarf an der Sudentenstraße (heute Ölhafendamm), brach um 3.00 Uhr morgens ein Großbrand aus. Zum Einsatz kamen neben dem diensthabenden Löschzug die Freischicht der Berufsfeuerwehr und alle Freiwilligen Feuerwehren. Aus 12 Rohren dämmte man das Feuer in einem dreistündigen Einsatz soweit ein, dass das benachbarte „Tivoli"-Kino und ein Kesselhaus von den Flammen verschont blieben. Die „Nordwestdeutsche Rundschau" berichtete am folgenden Tag: „Trotz der sehr frühen Morgenstunde waren Teile der aufgeschreckten Bevölkerung, besonders aus der näheren Umgebung, Zeugen eines feurigen Schauspiels, dessen Bild sie aus den Jahren der Bombennächte noch in allzu schlimmer Erinnerung hatten."

Am 19. August des gleichen Jahres brannte die Tischlerei Regel in der Schellingstraße. Neben der Berufsfeuerwehr kamen die Wachen Mozartstraße und Oldeoogestraße der Freiwilligen Feuerwehr zum Einsatz.

Abb. 105: Werftgelände mit Bauhafen, 1949 (im Hintergrund das Lehrlingshochhaus, links davon der Schlauchturm der Werftfeuerwache, rechts die Schiffbauhalle an der Gökerstraße) (Stadtarchiv, Bestand 2000-8 Sammlung Kampen)

Mit dem Abschluss der wesentlichen Demontagearbeiten wurde die Werftfeuerwehr zum 1. Mai 1948 endgültig aufgelöst. Zum 1. August 1948 übernahm die Berufsfeuerwehr das demontierte und größtenteils gesprengte Werftgelände in ihren Zuständigkeitsbereich.[412] Erich Adam, der 1937 in die Werftfeuerwehr eingetreten war und dort auch nach dem Kriegsende zunächst noch geblieben war, wechselte im März 1948 als Oberfeuerwehrmann zur Berufsfeuerwehr und sollte 1976 als deren stellvertretender Leiter in den Ruhestand treten.

*

Mit einem „Tag der Feuerwehr" beging die Berufsfeuerwehr Wilhelmshaven am Samstag, dem 1. April 1950, ihr 10-jähriges Bestehen. Auf dem Gelände der Wache Mozartstraße konnten Interessierte eine Fahrzeugausstellung besichtigen.

Ein Fußballspiel der Berufsfeuerwehr gegen die Freiwillige Feuerwehr auf dem Platz hinter der Wache aus Anlass des Jubiläums endete 5:1. Im Kino „Regina" am Rathausplatz wurden Lichtbilder und ein Lehrfilm über die Schadensverhütung gezeigt. Nach einem Korso von Feuerwehrfahrzeugen durch die Stadt fand ab 16.00 Uhr vor mehreren tausend Zuschauern am Rathaus eine Großübung statt, bei der man u.a. einen Schaumlöschangriff auf einen Öltank sowie die Menschenrettung durch Abseilen von der Rathausfassade und über das Sprungtuch demonstrierte. Stadtrat Arthur Grunewald würdigte in einer Ansprache die Leistung der Feuerwehr, die „mit allen für alle kämpft."[413]

Brandingenieur Andreas Macijewski erläuterte den Zuschauern die einzelnen Übungsbestandteile. Die „Nordwestdeutsche Rundschau" berichtete: „Ein Pfiff und die Vorderfront des Rathauses war in eine Wasserwand gehüllt. Man durfte die Manöver mit der Stoppuhr verfolgen und die Zeiten mit Genugtuung registrieren. Den Gästen wurde schon vom Zuschauen warm, die Männer von der Berufsfeuerwehr waren so schnell wie ihre Fahrzeuge, jagten die Treppen hoch, fuhren Leitern aus und legten im Handumdrehen die Schläuche. Aber der Schaumangriff auf das Rathaus aus mehreren Rohren blieb entschieden der Haupttreffer für die Zuschauer."[414]

Abb. 106: 10 Jahre Berufsfeuerwehr 1950, 1. April 1950: Feier im „Schützenhof" (l. Andreas Macijewski, 2.v.l. Dr. Friedrich Paffrath, 3.v.r. Arthur Grunewald) (Stadtarchiv, Best. 5370 Feuerwehr)

Abb. 107: 10 Jahre Berufsfeuerwehr 1950, 1. April 1950: Fahrzeugausstellung auf dem Gelände der Wache Mozartstraße (v. l. zwei Löschgruppenfahrzeuge LF 25, die Wilhelmshavener und die Rüstringer Drehleiter von 1935 bzw. 1936) (Stadtarchiv, Best. 5370 Feuerwehr)

Abb. 108: 10 Jahre Berufsfeuerwehr 1950, 1. April 1950: Fahrzeugausstellung auf dem Gelände der Wache Mozartstraße (auf dem Bild ist als 3. Fahrzeug von rechts die Drehleiter Neuengroden von 1934 zu sehen) (Stadtarchiv, Best. 5370 Feuerwehr)

Abb. 109: 10 Jahre Berufsfeuerwehr 1950, 1. April 1950: Zuschauer auf dem Rathausplatz (im Hintergrund die Siedlung Siebethsburg und der entfestigte Bunker an der Störtebekerstraße, rechts das teilweise zerstörte ehem. Reformrealgymnasium) (Stadtarchiv, Best. 5370 Feuerwehr)

Abb. 110: 10 Jahre Berufsfeuerwehr 1950, 1. April 1950: Aufstellung zur Übung am Rathausplatz (erstes und drittes Fahrzeug LF 25, dazwischen die Wilhelmshavener und die Rüstringer Drehleiter, vor der nur teilweise zerstörten Admiral-Scheer-Schule) (WZ-Bilddienst)

Abb. 111: 10 Jahre Berufsfeuerwehr 1950, 1. April 1950: Übung „Wasserwand" vor dem Rathaus (Stadtarchiv, Best. 5370 Feuerwehr)

Abb. 112: 10 Jahre Berufsfeuerwehr, 1. April 1950 1950: Übung mit dem Sprungtuch (Stadtarchiv, Best. 5370 Feuerwehr)

Als Besonderheit hatten die Feuerwehrleute dem Löschwasser nach einigen Minuten Schaummittel zugemischt, sodass am Ende vor dem Rathaus eine „Schneelandschaft" entstand. Den Abend verbrachten die Feuerwehrleute und ihre Gäste im Banter „Schützenhof" mit Musik, Tanz und einer Tombola.

*

Die erste größere Neubaumaßnahme der Feuerwehr nach dem Zweiten Weltkrieg kam 1950/51 der nebenamtlichen Feuerwehr zu Gute. Das „Gerätehaus für die Freiwillige Feuerwehr Wilhelmshaven-Nord" in der Albrechtstraße 115 ersetzte die provisorischen Gebäude in Fedderwardergroden bzw. Voslapp. Der Neubau enthielt zwei Stellplätze, eine Wohnung für den Gerätewart sowie einen Schlauchturm. Die Bezirksregierung in Oldenburg gewährte einen Zuschuss zu den Baukosten.

Zum 1. April 1950 wurden die beiden Wachen Voslapp und Fedderwardergroden zur Wache „Wilhelmshaven-Nord" mit einer Wachstärke von 23 Mann zusammengefasst. In dem neuen Feuerwehrgerätehaus stationierte man das Löschgruppenfahrzeug LF 15 aus Fedderwardergroden und das Löschgruppenfahrzeug LF 8 aus Voslapp. Der Oberbrandmeister Fritz Ruseler führte die Wehr, zu seinem Stellvertreter wurde der Brandmeister Karl Bredehorn gewählt.[415] Die Einweihung des neuen Feuerwehrgerätehauses fand am 8. April 1951 in Anwesenheit zahlreicher Vertreter

Abb. 113: Feuerwehrgerätehaus Albrechtstraße, 1951 (Stadtarchiv, Best. 5370 Feuerwehr)

von Rat und Verwaltung statt, wie die „Nordwestdeutsche Rundschau“ berichtete: „Brandingenieur Macijewski meldete Stadtrat Grunewald, Dezernent für das Feuerlöschwesen, die Freiwillige Feuerwehr Fedderwardergroden mit 1 Oberbrandmeister und 18 Mann zur Übergabe angetreten.“ Nach der Übergabe bediente man das „kleine Löschgerät, die Flasche Bier.“[416]

Nun waren die Freiwilligen Feuerwehren im Stadtgebiet in vier Wachen so aufgestellt, wie es bis in die 1970er Jahre bleiben sollte:[417]

| | |
|---|---|
| Wache Mozartstraße | Stadtteil Ost |
| Wache Oldeoogestraße | Stadtteil West |
| Wache Neuengroden | Stadtteil Süd |
| Wache Albrechtsstraße | Stadtteil Nord. |

*

Auch die Interessenvertretung der Feuerwehren arbeitete nach der Gleichschaltung 1933 und den Wirrnissen des Zweiten Weltkrieges inzwischen wieder unter demokratischen Vorzeichen. 1951 war in Celle der Landesfeuerwehrverband Niedersachsen gegründet worden, der später auch den Berufsfeuerwehren und Werkfeuerwehren offenstand. Auf Bundesebene übernahmen der „Verein zur Förderung des Deutschen Brandschutzes“ (VfDB, 1950), die „Arbeitsgemeinschaft der Leiter der Berufsfeuerwehren“ (AGBF, 1951) im Deutschen Städtetag mit den entsprechenden Arbeitsgemeinschaften bei den Städtetagen der Länder (z.B der AGBF Niedersachsen) sowie der „Deutsche Feuerwehrverband“ (DVV, 1952) die bundesweite Interessenvertretung der haupt- und ehrenamtlichen Feuerwehren.

Abb. 114: Der erweiterte Vorstand des Oldenburgischen Feuerwehrverbandes, 1955 (hintere Reihe, 2. v. l. Andreas Macijewski; vordere Reihe, 4.v.l. Ibo Koch, 3.v.r. Bernhard Fortmann) (Oldenburgischer Feuerwehrverband)

Die Freiwilligen Feuerwehren Mozartstraße, Oldeoogestraße, Neuengroden und Wilhelmshaven-Nord riefen 1952 in der Gaststätte „Nordseestation" den „Kreisfeuerwehrverband Wilhelmshaven" ins Leben. Seine satzungsgemäßen Ziele waren die Förderung des Feuerwehrwesens und insbesondere des freiwilligen Feuerlöschwesens sowie die Interessenvertretung der Feuerwehrangehörigen. Zum Verbandsvorsitzenden wählten die Vertreter der Freiwilligen Feuerwehren den Leiter der Berufsfeuerwehr, Brandingenieur Andreas Macijewski.

Am 23. Januar 1955 gründete sich der „Oldenburgische Feuerwehrverband e.V." neu – unter Mitwirkung der früheren Vorsitzenden Ibo Koch und Bernhard Fortmann, die bald schon zu Ehrenmitgliedern ernannt wurden. Der Verband war 1952 zunächst als Bezirksverband des Niedersächsischen Landesfeuerwehrverbands gebildet worden, da dieser wiederum eine eigenständige Interessensvertretung der oldenburgischen Feuerwehren ablehnte. Das regionale Selbstverständnis des früheren Landes Oldenburg war jedoch stärker, der Oldenburgische Feuerwehrverband trat später dem Landesfeuerwehrverband korporativ bei.

Als erstes neues Fahrzeug nach dem Krieg stellte die Berufsfeuerwehr 1951 in Anwesenheit des Dezernenten ein Tanklöschfahrzeug TLF 16 (Mercedes-Benz/Metz) in Dienst. Mit einem Wasservorrat von 2.400 Litern konnte eine Staffelbesatzung kleinere Brände auch ohne Löschwasser aus Hydranten oder Gräben bzw. Feuerlöschteichen solange bekämpfen, bis eine Schlauchleitung gelegt war. Die Löschgruppenfahrzeuge der Feuerwehr verfügten damals noch nicht über einen größeren Wasservorrat, der insbesondere in den Randzonen Wilhelmshavens und in den sich schon bald ausbreitenden Kleingärten bzw. Freizeitgärten gefragt war. Die Aufsichtsbehörde in Oldenburg gewährte einen Zuschuss zu den Investitionskosten. Das Fahrzeug erhielt seinen Platz im ersten Abmarsch auf der Wache Mozartstraße.

Abb. 115: Die erste Neuanschaffung der Nachkriegszeit, ein Tanklöschfahrzeug TLF 16 (aufgenommen 1964) (Feuerwehr-Archiv)

Wegen seiner relativ geringen Motorleistung (115 PS bei 4580 $cm^3$ Hubraum) erhielt das TLF 16 schon bald den Spitznamen „Oma". Nach einigen Dienstjahren bei der Berufsfeuerwehr und der Freiwilligen Feuerwehr, u.a. 1973 bei der Ortsfeuerwehr Sengwarden, kam es als Wasserversorgungsfahrzeug zum Zivil- und Katastrophenschutz.

Für den Krankentransport wurden 1950/51 zwei neue Fahrzeuge (Mercedes V 170) beschafft. Damit standen weiterhin insgesamt fünf Krankenwagen, davon zwei speziell für Unfälle und Brände, sowie ein Pkw für Sitzendtransporte zur Verfügung. Mit den britischen Streitkräften bestand eine Vereinbarung, nach der im Notfall zwei weitere Krankenwagen aus deren Beständen in Wilhelmshaven eingesetzt werden konnten.

Die nächste größere Beschaffung galt, das hatte sich schon lange abgezeichnet, der Kommunikationstechnik. Am 8. Mai 1952 ging die neue Fernmeldezentrale der Feuerwehr in Betrieb, die endlich das Provisorium von 1945 ersetzte. Sie befand sich im Erdgeschoss des Unterkunftsgebäudes, nahe der Zufahrt auf den Hof und mit Blick auf die Garagen des ersten Abmarsches. Heute befinden sich dort die Büros der Wachschichtleitung.

Technisch verfügte die neue Zentrale neben der Notrufabfrage „112" und der zentralen Telefonanlage nun über eine Feuermeldeanlage der Firma Siemens, auf welche die im Stadtgebiet verteilten zunächst 26 Feuermelder aufliefen, wie sie 1940 schon Major Hans Meyer zu Köcker geplant hatte (vgl. Seite 118). Sie verteilten sich in der gesamten Kernstadt – von der Weserstraße im Süden bis zur Werftstraße im Westen und bis Alt-Heppens im Osten. Insgesamt waren 90 Melder in drei Schleifen geplant, die aber nicht mehr alle realisiert wurden.

Abb. 116: Krankenwagen (Mercedes V 170) im Einsatz am Theaterplatz 1955 (Stadtarchiv, Best. 5370 Feuerwehr)

Abb. 117: Einweihung der neuen Feuermeldeanlage, 8. Mai 1952 (v.l. Stadtrat Arthur Grunewald, Oberbürgermeister Reinhard Nieter und Brandingenieur Andreas Macijewski vor den Garagen Mozartstraße 11) (WZ-Bilddienst)

Gemeinsam mit Oberbürgermeister Reinhard Nieter nahm Stadtrat Arthur Grunewald die neue Feuermeldeanlage in Anwesenheit zahlreicher Ratsherren als „erste städtische Anlage dieser Art" in Betrieb. Die „Wilhelmshavener Zeitung" berichtete: „Oberbürgermeister Reinhard Nieter schlug um 15.24 Uhr die erste der kleinen Glasscheiben des Feuermelders an der Mozartstraße mit einem für ihn bereitgehängten roten Eisenknüppel ein und drückte auf den Knopf. Sofort ertönten die Alarmsignale, die Türen der Fahrzeughalle sprangen auf, und wie der Blitz fegte ein Drei-Fahrzeug-Zug heraus, um nach äußerst kurzer Zeit mit eindrucksvollen Schauübungen auf dem Feuerwehrhof zu beginnen."[418]

Die Berufsfeuerwehr nutzte die Anwesenheit der Stadtspitze für einige Vorführungen. Ein nicht namentlich genannter Ratsherr ließ es sich dabei nicht nehmen, den „Rutschsack" für die Rettung von Personen aus einem oberen Stockwerk selbst auszuprobieren. Die Zeitung hielt auch einen praktischen Ratschlag bereit: „Wer bei Feuersgefahr die Scheibe einschlagen will, und keinen harten Gegenstand bei sich trägt, nimmt am besten einen Ellenbogen. Das Glas ist dünn und zerbricht ziemlich leicht."[419]

Für die Feuermeldeanlage verlegte die Feuerwehr im Stadtgebiet weitere eigene Fernmeldeleitungen, zunächst noch als Freileitung, später als Erdkabel. Dazu benutzte man zunächst das Kabelmaterial, welches noch 1940 beschafft worden war (vgl. Seite 109). An dieses Fernsprechnetz wurden später auch die Fernsprechneben-

Abb. 118: Stadtrat Arthur Grunewald an seinem Schreibtisch im Rathaus (Zimmer 356), 1952 (WZ- Bilddienst)

stellen in den Gerätehäusern und die Sirenenanlagen angeschlossen. Auf dem Höhepunkt seiner Entwicklung hatte es eine Länge von 41 km, etwa dem vierfachen der Nord-Süd-Ausdehnung des heutigen Stadtgebiets.

Nach einigen Jahren mit einer Werkstattbaracke aus der Zeit nach der Währungsreform (vgl. Seite 162) bezog die Berufsfeuerwehr am 16. Juni 1953 ein neues Werkstattgebäude an der südlichen Grenze des Geländes an der Mozartstraße: „Vor dem neuen Gebäude waren die Feuerwehrmänner in ihren dunkelblauen Uniformen mit dem schwarzen Stahlhelm auf dem Kopf angetreten. Brandingenieur Macijewski meldete dem Dezernenten für das Feuerlöschwesen, Stadtrat Grunewald", berichtete die „Wilhelmshavener Zeitung".[420]

Zu Gesamtkosten von 133.500 DM, von denen 40 % aus Mitteln der Feuerschutzsteuer stammten, entstanden eine Spritzlackierwerkstatt, eine Reparaturhalle mit Hebebühne, Grube und Kompressoranlage (im Winter Wagenwaschhalle), eine Schmiede- und Schlosserwerkstatt (mit Schweißgerät und Amboss), eine Elektrowerkstatt sowie eine Tankstelle. Nun war die Berufsfeuerwehr für ihren handwerklichen Bedarf einschließlich der Nebenaufgaben (z.B. Wartung der städtischen Dienstfahrzeuge) bestens ausgestattet.

Anlässlich des 100-jährigen Stadtjubiläums im Juli 1953 (Abschluss des „Jade-Vertrages" 1853), mit dem die Stadt Wilhelmshaven nicht zuletzt die Aufbauleistung

Abb. 119: Der Löschzug der Berufsfeuerwehr, 1952 (im Vordergrund der Schlauchwagen, mit dem in dieser Zeit noch unbeweglichen Blaulicht über der Windschutzscheibe) (Stadtarchiv, Best. 5370 Feuerwehr)

nach 1945 würdigen wollte, veranstaltete die Feuerwehr zur Demonstration ihrer Schlagkraft eine ganze Reihe von öffentlichen Übungen, an denen rd. 8.000 Zuschauer teilnahmen. Den Abschluss bildete wie schon 1950 eine große Übung vor dem Rathaus, die rund 1.000 Zuschauer anzog. Nachdem die Einheiten der Freiwilligen Feuerwehr ihr Können gezeigt hatten, rückte der Löschzug der Berufsfeuerwehr auf den Probealarm hin an und löschte ein Ölfeuer.

**Gökerstraße, 18. Mai 1954: Großbrand in der Schiffbauhalle**

„In der großen Halle der BASALAN – Werke an der Gökerstraße – der früheren Schiffbauhalle der Werft – brach am Abend des 18. Mai 1954 gegen 21 Uhr ein Großbrand aus. Auslaufendes Öl an einem der Schmelzöfen hatte sich entzündet, die Flammen schlugen hoch und setzten schnell ein Drittel der Dachkonstruktion und des 220 m langen Daches in Brand. Die Feuerwehr traf rasch mit Löschzügen der Berufsfeuerwehr und der Freiwilligen Feuerwehr ein und rückte gegen das sich ausbreitende Feuer vor. Ein Innenangriff verbot sich wegen der großen Hitze, so löschte man von außen über Leitern. Die Ausbreitung des Brandes auf die benachbarten Öl-Tanks konnte verhindert werden. Oberbürgermeister Dr. Friedrich Peters und Stadtdirektor Hans Beutz waren vor Ort. Gegen Mitternacht war der Brand gelöscht, zwei Feuerwehrleute erlitten Rauchvergiftungen." (Nordwestdeutsche Rundschau, 19. Mai 1954)

Abb. 120: Feuerwehr-Einsatzkräfte auf dem Dach der BASALAN-Halle bei einem weiteren Einsatz, 1962 (Stadtarchiv, Best. 5370 Feuerwehr)

Bis 1945 hatte die Werftfeuerwehr auch den Brandschutz in den überwiegend militärisch genutzten Hafenbecken wahrgenommen. Die dafür eingesetzten drei Feuerlöschboote (u.a. *Retter* und *Hilfe*) wurden jedoch 1946 als militärisches Beutegut beschlagnahmt. Die Feuerschutzpolizei Wilhelmshaven hatte mit *Senator Picker* ein eigenes Feuerlöschboot für den zivilen Innenhafen besessen, das bei einem Bombenangriff verloren ging (vgl. Seite 117).

Für den Brandschutz und die Menschenrettung im gesamten Innenhafen, auf zivilen Booten und Schiffen war nun die kommunale Feuerwehr zuständig. Nach einer Absprache mit der Abwicklungsorganisation der Kriegsmarinewerft (German Liquidation Board GLB) sollte sie dafür ein Feuerlöschboot der früheren Werftfeuerwehr erwerben. Daraus wurde nichts: „Der z.Zt. beabsichtigte Kauf eines Feuerlöschbootes, für das der Finanzausschuss bereits 120.000 DM freigegeben hatte, kam nicht zustande, weil die Engländer das Boot mitgenommen haben", berichtet Karl Boch.[421]

Später erhielt die Berufsfeuerwehr von der Militärregierung immerhin die schwimmende Bootshalle, in der einst die Boote der Werftfeuerwehr gelegen hatten. Sie erwarb eine Motorbarkasse und baute darauf eine Kreiselpumpe (1.500 l/Min.) ein. Am 10. November 1954 wurde das Feuerlöschboot *Werner* in Anwesenheit des Dezernenten an seinem Liegeplatz an der Nord-Gazelle-Brücke (heute Bontekai in Höhe der Mainstraße) in Dienst gestellt. Die Besatzung im Alarmfall bestand aus Einsatzkräften des Löschzuges.

1955 begann die Berufsfeuerwehr mit der Aufstellung eines „Unterwasser-Rettungstrupps" für die Menschenrettung in Gewässern mit mehr als zwei Metern Tiefe,

Abb. 121: Feuerlöschboot *Werner* in der Bootshalle, 1954 (Stadtarchiv, Best. 5370 Feuerwehr)

Abb. 122: Feuerlöschboot *Werner* auf dem Weg in den Großen Hafen nahe der Kaiser-Wilhelm-Brücke, o. D. (Feuerwehr-Archiv)

wenn z.B. Kraftfahrzeuge in den Hafen gestürzt waren. Für diese Aufgabe gab es zunächst nicht genügend jederzeit abrufbare private oder behördliche Taucher. Körperlich besonders geeignete Feuerwehrbeamte wurden von dem Tauchermeister Gustav Magnus ausgebildet, zunächst im klaren Wasser des früheren Marinebades an der Freiligrathstraße, danach im „Dunkelwasser" des „Jadebades" am Kanalhafen und schließlich in einem Hafenbecken.[422]

Da es sich um kurze zeitkritische Rettungseinsätze handelte, beschaffte man leichte Tauchgeräte aus der Schweiz für etwa 20 Minuten Unterwasserarbeit. Ebenso wie die inzwischen außenluftunabhängigen Atemschutzgeräte waren sie mit einem Vorrat an Pressluft ausgestattet. Ein Taucher konnte damit in zwei Minuten einsatzbereit sein und war unter Wasser auch beweglicher. Der Unterwasser-Rettungstrupp erhielt ein eigenes Fahrzeug mit Schlauchboot, Leinen und einem Vorrat an Pressluftflaschen.

Bei einem Übungseinsatz kam 1958 der Feuerwehrmann Willi Ehrke ums Leben. Das Tauchen wurde eingestellt. In den nächsten Jahren verließ man sich auf die Tauchergruppen des Marinestützpunkts, des Marinearsenals und der Polizei. Angesichts steigender Anforderungen in den Ausbildungs- und Unfallverhütungsvorschriften fehlten der Berufsfeuerwehr später auch die notwendigen personellen Kapazitäten für die Neuaufstellung einer Tauchergruppe – bis zum Jahre 1997 (vgl. Seite 353).

Anfang der 1950er Jahre gewann die technische Hilfeleistung, insbesondere nach Verkehrsunfällen, erstmals an Bedeutung. Die Berufsfeuerwehr erweiterte ihren Fuhrpark 1954 um einen Kranwagen. Auf das Fahrgestell eines früheren Schlauch-

Abb. 123: Kranwagen auf dem Chassis eines früheren Schlauchwagens, 1954 (Stadtarchiv, Best. 5370 Feuerwehr)

wagens montierte man einen 3-Tonnen-Kran, der allerdings noch mit Muskelkraft an Kurbeln betrieben werden musste. Damit war die Feuerwehr jedoch in der Lage, beispielsweise havarierte Straßenfahrzeuge zu bergen.

Die mit der Motorisierung zunehmenden Verkehrsunfälle wirkten sich auch auf den Krankentransport aus. 1954 standen sechs Fahrzeuge zur Verfügung: zwei Krankenwagen für Verkehrsunfälle, ein Fahrzeug für Infektionskrankheiten, zwei weitere Krankenwagen und ein Pkw für „normale" Krankentransporte, d.h. für Einlieferungs- und Verlegungsfahrten. Fünf Feuerwehrmänner waren täglich für den Krankentransport eingeteilt. Sie führten beispielsweise im Jahr 1953 allein 468 Unfalltransporte durch, bei mehr als 7.400 Krankentransporten insgesamt.

Immer weiter differenzierten sich die Behandlungsstrategien, die Unfallrettung erforderte einen speziellen Fahrzeugtyp. Die Berufsfeuerwehr setzte deshalb 1955 ein außer Dienst gestelltes Löschgruppenfahrzeug LF 8 aus Kriegsbeständen instand und baute es zum „Rettungswagen" aus.[423] Praktisch bedeutete das den Ausbau der Pumpe und der feuerwehrtechnischen Beladung sowie den Einbau von zwei Tragen/Liegen. Die Intensivmedizin am Unfallort steckte 1952 zu jener Zeit zwar noch in den Anfängen, in dem Rettungswagen bestand aber nun die Möglichkeit zur Behandlung und Betreuung der Patienten. Das Fahrzeug gehörte ein Jahr später folgerichtig zu den ersten, die mit Funkgeräten ausgestattet wurden.

1954 nahm die Berufsfeuerwehr neben dem neuen Treppenhaus im Unterkunftsgebäude eine Rutschstangenanlage zur Verkürzung der Ausrückzeiten in Betrieb. Die „Wilhelmshavener Rundschau" berichtete: „[...] als Brandinspektor Macijewski gestern einen Probealarm in Szene setzte, vollzog sich vor den Augen der Zuschauer ein rasender ‚Menschensturz' und befriedigt schaute Stadtrat Grunewald auf den Sekundenzeiger seiner Uhr: die Jagd zur Brandstätte ist wieder einmal verkürzt."[424]

Ein Barackenbrand im ehemaligen Lager Fedderwardergroden an der Posener Straße am 19. Mai 1954, vor allem aber ein Großbrand in der städtischen Ziegelei an der Kirchreihe am 14. Dezember 1954 zeigten, wie wichtig eine reaktionsfähige Feuerwehr war.

Schritt für Schritt ging der Ausbau der Wachgebäude voran. Im Jahr 1955 entstand an Stelle des früheren, im Krieg zerstörten „Grauen Esels" (Mozartstraße 9) im Anschluss an das bereits vorhandene Gebäude von 1935 ein weiterer Garagenbau. Er enthielt zusätzliche Stellplätze für ein Löschfahrzeug, den Schlauchwagen und den Rettungswagen. Im Obergeschoss des Gebäudes richtete die Feuerwehr einen Büroraum und einen Unterrichtsraum sowie je eine Dienstwohnung für den Dienststellenleiter und seinen Stellvertreter ein.

In diesen Jahren und wurde es unter dem Einfluss von Arthur Grunewald guter Brauch, dass der Dezernent am Heiligen Abend die diensthabende Wache besuchte, mit einem gemeinsamen Abendessen und kleinen Geschenken. Die Feuerwehrmänner nutzen die Gelegenheit, dem Dienstellenleiter und dem Dezernenten in humorvoller Weise ihre Wünsche für das neue Jahr zu übermitteln.

Auch die Tradition der Pensionärstreffen auf der Wache Mozartstraße entstand in jener Zeit, als Frühschoppen am zweiten Weihnachtsfeiertag mit vielen Erinnerungen an „die alten Zeiten" und aktuellen Informationen über die Weiterentwicklung der Feuerwehr.

Abb. 124: Die neue Rutschstangenanlage, 1954 (Stadtarchiv, Best. 5370 Feuerwehr)

Abb. 125: Instandsetzungsarbeiten am Unterkunftsgebäude, 1955 (in der Gebäudemitte der ursprüngliche Eingang zum Hof mit Treppe) (Stadtarchiv, Best. 5370 Feuerwehr)

Abb. 126: Heiligabend auf der Wache mit Stadtrat Arthur Grunewald, 1957 (links neben ihm Andreas Macijewski) (Stadtarchiv, Best. 5370 Feuerwehr)

Neben der hauptamtlichen Feuerwehr war die Freiwillige Feuerwehr nach wie vor ein fester Bestandteil des Feuerlöschwesens in Wilhelmshaven. Das hatte nach den besonderen Belastungen der Kriegseinsätze auch die Normalität der Einsätze in der Nachkriegszeit immer wieder unter Beweis gestellt. Die Freiwillige Feuerwehr war als kommunale Einrichtung anerkannt, sie hatte definierte Löschbezirke und wurde aus städtischen Mitteln ausgerüstet, ausgestattet und untergebracht. Jede der Einheiten war aber zugleich als Personengemeinschaft in der Form eines nicht eingetragenen Vereins organisiert, die in ihrem jeweiligen Stadtteil tief verwurzelt war und den Gemeinschaftsgeist, die Tradition und nicht zuletzt die Geselligkeit pflegte. Am 19. Februar 1955 beging die Freiwillige Feuerwehr Wilhelmshaven, die 1880 als erste ihrer Art an der Jade gegründet worden war, mit einem Festabend in der Gaststätte „Nordseestation" ihr 75-jähriges Bestehen. Der Festansprache von Stadtrat Arthur Grunewald und den üblichen Ehrungen und Ernennungen folgten ein plattdeutsches Theaterstück („Korl Gramlich regeert") und ein Festball.

Zum Jubiläum erschien eine ausführliche, unter der Leitung von Brandingenieur Andreas Macijewski zusammengestellte Festschrift. Darin kam noch einmal deutlich das traditionelle Selbstverständnis der Feuerwehr zum Ausdruck: „Dieses Gefühl des Helfenwollens und Helfenmüssens, das jeden Feuerwehrmann beseelt, ist die sittliche Kraft, die ihn eine freiwillige Arbeit oft ohne Anerkennung und noch häufiger ohne Dank tun lässt, von der er aber weiß, daß sie geschieht zum Wohle der Menschen seiner Gemeinde und zuletzt auch zum Wohle seines Vaterlandes. In den Reihen der Freiwilligen Feuerwehren stehen nur die besten Menschen, denn nur sie allein bringen die innere Bereitschaft auf, zu einem freiwillig übernommenen Dienst am Nächsten stets zur Stelle zu sein."[425] Macijewski zitierte in seinem Geleitwort den bis heute noch, wenn auch verkürzt gebräuchlichen Wahlspruch der Feuerwehr: „[…] der Heimat zum Schutz, dem Feuer zum Trutz, Gott zur Ehr und dem Nächsten zur Wehr".[426]

In ihrem Jubiläumsjahr 1955 bestand die Freiwillige Feuerwehr aus vier Einheiten:

- Einheit Mozartstraße (Mozartstraße 13); Wachleiter Oberbrandmeister Harms/ Stellvertreter Brandmeister Schoenboom; 24 Aktive, zwei Löschgruppenfahrzeuge LF 15
- Einheit Oldeoogestraße (Oldeoogestraße 14); Wachleiter Oberbrandmeister Doden[427]/ Stellvertreter Brandmeister Gruben; 25 Aktive, ein Löschgruppenfahrzeug LF 15, eine Drehleiter DL 24
- Einheit Neuengroden (Triftweg); Wachleiter Oberbrandmeister Michel/Stellvertreter Brandmeister Dunker; 19 Aktive, ein Löschgruppenfahrzeug LF 15, eine Drehleiter DL 24[428]
- Einheit Wilhelmshaven Nord (Albrechtstraße 115); Wachleiter Oberbrandmeister Ruseler/Stellvertreter Brandmeister Bredehorn; 23 Aktive, ein Löschgruppenfahrzeug LF 15, ein Löschgruppenfahrzeug LF 8.

Mit 92 Aktiven lag sie noch leicht unter der Sollstärke von 106 Mann. Jeder Einheit standen zwei leistungsfähige Einsatzfahrzeuge zur Verfügung, zwei Einheiten besetzten jeweils eine Drehleiter, die bei Bedarf zusätzlich alarmiert wurde.

Anfang 1956 schlug die Geburtsstunde von „Florian Wilhelmshaven". Als zweite Stadt in Niedersachsen nach Hannover nahm die Berufsfeuerwehr Wilhelmshaven am 24. Januar ein „drahtloses Fernmeldenetz" der Firma Telefunken mit dem heute noch gebräuchlichen Funkrufnamen in Betrieb. Der Anfang bestand aus drei Fahrzeuganlagen, einer Festanlage in der um einen „Funktisch" erweiterten Zentrale und einer tragbaren Anlage. Schrittweise wurden die Einsatzfahrzeuge des ersten Abmarsches, ein Jahr später auch die Krankenwagen mit Funkgeräten ausgestattet.

Nun waren die Zug- oder Gruppenführer vor Ort direkt ansprechbar oder konnten ihrerseits Meldungen absetzen. Die Zentrale war wesentlich schneller in der Lage, Sonderfahrzeuge oder Verstärkungen in Marsch zu setzen und andere Behörden zu alarmieren.

### St. Florian

Der Name des Schutzheiligen der Feuerwehren geht auf einen pensionierten römischen Beamten/Offizier aus der Provinzstadt Aelium Celium (heute St. Pölten in Niederösterreich) zurück, der sich zum Christentum bekannte und während der Christenverfolgung am 4. Mai 304 nach Chr. sein Leben für andere hingab.

Abb. 127: Besichtigung der neuen Funkausstattung an einem Feuerwehr-Pkw, 24. Januar 1956 (vordere Reihe v.l. Richard Grotheer, Andreas Macijewski, Wilhelm Rehbein, Arthur Grunewald, Erich Hell; dahinter im Löschgruppenfahrzeug LF 15 Paul John, im Hintergrund links die neuen Garagen, rechts das neue Werkstattgebäude) (Foto: Dietrich Hartog; Stadtarchiv, Best. 5370 Feuerwehr)

Abb. 128: Sprechfunk im Löschfahrzeug, 1956 (50 Jahre Berufsfeuerwehr Wilhelmshaven (1940 –1990), Wilhelmshaven 1990)

Die „Wilhelmshavener Rundschau" zeigte großes Verständnis für diese Investition: „Es bedarf kaum noch der Erklärung, warum dieser unsichtbare Kontakt von elementarer Notwendigkeit ist, schon im Hinblick auf die personelle Beschränkung der Feuerwehr, die eben durch einen technischen Höchststand ausgeglichen werden muß."[429]

Abb. 129: Besichtigung der neuen Funkanlage in der Feuerwehrzentrale, 1956 (v.l.n.r. Stadtrat Arthur Grunewald, Oberbürgermeister Rudolf Onken, Senator Wilhelm Rehbein, Brandamtmann Andreas Macijewski, am Tisch Brandmeister Georg Eilers) (Foto: Dietrich Hartog; Stadtarchiv, Best. 5370 Feuerwehr)

Mit der Einführung des Fahrzeugfunks veränderten sich die Anforderungen an die Fernmeldetechnik in der Feuerwehr, so der Jahresbericht 1955 der Berufsfeuerwehr: „Ein besonderes Gebiet hat sich durch die Beschaffung von UKW-Sprechfunkgeräten ergeben. Nach einer Unterweisung der Firma Telefunken wurden die beschafften Geräte vom eigenen Personal in den Fahrzeugen eingebaut."[430]

Jahrzehntelang hatte es in Wilhelmshaven nur einen großen Industriebetrieb gegeben: die Werft mit ihren Nebenbetrieben, abgesichert durch eine haupt- und nebenamtliche Betriebsfeuerwehr. Im übrigen Stadtgebiet überwog eine eher kleingewerbliche Betriebsstruktur von Händlern und Handwerkern mit einem spezifischen, überschaubaren Brandrisiko. Mitte der 1950er Jahre prägten nun jedoch größere Industriebetriebe, die aus den schwierigen Aufbaujahren nach dem Krieg und nach der Währungsreform gestärkt hervorgegangen waren, die „Industriestadt im Norden": „Olympia-Büromaschinen", „Ardelt-Werke" (Maschinenbau), „NWF Nordwestdeutscher Fahrzeugbau", „FMW Förderanlagen- und Maschinenbau", „KSW Kammgarnspinnerei Wilhelmshaven" u.v.a.m. Sie verfügten über komplexe Produktionsanlagen auf ausgedehnten Betriebsgrundstücken. Der Brandschutz erforderte dort betriebsbezogene Einsatzpläne, Ortskenntnis und regelmäßige Übungen, auch und gerade in größeren Verbänden.

Dokumentiert ist beispielsweise eine „Großeinsatzübung" auf dem Gelände der Olympia-Werke in Roffhausen am 12. Oktober 1958. Neben dem Löschzug der Berufsfeuerwehr waren vier Löschgruppen der Freiwilligen Feuerwehr aus dem Landkreis Friesland (Sande, Schortens, Fedderwarden und Jever) sowie die vier Einheiten der Freiwilligen Feuerwehr aus Wilhelmshaven (Oldeoogestraße, Neuengroden, Wilhelmshaven-Nord und Mozartstraße) eingesetzt, insgesamt zwölf Löschgruppenfahrzeuge und drei Drehleitern.

Abb. 130: Großübung bei den „Olympia-Werken“ Roffhausen, 4. Dezember 1955 (rechts Stadtrat Arthur Grunewald im Gespräch mit Brandamtmann Andreas Macijewski) (Stadtarchiv, Best. 5370 Feuerwehr)

Abb. 131: Großübung bei den „Olympia-Werken“ Roffhausen, 4. Dezember 1955 (Stadtarchiv, Best. 5370 Feuerwehr)

Als Übungslage wurde ein Brand in einem Öllager angenommen, der auf die Lackiererei in der angrenzenden Halle übergriff. Der Einsatz von Funkgeräten (vgl. Seite 181f.) erleichterte die Kommunikation in den drei Einsatzabschnitten. Als Schwachstelle erweis sich angesichts eines Durchsatzes von 7.000 l in der Minute aus 36 C-Rohren die Wasserversorgung, obwohl die Stadtwerke im Vorfeld bereits den Druck erhöht hatten.[431]

In der ersten Dekade nach dem Zweiten Weltkrieg hatte die Berufsfeuerwehr ihren im Krieg teilweise zerstörten Wachstandort in der Mozartstraße instandgesetzt und mit neuen Gebäuden ergänzt, die Fernsprechzentrale modernisiert und den Sprechfunk eingeführt. Der Krankentransport war zum integrierten Bestandteil des Wachdienstes und der Ausstattung geworden. Die Freiwillige Feuerwehr stand als Teil der „Feuerwehr in Wilhelmshaven" in vier Wachen bereit. Das alles hatte die Berufsfeuerwehr immer noch mit dem Stellen-Soll von 1945/46 und überwiegend mit Löschfahrzeugen aus der Kriegs- und Vorkriegszeit bewältigt. Die kommenden Jahre sollten eine grundlegende Modernisierung des Fahrzeugparks, aber auch den ersten personellen Zuwachs bringen.

## Erneuerung des Fahrzeugparks und der Fernmeldetechnik

Ende der 1950er Jahre ging es in Wilhelmshaven wirtschaftlich weiter aufwärts. Große Unternehmen trugen nachhaltig zum Gewerbe- und Einkommensteueraufkommen bei. Die deutschen Seestreitkräfte kehrten zurück und erzeugten eine zusätzliche Nachfrage nach Dienstleistungen und Arbeitskräften. Mit dem Ende November 1958 in Betrieb gegangenen Ölhafen verbanden sich völlig neue wirtschaftliche Perspektiven, Anfang der 1960er Jahre herrschte Vollbeschäftigung.

Die verbesserte kommunale Finanzlage erlaubte der Feuerwehr, schrittweise einen großen Teil ihres Investitionsrückstands bei Ausstattung und Infrastruktur aufzuholen. 1956 beschaffte sie einen neuen Krankenwagen (Mercedes), im Jahr darauf stellte sie, einem bundesweiten Trend bei den Feuerwehren folgend, ihren ersten „echten" Rettungswagen (Opel Blitz) in Dienst, der auch sofort ein Funkgerät erhielt. Bis 1959 waren alle Krankenwagen mit Fahrzeugfunk ausgestattet.[432]

Damit reagierte die Feuerwehr auf die weiter zunehmende Zahl von Verkehrsunfällen, oftmals mit mehreren Verletzen. Auch in dem neuen Fahrzeug konnten mehrere Patienten transportiert und medizinisch behandelt werden. Die rettungsmedizinischen Anforderungen an die Feuerwehrbeamten im Krankentransport erforderten zusätzliche Lehrgänge. Später folgte die spezialisierte Ausbildung zum „Rettungssanitäter": medizinische Grundausbildung, Wundversorgung, lebenserhaltende Maßnahmen, Geburtshilfe und Praktika in den Kliniken für Anästhesiologie und Chirurgie des städtischen Krankenhauses.

Abb. 132: Der erste spezialisierte Rettungswagen (mit einem Unfallschaden), 1957 (Stadtarchiv, Best. 5370 Feuerwehr)

Abb. 133: Einheit Triftweg der Freiwilligen Feuerwehr, 1958 (vor einem Löschgruppenfahrzeug LF 15 und der Drehleiter von 1934) (Freiwillige Feuerwehr Rüstringen, 2015)

Abb. 134: Der Löschzug vor dem Gebäude Mozartstraße 9/11, 1958 (links das 1958 beschaffte Tanklöschfahrzeug TLF 16, rechts daneben ein Löschgruppenfahrzeug LF 32 – ehem. LF 25 – aus Kriegsbeständen, daneben die ehem. Rüstringer Drehleiter und der Wilhelmshavener Rüstwagen von 1935, im Hintergrund der Erweiterungsbau Mozartstraße 9 von 1955) (EinsEinsZwei – Magazin der Feuerwehren in Wilhelmshaven, Nr. 8/2008)

Die Freiwillige Feuerwehr Neuengroden musste sich 1958 von ihrer „alten, geliebten Magirus-Holzdrehleiter" trennen (vgl. Seite 81).[433] Dafür erhielt sie ein Löschgruppenfahrzeug aus Kriegsbeständen, das sie mit einer zweiten Löschgruppe besetzen konnte – anstelle einer Staffel auf einem offenen Fahrzeug wie bisher.

Der Fahrzeugpark der Feuerwehr insgesamt und auch des ersten Abmarsches der Berufsfeuerwehr bestand Ende der 1950er Jahre im Wesentlichen immer noch aus Fahrzeugen der Kriegs- und Vorkriegszeit: „Die Löschfahrzeuge sind veraltet und müssen nach und nach ergänzt werden", stellte die Leitung der Feuerwehr fest.[434] Als erster Schritt wurde 1958 ein weiteres Tanklöschfahrzeug TLF 16 (Magirus Deutz) beschafft, als Ergänzung für das TLF 16 von 1951 (vgl. Seite 164). Das war der erste Schritt zur Modernisierung des gesamten ersten Abmarsches.

Zuvor wurde aber im Jahr 1959 noch der neue, 30 Meter hohe Schlauchturm auf dem Grundstück Mozartstraße 11 fertiggestellt und in Betrieb genommen.[435] Er ersetzte an gleicher Stelle seinen Vorgänger aus dem Jahr 1934 und bot Platz für die Trocknung von 80 bis 100 Schläuchen. In einem rückwärtigen Anbau an das Garagengebäude von 1935 wurde eine neue Schlauchwaschanlage eingebaut.

Der neue Turm fiel nicht nur wegen der größeren Schlauchlängen etwas höher aus. Vielmehr machte sich die Berufsfeuerwehr die Erfahrungen anderer Feuerwehren in der Funktechnik zu Nutze und installierte zusätzlich einen zehn Meter hohen stählernen Antennenmast, eine Notstromversorgung sowie ein Tonbandgerät zur Gesprächsaufzeichnung für die Funkanlage.[436] Das Treppenhaus des Turms erhielt an der Hofseite auf jeder Etage verschließbare Öffnungen – als Übungsstrecke für

Abb. 135: Bau des neuen Schlauchturms (Ansicht von der Hofseite), 1958 (Stadtarchiv, Best. 5370 Feuerwehr)

die Ausbildung an tragbaren und fahrbaren Leitern, aber auch für das Auf- und Abseilen sowie das Sprungrettungsgerät (vgl. Seite 193).

Erstmals nach 1946 wurde das Stellen-Soll der Berufsfeuerwehr im Jahr 1958 von 56 auf 61 erhöht, weil der Gesetzgeber die wöchentliche Höchstarbeitszeit von 84 auf 78 Stunden heruntergesetzt hatte und die anstehenden Aufgaben anders nicht mehr bewältigt werden konnten. Mittlerweile hatten alle Feuerwehrangehörige den Beamtenstatus. Der Altersdurchschnitt betrug nach einzelnen Neueinstellungen infolge der Pensionierung von Feuerwehrbeamten der „Gründerjahre" nun 43,9 Jahre.[437] Er sank 1960 weiter auf 42,05 Jahre,[438] um dann bis 1962 wieder auf 43,68 Jahre anzusteigen.[439]

Die Berufsfeuerwehr betreute auch weiterhin den Fahrzeugpark der Stadtverwaltung (oh-

Abb. 136: Die Fahrzeuge für Krankentransport und Notfallrettung, 1960 (50 Jahre Berufsfeuerwehr Wilhelmshaven, Wilhelmshaven 1990)

ne die städtischen Betriebe), der 1960 aus elf Pkw, drei Lkw, zehn Motorrollern und fünfzehn Mopeds bestand.[440] Sie führte die Fahrzeugakten, bearbeitete Unfälle, vergab notwendige Reparaturarbeiten und sorgte für Reifen, Ersatzteile und Treibstoff. Damit waren eine Verwaltungsangestellte und drei Kraftfahrer/Kraftfahrzeughandwerker beschäftigt.[441]

Abb. 137: Alarm im Unterkunftsgebäude, um 1960 (Stadtarchiv, Best. 5370 Feuerwehr)

### Mühlenweg, 25. Februar 1960: Großbrand in einem Barackenlager

„Auf dem Grundstück Mühlenweg 20, nahe dem Ölhafendamm, brach gestern Vormittag gegen zehn Uhr in einer der dort stehenden Baracken des ehem. Russenlagers ein Brand aus, der infolge des herrschenden starken Südwindes rasch um sich griff. Ein großer Teil der T-förmig angelegten und etwa 1000 qm großen Baracke fiel den Flammen zum Opfer, denen nach gemeinsamem Einsatz von Berufsfeuerwehr und drei Freiwilligen Feuerwehren des Stadtgebietes erst nach etwa eineinhalb Stunden Einhalt geboten werden konnte." („Wilhelmshavener Rundschau", 26. Februar 1960)

### Rüstersiel, 30. August 1960: Großbrand in einer Möbeltischlerei

„Bei einem Großbrand in der Möbeltischlerei Meiners in Rüstersiel waren der Löschzug der Berufsfeuerwehr und mehrere Einheiten der Freiwilligen Feuerwehr im Einsatz. Man benötigte zwei B-Rohre und 14 C-Rohre, das Löschwasser entnahm man der Maade." („Nordwestdeutsche Rundschau", 1. September 1960)

### Altengrodener Weg, 8. September 1960: Großbrand in einer Weberei

„Am 8. September 1960, um 02.00 Uhr, Alarm: ‚Feuer in der Weberei Kröh, Altengrodener Weg.' Als die Fahrzeuge anrückten, schlugen schon die Flammen aus dem Dachstuhl. Es wurde Großalarm für alle Feuerwehren in Wilhelmshaven gegeben. Das Gebäude war ein typisches Bauernhaus, lang gestreckt, mit hohem Dach und niedrigen Seitenmauern. Die Flammen fanden im Holz des Dachstuhles und den Textilien reiche Nahrung. Die ersten Maßnahmen der Wehren waren defensiv: Das nur wenige Meter vom Betriebsgebäude liegende Wohnhaus wurde mit Erfolg abgesichert. Zur Wasserversorgung wurde von den nachrückenden freiwilligen Feuerwehren die nahe Graft benutzt, um den Wasserbedarf der eingesetzten Löschkräfte sicherzustellen. Um 03.00 Uhr stürzte ein großer Teil des Dachstuhls ein. Nach ca. zwei Stunden, gerechnet vom Eintreffen der ersten Kräfte an, war das Feuer unter Kontrolle. [...] Das Übergreifen des Feuers auf angrenzende Gebäude konnte verhindert werden." (50 Jahre Berufsfeuerwehr Wilhelmshaven, Wilhelmshaven 1990)

**Abb. 138: Großbrand der Weberei Kröh, Altengrodener Weg, 8. September 1960 (Stadtarchiv, Best. 5370 Feuerwehr)**

Bis Ende der 1950er Jahre war nur die Kreuzung Bismarck-/Gökerstraße als einzige in Wilhelmshaven „beampelt" gewesen. Als Folge der zunehmenden Kfz-Dichte wurde 1959/60 die gesamte Bismarckstraße mit neuen Ampelanlagen ausgestattet. Bei der Verlegung des Steuerkabels übernahm die Berufsfeuerwehr die Aufsicht über die Arbeiten. Im Gegenzug durfte sie die Kabel als Erweiterung ihres Fernmeldenetzes nutzen.[442]

Auf den innerstädtischen Gewässern und im Hafen setzte sie an Stelle des Feuerlöschboots *Werner* von 1954 (vgl. Seite 176) nun ein modernes Motorboot mit einem

Kunststoffrumpf ein, das an geeigneten Stellen wie z.B. am Grodendamm zu Wasser gelassen werden konnte. Die Erfahrung hatte gezeigt, dass der Einsatz bei Bränden oder anderen Notfällen auf Schiffen besser von Land her an den Liegeplätzen bzw. an Notliegeplätzen geführt würde. Bei Notfällen mit Wassersportlern oder Sportbooten war man mit einem leichten Boot besser ausgestattet und schneller vor Ort. Als Zugfahrzeug für den „Wasserrettungszug" mit dem auf einem Bootsanhänger verlasteten Motorboot diente zunächst ein umgebauter Opel Blitz aus Kriegsbeständen, der früher eine TSA gezogen hatte (vgl. Seite 96).

Zum 30. September 1960 trat Brandamtmann Andreas Macijewski in den Ruhestand. Als neuer Leiter der Berufsfeuerwehr wurde Brandinspektor Richard Grotheer ernannt, der 1931 als gelernter Klempner in die Feuerwehr Wesermünde eingetreten war. Dort hatte er 1938 den Brandmeister-Lehrgang absolviert und war 1941 zur Feuerschutzpolizei Wilhelmshaven gewechselt. Seit dem Aufstieg in den gehobenen Dienst 1958 nahm er Aufgaben im Führungsdienst wahr. Stellvertretender Leiter

Abb. 139: Der Wasserrettungszug mit neuem Boot und Bootsanhänger, 12. August 1960 (WZ-Bilddienst)

Abb. 140: Das neue Feuerwehrboot für den Einsatz im Innenhafen und Banter See, 1964 (Stadtarchiv, Best. 5370 Feuerwehr)

Abb. 141: Verabschiedung von Brandamtmann Andreas Macijewski durch Oberstadtdirektor Dr. Walther Schumann (2.v.l.), 30. September 1960 (Stadtarchiv, Best. 5370 Feuerwehr)

blieb zunächst Brandinspektor Rudolf Dämmrich. Als dieser noch im gleichen Jahr ebenfalls in den Ruhestand trat, übernahm Brandinspektor Theodor Gerdes dessen Aufgaben. Andreas Macijewski wurde zum Ehrenmitglied des Kreisfeuerwehrverbandes und der Freiwilligen Feuerwehr, Wache Mozartstraße, ernannt. Arthur Grunewald gestattete ihm auf Antrag das Tragen der Uniform des Kreisbrandmeisters ehrenhalber.[443] Nach dem Weggang von Hans Beutz als Regierungspräsident nach Aurich Anfang 1960 war Grunewald zum Stadtdirektor gewählt geworden, nahm aber weiterhin die Aufgaben des Feuerschutzdezernenten wahr. Er sorgte dafür, dass die Angelegenheiten der Feuerwehr von nun an nicht mehr im Betriebsausschuss, sondern in dem als Organ nach der Kommunalverfassung darüberstehenden Verwaltungsausschuss behandelt wurden. Dabei blieb es bis in die 1980er Jahre.

### Werftstraße, 14. Januar 1961: Großbrand in einer Spedition

„Am Nachmittag des 14. Januar 1961 wurde Großalarm gegeben. Auf dem Gelände der Spedition Griffel in der Werftstraße war in einem Lagerschuppen ein Feuer ausgebrochen, verursacht durch spielende Kinder. Mehrere dort abgestellte Lastwagen wurden ein Raub der Flammen In der Nachbarschaft des Unternehmens lagen mehrere Holzlagerschuppen. Neben dem Löschzug der Berufsfeuerwehr kamen die Einheiten Oldeoogestraße, Mozartstraße und Triftweg mit je einer Löschgruppe zum Einsatz. Mit vier B-Rohren und sechs C-Rohren gelang es, das Feuer relativ schnell unter Kontrolle zu bringen und vor allem eine Ausbreitung zu verhindern." („Wilhelmshavener Stadtrundschau", 16. Januar 1961)
Feuerschutzdezernent Arthur Grunewald war frühzeitig vor Ort und, so schrieb die „Wilhelmshavener Zeitung", „gab seiner berechtigten, bitteren Entrüstung über Hunderte von Kindern, aber nicht weniger erwachsene Gaffer lebhaft Ausdruck, die den Einsatz der Feuerwehren durch ihr undiszipliniertes Verhalten behinderten, zugleich aber sich ohne alle Vernunft möglichen Gefahren – wie etwa einer Explosion – aussetzten." (wie oben)

In den Jahren 1962 bis 1964 ersetzte die Berufsfeuerwehr zum ersten Mal nach dem Krieg alle Fahrzeuge des ersten Abmarsches: 1962 ein Löschgruppenfahrzeug LF 16 (MAN 415 L 1/Bachert), 1963 einen Rüstwagen (MAN 415 L 1/Metz) sowie eine Drehleiter (MAN 520 H/Metz)[444] und schließlich ein Tanklöschfahrzeug TLF 16 (MAN 415 L 1/ Bachert).[445]

Die Drehleiter mit einer Steighöhe von 30 statt bisher 26 Metern konnte in 36 Sekunden ausgefahren werden. Das Fahrzeug besaß eine Doppelkabine für eine Staffel-Besatzung (1/5), mit der die Einsatzmöglichkeiten wie schon bei der Rüstringer Drehleiter 1936 (vgl. Seite 83) erweitert werden konnten.[446] Es wurde in Anwesenheit von Stadtdirektor Arthur Grunewald der Öffentlichkeit vorgestellt. „Besonders stolz ist man auf die Feuerwehrleiter ‚DL 30 H', die voll hydraulisch zu bedienen ist und 30 Meter hoch ausgefahren werden kann", schrieb die „Wilhelmshavener Zeitung", „nur in den USA gibt es längere Leitern".[447] Mit dieser Beschaffung trug man der baulichen Entwicklung in Wilhelmshaven Rechnung, z.B. den höheren Häusern in dem neuen Stadtteil Wiesenhof. Aufenthaltsräume in Gebäuden mit einer Fußbodenhöhe von bis zu 22 m über der Geländeoberkante mussten von der Drehleiter der Feuerwehr mit 23 Metern Rettungshöhe erreicht werden können, darüber hinaus galten die Häuser wie z.B. am Europaring oder in der Weserstraße als „Hochhäuser" und mussten eigenständig wirksame Brandschutzvorkehrungen vorweisen.

Bei dieser Gelegenheit stellte die Berufsfeuerwehr auch ein neuartiges, aufblasbares Sprungpolster vor, welches von nun an das klassische Sprungtuch ersetzte. Mit einem neuen Löschgruppenfahrzeug LF 16 (Mercedes-Benz) führte sie 1965 die Erneuerung ihres Fahrzeugbestandes fort.

Abb. 142: Der neue Löschzug der Berufsfeuerwehr, 1964 (v. r. Rüstwagen, Drehleiter, Löschgruppenfahrzeug, Tanklöschfahrzeug, erstmals mit einem Rundum-Blaulicht ausgestattet) (Feuerwehr-Archiv)

Abb. 143: Tanklöschfahrzeug TLF 16 mit Staffelkabine, 1964 (Sammlung Markus Bulling)

Abb. 144: Übung mit dem neuen Sprungpolster, 1963 (Stadtarchiv, Best. 5370 Feuerwehr)

### Fahrzeugbestand 1964

**Berufsfeuerwehr:**

Löschgruppenfahrzeug LF 16
zwei Tanklöschfahrzeuge TLF 16
Drehleiter DL
Rüstwagen

**Freiwillige Feuerwehr:**

- Wache Mozartstraße
zwei Löschgruppenfahrzeuge LF 32
- Wache Oldeoogestraße
Löschgruppenfahrzeug LF 16,
Drehleiter
- Wache Triftweg
zwei Löschgruppenfahrzeuge LF 16
- Wache Albrechtstraße
zwei Löschgruppenfahrzeuge LF 16

(Jahresbericht der städtischen Feuerwehr, 1964)

Abb. 145: Löschgruppenfahrzeug LF 16 („Schülerbus"), 1965 (Sammlung Walter Menßen)

Nach der Erneuerung des ersten Abmarsches konnten die älteren Löschgruppenfahrzeuge LF 25 der Berufsfeuerwehr, die nach einer Änderung der Norm nun als LF 32 bezeichnet wurden, an die Freiwilligen Feuerwehr gegeben werden. Aus dem Löschgruppenfahrzeug LF 15 war in diesem Zusammenhang das LF 16 geworden.[448] Das Grundschema von 1947 (vgl. Seite 162) blieb erhalten: Die personell starken Freiwilligen Feuerwehren besetzten leistungsfähige Löschgruppenfahrzeuge LF 32 bzw. LF 16 aus Kriegsbeständen und eine Drehleiter (Rüstringen 1936).

Abb. 146: Löschgruppenfahrzeug LF 32 der Wache Mozartstraße bei einer Übung vor der Jachmann-Kaserne, o. D. (Freiwillige Feuerwehr Bant-Heppens, 2014)

Abb. 147: Freiwillige Feuerwehr Wilhelmshaven-Nord mit Löschgruppenfahrzeugen LF 15 (links) und LF 8, angetreten vor Stadtdirektor Arthur Grunewald, 1962 (Stadtarchiv, Best. 5370 Feuerwehr)

Die altgedienten Fahrzeuge aus der Vorkriegszeit konnten endgültig ausgemustert werden. Sowohl die Magirus-Kraftfahrspritze KS 15 wie auch die Magirus-Drehleiter der Freiwilligen Feuerwehr Wilhelmshaven von 1935 (vgl. Seite 77) wurden an einen Schrotthändler in Sande verkauft.[449]

Die vormalige Neuengrodener Drehleiter (1934) ging 1960 nach Cloppenburg. Dort hatte die Freiwillige Feuerwehr bislang lediglich über eine handgezogene Leiter verfügt. Eine wachsende Zahl von höheren Bauten und vor allem Krankenhäusern

Abb. 148: Ausgemusterte Magirus-Vorkriegsfahrzeuge beim Schrotthändler, 1966 (vorn die Kraftspritze, dahinter die Drehleiter Wilhelmshaven von 1935) (Stadtarchiv, Best. 2000-57 Sammlung Alfred Wulf)

Abb. 149: Die ehemals Neuengrodener Drehleiter bei einer Übung der Feuerwehr Cloppenburg, 1960er Jahre (Feuerwehr Cloppenburg)

Abb. 150: Die alte Drehleiter des Löschzugs Rüstringen II/ Neuengroden als historisches Fahrzeug der Feuerwehr Cloppenburg, 2014 (präsentiert zur Verbandsversammlung der niedersächsischen Feuerwehren in der Münsterlandhalle Cloppenburg) (Feuerwehr-Journal, Bremen)

erforderte jedoch eine motorisierte Drehleiter. Nach einer Grundinstandsetzung war die Leiter aus Wilhelmshaven bis Anfang der 1970er Jahre im Einsatz und wurde erst 1978 abgemeldet. Bis heute wird sie als Oldtimer der Feuerwehr Cloppenburg sorgfältig gepflegt.

*

Nach zehn Jahren erneuerte die Berufsfeuerwehr im Jahr 1962 auch ihre Fernmeldezentrale grundlegend und erweiterte sie um einen zweiten Funkabfrageplatz für die einsatzbegleitende Kommunikation sowie um zusätzliche Nebenstellenanschlüsse. An die Stelle der bisher 38 Feuermelder im Stadtgebiet (vgl. Seite 172) traten moderne Feuerwehr-Notrufsäulen der Firma Siemens, über die man mit der Feuerwehrzentrale auch sprechen konnte. Sie standen u.a. bei der Fahrdienstleitung der Verkehrsbetriebe am Bahnhofs-Vorplatz, am Theater, an der Hauptpost und später auch am Tanklager der Nordwest-Ölleitung GmbH. In den Stadtteilen wurden sie vor allem an solchen Standorten aufgestellt, von denen es in der Vergangenheit auffällig viele Fehlalarme gegeben hatte. Die Feuermeldeanlagen in privaten Gebäuden wurden in einer gesonderten Anlage zusammengefasst.

Auch der Fahrzeugfunk machte Fortschritte: 1962 waren auf dreizehn Fahrzeugen Funkanlagen eingebaut. Darüber hinaus standen sieben tragbare Anlagen und ein Funkmeldeempfänger zur Verfügung.[450] Die Berufsfeuerwehr beschaffte einen Ford Transit FK 1000, der mit einem Arbeitstisch für Lagebesprechungen und einer

Abb. 151: Besichtigung der neuen Leitstelle, 1962 (v.l. Arthur Grunewald, Richard Grotheer, Theodor Gerdes, Hans Wigger) (Stadtarchiv, Best. 5370 Feuerwehr)

Lautsprecheranlage als „Fernmeldefahrzeug“ zur Führungsunterstützung bei größeren Schadenslagen ausgerüstet wurde. Bis dahin hatte der Einsatzleiter lediglich einen Pkw (VW Käfer, später VW 1500) zur Verfügung gehabt.

Aus diesem Fahrzeugtyp entwickelte sich in den 1970er Jahren der heute noch gebräuchliche Einsatzleitwagen ELW. Unabhängig davon stand dem Leiter der Feuerwehr seit Mitte der 1950er Jahre ein Dienstfahrzeug mit Sonderlackierung, Sondersignal und Blaulicht zur Verfügung, mit dem er direkt zur Einsatzstelle gelangen konnte, zunächst ein VW Käfer, später ein Ford 17 M. Auch diese Fahrzeuge verfügten über Funkgeräte. Der allgemeinen Entwicklung folgend diente in den 1980er Jahren ein BMW 520 als „Chefwagen“, bevor dann dem bis heute gebräuchlichen Typ VW Passat der Vorzug gegeben wurde.

Abb. 152: Feuerwehr-Notrufsäule am Theaterplatz, 1965 (Stadtarchiv, Best. 5370 Feuerwehr)

Abb. 153: Fernmeldefahrzeug Ford Transit FK 1000, um 1967 (Stadtarchiv, Best. 5370 Feuerwehr)

Ende 1963 hatte die Berufsfeuerwehr einen neuen Krankenwagen (Mercedes-Benz W 110/Binz) in Dienst gestellt, der auch in der Unfallrettung eingesetzt werden sollte. Der medizinische Fortschritt machte sich bemerkbar, wie die „Wilhelmshavener Zeitung" berichtete: „Zu der Ausrüstung dieses Wagens gehören ein Sauerstoff-, ein Wiederbelebungs- und ein Absauggerät, ein vollständiger Arztkoffer und vieles mehr. Um auch Kranke aus engen Häusern mit winkligen Treppen abholen zu können, steht neben der Trage ein Tragestuhl, mit dem man auch auf engstem Raum Kranke transportieren kann."[451]

Zu dieser Zeit fuhr die Berufsfeuerwehr schon 20 Krankentransporte täglich, darunter etwa 20 % als Notfallrettung, die man nun auch statistisch getrennt erfasste (vgl. Anhang 15). „Der helle Krankenwagen der Feuerwehr fährt fast immer mit dem Tod um die Wette, vor allem, wenn er sich mit Blinklicht und Martinshorn den Weg freimacht", schrieb die „Nordwestdeutsche Rundschau".[452] Seit 1960 waren täglich 10 Feuerwehrbeamte für den Krankentransport mit drei Krankenwagen eingeteilt, die vierteljährlich wieder in den Brandschutz wechselten.[453]

In diese Zeit fiel auch die Beschaffung der robusten, zweireihig geknöpften halblangen Lederjacken als Einstieg in die spezialisierte Einsatzkleidung neben der Uniform (vgl. Abbildung 155).

Abb. 154: Großbrand der Kartonagenfabrik Gebr. Gerdes, 4. Juni 1963 (Stadtarchiv, Best. 5370 Feuerwehr)

### Weserstraße, 3./4 Juni 1963: Großbrand in einer Kartonagenfabrik

„Heute Nacht brüllten Wilhelmshavens Sirenen Großfeueralarm. Es brannten die Kartonagenfabrik Gebrüder Gerdes und das Papierverarbeitungswerk Enno Cramer im Dreieck Weserstraße – Kettenstraße – Güterbahnhof West", meldete die „Wilhelmshavener Zeitung" am 4. Juni 1963.

Es wurde Großalarm ausgelöst, sechs Löschfahrzeuge waren im Einsatz mit 6 B- und 16 C-Rohren. Die Produktionshalle brannte ab, auch die benachbarte Druckerei Cramer geriet in Brand. Ein Teil der Gebäude der Druckerei konnte jedoch gehalten werden, ebenso das Kartonagenlager der Firma Gebr. Gerdes. Zwei Feuerwehrbeamte wurden bei dem Einsatz erheblich verletzt, als sie vom Dach eines brennenden Gebäudes stürzten bzw. vor eine einstürzende Wand gerieten. Stadtdirektor Arthur Grunewald war vor Ort und „leitete die Löscharbeiten der Wehren […]", so berichtete die „Nordwestdeutsche Rundschau" am 4. Juni.

Das Foto zeigt ihn „mitten drin". Arthur Grunewald wird von Zeitzeugen ein sehr bestimmtes Auftreten nachgesagt. Er ließ sich bei der Alarmstufe „Großfeuer", wenn alle Feuerwehren alarmiert wurden, benachrichtigen und zur Einsatzstelle bringen. Grunewald war aber Feuerwehrmann genug, sich nicht in die Aufgaben und Verantwortung des Einsatzleiters einzumischen. Mit Sicherheit beobachtete er aber das Verhalten „seiner" Feuerwehr im Einsatz und zögerte auch nicht, durch Hinweise und Bemerkungen Einfluss zu nehmen.

Feuerwehrchef Richard Grotheer links neben ihm trägt schon die robuste, halblange Lederjacke, die Anfang der 1960er Jahre zusätzlich zur Uniform ausgegeben wurde.

Abb. 155: Großbrand Firma Gerdes, 4. Juni 1963 (3.v.l. Arthur Grunewald) (Stadtarchiv, Best. 5370 Feuerwehr)

Bis zur Mitte der 1960er Jahre waren die Fahrzeugausstattung und die Kommunikationstechnik der Berufsfeuerwehr grundlegend modernisiert worden. Als Folge einer gesetzlichen Arbeitszeitverkürzung und angesichts wachsender Aufgaben erhöhte die Stadt Wilhelmshaven erstmals den Personalbestand ihrer Feuerwehr.

## Neue Partner: Werkfeuerwehren und Zivilschutz

In die Phase des Wachstums und der Modernisierung der Berufsfeuerwehr fiel die Neugründung der Feuerwehr des Marinearsenals sowie der ersten Werkfeuerwehr zum Schutz des neuen Ölhafens mit seinem unmittelbaren Gefährdungspotenzial. Beide sollten sich im Laufe der Jahre zu wichtigen Partnern der Wilhelmshavener Feuerwehr und geachteten Mitgliedern der „Feuerwehr-Familie" in Wilhelmshaven entwickeln.

Elf Jahre nach dem Kriegsende wurde Wilhelmshaven 1956 wieder zum Stützpunkt deutscher Seestreitkräfte der neu gegründeten Bundesmarine. Sie war eine Marine des Parlaments, eingebettet in das Militärbündnis der NATO. An der Wiesbadenbrücke im Großen Hafen richtete sie Liegeplätze für die ersten Schnellboote und Minensucher ein. Das neu gegründete Marinearsenal (MArs) führte Reparaturen und Instandsetzungen an den Schiffen der Bundesmarine durch, betrieb aber keinen Schiffsneubau. Es bezog zunächst Gebäude und Grundstücke am Verbindungshafen, u.a. die frühere „Alte Torpedowerft (ATW)" nahe der Kaiser-Wilhelm-Brücke (heute UNESCO Weltnaturerbe Wattenmeer Besucherzentrum und THALES Defence and Security Systems). Für diese ersten Liegenschaften und Werkstätten der Bundesmarine in Wilhelmshaven übernahm die Berufsfeuerwehr den Brandschutz im Rahmen ihrer Zuständigkeit im Stadtgebiet. Der Arsenalbetrieb selbst unterhielt unter der Leitung von Hans Reemtsma (Brandmeister der Freiwilligen Feuerwehr Sengwarden) zunächst eine nebenamtliche „Betriebsfeuerwehr" aus eigenen Mitarbeitern, die zugleich Angehörige der Freiwilligen Feuerwehr waren. Sie verfügte über einen „Feuerlöschanhänger" mit feuerwehrtechnischer Ausrüstung.[454] 1958 begann der Neuaufbau des Marinearsenals auf dem Gelände des früheren Bauhafens. Die meisten Gebäude und Hafenanlagen waren bis 1950 gesprengt worden und mussten in dem nun erforderlichen Umfang neu errichtet werden. Als einer der ersten Bauabschnitte konnte im Januar 1963 die neue Südkaje übergeben werden. Weitere 10 Jahre sollten vergehen, bis das Arsenalgelände in den heutigen Konturen fertiggestellt war.

70 Jahre nach dem „Feuerlöschbetrieb" der Kaiserlichen Werft von 1896 stellte das Marinearsenal im Jahr 1966 eine hauptamtliche Arsenalfeuerwehr auf. Die Feuerwehrleute mussten zunächst in Baracken und auf dem Wohnboot *Siebethsburg* unterkommen. Als Ausrüstung standen ein Unimog mit Feuerlöschanhänger (Tragkraftspritze TS 8/8), eine Drehleiter DL 30 (Magirus Deutz) und ein Trockenlöschanhänger TroA mit 250 kg Pulverlöschmittel zur Verfügung. „Ihre erste Feuerprobe be-

Abb. 156: Löschzug der Arsenal-Feuerwehr vor dem ursprünglichen Wachgebäude (vgl. Seite 22), 1968 (rechts die Anhänger für Löschpulver und Schlauchmaterial) (Bildstelle des Marinearsenals)

stand die MArs-Feuerwehr bei einem Schiffsgroßbrand im April 1966 auf der Fregatte ‚Wespe'", heißt es in einer Chronik des Marinearsenals.[455]

In den von Krieg und Sprengung verschonten Gebäuden der früheren Werftfeuerwehr nahe Tor 1 befand sich in dieser Zeit noch die Fahrbereitschaft des Marinearsenals. Nachdem diese neue Gebäude bezogen hatte, konnte die Arsenalfeuerwehr ab 1968 mit mehr als 51 hauptamtlichen Einsatzkräften wieder ihre angestammten Gebäude beziehen. 1972 wurde der alte Schlauchturm instandgesetzt und wieder in Nutzung genommen.[456]

Abb. 157: Fahrzeuge der Arsenalfeuerwehr, 1970 (v. l.: Drehleiter DL 30, Trockenlöschfahrzeug TroLF 1500, Flugfeldlöschfahrzeug FLF 3800) (Bildstelle des Marinearsenals)

Zu den weiteren Fahrzeugbeschaffungen gehörten ein Trockenlöschfahrzeug TroLF 1500 (Mercedes/Graaf bzw. Metz) mit einer Pulverlöschanlage für wasserempfindliche Substanzen (vgl. Seite 251), zwei Flugfeldlöschfahrzeuge FLF 3800/400 (Magirus-Deutz/Jupiter) mit einem besonders großen Wasser- und Schaummittelvorrat, ein Trockentanklöschfahrzeug TroTLF und ein Tanklöschfahrzeug TLF (Unimog) mit eigenem Löschpulver- bzw. Wasservorrat, ein Krankenwagen KTW (Ford Transit) sowie ein Einsatzleitwagen ELW (VW 181 Kübelwagen). Entsprechend dem für die Feuerwehren der Bundeswehr geltenden Standard waren das TroLF und die FLF mit einem geländegängigen Fahrgestell ausgestattet.

*

Ende November 1958 nahm die Nordwest-Oelleitung-GmbH (NWO) auf dem Heppenser Groden ihren Betrieb auf. Wichtige Unternehmen der Rohölverarbeitung in Deutschland hatten sich unter Führung der ESSO Deutschland AG zusammengeschlossen, um an der Nordseeküste eine Ölimportanlage mit Pipelineverbindung zu ihren binnenländischen Raffinerien (u.a. Lingen und Köln, später auch Hamburg) zu errichten. Wilhelmshaven und sein Wirtschaftsförderungsdezernent Arthur Grunewald setzten sich in einem zweijährigen Wettbewerb gegen Rotterdam durch. Der Ölhafen war der Ausgangspunkt für Wilhelmshavens Entwicklung zum deutschen Tiefwasserhafen.

Abb. 158: Gemeinsame Übung der Berufsfeuerwehr mit der Arsenalfeuerwehr auf dem Gelände des Marinearsenals, 1984 (Feuerwehr-Archiv)

Zu den Genehmigungsauflagen für den Betrieb der Tankerbrücke und des Tanklagers mit einer Kapazität von 1,6 Mio. m³ in 35 Schwimmdachtanks gehörte die Vorhaltung einer nebenamtlichen Werkfeuerwehr in Staffelstärke (1/5) im Schichtbetrieb. Sie bestand aus mehr als 50 Mitarbeitern des Tanklagerbetriebs mit Truppmann-Ausbildung und einem Einsatzleiter in jeder Schicht sowie einem hauptamtlichen Leiter der Werkfeuerwehr. Ihre Aufgabe waren die Erstmaßnahmen bei einem Feuer oder einem Ölaustritt im Tanklager und auf der Löschbrücke. Dazu gehörten die Bedienung der Löschwasserleitungen und -pumpstationen im Tankfeld, der Lösch-Monitore auf der Tankerbrücke sowie der Einsatz von Löschschaum bei Bränden. Je nach Lage konnten weitere Mitarbeiter aus dem Betrieb nachalarmiert werden. Dem Aufgabenspektrum entsprach die Ausstattung mit Löschfahrzeugen. Es begann 1958 mit zwei Schaumlöschfahrzeugen und einem Gerätewagen Ölabwehr. Dazu gehörte u.a. ein Schaumlöschfahrzeug SLF 5000 (Magirus-Deutz F Jupiter 170).[457] Dessen Schaummittelvorrat konnte über ein zweites Fahrzeug oder mit einem separaten Zumischer (Wasser/Schaummittel) eingesetzt werden. Das Fahrzeug war mit einer zusätzlichen Vorbaupumpe ausgestattet, mit der es andere Einsatzfahrzeuge oder stationäre Feuerlöscheinrichtungen versorgen konnte. 1971 kam ein Schaumlöschfahrzeug SLF 7000 (Mercedes-Benz/Metz) hinzu. Heute verfügt die Werkfeuerwehr der Nordwest-Oelleitung-GmbH (NWO) über zwei moderne Schaumlöschfahrzeuge SLF 5500 (Pumpenleistung 5.500 l Wasser/Min.) und ein Wechselladerfahrzeug mit Abrollbehältern für Schaummittel und Schlauchmaterial.

Abb. 159: Bau der Tanker-Löschbrücke für den Ölhafen, 1957/58 (Stadtarchiv, Best. 5370 Feuerwehr)

Abb. 160: Gemeinsame Übung von Berufsfeuerwehr und Werkfeuerwehr NWO, 1981 (Sammlung Markus Bulling)

Abb. 161: Löschfahrzeuge der Werkfeuerwehr NWO bei einer Übung mit der Berufsfeuerwehr, 1987 (oben ein Schaumlöschfahrzeug SLF 7000 (Mercedes-Benz/Metz), unten ein Schaummitteltankfahrzeug STF 5000 (Magirus-Deutz) (Sammlung Markus Bulling)

Abb. 162: Werkfeuerwehr der Nordwest-Ölleitung-GmbH bei der Großübung Mai-Power 2011 (Bild oben: Schaumlöschfahrzeug SLF 5500, dahinter ein Löschgruppenfahrzeug LF 16 der Ortsfeuerwehr Bant, Bild unten, im Vordergrund: Wechselladerfahrzeug der Werkfeuerwehr NWO) (Foto: NWO/Holger de Vries)

Die Werkfeuerwehr der NWO war die erste ihrer Art in Wilhelmshaven. Nach der für das Tanklager geltenden Alarm- und Ausrückordnung wurde in definierten Lagen die städtische Feuerwehr alarmiert, deren Zugführer/Einsatzleiter dann die Gesamtleitung übernahm. In gemeinsamen Übungen trainierte man die Abläufe und machte sich mit den Fähigkeiten des jeweils anderen vertraut. Während die Werkfeuerwehr das Spezialgerät bediente, übernahm die Berufsfeuerwehr/Freiwillige Feuerwehr neben der Brandbekämpfung die Aufgabe, die Ringspalte auf den Schwimmdächern der Rohöltanks mit Schaum abzudecken, gefährdete Tanks im Brandfall zu kühlen und den Nachschub an Löschmitteln und Ausrüstung zu organisieren. Das Kennenlernen des Tanklagers und der Löschbrücke und die Übungen mit einer spezialisierten Werkfeuerwehr sollten für die Berufsfeuerwehr von nun an eine regelmäßig wiederkehrende Aufgabe werden.

Nach der Inbetriebnahme des Ölhafens und der allmählichen Belebung des Innenhafens sammelte die Berufsfeuerwehr auch frühzeitig Erfahrungen in der Bekämpfung von Schiffsbränden, z.B. 1972 beim Einsatz auf dem Tanker *Artemis* nach einer Kesselexplosion, die einen ausgedehnten Schornsteinbrand ausgelöst hatte.[458] Diese Einsätze führten die Männer der Löschgruppe oder -staffel zumeist in die Maschinenräume von Schiffen im Innenhafen bzw. an der Tankerlöschbrücke. Lange vor den 1990er Jahren (vgl. Seite 340) war die Berufsfeuerwehr gefordert, sich einem neuen Einsatzszenario zu stellen und dabei die besonderen Verhaltensmaßregeln für den Einsatz an Bord eines Schiffes (Orientierung, Fluchtwege) kennenzulernen und sich anzueignen.

*

Der Neuaufbau des zivilen Bevölkerungsschutzes für den Kriegsfall veränderte ab Ende der 1950er Jahre auch die Organisation der Gefahrenabwehr in Wilhelmshaven. In Bund und Ländern entstanden aus Bundesmitteln finanzierte Strukturen, die denen der 1930er Jahre zunächst sehr ähnelten (vgl. Seite 91f.). Neue Organisationen traten neben die Feuerwehren und konkurrierten um freiwillige Helfer sowie um finanzielle Ressourcen.

Mit den „Pariser Verträgen" hatte die Bundesrepublik Deutschland am 5. Mai 1955 ihre nationale Souveränität erlangt. Sie trat der Westeuropäischen Union (WEU) und der NATO bei und begann 1956 mit der Aufstellung von Streitkräften. Damit musste auch der Schutz der Zivilbevölkerung im Kriegsfall gewährleistet werden. Mit den Verträgen von Paris wurde das Luftschutzverbot der Alliierten Mächte von 1946 aufgehoben.

Zur Abgrenzung von den militärischen Strukturen war für den zivilen Bevölkerungsschutz das Innenministerium zuständig, das dazu bereits Ende 1951 erste Überlegungen angestellt hatte. Es verwundert nicht, dass ehemalige Angehörige des Luftschutzhilfsdienstes (SHD), der Technischen Nothilfe (TN) (vgl. Seite 91) oder des Reichluftschutzbundes ihr Wissen für den Neuanfang zur Verfügung stellten. Bereits 1950 war im Geschäftsbereich des Innenministeriums die „Bundesanstalt Technisches Hilfswerk (THW)" als haupt- und ehrenamtliche Zivil- und Katastrophenschutz-Organisation des Bundes geschaffen worden. 1953 gründete sich im „Textilhof" (Ulmenstraße) der Ortsverband Wilhelmshaven des THW. Der erste Ortsbeauftragte war Otto Fenselau, der 1957 die Leitung des neu neugegründeten Marinearsenals übernahm. Im Oktober 1957 beschloss der Bundestag das „1. Gesetz über Maßnahmen zum Schutz der Zivilbevölkerung". Es definierte den zivilen Luftschutz, nämlich den Schutz von Leben und Gesundheit der Bevölkerung gegen die Gefahren von Luftangriffen, als Bundesaufgabe, die so weit wie notwendig und sinnvoll von den Ländern und Gemeinden in Auftragsverwaltung durchgeführt werden sollte. Das Gesetz bildete die Grundlage für den Aufbau eines Luftschutzhilfsdiensts (LSHD). Das Gesetz sah auch einen Warndienst in Form von ständig besetzten Warnämtern, den entsprechenden lokalen Sirenenanlagen und regelmäßigen Probealarmen vor. Die Bevölkerung sollte über die Gefahren bewaffneter Angriffe und Maßnahmen des Selbstschutzes informiert werden. Weiterhin regelte das Gesetz den baulichen Luftschutz (Bunker), die Sanitätsmittelbevorratung sowie die Bevorratung von Lebensmitteln (Ernährungssicherstellung) und Mineralöl.

Im Bundesministerium des Innern begann der Aufbau einer Luftschutzorganisation (später „Bundesluftschutzverband" bzw. 1968 „Bundesverband für den Selbstschutz – BVS"), die bis auf die Ebene der Kreise und kreisfreien Städte herunter hauptamtlich vertreten war. Sie leistete allgemeine Aufklärungsarbeit und bot insbesondere sogenannte „Selbstschutzlehrgänge" an. Das Deutsche Rote Kreuz (DRK), der Arbeiter-Samariter-Bund (ASB), die Johanniter Unfallhilfe (JUH) und der Malteser Hilfsdienst (MHD) gründeten sich nun auch als Hilfsorganisationen für den Bevölkerungsschutz neu. Sie profitierten von den mit dem Aufbau des zivilen Bevölkerungsschutzes verbundenen Ressourcen an Fahrzeugen und Helfern.[459]

Bis zu 100 Sirenen sollten die Bevölkerung allein in Wilhelmshaven warnen. 1961 waren bereits 89 Anlagen im Stadtgebiet installiert. Sie wurden auch erprobt, wie die „Wilhelmshavener Zeitung" berichtete: „Die Bewohner Wilhelmshavens werden heute als erste Bürger in der Bundesrepublik einen ABC-Alarm erleben. Mit dem Alarm sollen die Einrichtungen der Luftschutzwarnämter in Rodenberg am Deister und in Bassum getestet werden."[460] In diesen Orten befanden sich entsprechend ausgestattete mehrstöckige Bunkeranlagen, die ständig mit 20 Mitarbeitern besetzt waren.

Schrittweise ließ der Bund die ersten noch vorhandenen Luftschutz-Bunker des Zweiten Weltkriegs reaktivieren und bis zur Einsatzbereitschaft ausstatten, so z.B. in Wilhelmshaven den Bunker am Bahnhof West. Die Schutzraumvorhaltung für die Jadestadt war auf 25.000 Plätze in 25 Schutzbauten ausgelegt. An zentralen Orten wurden autarke Hilfskrankenhäuser mit eigenständiger Energie- und Wasserversorgung sowie mit aufwändigen Luftfilteranlagen geplant und hergerichtet, z.B. im ehemaligen Krankenhausbunker des Städtischen Krankenhauses aus dem Jahr 1940 an der Virchowstraße.

In den nach ihrer Bevölkerungsdichte besonders gefährdeten Standorten begann man 1961 mit dem Aufbau des örtlichen Luftschutzhilfsdiensts (LSHD) für den Einsatz freiwilliger, ausgebildeter Helfer im Verteidigungsfall. Wie einst der Sicherheits- und Hilfsdienst (SHD) bestand der LSHD aus den Fachdiensten Brandschutz,

Bergung, Sanität, Veterinär, ABC, Betreuung und Fernmeldewesen. Von Anfang an litt der Aufbau der neuen Organisation allerdings unter der Gesetzgebungskonkurrenz zwischen dem Zivilschutz (Art. 73 Grundgesetz) des Bundes und dem Katastrophenschutz (Art. 30 bzw. 70 Grundgesetz) in den Ländern. Aufgabe des „Fachdienstes Brandschutzes" war die Brandbekämpfung und die Menschenrettung aus Brandgefahren. Seine mobilen Einheiten gliederten sich in Bereitschaften mit einer Führungsgruppe, drei Einsatzzügen sowie einem Versorgungszug. Die Fahrzeuge, vielfach mit Allradantrieb, waren zumeist Tanklöschfahrzeuge mit Wasservorrat TLF 8 Mercedes-Benz Unimog/Magirus) und TLF 16 (Klöckner-Humboldt-Deutz/Rathgeber). In den jeweils ersten beiden Einsatzzügen einer Brandschutzbereitschaft waren sog. Vorauslöschfahrzeuge (VLF) mit einer Staffelbesatzung (1/5) für Erkundungsaufgaben und erste Hilfsmaßnahmen vorgesehen, die im Alarmfall zuerst besetzt und abgerufen werden sollten.

Der Luftschutzhilfsdienst richtete Depots, Schulen und Werkstätten ein, z.B. die Zentralwerkstatt in Westerstede, die für die Abgabe/Rückgabe und Instandhaltung der bundeseigenen Einsatzfahrzeuge im Nordwesten verantwortlich war. Insgesamt beschaffte der Bund für den Luftschutzhilfsdienst etwa 11.000 Fahrzeuge, nur für den Brandschutz waren sie feuerwehrrot lackiert, ansonsten in einem „khakigrau", das von Laien gelegentlich auch als „erdbraun" fehlinterpretiert wurde. Das Personal des Luftschutzhilfsdienstes bestand aus einem hauptamtlichen Kern und freiwilligen Helfern, die vom Wehrdienst befreit waren, wenn sie sich auf 10 Jahre verpflichteten. Sie bildeten jahrzehntelang das Gros der Bereitschaften.

**Aufgabenverteilung des Luftschutzhilfsdienstes in Wilhelmshaven**

| | |
|---|---|
| Brandschutzdienst: | Fachdienst Brandschutz des LSHD |
| Bergungsdienst: | Technisches Hilfswerk (THW) |
| Sanitätsdienst: | anerkannte Hilfsorganisationen: DRK, JUH, MHD, ASB |
| ABC-Zug: | Regieeinheit der Stadt |
| Fernmeldezentrale: | Regieeinheit der Stadt |
| DLRG: | anerkannte Hilfsorganisation |
| Rettungshundestaffel: | anerkannte Hilfsorganisation |

Der „örtliche Luftschutzleiter" trug die Verantwortung für die Ausführung des Gesetzes über Maßnahmen zum Schutz der Zivilbevölkerung in der Gemeinde. Dazu wurde 1959 Stadtrat Arthur Grunewald bestellt,[461] 1967 übernahm Oberstadtdirektor Dr. Walther Schumann diese Funktion. Die Stadt Wilhelmshaven richtete für die neuen Aufgaben im Herbst 1963 ein „Amt für Bevölkerungsschutz" ein, welches Räume in der früheren Ausweichstelle des Fernmeldeamtes in der Peterstraße 146 bezog. Hier arbeiteten die hauptamtlichen Verwaltungskräfte, einmal wöchentlich wurden ehrenamtliche Helfer ausgebildet. „Erfahrene Kräfte leiten den Unterricht und vermitteln den Männern lückenloses Wissen und sichere Beherrschung aller Geräte", berichtete die „Nordwest-Zeitung" 1966.[462] In dem Gebäude und in einem be-

nachbarten früheren Luftschutzbunker waren Geräte eingelagert: Atemschutzgeräte für Gasalarm, Wasserrucksäcke, Petroleumlampen, Greifzüge, Wolldecken, Krankentragen sowie eine komplette OP-Ausstattung (OP-Zelt, OP-Tisch und -Bestecke).
Als Ziel der 1. Ausbaustufe war für Wilhelmshaven eine Zahl von 450 Helfern angesetzt, gegliedert u.a. in

- eine Brandschutzbereitschaft (zusätzlich zur Freiwilligen Feuerwehr mit 143 Aktiven Mitte der 1960er Jahre) mit 88 Helfern sowie zehn „Feuerschnelltrupps" mit 30 Mann[463]
- eine Bergungsbereitschaft aus vier Zügen mit 130 Mann des THW, davon 24 Mann in „Bergungsschnelltrupps"
- eine Sanitätsbereitschaft (DRK) mit 108 Helfern
- ein Fernmeldezug mit 53 Helfern
- ein ABC-Trupp mit 15 Helfern.

In der nächsten Stufe sollten 1.000 Helfer bereitstehen, entsprechend ein Prozent der Bevölkerung. Die Realität waren im Jahr 1965 138 Helfer, davon 30 in Feuerwehrschnelltrupps, 43 in einer Bergungsbereitschaft, 15 in der Sanitätsbereitschaft, 15 im ABC-Schnelltrupp und 35 in der Fernmeldebereitschaft, insgesamt also wenig mehr als ein Drittel der Zielvorgabe.[464]

An Fahrzeugen standen neun Mannschaftsfahrzeuge, drei Gerätewagen, ein Löschfahrzeug, elf Tanklöschfahrzeuge, ein Bergungsschnellwagen, ein Vorausentgiftungsfahrzeug sowie ein Funk-Kommandowagen zur Verfügung. Später kam noch ein Schlauchkraftwagen SKW 2000 hinzu, der mit 1.850 Metern Schlauch für die Löschwasserversorgung über lange Strecken beladen war (1.250 Meter B-Schlauch und 600 m C-Schlauch). Damit war zumindest die Brandschutzbereitschaft des Zivilschutzes in Wilhelmshaven vollständig ausgestattet: „Wie vorausschauend das Amt für Zivilschutz in Wilhelmshaven gearbeitet hat, beweist, dass diese Fahrzeuge sofort

Abb. 163: Fernmeldedienst des Bevölkerungsschutzes vor der „Seipel-Halle", auf dem Weg zu einer Übung, 1965 (im Hintergrund das Schulgebäude Schellingstraße 15) (Sammlung Dieter Gese)

nach der Auslieferung mit Mannschaften besetzt werden konnten", stellte die „Nordwest-Zeitung" fest.[465]

Der Fachdienst Brandschutz (auch LS-Brandschutzdienst) stand unter der Leitung von Berthold Meyer als Fachdienstführer und war zunächst in mehrere Feuerwehr-Schnelltrupps gegliedert, die sich im Einsatz zum Löschzug vereinigen konnten. Für das Jahr 1969 beispielsweise meldete Meyer regelmäßige Ausbildungseinheiten und Trockenübungen mit der Ausrüstung sowie den Fahrzeugen (TLF 8) in der Halle sowie Geländeübungen in „Klein Wangerooge". Trotz aller Eigenständigkeit war man letztlich auf die Feuerwehr angewiesen: „Bei allen diesen Übungen und Belehrungen möchte ich ganz besonders auf die tätige Unterstützung und Belehrung durch die Berufsfeuerwehr hinweisen. Die Kameraden BI Adam und HBm Freese waren stets bemüht, uns im Rahmen ihrer Möglichkeiten tatkräftig zu unterstützen", schrieb Meyer 1969.[466] Bei dem Großbrand in der Holzhandlung Takenberg am 9. Mai 1969 war der LS-Brandschutzdienst mit drei TLF 8 zu Lösch- und Sicherungsaufgaben eingesetzt.[467]

Im Aufgabengliederungsplan der Stadtverwaltung war das Amt für Zivilschutz, wie man es jetzt nannte, 1965 mit den Aufgaben „Zivile Verteidigung" und „Katastrophenschutz" und der Organisationsziffer 09 der „Allgemeinen Verwaltung" zugeordnet – gleichgestellt u.a. mit Hauptamt, Rechtsamt oder Ordnungsamt. Die Berufsfeuerwehr dagegen gehörte mit den Aufgaben „Feuerschutz", „Vorbeugender Feuer-

Abb. 164: Ausbildung des LS-Brandschutzdienstes auf dem Gelände der Feuerwache Mozartstraße, 1965 (Feuerwehr-Archiv)

schutz" und „Unfall- und Katastrophenhilfe, Rettungsdienst" und „Krankentransport" zu den „Öffentlichen Einrichtungen" – mit dem Zusatz „Einsatz [...] bei der Katastrophenabwehr und in der zivilen Verteidigung."[468] Offensichtlich betrachtete man die Feuerwehr in jener Zeit eher als „dienende" kommunale Einrichtung, auf deren Ausstattung, Fähigkeiten und Erfahrungen man im Bedarfsfall zurückgriff, und nicht als einen Teil der hoheitlichen Ordnungsverwaltung.

Der Luftschutzhilfsdienst und der Bundesluftschutzverband profitierten in den 1960er Jahren von der Zuspitzung des Ost-West-Konfliktes und den damit verbundenen Kriegsszenarien. Sie betrieben aktive Öffentlichkeitsarbeit, wie die „Wilhelmshavener Zeitung" beispielsweise 1962 berichtete: „‚Unser Selbstschutz' nennt sich eine ambulante Ausstellung des Bundesluftschutzverbandes. Sie ist auf dem Gelände der Berufsfeuerwehr an der Peter- und Mozartstraße aufgebaut und soll die Bevölkerung Wilhelmshavens mit dem Selbstschutz im Ernstfall vertraut machen. Gestern wurden Wilhelmshavener Schulklassen zu der Ausstellung geführt."[469] An der Jadestraße nördlich des Grodendamms (heute Atlantic Hotel) weihte der Zivilschutz im September 1964 ein „Übungszentrum für den Bevölkerungsschutz" zur Ausbildung der freiwilligen Helfer ein. Aus diesem Anlass fand unter der Schirmherrschaft des Präsidenten des Niedersächsischen Verwaltungsbezirks Oldenburg eine Ausbildungsübung des Luftschutzhilfsdienstes auf dem „Standortübungsgelände" am Banter See („Klein-Wangerooge") statt.[470] Die „Wilhelmshavener Zeitung" berichtete: „Auf dem Gelände am Rande des Standortübungsplatzes neben der Wilhelmshavener Sandwüste von ‚Klein-Wangerooge' erhob sich gestern Vormittag ein Heidenlärm. Zuerst brausten fünf rote Feuerlöschzüge mit Sirenengeheul durch die unwegsame Ödfläche, zwei Minuten später aber heulten an allen Ecken und Enden die Sirenen los. Rund 25 erdbraun gestrichene Spezialwagen rasten zur vermeintlichen Unglücksstelle. Damit wurde die gemeinsame Großübung der 250 freiwilligen Helfer des zivilen Bevölkerungsschutzes Ostfriesland eingeleitet."[471]

1968 verfügte der Zivilschutz in Wilhelmshaven über 226 Helfer, mehr als die 216 Angehörigen der Berufsfeuerwehr und der Freiwilligen Feuerwehren (ohne Werkfeuerwehren) zusammen. An Fahrzeugen standen nun zwei Funkkraftwagen, neun Mannschaftswagen, drei Gerätekraftwagen, ein Bergungsschnelltruppwagen, einige Löschfahrzeuge sowie ein Schlauchwagen, ein Großraumkrankenwagen und ein Instandsetzungswagen zur Verfügung, ergänzt um zwei Sirenenanhänger, eine Feldküche und ein Notstromaggregat.[472] 20 der 33 für Wilhelmshaven geplanten Schutzräume waren nutzbar. An der „Zivilschutzwoche" 1969 beteiligten sich die Feuerwehr-Schnelltrupps des LS-Brandschutzdienstes mit der Ausstellung ihrer Tanklöschfahrzeuge TLF 8/TLF 16 sowie durch praktische Einsatzübungen auf dem Rathausplatz.[473]

Während sich die Strukturen und Einsatzkräfte des Bevölkerungsschutzes noch entwickelten, forderte ein Naturereignis besonderer Art die zuständigen Behörden und auch die Feuerwehren heraus: die Sturmflut an der Nordseeküste in der Nacht vom 16. auf den 17. Februar 1962. Bereits fünf Tage zuvor war ein Orkan über Nordwesteuropa gezogen, der allein in Deutschland durch umstürzende Bäume und herabfallende Bauteile 13 Todesopfer gefordert hatte. Das Barometer stand so tief, dass

Abb. 165: Fahrzeuge und Ausrüstung des Zivilschutzes auf dem Rathausplatz während der Zivilschutzwoche 1969 (Sammlung Dieter Gese)

Abb. 166: Fachdienst Brandschutz des Zivilschutzes mit Tanklöschfahrzeugen TLF 8 (Feuerwehr-Schnelltrupps, rechts) und TLF 16 (Brandschutz) vor dem Rathaus, Zivilschutzwoche 1969 (Sammlung Dieter Gese)

Abb. 167: Hochwasser in Rüstersiel, Hotel Schröder, 1962 (Blick auf den alten Hafen) (Stadtarchiv, Best. 5370 Feuerwehr)

sich ein weiteres Unwetter bereits andeutete. Bei anhaltendem Sturm, der im Laufe der Nacht zum 17. Februar auch noch auf Nordwest drehte, stieg der Pegel mit dem Abendhochwasser um 23.10 Uhr auf 5,30 m über N.N., d.h. 3,68 m über dem Normalhochwasser. Dieser Wert lag über den bisherigen Höchstmarken von 1825 und 1906. Dennoch traf es die Wilhelmshavener Küste aufgrund der vorherrschenden Windrichtung bei weitem nicht so hart wie die schleswig-holsteinische Küste und vor allem die Stadt Hamburg, wo viele Deiche brachen und im Hochwasser mehr als 300 Menschen ertranken.

Der alte Voslapper Seedeich erlitt schwere Schäden, hielt aber dank des Einsatzes der Helfer. An der wangerländischen Nordseeküste und vor allem auf Wangerooge waren die Schäden wesentlich größer, einzelne Deichabschnitte konnten nur durch den massiven Einsatz von Soldaten und Hubschraubern der Bundeswehr gehalten werden. Aufgrund der Lage im Sturm-Lee war die Gefahrenabwehrorganisation unter Leitung von Stadtdirektor Arthur Grunewald lediglich still (telefonisch, ohne Sirenen) alarmiert worden: Feuerwehr, Technisches Hilfswerk, Bundeswehr und Deutsches Rotes Kreuz (zur Versorgung der Einsatzkräfte und eventuell zu evakuierender Personen) hielten sich zum Einsatz bei Bedarf bereit. Der Maadedeich am Südrand des Rüstersieler Watts wurde von den Fluten überspült, die Gebäude vor dem alten Rüstersieler Maadesiel standen hoch unter Wasser.[474]

Nachdem das Hochwasser in der Nacht nicht zuletzt wegen der „stillen" Alarmierung weitgehend unbemerkt geblieben war, blockierten am nächsten Tag Tausende Schaulustige die Zufahrten zu den Schadensstellen am Deich. Die „Wilhelmshavener Zeitung" berichtete über die Reaktion der Verantwortlichen: „Stadtdirektor Grunewald verurteilte dies scharf und kündigte später an, daß man künftig in einem solchen Fall Privatwagen beschlagnahmen und Schaulustige zum Helfen zwangsverpflichten werde. Die Gesetzesgrundlage dafür sei vorhanden."[475]

Nach dieser Sturmflut installierte die Berufsfeuerwehr 1963 eine Pegelmessung mit einem Pegelschreiber in der Fernmeldezentrale. Mit diesen Informationen konnte man rechtzeitig geeignete Warn- und Gefahrenabwehrmaßnahmen einleiten. Die Fernmeldeanlagen der Berufsfeuerwehr wurden 1964 ertüchtigt. Nun standen sechs Amtsleitungen und eine erweiterte Nebenstellenanlage mit zwei parallelen Vermittlungsplätzen zur Verfügung.[476] Stadtdirektor Arthur Grunewald ließ im Gebäude Mozartstraße 11 eine „Befehlsstelle" einrichten: eigene Sprechfunkstelle, Telefon-Standleitungen zu Polizei und Behörden, Lagekarten und Kräfteübersichten.

Zur Bewältigung komplexer Schadenslagen brauchte es jedoch mehr nur als eine verbesserte Einsatzführung der Feuerwehr. Die Stadt Wilhelmshaven schuf noch 1962 mit dem „Katastrophen-Einsatzplan" die formalen Grundlagen „zur Abwendung von Gefahren im Katastrophenfall."[477]

Jede Katastrophe entwickelte sich naturgemäß aus einem Alarm zunächst für die Feuerwehr. Im Katastrophen-Einsatzplan unterschied man nun die Alarmierungen für Großbrände, die im Wesentlichen für die Feuerwehren galten, und für Katastrophenlagen, bei denen auch andere Fachbehörden, die Polizei und die Bundeswehr betroffen sein konnten. Der Plan enthielt die entsprechend abgestuften Entscheidungsbefugnisse für die Alarmierung: Danach informierte der jeweilige Einsatzleiter der Berufsfeuerwehr den Leiter der Berufsfeuerwehr, wenn das Schadensereignis

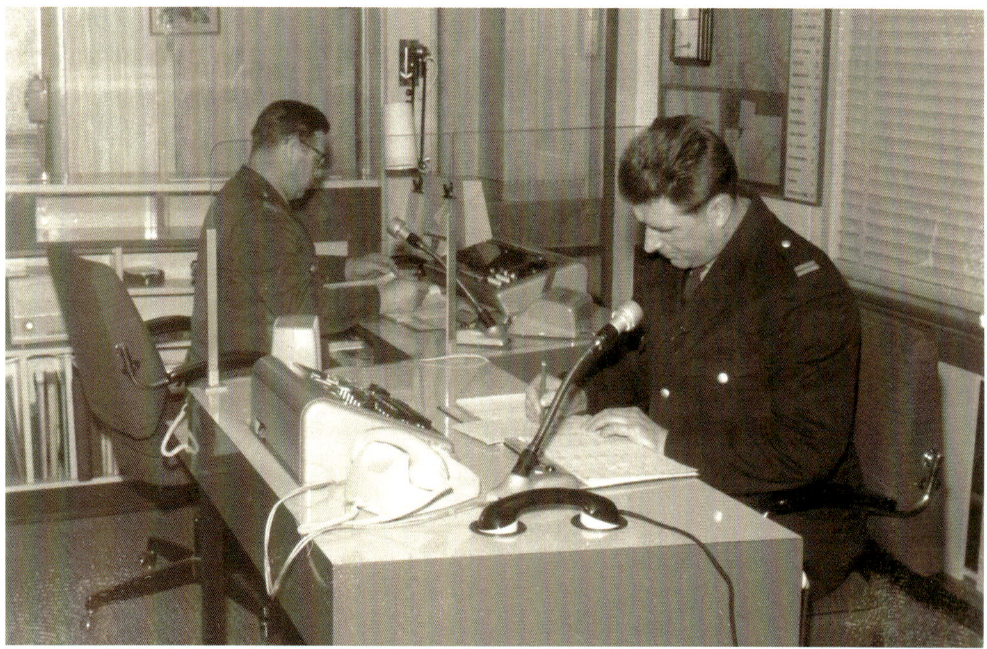

Abb. 168: Fernmeldezentrale nach der Modernisierung, 1964 (am Fernsprechvermittlungsplatz im Vordergrund Oberbrandmeister Willi Dau, am Funkabfrageplatz im Hintergrund Oberbrandmeister Hans Wilde) (Stadtarchiv, Best. 5370 Feuerwehr)

Abb. 169: Katastrophenschutzübung auf dem Gelände der ehem. Werftkaserne, 24. Oktober 1964 (links das Löschfahrzeug des Löschzuges Rüstringen I/Bant von 1936, rechts das Löschfahrzeug der Freiwilligen Feuerwehr Wilhelmshaven von 1935, WHV-213, mit nachgerüstetem Blaulicht) (Stadtarchiv, Best. 5370 Feuerwehr)

den normalen Rahmen überschritt. Der Leiter der Berufsfeuerwehr wiederum konnte „Großfeueralarm" (Sirenensignal) auslösen. Gleichzeitig wurde der Dezernent/Leiter des Katastrophenschutzes informiert. Dieser konnte Katastrophenalarm (Sirenensignal) auslösen und den „Kommandostab", ggf. auch die Fachdienste still oder über Sirenen alarmieren. Für eine Sturmflutlage galten wegen der Vorwarnstufen und die Einbindung anderer Fachbehörden besondere Regeln. Die Gesamtleitung lag bei Arthur Grunewald als Stadtdirektor und Feuerschutzdezernent. Von seiner Befehlsstelle bei der Berufsfeuerwehr aus ordnete er die erforderlichen Maßnahmen an, zu seinem Kommandostab gehörten der Leiter der Berufsfeuerwehr, der Leiter des Amtes für Bevölkerungsschutz, der Leiter des Polizeiabschnitts Wilhelmshaven sowie die Verbindungsleute zur Standortkommandantur der Bundeswehr, zum Wasserwirtschaftsamt und zum Wasser- und Schifffahrtsamt.

In Abhängigkeit von der jeweiligen Lage ergänzten die Leiter der Fachdienste und Behörden (Zivilschutz, Bauverwaltung, Gesundheitsamt, Hauptamt, Wirtschafts- und Betreuungsdienst, Technisches Hilfswerk, Deutsches Rotes Kreuz und Bundesluftschutzverband) den Stab. Damit hatte man den operativen Teil des Bevölkerungsschutzes/Zivilschutzes in den zivilen Katastrophenschutz eingebunden, zusammengehalten von Arthur Grunewalds Autorität und Erfahrung. Er verstärkte auch die Übungstätigkeit von Feuerwehr und Katastrophenschutz, so der Jahresbericht der Feuerwehr 1963/64: „Am 24. Oktober 1964 hatte Herr Stadtdirektor Grunewald eine große Katastrophenschutzübung bei der Werftkaserne angesetzt. Alle vier Einheiten der Freiwilligen Feuerwehr waren hier eingesetzt."[478]

**Abb. 170: Katastrophenschutzübung auf dem Gelände der ehem. Werftkaserne, 24. Oktober 1964 (v. l. Oberbrandmeister Hans Wilde, Oberbrandmeister Willi Dau, Stadtdirektor Arthur Grunewald, Hauptbrandmeister Heinz Claus, im Hintergrund das neue Fernmeldefahrzeug, zwei der Beamten tragen die neuen Lederjacken) (Stadtarchiv, Best. 5370 Feuerwehr)**

Die Erfahrungen mit der Sturmflut 1962 wirkten sich auch auf das Ausbildungsprogramm aus, so der Jahresbericht des Kreisfeuerwehrverbandes 1966: „Alle Feuerwehrmänner der Freiw. Feuerwehr wurden im Laufe des Sommers in 2 Abteilungen beim Betriebsamt der Stadt mit der Füllung von Sandsäcken vertraut gemacht. Mit einer Füllmaschine wurden die Sandsäcke gefüllt und dann mit Hand verschlossen. Hierbei wurde auch die richtige Verlegung der Säcke bei evtl. Beschädigungen der Deiche gezeigt."[479]

Am 1. Februar dieses Jahres trat eine „Katastrophenschutzordnung" in Kraft und ersetzte den Katastropheneinsatzplan von 1962. Man unterschied nun den „vorbeugenden" Katastrophenschutz, für den das neu eingerichtete Zivilschutzamt zuständig war, und den „abwehrenden" Katastrophenschutz, der wie bisher vom Leiter des Katastrophenschutzes und seinem „Katastropheneinsatzstab" wahrgenommen wurde. Zum vorbeugenden Katastrophenschutz gehörten neben der Aufstellung des „Katastropheneinsatzstabes" u.a. die „Führung des Katastrophenschutz-Kalenders" (Alarmierungsabläufe, Kräfte- und Gerätenachweis) und „die Aufklärung der Bevölkerung über das zweckmäßige Verhalten bei Katastrophen".[480] Der Katastropheneinsatzstab selbst setzte sich aus der Leitung (Dezernent für öffentliche Ordnung/Leiter des Katastrophenschutzes und Leiter des Zivilschutzamtes), der Stabsgruppe (Fernmelder, Stabshilfspersonal), der Fachdienstgruppe (Vertreter der Fachdienste) und der Verbindungsgruppe (andere Behörden und Betriebe) zusammen.

Die Berufsfeuerwehr verlor damit gegenüber dem Bevölkerungsschutz/Zivilschutz an Boden, auch wenn sich dies unter der übergreifenden Verantwortung von Arthur Grunewald als Ordnungs- bzw. Feuerschutzdezernent und allgemeiner Vertreter des Oberstadtdirektors noch nicht so stark bemerkbar machen sollte.

Feuerwehr und Zivilschutz gingen während der folgenden Jahre in mancher Hinsicht eigene Wege. Für den friedensmäßigen Katastrophenschutz hatte die Berufsfeuerwehr mit der Befehlsstelle in der Wache Mozartstraße gerade erst 1964 die räumlichen Strukturen geschaffen (vgl. Seite 216). Das Zivilschutzamt richtete seinerseits 1968 im Keller der früheren Grundschule Langewerth in Antonslust eine Befehlsstelle für den Zivilschutz im Kriegsfall ein. „Als erste Stadt in der Bundesrepublik bekommt Wilhelmshaven ein mit modernsten Geräten ausgestattete Befehlsstelle für den örtlichen Luftschutzleiter", wusste die „Wilhelmshavener Zeitung" schon im Vorfeld zu berichten.[481] Die Schule hatte sich ursprünglich in einem Bauernhaus in Langewerth befunden, nach dem Krieg war sie nach Antonslust in die ehemalige Telefonvermittlungsstelle der Kriegsmarine umgezogen (heute „Loges Schule Nordsee"). Die Befehlsstelle war am Rande der Stadt sicher erreichbar, befestigt und wurde deshalb auch als „Befehlsbunker" bezeichnet.[482] An einem V-förmigen Tisch saßen die Mitglieder des Einsatzstabes, hinter Glasscheiben ihre jeweiligen Fachberater und Sachbearbeiter.

Abb. 171: „V-Tisch" in der neuen Befehlsstelle Langewerth des Zivilschutzes, 1968 (Sammlung Dieter Gese)

Das Nebeneinander von Zivilschutz des Bundes und Katastrophenschutz der Länder behinderte auf Dauer die Entwicklung beider Organisationsbereiche. Den Ländern und insbesondere den Feuerwehren fehlte es an Ausstattung, dem Luftschutzhilfsdienst an Einsatzpraxis. Bei der Rekrutierung von Helfern konkurrierten beide, vor allem in den Städten. In Wilhelmshaven war die Zahl der Helfer im Zivilschutz bis 1970 auf 278 angestiegen, davon 88 im Fachdienst Feuerwehr, 73 im Fachdienst Bergung, 21 im Fachdienst Sanität, 15 bei der ABC-Abwehr (atomare, biologische und chemische Gefahren) und 49 in der Fernmeldebereitschaft. Der Soll-Wert betrug nach wie vor 458.[483]

Aus der Erkenntnis, dass man nur gemeinsam stark sein könne, erhielten der Zivilschutz des Bundes und der Katastrophenschutz der Länder mit dem Bundesgesetz „über die Erweiterung des Katastrophenschutzes“ vom 9. Juli 1968 deshalb einen einheitlichen organisatorischen Rahmen. Der friedensmäßige Katastrophenschutz in den Ländern und Kommunen wurde um den Katastrophenschutz als Folge von Kriegshandlungen „erweitert“. Bund und Länder trugen gemeinsam die Kosten der Ausrüstung und Ausbildung. Der Luftschutzhilfsdienst des Bundes wurde bis 1972 aufgelöst. Alle anderen Elemente der zivilen Verteidigung und des Zivilschutzes blieben als Aufgaben des Bundes bestehen: Schutzraumbau einschl. Hilfskrankenhäuser, Selbstschutz, Warndienst, Trinkwassernotversorgung etc. Die Länder waren hierbei jedoch im Rahmen von Auftragsverwaltung, die Städte und Landkreise im Rahmen einer gesetzlich übertragenen Aufgabe tätig bzw. zuständig. 1971 waren in Wilhelmshaven 97 Luftschutz-Sirenen installiert, nach der Eingemeindung der Gemeinde Sengwarden waren es 104 Anlagen.

In Niedersachsen setzte der Gesetzgeber 1972 mit dem Niedersächsischen Katastrophenschutzgesetz (NKatSchG) die veränderten Zuständigkeiten landesrechtlich um. Er definierte die Katastrophe in § 1 als „Notstand, bei dem Leben, Gesundheit, die lebenswichtige Versorgung der Bevölkerung, die Umwelt oder erhebliche Sachwerte in einem solchen Maße gefährdet oder beeinträchtigt sind, dass seine Bekämpfung durch die zuständigen Behörden und die notwendigen Einsatz- und Hilfskräfte eine zentrale Leitung erfordert.“ Wenn eine Gefahrenlage und deren Auswirkungen die Kriterien einer Katastrophe erfüllten (s.o.), nahmen die kreisfreien Städte und die Landkreise die Aufgabe der örtlichen Katastrophenschutzbehörde wahr. Die zentrale Instanz auf kommunaler Ebene war der Hauptverwaltungsbeamte (HVB), d.h. der Oberstadtdirektor/Oberkreisdirektor als Behördenleiter, der den Katastrophenfall feststellte.

Er berief dazu einen Leitungsstab, den Katastrophenschutzstab beim Hauptverwaltungsbeamten (KatS-Stab HVB), der seine Entscheidungen vorbereitete und deren Umsetzung durch die jeweiligen Fachdienste (Feuerwehr, Hilfsorganisationen, Technisches Hilfswerk etc.) und Behörden (Polizei, Bundeswehr, Fachbehörden) steuerte. Das Gesetz regelte die Aufgaben und Kompetenzen des Katastrophenschutzstabes, die Bedingungen für die Feststellung des Katastrophenfalls und die sich daraus ergebenden Konsequenzen. Zur Unterstützung der Stabsarbeit dienten Katastrophenschutzpläne mit den wichtigsten Informationen über die Infrastruktur im Gemeindegebiet, die verfügbaren Einheiten, die Meldewege etc. Für einzelne Lagen wie Hochwasser oder besonders gefährdete Anlagen wie z.B. Kernkraftwerke sollten Katastrophenschutz-Sonderpläne erarbeitet werden. Auch der „erweiterte Katastrophenschutz" war in Fachdienste gegliedert, er wurde von den Organisationen wahrgenommen, die auch im friedensmäßigen Katastrophenschutz zuständig waren.

**Aufgabenverteilung im erweiterten Katastrophenschutz**

| | |
|---|---|
| Brandschutz: | Feuerwehren |
| Bergung: | Technisches Hilfswerk (THW)/Feuerwehren |
| Instandsetzung: | Technisches Hilfswerk (THW) |
| Sanität: | Hilfsorganisationen |
| Betreuung: | Hilfsorganisationen, Regieeinheiten |
| ABC: | Feuerwehr (Strahlenschutz); Regieeinheiten |
| Fernmeldewesen: | Feuerwehr, Technisches Hilfswerk (THW), Regieeinheiten |
| Veterinär: | Regieeinheiten |
| Versorgung: | Hilfsorganisationen, Regieeinheiten |

Die Fahrzeuge des Luftschutzhilfsdienstes wurden auf die beauftragten Organisationen aufgeteilt, soweit diese nach ihren friedensmäßigen Aufgaben dazu geeignet waren. Zur Unterscheidung galt für die vom Bund gestellten Fahrzeuge von nun an auch ein neues Farbschema: rot (Feuerwehr), blau (Bergung), beige (Sanität), orange (Fernmeldewesen, Führung, ABC etc.). 1975/76 standen bei den Hilfsorganisationen, Regieeinheiten und Feuerwehren in Wilhelmshaven insgesamt 37 Fahrzeuge aus Bundesbeständen.[484] An die Stelle der großen Bereitschaften des Luftschutzhilfsdienstes (vgl. Seite 211) traten kleinere Züge, die gleichwohl lageabhängig zusammengeführt werden konnten. Je Stadt/Landkreis sollten folgende Einheiten aufgestellt werden:

Löschzug Löschen/Retten (R)
Löschzug Löschen/Wasserversorgung (W)
Bergungszug
Sanitätszug
ABC-Zug
Veterinärzug
Fernmeldezug
Fernmeldezentrale KatS
Führungsgruppe (Erkundungstrupp, Beobachtungs- und ABC-Messstelle, ABC-Melde und Auswertestelle).

Das Technische Hilfswerk und z.T. auch die Hilfsorganisationen spezialisierten ihre Einheiten regional, z.B. als Brückenbauzüge. Sie wurden nur in der Grundausstattung z.B. als Bergungszüge oder Sanitätszüge flächendeckend in den Städten und Kreisen stationiert.

Der Standard-Löschzug „R" (1/25) des Katastrophenschutzes mit den Aufgaben „Löschen" und „Retten" bestand aus einem Zugtrupp (1/4) mit Führungsfahrzeug und Meldern, zwei Löschgruppen (1/8) mit je zwei Löschgruppenfahrzeugen LF 16//TS sowie einem Rettungstrupp (1/2) mit drei Rüstwagen. Seine Aufgaben waren:

- „Erkunden der Einsatz- und Schadensstelle
- Retten von Menschen sowie Bergen von Tieren und Sachwerten
- Vortragen von Löschangriffen, auch unter erschwerten Bedingungen (z.B. unter Atemschutz)
- Leisten Technischer Hilfe im Rahmen von Sofortmaßnahmen an der jeweiligen Schadensstelle
- Heranführen von Löschwasser über lange Wegstrecken, auch zur Versorgung anderer Brandschutzeinheiten."[485]

Der Löschzug „W" mit den Aufgaben „Löschen" und „Wasserversorgung" verfügte anstelle des Rettungstrupps über einen Wasserversorgungstrupp mit drei Schlauchwagen SW 2000. Die Grundschemata der Löschzüge „R" und „W" wurde bei der Zuteilung von Fahrzeugen aus dem Bundeskontingent auf die Kommunen in der Regel den örtlichen Verhältnissen angepasst.

Unter schwierigen äußeren Bedingungen sollten die Brandschutzeinheiten des Katastrophenschutzes in größeren Verbänden über einen längeren Zeitraum eingesetzt werden können. Diesen Vorgaben entsprach das Standardlöschgruppenfahrzeug LF 16 TS des Katastrophenschutzes. Es verfügte über eine vom Fahrzeugmotor angetriebene Vorbaupumpe für die unmittelbare Brandbekämpfung und eine weitere eingebaute Tragkraftspritze (800 l/ Min.) mit eigenem Antrieb. Diese konnte mit dem eingerüsteten Schlauchsatz Löschwasser fördern und über weite Strecken pumpen. Das Fahrzeug führte, anders als die auf den Schnellangriff ausgerichteten normalen Löschgruppenfahrzeuge, keinen eigenen Wasservorrat mit, wohl aber einen technischen Hilfeleistungssatz. In dieser Ausführung waren die LF 16 TS eine wertvolle, universell einsetzbare Verstärkung insbesondere der Freiwilligen Feuerwehren.

Nun waren die Feuerwehren also „Mitwirkende" im Katastrophenschutz. Diese gewollte Aufteilung führte immer wieder zu Spannungen, weil die Feuerwehren über die mit Abstand meisten praktischen Erfahrungen im Umgang mit Gefahrenlagen verfügten. Andererseits bewirkte der erweiterte Katastrophenschutz insbesondere bei den Freiwilligen Feuerwehren eine wahrnehmbare technische und personelle Aufrüstung. Die Stadt Wilhelmshaven gliederte das bisher selbstständige Zivilschutzamt 1971 als Abteilung 32-04 in das Amt für öffentliche Ordnung (Organisationsziffer 32) ein. Nach Maßgabe der Allgemeinen Verwaltungsvorschrift über die Organisation des Katastrophenschutzes vom 27. Februar 1972 überführte sie den Brandschutz und den Fernmeldezug des erweiterten Katastrophenschutzes in die Freiwillige Feuerwehr.[486] Dafür erhielt sie im Laufe der Jahre bis zu sechs Löschgruppenfahrzeuge LF 16 TS (Mercedes-Benz/Ziegler) mit der charakteristischen Kurzhauber-Karosserie zugeteilt, die sie bei den Freiwilligen Feuerwehren stationierte. Zehn Helfer des Brandschutzes wurden in die Wache Mozartstraße integriert, der Fernmeldezug mit 20 Helfern blieb unter ihrem Zugführer Rolf Valentin eine eigenständige Einheit innerhalb der Wache Oldeoogestraße.[487]

Bei der Übernahme der persönlichen Ausrüstung des bisherigen Fachdienstes Brandschutz 1975 gab es gelegentlich Probleme, da die Ausstattungsgegenstände zum Teil nicht mehr den Unfallverhütungsvorschriften für die Feuerwehr entsprachen. Feuerwehrchef Hans Wigger wies auf das eigentliche Problem hin: „Es ist auch keinem Feuerwehrmann zuzumuten, diese Ausrüstungsgegenstände, die teilweise von der Qualität und Form sowie Größe nicht den bei der Feuerwehr üblichen Maßstäben entsprechen, zu übernehmen. Eine Übernahme und die nachfolgende Vorratshaltung von z.B. Butterdosen, Feldflaschen, Kochgeschirre u.ä. in den Wohnungen wird abgelehnt."[488]

Im Jahr 1976 fasste der Bundesgesetzgeber die veränderten rechtlichen Grundlagen für den Zivilschutz in dem Gesetz über den Zivilschutz noch einmal zusammen. Die Reform des Katastrophenschutzes kam auf jeden Fall der Personalstärke zugute, insbesondere die Integration der Feuerwehren und der Hilfsorganisationen. Die Stärke der Freiwilligen Feuerwehren stieg ab 1972 kontinuierlich an. Eine Übersicht vom 1. Mai 1974 enthielt für Wilhelmshaven insgesamt 735 Einsatzkräfte, davon

| | |
|---|---|
| 216 | Feuerwehr (88 hauptamtlich + 128 nebenamtlich) |
| 110 | Technisches Hilfswerk (Bergungsdienst) |
| 17 | Technisches Hilfswerk (Instandsetzungszug) |
| 176 | Sanitätszüge von Malteser-Hilfsdienst, Deutschem Roten Kreuz und Johanniter Unfall-Hilfe |
| 126 | ABC-Zug (Regieeinheit) |
| 119 | Betreuungszug/Betreuungsstelle Deutsches Rotes Kreuz |
| 44 | Fernmeldezentrale Kreisfeuerwehr (Regieeinheit) |
| 18 | Verpflegungs- und Materialerhaltungstrupps des Technischen Hilfswerks |
| 9 | KatS-Führungsgruppe.[489] |

Wilhelmshavens Entwicklung zum deutschen Tiefwasserhafen begann 1958 mit der Betriebsaufnahme des Ölhafens auf dem Heppenser Groden. Die Werkfeuerwehr des Betreibers Nordwest-Ölleitungs-GmbH (NWO) war die erste ihrer Art an der Jade. Mit ihrer besonderen Aufgabenstellung wurde sie bald zum Partner der kommunalen Feuerwehren, ebenso wie die Feuerwehr des Marinearsenals, dem Instandsetzungsbetrieb für die 1956 nach Wilhelmshaven zurückgekehrten deutschen Seestreitkräfte. Regelmäßige gemeinsame Übungen erweiterten das Verantwortungs- und Erfahrungsspektrum der Berufsfeuerwehr.

In dieser Zeit lernte die Feuerwehr auch, sich technisch und organisatorisch auf komplexere Schadenslagen einzustellen. Mit dem Aufbau des zivilen Bevölkerungsschutzes im Kriegsfall entstanden Anfang der 1960er Jahre neue Gefahrenabwehrstrukturen neben der Feuerwehr. Erst die „Erweiterung" des friedensmäßigen Katastrophenschutzes auf den Kriegsfall schuf zehn Jahre später einen einheitlichen organisatorischen Rahmen, von dem insbesondere die Freiwilligen Feuerwehren profitierten.

## Weiterer Ausbau in den 1960er Jahren

Im Jahr 1962 betrug der Personalbestand der Berufsfeuerwehr 61 Mann. Im Jahr darauf wurden sechs weitere Planstellen eingerichtet, damit ein zweiter dienstfreier Tag pro Monat als Ausgleich für die zunehmende Einsatzbelastung in der Bereitschaftszeit, insbesondere beim Krankentransport, gewährt werden konnte. Dies war zwar noch nicht gesetzlich geregelt, jedoch hatten es immer mehr Berufsfeuerwehren auch in Niedersachsen schon freiwillig eingeführt. Damit verkürzte sich die wöchentliche Arbeitszeit faktisch von 78 auf 72 Stunden. Am Jahresende 1964 beschäftigte die Berufsfeuerwehr 67 Feuerwehrbeamte, die vier Freiwilligen Feuerwehren verfügten über 122 aktive Kameraden (vgl. Anhang 15).[490]

Körperliche Ausdauer und Gewandtheit spielten bei der Feuerwehr nach wie vor eine gewichtige Rolle, wie die „Wilhelmshavener Rundschau" berichtete: „Die Männer der Berufsfeuerwehr müssen ständig Sport treiben, ihren Körper dadurch trainieren und so ihre Leistungsfähigkeit erhalten. Bei einem Unfall oder einer Katastrophe kann von der Geschicklichkeit oder der Gewandtheit eines Feuerwehrmannes das Leben zahlreicher Menschen abhängen. [...] Regelmäßig finden sich neben den Sportstunden auch Leiterstunden auf dem Dienstplan. Dabei werden die Feuerwehrleute immer wieder an den Leitern geschult. In schwindelnden Höhen bis zu 30 Meter geht es auf der Maschinen-Drehleiter hinauf und oben, am schwankenden Ende der Leiter, müssen sie noch Rettungsübungen absolvieren. Am über 30 Meter hohen

Abb. 172: Blick auf die Feuerwache Mozartstraße von der Peterstraße, 1965 (Sammlung Alfred Wulf)

Abb. 173: Feuerwehrausbildung am Schlauchturm, 25. Juli 1962 (mit der Reserve-Drehleiter, der Rüstringer Drehleiter von 1936) (WZ-Bilddienst)

Schlauchturm der Zentralfeuerwache an der Mozartstraße wird mit Hakenleitern das Erklimmen von glatten Häuserwänden von Stockwerk zu Stockwerk geübt, ein Training, das den ganzen Mut und große Kraft erfordert."[491]

Ihre körperliche Leistungsfähigkeit mussten die Feuerwehrbeamten, so erinnert sich der langjährige Leiter der Berufsfeuerwehr, Erich Gerdes, schon vor der Einstellung mit einer regelrechten Sportprüfung in den leichtathletischen Disziplinen nachweisen. Viele betätigten sich aber auch neben dem Dienst sportlich im Fußball, Handball, Boxen, Ringkampf oder Schwimmen. Der „Nationalsport" der Feuerwehr war jedoch viele Jahre lang der Faustball. Er wurde in den arbeitsdienstfreien Zeiten auf dem Wachgelände gespielt. Später veranstalteten die niedersächsischen Berufsfeuerwehren bis in die 1990er Jahre regelrechte Faustballturniere mit Urkunden, Pokalen und einem Damenprogramm, die umschichtig ausgerichtet wurden, mehrmals auch in Wilhelmshaven.[492]

Die praktische Ausbildung war das eine, im Laufe der Jahre gewann aber die Theorie immer mehr an Bedeutung. Soweit es ging, erteilten eigene Beamte des mittleren und gehobenen Dienstes den Unterricht. Die „Nordwest-Zeitung" schrieb: „Den Unterricht erteilen die Brandmeister, von denen jeder noch ein besonderes Spezialgebiet hat. Im Unterrichtsraum werden die verschiedenartigsten ‚Planspiele' exerziert, neue Geräte müssen erläutert und moderne Baumaterialien auf ihre Feuergefährlichkeit geprüft werden."[493]

Regelmäßig jährlich schulte die Verkehrspolizei die Feuerwehrbeamten in Fragen der Straßenverkehrsordnung. Schließlich war Arthur Grunewald nicht nur Feuerschutzdezernent, sondern auch Dezernent der Straßenverkehrsbehörde und Vorsitzender der Verkehrswacht. Das Verkehrsaufkommen hatte deutlich zugenommen, es gab neue Vorschriften und immer mehr Kreuzungen waren beampelt oder wie die „Korte-Kreuzung" (Göker-/Bismarckstraße) völlig neugestaltet worden. „Die Straßenverkehrsvorschriften und das Verhalten der Feuerwehr im Straßenverkehr wurde für alle Angehörigen der Freiw. Feuerwehr an Hand eines Lichtbildervortrages beim I. Polizeirevier zum Gegenstand des Unterrichts gemacht", heißt es beispielsweise im Jahresbericht des Kreisfeuerwehrverbandes 1966.[494]

Abb. 174: Unterricht für Feuerwehrbeamte, um 1965 (Stadtarchiv, Best. 5370 Feuerwehr)

Abb. 175: Ein beliebter Treffpunk in den Pausen: die „Laube" auf dem östlichen Wachgelände an der Peterstraße, 1962 (v.l. Hinrich Schwengel, Wilhelm Planteur, Helmut Weers, Johannes Oltmanns, Erich Adam, Gerhard Eilers, Jochen Vienup und Egon Lindner, einige in der leichteren grauen Sommerjacke) (Feuerwehr-Archiv)

Für die medizinische Fortbildung baute man weiterhin auf die „eigenen" Ärzte: „Am 13. und 14.10.1965 hielt Herr Dr. Schmalz von den Städt. Krankenanstalten einen Vortrag über Wiederbelebung", steht im Jahresbricht der Feuerwehr zu lesen.[495] Von den Ausbildungsempfehlungen für den Beruf des Rettungssanitäters (1977) war man noch mehr als zehn Jahre entfernt. Dennoch differenzierte sich die Notfallrettung mit jährlich rund 1.000 Einsätzen nun endgültig vom Krankentransport (vgl. Anhang 15). Erstmals zeigte sich auch eine der Hilfsorganisationen „auf der Straße", wie die „Wilhelmshavener Zeitung" berichtete: „Die erste Unfallhilfsstelle des Malteser Hilfsdienstes im Norden der Stadt wurde gestern Nachmittag in einer Tankstelle an der Ecke Weichsel-/Freiligrathstraße unter Teilnahme zahlreicher Gäste eingerichtet. Der Malteser Hilfsdienst gehört zu den vier großen Hilfsorganisationen der Bundesrepublik."[496]

*

Das nächste „runde" Jubiläum nach dem 10-jährigen 1950 beging die Berufsfeuerwehr anlässlich ihres 25-jährigen Bestehens im Jahr 1965. In der Fahrzeughalle der Wache Mozartstraße gestalteten die Feuerwehrmänner eine Ausstellung über die Aufgaben und die Geschichte der Berufsfeuerwehr, die auf ein unerwartet großes Interesse stieß, so die Chronik 1990: „Neben modernen Geräten konnte man auch

Abb. 176: 25 Jahre Berufsfeuerwehr, Feuerwache Mozartstraße: Ausstellung in der Fahrzeughalle, 3. April 1965 (Stadtarchiv, Best. 5370 Feuerwehr)

eine alte Handdruckspritze für Pferdebespannung bewundern."[497] Zu sehen waren auch eine Demonstrationspuppe für die Sanitäterausbildung mit Atmungs- und Pulsgerät, darüber hinaus Rauchmelder, Feuermelde- und Warnanlagen. Vor der Halle stand der gerade beschaffte moderne Löschzug der Berufsfeuerwehr zur Besichtigung.

Den Höhepunkt der Jubiläumsfeierlichkeiten bildete zweifellos ein „Tag der Offenen Tür" am Sonnabend, dem 3. April 1965, mit zahlreichen Gerätevorführungen auf dem Gelände der Wache Mozartstraße. In der Chronik 1990 heißt es: „Der Clou war

Abb. 177: 25 Jahre Berufsfeuerwehr: Feuerwache Mozartstraße, 3. April 1965: Löschübung mit dem neuen Löschgruppenfahrzeug LF 16 beim „Tag der offenen Tür" (Stadtarchiv, Best. 5370 Feuerwehr)

Abb. 178: 25 Jahre Berufsfeuerwehr, Feuerwache Mozartstraße, 3. April 1965: Einsatz einer Handdruckspritze in historischen Uniformen beim „Tag der offenen Tür" (Stadtarchiv, Best. 5370 Feuerwehr)

Abb. 179: 25 Jahre Berufsfeuerwehr, Feuerwache Mozartstraße, 3. April 1965: Löschübung an einem Pkw beim „Tag der offenen Tür" (Stadtarchiv, Best. 5370 Feuerwehr)

Abb. 180: 25 Jahre Berufsfeuerwehr, Feuerwache Mozartstraße, 3. April 1965: Hakenleiterübung am Schlauchturm beim „Tag der offenen Tür“ (Feuerwehr-Archiv)

jedoch der realistische Einsatz einer alten Handdruckspritze mit Männern in historischen Uniformen an einer brennenden Gartenlaube."[498] Ein vermeintlicher „Brandstifter" in Ganoven-Kluft wurde von einem ebenfalls historisch uniformierten „Schutzmann" abgeführt. Auf besonderes Interesse stieß die Hakenleiter-Übung an der Fassade des Schlauchturms: In äußerster Exaktheit erstiegen zwei Trupps synchron nebeneinander mit Hakenleitern die Stockwerke des Turms.[499] Die Jubiläums-Feierlichkeiten endeten mit einem großen „Kameradschaftsabend" im „Schützenhof" mit der Freiwilligen Feuerwehr und den Alterskameraden.[500]

Über den „Tag der offenen Tür" drehte der „Jade-Trichter" einen sehr anschaulichen 8-mm-Film, der digitalisiert vorliegt.[501] Eine Gruppe von Schmalfilm-Enthusiasten der Polizei und der Verkehrswacht produzierte zwischen 1958 und 1970 eine regelmäßig erscheinende Filmreihe zu aktuellen Themen der Verkehrssicherheit und zu kommunalen Ereignissen.

1967 schlug die letzte Stunde für die traditionellen Schulterstücke mit Dienstgradabzeichen auf den Uniformen der Berufsfeuerwehr. Von nun an wurde auf dem linken unteren Ärmel ein Aufnäher mit Balken getragen, die sich nach Anzahl und Farbe für die verschiedenen Laufbahnen unterschieden (rot = mittlerer Dienst, grau = gehobener Dienst, gelb = höherer Dienst). Damit waren auch die langjährigen Meinungsverschiedenheiten um die Feuerwehruniform und insbesondere die Dienst-

Abb. 181: Übergabe der neuen Löschgruppenfahrzeuge LF 8 an die Einheiten Mozartstraße, Oldeoogestraße und Neuengroden durch Stadtdirektor Arthur Grunewald (2. v. r.), 6. Dezember 1965 (rechts Brandoberamtmann Richard Grotheer; 2.v.l. Otto Meinhardt, der 1960 die Führung der Freiwilligen Feuerwehr Bant übernommen hatte) (WZ-Bilddienst)

gradabzeichen beendet (vgl. Seite 160). Die Freiwilligen Feuerwehren behielten ihre traditionellen Schulterstücke.[502]

Die Berufsfeuerwehr stellte einen Schlauchwagen SKW 1000 in Dienst, ausgestattet mit 1.000 m Schläuchen in verschiedenen Nennweiten für den Aufbau einer Löschwasserversorgung über längere Strecken.[503] Für die Wachen Mozartstraße, Oldeoogestraße und Neuengroden der Freiwilligen Feuerwehr beschaffte sie 1965 als einheitlichen Fahrzeugtyp je ein Löschgruppenfahrzeug LF 8 (Mercedes-Benz L 407/Bachert) mit Vorbaupumpe. Das Fahrzeug für die Wache Albrechtstraße folgte ein Jahr später am 30. August 1966.[504] Stadtdirektor Arthur Grunewald übergab persönlich alle vier Fahrzeuge, die nun von vornherein mit einem Funkgerät ausgestattet waren. Die noch aus dem Zweiten Weltkrieg stammenden Löschgruppenfahrzeuge LF 15 konnten abgelöst werden.

Auch die Werkstätten entwickelten sich weiter. Die Berufsfeuerwehr unterhielt nun eine Kfz-Werkstatt, eine Nachrichten-Werkstatt, eine Handfeuerlöscher-Werkstatt, eine Schlauch-Werkstatt, eine Schuhmacher-Werkstatt, eine Schneider-Werkstatt sowie eine Maler-Werkstatt.[505] „Die Nordwest-Zeitung berichtete: „Dreißig Fahrzeuge, darunter Krankenwagen, ein Rettungsboot-Fahrzeug und ein Kranwagen müssen ständig einsatzbereit gehalten werden. Das Schlauchlager bedarf besonders sorgfältiger Pflege. Handfeuerlöscher werden geprüft, die Funksprechverbindungen müssen weiter ausgebaut werden und die Alarmeinrichtungen bedürfen regelmäßiger Kontrolle."[506] In der Handfeuerlöscher-Werkstatt überprüften und warteten Feuerwehrbeamte alle Feuerlöscher in städtischen Gebäuden entsprechend den Vor-

Abb. 182: Löschgruppenfahrzeug LF 8 vor dem Feuerwehrgerätehaus am Triftweg, 1965 (Freiwillige Feuerwehr Rüstringen, 2015)

Abb. 183: Atemschutzwerkstatt mit Feuerwehrmann Friedrich „Fitten" Grube, 1965 (Stadtarchiv, Best. 5370 Feuerwehr)

Abb. 184: Schlauchwerkstatt mit Feuerwehrmann Heinrich Zitting, 1965 (Stadtarchiv, Best. 5370 Feuerwehr)

schriften. Aus der früheren „Gasschutzwerkstatt" war längst die „Atemschutz-Werkstatt" geworden, der außenluftunabhängige Pressluftatmer hatte seit Mitte der 1950er Jahre die Atemschutzgeräte (mit Luftfilter) ersetzt.

Der erste Abfrageplatz in der Fernmelde-Zentrale erhielt 1965 ein direkt angeschlossenes Tonaufzeichnungsgerät zur Gesprächsdokumentation. Die Länge des Fernmelde-Kabelnetzes der Feuerwehr betrug mittlerweile 31,6 km, u.a. hatte man auch das neue Krankenhaus an der Friedrich-Paffrath-Straße, das seit seiner Eröffnung 1967 „Reinhard-Nieter-Krankenhaus" hieß, mit einem eigenen Feuermelder und einer Fernsprech-Standleitung angeschlossen.[507]

Der Dienstplan der Berufsfeuerwehr basierte nach wie vor auf 24-stündigen Wechselschichten und maximal 72 Wochenstunden. Nach dem Dienstbeginn morgens um 8.00 Uhr war bis 12.00 Uhr Übungs- und Arbeitsdienst mit einer Pause zwischendurch angesetzt. Nach der Mittagspause (12.00 bis 14.00 Uhr) folgte von 14.00 Uhr bis 17.00 Uhr wieder Arbeitsdienst. Von 17.00 Uhr an befanden sich die Feuerwehrbeamten auf der Wache bis zum nächsten Morgen, 8.00 Uhr, in Bereitschaft. Sonnabends war von 8.00 Uhr bis 12.00 Uhr Reinigungsdienst angesetzt, danach und sonntags ganztägig wieder Bereitschaftsdienst. Mittwochs gab es eine Stunde Schwimmen bzw. Tauchen, dienstags und freitags je eine Stunde Dienstsport in einer Sporthalle oder auf einem Sportplatz. Im Werkstattgebäude stand für die sportliche

Abb. 185: Einsatz eines der neueren Krankenwagen (Mercedes Benz 230/Binz) nach einem Verkehrsunfall an der Korte-Kreuzung, 1965 (Stadtarchiv, Best. 5370 Feuerwehr)

**Feuerwache** 2. **Wachabteilung**

Bericht vom Sonnabend den 27.3. 8.00 Uhr, bis Sonntag, den 28.3. 1965, 8.00 Uhr

Wachvorsteher: Hbm. Heinrichs Wachhabender: Hbm. Janßen

Wachstärke: Obm. 1 Bm Ubm 22 Fm. Gesamtstärke: 25

Fahrzeugbesetzung des Löschzuges:

Pkw

| | | | |
|---|---|---|---|
| Zugführer | Hbm. Janßen | Fahrer | |
| 1. Gruppe TL 16 Old 227 | | 2. Gruppe LF 16 Old 205 | |
| Gruppenf. | | Gruppenf. | Bm. Krause |
| Maschinist | Fm. Tobias | Maschinist | Hfm. Walther |
| A.-Trupp | " Ratzke | Melder | Ofm. Wojtas |
| A.-Trupp | " Will | A.-Trupp | " Gräbe |
| | " van Allen | A.-Trupp | Fm. Winkler |
| | " Büchholz | W.-Trupp | " Hartel |
| | | W.-Trupp | " Eiben H. |
| | | S.-Trupp | Ofm. Gerdes, Erich |
| | | S.-Trupp | |

Fahrzeugbesetzung der Sonderfahrzeuge und Sonderdienst:

| | | | |
|---|---|---|---|
| DL 30 Old 204 | | Kw 1 Old 232 | |
| Führer | Hfm. Eiben G. | Führer | Fm. Dannewitz |
| Fahrer | Fm. Wilken | Fahrer | " Kruse |
| Rkw Old | | Kw 2 Old 235 | |
| Führer | | Führer | Ofm. Schönlein |
| Fahrer | | Fahrer | Fm. Lorenz |
| S PKW Old P1 | | Pkw. f. Kdr. 279 | Hfm. Horst |
| | Ofm. Claus | Nachr.-Zentr. | Fm. Schneider |
| | | Nachr.-Zentr. | " Gerdes, Ewald |
| Nachr.-Dienst | | Innendienst | |
| Kraftf.-Dienst | | Mstr. v. Dienst | |

Fahrzeuge und Geräte außer Dienst:

wegen ab

Marinedruckerei Wilhelmshaven 1030 100 × 50 12. 46

Abb. 186: Wachübersicht am 26. März 1965 (für den Schlauchtrupp eingeteilt: Oberfeuerwehrmann Erich Gerdes) (Feuerwehr-Archiv)

Betätigung während der Bereitschaftszeiten eine Tischtennisplatte bereit, der Vorläufer der späteren Fitnessgeräte (vgl. Seite 379). Der Einsatzdienst war wie schon 1945 in zwei Wachabteilungen und jeweils zwei Löschgruppen gegliedert, mit einem Hauptbrandmeister als Wachvorsteher (Wachabteilungsleiter) und einem weiteren als Wachhabender und Zugführer (im Einsatz).

Als Folge zahlreicher Neueinstellungen auf freiwerdende und neue Planstellen sank der Altersdurchschnitt der 67 Feuerwehrbeamten bis 1966 auf 39,0 Jahre, den niedrigsten Wert seit 1946.[508] Die Zahl der Einsätze, insbesondere der technischen Hilfeleistung hatten seit Anfang der 1960er Jahre kontinuierlich zugenommen (vgl. Anhang 15). Damit erhöhten sich mit der Belastung der Feuerwehrbeamten auch die

Anforderungen an die Wachstärke. Gleichzeitig sollten die Feuerwehrbeamten von der Verkürzung der allgemeinen Arbeits- bzw. Dienstzeit im öffentlichen Dienst profitieren. Die Notzeit nach dem Krieg war vorbei, die Stadt Wilhelmshaven musste sich einem zunehmenden Konkurrenzkampf als Arbeitgeber stellen, gerade in den für die Feuerwehr so wichtigen handwerklichen Berufen.

Als Ausgleich für die 24-Stunden-Wechselschichten kam deshalb 1967 ein dritter dienstfreier Tag pro Monat hinzu. Die wöchentliche Höchstarbeitszeit betrug nun 66 Stunden. Außerdem wurde der Jahresurlaub der allgemeinen Entwicklung angepasst. Das Stellen-Soll musste zum dritten Mal nach 1946 erhöht werden, um die Mindesteinsatzstärke halten zu können, von 67 im Jahr 1964 auf 75 im Jahr 1968 (vgl. Anhang 15). Zwischen Soll und Ist bestand allerdings immer wieder eine Differenz, da es bei der Rekrutierung und Ausbildung von Feuerwehrbeamten Verzögerungen gab.

Die Laufbahnrichtlinien für Feuerwehrbeamte in Niedersachsen sahen als Voraussetzung für die Beförderung zum Brandmeister (Gruppenführer) ab 1965 einen „Brandmeisterlehrgang" vor. Zuvor hatte man immer nur so viele Kandidaten ausgebildet, wie freie Brandmeister-Stellen absehbar vorhanden waren. Da sich mehr Feuerwehrbeamte bewarben als Lehrgangsplätze angeboten wurden, wurden nun „Auswahllehrgänge" zur Feststellung der individuellen Leistungsfähigkeit abgehalten, so die Chronik 1990: „Als altgedienter Feuerwehrmann und Leutnant der Feuerschutzpolizei d. R. ließ es sich der Dezernent [...] Arthur Grunewald nicht nehmen, diese Prüfungen mit abzunehmen."[509] Die Auswahllehrgänge wurden später wieder abgeschafft, als nach den erneut novellierten Laufbahnrichtlinien jeder Feuerwehrmann für den Brandmeisterlehrgang zugelassen werden musste.

Abb. 187: Teilnehmer des Auswahllehrgangs für den Brandmeisterlehrgang, 1967 (v. l. Heinz Logemann, Hans-Georg „Hansi" Gundlach, Erich Gerdes, Johannes Oltmanns, Fritz Wilken, Egon Lindner, Dieter Tobias, Dieter Reiher, Hans Wieting, Willi Dau) (Feuerwehr-Archiv)

Immer wieder fanden in diesen Jahren komplexe gemeinsame Übungen der Freiwilligen Feuerwehr statt, wie sie z.B. im Jahresbericht 1966 des Kreisfeuerwehrverbandes beschrieben werden: „Am 17. Mai 1966 wurde für alle 4 Einheiten der freiw. Feuerwehr ein Alarm zur Übung bei der Firma Rottmann ausgelöst. Es wurde angenommen, daß die große Fertigungshalle in Brand geraten war und das Feuer sich auf die nebenstehenden Gebäude ausdehnen würde. Innerhalb von 20 Minuten meldeten sich alle 8 Fahrzeugführer der 4 Einheiten an der Brandstelle. Mit 18 Rohren konnte die Großbrandstelle umfassend angegriffen werden. Reichlich Löschwasser stand aus dem Hafen und dem Leitungsnetz zur Verfügung. Nach der Übung bedankte sich der Betriebsdirektor Kliem für den gelungenen Einsatz und spendete für jeden Feuerwehrmann 1 Flasche Bier. Um 22.00 Uhr waren alle Einheiten wieder in ihren Gerätehäusern."[510]

Ähnliche Übungen wurden immer wieder auch an anderen Objekten angesetzt, so beispielsweise am 17. Oktober 1970 bei der Holzgroßhandlung Brader am Kanalweg, wie im Jahresbericht des Kreisfeuerwehrverbandes nachzulesen ist: „Mit dieser Großübung sollte die Einsatzbereitschaft und die Schlagkraft der Freiw. Feuerwehr geprüft werden. Ferner sollte den Gruppen- und Zugführern Gelegenheit gegeben werden, die Zusammenarbeit mit anderen Gruppen zu erproben. Von großer Wichtigkeit war das Kennenlernen des großen Objekts und dabei sollten auch die Angriffsmöglichkeiten gezeigt werden."[511] In der Übungslage ging man von einem Brand in einem Spänebunker aus, dies entsprach recht genau dem Großbrand bei Brader im Jahr 1983 (vgl. Seite 305). Auch bei Rottmann brannte es tatsächlich, am 29. Juni 1970 und am 15. Dezember 1971.[512]

Abb. 188: Aufgabenstellung zum Auswahllehrgang für den Brandmeisterlehrgang durch den Feuerschutz-Dezernenten Arthur Grunewald, 1967 (Sammlung Markus Bulling)

Immer wieder forderten in diesen Jahren echte Löscheinsätze die Feuerwehren, so z.B. am 3. Februar 1965 ein Großbrand im Barackenlager am Rosenhügel, welches auch zwei Jahrzehnte nach dem Kriegsende noch von Wohnungslosen und Vertriebenen belegt war. Am Abend des 23. April 1965 brannte die große Holztribüne auf dem früheren Marinesportplatz an der Freiligrathstraße, der zu diesem Zeitpunkt noch ausschließlich von der Prince Rupert School genutzt wurde, einer Internatsschule der britischen Besatzungsstreitkräfte in der früheren U-Boot-Kaserne am Banter See. Die Berufsfeuerwehr war erst relativ spät alarmiert worden und musste die Wasserversorgung von der Freiligrathstraße her aufbauen. So war die Tribüne des damals größten Wilhelmshavener Stadions nicht zu halten und brannte ab.[513]

Auch Naturereignisse beschäftigten die Feuerwehr laut der Chronik 1990: „Ohne Vorwarnung brausten Orkanböen am Morgen des 23. Februar 1967 über Wilhelmshaven und richteten erheblichen Schaden an. Um 11.30 Uhr wurde die Feuerwehr zum ersten Einsatz auf die Baustelle der Staatlichen Ingenieurschule gerufen. Eine 30 Meter lange Einschalung hatte sich vom Sturm losgerissen. Und dann ging es Schlag auf Schlag mit den Einsätzen: Dächer hatten sich abgehoben, Schornsteine waren eingestürzt, Bauwagen waren umgestürzt und in Brand geraten, an der Gökerstraße blockierte ein Baum den Straßenverkehr, an der Ecke Grenz-/Bismarckstraße war ein Flachdach mitten auf die Kreuzung gestürzt, Dachpfannen drohten an verschiedenen Stellen auf die Fahrbahn zu stürzen."[514] Bei dem Gerüsteinsturz an der Staatlichen Ingenieurschule wurde ein Bauarbeiter schwer verletzt.

Solche Sturmschäden hatte es immer wieder gegeben, aber 62 Einsätze für die Berufsfeuerwehr und die Freiwillige Feuerwehr an diesem Tag stellten schon einen

**Abb. 189: Brand der hölzernen Tribüne auf der Sportanlage an der Freiligrathstraße, 23. April 1965 (Stadtarchiv, Best. 5370 Feuerwehr)**

Höchstwert dar. Zu allem Übel ging um 17.00 Uhr auch noch eine Sturmflutwarnung ein, wie in der Chronik 1990 nachzulesen ist: „Um 20.00 Uhr trat der Krisenstab unter dem Katastrophenschutzbeauftragten, Stadtdirektor Grunewald, in der Feuerwehr zur Lagebesprechung zusammen. Als zwei Stunden vor der Hochwasserzeit der Wasserauflauf nachließ, konnte man die Gefahr einer gefährlichen Sturmflut als nicht wahrscheinlich ansehen."[515]

## Peterstraße/Mitscherlichstraße, 20. September 1967: Großbrand in einer Holzhandlung

Am 20. September 1967 brach im Lager der Holzhandlung Takenberg an der Peterstraße/Mitscherlichstraße ein Feuer aus: „Beim Eintreffen der ersten Löschfahrzeuge brannte schon der Holzlagerschuppen in voller Ausdehnung."
(50 Jahre Berufsfeuerwehr Wilhelmshaven (1940 – 1990), Wilhelmshaven 1990)

Die „Wilhelmshavener Zeitung" berichtete: „Das Feuer hatte sich in rasender Eile ausgebreitet. Lagerndes Holz, Holzwolle, Teerpappe und Strohmatten boten den Flammen reichlich Nahrung. Das Feuer bedrohte vor allem das Haus Peterstraße 63, in dem eine Familie wohnte und das Büro der Handlung untergebracht war." (20. September 1967)

Die Feuerwehr gab Großalarm, nicht nur für die Freiwilligen Feuerwehren, sondern auch für den Fachdienst Brandschutz des Zivilschutzes. 8 B-Rohre und 16 C-Rohre wurden eingesetzt, sämtliche Hydranten in der Umgebung waren angeschlossen. Es gelang, die angrenzenden Büroräume und die benachbarten Wohnhäuser zu halten. Um 22.40 Uhr meldete Brandoberamtmann Richard Grotheer „Feuer unter Kontrolle!"

Abb. 190: Verabschiedung von Brandoberamtmann Richard Grotheer durch Oberstadtdirektor Dr. Walther Schumann, September 1967 (Stadtarchiv, Best. 5370 Feuerwehr)

Zum 1. September 1967 trat der Leiter der Berufsfeuerwehr, Brandoberamtmann Richard Grotheer, in den Ruhestand. Das Amt übernahm sein bisheriger Stellvertreter, Brandoberinspektor Theo Gerdes. Der gelernte Tischler war in der Freiwilligen Feuerwehr Neuengroden groß geworden, die sein Vater Johann Gerdes in den 1930er Jahren geführt hatte (vgl. Seite 68). 1935 war er in die Werftfeuerwehr eingetreten und hatte dort 1942 den Gruppenführerlehrgang absolviert. Er gehörte zu der Gruppe von Werftfeuerwehrleuten, die am 2. Mai 1946 zur Berufsfeuerwehr übertraten. 1958 absolvierte er den Aufstieg in den gehobenen Dienst. Zum neuen „zweiten Mann" der Feuerwehr wurde Brandinspektor Gerhard Hinrichs ernannt.

Abb. 191: Eine der beiden Wachabteilungen der Berufsfeuerwehr vor dem neuen Löschgruppenfahrzeug LF 16, 1967 (Stadtarchiv, Best. 5370 Feuerwehr)

Einen Monat später „verließ" Arthur Grunewald die Feuerwehr nach 22 Jahren als Feuerschutzdezernent zum 1. Oktober 1967. Bereits am 1. April hatte er aus der Hand von Bezirksbrandmeister Jan Fink das Deutsche Feuerwehr-Ehrenkreuz 2. Klasse erhalten, „für besondere Verdienste um den Wiederaufbau des Feuerlöschwesens in unserer Stadt nach dem Krieg und dessen laufender Modernisierung", wie die „Nord-

Abb. 192: Wachabteilung II vor dem neuen Löschgruppenfahrzeug LF 16, 1967 (Stadtarchiv, Best. 5370 Feuerwehr)

westdeutsche Rundschau" schrieb.[516] Arthur Grunewald errang 1968 ein Ratsmandat, er wurde zum Bürgermeister und 1972 zum Oberbürgermeister gewählt. „Seiner" Feuerwehr blieb er selbstverständlich eng verbunden. Es wäre aber unangemessen, Arthur Grunewald auf den „Feuerschutzdezernenten mit Leib und Seele" zu reduzieren. Er gilt auch als einer der maßgeblichen Gestalter des wirtschaftlichen Neuanfangs in Wilhelmshaven nach 1945 mit mehr als 20.000 neugeschaffenen zivilwirtschaftlichen Arbeitsplätzen. Als „Vater" des Ölhafens, mit dem die Jadestadt ab 1958 wieder seewärts blickte, legte Grunewald die Grundlagen für die Entwicklung zum Tiefwasserhafen. 1977 erhielt er die Ehrenbürgerurkunde der Stadt Wilhelmshaven. Arthur Grunewald verstarb am 2. Mai 1985.

Sein Nachfolger als Stadtdirektor übernahm auch die Verantwortung für die Feuerwehr: „Am 2. August 1967 war unser neuer Dezernent, Stadtdirektor Dr. Meyer-Abich, zur Begrüßung der Angehörigen der Berufsfeuerwehr und zur Besichtigung der Unterkünfte, Fahrzeughallen und Einrichtungen erschienen", heißt es im Jahresbericht der Berufsfeuerwehr.[517]

Über die Jahre gewann die technische Hilfeleistung stetig an Bedeutung. Immer wieder wurde die Feuerwehr zu schweren Verkehrsunfällen gerufen, um verletzte Fahrzeuginsassen aus stark beschädigten Fahrzeugen zu befreien oder die Fahrzeuge selbst zu bergen. Sie passte ihre Ausrüstung ein weiteres Mal den veränderten Aufgaben an und beschaffte 1968, als Ersatz für den 3-Tonnen-Kran von 1954, ein Bergungsfahrzeug BGW (Fahrgestell Mercedes-Benz LA 911 B) mit einem 5-Tonnen Hydraulik-Hubkran (Fa. Tirre-Kran) für bis zu 5 Meter Auslage.

Abb. 193: Weihnachtsfeier mit der diensthabenden Wachschicht, Heiligabend 1968 (stehend 3.v.l Amtsleiter Theo Gerdes, rechts daneben Stadtdirektor Dr. Hans-Jürgen Meyer-Abich, am Tisch 2.v.l. Erich Adam) (Stadtarchiv, Best. 5370 Feuerwehr)

Abb. 194: Bergungsfahrzeug BGW, 1968 (Stadtarchiv, Best. 5370 Feuerwehr)

1969 wurde eine neue Funksprechanlage in Betrieb genommen, die jetzt über Funkmeldeempfänger Feuerwehrmänner einzeln oder in Gruppen alarmieren konnte.[518] Das feuerwehreigene Fernsprechnetz, mit dem Wachen, Gerätehäuser, Feuermelder und Sirenen verknüpft waren, wurde in Absprache mit den Gas- und Elektrizitätswerken Wilhelmshaven (GEW) und dem städtischen Tiefbauamt kontinuierlich ausgebaut, wo immer möglich und sinnvoll zog man beim Neubau von Straßen Leerrohre ein.

Der „Vorbeugende Brandschutz", d.h. die Verhütung von Bränden durch vorbeugende bauliche und organisatorische Maßnahmen, gewann an Bedeutung. Neue Baustoffe und größere Bauwerke bedeuteten erhöhte Gefahren. Zur Vorbeugung gehörten neben den gesetzlich vorgeschriebenen hauptamtlichen Brandschauen vor allem die Stellungnahmen und Empfehlungen der Feuerwehr im Baugenehmigungsverfahren: Installation von Alarmierungsanlagen, Sicherstellung der Löschwasserversorgung, Aufstell- und Bewegungsflächen für die Einsatzfahrzeuge, ortsfeste Anlagen und Geräte für die Brandbekämpfung, Flucht- und Rettungswege sowie Rauch- und Wärmeabzugsanlagen. Wichtig war auch die Schulung des Personals in den brandgefährdeten Betrieben über das Verhalten im Brandfall, über den Gebrauch von Feuerlöschgeräten und die Evakuierung von Personen.

Neben den üblichen brandschutztechnischen Auflagen wurden für besonders gefährdete Betriebe individuelle Einsatzpläne mit Angaben über die Eigenart des Bauwerks, die Ein- und Ausgänge, die Löschwasserversorgung usw. aufgestellt und in der Zentrale hinterlegt. Während der Errichtung und nach der Inbetriebnahme der Anlagen erfolgte die Einweisung der städtischen Feuerwehrbeamten in die Feuerlöschgeräte und ortsfesten Feuerlöscheinrichtungen, auch auf den neuartigen Tanker-Löschbrücken an der Jade. Im Jahresbericht 1968 der Berufsfeuerwehr heißt es beispielsweise: „Im Monat Juni 1968 wurden 4 Übungen im Tankfeld der NWO durchgeführt. Bei den Löschköpfen erläuterte Bm. Kuhlmann (Brandmeister, der Verf.) von der NWO die Angriffsweise mit den dort vorhandenen Geräten."[519]

Im Rathaus vollzog sich 1968 ein weiterer Wechsel, als Oberstadtdirektor Dr. Walther Schumann, der 1956 die Nachfolge von Dr. Friedrich Paffrath angetreten hatte, in den Ruhestand trat. „Der neue Oberstadtdirektor, Herr Dr. Eickmeier, stellte sich am 2. August 1968 den Männern der Berufsfeuerwehr vor. Beide Wachen waren auf dem Hof angetreten. Der Oberstadtdirektor hielt eine kurze Ansprache und war anschließend noch ½ Stunde beim Kommando", wurde im Jahresbericht der Feuerwehr notiert.[520]

Auf dem Gelände der Gießerei Sande fand am 11. Oktober 1969 eine Großübung der Feuerwehr Wilhelmshaven statt. Man erprobte die Zusammenarbeit zwischen den haupt- und ehrenamtlichen Löschgruppen sowie der Leistungsfähigkeit der Löschwasserversorgung. Eingesetzt wurden 20 C- und 2 B-Rohre. Eine besondere Gelegenheit ergab sich in diesem Jahr für die Berufsfeuerwehr der Hafenstadt Wilhelmshaven: 30 Beamte konnten das im Vorhafen der IV. Hafeneinfahrt liegende nuklear angetriebene Frachtschiff *Otto Hahn* besichtigen. Das erste und einzige deutsche atomar angetriebene Schiff war im Jahr zuvor als Forschungs- und Erprobungsschiff in Dienst gestellt worden, geführt von Kapitän Heinrich Lehmann-Willenbrock.[521] Es fuhr bis 1979, danach wurde der Reaktor ausgebaut, das Schiff verkauft und als konventioneller Frachter weitergenutzt.

Die Freiwillige Feuerwehr Neuengroden ergänzte 1969 ihr zu klein gewordenes Gerätehaus von 1928 in Eigenleistung mit einem Toilettenanbau, 1970 folgte ein Anbau mit einem Schulungsraum. Auch die Freiwillige Feuerwehr Bant wuchs allmählich aus ihrem Gebäude in der Oldeoogestraße von 1934 heraus. Überwiegend in Eigenleistung erweiterte sie 1969 ihr Gerätehaus um einen Unterrichtsraum. Bis dahin hatte man für den Unterricht und die theoretische Ausbildung einen hergerichteten Splitterschutzbunker aus dem Krieg mit einer Länge von 10 und Breite von 2,24 m und 2 m Deckenhöhe genutzt.

Entsprechend einer von der Kommunalen Gemeinschaftsstelle für Verwaltungsvereinfachung (KGSt) beim Deutschen Städtetag empfohlenen Systematik für die Gliederung einer Verwaltung bestand die Dezernatsgruppe III (Recht und Ordnung) aus dem Rechtsamt (30), dem Ordnungsamt (32) der Berufsfeuerwehr (37) und dem Amt für Zivilschutz (38). So erhielt die Berufsfeuerwehr 1970 ihre heute noch gültige Organisationsziffer. In der Praxis wich die tatsächliche Zuordnung von Ämtern zu Dezernaten auch in Wilhelmshaven jedoch zumeist von der reinen Lehre ab, weil sich z.B. die Anzahl der Dezernate immer wieder veränderte. So war die Berufsfeuerwehr 1960 mit Arthur Grunewald in das Dezernat des Stadtdirektors (II) gewandert und dort geblieben.

Der Personal-Bestand betrug nach einer weiteren Aufstockung seit 1968 insgesamt 75 Mann. Der Dienst wurde nach wie vor in 24-Stunden-Schichten mit zwei Wachabteilungen zu je 34 Mann geleistet, von denen infolge Urlaub, Krankheit oder Ausbildung in der Regel jedoch nur 22 Mann tatsächlich zur Verfügung standen. Brandsicherheitswachen gingen die Feuerwehrbeamten aus der Freizeit heraus.[522]

Abb. 195: Der Löschzug Mitte der 1970er Jahre (v. l. Löschgruppenfahrzeug LF 16, Rüstwagen und Drehleiter DL 30, zum Teil schon in neuer, zweifarbiger Lackierung) (Sammlung Walter Menßen)

Anfang der 1970er Jahre erhielten die bisher einheitlich rot lackierten Einsatzfahrzeuge der Feuerwehr schrittweise eine weiße Fahrzeugwarnmarkierung, um ihre Wahrnehmbarkeit im zunehmenden Straßenverkehr und dem immer mehr durch Farbigkeit (Schilder, Werbeanlagen) geprägten Straßenraum zu erhöhen. In dieser Zeit setzten sich auch die Bezeichnungen Krankentransportwagen KTW für die Beförderung von Patienten ohne Notfall sowie Rettungstransportwagen RTW für die Herstellung und Erhaltung der Transportfähigkeit von Notfallpatienten durch.[523] Die notfallmedizinische Entwicklung ging immer weiter: Angehörige der Berufsfeuerwehr absolvierten 1971 auf den Anästhesie-Stationen im Reinhard-Nieter-Krankenhaus und im St. Willehad-Hospital eine Fortbildung zum „Transportsanitäter"[524]

**Fahrzeugbestand der Berufsfeuerwehr 1970**

zwei Löschgruppenfahrzeuge LF 16
zwei Tanklöschfahrzeuge TLF 16
zwei Drehleitern DL 30 (1963 bzw. 1936)
zwei Schlauchwagen SKW 1000
Sonderfahrzeuge für Wasserrettung, Atemschutz und Strahlenschutz
Rüstwagen RW 2
Tragkraftspritzenfahrzeug TSF
Pulverlöschanhänger P 50
Kommandowagen
zwei Alarmwagen (PKW)

Lkw
auf Anhängern: Ölwehrgerät, eine Pumpe P 250, ein $CO_2$-Löschgerät, ein Schlauchboot, ein Plastikboot, 400 l Schaummittel, sowie je eine Tragkraftspritze TS 8 ND und TS 8 HD für Lenzarbeiten
Unfallrettungswagen
sechs Spezialkrankenwagen
zwei Kranken-Pkw

(Zusammenstellung zum 30-jährigen Bestehen 1970, Feuerwehr-Archiv)

**Fahrzeugbestand der Freiwilligen Feuerwehr 1970**

| | |
|---|---|
| Wache Mozartstraße (30 Mann) | LF 32, LF 8, SKW 2 (ZS) |
| Wache Oldeoogestraße (56 Mann) | LF 32, LF 8, LF 16 TS (ZS) |
| Wache Neuengroden (29 Mann) | LF 32, LF 8, LF 16 TS (ZS) |
| Wache Fedderwardergroden (31 Mann) | LF 8, LF 16 TS (ZS), TLF 16 (ZS) |

(Zusammenstellung zum 30-jährigen Bestehen 1970, Feuerwehr-Archiv)

Bei der Fahrzeug-Ausstattung der Freiwilligen Feuerwehren 1970 machte sich schon die Neuorganisation des Zivil- und Katastrophenschutzes (vgl. Seite 211) bemerkbar. Neben den von der Stadt gestellten neuen Löschfahrzeugen LF 8 verfügten drei Wehren bereits über Löschfahrzeuge LF 16 TS sowie einen Schlauchkraftwagen SKW 2000 des Bundes (ZS). [525]

Immer wieder wurde die Berufsfeuerwehr der Marine- und Hafenstadt Wilhelmshaven zu Einsätzen auf Schiffen gerufen, so auch am 22. August 1970. Der Zerstörer *Z 1* der Bundesmarine[526] war mit dem 3. Zerstörergeschwader (Kiel) in der Nordsee unterwegs, als er zu dem in Brand geratenen Fischfangschiff *Vest-Recklinghausen* gerufen wurde. Die Zerstörerbesatzung rettete mehrere Seeleute, u.a. schnitt sie ein Bullauge aus der Bordwand heraus, in dem noch ein Matrose bis zur Hüfte feststeckte. Da man ihn mit den bordeigenen Mitteln nicht befreien konnte, lief *Z 1* Wilhelmshaven an, wo man nicht nur sieben verletzte Seeleute des Fischtrawlers abgab, sondern mit Hilfe eines Teams der Berufsfeuerwehr auch den eingeklemmten Matrosen befreite. In der Messe des Zerstörers schnitt man das Stahlfragment des Bullauges vorsichtig und unter regelmäßiger Kühlung auf, während man den Körper des Seemanns mit Feuerlöschdecken aus Asbestgewebe schützte.

## Moltkestraße, 5. Juni 1970: Wohnungsbrand

Bei einem Wohnungsbrand im Dachgeschoss eines Gebäudes in der Moltkestraße (heute Nordhafengelände) kam am 5. Juni 1970 eine Person ums Leben, zwei Kinder konnten über die Drehleiter gerettet werden.

Abb. 196: (Stadtarchiv, Best. 5370 Feuerwehr)

## Admiral-Klatt-Straße, 10. Juli 1970: Großbrand in einem Kunststoffverarbeitungsbetrieb

Abb. 197: Werkhalle eines Kunststoffverarbeitungsbetriebes am Tag nach dem Großbrand, 11. Juli 1970 (Feuerwehr-Archiv)

Zu einem Großeinsatz wurde die Feuerwehr in die Südstadt gerufen. In der Admiral-Klatt-Straße brannte die Werkhalle eines Kunststoffverarbeitungsbetriebs in voller Ausdehnung. Mehrere Löschzüge (Berufsfeuerwehr und Freiwillige Feuerwehr) bekämpften das Feuer mit zwei B- und acht C-Rohren. Damit verhinderten sie ein Übergreifen der Flammen auf die Nachbarschaft.

Am 17. März 1971 beschloss der Rat der Stadt Wilhelmshaven eine neue Satzung für die Freiwillige Feuerwehr: „Die Freiwillige Feuerwehr ist eine Einrichtung der Stadt Wilhelmshaven, die neben der Berufsfeuerwehr zur Gewährleistung eines ausreichenden Feuerschutzes im Stadtgebiet besteht." (§ 1) Nach wie vor galt die Einteilung in vier Wachen mit je einem Wachleiter/Brandmeister, der von den aktiven Mitgliedern gewählt und von der Stadt Wilhelmshaven bestätigt und zum Ehrenbeamten ernannt wurde. Der Leiter der Berufsfeuerwehr nahm als „Leiter der Feuerwehr" nach dem Niedersächsischen Brandschutzgesetz auch die Aufgaben des Kreisbrandmeisters wahr. Damit war er Dienstvorgesetzter aller Angehörigen der Freiwilligen Feuerwehr.[527] Über die Jahreshauptversammlung des Kreisfeuerwehrverbandes Wilhelmshaven 1971 im „Schützenhof" berichtete die „Wilhelmshavener Presse": „Die Ehrungen für zwei Kameraden der Freiwilligen Feuerwehren für 25 Jahre Zugehörigkeit wurden vom Dezernenten Dr. Meyer-Abich vorgenommen. Auch die anschließenden Beförderungen und die Einweisungen der wiedergewählten Wachleiter und deren Stellvertreter wurden vom Dezernenten mit Handschlag vollzogen."[528] Diese Tradition hatte einst Arthur Grunewald begründet, über die ohnehin vorgeschriebene

Abb. 198: Kaffeetafel der diensthabenden Wache Heiligabend, 1970 (3. von links: Klaus-Peter „Pille" Weiß, rechte Seite: v. r. Peter „Jacko" Rabe, Dieter Ducci, Adolf Baumann (Stadtarchiv, Best. 5370 Feuerwehr)

Ernennung und Vereidigung der Brandmeister und ihrer Stellvertreter als Ehrenbeamte hinaus. Sie dokumentiert bis in die Gegenwart die besondere gegenseitige Verpflichtung von Ehrenbeamten und Dienstherr.

Als Folge der wachsenden Einsatzbelastung und der gesetzlichen Arbeitszeitverkürzung war der Personalbestand der Berufsfeuerwehr in den 1960er Jahren immer wieder aufgestockt worden. Im Führungsdienst etablierte sich der „Vorbeugende Brandschutz" als eigenständiges Fachgebiet. Die Anforderungen an die Notfallrettung stiegen kontinuierlich, seit 1963 wurden die verschiedenen Einsatzarten in der Statistik getrennt erfasst. Arthur Grunewald nahm 1967 als Feuerschutzdezernent Abschied, er blieb der Feuerwehr aber auch als Ratsherr und Oberbürgermeister verbunden.

## Neue Herausforderungen

Zum 30. September 1971 trat Brandoberamtmann Theo Gerdes als Leiter der Berufsfeuerwehr in den Ruhestand. Als sein Nachfolger wurde der Brandamtmann Hans Wigger berufen, der die Feuerwehr buchstäblich „von der Pike auf" kennengelernt hatte. Als Hitler-Junge erhielt er bei der HJ-Feuerwehrschar die erste Feuerwehrausbildung (vgl. Seite 94). Auf der Kriegsmarinewerft erlernte er den Beruf des Elektroinstallateurs und war ab 1940 drei Jahre beim Luftschutzhilfsdienst, bevor er eingezogen wurde. Nach der Entlassung aus der Wehrmacht trat Wigger 1945 als Anwärter in die Berufsfeuerwehr ein. 1958 war er zum Brandmeister (Gruppenführer) befördert worden, zehn Jahre später hatte er sich für den Aufstieg in den gehobenen Dienst qualifiziert. Sein besonderes Interesse galt allen technischen und organisatorischen Fragen, vor allem dem Fernmeldewesen.

In seiner Zeit entwickelte sich die Verwaltung der Berufsfeuerwehr und es bildeten sich die bis heute gültigen Strukturen heraus. Das Kommando wurde nun etwas zeitgemäßer als „Führungsdienst" bezeichnet. Die Aufgaben waren gewachsen, Beamte aus dem mittleren und gehobenen Dienst versahen Tagesdienst als Abteilungsleiter oder Sachbearbeiter. Schritt für Schritt entstand im Amt 37 eine Abteilungsstruktur: 37.0 Allgemeine Verwaltung, 37.1 Abwehrender Brandschutz, 37.2 Technik im Brandschutz und 37.3 Vorbeugender Brandschutz, der unter der Leitung des Brandinspektors Erich Gerdes, dem späteren Leiter der Berufsfeuerwehr, zum ersten Mal als eigenständige Abteilung aufgestellt war.[529]

Mit dem „Einsatzleiter vom Dienst – EvD (Oberbeamter vom Dienst)" veränderte sich ab 1972 auch die Führungsstruktur in den Einsätzen. Ein Beamter des gehobenen Dienstes trug in Vertretung des Dienststellenleiters die Verantwortung „für den gesamten Einsatzablauf".[530] Nach dem Prinzip der „geliehenen Macht" wurde die bislang sehr stark zentralisierte Befehlsgewalt im Einsatz damit auf weitere Personen ausgedehnt. Dem EvD stand ein „Alarmwagen" zur Verfügung, der ebenso wie der Dienstwagen des Leiters der Berufsfeuerwehr mit Blaulicht und Funk ausgestattet war, Vorgänger des späteren Einsatzleitwagens ELW (vgl. Seite 300f.). Ab Mitte der 1970er Jahre nutzten auch einzelne Abteilungsleiter Dienstwagen der Feuerwehr, beispielsweise für die hauptamtlichen Brandschauen.[531] Nach dem 24-stündigen Alarmdienst (A-Dienst) als EvD übernahm der jeweilige Beamte am folgenden Tag einen 24-stündigen Bereitschaftsdienst (B-Dienst) für den Fall, dass ein weiterer Beamter des gehobenen Dienstes für Führungsaufgaben im Einsatz benötigt wurde. Danach hatte er 24 Stunden frei. In der übrigen Zeit leistete er Bürodienst in den Abteilungen des Führungsdienstes. Die Wachvorsteher steuerten wie bisher den Innendienst der Wachabteilungen (Personaleinteilung, Gerätewartung, Reinigung), die ihnen untergeordneten Wachhabenden (auch Zugführer, vgl. Seite 234) wurden nun als „Wachschichtleiter" bezeichnet. Zur Unterstützung erhielten sie einen Oberbrandmeister als „Wachschichtleiter-Assistent" zugeteilt, der sich damit gleichzeitig auf seine später Verwendung als Wachschichtleiter etc. vorbereiten konnte.[532]

*

Gerade in den 1970er Jahren musste sich die Berufsfeuerwehr neuen Herausforderungen stellen. Wie schon bei der Gründung der Feuerschutzpolizei 1940 stellte die Siedlungsentwicklung im Norden und Westen Wilhelmshavens mit den neuen Stadtteilen Wiesenhof, Europaviertel, Himmelreich-Coldewei und der Erweiterung von Fedderwardergroden und Voslapp den bisherigen Wachstandort Mozartstraße als alleinigen Standort in Frage. Aus neuen Baustoffen entstanden neue Brandrisiken, die Einsatzkonzepte und die Ausstattung der Einsatzfahrzeuge waren dem anzupassen.

Auch die Industrielandschaft Wilhelmshavens veränderte sich grundlegend. Die klassische Maschinenbau- und Textilindustrie der Nachkriegszeit verlor an Bedeutung. Dafür siedelten sich neue Betriebe der chemischen Industrie auf Neulandflächen im Osten der Stadt an, die sich hauptsächlich mit der Lagerung und Verarbeitung großer Mengen brennbarer Stoffe beschäftigten: 1968 Nord-West Kavernengesellschaft (Erdöllagerung), 1972 Alusuisse Atlantik (Produktion von Chlor und Natronlauge), 1976 Mobil Oil (Erdölverarbeitung), 1976 PreussenElektra (Kohleverstromung), 1981 ICI Wilhelmshaven (Produktion von Polyvinylchlorid, Vinylchlorid). Wilhelmshaven entwickelte sich zum nationalen Tiefwasserhafen und Industriestandort am seeschifftiefen Fahrwasser. Die Produktionsverfahren und die Logistik der neuen Betriebe erweiterten den bisherigen Erfahrungshorizont der Wilhelmshavener Feuerwehren. Sie erforderten individuell zugeschnittene Einsatzpläne, die haupt- oder nebenamtlichen Werkfeuerwehren einzelner Unternehmen waren in die bisherige Brandschutzorganisation zu integrieren.

In den Genehmigungsverfahren nach dem Bundesimmissionsschutzgesetz (BImSchG) für die Großbetriebe der chemischen Industrie auf den Grodenflächen entwickelte sich eine eigene, auf Fachgutachten und vielen Abstimmungsgesprächen mit der Berufsfeuerwehr basierende „Sicherheitskultur". Sachverständige entwickelten aus den Sicherheitsanalysen für die einzelnen Teile einer Anlage realistische Störfall-Szenarien. Gemeinsam mit Fachleuten für Brandschutz und Vertretern der Berufsfeuerwehr gaben sie Empfehlungen für technische und organisatorische

Maßnahmen, die Aufstellung von Gefahrenabwehrplänen und die Vorhaltung von Werkfeuerwehren etc. Soweit jene nicht ohnehin schon gesetzlich normiert waren oder als „anerkannte Regeln der Technik" angesehen werden konnten, wurden sie in die Genehmigungsbescheide für die Anlagen aufgenommen und hatten damit durchaus Modellcharakter. Der frühere Leiter der Berufsfeuerwehr, Erich Gerdes, erinnert sich, dass in diesem Zusammenhang auch der ehemalige Kommandeur der Feuerschutzpolizei Wilhelmshaven, Hanns-Dieter Spohn, die Nordwest-Oelleitung-GmbH (NWO) und die Mobil Oil AG für ihr Raffinerie-Projekt als Brandschutz-Gutachter beriet. Spohn war 1952 nach einigen Jahren als Sicherheitsingenieur bei einem Raffinerieunternehmen in die Berufsfeuerwehr Hamburg eingetreten und hatte 1956 die Leitung der Berufsfeuerwehr Gelsenkirchen übernommen. In seiner Amtszeit entwickelte sich die Berufsfeuerwehr Gelsenkirchen nach den schwierigen Jahren des Wiederaufbaus zu einer zeitgemäß ausgestatteten großstädtischen Berufsfeuerwehr.[533]

Feuerwehrchef Hans Wigger besichtigte schon 1973 Steinkohlekraftwerke in Farge bei Bremen und in Wedel bei Hamburg, um sich auf Brandschutzfragen im Zusammenhang mit dem in Wilhelmshaven im Bau befindlichen Kraftwerk vorzubereiten.[534]

Die Betriebe und Anlagen der chemischen Industrie veränderten in zunehmendem Maße auch das Ausbildungs- und Übungsgeschehen der Wilhelmshavener Feuerwehren. Am 30. Oktober 1971 fand beispielsweise an der Bunkerstation der Nordwest-Oelleitung-GmbH (NWO) eine Großübung der Berufsfeuerwehr, der Freiwilligen Feuerwehren und der Werkfeuerwehr NWO statt. Als Lage wurde angenommen: Ein Öltank brennt, das Feuer droht auf den Nachbartank überzugreifen. Die NWO-Werkfeuerwehr und die Berufsfeuerwehr brachten je einen Zug mit Wasserwerfern zum Einsatz, das Wasser zur Kühlung des bedrohten Tanks kam aus insgesamt fünf Werfern und acht B-Rohren.[535]

Am 23. und 24. Mai 1972 besichtigten Angehörige der Berufsfeuerwehr das neue Werk der Alusuisse Atlantik GmbH auf dem Rüstersieler Groden. Der Chemiker Dr. Karl-Heinz Mieglitz gab vor Ort Erläuterungen zu der Chlorkalk-Elektrolyse-Anlage und die Chlor-Synthese für die chemische Industrie.[536]

Das Unternehmen hielt zur Bekämpfung von Chloraustritten eine „Betriebswehr" (auch als „Gasabwehr" bezeichnet) aus Mitarbeitern der jeweiligen Betriebsschicht vor, die aber nicht mit einer anerkannten haupt- oder nebenamtlichen Werkfeuerwehr vergleichbar war. Die Berufsfeuerwehr musste also damit rechnen, hier direkt zum Einsatz zu kommen. Zwischen der Schaltwarte der Anlage und der Zentrale der Berufsfeuerwehr wurde eigens eine Telefon-Standleitung eingerichtet. Entlang des Werkszauns war eine „Typhon-Anlage" installiert, mit der die Bevölkerung bei Chloraustritten durch akustische Signale gewarnt werden konnte.

Nach „Murphy's Gesetz" („Alles, was schiefgehen kann, wird auch schiefgehen.") kam es in der Anlage der Alusuisse kaum ein Jahr später, am 15. März 1973, während der Arbeiten an einem Turbokompressor und gleichzeitigem Stromausfall zu einem Chlorgasaustritt. Die Berufsfeuerwehr legte Wasserschleier über die betroffenen Anlagenteile.[537]

## Ölhafen, 7. August 1974: Ölaustritt und Brand

Die „Wilhelmshavener Zeitung" berichtete: „Bei Beginn der Bergungsarbeiten an dem durch die Tanker-Kollision am 7. August dieses Jahres zerstörten Löschkopf 4 der Wilhelmshavener NWO-Pier trat am Sonnabendvormittag aus dem noch auf dem Jadegrund liegenden Rohrsystem der auf einer Länge von 100 Metern zerstörten Ölpier eine Menge von etwa 20 cbm Öl aus. Durch den sofort ausgelösten Feuer- und Ölalarm waren Minuten später die mit Feuerlöschkanonen ausgestatten Schlepper, die Berufsfeuerwehr, die Freiwilligen Feuerwehren, das THW, die betriebseigenen Hilfsmannschaften und der Jade-Dienst im Ölbekämpfungseinsatz." (9. August 1974)

Das Öl hatte sich an den heißgewordenen Aggregaten des Schwimmkrans entzündet und bedrohte die anderen Löschköpfe. Es gelang den Einsatzkräften jedoch, den Ölaustritt rasch einzudämmen und das entstandene Feuer zu löschen, bevor es übergreifen konnte. Nun rechtfertigten sich die gemeinsamen Übungen und die erworbene Ortskenntnis der Wilhelmshavener Feuerwehr.

Abb. 199: Ölaustritt und -brand an der Löschbrücke der Nordwest-Ölleitung-GmbH, 7. August 1974 (Feuerwehr-Archiv)

Abb. 200: Trockenlöschfahrzeug TroLF 1500 von 1974 (aufgenommen 1990) (Feuerwehr-Archiv)

Das veränderte Aufgabenspektrum erforderte auch eine entsprechende Ausstattung: 1974 beschaffte die Berufsfeuerwehr ein Trockenlöschfahrzeug TroLF 1500 (Mercedes-Benz LAF 1113/Minimax) mit einer Pulverlöschanlage, einem Vorrat von 2 x 750 Kg Löschpulver sowie einer kleinen feuerwehrtechnischen Beladung. Es war für Einsätze vorgesehen, bei denen Wasser als Löschmittel nicht in Frage kam. Chemikalien, Metalle, elektrische Anlagen etc. Bislang hatte man dafür einen Pulverlöschanhänger mit 50 kg Trockenlöschpulver vorgehalten (vgl. Seite 243). Die Firma Alusuisse ergänzte die Ausrüstung der Berufsfeuerwehr mit Atemschutzgeräten, Chemieschutzanzügen und Messgeräten für den Chemieeinsatz.

Im praktischen Einsatzgeschehen jener Jahre zeichnete sich ein weiter zunehmender Trend zugunsten der technischen Hilfeleistungen mit Personenrettung ab. Aber auch die Schadenfeuer in den traditionellen Industrie- und Handwerksbetrieben nahmen zu, ebenso die Schadenshöhen als Folge der verstärkten Verwendung von Kunststoffmaterialien.[538]

## Bundesstraße 69, 19. Januar 1973: schwerer Verkehrsunfall

In Höhe der „Sander Berge" waren zwei Personenwagen frontal zusammengestoßen. Einer der beiden Fahrer verstarb noch an der Unfallstelle. Er war so stark eingeklemmt, dass der Leichnam später mit einem Trennschleifer bzw. einem Schneidbrenner aus dem völlig zerstörten Fahrzeug befreit werden musste.

Abb. 201: Schwerer Verkehrsunfall auf der B 69 (Feuerwehr-Archiv)

Auch mit neuen „hauseigenen" Herausforderungen sah sich die Berufsfeuerwehr konfrontiert. Der Gesetzgeber verkürzte die wöchentliche Höchstarbeitszeit für Feuerwehrbeamte von 66 Wochenstunden auf 56 Wochenstunden. Anfang 1972 war die Sollstärke dementsprechend erneut angepasst und der Personalbestand durch Neueinstellungen von 75 auf 88 und bald schon auf 92 Feuerwehrbeamte erhöht worden.[539] In drei Grundlehrgängen wurden fünfzehn neue Feuerwehrleute ausgebildet. Die Berufsfeuerwehr bot den Grundausbildungslehrgang und den Vorbereitungslehrgang zur Brandmeisterprüfung auch den Angehörigen anderer Berufsfeuerwehren und der Werkfeuerwehren an. Mit einer Höchstarbeitszeit von 56 Wochenstunden war die bisherige 24-Stunden-Wechselschicht mit Freizeitausgleich endgültig nicht mehr zu halten. Die Berufsfeuerwehr stellte den Dienst zum 1. Juli 1972 auf drei Wachschichten nach dem „Lübecker Modell" um.[540] Nach einer 24-Stunden-Schicht (mit 8 Stunden Arbeitsdienst und 16 Stunden Bereitschaftsdienst an Werktagen) hatte der Feuerwehrbeamte nun 48 Stunden frei. Zum Ausgleich wurde er in einer Woche pro Monat zu Tagesdiensten eingeteilt. Für diesen Schichtplan mussten weitere Feuerwehrbeamte eingestellt werden, das Stellen-Soll stieg um ein Drittel auf 102 Feuerwehrbeamte, die 1974 auch zur Verfügung standen (vgl. Anhang 15). In der Geschichte der Berufsfeuerwehr war dies der bisher mit Abstand größte Zuwachs an Personal.

Gleichzeitig waren auch einige altersbedingte Abgänge zu ersetzen. Die Personalübersicht für das Jahr 1975 (vgl. Anhang 11) zeigt die zwischen 1971 und 1974 ausgebildeten bzw. übernommenen elf Feuerwehrleute und 24 Anwärter. Sie veränderten die Altersstruktur der Berufsfeuerwehr grundlegend. Mit Hans Wigger, Erich Adam, Hans Wilde, Fritz Grube, Hans Dütz, Hans Scherf und Günter Woytas versahen noch sieben Männer der ersten Nachkriegsjahre ihren Dienst.

Das zusätzliche Personal, neue Fahrzeuge mit größeren Abmessungen und die Anforderungen der feuerwehreigenen Werkstätten lösten einen weitergehenden Raumbedarf auf der Feuerwache Mozartstraße aus. Abgesehen davon bestanden die grundsätzlichen Mängel eines ursprünglich nicht für eine hauptamtliche Feuerwehr geplanten Standortes fort. Nach wie vor rückte der Löschzug aus den Garagen an der Mozartstraße aus und erreichte erst mit Verzögerung die Hauptverkehrsstraße Peterstraße. Die Erhaltung und Erneuerung der auf dem Gelände an der Mozartstraße immer wieder in kleinen Schritten und mit viel Eigenleistung an- und umgebauten Gebäude stieß an technische und wirtschaftliche Grenzen. Diese Erkenntnis führte Anfang der 1970er Jahre, auch auf Anregung von Oberstadtdirektor Dr. Gerd Eickmeier, zu Überlegungen für einen Neubau der Feuerwache an einem anderen Standort. Ein weiterer Grund bestand in der Nachfrage nach zentral gelegenen Flächen für Handel und Gewerbe in der Innenstadt.

Zu den möglichen Alternativen gehörte ein gemeinsamer Standort der Berufsfeuerwehr mit Neubauten für die Stadtwerke/Verkehrsbetriebe und das damalige Betriebsamt (Müllabfuhr und Straßenreinigung) am Kreuzelwerk, wie es bereits 1963 schon einmal geplant worden war. Nach der Erinnerung von Horst Mohaupt, dem damaligen Leiter der städtischen Verkehrsbetriebe, war die Initiative dazu schon von Arthur Grunewald ausgegangen, der als Dezernent der Verkehrsbetriebe und der

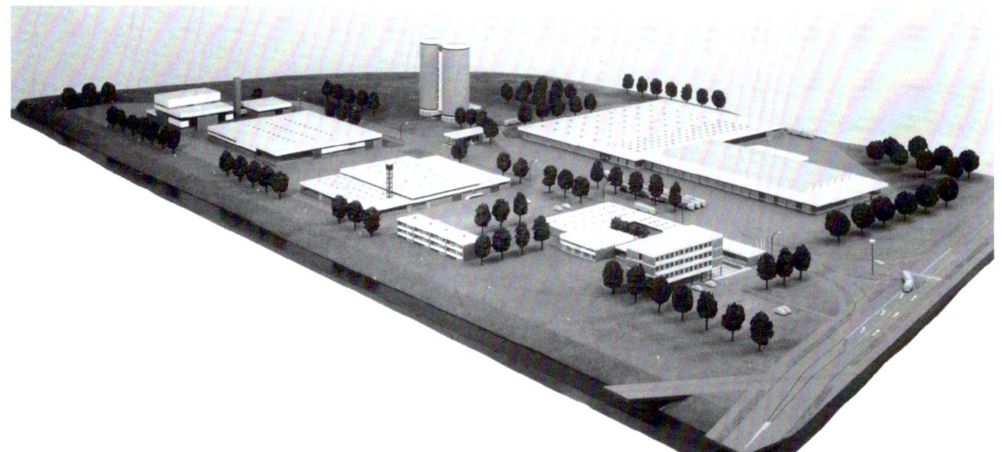

Abb. 202: Modell der Zielplanung für einen „Betriebshof Stadtwerke und Betriebsamt am Kreuzelwerk", 1963 (Architekten Horst Grützner/Heinz W. Oestering, Bremerhaven, am rechten Bildrand die Zufahrt von der Freiligrathstraße mit der Kreuzung der Vorortbahn) (Technische Betriebe Wilhelmshaven)

Feuerwehr anstelle der bisherigen Provisorien eine zentrale, wirtschaftlich sinnvolle Lösung schaffen wollte.[541]

Den unmittelbaren Anlass dafür gab das Betriebsamt der Stadtreinigung (Müllabfuhr und Straßenreinigung), dessen Betriebsgrundstück auf dem Gelände der früheren Ziegelei am Neuengrodener Weg für den Neubau eines für die neuen Wohngebiete im Norden und Westen der Stadt günstig gelegenen Mädchen-Gymnasi-

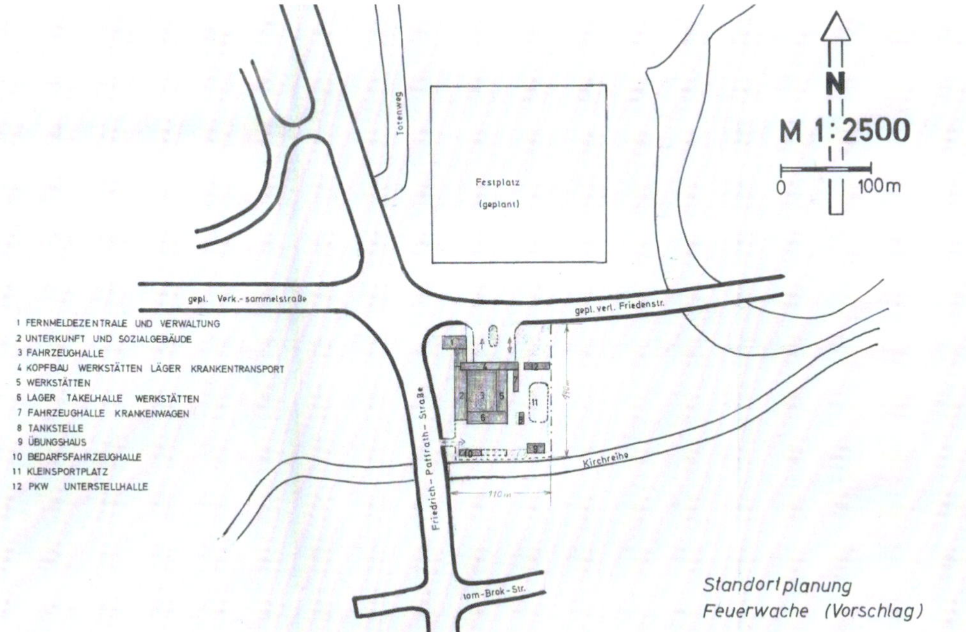


Abb. 203: Planung für eine zentrale Feuerwache an der Friedrich-Paffrath-Straße/Friedenstraße, 1970 (Lageplan mit Zufahrt von der Friedenstraße) (Feuerwehr-Archiv)

ums, der späteren Käthe-Kollwitz-Schule, benötigt wurde. Das Architekturbüro Grützner + Oesterring in Bremerhaven, das sich durch Entwürfe für Omnibusbahnhöfe hervorgetan hatte, erhielt einen Planungsauftrag und zeichnete einen ersten Entwurf, zu dem auch ein Modell gefertigt wurde. Beim „Tag der offenen Tür" im Rathaus 1963 stellte man es der Öffentlichkeit vor.

Die Berufsfeuerwehr entwickelte 1970 alternativ dazu ein „Raumprogramm und einen Bauvorschlag" für eine zentrale neue Feuerwache als Zugwache an einem anderen denkbaren Standort: Friedrich-Paffrath-Straße in Höhe Kirchreihe mit der Hauptzufahrt auf die geplante verlängerte Friedenstraße. Heute befindet sich dort eine Tennishalle.[542] Für diesen Standort sprach, das hatte eine Auswertung der Einsätze ergeben, die Erreichbarkeit der Innenstadt und des Stadtnordens ebenso wie der Industrieanlagen im Süden in einem Radius von acht Kilometern. Allerdings gingen die Verantwortlichen davon aus, dass bei einer weiteren industriellen Entwicklung im Stadtnorden dort eine Nebenwache als Gruppenwache notwendig werden würde.

Der Personalbedarf für die Aufgaben Brandbekämpfung, Technische Hilfeleistung und Krankentransport/Rettungsdienst wurde auf bis zu 90 Mann in drei Schichten á 30 Mann angesetzt. Den Kern des Gebäudekomplexes bildete eine große Halle

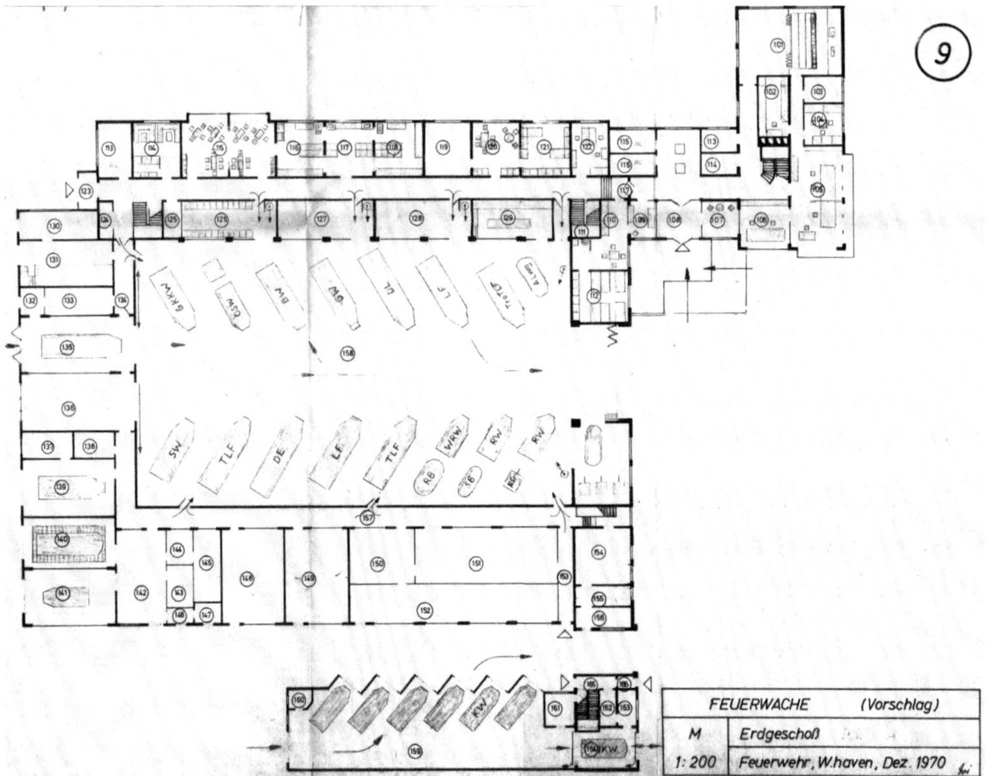

Abb. 204: Planung für eine zentrale Feuerwache an der Friedrich-Paffrath-Straße/Friedenstraße, 1970 (mit zentraler Fahrzeughalle, angesetzten Werkstätten – unten – und Unterkünften – oben, seitlich geplanter Verwaltung – oben rechts – und separater Halle für den Krankentransport/Rettungsdienst – unten) (Feuerwehr-Archiv)

für den größten Teil der Einsatzfahrzeuge (erster und zweiter Abmarsch, Sonderfahrzeuge). Daran waren an drei Seiten die Gebäude für Unterkunft, Lager/Werkstätten sowie für die Fahrzeuge und das Personal des Krankentransport-/Rettungsdienstes angesetzt, sodass im Wesentlichen nur kurze Wege entstanden. Im Unterkunftsbereich sah man maximal drei Betten pro Raum vor: „Die Zeit der großen Gemeinschaftsruheräume muß [...] endgültig vorbei sein", hieß es in der Projektbeschreibung.[543]

Die Verwaltung, der Unterrichtsraum und die Fernmeldezentrale sollten in einem seitlichen Anbau untergebracht werden. Ein Schlauchturm war nicht mehr vorgesehen, da man zukünftig von einer thermischen Schlauchtrocknung in einem Trockenschrank ausging. Zusätzlich plante die Berufsfeuerwehr am Rande des Grundstückes ein Übungshaus („Brandhaus"). So gesehen enthielt die Planung alle damals zeitgemäßen Elemente einer Feuerwache und vermied konsequent die zahlreichen Mängel und Unzulänglichkeiten der Wache Mozartstraße. In der Frage eines zentralen Standorts im Stadtgebiet brachte sie die Feuerwehr weiter, aber letzten Endes nicht weit genug, wie sich herausstellen sollte.

Der denkbare Umzug der Berufsfeuerwehr an die Peripherie machte einen neuen Standort für die Wache Mozartstraße der Freiwilligen Feuerwehr notwendig, die damals noch die Räumlichkeiten und Garagen der Berufsfeuerwehr in der Mozartstraße nutzte. Gemeinsam mit den städtischen Ämtern für Stadtplanung und Liegenschaften fand man ein geeignetes Grundstück an der Flensburger Straße in Höhe der Zufahrt zum Tor 3 des Marinearsenals. Es lag zentral im Löschbezirk der Wehr, dem früheren Wilhelmshaven (bis 1937) und Heppens. Im Rahmen der städtebaulichen Neuordnung des gesamten Gebietes nördlich des Bauhafens war es bis zu dreigeschossig bebaubar. So entstand der Plan, den Neubau eines Gerätehauses für die Freiwillige Feuerwehr mit einem Wohnhaus zu verbinden und dafür die damals städtische Wohnungsbaugesellschaft „Jade" mbH als Bauträger einzusetzen.

Der Architekt der Gesellschaft, Ralf Zschischang, fertigte einen Entwurf mit den von der Feuerwehr geforderten Flächen für ein Feuerwehrgerätehaus: dreiständige Fahrzeughalle, Gerätelager, Spindraum für Einsatzkleidung, Schulungsraum, Büro und Sanitärräume – insgesamt 431 m$^2$ Nutzfläche in einem eingeschossigen Baukörper. Daneben und darüber sollte ein dreigeschossiges Wohngebäude mit zwei Aufgängen entstehen, ggf. auch mit Dienstwohnungen für die Feuerwehr.

Weder der Neubau der Feuerwache an der Friedrich-Paffrath-Straße noch des Feuerwehrgerätehauses an der Flensburger Straße wurde jedoch verwirklicht, da auch für wirtschaftlich vernünftige Investitionen kaum Geld vorhanden war und die städtischen Investitionsmittel in jenen Jahren vor allem durch den Schul- und Straßenbau für die wachsende Stadt gebunden waren (u.a. Friedrich-Paffrath-Straße, Friedenstraße, Kurt-Schumacher-Straße, Korte-Kreuzung, Käthe-Kollwitz-Schule, Grundschule Wiesenhof, Volkshochschule/Stadtbücherei, Kunsthalle).

Angesichts der damals schon zu berücksichtigenden Hilfsfristen hätte man bei einem nördlich oder westlich des Stadtparks gelegenen Standort einer neuen Feuerwache wohl auch weiterhin eine Nebenwache in der Innenstadt benötigt und damit nicht die erwarteten Einsparungen realisieren können. Aber auch die angedachte Konzentration der technischen Betriebe der Stadt am Kreuzelwerk kam zunächst

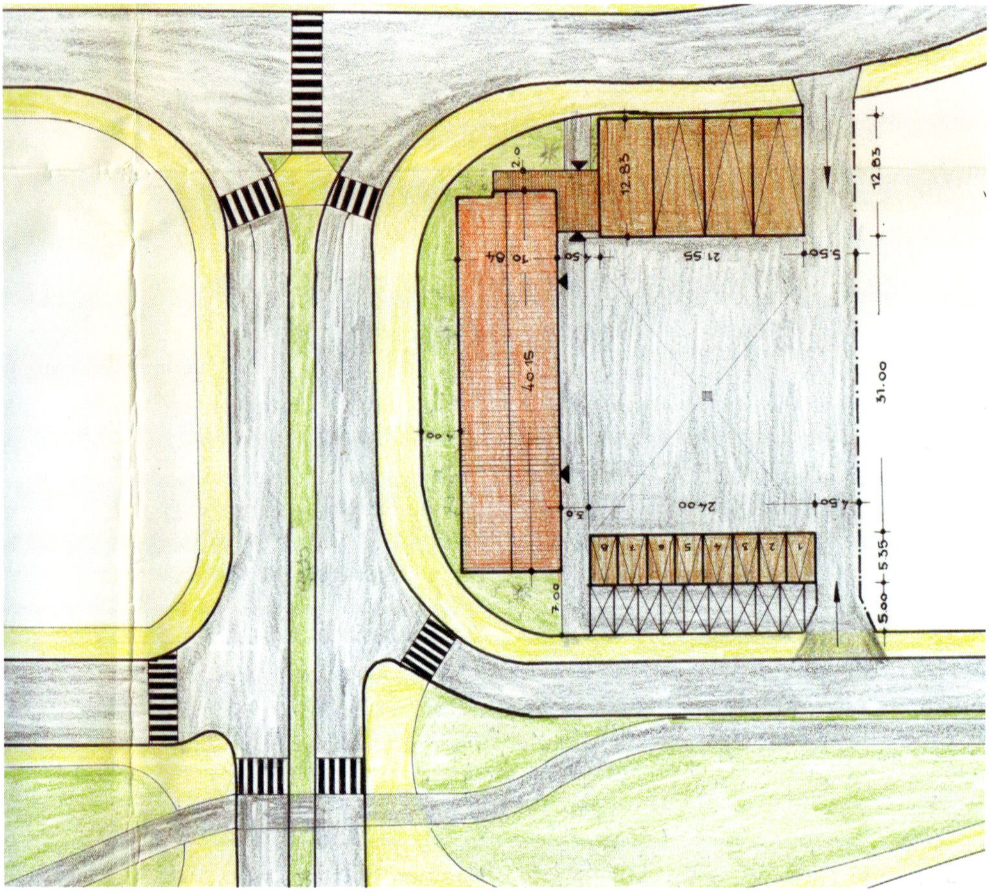

Abb. 205: Entwurf für ein Feuerwehrgerätehaus und ein Wohnhaus an der Flensburger Straße (Lageplan), 1971 (im Norden die Knorrstraße, im Süden die Flensburger Straße, an der westlichen Grundstücksgrenze die geplante Zufahrt zum Tor 3 des Marinearsenals) (Feuerwehr-Archiv)

Abb. 206: Entwurf für ein Feuerwehrgerätehaus und ein Wohnhaus an der Flensburger Straße (Ansicht von Süden), 1971 (Feuerwehr-Archiv)

nicht zustande. Auf dem Gelände wurden ab 1964 lediglich eine große Fahrzeughalle und ein Sozialgebäude für das Stadtreinigungsamt errichtet. Als die Stadtwerke später ihr Betriebsgrundstück für die Wasserversorgung an der Weserstraße/Virchowstraße (vormals Wasser- und Hafenbauressort der Werft) zugunsten einer Wohnbebauung aufgaben, orientierten sie sich zur Luisenstraße, wo sich immer schon der Verkehrsbetrieb mit dem Straßenbahndepot und der Bushalle befunden hatte.

Mit der Entscheidung gegen einen Neubau bekamen die Gebäude an der Mozartstraße jedoch, so gut sie ihren Zweck auch immer erfüllen mochten, endgültig das Stigma des provisorischen, das man eigentlich gerne aufgeben wollte. Mit der Berufsfeuerwehr blieb auch die Freiwillige Feuerwehr (zunächst) in der Mozartstraße.

Anfang der 1970er Jahre initiierte das Land Berlin ein gegenseitiges Austauschprogramm für kommunale Bedienstete, um – so stand es in einem Merkblatt – „die gesamtdeutsche Verbundenheit und die Zusammengehörigkeit Berlins mit dem übrigen Bundesgebiet erneut zu bezeugen und auch so der kommunistischen Bedrohung Berlin psychologisch entgegenzuwirken".[544] Für jeweils drei Monate konnten kommunale Beamte und Angestellte im Austausch abgeordnet werden. Auch die Berufsfeuerwehr Wilhelmshaven beteiligte sich an diesem Programm und entsandte im September 1973 den Brandmeister Bernhard Bergmann im Austausch gegen den Berliner Brandobermeister Dietrich Radtke für drei Monate nach Berlin.[545]

### Marinestützpunkt Heppenser Groden, 2. Dezember 1971: Brand an Bord eines Zerstörers

Ein Schiff der Bundesmarine forderte am 2. Dezember 1971 den Einsatz der Berufsfeuerwehr. Im E-Maschinenraum des Zerstörers *Hessen* an der Scharnhorst-Brücke im Marinestützpunkt hatte sich eine Explosion ereignet. „Die Verletzten waren bei Ankunft der BF bereits geborgen. Der Brand wurde von den Besatzungsangehörigen gelöscht. Von der BF wurden 3 Mann unter schwerem Atemschutz zur Absicherung der Schadensstelle eingesetzt und letztere anschließend der Arsenal-Feuerwehr übergeben." (Jahresbericht der Feuerwehr 1971)

*

Die Industrieansiedlung auf Neulandflächen an der Wilhelmshavener Ostküste veränderte nicht nur das Aufgabenspektrum der Feuerwehr, sondern auch ihren räumlichen Zuständigkeitsbereich und ihre Struktur. Mit einem Grenzänderungsvertrag trat die friesische Gemeinde Sengwarden mit den Dörfern Fedderwarden und Sengwarden sowie den umliegenden Bauernschaften Bohnenburg, Breddewarden, Utters, Westerhausen und Wehlens am 1. Juli 1972 der Stadt Wilhelmshaven bei. Heute würde man es als „win-win-Situation" bezeichnen: Angesichts der Neuordnungspläne zugunsten größerer Gemeinden im Landkreis Friesland entschloss sich die Gemeinde Sengwarden für den Erhalt ihrer Eigenart und Handlungsfähigkeit als Teil der Stadt Wilhelmshaven und profitierte in den folgenden Jahren von der Angleichung der Infrastrukturausstattung an einen eher städtischen Maßstab. Das Land Niedersachsen und die Stadt Wilhelmshaven wiederum planten mit der Eindeichung des Voslapper Grodens die weitere Landgewinnung vor der Sengwarder Küste, das zukünftig binnendeichs liegende „Sengwarden-Land" sollte eine wichtige Rolle bei der zukünftigen Industrialisierung spielen.

Die Stadt Wilhelmshaven verpflichtete sich, die Freiwilligen Feuerwehren Sengwarden und Fedderwarden, die beide 1933 gegründet worden waren, zu erhalten und künftig so auszustatten, wie es ihre Aufgaben erforderten. Damit wurden zwei weitere Freiwillige Feuerwehren als kommunale Einrichtungen in die Feuerwehr Wilhelmshaven integriert, zunächst noch unter der damals üblichen Bezeichnung „Wache".

**Gliederung und Fahrzeugbestand der Freiwilligen Feuerwehr Wilhelmshaven 1972**

| **Bezeichnung** | **Ausrückebereich/Leiter**[546] | **Fahrzeugausstattung** |
|---|---|---|
| Wache Mozartstraße | Stadtteil Ost, Hbm. Schmidt | LF 8, TLF 16, SKW 2 (Bund) |
| Wache Oldeoogestr. | Stadtteil West, Hbm. Meinhardt | LF 8, LF 16 TS (Bund) |
| Wache Neuengroden | Stadtteil Süd, Hbm. Hoffmann | LF 8, LF 16 TS (Bund) |
| Wache Albrechtsstr. | Stadtteil Nord, Hbm. Schoenboom | LF 8, LF 16 TS (Bund) |
| *Wache Fedderwarden* | *Stadtteil Fedderw., Obm. Haack* | *LF 8* |
| *Wache Sengwarden* | *Stadtteil Sengw., Obm. Schremmer* | *2 TLF 8 (Bund)* |

(Jahresbericht der Freiwilligen Feuerwehr 1972)

Bei der Freiwilligen Feuerwehr engagierten sich damit nun mehr als 200 Aktive (vgl. Anhang 15). Bei Notrufen aus ihrem Löschbezirk, dem bisherigen Gemeindegebiet, alarmierte die Zentrale die Wachen Sengwarden und Fedderwarden parallel zur Berufsfeuerwehr. Dies entsprach ihrer bisherigen Praxis als Gemeindefeuerwehren und entlastete die Berufsfeuerwehr, die damals noch ausschließlich von der Wache Mozartstraße in den Stadtnorden ausrückte. Die vier Freiwilligen Feuerwehren im bisherigen Stadtgebiet dagegen wurden erst nach 17.00 Uhr alarmiert, um ihre Alarmsicherheit nicht zu überfordern.

Walter Haack, der mit der Gebietsreform seine Funktion als Gemeindebrandmeister Sengwarden aufgegeben hatte, erreichte viel für die Integration der beiden friesländischen Wehren in die Wilhelmshavener Feuerwehr. Am 21. August 1972 nahm er erstmals an der Dienstbesprechung des Kommandos der Freiwilligen Feuerwehr Wilhelmshaven teil.[547] Als Personengemeinschaften traten die beiden Freiwilligen Feuerwehren aus Sengwarden und Fedderwarden dem Kreisfeuerwehrverband Wilhelmshaven bei. „Der Zusammenschluss wurde im Rahmen der Feuerwehr mit einem zünftigen Heringsessen und anschließendem Kameradschaftsabend bei Duden in Sengwarden gefeiert", lautet der Eintrag im Protokollbuch der Freiwilligen Feuerwehr Wilhelmshaven-Nord.[548]

Abb. 207: Fahrzeuge der Freiwilligen Feuerwehren Sengwarden und Fedderwarden, 1972 (darunter zwei Tanklöschfahrzeuge TLF 8 des erweiterten Katastrophenschutzes) (Foto: Karl Reese)

Die Fahrzeugausstattung der „Neuen" sollte den Kriterien einer Schwerpunktfeuerwehr entsprechen, d.h. beide sollten einen Löschzug besetzen, und damit Einsätze in ihrem Löschbezirk möglichst lange allein bestreiten können. In der Konsequenz führte das zu einer Aufrüstung der Freiwilligen Feuerwehren in Sengwarden und Fedderwarden. Feuerwehrchef Hans Wigger charakterisierte die Ausstattung der beiden Feuerwehren vor der Gebietsreform: „Zwei einsatztaktisch ungeeignete ZS-Fahrzeuge waren der ‚Stolz' der Gemeindewehr. Im Ortsteil Fedderwarden wurde nur ein LF 8, das zum damaligen Zeitpunkt schon überaltert war, vorgehalten."[549] Er spielte damit auf zwei Fahrzeuge aus den Beständen des Zivilschutzes an, welche die Stadt Wilhelmshaven bereits im Januar 1971 – im Vorgriff auf die Eingemeindung – zur Verfügung gestellt hatte. Bis dahin bestand die Ausstattung der Freiwilligen Feuerwehr Sengwarden aus einem Tragkraftspritzenanhänger TSA und zwei Gerätewagen GW eines Bergungszuges des überörtlichen Zivilschutzes, die der Landkreis Friesland in Sengwarden stationiert und nun für eigene Zwecke abgerufen hatte. Das Löschgruppenfahrzeug LF 8 (Opel „Blitz"/Metz) in Fedderwarden aus dem Jahr 1962 war zu diesem Zeitpunkt das einzige von der Gemeinde beschaffte Einsatzfahrzeug.

Wegen der Besonderheiten der Wasserversorgung über längere Strecken im ländlichen Raum hatten bei der Umverteilung aus dem Bestand der Feuerwehr Wilhelmshaven nun Fahrzeuge mit entsprechenden Fähigkeiten Priorität. Die Freiwillige Feuerwehr Sengwarden erhielt sofort ein Tanklöschfahrzeug TLF 16 (Bund), das später durch ein Tanklöschfahrzeug TLF 16 (Mercedes-Benz) der Berufsfeuerwehr von 1951 (die „Oma", vgl. Seite 172) ersetzt wurde und 1973 ein neu beschafftes Tragkraftspritzenfahrzeug TSF 8/Hi mit eingeschobener Tragkraftspritze und Hilfeleistungssatz. Bei der Freiwilligen Feuerwehr Fedderwarden wurde 1973 ein Tanklöschfahrzeug LF 8 (aus Bundesbeständen) stationiert. Nachdem Sengwarden 1975 ein Tanklöschfahrzeug TLF 16 (Magirus, 1958, vgl. Seite 187) der Berufsfeuerwehr erhalten hatte, wechselte das ältere Tanklöschfahrzeug TLF 16 (Mercedes-Benz) nach Fedderwarden. Für die Verbindung zur Einsatzzentrale der Berufsfeuerwehr wurden die Fahrzeuge nach und nach mit UKW-Funksprechanlagen ausgestattet. Aus der Sicht von Hans Wigger waren die LF 16/TLF 16 eigentlich zu groß für die Ortswehren, weil sie nicht so schnell zu besetzen waren. Seine Planungen zielten daraufhin, für die Wehren Sengwarden und Fedderwarden je ein neues kleineres, schneller zu besetzendes Tanklöschfahrzeug TLF 8 zu beschaffen, denn auch auf dem Lande war angesichts der größeren Entfernungen Schnelligkeit Trumpf.

Für den zusätzlichen Bedarf bei der Freiwilligen Feuerwehr Sengwarden baute die Stadt Wilhelmshaven 1973 auf dem Hof der bisherigen Gemeindeverwaltung, die jetzt als Verwaltungsstelle der Stadt Wilhelmshaven arbeitete, in der Heddostraße eine zweiständige Garage. Die Wehr behielt ihr bisheriges Gerätehaus in der Straße Am Holling zunächst noch als Materiallager bei und nutzte Räume im Gebäude der Verwaltungsstelle für Ausbildungszwecke.[550] Hans Möhlenhoff, der bis 1972 in Sengwarden Gemeindedirektor gewesen war und den Gebietsänderungsvertrag mit verhandelt hatte, stellte 1980 rückblickend fest, „dass in guter Zusammenarbeit mit den Dienststellen der Stadt Wilhelmshaven die Voraussetzungen für eine optimale Ausrüstung der Wehr geschaffen waren, die man als kleine selbständige Gemeinde nie hätte erreichen können."[551]

Auch hinsichtlich der persönlichen Schutzausrüstung (PSA) wurden die Feuerwehren in Sengwarden und Fedderwarden schrittweise an den Standard im Stadtgebiet angeglichen. Ihre Finanzmittel erhielten sie nun über die Berufsfeuerwehr der Stadt Wilhelmshaven und waren damit im Vergleich zur bisherigen Situation finanziell bessergestellt. Sie nahmen von nun an auch an den Ausbildungsmaßnahmen und Übungen der Wilhelmshavener Feuerwehr teil, die von Kreisausbildungsleiter Erich Adam organisiert wurden. Am 18. Juni 1972 war erneut das Gelände der Olympia-Werke in Roffhausen Schauplatz einer Großübung von hauptamtlichen und freiwilligen Feuerwehren mit den Übungsschwerpunkten „Zusammenwirken" und „Wasserversorgung". „Nach der Übung wurden die Beteiligten zu einem gemeinsamen Frühstück von der Werkleitung eingeladen", hielt der Jahresbericht der Freiwilligen Feuerwehr fest.[552] Am 5. November 1972 folgte eine Großübung mit 104 Einsatzkräften und 22 Fahrzeugen von Berufsfeuerwehr und Freiwilliger Feuerwehr auf dem Gelände der Nord-West Kavernengesellschaft (NWKG). Die Wehren von Sengwarden und Fedderwarden waren einbezogen. Gemeinsam mit den Mitarbeitern der NWKG erprobte man die Alarmierungseinrichtungen, die Pumpen-Technik und die Löschwasserversorgung. Der Feuerschutzdezernent und zugleich Leiter des Katastrophenschutz-Stabes, Dr. Meyer-Abich, nahm als Beobachter teil. Die Nachbesprechung fand im „Deutschen Haus", Fedderwarden, statt.

Mit den beiden Freiwilligen Feuerwehren übernahm die Stadt Wilhelmshaven auch den „Unfallrettungswagen" der Freiwilligen Feuerwehr Sengwarden, den diese seit 1971 zur Sicherung der schon damals stark befahrenen Küstenstraße nach Hooksiel und Schillig unterhielt. Dafür engagierte sich in der Sengwarder Wehr viele Jahre lang eine Sanitätsgruppe unter der Leitung von Curt Kopke, den seine Kameraden auch liebevoll „Dr. Kopke" nannten.

Die Übersicht für das Jahr 1972 auf Seite 258 zeigt die durchgängige Ausstattung der „innerstädtischen" Freiwilligen Feuerwehren mit Löschgruppenfahrzeugen LF 16 TS aus dem erweiterten Katastrophenschutz. Dafür konnten nun die letzten „kriegsgedienten" Löschgruppenfahrzeuge LF 32 (vgl. Seite 96) nach 30 Jahren ausgemustert werden.

*

An der Grundstruktur der Wilhelmshavener Feuerwehr änderte sich durch den Zutritt der beiden Freiwilligen Feuerwehren nichts, wie es im Jahresbericht 1973 heißt: „Nach dem Feuerschutzgesetz des Landes Niedersachsen vom 21.3.1949 obliegt der Gemeinde der Brandschutz. Für die Aufgaben zur Brandbekämpfung und zur Gefahrenabwehr bei anderen Notständen unterhält die Stadt eine Berufsfeuerwehr. Zu deren Unterstützung sind über das Stadtgebiet 6 Einheiten der Freiwilligen Feuerwehr verteilt untergebracht. Beide Organisationen, Berufsfeuerwehr sowie die einzelnen Freiwilligen Feuerwehren werden als die Feuerwehr der Stadt Wilhelmshaven bezeichnet."[553]

Für den Rettungsdienst galten nun eigene fachliche Richtlinien. Die Feuerwehrbeamten erhielten eine zusätzliche Ausbildung zum „Rettungssanitäter", die sie u.a. mit praktischen Abschnitten in Krankenhäusern auf den Gebieten Wundversorgung, lebenserhaltende Maßnahmen und Geburtshilfe qualifizierte.

Angesichts des Einwohnerzuwachses im Stadtnorden, aber auch Tausender von Arbeitern der Baustellen auf den Neulandflächen im Norden und Osten der Stadt stationierte die Berufsfeuerwehr ab dem 15. August 1973 im Feuerwehrgerätehaus Albrechtstraße einen Krankentransportwagen KTW. Das Fahrzeug war zunächst mit drei Feuerwehrleuten im Tagesdienst besetzt. Bis zum Bau einer Garage neben dem Gebäude stand es in der Garage der Freiwilligen Feuerwehr Wilhelmshaven-Nord. Erstmals seit der Aufgabe der Nebenwache in der Memeler Straße 1946 (vgl. Seite 156) war die Berufsfeuerwehr nun wieder regelmäßig im Stadtnorden präsent.

Abb. 208: Baustelle der Erdölraffinerie der Mobil Oil AG auf dem Gelände des Voslapper Grodens, 1974/1975 (Sammlung Frank Thaden)

Feuerschutzdezernent Dr. Hans-Jürgen Meyer-Abich nahm die Rettungswache persönlich in Betrieb und sprach von „einem ersten Schritt zur Verbesserung der Sicherheit im Stadtnorden".[554] Die Stadtverwaltung begründete die Maßnahme mit der Industrialisierung, gleichwohl war die Initiative dazu auch von den Bürgervereinen des Stadtnordens gekommen. Zur Verbesserung der Alarmierung stellte man in Fedderwardergroden drei Notrufsäulen auf. 1975 wurde anstelle des Krankenwagens im Tagesdienst ein

Rettungswagen mit fünf Feuerwehrbeamten rund um die Uhr stationiert, das Feuerwehrgerätehaus in der Albrechtstraße war damit auch zur Rettungswache geworden. Dafür erhielt es einen zurückgesetzten Garagenanbau mit zwei Stellplätzen, der den ersten Bauabschnitt einer Planung für die Erweiterung der Wache darstellte. Die Fahrzeug-Besatzungen zogen in die frühere Wohnung des Gerätewartes im Haupthaus ein. Da der zweite Bauabschnitt mit Räumen für die Freiwillige Feuerwehr erst 1982 realisiert wurde (vgl. Seite 302), bezog sie zunächst provisorische Räume in einer von der Mobil Oil Raffinerie gestifteten früheren Arbeits- und Bürobaracke auf dem rückwärtigen Teil des Grundstücks und fühlte sich, so heißt es in einem Protokoll, ein wenig als „Hinterhoffeuerwehr".[555]

**Abb. 209: Aufbau der Industriebaracke auf dem Gelände des Feuerwehrgerätehauses Albrechtstraße, 1976 (am linken Bildrand der Garagenanbau für den Rettungswagen) (Feuerwehr-Archiv)**

### „Einer dieser Tage, der 13. November 1973

Der Warndienst des DHI (Deutsches Hydrographisches Institut, der Verf.) meldet deutlich höher auflaufendes Nachthochwasser, daraufhin wurde der KatS-Stab für 22 Uhr einberufen; um 19.43 wurde ein Brand im Spanplattenwerk Kusser am Kanalweg gemeldet – nicht zum ersten Mal. Dort brannte ein Spänebunker. Die Einsatzleitung alarmierte zur Verstärkung die Wache Oldeoogestraße, obwohl diese gerade Wachleiter Otto Meinhardts 25-jähriges Dienstjubiläum feierte. Die Wache Mozartstraße der FF wurde – an ihrem Dienstabend – als Reserve für die Hauptwache eingeteilt. 22.30 h Feuer aus, 22.45 h Bereitschaft Stab KatS aufgehoben. Kommentar: „[…] das Feuer war mal wieder zur richtigen Zeit ausgebrochen. […] Sonst wäre das 8. Feuer im Werk auch das letzte gewesen." (Jahresbericht der Berufsfeuerwehr 1973)

Der stellvertretende Leiter der Berufsfeuerwehr, Brandoberinspektor Gerhard Hinrichs, trat 1973 in den Ruhestand, sein Nachfolger wurde Brandinspektor Erich Adam. Zum 1. September 1973 übernahm Stadtrat Dr. Alexander Engelhardt, der 1972 zum Dezernenten gewählt worden war, die Aufgaben des Feuerschutzdezernenten. [556]

Im November und Dezember dieses Jahres wurde der Katastrophenschutz-Stab aufgrund von Sturmflutlagen mehrfach alarmiert und trat unter der Leitung von Dr. Engelhardt zusammen: Feuerwehr, Wasserwirtschaftsamt, Technisches Hilfswerk, Polizei, Verteidigungskreiskommando. Vorsorglich ließ man die Deichtore schließen. Das Hochwasser erreichte aber nicht den befürchteten bedrohlichen Pegelstand, sodass der Stab nach dem jeweiligen Pegelhöchststand wieder auseinandertrat.

**Fernmeldeeinrichtungen der Feuerwehr 1973**

- eine Fernsprechnebenstellenanlage mit 90 Nebenstellen (Wachen/Gerätehäuser)
- zwei Notrufleitungen 112, eine öffentliche Feuermeldeanlage für 16 öffentliche und 6 private Melder mit feuerwehreigenem Kabelnetz
- eine Feuermeldeanlage (Siemens) mit 15 Anschlüssen, erweiterbar
- eine öffentliche Notrufanlage (Standmelder nach dem NPF-System, 12 Melder mit Gegensprechmöglichkeit)
- Sirenensteueranlage für neun Luftschutzsirenen, erweiterbar
- > 30 km feuerwehreigenes Kabelnetz
- UKW-Funksprechanlagen ortsfest und in 32 Fahrzeugen sowie acht tragbare Geräte, 50 Funkmeldeempfänger zur Alarmierung der Freiwilligen Feuerwehr.

(Jahresbericht der Berufsfeuerwehr 1973)

Mit einer weiteren Änderung ihrer Satzung erhielt die Freiwillige Feuerwehr Wilhelmshaven 1974 eine neue Struktur. Als Einrichtungen der kommunalen Feuerwehr trugen die bisherigen Wachen nun alle die bis heute geltende Bezeichnung „Ortsfeuerwehr" – mit einem räumlichen Namenszusatz, der ihrem Löschbezirk entsprach. Die bisherige „Einheit Mozartstraße" hieß nach ihrem Löschbezirk jetzt „Ortsfeuerwehr Heppens". Einerseits stand sie in der räumlichen Tradition der Freiwilligen Feuerwehren Wilhelmshaven (1880) und Heppens (1900), andererseits trug sie nun den Namen der Heppenser Wehr, die 1930 in der Einheit Neuengroden/Rüstringen II aufgegangen war. An der Spitze der Ortsfeuerwehren standen die von den Mitgliedern gewählten „Ortsbrandmeister". Sie und ihre Stellvertreter wurden wie bisher von der Stadt Wilhelmshaven in das Ehrenbeamtenverhältnis berufen.

Ortsfeuerwehren 1974

| Bezeichnung | Standort | Ortsbrandmeister |
|---|---|---|
| Ortsfeuerwehr Heppens | Gerätehaus Mozartstraße | Albert Schmidt |
| Ortsfeuerwehr Bant | Gerätehaus Oldeoogestr. | Otto Meinhardt |
| Ortsfeuerwehr Neuengroden | Gerätehaus Triftweg | Johannes Möhlmann |
| Ortsfeuerwehr W'haven-Nord | Gerätehaus Albrechtstraße | Heinrich Rölke |
| Ortsfeuerwehr Sengwarden | Gerätehaus Heddostraße | Diedrich Bokker |
| Ortsfeuerwehr Fedderwarden | Gerätehaus Sillensteder Str. | Günter Ulrich |

(Jahresbericht Kreisfeuerwehrverband 1974)

Gleichzeitig wurde das Amt eines „Stadtbrandmeisters" eingeführt, der vom Kommando der Freiwilligen Feuerwehr gewählt und vom Rat der Stadt bestätigt wurde. Er war als Leiter der Freiwilligen Feuerwehr Vorgesetzter und Sprecher aller Angehörigen der Freiwilligen Feuerwehr. Die Freiwillige Feuerwehr stand als „Gemeindefeuerwehr" jedoch insgesamt unter der Aufsicht des Kreisbrandmeisters, d.h. des Leiters der Berufsfeuerwehr. Zum ersten Stadtbrandmeister wählten die Kameraden Ortsbrandmeister Karl Schmid aus Neuengroden, zu seinem Stellvertreter Walter Haack aus Fedderwarden. Unter dem Dach des Kreisfeuerwehrverbandes erschien nun jährlich auch ein gemeinsamer Bericht von Berufsfeuerwehr und Freiwilliger Feuerwehr. Daneben gab die Berufsfeuerwehr jedoch weiterhin ihren Jahresbericht als städtische Dienststelle heraus.

Gegenüber 1960 hatten sich die Brandeinsätze mehr als verdoppelt (vgl. Anhang 15). Hans Wigger schrieb: „Wichtig ist, um die gestellten Aufgaben zu erfüllen, daß der Brandschutz mit seinen Einrichtungen sich gleitend den steigenden Einsatzerwartungen anpaßt. [...] Hier muß auch auf eine notwendige gut ausgerüstete freiwillige Feuerwehr Gewicht gelegt werden. Die Arbeit dieser Männer, die sich uneigennützig für das Wohl unserer Bürger zur Verfügung stellen, sollte man besonders anerkennen. Sie stehen, wenn es sein muß, mit den Angehörigen der Berufsfeuerwehr Seite an Seite bei der Bekämpfung des ‚Roten Hahn'."[557]

Stadtrat Dr. Alexander Engelhardt eröffnete mit einem „Kinderfest" auf dem Hof der Feuerwache Mozartstraße den „City-Markt 1974". Anlässlich dieses Stadtfestes in der Fußgängerzone organisierte die Feuerwehr ein buntes Programm für Kinder aus Waisenhäusern und Kindergärten. Zur bundesweiten Brandschutzwoche 1974 zeigte die Feuerwehr auf dem Rathausplatz während der Wochenmarktzeiten eine „Informationsshow", die auf großes Interesse stieß.

*

Eigentlich stand für das Jahr 1974 die Ersatzbeschaffung für ein Löschgruppenfahrzeug LF 16 des ersten Abmarsches von 1962 an (vgl. Seite 193). Gemeinsam mit der Herstellerfirma Schlingmann entwickelten die Berufsfeuerwehr und vor allem Hans Wigger ein neuartiges, auf die alltäglichen Einsatzbedürfnisse individuell ausgerich-

Abb. 210: Hilfeleistungs-Löschfahrzeug HiLF 16, 1974 (Feuerwehr-Archiv)

tetes Fahrzeugkonzept: „Man entschied sich für ein Fahrzeug mit Sonderaufbau sowie mit Norm- und Sonderausrüstung, das sowohl den Einsatzwert eines TLF 16 wie eines LF 16 hat", heißt es der Chronik 1990.[558] Auf einem Fahrgestell Mercedes-Benz LP 1624 verfügte das Fahrzeug über alle Elemente eines „klassischen" Löschgruppenfahrzeuges LF 16. Zusätzlich wurde jedoch ein Wassertank (2.400 l) mit Schnellangriffseinrichtung eingebaut, damit sofort nach dem Eintreffen am Einsatzort wie bei einem Tanklöschfahrzeug eine größere Menge Wasser zur Verfügung stand. Das Fahrzeug erhielt darüber hinaus einen 200-l-Tank für Schaummittel sowie einen umfangreichen Gerätesatz für die technische Hilfeleistung: Stromgenerator, ausfahrbarer Lichtmast, hydraulisches Spreiz- und Schneidgerät. Diese Vielseitigkeit ersparte letzten Endes Personal für die Nachführung von spezialisierten Fahrzeugen wie einem Tanklöschfahrzeug oder einem Rüstwagen.

Mit dieser Ausstattung konnte es gerade in den ersten, kritischen Minuten eines Einsatzes autark arbeiten, andererseits aber mit seinen vielseitigen Möglichkeiten später den Kern des Löschzuges bilden. Es wurde als „Hilfeleistungs-Löschfahrzeug HiLF 16" im Dezember 1974 in Dienst gestellt. Nur wenige Feuerwehren verfügten zu dieser Zeit über ein solches Fahrzeug. Auch wenn es anfänglich in der niedersächsischen Feuerwehr-Szene einige Diskussionen über die Normabweichungen gab, bewährte sich das Konzept so schnell, dass es als Löschgruppenfahrzeug LF 24 schon bald zum Standard wurde. Die Berufsfeuerwehr war zufrieden, so heißt es in der Chronik 1990: „Das Fahrzeug wurde zum ‚Arbeitspferd' der Wilhelmshavener Berufsfeuerwehr. Mit wenig Personal konnte man aufgrund der vielseitigen Ausrüstung große Einsatzerfolge erzielen."[559] Erstmals befand sich die Atemschutzausrüstung (Preßluftatmer) in der Fahrzeugkabine, sodass sie schon während der Anfahrt angelegt werden konnten und an der Einsatzstelle sofort verfügbar waren. Bis dahin hatte sich diese Ausrüstung in den Gerätefächern am Fahrzeug befunden, auch bei den Anfang der 1960er Jahre beschafften neuen Löschfahrzeugen.

Eine weitere technische Innovation bestand in dem Wechselaufbauten-System (WA-System, heute Abrollbehälter AB), wie es die ersten Berufsfeuerwehren in Deutschland ab 1970 einführten. Der Anlass in Wilhelmshaven war die notwendige Ersatzbeschaffung eines Lastkraftwagens für Transportaufgaben. Mit Wechselaufbauten für verschiedene Ausrüstungsteile wollte man wie in der Wirtschaftslogistik die Ausrüstung vorher verladen können und damit schneller für den Einsatz verfügbar haben. Anstelle eines Lastkraftwagens beschaffte die Berufsfeuerwehr ein Trägerfahrzeug (Mercedes-Benz LAF 1113) für auswechselbare Aufbauten und einer Pritsche als Erstausstattung. Wechselaufbauten für 2.000 m Schlauchmaterial (WA-Schlauch S 2, Schlingmann 1976), Schüttgut (WA-Schüttgut), technische Hilfsgeräte und Rüstmaterial (WA-Rüst) sowie Schaummittel (WA-Schaummittel) folgten.

Abb. 211: Ausbildung auf dem neuen Hilfeleistungs-Löschfahrzeug HiLF, 1975 (Stadtarchiv, Best. 5370 Feuerwehr)

Abb. 212: Trägerfahrzeug mit Wechselaufbau für 2.000 Meter Schlauchmaterial (WA-Schlauch S 2), 1976 (Feuerwehr-Archiv)

1977 vervollständigte ein weiteres Trägerfahrzeug (MAN 13.168 F) das System, das danach immer wieder den Einsatzerfordernissen angepasst wurde. Vor allem in Eigenleistung entstand 1978 ein Aufenthalts-Container mit Funktisch für die Einsatzleitung vor Ort bei längeren und komplexeren Schadenslagen (WA-Technische Einsatzleitung), der 2012 zum Abrollbehälter Aufenthalt (AB-Aufenthalt) umgestaltet wurde (vgl. Seite 428). Mit einem Wechselaufbau Ölabwehr (WA-Öl, 1989) war es später möglich, auch zeitkritische Ausrüstungen wie z.B. Ölsperren, Pumpen mit Ölabscheidern etc. schneller zur Einsatzstelle zu bringen.

Die Fahrzeugverteilung im Jahr 1976 zeigt die Veränderung. Bei den Ortsfeuerwehren waren im Rahmen des erweiterten Katastrophenschutzes neben den Löschgruppenfahrzeugen LF 16 TS (vgl. Seite 222) die kleineren Tanklöschfahrzeuge TLF 8 mit einem eigenen Wasservorrat stationiert worden, die ursprünglich im Zivilschutz zur Ausstattung der Fachdienstes Brandschutz gehört hatten. Sie wurden erst Anfang der 1980er Jahre ausgemustert.

### Fahrzeugbestand der Berufsfeuerwehr 1976

Erster Zug:
Hilfeleistungs-Löschfahrzeug HiLF 16
Tanklöschfahrzeug TLF 16
Drehleiter DL 30, Tanklöschfahrzeug TLF 16

Zweiter Zug:
Tanklöschfahrzeug TLF 16
Löschgruppenfahrzeug LF 16
Trockenlöschfahrzeug TroLF 15
Schlauchwagen SW 1000

Technischer Zug:
Bergungswagen GW 2
Chemieschutzfahrzeug CSF
Lkw
Wechselladerfahrzeug WLF und andere Sonderfahrzeuge

(Jahresbericht Kreisfeuerwehrverband 1976)

**Fahrzeugbestand der Freiwilligen Feuerwehr 1976**

| | |
|---|---|
| OF Heppens: | Löschgruppenfahrzeug LF 8, Schlauchwagen SW 2, Tanklöschfahrzeug TLF 8 |
| OF Bant: | Löschgruppenfahrzeug LF 8, Tanklöschfahrzeug TLF 16, Löschgruppenfahrzeug LF 16 TS, Tanklöschfahrzeug TLF 8 |
| OF Neuengroden: | Löschgruppenfahrzeug LF 8, Löschgruppenfahrzeug LF 16 TS, Tanklöschfahrzeug TLF 8 |
| OF Nord: | Löschgruppenfahrzeug LF 8, Löschgruppenfahrzeug LF 16 TS, Tanklöschfahrzeug TLF 8 |
| OF Sengwarden: | Tanklöschfahrzeug mit Hilfeleistungssatz TSF 8/Hi, Tanklöschfahrzeug TLF 16, Tanklöschfahrzeug TLF 8, Krankenwagen KTW |
| OF Fedderwarden: | Löschgruppenfahrzeug LF 8, Tanklöschfahrzeug TLF 16, Tanklöschfahrzeug TLF 8 |

(Jahresbericht Kreisfeuerwehrverband 1976)

1976 stellte die Berufsfeuerwehr ein Tanklöschfahrzeug TLF 16/28 T (Mercedes-Benz LAF 1113/Schlingmann) in Dienst. Es sollte den Löschzug speziell bei Einsätzen ohne sofort verfügbare leistungsfähige Wasserversorgung unterstützen. Dazu war es mit einem großen Wassertank (3.000 Liter) sowie einem Schaummittelvorrat ausgerüstet. Die Leistungsstärke der fest eingebauten Pumpe entsprach der eines Löschgrup-

Abb. 213: Tanklöschfahrzeug TLF 16/28 T, 1976 (Feuerwehr-Archiv)

penfahrzeugs, wegen seiner Ergänzungsfunktion hatte das Fahrzeug eine Kabine für einen Trupp (1/2).

Nach dem Zulauf der Löschfahrzeuge aus dem erweiterten Katastrophenschutz war es möglich, einzelne Löschgruppenfahrzeuge LF 8 (Mercedes-Benz/Bachert, Beschaffung 1965/66, vgl. Seite 232) bei den Freiwilligen Feuerwehren abzulösen und anderen Verwendungen zuzuführen: als Rüstwagen Öl bzw. Ölschadenfahrzeug ÖSF zur Aufnahme von Ölverunreinigungen auf Straßen (später Gerätewagen Umweltschutz GW-U) sowie als Ausbildungsfahrzeug für die Jugendfeuerwehren.

1975 trat eine neue Organisationsstruktur des Amtes 37 in Kraft, mit der die Leitung auf die veränderten Aufgaben reagierte: Ein neu gebildetes Sachgebiet 37.05 (Einsatzvorbereitung und Einsatzlenkung) war direkt dem Leiter der Berufsfeuerwehr zugeordnet. Für den stetig wachsenden Aufgabenbereich Rettungsdienst und Krankentransport wurde eine eigenständige Abteilung (37.4) eingerichtet.

### Mitscherlichstraße, 15. April 1975: Wohnungsbrand in einem Mehrfamilienhaus

Bei einem Wohnungsbrand in dem Mehrfamilienhaus werden drei Menschen schwer verletzt.

**Abb. 214: (Feuerwehr-Archiv)**

### Kavernengelände, 2. April 1976: Ölaustritt

Im Westen der Stadt nördlich der Autobahn A 29 ist seit 1968 in unterirdischen Salzkavernen, betrieben von der bundeseigenen Nord-West-Kavernengesellschaft, die Rohölreserve der Bundesrepublik für Notzeiten eingelagert. Am 2. April 1976 kam es zum ersten größeren Ölunfall. An einem Kavernenkopf trat wegen eines nicht vollständig geschlossenen Absperrschiebers eine größere Menge Rohöl – etwa 10 bis 15 $m^3$ – aus und floss über die Auffangbehälter auf das umgebende Weideland und in die Entwässerungsgräben.

Als die gemäß Abwehrplan alarmierte Feuerwehr eintraf, stand das Öl weiträumig um die Kaverne bis zu 3 cm hoch. Die Einsatzkräfte legten Ölsperren gegen den weiteren Abfluss in die Gräben. Sie schufen mit Baggern Auffangräume für das Öl, aus denen es mit Saugwagen aufgenommen werden konnte. Mit Wasser spülte man in mehreren B-Leitungen das bereits ausgelaufene Öl zu den Sammelpunkten. Zur Überwachung des Grundwassers wurden im Umkreis der Schadenstelle tiefe Kontrollgräben gezogen. Umweltdezernent Dr. Engelhardt war vor Ort, um sich ein Bild vom Ausmaß des Schadens und den eingeleiteten Maßnahmen zu machen.

Mit der neuen DIN 14940 kam in dieser Zeit das Ende für den schwarzen Feuerwehr-Stahlhelm, der in den 1930er Jahren eingeführt worden war. (vgl. Seite 75). Die Helme waren im Sinne des Tragekomforts nun wesentlich leichter – aus Aluminium oder Kunststoff – und weiß bzw. gelbgrünlich nachtleuchtend gefärbt sowie mit Reflexstreifen versehen. Damit konnten die Einsatzkräfte in einem verqualmten Raum besser gesehen werden.

Zum 2. Januar 1975 wechselte die Berufsfeuerwehr zum „Bremer Plan" in drei Wachschichten mit einer festgelegten Verteilung der 24-Stunden-Dienste auf die

| Wache I | Wache II | Wache III |
|---|---|---|
| 1. Hbm. Logemann, Wei. | 1. Hbm. Wilken | 1. Hbm. Claus |
| 2. " Dietz | 2. " Templin | 2. " Woytas |
| 3. " Scherf | 3. " Knudsen | |
| | | 3. Obm. Wieting |
| 4. Obm. Bergmann | 4. Obm. Enkler | 4. " Oltmanns |
| 5. " Meinardus | 5. " Schneider, Ru. | 5. " Christians |
| 6. " Tobias | 6. " Gerdes, Ew. | 6. " Eiben |
| 7. " Kohrs | 7. " Wassermann | 7. " Lindner |
| 8. " Vienup | 8. " Pollak | |
| | | 8. Bm. Meier, Bo. |
| 9. Bm. Kruse | 9. Bm. Logemann, Ho. | 9. " Eyben |
| 10. " Reichardt | 10. " v. Allen | 10. " Eilers |
| 11. " Lorenz | 11. " Ratzke | 11. " Gundlach |
| 12. " Buchholz | 12. " Dämmrich | 12. " Weers |
| 13. " Födisch | | 13. " Bohlen |
| 14. " Reiher | 13. Hfm. Wechau | 14. " Borchers, D. |
| 15. " Gauer | 14. " Kempf | |
| | 15. " Weiss | 15. Hfm. Sievers |
| 16. Hfm. Baumann | 16. " Hertel | 16. " Borchers, G. |
| 17. " Rector | 17. " Berends | 17. " Meier, Wilfr. |
| 18. " Schroer | 18. " Musielski | 18. " Ducci |
| " | | 19. " Gottwald |
| | 19. Fm. Lüders | |
| 19. Ofm. Raabe | 20. " Wieland | 20. Fm. Wölfel |
| 20. " Peters, H-Joa. | 21. " Schwarting | 21. " Preis |
| | 22. " Wagner | 22. " Bohlken |
| 21. Fm. Kubanek | 23. " Bartels | 23. " Schmidt |
| 22. " Heimbuch | 24. " Hand | 24. " Petersen |
| 23. " Peters, Hinr. | 25. " Rosentreter | 25. " Hinrichs |
| 24. " Bär | 26. " Wessels | 26. " Lütke |
| 25. " Janssen | 27. " Brauer | 27. " Döring |
| 26. " Reimers | 28. " Franzek | 28. " Harms |
| 27. " Krell | 29. " Pupkes | 29. " Nittka |
| 28. " Klausen | 30. " Giessenberg | 30. " Schneider, Rolf |
| 29. " Schnieders | 31. " Ulpts | 31. " Hesse |
| 30. " Leischwitz | 32. " Voigt | |
| 31. " v. Malottki | | |
| 32. " Burchardt | | |
| | | |
| 33. Hfm. Grube | | |

Abb. 215: Wacheinteilung nach dem „Bremer Plan", 1975 (Feuerwehr-Archiv)

einzelnen Wochen bzw. Wochenenden: erste Woche Montag, Mittwoch und Samstag; zweite Woche Dienstag, Freitag und Sonntag, dritte Woche Donnerstag, vierte Woche wie erste Woche.

### Zeiteinteilung im 24-Stunden-Dienst 1975

| | |
|---|---|
| 8.00 Uhr | Wachablösung |
| 8.15 Uhr | Reinigungsdienst |
| 8.30 Uhr | Ausbildung |
| 9.30 Uhr | Frühstückspause |
| 10.00 Uhr | Ausbildung oder Arbeitsdienst |
| 12.00 Uhr | Mittagspause |
| 14.00 Uhr | Arbeitsdienst (Freitag Reinigungsdienst) |
| 16.30 Uhr | Kaffeepause |
| 16.45 Uhr | Ausbildung, Sport oder Arbeitsdienst |
| 18.00 Uhr | Bereitschaftsdienst (bis zum Schichtende am nächsten Morgen) (Samstag und Sonntag ohne Arbeitsdienst oder Ausbildung) |

(Organisationsanweisung, Feuerwehr-Archiv)

x

Im Nachhinein betrachtet hatte mit der Einrichtung der Rettungswache Albrechtstraße 1975 der Weg zu einer Feuerwehr-Nebenwache im Stadtnorden begonnen. Die zentrale, aber geografisch sehr weit südliche Position der Feuerwache Mozartstraße reichte angesichts neuer Wohn-, Gewerbe- und Industriegebiete im Norden nicht mehr aus. Die Feuerwehrführung ließ deshalb 1976 die Einsätze der Berufsfeuerwehr nach ihrer räumlichen und zeitlichen Verteilung über einen längeren Zeitraum auswerten. Auf dieser Grundlage bewertete man verschiedene Szenarien für eine Nebenwache im Stadtnorden mit einer Löschstaffel. Der Bedarf schien aufgrund der Bevölkerungsentwicklung und der Entfernungen gegeben, offenkundig wollte man nun die personellen und die einsatztaktischen Spielräume ausloten. Zusätzliche Planstellen waren nach der Umstellung auf drei Wachschichten 1972 und dem damit verbundenen Personalaufwuchs für den abwehrenden Brandschutz nicht unbedingt zu erwarten, also untersuchte man die Möglichkeiten einer Umverteilung, zunächst ohne greifbares Ergebnis.

Die Berufsfeuerwehr erhielt allerdings in dieser Zeit vier zusätzliche Planstellen (Brandmeister), nachdem sie vom Hauptamt den Fahrdienst für den Oberbürgermeister, den Oberstadtdirektor sowie die städtischen Dezernenten übernommen hatte. Wegen einer erneuten Verringerung der durchschnittlichen Arbeitszeit wären diese Stellen jedoch ohnehin erforderlich gewesen. Bis 1980 wuchs der Personalbestand auf 110 Feuerwehrbeamte an (vgl. Anhang 15). In der Praxis traten allerdings immer wieder Konflikte zwischen einer nachvollziehbaren „Fahrerbindung" und der

Einbindung der Beamten in das eigentliche Feuerwehrgeschehen einschließlich Fortbildung und Beförderung auf. Die Feuerwehrführung musste regelmäßig gegensteuern, um zu verhindern, dass Oberbrandmeister allzu oft Fahrdienste versahen, die immerhin schon die Ausbildung und Eignung zum Trupp- oder Staffelführer hatten. Nach einer Änderung der Laufbahnverordnung für Feuerwehrbeamte (1975) ersetzte der „Brandmeister" den bisherigen Beförderungsdienstgrad „Hauptfeuerwehrmann". Nun gab es also Brandmeister mit und ohne Prüfung. Aufgrund des regelmäßigen Personalbedarfs durch Zuwachs und Fluktuation setzte die Berufsfeuerwehr die Eigenausbildung fort und bot sie auch Dritten an: „Seit den 1970er Jahren wurde die Berufsfeuerwehr auch als Ausbildungsstätte für Anwärter auswärtiger Feuerwehren und für Werkfeuerwehren herangezogen. Es wurden Grundausbildungslehrgänge sowie Vorbereitungslehrgänge für Brandmeisterprüfungen durchgeführt. Ebenso wurden Ausbildungsabschnitte von Aufstiegsbeamten bei der Wilhelmshavener Berufsfeuerwehr durchlaufen", heißt es in der Chronik 1990.[560] Zusätzlich bildete man im Jahr 1976 51 Mitarbeiter der Nordwest-Ölleitung-GmbH zum Truppmann aus (Grundausbildung im Feuerwehrdienst), davon neun als Atemschutzgeräteträger.[561]

Im Juli 1976 trat der stellvertretende Leiter der Berufsfeuerwehr, Brandamtmann Erich Adam, in den Ruhestand. Sein Nachfolger wurde Brandamtmann Hans Wilde.

*

Die Mobil Oil Raffinerie auf dem Voslapper Groden, eine auf einen Jahresdurchsatz von 8 Mio. Tonnen ausgelegte Anlage zur Verarbeitung von Rohöl, nahm am 14. September 1976 ihren Betrieb auf. Damit ging auch deren Werkfeuerwehr in Bereitschaft, die zweite nach der Werkfeuerwehr der Nordwest-Ölleitungs-GmbH. Die Sicherheitsanalysen im Genehmigungsverfahren für die Raffinerie hatten gezeigt, dass es wegen der großen Mengen brennbarer Flüssigkeiten und Gasen in der Anlage notwendig war, vor Ort eine sofort verfügbare Gefahrenabwehr-Einheit mit entsprechender Ausrüstung vorzuhalten. Sie sollte die Erstmaßnahmen an der Gefahrenstelle durchführen (Brandbekämpfung, Menschenrettung, Verhinderung von Produktaustritten) und dabei auch die umfangreichen ortsfesten Brandbekämpfungssysteme (Werfer für Wasser und Schaum, Pumpen und Leitungen für die Wasserversorgung in sehr großen Mengen) einsetzen.

Die Werkfeuerwehr der Raffinerie bestand zunächst aus einer hauptamtlichen Komponente in Staffelstärke (1/5) rund um die Uhr, für die das Unternehmen durchschnittlich mehr als dreißig ausgebildete Feuerwehrleute beschäftigte. Zusätzlich wurde eine nebenamtliche Löschgruppe (1/9) aus Mitarbeitern des Schichtbetriebs der Anlage mit Feuerwehrausbildung und -ausrüstung vorgehalten, vergleichbar der Werkfeuerwehr der Nordwest-Ölleitungs-GmbH. Dazu schulten Beamte der Berufsfeuerwehr insgesamt 85 Mitarbeiter der Mobil-Oil Raffinerie in einer Feuerwehr-Grundausbildung.[562] Die Werkfeuerwehr der Raffinerie verfügte zunächst über Spezialfahrzeuge der von Mobil Oil vorgegebenen Baumuster des Herstellers Mack Trucks zum Einsatz in Chemieanlagen mit Löschwasser und Schaummitteln. Sie be-

Abb. 216: Ausbildung von Mitarbeitern der Nordwest-Ölleitung-GmbH durch die Berufsfeuerwehr, 1976 (Feuerwehr-Archiv)

teiligte sich auch an den mündlichen Vereinbarungen zwischen der Berufsfeuerwehr, der Raffinerie in Emden, der Industrie und der Herstellerfirma Dr. Sthamer in Hamburg über die Bereitstellung zusätzlicher Mengen Schaummittel.

Nach festgelegten Alarmplänen rückten die Feuerwehren der Stadt zur Raffinerie aus. Der Einsatzleiter der Berufsfeuerwehr übernahm die Einsatzleitung und die kommunalen Feuerwehrkräfte besetzten einzelne Einsatzabschnitte. Regelmäßige ge-

Abb. 217: Werkfeuerwehr der Mobil Oil Raffinerie: eines der Löschfahrzeuge der ersten Generation, 1982 (Foto: Rudolf Faust)

Abb. 218: Brandschutzübungsanlage der Raffinerie, o. D. (Werkfeuerwehr HES International B.V.)

meinsame Übungen dienten dem Erproben der Abläufe und der Vertiefung der Ortskenntnisse. Am Rande des Betriebsgeländes errichtete die Raffinerie eine Brandschutzübungsanlage. Hier übten die Feuerwehrleute an verschiedenen Rohr- und Flanschenkombinationen, die mit Gas in Brand gesetzt werden konnten, unter realistischen Bedingungen die Bekämpfung von Bränden. Bis zur Inbetriebnahme der Schiffsbrandsimulationsanlage an der Güterstraße im Jahre 2006 (vgl. Seite 382) war sie die einzige „Heißübungsanlage" in der Region.

1985 legte die Mobil Oil AG ihre Raffinerie aus wirtschaftlichen Gründen still. Sechs Jahre später (1991) nahm die Beta Raffineriegesellschaft mbH die Anlage wieder in Betrieb und übergab sie 1997 an die Wilhelmshavener Raffineriegesellschaft mbH. Der Jahresdurchsatz wurde bis an die Kapazitätsgrenze hochgefahren, einige Jahre lang produzierte sie als sog. „Nischenraffinerie" erfolgreich Produkte für die großen Mineralölkonzerne. In dieser Zeit wurde der Fahrzeugbestand der Werkfeuerwehr durchgehend „europäisiert".

Sie verfügt bis heute über ein Universallöschfahrzeug ULF 7000/250 mit äußerst leistungsfähigen Pumpen (6.000 l/Min.) für den Einsatz von Wasser und Schaum sowie einen Feuerlösch-Container auf einem Wechselladerfahrzeug, der mit seinem Dieselaggregat und den starken Pumpen (max. 7.200 l/Min.) als abgesetzte und mit der ortsfesten Wasserversorgung verbundene Feuerlöscheinrichtung ebenfalls Wasser und Schaummittel einsetzen kann.

2006 erwarb der texanische Konzern ConocoPhillipps die Raffinerie, geplante Investitionen zur Grunderneuerung und vor allem Ertüchtigung der Anlage für ein breiteres Produktspektrum wurden jedoch zugunsten anderer Projekte im Konzern

Abb. 219: Fahrzeuge der Werkfeuerwehr der Raffinerie, 2013 (Werkfeuerwehr HES International B.V.)

Abb. 220: Einer der beiden fahrbaren Werfer der Werkfeuerwehr der HES International (HES International B.V.)

abgesagt. 2011 verkaufte ConocoPhillipps die Raffinerie an die niederländische Hestya B.V. (heute HES International B.V.) zum Betrieb als Terminal und Tanklager. Die Werkfeuerwehr blieb in der Besetzung 1/5 hauptamtliche und 1/5 nebenamtliche Kräfte zunächst bestehen, wenn auch in einer ausgelagerten Unternehmensform. Angesichts der fortgeschriebenen Sicherheitsanforderungen aus dem reinen Tanklagerbetrieb hat das Unternehmen inzwischen die stationäre Löschwasserversorgung wesentlich verstärkt und zwei leistungsfähige selbstfahrende Werfer beschafft. Alle Tanks wurden mit einer fernbedienbaren Tankkühlung ausgerüstet. Unter diesen Bedingungen muss die Werkfeuerwehr seit 2016 mit einem Hauptamtlichen und sechs nebenamtlichen Kräften vorgehalten werden.

*

Im Obergeschoss des Gebäudes Mozartstraße 11 richtete die Berufsfeuerwehr 1977, als Nachfolger der „Befehlsstelle" von 1962 (vgl. Seite 216), ein Lagezentrum nach den aktuellen Erkenntnissen über die Bewältigung komplexer Schadenslagen ein. In einem Raum neben den Büros der Feuerwehrführung standen ein zentraler Besprechungstisch, Landkarten und Tafeln für Lageinformationen, Kräfteübersichten etc. sowie die erforderlichen Kommunikationsmittel (Funk, Telefon) hinter einer Glasscheibe zur Verfügung. Feuerwehrchef Hans Wigger und Stadtdirektor Dr. Hans-Jürgen Meyer-Abich, der nach dem Weggang von Dr. Alexander Engelhardt als Oberkreisdirektor des Landkreises Göttingen wieder die Aufgaben des Feuerschutzdezernenten in Wilhelmshaven übernommen hatte, wollten damit die personellen Möglichkeiten und die Kommunikationsmittel der Berufsfeuerwehr nutzen, um in Gefahrenlagen schnell und aufwuchsfähig reagieren zu können.

Der Katastrophenschutzstab des Hauptverwaltungsbeamten (KatS-Stab HVB) erprobte im November 1977 im Rahmen einer „Stabsübung" die neuen Möglichkeiten. Die „Wilhelmshavener Zeitung" berichtete: „Die Leitung der Hilfsorganisationen lag [...] in den Händen eines zivilen Fachmanns in herausgehobener Verwaltungsposition, im Falle Wilhelmshavens in den Händen von Oberstadtdirektor Dr. Gerhard Eickmeier. Durch diese neue Struktur in der Befehlsausgabe bei der Abwehr von Katastrophen soll ein Kompetenzgerangel vermieden werden."[563] Während einer parallel dazu laufenden Einsatzübung kamen erstmals auch sog. „Technische Einsatzleitungen (TEL)" vor Ort zum Zuge. Geübt wurden eine Sturmflut-/Orkan-Wetterlage sowie der Brand von Kesselwagen auf dem Gelände der Raffinerie, der sich auf das Tanklager auszubreiten drohte. Dabei machten sich durchaus noch Kommunikationsprobleme in der neuen Führungsstruktur bemerkbar, da die meisten Fachberater noch durch Feuerwehrbeamte „markiert" wurden und man unterschiedliche Funkkanäle benutzte. So kam es bei den frühzeitig alarmierten Einsatzkräften der Freiwilligen Feuerwehr zu längeren Wartezeiten.

*

Auch nach ihrer Umbenennung verblieb die Ortsfeuerwehr Heppens, ehemals „Wache Mozartstraße", zunächst auf dem Gelände der Hauptwache. In dem Garagentrakt auf der Ostseite des Grundstückes standen ihr zwei Fahrzeugstände zur Verfügung. Für den Unterricht und die Kameradschaftspflege nutzte sie einen einzigen Raum in einem Seitenflügel des Gebäudes Mozartstraße 9. Obwohl man sich miteinander vertrug, wurde die Situation nicht zuletzt angesichts des wachsenden Raumbedarfs der Berufsfeuerwehr immer schwieriger. Mit dem Neubau einer zentralen Feuerwache war auch der Neubau eines Gerätehauses für die Ortsfeuerwehr zurückgestellt worden. 1977 ergab sich die Möglichkeit, die Fahrzeuge der Ortsfeuerwehr Heppens in der ehemaligen Kraftwagenhalle der Kasernenanlage am Mühlenweg, der so ge-

Abb. 221: Ortsfeuerwehr Heppens, vor der Seipel-Halle, o. D. (Freiwillige Feuerwehr Bant-Heppens)

nannten „Seipel-Halle", einzustellen.[564] In mehr als 2.200 Arbeitsstunden richteten sich die Aktiven der Wehr nach Plänen des städtischen Hochbauamtes das an die Halle im Norden angrenzende Gebäude der ehemaligen Waffenmeisterei her, das die Stadt Wilhelmshaven zuvor vom Bund erworben hatte. Als Materialkosten stellte die Stadt Wilhelmshaven dafür 95.000 DM zur Verfügung. Die Übergabe durch Oberbürgermeister Eberhard Krell und Stadtdirektor Dr. Hans-Jürgen Meyer-Abich an den Stadtbrandmeister Karl Schmid und Ortsbrandmeister Albert Schmidt erfolgte am 12. Januar 1978. Die Wehr verfügte nun über zwei Unterrichtsräume, einen Umkleideraum und einen Waschraum, sanitäre Anlagen und eine kleine Küche. Ihre Fahrzeuge standen in dem angrenzenden Abschnitt der Seipel-Halle.

### Einer dieser Tage …

In der Nacht vom 21. zum 22. August 1978 hielt ein Brandstifter die Feuerwehr in Atem, der in weniger als 24 Stunden vier Brände verursachte. Es begann um 1 Uhr 50 mit einem Bauernhof an der Schaarreihe, der beim Eintreffen der Wehren bereits in Flammen stand. Die Einsatzkräfte konnten ein Übergreifen der Flammen von der Scheune auf die Nachbargebäude verhindern und die Tiere retten.

Um 2 Uhr 11 wurde ein Feuer in einem unbesetzten Stellwerk am Alten Banter Weg gemeldet. Die Feuerwehr rettete das Gebäude, die Ausstattung ging verloren. Hier deuteten erste Anzeichen auf Brandstiftung.

Zwei Stunden später folgte der dritte Alarm in dieser denkwürdigen Nacht: „'Feuer bei der Firma Gebr. Fendel' (Rüderstraße, der Verf.). Auf dem Gelände brannten beim Eintreffen der Feuerwehr zwei Hallen in voller Ausdehnung.

Abb. 222: Großbrand bei der Firma Gebrüder Fendel, Rüderstraße, 1978 (Sammlung M. Bulling)

Auch hier war an mehreren Stellen Feuer gelegt worden. Alle verfügbaren Feuerwehreinheiten wurden zur Brandbekämpfung herangezogen. Große Strahlungshitze durch die brennenden Kunststoffe und Installationsmaterialien machten den Einsatz von Wasserwerfern notwendig." (50 Jahre Berufsfeuerwehr, 1990)

Die dafür erforderlichen Wassermengen förderte man über lange Schlauchstrecken aus dem Ems-Jade-Kanal. Insgesamt waren bei diesem Großeinsatz 104 Feuerwehrmänner im Einsatz, zwei von ihnen mussten mit Rauchvergiftungen ins Krankenhaus gebracht werden.

Am frühen Morgen folgte noch schließlich ein Zimmerbrand in der früheren Kaserne an der Gökerstraße. (100 Jahre Feuerwehr, 1980)

In der Nacht zum 8. Februar 1979 legte der Brandstifter Feuer in der Grundschule Coldewei, im Kesselhaus einer Unternehmensberatung am Altengrodener Weg sowie am Reitstall in Altengroden. Auch hier konnte die Feuerwehr Schlimmeres verhüten, zur Sicherheit musste sie zwei Löschgruppen der Freiwache alarmieren (Wilhelmshavener Zeitung, 8. Februar 1979). Der Täter wurde später gefasst und verurteilt, auf sein Konto gingen eine ganze Reihe von Bränden zwischen 1976 und 1979.

Der Gesetzgeber in Niedersachsen erneuerte in diesem Jahr mit dem „Niedersächsischen Gesetz über Brandschutz und Hilfeleistungen der Feuerwehren" (NBrandSchG) vom 8. März 1978 die Rechtsgrundlagen für die Feuerwehren. Die bisher geltenden Regelungen wurden in einer zeitgemäßeren Systematik zusammengefasst, die dem Grunde nach bis heute gilt. Man unterscheidet Berufsfeuerwehren, Freiwillige Feuerwehren und Pflichtfeuerwehren als gemeindliche Einrichtungen sowie Werkfeuerwehren. Ihre Aufgaben sind die Bekämpfung von Schadenfeuern, die Hilfeleistung bei Unglücksfällen und Notständen, der vorbeugende Brandschutz, der Strahlenschutz im Brandschutz und als freiwillige Aufgabe der Rettungsdienst und Krankentransport.

Die Gemeinden haben als Aufgabe des eigenen Wirkungskreises „den örtlichen Verhältnissen entsprechende leistungsfähige Feuerwehren aufzustellen, auszurüsten, zu unterhalten und einzusetzen." (§ 2 Abs. 1, Satz 1 NBrandSchG) Ihnen obliegen die Aus- und Fortbildung der Feuerwehrangehörigen, die Vorhaltung der erforderlichen Anlagen und Geräte sowie die Aufstellung von Alarm- und Einsatzplänen. Die hauptamtlichen Feuerwehrleute der Kommunen sind seitdem in der Regel mit hoheitlichen Aufgaben betraute Beamte.

In den zu diesem Gesetz erlassenen Ausführungsbestimmungen legte das Innenministerium 1978 erstmals die Mindeststärke der Berufsfeuerwehren fest: In jeder Wachschicht war der Löschzug mit zwei Löschfahrzeugen (Löschgruppenfahrzeug und Tanklöschfahrzeug) sowie einer Drehleiter oder ggf. Sonderfahrzeugen zu besetzen. Hinzu kam das Personal für Einsatzleitdienst und Leitstelle, zusammen 25 Mann pro Schicht. Mit einer Ausfallquote für Urlaub, Ausbildung und Krankheit ergab sich daraus bei der Berufsfeuerwehr Wilhelmshaven für das Jahr 1980 ein rechnerisches Stellen-Soll von insgesamt 119 Feuerwehrangehörigen (FA), ohne den Rettungsdienst, der zu diesem Zeitpunkt noch mangels einer speziellen Bedarfsplanung „nebenher" aus dem Löschzug heraus gefahren wurde. Tatsächlich verfügte die Berufsfeuerwehr zu dieser Zeit über 101 Feuerwehrbeamte, der Konflikt um die tatsächlich notwendige Personalstärke, der sich in den 1980er Jahren zuspitzen sollte, kündigte sich schon bei Zeiten an.

*

Bereits 1972 hatte man die Rüstringer Drehleiter von 1936 (vgl. Seite 84), die bis dahin noch im zweiten Abmarsch gefahren war, als nicht mehr betriebssicher außer Dienst gestellt. Seitdem stand nur die Drehleiter DL 30 H von 1964 zur Verfügung – ohne Reserve, wenn man von der Drehleiter der Arsenalfeuerwehr in Notfällen absah. Die Feuerwehr ging mit ihren Anliegen nach wie vor direkt in den Verwaltungsausschuss, in der Chronik 1990 heißt es: „Der Dezernent und der Verwaltungsausschuss entschieden sich auf Vorschlag der Berufsfeuerwehr für eines der derzeitig modernsten Geräte."[565]

1978 konnte in Anwesenheit von Oberbürgermeister Eberhard Krell und Stadtdirektor Dr. Hans-Jürgen Meyer Abich eine neue Leiterbühne DL 30 in Betrieb genommen werden. Sie verfügte auf einem dreiachsigen Fahrgestell (Magirus FM 310 D) über einen Leiterpark für 30 Meter Steighöhe mit elektronischer Steuerung/Überwachung und einem feststehenden Korb mit Scheinwerfer. Damit konnten bis zu vier Personen gleichzeitig aus großer Höhe geborgen werden. An dem Korb war ein dreh- und schwenkbares Wenderohr mit hoher Leistung fest montiert. Der Kaufpreis für das Fahrzeug, das ebenso wie der neue Einsatzleitwagen in „Tagesleuchtfarbe" la-

Abb. 223: Leiterbühne LB 30, 1978 (Sammlung Walter Menßen)

Abb. 224: Ausbildung mit der Leiterbühne LB 30 am Schlauchturm, 1978 (Sammlung Walter Menßen)

ckiert war, betrug 600.000 DM. Diese neue Farbe war seit Ende der 1960er Jahre bei der Feuerwehr gebräuchlich, weil sie nach damaliger Auffassung aufgrund ihres spezifischen Lichtspektrums intensiver wahrgenommen wurde als das klassische Feuerwehr-Rot.

In den 1970er Jahren hatte sich die Industrieansiedlung auf Neulandflächen im Osten der Stadt zum Treiber für die Entwicklung der Feuerwehr entwickelt. Sie beeinflusste die Einsatzplanung und die Ausstattung insbesondere der Berufsfeuerwehr. Mit dem Beitritt der Gemeinde Sengwarden zur Stadt Wilhelmshaven kamen zwei weitere Freiwillige Feuerwehren – seit 1974 „Ortsfeuerwehren" – hinzu, deren Aufrüstung durch die gleichzeitig verstärkte Zuweisung von Feuerwehrfahrzeugen des Bundes im Rahmen des erweiterten Katastrophenschutzes erleichtert wurde. Nun konnten endlich auch die letzten Fahrzeuge aus dem Zweiten Weltkrieg ausgemustert werden.

Die Berufsfeuerwehr verstärkte erstmals nach 1946 wieder ihre Präsenz im Stadtnorden, zunächst mit einem Rettungswagen. Innovative Fahrzeugkonzepte wie das Hilfeleistungs-Löschfahrzeug oder die Wechselladeraufbauten versetzten sie in die Lage, mit wenig Personal wachsende Anforderungen zu erfüllen. Aber auch mehr als 100 Feuerwehrbeamte ab 1973 und die Umstellung auf drei Wachschichten sollten nicht darüber hinwegtäuschen, dass die Berufsfeuerwehr noch unterbesetzt und im Stadtgebiet nicht optimal aufgestellt war.

## Der lange Weg zur „Wache Nord"

Die in den 1970er Jahren beschafften Einsatzfahrzeuge, insbesondere das Hilfeleistungs-Löschfahrzeug und die Leiterbühne, passten aufgrund ihrer Abmessungen nicht mehr in die Garagen des ersten Abmarsches an der Mozartstraße. Sie mussten deshalb zunächst in den Werkstatthallen auf der Südseite des Geländes der Feuerwache Mozartstraße untergestellt werden, was jedoch den Wartungs- und Reparaturbetrieb behinderte. Es bestand also Handlungsbedarf und der Berufsfeuerwehr wurde ein schlichtes, eher provisorisches Hallengebäude in den erforderlichen neuen Abmessungen zugestanden, das Hans Wigger später einmal als „Behelfsremise" bezeichnete.[566] Es entstand 1976/77 vor allem in Eigenarbeit an der Grundstücksgrenze zur Peterstraße. Als Bauteile verwendete man die früheren Masten des O-Bus-Fahrdrahtes der Stadtwerke sowie die Dach- und Wandelemente einer großen Baracke der Mobil-Oil-Raffinerie.[567] Die selbstgefertigten, manuell zu bedienenden Falt-Tore hatte die Tischlerwerkstatt beigesteuert. Zwischen Halle und Wachgebäude baute sich die Feuerwehr einen Durchgangsraum zum Treppenaus und den Rutschstangen, in dem nun auch die persönliche Schutzausrüstung (PSA) der Feuerwehrbeamten griffbereit aufbewahrt wurde. In den Garagen im Gebäude Mozartstraße 9 – 11 fanden von nun an die Rettungswagen und Sonderfahrzeuge Platz.[568]

Die Suche nach einem besser geeigneten Standort für die Feuerwache Mozartstraße war damit nicht beendet. Denn auch für die aktuell 101 Feuerwehrbeamten reichte das frühere Schulgebäude an der Mozartstraße nur unter der Bedingung aus, dass die Betten mit dem Schichtwechsel geräumt und das Bettzeug der abziehen-

Abb. 225: Einsatz des Bergungsfahrzeugs beim Bau der Fahrzeughalle an der Peterstraße, 1977 (Feuerwehr-Archiv)

den Wachschicht aufgerollt und verstaut wurde. Drei Feuerwehrbeamte teilten sich also ein Bett.

Ein Handelskonzern zeigte Interesse an dem Erwerb des Feuerwehrgrundstückes. Erneut kam das Gelände am Kreuzelwerk als Standort einer neuen zentralen Feuerwache in den Blick. Hans Wigger legte Anfang 1979 seine Überlegungen vor, gestützt auf die inzwischen gültigen Rechtsnormen zur Mindeststärke und eine aktuelle Auswertung der Einsätze. Er ging von einem zukünftigen Personalbedarf von

Abb. 226: Richtfest für die neue Fahrzeughalle, 1977 (im Vordergrund Brandamtmann Erich Gerdes, der spätere Leiter der Berufsfeuerwehr) (Stadtarchiv, Best. 5370 Feuerwehr)

129 Feuerwehrleuten in drei Schichten für den abwehrenden Brandschutz (auf der Grundlage eines 18-Mann-Löschzuges), die Fernmeldezentrale und den Rettungsdienst/Krankentransport aus. Dafür würde das Raumangebot an der Mozartstraße, unabhängig von allen baulichen Unzulänglichkeiten, nicht ausreichen. Die Siedlungsentwicklung Wilhelmshavens mit den neuen Wohngebieten im Stadtnorden und den hinzugekommenen Dörfern Sengwarden und Fedderwarden erforderte nun endgültig ein neues Standortkonzept für die bislang sehr stark auf das Kerngebiet und die Stadtmitte ausgerichtete Berufsfeuerwehr. Sie hatte lange Anmarschwege in den Stadtnorden in Kauf nehmen müssen, die zunehmend im Konflikt mit den sich bundesweit immer weiter konkretisierenden Rechtsnormen über Hilfsfristen standen. Als solche definierten Fachleute die maximal zulässige Zeitspanne zwischen der Notfallmeldung und dem Eintreffen des ersten Löschfahrzeugs an der Einsatzstelle. Hans Wigger ermittelte aus den durchschnittlichen Fahrtzeiten einen maximalen Radius von sechs bis acht Kilometern um die Wachstandorte. In dieser Distanz waren die Stadtteile im Norden und die Industrieanlagen auf den Neulandflächen nur von einem zweiten Standort aus zu erreichen.

Der Leiter der Feuerwehr schlug vor, „eine neue Feuerwache an einem geeigneten Ort zu erstellen."[569] In der geplanten neuen Hauptwache sollten pro Schicht 23 Mann, d.h. vier Fünftel der Einsatzstärke (eine Löschgruppe sowie die Sonderfahrzeuge und der Rettungsdienst/Krankentransport), untergebracht werden. Dennoch bliebe eine Nebenwache mit 9 Mann (eine Löschstaffel sowie der Rettungsdienst/Krankentransport), d.h. einem Fünftel der Einsatzstärke, an der Mozartstraße notwendig, um die Eintreffzeiten im Stadtgebiet zu gewährleisten.[570]

Auf der neuen Hauptwache sollten zehn Fahrzeuge des ersten und zwölf Fahrzeuge des zweiten Abmarsches stationiert werden, darüber hinaus zwei Rettungs-

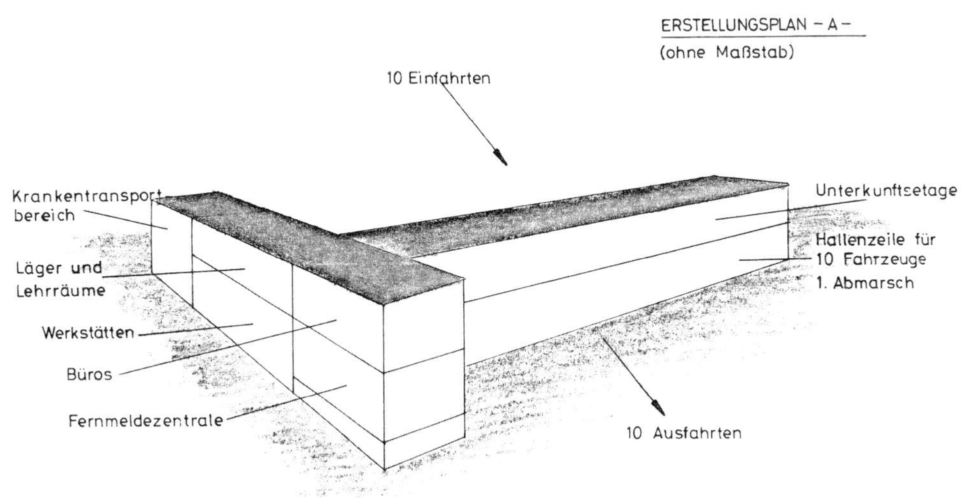


Abb. 227: Vorüberlegungen für eine neue Hauptwache am Kreuzelwerk, 1979 (Vorschlag A) (Feuerwehr-Archiv)

wagen und sechs Krankenwagen. In dem Neubau („ggf. am Kreuzelwerk") sollten die Unterkünfte zur Verkürzung der Alarmwege den Fahrzeugständen zugeordnet und der Rettungsdienst räumlich abgetrennt werden.[571] Auch die Fernmeldezentrale und die Verwaltung sollten in einem angebauten Gebäudeteil untergebracht werden. Hans Wigger schlug alternative Raumaufteilungen und Baukörper vor, abhängig vom Standort und Grundstück:

A – eine Hallenzeile mit Ein- und Ausfahrten für alle Fahrzeuge nebeneinander und darüber angeordneten Unterkunftsräumen, einem separaten Baukörper für Werkstätten, Unterricht, Verwaltung und Fernmeldezentrale (vgl. Abb. auf Seite 283)

B – eine kompakte Fahrzeughalle mit gemeinsamer Ein- und Ausfahrt sowie zwei seitlich angesetzten Baukörpern für Unterkunftsräume, Werkstätten, Unterricht, Verwaltung und Fernmeldezentrale, wie sie bereits 1970 entwickelt worden war.

Die Nebenwache sollte für zwei Fahrzeuge des ersten und zwei Fahrzeuge des zweiten Abmarsches sowie einen Rettungswagen/Krankenwagen ausgelegt werden.

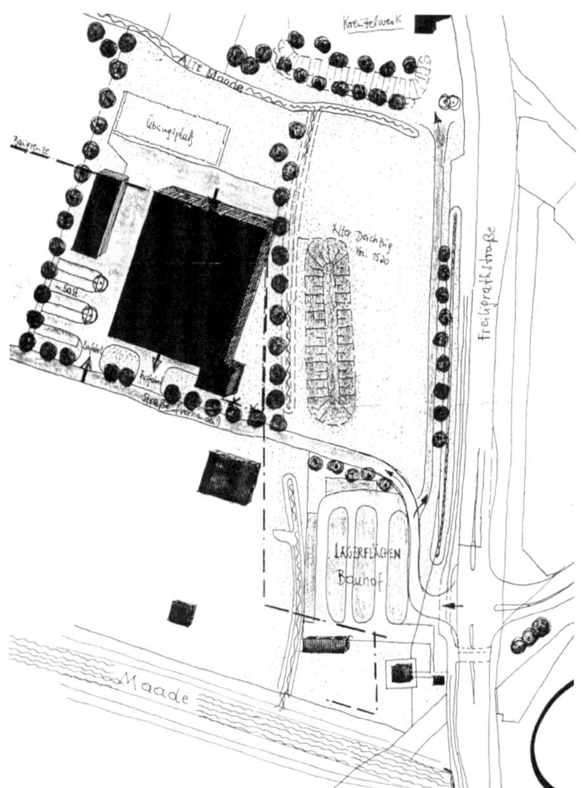


Abb. 228: Bebauungsvorschlag für eine neue zentrale Feuerwache am Kreuzelwerk, 1979 (an dieser Stelle befindet sich heute der „Störtebeker-Park", nördlich des alten Deichzuges das Feuerwehrgerätehaus Mitte) (Feuerwehr-Archiv)

Da der Standort Albrechtstraße zunächst als nicht wirklich ausbaufähig eingestuft wurde, konzentrierten sich die weiteren Überlegungen gemeinsam mit dem städtischen Hochbauamt auf die Standorte Mozartstraße und Kreuzelwerk, wenn auch mit alternativen Belegungen:

- Kreuzelwerk als Nebenwache für den Stadtnorden, Mozartstraße weiter als Hauptwache oder
- Kreuzelwerk als Hauptwache, Mozartstraße als Nebenwache.

Der Vorschlag B mit der Hauptwache am Kreuzelwerk wurde als Grundlage für alle weiteren Betrachtungen festgelegt, weil er in funktionaler und wirtschaftlicher Hinsicht die beste Lösung darstellte.

Das Projekt kam jedoch nicht zur Entscheidung, auch weil in

jedem Fall eine Nebenwache in der Mozartstraße erforderlich gewesen und damit trotz Verkleinerung des Feuerwehrgrundstückes ein großer Teil der erwarteten Refinanzierung entfallen wäre. Für den Neubau zweier Feuerwachen fehlten im Endeffekt die finanziellen Spielräume. Städtebauförderungsmittel hätten erst ab Mitte der 1980er Jahre zur Verfügung gestanden.

Die Feuerwehr untersuchte alternativ noch einmal wie schon 1970 ein Grundstück an der Friedenstraße als Standort der Hauptwache, von dem aus zusammen mit der zu diesem Zeitpunkt schon entstehenden Nebenwache im Stadtnorden (vgl. Seite 271) die Hilfsfristen hätten eingehalten werden können. Man analysierte die Baupläne gerade fertiggestellter Wachgebäude anderer Feuerwehren und entwickelte einen Raumbedarfsplan ebenso wie einen Gestaltungsvorschlag. Das städtische Hochbauamt unter der Leitung des späteren Stadtbaurats Heinz Karl Prottengeier ermittelte Baukosten von rd. vier Mio. DM für eine neue Feuerwache. In der Konkurrenz zu anderen Investitionen aber scheiterte auch dieses Vorhaben.

Da Entscheidungen über einen neuen Zentralen Wachstandort auf absehbare Zeit nicht zu erwarten waren, richtete die Berufsfeuerwehr im Feuerwehrgerätehaus Albrechtstraße am 1. April 1978 die „Wache Nord" zunächst als „Bedarfszeitwache" ein, so die Organisationsanweisung: „Soweit notwendig kann ab sofort eine Besetzung des Gerätehauses Albrechtstraße als Bedarfszeitwache erfolgen. Die Notwendigkeit dazu wird von der Dienststellenleitung festgestellt. Die Dienstaufsicht und Verantwortung ist jeweils einem Obermeister zu übertragen. Dieser Obermeister hat die Aufgabe eines Wachleiters (WL)."[572] Die Eigenständigkeit und die Aufgaben der Ortsfeuerwehr Nord blieben unberührt.

Damit wurde aus dem Feuerwehrgerätehaus eine Wache, in der von nun an zwischen 7.30 und 16.30 Uhr ein Tanklöschfahrzeug TLF 16 oder ein Löschgruppenfahrzeug LF 16 mit drei Feuerwehrbeamten als selbstständiger Trupp (1/2) sowie einem Maschinisten und einem eigenen Wachleiter stationiert waren – aus der jeweiligen Wachschicht heraus.[573] Mit der Feststellung der Notwendigkeit eröffnete sich die Feuerwehrführung die Möglichkeit, die Kräfte des Löschzuges ohne endgültige Festschreibung auf zwei Wachstandorte zu verteilen.

Aus der Bedarfszeitwache entwickelte sich eine Tageswache, in der sechs Feuerwehrbeamte ab dem 16. April 1980 zunächst von 7.30 bis 18.00 Uhr als Staffel-Besatzung (1/5) ein als Ersatz für das Tanklöschfahrzeug TLF 16 von 1958 (vgl. Seite 187) neu beschafftes TLF 16 (Magirus FM 192) besetzten. Mit diesem Fahrzeug und seinem größeren Wasservorrat konnten sie kleinere Schadensereignisse im Stadtnorden selbstständig bewältigen. Die Einhaltung der Hilfsfrist war nun im ganzen Stadtgebiet gewährleistet. Da in der Wache Nord bereits seit 1975 ein Rettungswagen mit zwei Feuerwehrbeamten im 24-Stunden-Dienst stationiert war, schlug die Leitung der Berufsfeuerwehr eine Erweiterung zur „Nebenwache/Gruppennebenwache" rund um die Uhr vor. Dies wurde zunächst jedoch wegen der Kosten für die Baumaßnahmen und das zusätzliche Personal zurückgestellt.

*

Zu einer besonderen Herausforderung für die Behörden und zehntausende Einwohner Wilhelmshavens geriet die Schneekatastrophe im Februar 1979. In einer äußerst seltenen Wetterkonstellation hatte sich in ganz Norddeutschland Warmluft mit Niederschlägen über eine bodennahe Kaltluftzone geschoben. Dies führte zu ununterbrochenen, massiven Schneefällen über 36 Stunden bei Sturm aus Ost/Nordost mit 9 bis 10 Windstärken (90 km/h), der starke Schneeverwehungen hervorrief.

Seit dem Abend des 13. Februar, als sich die Wetterlage zuspitzte, waren die Räummannschaften der Stadtreinigung mit allem Gerät sowie viele Bauunternehmen mit Radladern ununterbrochen im Einsatz. Eine Schneefräse, die man seit 1967 nicht mehr benötigt hatte, war durch Zufall noch nicht verkauft worden und leistete nun gute Dienste. Dennoch war Wilhelmshaven am Tag darauf wegen der vielen Schneeverwehungen (Bundesautobahn, Bundesstraße, Bahnstrecke) von der Außenwelt abgeschnitten. Innerhalb des Stadtgebiets konnte man Voslapp und Fedderwardergroden nicht mehr erreichen. Im ländlich geprägten nordwestlichen Stadtgebiet kam es auch zu Stromausfällen. Die nach der Sturmflut 1962 eingerichtete Befehlsstelle und das Lagezentrum von 1977 bestanden ihre Bewährungsprobe. Unter der Leitung von Stadtdirektor Dr. Hans-Jürgen Meyer-Abich trat der „kleine Katastrophenstab“ (Dezernent, Leiter Berufsfeuerwehr, Vertreter Ordnungsamt und Stadtreinigungsamt) zusammen und erließ am Morgen des 14. Februar ein allgemeines Fahrverbot für den Individualverkehr. In der Innenstadt und bis etwa zur Höhe

Abb. 229: Einsatz der Feuerwehr vor der eigenen Tür, 15. Februar 1979 (Wechselaufbaufahrzeug WAF mit Pritsche/Kran und Schneepflug in der Mozartstraße, vor der Feuerwache) (WZ- Bilddienst)

Kurt-Schumacher-Straße konnten die Hauptstraßen im Dauereinsatz halbwegs freigehalten werden, sodass die Linienbusse bis zum Krankenhaus und bis zur Freiligrathstraße/Johann-Sebastian-Bach-Straße fuhren. Vorsorglich wurden die Schulen für die nächsten Tage geschlossen und viele Veranstaltungen abgesagt.

Nachmittags löste der Stab Katastrophenalarm aus, sodass nun auch die Unterstützung von Bundeswehrkräften in Anspruch genommen werden konnte. Militärhubschrauber flogen Hefe für die Bäckereien ein, mit einem Bergepanzer wurden Medikamente zur Feuerwache Mozartstraße gebracht, wo man eine Verteilungsstelle für die Apotheken und Arztpraxen eingerichtet hatte.

Mehr als 250 Helfer von Bundeswehr, Technischem Hilfswerk und Freiwilliger Feuerwehr waren vor allem bei Transport- und Räumarbeiten im Einsatz, um den öffentlichen Personennahverkehr und die Versorgung aufrecht zu erhalten. Die Berufsfeuerwehr rief ihre zwei Freischichten zum Dienst, sie besetzte eigene und allradangetriebene Fahrzeuge des Katastrophenschutzes, die man u.a. als Vorspann für Krankenwagen verwandte, um auch die weniger oder gar nicht geräumten Nebenstraßen erreichen zu können. Die geländegängigen Löschgruppenfahrzeuge TLF 8 und TLF 16 des Katastrophenschutzes (vgl. Seite 210) erwiesen sich als besonders brauchbar, weil man sie ohne weiteres auch direkt für den Krankentransport umrüsten konnte, indem man die feuerwehrtechnische Beladung vorübergehend ausräumte.

Der Katastrophenstab appellierte an die Bevölkerung, ihre Wohnstraßen in Selbsthilfe soweit wie möglich freizuschaufeln. In einzelnen Läden wurden erste Hamsterkäufe beobachtet. Die Tag- oder Nachtschichten in einigen Produktionsstätten blieben am 14. Februar im Betrieb, eine Gruppe von 150 eingeschneiten „Olympianern" wurde am 15. Februar vom Technischen Hilfswerk befreit.

An diesem Tag war der Stadtnorden bei allmählich nachlassenden Schneefällen wieder erreichbar. Am 16. Februar hörten die Schneefälle ganz auf, die Räumarbeiten kamen rasch voran und die Bahn- und Straßenverbindungen konnten wieder hergestellt werden. „Schneering um Wilhelmshaven gesprengt", titelte die „Wilhelmshavener Zeitung".[574] Aber erst zwei Tage später hob der Katastrophenstab den Katastrophenalarm und das allgemeine Fahrverbot auf. Es sollte noch Tage dauern, bis sich das öffentliche Leben wieder normalisiert hatte. Unmengen geräumten Schnees, die sich an Straßenrändern und Kreuzungen meterhoch aufgetürmt hatten, wurden mit Lastwagen abgefahren und in den Großen Hafen gekippt.

Stadtdirektor Dr. Hans-Jürgen Meyer-Abich zog gegenüber der „Wilhelmshavener Zeitung" eine erste Bilanz: „Ohne den ungebrochenen Idealismus sowie die uneigennützige Einsatzbereitschaft der vielen freiwilligen Helfer und den erwachten Bürgersinn unzähliger Einwohner wäre aus der sicherlich überaus schweren Behinderung durch Schnee auch in Wilhelmshaven tatsächlich eine totale Katastrophe geworden."[575] Wilhelmshavens Bürger und Behörden bewältigten gemeinsam eine außergewöhnliche Wetterlage, die das Gemeinwesen tagelang über die Maßen forderte. Die Straßengemeinschaften und Nachbarschaften, die sich in jenen Tagen zum Schneeräumen zusammenfanden, sind Legende und längst in das kollektive Gedächtnis der Menschen eingegangen. Die Stadt Wilhelmshaven entwickelte in den folgenden Jahren die Entscheidungsstrukturen für den Katastrophenschutz weiter. Sie bildete den Katastrophenschutz-Stab beim Hauptverwaltungsbeamten (HVB) 1979 neu und erließ eine Stabsdienstordnung.[576] In die Novelle zum Niedersächsischen Katastrophenschutzgesetz (NKatSchG) 1980 flossen auch die Erfahrungen aus dem großen Waldbrand bei Celle 1975, den Sturmfluten und dem Bruch des Elbe-Seiten-Kanals 1976 ein.

Die Kommunale Gemeinschaftsstelle für Verwaltungsvereinfachung (KGSt) differenzierte 1979 in ihren Empfehlungen zur Verwaltungsgliederung zwischen der Aufgabengruppe 37 Feuerschutz (Schadensbekämpfung, Freiwillige Feuerwehren, Technische Hilfeleistung, Strahlenschutz, Vorbeugender Brandschutz, Rettungsdienst/Krankentransport, Ausbildung) und der Aufgabengruppe 38 Zivilschutz (Katastrophenschutz, Erweiterter Katastrophenschutz, Helferangelegenheiten, Selbstschutz, Warndienst, Schutzbauten, Sicherstellung der Versorgung, ZMZ (zivil-militärische Zusammenarbeit, der Verf.). Als Ausdruck einer veränderten Sichtweise standen sie – anders als in den 1960er Jahren – gleichberechtigt nebeneinander und gehörten zur Aufgabengruppe 3 (Öffentliche Sicherheit, Ordnung und Recht).

Der Gegensatz zwischen der Feuerwehr, die sich als rasch handelnde kommunale Gefahrenabwehrorganisation verstand, und dem eher auf länger andauernde komplexe Schadenslagen ausgerichteten Zivil- und Katastrophenschutz, der nach wie vor von Bund und Land im erweiterten Katastrophenschutz gemeinsam finanziert wurde, war dennoch stark ausgeprägt.

Daran änderte auch die organisatorische Zusammenführung unter dem Dach der Berufsfeuerwehr wenige Jahre später nichts. Der Katastrophenschutz-Stab bedurfte ständiger Ausbildung und Übung. Er brauchte längere Vorlaufzeiten bis zur Handlungsfähigkeit, reale Einsätze waren äußerst selten. Die Feuerwehr dagegen sammelte mehrmals im Jahr in größeren Einsätzen Erfahrung in Stabsarbeit, allein konnte sie allerdings eine komplexere Lage auch nicht bewältigen, schon gar nicht über einen längeren Zeitraum.

*

Die Ortsfeuerwehren der Freiwilligen Feuerwehr Wilhelmshaven gewährleisteten seit Juni 1978 umschichtig an den Wochenenden, beginnend am Freitag um 20.00 Uhr, jeweils eine Löschgruppe in Rufbereitschaft für den zweiten Abmarsch. Sie wurde über Telefon bzw. Funkmeldeempfänger alarmiert und besetzte sofort ein Löschgruppenfahrzeug, das je nach Lage entweder zum Einsatz ausrückte oder im Feuerwehrgerätehaus bzw. auf der Wache Mozartstraße bereitstand.[577] 1981 wurde diese Rufbereitschaft auf eine ganze Woche ausgedehnt, beginnend samstags um 12.00 Uhr.[578] Damit rückte die Freiwillige Feuerwehr näher an den täglichen Einsatzdienst der Berufsfeuerwehr heran. Bislang war sie nach der „17.00 Uhr-Regel" lageabhängig teil- oder vollalarmiert worden. Es war von der Tageszeit abhängig, wie viele Fahrzeuge tatsächlich besetzt werden konnten. Die zeitliche und berufliche Verfügbarkeit der ehrenamtlichen Feuerwehrleute verringerte sich nämlich im Laufe der Jahre. Der Bedarf der Berufsfeuerwehr an Unterstützung im Einsatz beschränkte sich inzwischen längst nicht mehr allein auf die Großeinsätze. Es machte also Sinn, die

Unterstützung durch die Freiwillige Feuerwehr zeitlich auszuweiten und andererseits die Belastungen für die einzelnen Wehren planbarer zu gestalten und gleichmäßiger zu verteilen.

Mit der Gründung einer Jugendfeuerwehr unter der Leitung von Wilfried Koch verstärkte die Ortsfeuerwehr Bant 1978 als erste Freiwillige Feuerwehr in Wilhelmshaven ihre Nachwuchsgewinnung. Aktive Feuerwehrmänner der Wehr betreuten interessierte Jugendliche zwischen 10 und 16 Jahren aus dem Löschbezirk und boten ihnen eine praxisorientierte Brandschutzerziehung, die Ausbildung in Erste-Hilfe-Maßnahmen, den Umgang mit feuerwehrtechnischer Ausrüstung, aber auch gemeinsame Freizeitaktivitäten wie z.B. Zeltlager. Die Jugendfeuerwehr Bant hatte schon bald 35 Mitglieder, die über den Spielmannszug, über Werbung in Schulen und bei „Tagen der offenen Tür" an die Feuerwehr herangeführt worden waren. Sie nahm an den Wettbewerben um die „Jugendflamme" teil, die als Fähigkeitsnachweis in Theorie und Praxis dienten: Notruf absetzen, Gerätekunde, Umgang mit Leinen und Schläuchen. Die Jugendfeuerwehr beteiligte sich am Hydrantendienst im Löschbezirk und stellte bei Übungen die Verletztendarsteller.

1979 begann der regelmäßige Austausch mit den Jugendfeuerwehren im Landkreis Göttingen, den Dr. Alexander Engelhardt – ehemaliger Feuerschutzdezernent in Wilhelmshaven und nun Oberkreisdirektor in Göttingen – initiiert hatte, mit dem Besuch einer Wilhelmshavener Gruppe beim Zeltlager der Freiwilligen Feuerwehr in Potzwenden/ Landkreis Göttingen. Der erste Gegenbesuch folgte 1980 in Bant, danach betreute die Freiwillige Feuerwehr Wilhelmshaven-Nord die regelmäßigen Zeltlager am Geniusstrand.

Nach einer Novellierung des Niedersächsischen Brandschutzgesetzes (NBrandSchG) im Jahr 1979 durften sich auch Frauen als Aktive in der Feuerwehr engagieren. Brigitte Meinhardt von der Freiwilligen Feuerwehr Bant absolvierte 1980 als erste Frau in Wilhelmshaven erfolgreich den Feuerwehr-Grundlehrgang.

Das Spritzenhaus der Freiwilligen Feuerwehr Fedderwarden an der Sillensteder Straße aus dem Jahr 1934 genügte auf Dauer nicht mehr den Anforderungen an eine Ortsfeuerwehr mit zwei Einsatzfahrzeugen. Die Stadt Wilhelmshaven errichtete deshalb 1980 auf dem Schulgrundstück an der Alkostraße ein neues Feuerwehrgerätehaus mit zwei Fahrzeugständen und einem Schulungsraum mit Sanitärtrakt, entsprechend dem damaligen Standard für die Orts-

**Abb. 230: Brigitte Meinhardt, Ortsfeuerwehr Bant, während des Grundlehrgangs 1980 (Feuerwehr-Archiv)**

Abb. 231: Freiwillige Feuerwehr Fedderwarden vor dem neuen Feuerwehrgerätehaus, 1980 (Freiwillige Feuerwehr Fedderwarden)

feuerwehren im gesamten Stadtgebiet. Das frei gewordene alte Gerätehaus wurde bis 1984 nach Plänen von Hochbauamtsleiter Ingo Sommer zum Jugendzentrum „Spritzenhaus Fedderwarden" umgebaut.

### Fahrzeugbestand der Berufsfeuerwehr 1980 (ohne Rettungsdienst)

1. Wache Mozartstraße, erster Abmarsch:
Einsatzleitwagen ELW
Hilfeleistungs-Löschfahrzeug HiLF 16
Tanklöschfahrzeug TLF 16
Leiterbühne LB 30
Trockenlöschfahrzeug TroLF
Tanklöschfahrzeug TLF 16/28 T

2. Wache Mozartstraße, Technischer Zug:
Rüstwagen RW
Bergungswagen BW
Wasserrettungswagen (1972, Mercedes-Benz 408 G Kastenwagen mit Bootstrailer)
Ölschadenfahrzeug ÖSF (ehem. LF 8)
Kleingerätewagen (VW Transporter „grauer Esel")
Versorgungsfahrzeug VF (auch Tierrettung) (Volkswagen LT 28)
drei Wechsellader-Fahrzeuge mit Abrollbehältern AB Schlauch, Rüst, Schüttgut, Pritsche sowie Leitstelle

3. Wache Nord:
Tanklöschfahrzeug TLF 16

(100 Jahre Feuerwehr Wilhelmshaven, 1980)

**Fahrzeugbestand der Freiwilligen Feuerwehr 1980**

| | |
|---|---|
| Bant | Löschgruppenfahrzeug LF 8, Löschgruppenfahrzeug LF 16 TS (Bund), Tanklöschfahrzeug TLF 16 |
| Heppens | Löschgruppenfahrzeug LF 8, Schlauchkraftwagen SKW 2000 (Bund) |
| Neuengroden | Löschgruppenfahrzeug LF 8, Löschgruppenfahrzeug LF 16 TS (Bund) |
| Nord | Löschgruppenfahrzeug LF 8, Löschgruppenfahrzeug LF 16 TS (Bund) |
| Sengwarden | Löschgruppenfahrzeug TSF 8/Hi, Tanklöschfahrzeug TLF 16 |
| Fedderwarden | Löschgruppenfahrzeug LF 8, Tanklöschfahrzeug TLF 16 |

(100 Jahre Feuerwehr Wilhelmshaven, 1980)

Mit einem neu eingestellten Feuerwehrmann, der die Fahrlehrerberechtigung besaß, konnte die Berufsfeuerwehr ab 1980 in Zusammenarbeit mit der Fahrschule des Verkehrsbetriebs die Angehörigen der Berufsfeuerwehr und der Freiwilligen Feuerwehren in eigener Regie für den Lkw-Führerschein ausbilden. Als Folge der allmählichen Verjüngung der Mannschaft war der Anteil der „Gründergeneration" immer weiter gesunken, sodass nachgeschult werden musste. Als Fahrzeuge kamen ein umgebautes Trockenlöschfahrzeug TroLF sowie der „Schülerbus", das Löschgruppenfahrzeug LF 16 von 1965 (vgl. Seite 193) zum Einsatz. Der Spitzname bezog sich nicht nur auf die neue Funktion des Fahrzeugs, sondern auch auf die typische Frontansicht, die an die bekannten Mercedes-Busse erinnerte.

Das Amt 37 gliederte sich zu dieser Zeit in vier Sachgebiete an Stelle der vorherigen Abteilungen: 37-10 Abwehrender Brandschutz (Hans Wilde), 37-20 Technik im Brandschutz (Willi Dau), 37-30 Vorbeugender Brandschutz (Erich Gerdes) und 37-40 Rettungsdienst, Atem- und Strahlenschutz (Rolf Enkler) Weitere Beamte hatten den Aufstieg in den gehobenen Dienst absolviert, sie übernahmen die Funktion der Sachgebietsleiter und teilten sich den A-Dienst als Einsatzleiter vom Dienst (EvD). Das damals noch kleine Verwaltungssachgebiet mit zwei Personen war dem Amtsleiter Hans Wigger direkt zugeordnet.[579]

1980 ging die dritte neue Fernmeldezentrale in der nunmehr 40-jährigen Geschichte der Berufsfeuerwehr in Betrieb. Sie befand sich nicht mehr im Unterkunftsgebäude, sondern im Erdgeschoss des Gebäudes Mozartstraße 11, in dem wegen der neuen Fahrzeughalle von 1977 (vgl. Seite 281) ein Teil der Stellplätze frei geworden war. Die Räumlichkeiten und Bedienungsplätze waren so gestaltet, dass auch größere Einsätze aus dem Alltagsbetrieb heraus mit zusätzlichem Personal ohne Verzug in einem zweiten, angrenzenden Raum gesteuert werden konnten. Damit war der Übergang von der Fernmeldezentrale zur „Leitstelle" vollzogen. Eine Etage darüber befand sich weiterhin das Lagezentrum der Feuerwehr für Großschadenslagen und den Katastrophenschutz-Stab HVB aus dem Jahr 1977. Den Innenausbau und die In-

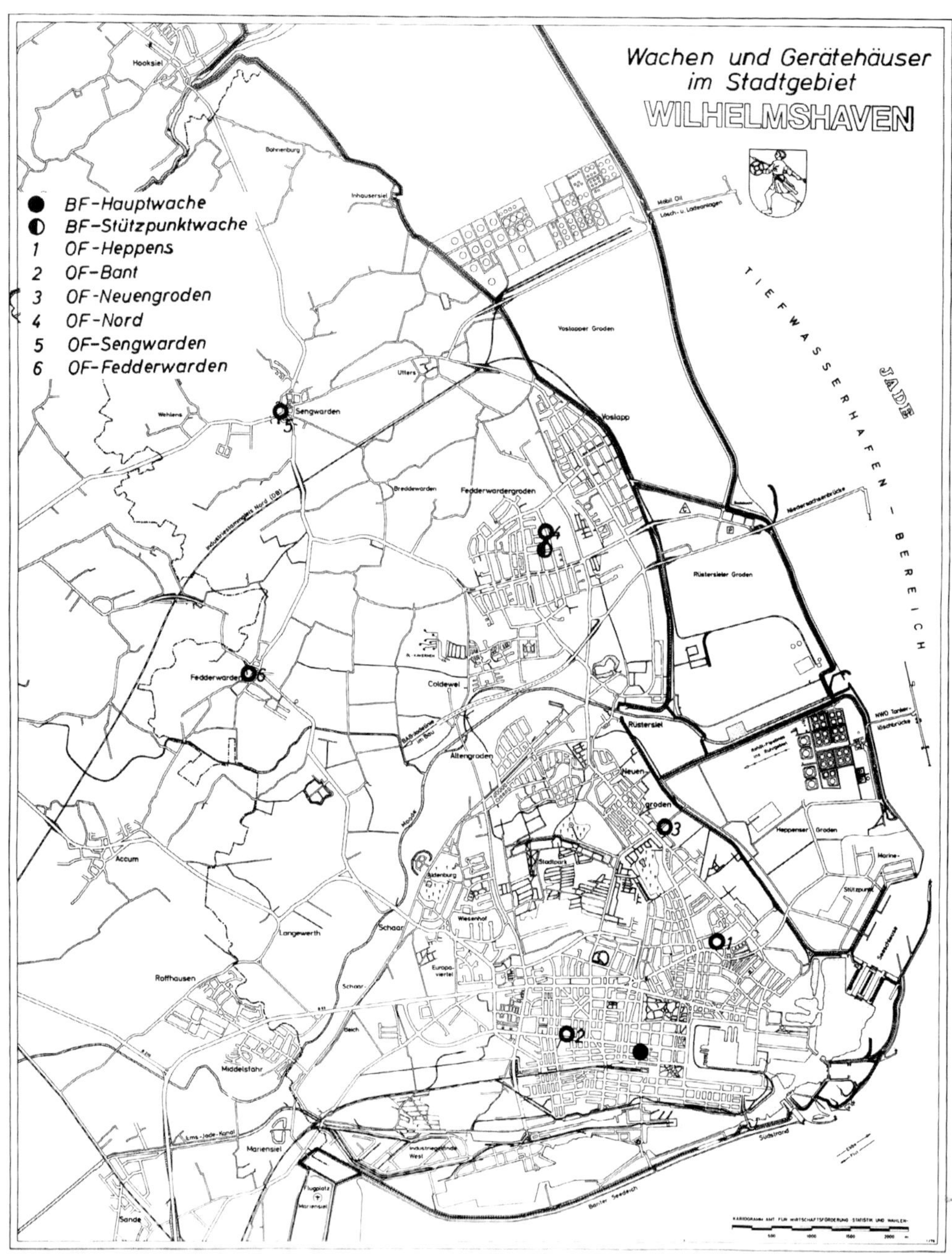


Abb. 232: Feuerwehr-Standorte im Stadtgebiet, 1979 (100 Jahre Feuerwehr Wilhelmshaven, 1980)

stallation der Geräte übernahmen die Feuerwehrbeamten wieder überwiegend in Eigenleistung. Die verbliebenen Baukosten betrugen 72.000 DM, für die notwendige Erneuerung bzw. Aufrüstung der Technik standen am Ende 150.000 DM zu Buche.

Als technische Neuerung verfügte die Leitstelle über eine „Fünf-Ton-Funkalarmierungseinrichtung“, mit der die Einsatzkräfte der Freiwilligen Feuerwehr über Funk-

Abb. 233: Neue Leitstelle, 1980 (am Tisch im Vordergrund Brandmeister Hans-Joachim Schnieders, im Hintergrund Hauptbrandmeister Karl-Heinz Reichardt) (WZ-Bilddienst)

Abb. 234: Nebenraum zur Unterstützung komplexerer Einsätze in der neuen Leitstelle, 1980 (am Tisch Brandmeister Hans-Joachim Schnieders) (WZ-Bilddienst)

meldeempfänger direkt alarmiert und auch die Sirenen im Stadtgebiet angesteuert werden konnten. Der Sprechfunkverkehr wurde als Beweissicherung nun kontinuierlich aufgezeichnet. Zur Vermeidung von Überlastungen teilte man die Frequenzen auf ein 4-Meter-Band (Führung der Fahrzeuge) sowie ein 2-Meter-Band für die Handgeräte an der Einsatzstelle auf. In der Leitstelle hielt auch der erste Computer Einzug bei der Berufsfeuerwehr: Das Gerät lieferte Informationen über die Einsatzstellen, Eigenheiten von Gütern und evtl. auftretenden Gefahren, mit denen die Leitstelle den Einsatzleiter vor Ort unterstützen konnte.

Mehr als 25 Jahre vor der standardisierten Notrufabfrage im Jahr 2012 kam es auch damals schon auf den Mann in der Zentrale an, wie die „Wilhelmshavener Zeitung" 1986 berichtete: „Der Feuerwehrmann am Telefon in der Einsatzzentrale hat den kühlen Kopf und die Umsicht bei seinen Entscheidungen zu wahren. Mit seiner ruhigen Art soll er dem Anrufer die Angst nehmen, um so bessere Informationen über das Einsatzgeschehen zu erhalten."[580]

Ende November 1980 stellte die Abteilung Zivil- und Katastrophenschutz im städtischen Ordnungsamt das neue Lagezentrum für den Katastrophenfall am Banter Weg der Öffentlichkeit vor. Sein Kernstück war der Führungsraum für den Katastrophenschutzstab des Hauptverwaltungsbeamten (KatS-Stab HVB), von dem aus der Stab unter der Leitung des Oberststadtdirektors die Lage beurteilte und die erforderlichen Entscheidungen traf. Dafür war der Raum mit Kartenmaterial, Kräfteübersichten, Projektionsmöglichkeiten und einer Anzeige mit meteorologischen Daten ausgestattet. Für die Fachberater des Stabes (Bergung, medizinische Versorgung,

Abb. 235: Außenansicht der Feuerwache I an der Mozartstraße (nach dem Umbau für die neue Fernmeldezentrale, aufgenommen 2000) (Feuerwehr-Archiv)

öffentliche Ordnung etc.) sowie die Vertreter anderer Behörden (Polizei, Bundeswehr) standen im Gebäude ausreichende Arbeitsräume zur Verfügung. Eine Fernmeldezentrale mit Telefon und Funkanlage in einem Raum nebenan unterstützte die Kommunikation des Stabes mit den nachgeordneten Stellen. Bei Bedarf verfügte das Lagezentrum über eine netzunabhängige Notstromversorgung. Die Einrichtungskosten betrugen mit einem hohen Anteil an Eigenarbeit 30.000 DM.

Neben Oldenburg war Wilhelmshaven damals die einzige kreisfreie Stadt mit einer solchen Einrichtung, die den Empfehlungen der Katastrophenschutzschule des Bundes in Bad Neuenahr/Ahrweiler entsprach. Gemeinsam mit dem „kleinen Lagezentrum" über der Fernmeldezentrale der Berufsfeuerwehr verfügte die Stadt nun über eine leistungsfähige Führungsinfrastruktur, die bedarfsgerecht aufwachsen konnte: von komplexeren Feuerwehreinsätzen über Großschadenslagen bis hin zu andauernden Katastrophenlagen.

In der Praxis wurden größere Feuerwehreinsätze von der Mozartstraße aus geführt, während die gesamte Ausbildung des Katastrophenschutz-Stabs HVB, vor allem aber die vielschichtigen Stabs-Rahmenübungen der zivil-militärischen Zusammenarbeit in der Peterstraße stattfanden. WINTEX (Winter Exercise) zum Beispiel war eine alle zwei Jahre stattfindende Stabsrahmenübung der NATO, die einen Angriff des Warschauer Paktes auf Westeuropa durchspielte. Sie wurde auf den verschiedenen staatlichen und militärischen Ebenen und auch in den Kommunen geübt und schloss die zivil-militärische Zusammenarbeit ausdrücklich ein.

**Die Einheiten des Katastrophenschutzes 1981**

| | |
|---|---|
| Freiwillige Feuerwehr: | zwei Löschzüge R, ein Löschzug W, Führungsgruppe (84 Feuerwehrleute) |
| Deutsches Rotes Kreuz: | ein Sanitätszug, ein Verbandsplatzzug, ein Betreuungszug (92 Helfer) |
| Johanniter-Unfall-Hilfe: | ein Sanitätszug (25 Helfer) |
| Malteser-Hilfsdienst: | ein Sanitätszug (50 Helfer) |
| Technisches Hilfswerk: | zwei Bergungszüge |

(Stadtarchiv, Zivilschutzakten)

1985 nahm der Katastrophenschutz eine mobile Einsatzleitung in Betrieb. Dafür hatte man einen von der Bundeswehr ausgesonderten Röntgenbus erworben. Angeregt durch die Beispiele anderer Feuerwehren, die bereits über einen „Befehlswagen", „Kommandowagen" oder „Katastropheneinsatzleitwagen" verfügten, bauten die Mitarbeiter und Helfer das Fahrzeug selbst um. Es war speziell für die Stabsarbeit einer Technischen Einsatzleitung (TEL) „vor Ort" zur Entlastung des Katastrophenschutz-Stabes beispielsweise bei Hochwasserlagen konzipiert und verfügte über einen Stabsraum mit Lagekarten und Darstellungsmitteln, eine „Funkbude", Telefonanschlüsse, Messgeräte sowie eine Wetterstation.

Die 1980er Jahre galten als die hohe Zeit des Helferzugangs aus den Wehrpflichtigen der geburtsstarken Jahrgänge, die sich an Stelle des Wehrdienstes für 10 Jahre bei einer Einheit des Katastrophenschutzes einschließlich der Freiwilligen Feuerwehr verpflichten konnten. Im Jahr machten in Wilhelmshaven von dieser Möglichkeit durchschnittlich 20 junge Männer Gebrauch. Regelmäßig erschien das Merkblatt „Für Ihre Sicherheit" mit Informationen zum Verhalten bei Katastrophen, Industrie-Unfällen, Großbränden und Sturmfluten. Es wurde an alle Haushalte verteilt und enthielt die Erklärung der Sirenensignale, Hinweise auf die wichtigsten Informationsquellen (Radio, Lautsprecherdurchsagen) sowie Empfehlungen zum Verhalten bei Gefahrenlagen. Das Merkblatt entsprach den Zielen und Erfordernissen des erweiterten Katastrophenschutzes, sicherlich hatten aber auch das Anfahren des Kernkraftwerks (KKW) Unterweser in Esenshamm 1978 und wichtiger Industrieanlagen an der Wilhelmshavener Ostküste (vgl. Seite 248) eine weitergehende Information notwendig gemacht. An ihre Stelle trat nach 2005 die anlagenbezogene Information der Öffentlichkeit durch die Betreiber von Industrieanlagen nach § 11 der Störfallverordnung.

*

Im Herbst 1981 nahm das britische Unternehmen Imperial Chemical Industries (ICI) auf dem Voslapper Groden eine Anlage zur Herstellung von Vinylchlorid Monomer (VCM) und Polyvinylchlorid (PVC), einem Vorprodukt für Bodenbeläge, Fensterrahmen, Rohren, Kabelummantelungen u.v.a.m. in Betrieb. Mit der Produktionsaufnahme ging die dritte der Wilhelmshavener Werkfeuerwehren in Bereitschaft.

**Informationen für Ihre Sicherheit bei Katastrophen, Industrie-Unfällen, Großbränden, Sturmflutgefahr**

**Wie werden Sie unterrichtet?**

Bei Katastrophen und größeren Unglücksfällen werden Sie durch geeignete Maßnahmen alarmiert, wie z. B.

→ **Bekanntmachungen im Rundfunk und Fernsehen**
→ **durch die im Stadtgebiet installierten Sirenen**
→ **durch Lautsprecherdurchsagen der Feuerwehr oder Polizei**

Wesentlich für alle Bürger ist es, die Bedeutung der verschiedenen Sirenensignale zu kennen!

**Sirenensignale im Frieden:**

Batteriegerät bereithalten!

→ 1 Minute Heulton — **UKW – NDR II** Runkfunkgerät einschalten – auf Durchsagen achten

→ 2 x unterbrochener Dauerton von 1 Minute (Signal zur Alarmierung der Feuerwehr) — Feueralarm

→ Dauerton von 1 Minute — Entwarnung

**Wenn Sie selbst ein Schadensereignis melden, nennen Sie**

→ **Ort des Ereignisses** (Straße, Hausnummer, Stadtteil)
→ **Art des Ereignisses** (welche Personen oder Sachen sind betroffen, Ausmaß, Ursachen)
→ **Ihren Namen**

**Wichtige Telefonnummern in Wilhelmshaven**

| | | | |
|---|---|---|---|
| Polizei-Notruf | 110 | Hausarzt | |
| Feuerwehr | 112 | | |
| Rettungsdienst | 19222 | Krankenhaus | |
| Krankentransport | 26121 | | |
| Gas- und E-Werke | 404-0 | Apotheke | |

**Allgemeine Verhaltensregeln**

→ **Bleiben Sie zu Hause oder am Arbeitsplatz,** und achten Sie auf Lautsprecherdurchsagen von Feuerwehr, Polizei und Rundfunkdurchsagen (NDR II, UKW 99,8 MHz).

→ **Kinder sofort ins Haus rufen!** Dann sind sie unter Aufsicht und können nicht durch Unwissenheit falsch reagieren.

→ **Informieren Sie Ihre Nachbarn,** helfen Sie älteren oder behinderten Mitbürgern sowie auch Ihren ausländischen Mitbewohnern!

→ **Vermeiden Sie, daß die Einsatzkräfte bei Bränden und Unglücksfällen durch Schaulustige behindert werden!** Polizei, Feuerwehr und Hilfsorganisationen sind auf freie Straßen angewiesen. Wenn Sie nicht selbst helfen können, bleiben Sie dem Schadensort fern, und blockieren Sie keineswegs Verkehrswege!

→ **Telefonleitungen nicht blockieren!** Feuerwehr, Polizei und betroffene Unternehmen benötigen jede Telefonleitung zum Einleiten von Hilfs- und Rettungsmaßnahmen; deshalb dort nur im Notfall anrufen!

→ **Auch wenn Sie nicht unmittelbar betroffen sind,** können Sie durch Ihr besonnenes Verhalten wirkungsvoll zu einer schnelleren Gefahrenabwehr und Schadensbeseitigung beitragen!

**Besondere Verhaltensregeln bei Warnung vor gefährlichen Stoffen oder Industrie-Unfällen**

→ **Den besten Schutz finden Sie in einem geschlossenen Gebäude!** Fenster und Türen schließen, **Heizungen und Klimaanlagen abschalten!** So können chemische Gase ausgeschlossen bleiben und nicht ungehindert in die Wohnung gelangen.

→ **Obere Stockwerke aufsuchen!** Viele gefährliche Stoffe sind schwerer als Luft. Deshalb sind höher gelegene Räume im allgemeinen sicherer!

→ **Nasse Tücher bereitlegen!** Vor Mund und Nase gehalten, können Sie Beeinträchtigungen der Atmung vermeiden!

→ **Lautsprecherdurchsagen beachten!** Feuerwehr und Polizei informieren Sie über erforderliche Verhaltensregeln durch Lautsprecherwagen!

→ **Radio einschalten (NDR II, UKW 99,8 MHz)!** Meldungen über den Störfall, Verhaltensregeln und Entwarnung werden, soweit notwendig auch über die regionalen Rundfunksender bekanntgegeben!

Abb. 236: Merkblatt „Für Ihre Sicherheit", 1989 (Feuerwehr-Archiv)

Abb. 237: Werkfeuerwehr der VYNOVA Wilhelmshaven GmbH vor der Feuerwache, o. D. (v. l. Rettungswagen RTW, Rüstwagen RW 1, Trockentanklöschfahrzeug TroTLF, Trockenschaumlöschfahrzeug TroSLF) (Vynova Wilhelmshaven GmbH)

ICI hatte die Chlorproduktion der früheren Alusuisse auf dem Rüstersieler Groden übernommen und eine Chlorgasleitung zum neuen Werk im Norden gelegt. Das Unternehmen erweiterte die Typhon-Anlage (vgl. Seite 249), sodass im Bereich des Campingplatzes am Geniusstrand jetzt auch Sprachdurchsagen mit Verhaltensempfehlungen gemacht werden konnten.

Mit der Produktionsgenehmigung nach dem Bundes-Immissionsschutzgesetz (BImSchG) war das Unternehmen zur Vorhaltung einer hauptberuflichen Werkfeuerwehr in Staffelstärke (1/5) und zusätzlich einem Trupp (1/3) mit vier nebenberuflichen Werkfeuerwehrangehörigen in jeder Schicht verpflichtet worden. Die hauptamtliche Werkfeuerwehr besetzte mit insgesamt zunächst 34 Feuerwehrleuten rund um die Uhr die Wache auf dem Betriebsgelände. Bis zu 77 Mitarbeiter der Anlage wurden zu nebenamtlichen Feuerwehrleuten ausgebildet, die im Bedarfsfall aus dem Schichtdienst heraus alarmiert werden konnten.

Aufgabe der Werkfeuerwehr war die Gefahrenabwehr bei Betriebsstörungen, insbesondere die frühzeitige Bekämpfung von Bränden und Austritten gefährlicher Stoffe sowie die Rettung Verletzter. Die Berufsfeuerwehr wurde ab einer definierten Gefahrenschwelle alarmiert und lageabhängig durch die Freiwillige Feuerwehr verstärkt: Der Einsatzleiter der Berufsfeuerwehr übernahm dann im Einvernehmen mit der Werkleitung die Einsatzleitung, die Feuerwehrkräfte der Stadt besetzten einzelne Einsatzabschnitte. Im Betriebsalltag übernahm die Werkfeuerwehr die Prüfung und Wartung ihrer eigenen Ausrüstung und die Kontrolle von Rohrleitungen, Behältern und Sicherheitsventilen in der Anlage. Die Ausstattung der Werkfeuerwehr der ICI entsprach ihren Aufgaben in einer chemischen Produktionsanlage: ein Trockenschaumlöschfahrzeug TroSLF 60/30 Gefahrgut (Mercedes-Benz/Ziegler) mit bis zu 6.000 l/Min. Pumpenleistung, einem großen Vorrat an Wasser und Schaummittel sowie einer Schnellangriffseinrichtung; ein Trockentanklöschfahrzeug TroTLF 16/16 Ge-

Abb. 238: Bekämpfung einer angenommenen Leckage an einem Kesselwagen durch die Werkfeuerwehr (in Chemieschutzanzügen) im Rahmen einer Übung, o. D. (VYNOVA Wilhelmshaven GmbH)

fahrgut (Mercedes-Benz/Schlingmann) mit einer Pumpenleistung von 1.600 l./ Min., einem Wasser- und Schaummittelvorrat, einer Schnellangriffseinrichtung und Chemieschutzanzügen. Diese Fahrzeuge sollten neben der Brandabwehr insbesondere ausgetretene Gefahrstoffe niederschlagen und neutralisieren können.

Zusätzlich verfügte die Werkfeuerwehr neben den üblichen Hilfsfahrzeugen und einem Rettungswagen über einen universell einsetzbaren Rüstwagen RW 1 mit Seilwinde, Stromerzeuger und hydraulischem Spreiz- und Schneidgerät speziell für Unfälle mit Kesselwagen und Tanklastkraftwagen.

1986 übernahm die European Vinyls Corporation (EVC) als Gemeinschaftsunternehmen der britischen ICI und der italienischen ENICHEM die Anlagen zur Herstellung von Vinylchlorid Monomer (VCM) und Polyvinylchlorid (PVC). Ihr folgte 2001 das britische Unternehmen INEOS Vinyls. 2015 wechselte die gesamte Anlage von dort zur VYNOVA-Gruppe, nachdem die Wettbewerbshüter in Brüssel die Unternehmen INEOS und SOLVAY den Verkauf einiger Anlagen zur Auflage für die Zusammenlegung ihrer PVC-Produktion gemacht hatten.

*

Der Kreisfeuerwehrverband Wilhelmshaven beging am 12. April 1980 mit einer Festveranstaltung in der Stadthalle das 100-jährige Bestehen der Freiwilligen Feuerwehr und das 40-jährige Bestehen der Berufsfeuerwehr in Wilhelmshaven. Als Gastredner und Schirmherr des Doppeljubiläums sprach Bundesarbeitsminister Dr. Herbert Ehrenberg zu den anwesenden Mitgliedern der Wilhelmshavener Feuerwehren und den vielen Gästen, darunter vier ehemalige Leiter der Berufsfeuerwehr (Andreas Macijewski, Richard Grotheer, Theo Gerdes sowie Hanns-Dieter Spohn). Der Minister und Abgeordnete wurde zum „Ehrenbrandmeister“ ernannt. Stadtbrandmeister Karl Schmid sowie die Ortsbrandmeister Albert Schmidt (Heppens) und Heinrich Rölke (Wilhelmshaven-Nord) erhielten Auszeichnungen. Aus Anlass der Jubiläen fand in der Fußgängerzone Grenzstraße eine weithin beachtete Fahrzeugausstellung statt.

Abb. 239: Freiwillige Feuerwehr Wilhelmshaven, 1980 (Sammlung Markus Bulling)

Abb. 240: Ausstellung der Feuerwehr in der Fußgängerzone Grenzstraße, 1980 (Feuerwehr-Archiv)

Die „Wilhelmshavener Zeitung“ titelte: „Feuerwehr schneidert sich Problemlösungen passend zu.“[581] Das bezog sich auf den traditionell hohen Anteil an handwerklicher Eigenleistung der Feuerwehrmänner bei der Bauunterhaltung, dem Fahrzeugausbau und der Fernmeldetechnik, aber auch auf die gerade in Wilhelmshaven gepflegte Praxis der Entwicklung individueller, auf die örtlichen Verhältnisse zugeschnittener Fahrzeug- oder Einsatzkonzepte wie dem Hilfeleistungs-Löschfahrzeug, den Wechsellader-Fahrzeugen oder der Gestaltung des Wachstandorts im Stadtnorden.

Diese Innovationen waren Antworten auf die sich immer wieder wandelnden Anforderungen gewesen. Feuerwehrchef Hans Wigger macht deutlich, dass dieser Wandel auch die Ausbildung der Feuerwehrleute betraf: „Durch die schnelle technische Entwicklung befindet sich die Aufgabenstellung der Feuerwehr in stetigem Wandel. Die Brandbekämpfung erfordert ein ständiges Umdenken bzw. Vorausdenken in Maßnahmen und Methoden. Die Hilfeleistungen besonderer Art gewinnen immer mehr an Bedeutung. Die Ausbildung und die Ausrüstung der Feuerwehr muß mit dieser Entwicklung Schritt halten. Hierdurch hat sich das Berufsbild des Feuerwehrmannes von dem Mann an der Spritze zu einem in allen Situationen der Hilfeleistung gewachsenen Fachmann geändert."[582]

Mit Blick auf die Betriebe der chemischen Industrie (ICI-Atlantik, Mobil Oil, ICI Wilhelmshaven) und die allgemeine Zunahme der chemischen Gefahren bei Bränden, Transportunfällen etc. stellte die Berufsfeuerwehr im August 1981 einen Sondergerätewagen Atemschutz SGW-A (MAN/Schlingmann) in Dienst. Die Anschaffungskosten betrugen 300.000 DM. Das Fahrzeug war mit den Chemieschutzanzügen CSA und der Messtechnik speziell für Gefahrguteinsätze mit chemischen und radioaktiven Stoffen ausgestattet und verfügte über einen eigenen Stromgenerator sowie einen Bestand von 24 Atemschutzgeräten als Einsatzreserve.

Als neue Herausforderung war für die Berufsfeuerwehr der Strahlenschutz bei Unfällen mit radioaktiven Stoffen (z.B. in Röntgenlaboren) hinzugekommen, die Feuerwehrbeamten erhielten ihre Ausbildung in Schutz- und Messmethoden am Institut für Strahlenschutz in München.

Für die Unterstützung der Einsatzleitung vor Ort hatte die Berufsfeuerwehr 1977 mit einem entsprechend ausgestatteten Volkswagen Passat ihren ersten spezialisier-

Abb. 241: Sondergerätewagen Atemschutz SGW-A, 1981 (Sammlung Walter Menßen)

Abb. 242: Vorführung des Sondergerätewagens Atemschutz, 1981 (3.v.l Hans Wigger) (Sammlung Markus Bulling)

ten Einsatzleitwagen ELW in Dienst gestellt. Er hatte sich jedoch schon bald als unzureichend erwiesen und wurde 1981 durch ein größeres und robusteres Fahrzeug (Mercedes-Benz 460/3 mit Allrad-Antrieb) ersetzt, das mehr Zuladung für Kommunikationstechnik, Sicherheitsausrüstung, Einsatzunterlagen etc. aufnehmen konnte. Insbesondere für die Einsätze im ländlichen Raum beschaffte die Feuerwehr 1982 ein Tanklöschfahrzeug TLF 8/18 (Mercedes-Benz/Schlingmann) und stationierte es

Abb. 243: Fahrzeuge der Ortsfeuerwehren Sengwarden und Fedderwarden, 1983 (v. l. Krankenwagen KTW, Löschgruppenfahrzeug LF 8, Tanklöschfahrzeug TLF 16, Tanklöschfahrzeug TLF 8 Bund, Tanklöschfahrzeug TLF 8/18 und Tanklöschfahrzeug TSF 8/Hi) (Matthias Bokker)

bei der Ortfeuerwehr Sengwarden. Das allradangetriebene Fahrzeug (Unimog) verfügte über einen Wasservorrat von 1.800 Litern mit Schnellangriffseinrichtung.

Das Wachgebäude Mozartstraße erhielt wegen des wachsenden Personalbestandes – von 59 Feuerwehrleuten 1946 auf nun deutlich mehr als 100 – zur Hofseite hin einen Anbau für Toiletten und Waschräume (in Eigenleistung) und einen vergrößerten Eingang. Auch der zweite Bauabschnitt zur Erweiterung des Feuerwehrgerätehauses in der Albrechtstraße mit dem schon 1975 geplanten eingeschossigen rückwärtigen Anbau wurde 1982 verwirklicht. Er enthielt u.a. Räume für die Freiwillige Feuerwehr Wilhelmshaven-Nord, die damit wieder in ihrem Gerätehaus unterkam (vgl. Seite 169). Die Berufsfeuerwehr nutzte weiterhin die frühere Wohnung im Obergeschoss.

Zur Entlastung der Wache Mozartstraße verlegte die Berufsfeuerwehr ihre Atemschutzgerätewerkstatt in den Neubau und richtete dort auch eine Atemschutzübungsstrecke ein. Ein dafür präparierter Raum, der verdunkelt und/oder verraucht werden konnte, wurde mit einem „Parcours" aus Durchlässen und Hindernissen aller Art wie an einer Einsatzstelle ausgestattet und musste von den Feuerwehrleuten unter Vollschutz (Atemschutzmaske und Pressluftatmer) bewältigt werden. Zuvor hatte diese Ausbildung in einem dafür hergerichteten Heizungskeller und Heizöllager in der Wache Mozartstraße stattgefunden.

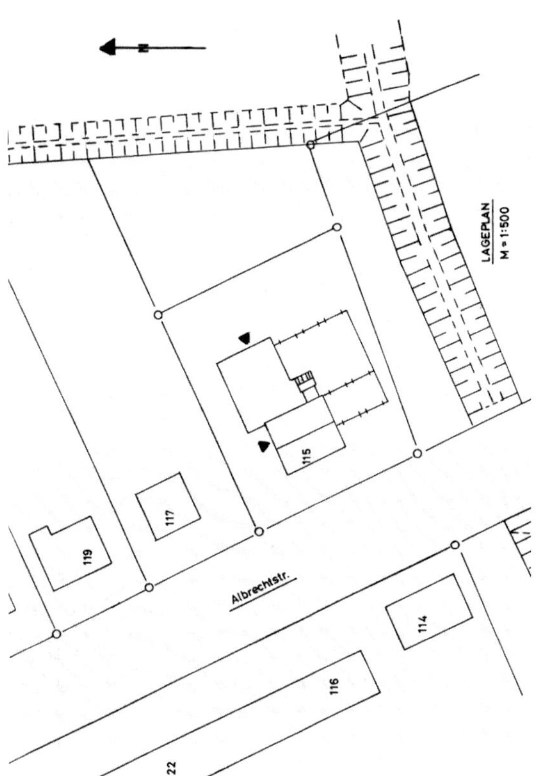

Abb. 244: Planung Feuerwehrgerätehaus Albrechtstraße mit Anbauten, 1980 (Feuerwehr-Archiv)

Nachdem die Aufgabe der Grund- und Fachausbildung der Freiwilligen Feuerwehren den Landkreisen und kreisfreien Städten übertragen worden war, nutzte die Feuerwehr Wilhelmshaven die ehemalige Industrie-Baracke hinter dem Gerätehaus Albrechtstraße als Kreisausbildungszentrum. Der neue Anbau enthielt auch eine Küche zur Verpflegung von Lehrgängen und bei Großeinsätzen. Von der Stadt wurden in die Baumaßnahme 200.000 DM investiert, die Feuerwehr steuerte 3.500 Stunden an Eigenleistung bei. Die bereits vorhandene zweiständige Fahrzeughalle wurde nach vorne erweitert, um Platz für zwei zusätzliche Fahrzeuge (Rettungsdienst/Krankentransport und Brandschutz/technische Hilfeleistung) zu schaffen.

In der Albrechtstraße war von nun an das zweite Löschfahrzeug des Löschzuges der Berufsfeuerwehr mit einer Staffelbesatzung rund um die Uhr stationiert, außerdem wie bisher ein Rettungswagen. Damit wurde das Feuerwehrgerätehaus endgültig zu einer Nebenwache, der „Wache Nord", so wie sie zwischen 1943 und 1946 schon bestanden hatte und seit ein paar Jahren immer wieder angedacht worden war. Den Ausschlag gaben die neuen Industriebetriebe im Osten und Nordosten der Stadt. Es machte Sinn, in kürzerer Entfernung zu diesen Betrieben rund um die Uhr eine Staffel (1/5) bereitzuhalten, mit der die ebenfalls in Staffelstärke aufgestellten Werkfeuerwehren, schnell verstärkt werden konnten. Die Möglichkeit, in kürzerer Zeit das erste Fahrzeug zum Einsatz zu bringen, verbesserte aber vor allem die Gefahrenabwehr im Stadtnorden: „Schon im Berichtszeitraum hat es sich gezeigt, daß der schnelle Einsatz von einer Löschstaffel eine der wirksamsten Methoden der Brandbekämpfung darstellt" schrieb die Feuerwehr im Jahresbericht für 1982.[583]

Dem Tanklöschfahrzeug TLF 16 (Magirus FM 192) von 1980 folgte 1984 ein Löschgruppenfahrzeug LF 16 (Mercedes-Benz LP 1222/Schlingmann) mit einer Sonderausstattung für technische Hilfeleistung (vgl. Seite 307). Es fuhr selbstständig kleinere Einsätze wie z. B. Verkehrsunfälle oder Kleinbrände. Bei größeren Einsätzen vereinigte es sich in einem „Rendezvous-Verfahrens" mit dem Löschgruppenfahrzeug LF 16, welches nun ebenfalls mit einer Staffelbesatzung (1/5) und dem Gruppenführer (zugleich Wachschichtleiter Wache Mozartstraße) sowie der Drehleiter (1/1) der Hauptwache ausrückte, zum Löschzug.

Oberstadtdirektor Dr. Eickmeier, der in diesem Jahr die Aufgaben des Feuerschutzdezernenten selbst übernommen hatte, erklärte: „Auch den Bürgern im Norden der Stadt steht eine gleich gute Hilfseinrichtung zu wie denen in der Innenstadt."[584] Er trat gegenüber der „Wilhelmshavener Zeitung" zugleich Befürchtungen

Abb. 245: Feuerwache II in der Albrechtstraße mit neuen Rolltoren, 2006 (Foto: Olaf Preuschoff)

entgegen, im Stadtnorden herrsche eine besondere Gefährdung: „Zwar berge die Industrieansiedlung, so Dr. Eickmeier, kein besonderes Gefahrenpotential, verändere aber die Struktur der Stadtteile. Ziehe man ferner die erhöhte Verkehrsdichte hinzu, sei es ein Gebot der Stunde, die Wehr schneller zum Einsatzort zu bringen."[585] Brandoberamtsrat Wigger berichtete in diesem Zusammenhang, dass es vom Standort Albrechtstraße aus seit 1973 insgesamt 1.200 Rettungsfahrten, 15.000 Krankentransporte und seit Aufnahme des Tagesdienstes Brandschutz im Jahr 1980 227 Feuerlöscheinsätze gegeben habe.[586] Dieses rechtfertige die Stationierungsentscheidung. Gleichzeitig seien 80 % des Stadtgebiets innerhalb der 8-Minuten-Eintreffvorgabe mit dem Löschgruppenfahrzeug als Teil des Löschzuges von der neuen Wache Nord aus zu erreichen.

Der 24-Stunden-Dienst in der Wache Nord begann am 6. Mai 1982, von nun galten die offiziellen Bezeichnungen „Feuerwache I" und „Feuerwache II". Der Wachbereich der neuen Wache entsprach dem Stadtgebiet nördlich der Bundesautobahn. Er wurde später auf die südlich davon gelegenen Stadtteile Maadebogen, Rüstersiel, Altengroden und Neuengroden erweitert. Für die 24-Stunden-Besetzung der Wache Nord erhielt die Berufsfeuerwehr acht zusätzliche Planstellen, für die im Sommer 1981 acht junge Männer die feuerwehrtechnische Ausbildung begannen. Mit nun 118 Feuerwehrbeamten hatte sich die Sollstärke der Berufsfeuerwehr gegenüber 1946 nahezu verdoppelt (vgl. Anhang 15).

### Feldmark, 9. November 1982: Brand in einem Hochhaus

Zu einem Alptraum für die Einsatzkräfte hätte sich der Brand in einem Hochhaus im Stadtteil Wiesenhof am 9. November 1982 entwickeln können. Das Feuer war im Keller des achtgeschossigen Hauses mit 48 Wohnungen entstanden, bald schon war das Treppenhaus verraucht. Bevor die Feuerwehr eintraf, versuchten viele Bewohner genau über dieses Treppenhaus in Panik den Weg ins Freie, obwohl nicht eine einzige Wohnung brannte. 16 Personen erlitten Rauchvergiftungen, zwei junge Frauen starben daran. Hätten sie die Maßnahmen der Feuerwehr in ihren Wohnungen abgewartet, wäre es vermutlich glimpflicher ausgegangen. (Feuerwehr-Archiv)

Im Oktober 1982 änderte der Rat der Stadt Wilhelmshaven die Satzung über die Freiwillige Feuerwehr von 1974. Der Stadtbrandmeister bzw. sein Stellvertreter behielten die Funktion des Dienstvorgesetzten aller aktiven Mitglieder der Freiwilligen Feuerwehr, die im Einsatz jedoch weiterhin dem Leiter der Berufsfeuerwehr unterstellt waren. Das Kommando der jeweiligen Ortsfeuerwehr (Ortskommando) bestand aus dem wie bisher von den Aktiven gewählten Ortsbrandmeister und seinem Stellvertreter, den Zug- und Gruppenführern, dem Schriftführer, dem Gerätewart und dem Sicherheitsbeauftragten. Die Ortsbrandmeister bestimmten die Führer taktischer Einheiten (Zug- und Gruppenführer).

## Banter Weg, 15. November 1983: Großbrand in einem Hobelwerk

Den wahrscheinlich größten Feuerwehreinsatz der Nachkriegszeit löste am 15. November 1983 ein Brand im Hobelwerk Brader am Kanalhafen/Banter Weg aus. Kurz nach Mitternacht gingen in der Leitstelle die ersten Meldungen ein, der Löschzug rückte aus.

Aufgrund der Größe und Art des Objekts (hölzerne Holzlagerhallen und überdachte Lagerplätze) und der erkennbaren Feuerausbreitung wurde schon bei der Anfahrt stiller Alarm für die Freischicht der Berufsfeuerwehr sowie die diensthabende Gruppe der Freiwilligen Feuerwehr (Ortsfeuerwehr Bant) gegeben. Bald darauf alarmierte man auch die übrigen Ortsfeuerwehren. Insgesamt kamen 232 Feuerwehrleute und 24 Fahrzeuge mit 18 B-Rohren, 20 C-Rohren und vier Wasserwerfern zum Einsatz.

**Abb. 246: Großbrand im Hobelwerk Brader, 15. November 1983 (WZ-Bilddienst)**

Beim Eintreffen der Feuerwehr brannten der Spänebunker sowie eine große Holzlagerhalle, das Feuer hatte bereits auf zwei weitere Hallen und zwei überdachte Holzlagerplätze übergegriffen. „Es bestand die Gefahr der Brandausbreitung auf das gesamte Objekt mit den Holzlagerhallen, Holzfreilager, abgestellten Fahrzeugen […] sowie bedingt durch den starken Funkenflug auf die am Banter Weg gelegenen Betriebe", heißet es im Einsatzbericht der Feuerwehr (Feuerwehr-Archiv). Der Feuerschein war zeitweise noch im 50 km entfernten Oldenburg zu sehen.

Die Einsatzkräfte bemühten sich zunächst, den Brand in seiner Ausdehnung einzudämmen, was ihnen aber erst nach Eintreffen der Verstärkungen gelang. Nun wurden drei Einsatzabschnitte gebildet, denen schwerpunktmäßig Kräfte zugeordnet wurden. Um 2.30 Uhr war das Feuer unter Kontrolle. Teile des Lagerkomplexes verbrannten. Die Einsatzkräfte konnten jedoch ein Drittel des Holzlagerbestandes retten und die Ausbreitung des Feuers auf die weiteren Hallen und ein Wohnhaus verhindern. Vier Einsatzkräfte der Freiwilligen Feuerwehr mussten anschließend mit Rauchvergiftungen das Krankenhaus aufsuchen.

**Abb. 247: Brandoberamtsrat Hans Wigger, 1982 (Feuerwehr-Archiv)**

Brandoberamtsrat Hans Wigger konnte die Feuerwehrkräfte in diesen Großeinsatz als Leiter der Berufsfeuerwehr nicht mehr führen, er war aus gesundheitlichen Gründen zum 31. März 1983 in den Ruhestand getreten. Sein Nachfolger wurde Brandamtsrat Erich Gerdes. Der gelernte Schneider stammte aus einer „Feuerwehrfamilie": Sein Großvater Johann Gerdes stand einige Jahre an der Spitze der Freiwilligen Feuerwehr Neuengroden (vgl. Seite 68), sein Onkel Theodor Gerdes hatte von 1967 bis 1971 die Berufsfeuerwehr geleitet. Erich Gerdes begann 1958 bei der Berufsfeuerwehr Wilhelmshaven die Ausbildung zum Feuerwehrmann und wurde 1969 zum Brandmeister befördert. 1971 absolvierte er an der Landesfeuerwehrschule in Celle den Brandinspektorlehrgang für den Aufstieg in den gehobenen Dienst und übernahm ein Jahr später die neu geschaffene Abteilung Vorbeugender Brandschutz. Auch der stellvertretende Leiter der Berufsfeuerwehr, Brandamtmann Hans Wilde, wurde in diesem Jahr pensioniert, sein Amt übernahm der Brandamtmann Willi Dau.

Anfang der 1980er Jahre hatte die Feuerwehr in Wilhelmshaven eine Aufstellung und räumliche Verteilung erreicht, wie sie ihrem Auftrag und der Einsatzstatistik entsprach: der Löschzug (erster Abmarsch) mit den modernen Fahrzeugen, aufgeteilt auf die Wachstandorte Mozartstraße und Albrechtstraße, der zweite Abmarsch mit den älteren Fahrzeugen aus den Beschaffungen seit 1962 sowie allen Sonderfahrzeugen auf der Wache Mozartstraße. Auf beiden Wachen stand je ein Rettungswagen bereit. Die Freiwilligen Feuerwehren waren durchweg mit zwei Löschgruppenfahrzeugen an jedem der sechs Gerätehäuser aufgestellt, im ländlichen Raum mit Tanklöschfahrzeugen.

Damit war die Entwicklung der Feuerwehr Wilhelmshaven zu einer leistungsfähigen Gefahrenabwehr-Organisation mit moderner Technik und annähernd genügend Personal vorläufig abgeschlossen. Beim Brand einer Holzhandlung am Kanalhafen bewährte sie sich 1983 in dem bisher größten Einsatz ihrer Nachkriegsgeschichte.

## Veränderte Rahmenbedingungen

Schien Anfang der 1980er Jahre eine gewisse Stabilität auf einem ausreichenden hohen finanziellen Niveau erreicht, verschlechterte sich die städtische Haushaltslage ab 1982 grundlegend. In den Jahren zuvor hatte man vor allem von der Industrialisierung am „Tiefen Fahrwasser" profitiert. Nun verursachten auf der Einnahmeseite eine Gewerbesteuerreform zu Gunsten kapitalintensiver Betriebe, später auch die Schließung der Raffinerie und auf der Ausgabeseite die Folgekosten der in den guten Jahren auch bei der Feuerwehr getroffenen Entscheidungen rasch auflaufende jährliche Haushaltsdefizite.

**Abb. 248: Löschgruppenfahrzeug LF 16 von 1984, aufgenommen 2001 (Sammlung Walter Menßen)**

Der Spielraum für Investitionen wurde dadurch drastisch verkleinert. Dies traf auch die Feuerwehr, die niemals unbescheiden aufgetreten war und sehr viel in Eigenleistung geschafft hatte. Für größere Bauvorhaben stand kein Geld zur Verfügung, in die Fahrzeugausstattung konnte zeitweise nur der Betrag investiert werden, der jährlich vom Land Niedersachsen aus dem Aufkommen der Feuerschutzsteuer zugewiesen wurde.

Dennoch gelang, verteilt auf die Jahre 1983 und 1984, die Beschaffung eines Löschgruppenfahrzeugs LF 16 mit einer Sonderausstattung für die technische Hilfeleistung (Mercedes-Benz LP 1222/Schlingmann) im Wert von 280.000 DM, als Ersatz für ein 25 Jahre altes Löschgruppenfahrzeug LF 16, den sog. „Schülerbus". Es wurde anstelle des TLF auf der Wache Nord stationiert, um von dort selbstständig Einsätze bewältigen zu können. Die Einsatzzahlen für die technische Hilfeleistung hatten sich seit 1982 auf deutlich über 1.000 je Jahr eingependelt (vgl. Anhang 15). In den folgenden Jahren standen, wie schon länger geplant, die Fahrzeuge der Freiwilligen Feuerwehr auf der Beschaffungsliste. In einem mehrjährigen Programm ersetzte man die älteren Löschgruppenfahrzeuge LF 8 aus den Jahren 1965/66 (vgl. Seite 232) durch neue Fahrzeuge (Mercedes-Benz 408/Schlingmann). Das erste Fahrzeug dieser Serie ging, so wie Hans Wigger es schon geplant hatte, 1983 zur Ortsfeuerwehr Fedderwarden. Zeitgleich waren die letzten geländegängigen Tanklöschfahrzeuge TLF 8 des erweiterten Katastrophenschutzes abgezogen und außer Dienst gestellt worden. Da die beiden Ortsfeuerwehren als Bestandteil der „Feuerwehr in Wilhelmshaven" auch zur Verstärkung des gesamtstädtischen Brandschutzes eingesetzt wurden und über die erforderliche Personalstärke verfügten, stellte ihnen die Berufsfeuerwehr weiterhin größere Löschgruppenfahrzeuge LF 16 zur Verfügung, vorzugsweise aus dem Kontingent des erweiterten Katastrophenschutzes.

Die Verschlechterung der Haushaltslage betraf in besonderem Maße die laufenden Ausgaben der Feuerwehr im „Verwaltungshaushalt"[587] (z.B. Verbrauchsmaterial, Reparaturen und kleinere Beschaffungen). Vor allem aber rückten die Personalausgaben in den Mittelpunkt der Betrachtung, die schon immer den größten Anteil am Etat der Berufsfeuerwehr ausgemacht hatten.

Als Folge altersbedingter Abgänge sank der Personalbestand 1982/83 von den gerade erst erreichten 118 wieder auf 111 Feuerwehrbeamte. Eine Nachbesetzung fand zunächst nicht statt, denn bei der Stadt Wilhelmshaven herrschte ein grundsätzlicher Einstellungsstopp und die Wiederbesetzung freiwerdender Stellen war an strenge Voraussetzungen geknüpft. Damit war die Erweiterung des Stellenplans für die durchgehend besetzte Feuerwache II faktisch wieder rückgängig gemacht worden. In den nächsten Jahren sollte sich die Diskrepanz zwischen dem aufgabenbedingten Personalbedarf, der maximalen Wochenarbeitszeit und dem Zwang zur Haushaltskonsolidierung weiter zuspitzen und schließlich grundlegende Veränderungen erfordern.

Abb. 249: Löschgruppenfahrzeug LF 8, Ortsfeuerwehr Neuengroden 1985 (Feuerwehr-Archiv)

Einsparungsmöglichkeiten aus organisatorischen Zusammenfassungen wurden nun fast regelmäßig genutzt, insbesondere wenn sie sich aus personellen Vakanzen ergaben. So löste man den Zivil- und Katastrophenschutz zum 1. Oktober 1983 aus dem Ordnungsamt (bisher Abteilung 32-04, Büro Peterstraße) heraus und gliederte ihn in die Berufsfeuerwehr ein, wo er mit der Verwaltungsabteilung zusammengefasst wurde. Die Bezeichnung lautete nun „Amt für Brand-, Zivil- und Katastrophenschutz" mit der weiterhin gültigen Organisationsziffer 37. In der Organisationsübersicht stand die neue, eigenständige Abteilung „37-00 Verwaltung, Zivil- und Katastrophenschutz" neben den bisherigen Abteilungen „37-01 Abwehrender Brandschutz, Nachrichtenwesen", „37-02 Technik im Brandschutz", „37-03 Vorbeugender Brandschutz" und „37-04 Rettungsdienst, Krankentransport".[588] Zwei Jahre später kam noch eine Abteilung „37-05 Feuerwehreinsatzleitstelle, Einsatzplanung" hinzu.[589]

Unter den Bedingungen der Haushaltskonsolidierung war kaum noch etwas selbstverständlich. Die Feuerwehr wurde zwar nicht grundsätzlich in Frage gestellt, wohl aber ihre Aufgaben, der Personalbestand und die Ausstattung. Sie musste wie jede andere kommunale Organisationseinheit in der Lage sein, Fragen nach Einsparpotentialen zu beantworten und ihren Etat durch eigene Beiträge zu verbessern. Die Schwerpunkte ihrer Entwicklung hatten bis dato in der Technik, der räumlichen Verteilung und im Personalaufwuchs gelegen. Nun folgte eine Phase der Neuabgrenzung und Strukturierung ihrer bisherigen Aufgaben, aber auch der Erschließung neuer Aufgaben.

Seit dem 1. April 1946 führte die Berufsfeuerwehr Wilhelmshaven den Krankentransport durch. Im Laufe der Jahre waren spezielle Fahrzeuge für die Notfallrettung eingeführt worden, seit 1963 differenzierte man diese Einsätze auch statistisch. Die Fallzahlen nahmen trotz der seit Anfang der 1970er Jahre allmählich sinkenden Bevölkerungszahl kontinuierlich zu (vgl. Anhang 15).

Inzwischen engagierten sich auch vier Hilfsorganisationen (Deutsches Rotes Kreuz – DRK, Johanniter Unfallhilfe – JUH, Arbeiter-Samariter-Bund – ASB, Malteser Hilfsdienst – MHD) in Wilhelmshaven im Aufgabenfeld Krankentransport, nicht zuletzt qualifiziert durch ihr langjähriges Engagement im Zivil- und Katastrophenschutz. So entstand ein Überangebot an Transportkapazitäten und, mangels entsprechender Vereinbarungen, eine regelrechte Konkurrenz auf der Straße. Die von der Feuerwehr in Rechnung gestellten Gebührensätze wurden von den Krankenkassen als Kostenträger zunehmend kritisch betrachtet. Da es in dieser Zeit noch keine Kostenrechnung gab, war die Frage „Gewinn oder Verlust?" auch aus Sicht der Feuerwehr nicht eindeutig zu beantworten. Sie erbrachte die Dienstleistung, weil sie nachgefragt wurde und weil auch keine andere Organisation sie „rund um die Uhr" gewährleisten konnte.

Zum 1. Januar 1984 schlossen die Stadt Wilhelmshaven und die vier Hilfsorganisationen erstmals eine „Organisations- und Einsatzvereinbarung" über den Rettungsdienst und Krankentransport ab. Damit anerkannten die Hilfsorganisationen noch vor dem Inkrafttreten einer gesetzlichen Regelung den Rettungsdienst als öffentliche Einrichtung der Stadt Wilhelmshaven und die zentrale Rolle der Berufsfeuerwehr und ihrer Leitstelle. Im Gegenzug akzeptierte die Stadt Wilhelmshaven die dauerhafte Beteiligung der Hilfsorganisationen am Krankentransport. Berufsfeuerwehr und Hilfsorganisationen teilten das jährliche Gesamtaufkommen von beinahe 8.700 Fahrten

Abb. 250: Wohnungsbrand im Gebäude Börsenstraße/Parkstraße, 16. Januar 1984 (WZ-Bilddienst)

von nun an im Verhältnis 60:40 unter sich auf.[590] Die Berufsfeuerwehr besetzte zwei Rettungswagen an sieben Tagen über 24 Stunden sowie tagsüber zwei Krankenwagen von montags bis freitags. Die Hilfsorganisationen stellten von ihren jeweiligen Rettungswachen Rettungs- bzw. Krankenwagen tagsüber an allen Wochentagen aus bereit. Die Aufteilung der Fahrten wurde über die Leitstelle gesteuert.

Erstmals vereinbarte man auch andere Inhalte wie z.B. die Dispositionsstrategie der Leitstelle, die Anforderungen an die Fahrzeuge, die Abrechnung von Leistungen und nicht zuletzt die Qualifikation des einzusetzenden Personals: „Jeder Rettungswagen/Krankenwagen muß im Einsatz mit mindestens zwei volljährigen Personen, d.h. einem Rettungssanitäter/Transportführer und einem Fahrer besetzt sein."[591]

## Marktstraße, 24. Juni 1984: Brand in einem Nachtlokal

Zu den Feuerwehreinsätzen, über die man auch heute noch spricht, gehört ohne Zweifel der Brand des Nachtlokals „Blue City" am 24. Juni 1984. Ein Schuppen am rückwärtigen Gebäude brannte infolge Brandstiftung bereits in voller Ausdehnung, als die Feuerwehr eintraf. Nach einem Hinweis auf Personen in der Gaststätte durchsuchten Feuerwehrleute unter Atemschutz die Räume: „Während dieser Maßnahme kam es zu einer Durchzündung von Brandgasen, die durch Öffnungen zwischen Schuppen und Gaststätte in diese eingedrungen waren. Zwei Feuerwehrmänner standen schlagartig in einem gewaltigen Flammenmeer. Die durch Verbrennungen verletzten Männer (einer mit Brandverletzungen 3. Grades, der Verf.) wurden sofort dem Krankenhaus zugeführt. Die auftretende Stichflamme brachte Teile der Dekoration und des Mobiliars in der Bar zur Entzündung, so daß sich das Feuer auf weite Teile der Gaststätte schlagartig ausdehnte." Als besonders problematisch erwies sich der hohe Kunststoffanteil in Dekorationselementen und Möbeln. Es dauert vier Stunden, bis der Brand gelöscht war. (50 Jahre Berufsfeuerwehr, 1990)

Der Rettungsdienst erlebte in diesen Jahren einen grundlegenden Paradigmen-Wandel. An die Stelle der bisherigen noch sehr von der Kriegsmedizin geprägten Praxis, den Patienten aufzunehmen und so schnell wie möglich ins Krankenhaus zu bringen, trat die „Rettungskette": Die Patienten sollten schon am Unfallort und während des Transports ärztlich versorgt werden können, die Stabilität ihres Zustands war wichtiger als die Schnelligkeit des Transports. Dazu bedurfte es unbedingt und zeitkritisch eines dafür geschulten Arztes an der Einsatzstelle. Nach langwierigen Verhandlungen mit den Kostenträgern wurde zum 15. Januar 1985 am Reinhard-Nieter-Krankenhaus ein Notarzteinsatzfahrzeug NEF (Volkswagen Passat 32 B) stationiert, besetzt mit einem Feuerwehrbeamten (und ausgebildetem Rettungssanitäter), der den vom Krankenhaus aus dem Dienst heraus gestellten Notarzt zum Einsatzort brachte und ihn dort unterstützte, während der Rettungswagen zeitgleich im Rendezvous-Verfahren dorthin geschickt wurde. Die Rettungswagen der Berufsfeuerwehr standen wie bisher in den Feuerwachen I

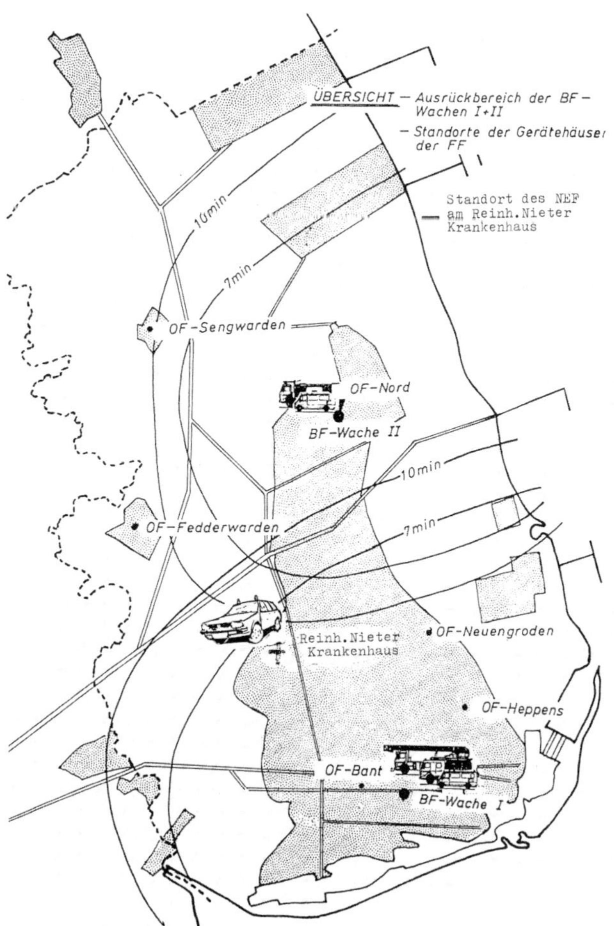

Abb. 251: Ausrückebereiche der Wachen I und II sowie des NEF, 1985 (Feuerwehr-Archiv)

(Mozartstraße) und II (Albrechtstraße) bereit. Zum 1. März 1988 wurde der Unfallrettungswagen der Freiwilligen Feuerwehr Sengwarden (vgl. Seite 260) eingestellt und die Ortschaft in den stadtweiten Rettungsdienst und Krankentransport integriert.

*

Die Angehörigen der Freiwilligen Feuerwehr Heppens von 1900 hatten die Tradition der Wehr nach ihrer Auflösung 1930 in dem 1936 gegründeten Verein „Ehem. freiwillige Feuerwehr Heppens" fortgeführt. Ihr Stammlokal war der „Rüstringer Friese" in der Altemarkstraße, dort wurde auch die Traditionsfahne der Wehr aus dem Jahre 1906 aufbewahrt. Wilhelm Ehrenpfort, der schon zu den Gründungsmitgliedern der Wehr gehört hatte, war Ehrenvorsitzender. Der Verein existierte bis 1968. Die Fahne ging danach zunächst in die Hände des Bürgervereins Heppens, der sie am 29. August 1970 dem Leiter der Berufsfeuerwehr und Kreisbrandmeister Theo Gerdes aushändigte. Dieser gab sie der Freiwilligen Feuerwehr Neuengroden in Obhut, die einen Teil der aufgelösten Heppenser Wehr übernommen hatte.[592]

Im Oktober 1985 händigte die Freiwillige Feuerwehr Neuengroden die traditionsreiche Fahne der Freiwilligen Feuerwehr Heppens aus, die seit 1978 auch wieder über ein eigenes Gerätehaus verfügte. Die Freiwillige Feuerwehr Neuengroden erhielt 1988 eine eigene, vom Ehepaar Theo Gerdes gestiftete Fahne.

Abb. 252: Nach einer Gasexplosion in der Peterstraße, 1985 Sammlung Markus Bulling)

### Werftstraße, 6. April 1985 und Peterstraße, 29. Dezember 1985: Gasexplosionen in Wohnhäusern

Am 6. April 1985 ereignete sich in einem viergeschossigen Wohngebäude in der Werftstraße eine Gasexplosion. Zwei Wohnungen im Erdgeschoss und das Treppenhaus brannten in voller Ausdehnung. Sieben Personen wurden über die Leiterbühne in Sicherheit gebracht. (Jahresbericht Kreisfeuerwehrverband 1985)

Eine durch leichtsinniges Verhalten verursachte Gasexplosion brachte am 29. Dezember des gleichen Jahres den südlichen Teil des Hauses Peterstraße 157 (Nähe Banter Weg) zum Einsturz. Die Berufsfeuerwehr befreite zwei leicht und eine schwer verletzte Person aus den Trümmern, weitere vier Hausbewohner erlitten einen Schock. Vorsorglich ließ der Einsatzleiter die Trümmer mit Spürhunden absuchen, ohne weitere Opfer zu finden. (50 Jahre Berufsfeuerwehr, 1990)

Nach dem Weggang von Oberstadtdirektor Dr. Gerhard Eickmeier und Stadtdirektor Dr. Hans-Jürgen Meyer-Abich 1983/84 wurde die Verwaltungsspitze der Stadt Wilhelmshaven neu besetzt. Der neu gewählte Oberstadtdirektor Arno Schreiber übernahm mit seinem Dienstantritt am 1. Januar 1985 auch die Aufgaben des Feuerschutzdezernenten, Dr. Norbert Boese übernahm die Aufgaben des Stadtdirektors. Ein Jahr später wechselte das Amt für Brand-, Zivil- und Katastrophenschutz in das neu geschaffene Umweltdezernat unter der Leitung von Stadtrat Jens Graul. Bis dahin waren bundesweit etwa ein Drittel der Feuerwehren den Dezernaten für Sicherheit und Ordnung, ein Drittel dem Baudezernat und ein Drittel dem Dezernat des Bürgermeisters/Oberbürgermeister bzw. Oberstadtdirektors zugeordnet.[593]

Größere Städte wie z.B. Frankfurt, Hannover, Göttingen oder Leverkusen hatten in jenen Jahren vielfach „Umweltdezernate" gebildet, in denen die kommunalen Aufgaben des damals als Politikfeld neuen und besonders populären Umweltschutzes öffentlichkeitswirksam zusammengefasst wurden, zumeist im Zusammenhang mit der Beteiligung „grüner" Parteien oder Gruppen an Koalitionen. Als „Umweltgefahrenabwehrorganisation" gehörten die Feuerwehren vielfach zum Gründungsbestand der neuen Dezernate, so z.B. die Branddirektion Frankfurt/Main unter der Leitung des renommierten Branddirektors Ernst Achilles im neugeschaffenen Umweltdezernat mit Tom Koenigs an der Spitze.

Der bereits 1982 gebildete Umweltausschuss des Rates der Stadt Wilhelmshaven entwickelte sich zum Fachausschuss des Umweltdezernats und beriet deshalb von nun an auch über die Angelegenheiten der Feuerwehr. Seit 2006 zeigt er dies als „Ausschuss für Umwelt, Landwirtschaft und Brandschutz" auch in seinem Namen.

Die erste Bewährungsprobe für die neue Konstellation in Wilhelmshaven ließ nicht lange auf sich warten. Am 26. April 1986 ereignete sich im Block 4 des Kernkraftwerks von Tschernobyl in der Ukraine die größte Reaktorkatastrophe in der bisherigen Geschichte der friedlichen Nutzung der Kernenergie. Für eine Versuchsreihe hatte die Bedienungsmannschaft absichtlich mehrere Sicherheitssysteme abgeschaltet. Es kam zu einem starken Leistungs- und Temperaturanstieg, der Reaktorblock geriet außer Kontrolle, große Teile der Anlage und des Reaktorgebäudes explodierten, die Graphitummantelung der Brennstäbe brannte. Die Folge war eine massive Freisetzung radioaktiver Strahlung, die sich mit dem Wetter großräumig über Europa ausbreitete.

Anfang Mai erreichte die radioaktive Belastung von Süden her Norddeutschland, am 2. Mai 1986 auch die Region Weser-Ems, einsetzender Regen führte zu einem radioaktiven Niederschlag („fall-out"). Nicht nur die zuständigen Behörden, sondern auch die Öffentlichkeit zeigten sich mit dem Problem einer niedrigschwelligen und dennoch möglicherweise gesundheitsgefährdenden Radioaktivität weitgehend überfordert. Bislang hatte man sich bestenfalls mit den Auswirkungen eines Reaktorunglücks auf die unmittelbare Nachbarschaft oder vielleicht eines Atomkrieges in Mitteleuropa beschäftigt, d.h. mit Strahlungsgefahren in einer weitaus größeren Dimension. Das Interesse und die Sorge konzentrierten sich auf Böden mit regelmäßigem Menschenkontakt und auf Lebensmittel, in denen sich Radioaktivität ansammeln konnte (Milch von Weidekühen, Gemüse, Pilze, Wildfleisch etc.). Ein bislang nur Wissenschaftlern bekannter Wert für die radioaktive Substanz in einem Stoff avancierte in wenigen Tagen zum meistgebrauchten Begriff: „Becquerel".

Der Arbeitsstab im damals zuständigen Ministerium für Bundesangelegenheiten in Hannover war nicht erreichbar, das Lagezentrum der Bezirksregierung Weser-Ems wusste es auch nicht besser: „Ausreichende Lageinformationen mit der Angabe von Messwerten, Grenzwerten und konkreten Empfehlungen trafen bei der Stadt Wilhelmshaven erst am Dienstag, dem 6. Mai 1986, d.h. vier Tage nach Eintritt des Schadensereignisses, ein. Da zur gleichen Zeit jedoch von anderen Stellen entsprechende Informationen verbreitet wurden, entstand auf örtlicher Ebene eine außerordentlich große Verunsicherung", hieß es später in einem Bericht der Stadt Wilhelmshaven an die Bezirksregierung.[594] In Wilhelmshaven waren neben den Empfehlungen aus Niedersachsen beispielsweise auch solche aus Bremen, Nordrhein-Westfalen und von der „Radioaktivitätsmessstelle der Universität Oldenburg" frei zu erlangen.

Umwelt- und Feuerschutzdezernent Jens Graul ließ in Absprache mit dem Leiter der Feuerwehr den Sondergerätewagen Atemschutz SGW-A durch die Stadt fahren und demonstrativ die Radioaktivität an Oberflächen messen, um Handlungsfähigkeit zu zeigen, aber in dem Wissen, dass die Kalibrierung der Messgeräte (für Unfälle mit radioaktiven Stoffen) wohl kaum der zu erwartenden Strahlungsstärke entsprechen würden.

Ab dem 3. Mai leitete Oberstadtdirektor Schreiber regelmäßige Lagebesprechungen der zuständigen Dienststellen (Berufsfeuerwehr, Umweltamt, Gesundheitsamt etc.). Fachleute des Katastrophenschutzes (ABC-Zug) kontrollierten mit ihren Messgeräten immer wieder die Radioaktivität an bestimmten Oberflächen. Nach 10 Tagen wurde immer noch das Drei- bis Fünffache des Normalwerts gemessen, aber deutlich weniger als die damals geltenden Grenzwerte. Die verfügbaren Verhaltensempfehlungen wurden zusammengefasst und über das Umwelttelefon sowie die Presse verbreitet. Das zum Umweltdezernat gehörende Grünflächenamt ließ die oberste Sandschicht in den Kleinkinderbereichen der öffentlichen Spielplätze austauschen, das Gras auf Spielplätzen und in Freibädern wurde häufiger gemäht und getrennt entsorgt. Eine entsprechende Empfehlung ging auch an die Kindergärten. Gartenbesitzer, die sich anschließen wollten, konnten zur Entsorgung die öffentlichen Bioabfall-Container benutzen, die im Rahmen des Abfallwirtschaftskonzepts ohnehin gerade aufgestellt worden waren.

Tschernobyl beschleunigte die Bildung von Umweltministerien als zentrale Ansprechstellen auf Bundes- und Landesebene, z.B. des Bundesministeriums für Umwelt und Reaktorsicherheit am 6. Juni 1986, oder des Niedersächsischen Umweltministeriums im Juli 1986. In Wilhelmshaven hatte sich die Bündelung der Zuständigkeiten schon bewährt, als Konsequenz aus der Reaktorkatastrophe von Tschernobyl folgte eine Dienstanweisung für Gefahrensituationen unterhalb der Katastrophenschwelle, die neben einer Dezernentenrufbereitschaft den direkten Zugriff auf bestimmte Dienststellen und deren Kommunikationsmöglichkeiten sowie auf ein Bürgertelefon regelte.

## Von Katzen und Bäumen…

Irgendwie und irgendwann war „Teddy", die einjährige Katze einer Familie aus der Weichselstraße in Fedderwardergroden, Anfang April 1986 auf eine stattliche Pappel am Straßenrand geklettert und traute sich auch nach mehreren Tagen nicht wieder herunter. Die Besitzerin rief in ihrer Not schließlich die Feuerwehr zu Hilfe, die nach einigem Zögern – schließlich waren bislang kaum Katzen für immer auf Bäumen geblieben – zur Hilfe anrückte.

Zunächst versuchte man ein C-Rohr einzusetzen, um Teddy vom Baum zu vertreiben, sehr zum Unmut der Katzenbesitzerin, die ihrer Katze einen sanfteren Abstieg wünschte. Eine Drehleiter, von der aus man die Katze hätte „pflücken" können, konnte nicht aufgestellt werden, weil der Boden um den Baum herum dafür zu weich war. So gab der Einsatzleiter der Feuerwehr schließlich Befehl, den Baum zu fällen. So geschah es, Teddy sprang ab und kehrte einige Zeit später wohlbehalten nach Hause zurück.

So weit, so gut, wäre nicht im Januar des gleichen Jahres in Wilhelmshaven erstmals eine von Rat der Stadt beschlossene Baumschutzsatzung in Kraft getreten, die das Fällen stattlicher Bäume ohne Genehmigung in Notfällen für den Fall zuließ, dass es keine andere Möglichkeit der Gefahrenabwehr gab. Die hätte es in diesem Fall durchaus gegeben: Katze oben lassen und abrücken.

Damit hatte der Vorfall für die Feuerwehr noch ein Nachspiel. Umwelt- und Feuerschutzdezernent Jens Graul sah sich veranlasst, die Feuerwehr auf die Rechtslage hinzuweisen und das Verhalten der verantwortlichen Beamten zu beanstanden. Ein junger Inspektor-Anwärter von der Braunschweiger Berufsfeuerwehr, der bei der Berufsfeuerwehr einen praktischen Ausbildungsabschnitt für den gehobenen feuerwehrtechnischen Dienst absolvierte, entwarf eine fiktive „Dienstvorschrift" für das zukünftige Vorgehen in vergleichbaren Fällen:

| | |
|---|---|
| Erste Option: | akustische Weisung an die Katze, ggf. mit Megaphon |
| Zweite Option: | Einsatz C-Rohr mit reduziertem Wasserdruck |
| Dritte Option: | Einsatz „Katzen-Bergegerät" (dazu war in den Text die Abbildung einer Stihl-Motorsäge eingefügt) |

Zur Veranschaulichung fertigten drei Inspektor-Anwärter von der Feuerwehr Bremen das „Wilhelmshavener Modell" an, ein kleines Diorama im Modellbau-Maßstab 1:87 mit einem Baum, einer Katze, dem Einsatzleitwagen (Mercedes 460 G), dem Trupp mit Motorsäge sowie einem Feuerwehr-Einsatzleiter mit Megaphon.

## Wilhelmshavener Seen, im Sommer 1986

Überdurchschnittliche Temperaturen, Trockenheit und die in Jahren gewachsene Nährstoffbelastung führten während des Sommers 1986 in einigen der größeren Wilhelmshavener Seen zu einem ernstzunehmenden Sauerstoffmangel. Die Folge waren Fischsterben, Algenblüten und Geruchsemissionen. Umweltdezernent Jens Graul nutzte die Möglichkeiten seines Dezernates und ordnete mehrfache Einsätze der Freiwilligen Feuerwehren am Banter See, dem „Ententeich" in Altengroden, dem Plauentief in Fedderwardergroden sowie am Stadtparkkanal an. Die Pumpen der Löschgruppenfahrzeuge LF 16 TS konnten ihre Stärken ausspielen, indem sie an geeigneten Stellen Wasser aus den Seen mit leistungsfähigen Saugschläuchen entnahmen und über mehrfache Verteiler und Strahlrohre im hohen Bogen und angereichert mit Sauerstoff in das Gewässer zurückbeförderten.

Speziell am Banter See erprobten die Ortsfeuerwehr Bant und das Technische Hilfswerk, Ortsverband Wilhelmshaven, ein Verfahren zur Tiefenbelüftung des Wasserkörpers: mit einem an Land stationierten Pressluftaggregat drückte man die Luft durch eine Schlauchleitung in ein auf dem See schwimmendes Boot, wo sie über einen Verteiler in mehrere senkrecht im Wasserkörper ausgebrachte perforierte Schläuche geleitet und auf diese Weise bis in 4 Meter Tiefe eingebracht wurde. Das Boot wiederum beschrieb einen Halbkreis entsprechend der Länge des Übergabeschlauchs, sodass jeweils ein größerer Teil des Gewässers belüftet werden konnte.

Abb. 253: Einsatz der Ortsfeuerwehr Neuengroden zur Teichbelüftung in Altengroden, 1986 (Feuerwehr-Archiv)

## Ostfriesenstraße/Oldenburger Straße, 20. September 1986: Benzinaustritt im Kavernengelände

Am 20. September 1986 wurde die Berufsfeuerwehr zum Kavernengelände an der Ostfriesenstraße gerufen. Dort waren während eines Pumpvorgangs etwa 30.000 Liter Benzin ausgelaufen und bedeckten den Boden eines Betriebsgebäudes bis zu 10 cm hoch. Die Feuerwehr deckte das Benzin mit Löschschaum ab und brachte in den umgebenden Gräben Ölsperren aus. Für die Dauer des etwa fünfstündigen Einsatzes wurden die Freiwache der Berufsfeuerwehr und die Bereitschaft der Freiwilligen Feuerwehr alarmiert, um im Stadtgebiet den Brandschutz sicherzustellen. Nachdem die unmittelbare Gefahr gebannt war, wurde das ausgelaufene Benzin von Spezialfahrzeugen im Auftrag der Betreibergesellschaft aufgenommen.

## Anton-Dohrn-Weg, 13. November 1986: Großbrand in einem Gebäude der Bundeswehr

Vom künftigen Stabsgebäude des Marineamts in der Marineanlage Bordum am Banter See wurde in der Nacht zum 13. November 1986 ein Feuer gemeldet, zunächst als vermeintlicher Laubenbrand in den benachbarten Freizeitgärten, dann als Brand eines Wohnhauses.

Abb. 254: Brand der Marineanlage Bordum, 13. November 1986: einer der vielen Löschtrupps im Einsatz gegen das in voller Ausdehnung brennende Dach (WZ-Bilddienst)

Als die Berufsfeuerwehr eintraf, brannte der westliche Dachstuhl des gerade erst renovierten Gebäudekomplexes. Die eingesetzten Baustoffe beschleunigten die Ausbreitung des Feuers in der hölzernen Dachkonstruktion, sodass ein Innenangriff nicht mehr in Frage kam. Noch während die Brandbekämpfung mit dem Hilfeleistungs-Löschfahrzeug und der Drehleiter (Wenderohr) begann, alarmierte der Einsatzleiter die Ortsfeuerwehren Bant und Neuengroden, die Arsenalfeuerwehr und die Freiwache der Berufsfeuerwehr nach.

Insgesamt kamen 75 Mann mit 15 Fahrzeugen zum Einsatz, die den Brand von außen mit drei Wasserwerfern, neun B-Rohren, drei C-Rohren, zwei Wenderohren und einem Wasserwerfer bekämpften. Das Löschwasser wurde aus einem Hydranten am Anton-Dohrn-Weg und mit vier Löschfahrzeugen aus dem nahen Banter See entnommen. Feuerschutzdezernent Jens Graul war bei diesem Einsatz erstmals vor Ort. Am Vormittag übernahm die Arsenalfeuerwehr die Einsatzstelle für die Nachlöscharbeiten. Die „Wilhelmshavener Zeitung" schrieb: „Ein Großfeuer im Hauptgebäude des ehemaligen Max-Planck-Institutes, dem künftigen Stabsgebäude des Marineamtes, vernichtete vorerst alle Hoffnungen der Marine, im Frühjahr aus dem Heppenser Groden an den Anton-Dohrn-Weg umziehen zu können." Neben dem Neuaufbau des ausgebrannten Dachstuhls musste das gesamte Gebäude infolge erheblicher Löschwasserschäden ein zweites Mal renoviert werden.

### Marktstraße, 29. Dezember 1986: Gasexplosion im Geschäftsviertel

Am 29. Dezember 1986 kam es in einem Ladenlokal in der westlichen Fußgängerzone (Nähe Mitscherlichstraße) zu einer Explosion, die Druckwelle zerstörte zahlreiche Fensterscheiben in der Umgebung. Zwei Löschzüge der Feuerwehr bekämpften den Folgebrand mit fünf C-Rohren und einem B-Rohr. (Feuerwehr – Magazin für den Brandschutz 6/1987)

Der stellvertretende Leiter der Berufsfeuerwehr, Brandamtsrat Willi Dau, trat 1986 in den Ruhestand. Seine Funktion übernahm 1987 der Brandamtmann Hans-Wilhelm Tegtmeier.

Am 27. Juni 1987 fand erneut eine gemeinsame große Übung der Berufsfeuerwehr und der Werkfeuerwehr der Nordwest-Oelleitung-GmbH (NWO) statt (vgl. Abb. Seite 206). Als Übungslage wurden der Austritt und die Entzündung von Rohöl in dem Tankgarten eines großen Lagertanks angenommen. Aufgabe der Werkfeuerwehr NWO war die unmittelbare Brandbekämpfung mit Hilfe der ortsfesten Brandschutzeinrichtungen. Der Berufsfeuerwehr oblag die Kühlung der von der Wärmestrahlung bedrohten benachbarten Tankanlagen und Pumpstationen sowie die Einrichtung einer Technischen Einsatzleitung (TEL). Insgesamt waren 60 Feuerwehrleute mit 15 Fahrzeugen im Einsatz. Die Ziele der Übung – Erprobung der praktischen Zusammenarbeit an einer Einsatzstelle sowie der ortsfesten Brandschutzeinrichtungen, Führen von Einsatzkräften in Einsatzabschnitten auf einer Großschadenstelle – wurden erfüllt.

Aus dem Kontingent des Bundes für den erweiterten Katastrophenschutz erhielt die Stadt Wilhelmshaven in diesem Jahr ein Löschgruppenfahrzeug LF 16 TS (Iveco Magirus/Rosenbauer) mit angebauter Kreiselpumpe für die Wasserförderung über lange Strecken und stationierte es bei der Freiwilligen Feuerwehr Sengwarden.[595] Ein Brand auf dem Hof Cornelßen hatte gezeigt, dass die historisch gewachsene Wasserversorgung aus Gräben, Graften und normalen Wasserleitungen durchaus Defizite aufwies, insbesondere angesichts der Leistungsstärke moderner Pumpaggregate. Die Berufsfeuerwehr erarbeitete deshalb für jedes Gehöft detaillierte Einsatzpläne mit Angabe der Hydranten, Wasservorratsbehälter, Zufahrtswege etc.

**Abb. 255: Übergabe eines Löschgruppenfahrzeugs LF 16 TS (Bund) an die Ortsfeuerwehr Sengwarden, 1987 (v. l. Ortsbürgermeister Ehnste Lauts, Ortsbrandmeister Diedrich Bokker, Feuerschutzdezernent Jens Graul, Leiter der Berufsfeuerwehr Erich Gerdes, Horst Hedemann (KatS-Zentralwerkstatt Westerstede), Stadtbrandmeister Karl Schmid) (Foto: Karl Reese)**

Angesichts der immer größeren Fahrzeugabmessungen hatte die Stadt Wilhelmshaven bereits 1986 für die Ortsfeuerwehr Sengwarden eine zweiständige Fahrzeughalle neben der Garage von 1973 erreichtet. Die Feuerwehrkameraden bauten bei dem Altbau daneben in Eigenleistung Rolltore ein. Für die Freiwillige Feuerwehr Heppens beschaffte die Feuerwehr 1987 ein weiteres Löschgruppenfahrzeug LF 8 (Mercedes-Benz/Schlingmann) sowie für den Rettungsdienst ein neues Notarzteinsatzfahrzeug NEF (Volkswagen Passat).[596] 1988 folgte ein weiteres Löschgruppenfahrzeug LF 8 für die Freiwillige Feuerwehr Bant.[597] Zum Aufgabenbereich der Ortsfeuerwehr Sengwarden gehörte auch die technische Hilfeleistung bei Unfällen auf den immer

Abb. 256: Fahrzeughalle von 1977 mit neuen Rolltoren, 1989 (Feuerwehr-Archiv)

stärker befahrenen Landesstraßen L 810 und L 807 sowie dem Industriestammgleis. Dafür erhielt sie 1988 einen Rüstwagen RW 1 (Mercedes-Benz/Wackenhut, auch als „Hilfsrüstwagen" bezeichnet) aus dem Kontingent des Bundes für den erweiterten Katastrophenschutz. Auf der Basis des Unimog U 1300 (mit Allrad-Antrieb) verfügte das Fahrzeug (Gesamtgewicht 7,5 Tonnen) über eine 5-t-Seilwinde sowie einen ausfahrbaren Lichtmast mit 1.000 Watt Leistung. Die Beladung umfasste ein Stromaggregat, ein hydraulisches Spreiz- und Schneidgerät, pneumatische Hebekissen, Motorkettensäge und Trennschleifer sowie hydraulische „Büffelwinden" (Hebewerkzeuge).[598]

1989 beschaffte die Berufsfeuerwehr als weiteren Abrollbehälter den AB Ölabwehr mit Ölsperren, Ölaufnahmegeräten, Schutzanzügen, einem Hochdruckreiniger und einem Stromaggregat.

Wegen der immer weiter zunehmenden Fahrzeuggrößen des zweiten Abmarsches wurde die Hälfte der alten Garagen von 1949 an der östlichen Grundstückgrenze der Feuer- und Rettungswache I 1988/89 auf jeweils zwei Stände nebeneinander vergrößert und erhöht. Alle Garagen erhielten neue Rolltore. Ein Jahr später wurden auch an der „provisorischen" Fahrzeughalle des ersten Abmarsches die störanfälligen Klapptore, die entweder klemmten oder auch schon einmal aus den Führungsschienen heraussprangen, durch neue Großraum-Rolltore ersetzt.[599]

*

Zum 1. Juli 1989 schrieben die Stadt Wilhelmshaven und die Hilfsorganisationen die „Organisations- und Einsatzvereinbarung" über den Rettungsdienst aus dem Jahr 1984 fort. Die Berufsfeuerwehr übernahm zukünftig von ihren zwei Rettungswachen aus ausschließlich den Rettungsdienst (einschließlich Notarztdienst) und gab den Krankentransport auf. Dies lag ihrem übrigen Aufgabenspektrum (z.B. dem Eigenschutz bei Brandeinsätzen) näher. Die Hilfsorganisationen (Arbeiter-Samariter-Bund – ASB, Deutsches Rotes Kreuz – DRK, Johanniter-Unfallhilfe – JUH und Malteser-Hilfsdienst – MHD) führten von nun an die Krankentransporte durch, täglich zwischen

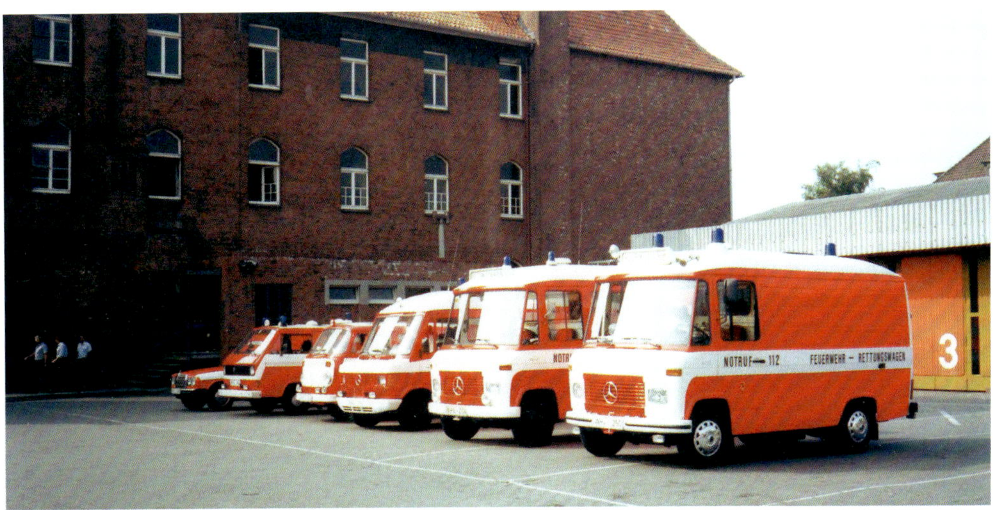


Abb. 257: Rettungswagen und Krankenwagen der Berufsfeuerwehr, 1990 (v. l. KTW Mercedes-Benz W123/Miesen bzw. Binz; KTW Volkswagen Transporter, zwei RTW Mercedes-Benz 409/Miesen) (Feuerwehr-Archiv)

8.00 und 20.00 Uhr. Damit reagierte man gemeinsam auf den steigenden Kostendruck seitens der Krankenkassen, die sich allerdings vor allem an Organisationsbeispielen kommunaler Träger ohne Berufsfeuerwehr orientierten. Die Berufsfeuerwehr verkaufte bald darauf ihre Krankenwagen.

Die verringerte Bereitstellung von Rettungsmitteln im Interesse der Wirtschaftlichkeit traf in der Praxis nicht überall und sofort auf Gegenliebe. So forderten Ärzte des hausärztlichen Bereitschaftsdienstes der kassenärztlichen Vereinigung in der ersten Zeit auch weiterhin Krankentransporte außerhalb der Bereitstellungszeiten an, ohne jedoch den teureren Rettungswagen zu bescheinigen, den die Berufsfeuerwehr in solchen Fällen für Notfälle bereithielt.

## Börsenstraße, 10. November 1989: Brand in einem Mehrfamilienhaus

Abb. 258: Ausgebrannte Wohnung in der Börsenstraße, 1989 (Feuerwehr-Archiv)

In einem Wohngebäude/Mehrfamilienhaus in der Börsenstraße brach am 10. November 1989 infolge Brandstiftung ein Schadenfeuer aus. Das Treppenhaus war stark verqualmt. Ein weiterer Brandherd trat im 1. Obergeschoss auf, ein Mann mit Rauchvergiftung konnte aus einem oberen Stockwerk gerettet werden. („Wilhelmshavener Zeitung" 11. November 1989)

Dieses Schadensmuster sollte in den Jahren danach wiederholt auftreten. Gerne erhöhten Mietparteien die Brandlast im Treppenhaus, in dem sie Möbel oder Kinderwagen im Treppenhaus abstellten. Gerieten diese in Brand, war schnell das Treppenhaus als Fluchtweg verqualmt. Als Ursache für Wohnungsbrände traten zudem immer wieder Nachlässigkeiten in der Küche oder beim Rauchen im Schlafzimmer auf.

**Fahrzeugbestand der Berufsfeuerwehr 1990 (ohne Rettungsdienst)**

| Bezeichnung: | Hersteller: | Baujahr: |
|---|---|---|
| Erster Abmarsch: | | |
| Einsatzleitwagen ELW | Mercedes-Benz 460/3 | 1980 |
| Hilfeleistungs-Löschfahrzeug HiLF 16 | Mercedes-Benz LP 1624 | 1974 |
| Leiterbühne LB 30 | Magirus FM 310 D | 1978 |
| Hilfeleistungs-Löschfahrzeug Hi-LF 16 | Mercedes-Benz LP 1222 | 1984 |
| Rettungswagen RTW | Mercedes-Benz 609 D | 1989 |
| Zweiter Abmarsch: | | |
| Einsatzleitwagen ELW | Volkswagen Passat 32 | 1977 |
| Tanklöschfahrzeug TLF 16 | Magirus FM 192 | 1980 |
| Drehleiter DL 30 | MAN 520 H/Metz | 1963 |
| Löschgruppenfahrzeug LF 16 | MAN 415 L 1/Bachert | 1962 |
| Sonderfahrzeuge: | | |
| Sondergerätewagen Atemschutz SGW-A | MAN 13.186 F/Schlingmann | 1981 |
| Trockenlöschfahrzeug TroLF 750 | Mercedes-Benz/Minimax | 1974 |
| Rüstwagen RW II | MAN/Metz | 1963 |
| Rüstwagen-Öl RW-Öl (später ÖSF) | Mercedes | 1963 |
| Wechselaufbaufahrzeug | Mercedes-Benz LAF 1113 | 1974 |
| Wechselaufbaufahrzeug | MAN 13.186 F | 1977 |
| Abrollbehälter Schaum | | |
| Schlauch | | |
| Rüst | | |
| Pritsche | | |
| Ölabwehr | | |
| Bergungsfahrzeug BGW | Mercedes-Benz LAF 1113 | 1969 |

(50 Jahre Berufsfeuerwehr, 1990)

Ihr 50-jähriges Bestehen im Jahr 1990 beging die Berufsfeuerwehr mit einem Feuerwehr-Oldtimer-Treffen und einem „Tag der offenen Tür" auf dem Hof der Feuer- und Rettungswache I (Mozartstraße) an fünf Nachmittagen mit Besichtigungen, Vorführungen, Filmen und Einsatzübungen. Am 6. April 1990 fand in der Stadthalle ein großer Feuerwehrball statt.[600] Zum Jubiläum erschien eine von Hans Wigger und Erich Gerdes verfasste umfangreiche Chronik.[601]

Abb. 259: Wachschichten 1 – 3 der Berufsfeuerwehr, 1989 (50 Jahre Berufsfeuerwehr, 1990)

Nach einem Generationswechsel in der Ortsfeuerwehr Bant gründeten sich in diesem Jahr auf Initiative von Ewald Kluhsmann (ehem. Stv. Ortsbrandmeister) und Hans Wigger (ehem. Leiter der Berufsfeuerwehr) die „Alten Feuerpatschen". Diese Gruppe von Alterskameraden widmete sich der Kameradschaftspflege, hielt Kontakt zu den Alterskameraden anderer Wehren und zu den aktiven Wehren, deren Aktivitäten sie auf vielfältige Weise unterstützte, u.a. mit einem selbst umgebauten „Leiterfahrzeug", das als Attraktion bei „Tagen der offenen Tür" zum Einsatz kam.

Abb. 260: 50 Jahre Berufsfeuerwehr: „Tag der offenen Tür" auf der Wache I (Mozartstraße), 6. April 1990 (im Hintergrund die 1988 erweiterten Fahrzeughallen an der östlichen Grundstücksgrenze) (Foto: Verfasser)

## Grenzstraße, 21./22. Mai 1990: Großbrand in einem Modegeschäft

In der Nacht zum 22. Mai 1990 brach in den Verkaufs- und Lageräumen eines Modehauses in der Grenzstraße ein Großbrand aus, der die Inneneinrichtung fast vollständig vernichtete und umfangreiche Sanierungsmaßnahmen am Gebäude notwendig machte. Berufsfeuerwehr und Freiwillige Feuerwehr waren mit 65 Mann im Einsatz. Ihnen gelang es, die Ausbreitung des Feuers auf das gesamte Gebäude zu verhindern. („Wilhelmshavener Zeitung", 23. Mai 1999)

*

Die Arbeitszeitverordnung für Feuerwehrleute (ArbZVO-Feu) in Niedersachsen vom 1. April 1990 begrenzte die wöchentliche Arbeitszeit für Feuerwehrbeamte auf maximal 54 Stunden/Woche. Unabhängig davon hatte sich die Schere zwischen der maximal zulässigen Wochenarbeitszeit für Feuerwehrbeamte und der gesetzlichen Mindeststärke der Feuerwehr trotz der deutlichen Personalaufstockung 1982 im Laufe der 1980er Jahre wieder geöffnet, vor allem als Folge der restriktiven Personalpolitik unter dem Zwang zur Haushaltskonsolidierung. Es gab also für die Stadt Wilhelmshaven Gründe genug, die Personal-Entwicklung der Feuerwehr grundsätzlich zu betrachten und historisch gewachsene Strukturen in Frage zu stellen.

Ende 1989 verfügte die Berufsfeuerwehr über 111 Feuerwehrbeamte.[602] Die Erhöhung auf 118 Fm (Feuerwehrmann, Sammelbegriff aller Dienstgrade ohne den Führungsdienst) anlässlich der 24-Stunden-Besetzung der Feuer- und Rettungswache II im Jahr 1982 war faktisch rückgängig gemacht worden, was die Feuerwehrführung als Zeichen des guten Willens und der Solidarität zunächst auch hingenom-

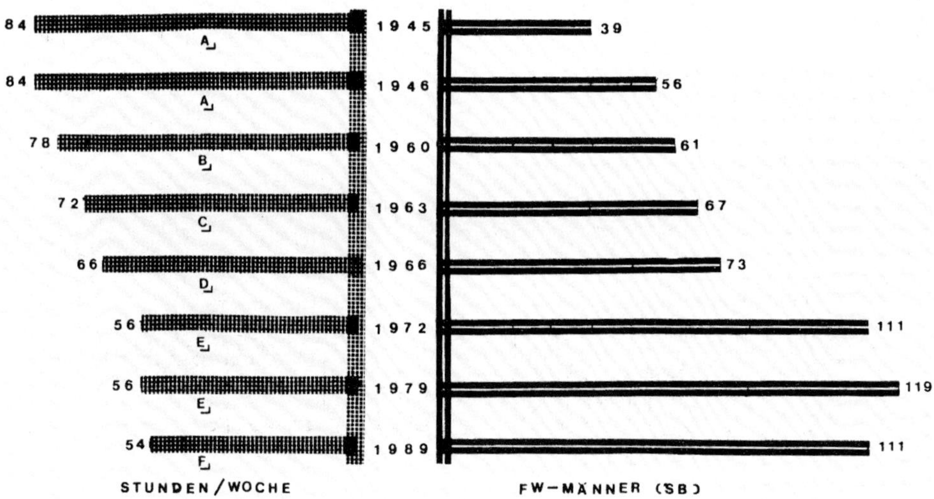


Abb. 261: Wochenarbeitszeit für Feuerwehrbeamte und Personalentwicklung der Berufsfeuerwehr, 1945 – 1989 (50 Jahre Berufsfeuerwehr, 1990)

men hatte. Rechnerisch standen also bis zu 37 Feuerwehrbeamte pro Wachschicht zur Verfügung. Tatsächlich aber war die vollständige Besetzung des Löschzuges nicht immer gewährleistet, weil es Probleme gab, die planbaren Ausfallzeiten für Urlaub und Fortbildung gleichmäßig zu verteilen. Nach wie vor war die Berufsfeuerwehr aus guten Gründen auch stark im Rettungsdienst engagiert, der mehr Personal benötigte, als im Stellenplan veranschlagt war. Auch für allerlei Nebenaufgaben, die sich über die Jahrzehnte angesammelt hatten, fielen Personalstunden an.

Die Bezirksregierung Weser-Ems bestätigte als Aufsichtsbehörde auf Anfrage ihre früheren Aussagen, dass für den gesetzlichen Kernbereich des Brandschutzes 77 Beamte in drei Schichten erforderlich seien. Damit könnten der Löschzug nach den Vorgaben der Arbeitsgemeinschaft der Leiter der Berufsfeuerwehren (AGBF) (vgl. Seite 170) sowie Sonderfahrzeuge besetzt werden. Diese Vorgabe gelte auch für weniger als 100.000 Einwohner, da sie sich aus der verdichteten Siedungsstruktur und den spezifischen Sicherheitsrisiken in Wilhelmshaven (Hafen, Chemieindustrie, Bundeswehr) ergebe. Den Rettungsdienst sah die Aufsichtsbehörde dagegen als freiwillige Aufgaben an, die personell zusätzlich berücksichtigt werden müssten, ebenso wie die zahlreichen sonstigen freiwilligen Aufgaben: Fahrer für die Verwaltungsspitze, Betreuung der städtischen Pkw und Betrieb der Tankstelle, Transport von Fundtieren und Tierkadavern, Wartung von Feuerlöschern, Beseitigung beschädigter Verkehrszeichen, Schlüsselverwahrung für städtische Gebäude, Transport von Fundgegenständen, Reparatur von Verkehrssignalanlagen, Beseitigung von Ölspuren auf Straße, Beseitigung von Straßenschäden (außerhalb der Dienstzeit des Tiefbauamtes).[603]

Abb. 262: Die Drehleiter als Reserveleiter und das Löschgruppenfahrzeug von 1963 in einer anderen „Kriegsbemalung“ im zweiten Abmarsch, 1990 (EinsEinsZwei – Magazin der Feuerwehren in Wilhelmshaven, Nr. 8/2008)

Aus dieser Betrachtung resultierte eine Personalbemessung der Feuerwehr von insgesamt 111 Feuerwehrbeamten für Brandschutz und Rettungsdienst (ohne weitere freiwillige Aufgaben), die dem aktuellen Status Quo entsprach. Im Rathaus (Hauptamt/Organisation) hatte man dagegen 102 Beamte als ausreichend errechnet, ohne allerdings beispielsweise das Personal für einen dritten Rettungswagen als Eigenschutz im Löschzug. Dieses Fahrzeug deckte jedoch faktisch den Spitzenbedarf des Rettungsdienstes ab und sollte aus dem Löschzug heraus besetzt werden, weil es von den Krankenkassen bislang nicht anerkannt und folglich auch nicht über die Gebühren refinanziert war. Beide Berechnungen (Feuerwehr und Hauptamt) enthielten nur eine kleine Reserve für die feuerwehrnahen Nebenaufgaben (Fundtiere, Ölspurbeseitigung etc.).

Zwei Positionen standen sich gegenüber: Die Feuerwehr und ihr Dezernent vertraten den Status Quo von 111 Stellen als vertretbares Minimum, verbunden mit der Wiederbesetzung freier Stellen und einem Verzicht auf einen Teil der Nebenaufgaben. Man sah dort die Realitäten des Feuerwehralltags, vor allem die steigenden Anforderungen aus dem Rettungsdienst und die vielen Zugriffe auf die Feuerwehr für Nebenaufgaben.

Das Hauptamt und der Stadtkämmerer hielten 102 Feuerwehrbeamte für ausreichend, die man durch natürliche Abgänge in den nächsten Jahren erreichen

Abb. 263: Feuerwehrfahrzeuge auf der Wache Mozartstraße im Jubiläumsjahr 1990 (v. l. Hilfeleistungs-Löschfahrzeug HiLF 16, Drehleiter DL30, Sondergerätewagen Atemschutz SGW-A, Rettungswagen RTW, Einsatzleitwagen ELW mit Peter Bär und Rudolf Faust, an der Schlauchhaspel im Vordergrund links Gerold Gießenberg, rechts Erhard Franzek) (Sammlung Walter Menßen)

wollte. Man fühlte sich ermutigt durch das Beispiel der Stadt Braunschweig, deren Berufsfeuerwehr 1985 einer umfassenden Organisationsuntersuchung unterzogen worden war. Allerdings standen in der wesentlich größeren Stadt zwei Löschzüge im Stadtgebiet bereit, die sich gegenseitig ergänzen und deshalb kleiner besetzt werden konnten.

Man einigte sich schließlich auf die Einführung einer computergestützten Personaleinsatzsteuerung, die Rückschlüsse auf die alltägliche Wachstärke, auf Ausfallzeiten und Überstunden zuließ. Grundlage sollte das aktuelle Stellen-Soll von 111 Feuerwehrleuten sein. So führte die Berufsfeuerwehr Wilhelmshaven zum 1. Januar 1990 als einer der ersten in Deutschland einen „rechnergestützten Dienstplan" mit dem Programm REDIPLAN einer Düsseldorfer Unternehmensberatung ein. Als Ausgangsbasis legte man gemeinsam die Anzahl der erforderlichen Funktionsstellen fest: 16 Fm für den Löschzug nach der AGBF-Empfehlung für Berufsfeuerwehren, 2 Fm Reserve (u.a. dritter Rettungswagen), 4 + 1 Fm für den Rettungsdienst (2 Rettungswagen, 1 Notarzteinsatzfahrzeug), 2 Fm Leitstelle.

Das ergab insgesamt 25 Funktionsstellen in vier Wachschichten (I – IV), die sich gegenseitig vertreten konnten und deshalb organisatorisch zu zwei Wachabteilungen (I/III und II/IV) zusammengefasst waren. Hinzu kamen ein angenommener Personalreservefaktor von 4,5 für Urlaub, Ausbildung und Krankheit, im Ergebnis 112 Feuerwehrbeamte. Das entsprach in etwa dem aktuellen Personalbestand. Täglich sah der Plan drei „Verfüger" vor, d.h. Beamte in Rufbereitschaft von 7.30 bis 8.30 Uhr für den Fall des krankheitsbedingten kurzfristigen Ausfalls von Kollegen. Die Verfügungsdienste sollten nach dem individuellen Stundenkonto, das für jeden Beamten eingerichtet wurde, abgerufen werden. Die definierten Funktionsstellen sollten nicht nur als zentrale Vorgabe für die Personalsteuerung mit dem rechnergestützten Dienstplan gelten, sondern der Feuerwehr und der Personalverwaltung auch die Sicherheit über den tatsächlichen, aus den gesetzlichen Vorgaben abgeleiteten Personalbedarf geben.

Vom ersten Tag an gab es Probleme: Die Feuerwehrbeamten vermissten ihren gewohnten „Bremer Plan" mit den langfristig planbaren Schichten. Nun mussten sie alle vier Tage zum Dienst; neben diese Grundschichten konnten sie aber bei Engpässen, je nach Stundenkonto und Qualifikation, über Rufbereitschaften zu zusätzlichen Dienstschichten gerufen werden. Dienstfreie Zeiten insbesondere an Wochenenden waren nicht mehr verlässlich planbar. Die vier Wachschichten waren nach funktionalen Anforderungen (z.B. Maschinisten, Rettungssanitäter) neu zusammengesetzt worden, da musste man erstmal miteinander auskommen lernen. Das Programmsystem füllte unerbittlich den Dienstplan auf, nicht jeder Beamte im Führungsdienst und nicht jeder Wachschichtleiter konnte die Möglichkeiten des Programms produktiv nutzen, gerade bei der Einteilung der zusätzlichen Dienstschichten. Die Stadt Wilhelmshaven hatte darüber hinaus eine der ersten, unvollkommenen Programmversionen erhalten; zusätzliche Programmbausteine, die den Nutzungskomfort verbessert hätten, standen noch nicht zur Verfügung. Das Hauptproblem aber hatte man ausgeklammert: die Berufsfeuerwehr ging zwar mit 111 Funktionsstellen, aber ohne aktualisierte Personalbedarfsberechnung, d.h. mit weniger als dem berechneten Bedarf sowie einigen Langzeiterkrankten in den rechnergestützten Dienstplan und nahm alle bis dahin ungelösten Fragen mit: Wie hoch war die tatsächliche Ausfallquote durch Urlaub, Ausbildung oder Krankheit und der daraus resultierende Personalreservefaktor? Wie bewertete man die Arbeitszeit der Feuerwehrbeamten im Tagesdienst, die zeitweise feuerwehrdienstuntauglich waren, aber z.B. in den Werkstätten notwendige Arbeit leisteten? Sie wurden im Stellenplan geführt, aber nicht im Dienstplan eingeteilt. Das Ergebnis waren große Unterschiede bei den individuellen Stundenkonten und sehr ungleich verteilte Dienstfolgen. Immer wieder mussten die Mindeststärke pro Wachschicht herabgesenkt und die Qualifikationsgruppen vergrößert werden, damit der Plan noch funktionierte. 72 von 83 Ehefrauen der Feuerwehrbeamten forderten schließlich von Oberstadtdirektor Arno Schreiber pressewirksam in einer Petition, er möge die alte Dienstplanregelung wieder einführen: „Das Programm ist noch nicht ausgereift. [...] Unsere Männer sind die reinsten Versuchskaninchen."[604]

Feuerschutzdezernent Jens Graul erkannte nach vielen Gesprächen mit der Feuerwehrführung und dem Personalrat im Sommer 1991 Ansatzpunkte für einen „humanen" rechnergestützten Dienstplan im 4-Wachen-System. Er setzte eine Arbeitsgruppe aus Vertretern der Berufsfeuerwehr, des Personalrats sowie des Personal- und des Hauptamts ein, die neue Randbedingungen für den rechnergestützten Dienstplan erarbeitete. Sie wurden anschließend programmtechnisch umgesetzt.

Auf dieser Grundlage schloss die Feuerwehrführung mit dem Dienststellenpersonalrat am 26. Februar 1992 eine neue Dienstvereinbarung über den veränderten rechnergestützten Dienstplan ab. Die Untergrenze für die Anzahl der Funktionsstellen wurde nun als Handlungsermächtigung im Bedarfsfall offiziell auf tageweise bis zu 23 abgesenkt. Der Fahrer Oberstadtdirektor wurde nicht mehr von der Feuerwehr gestellt, die Einstellung „fertiger" Feuerwehrleute auf freien Stellen unterhalb von 111 Feuerwehrleuten forciert. Brandoberamtsrat Erich Gerdes unterschrieb als eine seiner letzten Amtshandlungen diese Vereinbarung nach intensiven Bemühungen um einen verbesserten rechnergestützten Dienstplan. Das eigentliche Problem blieb, so stellte Feuerschutzdezernent Graul fest: „Unabhängig davon ist jedoch deutlich geworden, daß ein zufriedenstellender Dienstplan auf jeden Fall nur mit einer ausreichenden Personalverstärkung zu fahren ist."[605]

Die Berufsfeuerwehr Wilhelmshaven dürfte auf dem Gebiet der rechnergestützten Dienstplansteuerung zu den Pionieren in Deutschland gehört haben. Heutzutage ist ein solches Instrument allgemeiner Standard und wird von den meisten der 110 Berufs- und der etwa 800 Werkfeuerwehren eingesetzt.

Nach einer Auswertung der Arbeitsgemeinschaft der Leiter der Berufsfeuerwehren (AGBF) wies Wilhelmshaven zum 1. Januar 1989 mit 44,5 Jahren das dritthöchste Durchschnittsalter einer Berufsfeuerwehr in Deutschland auf, nach Bremerhaven und Siegen.[606] Dies war die Folge der restriktiven personalwirtschaftlichen Steuerung, durchaus vergleichbar mit der Situation in den 1950er Jahren. Für die Ausbildung von Anwärtern und Neueinstellungen, um die Abgänge in den Ruhestand zu kompensieren, bedurfte es einer gemeinsamen Personalbedarfsplanung, wie sie mit der Einführung des rechnergestützten Dienstplans im Ansatz existierte. Erstmals seit Jah-

Abb. 264: Grundlehrgang bei der praktischen Ausbildung am Gerät, 1992 (Sammlung Markus Bulling)

ren begann die Berufsfeuerwehr zu ihrer Verjüngung 1989 wieder mit der Eigenausbildung von Nachwuchs für den mittleren feuerwehrtechnischen Dienst. Ein zweiter Grundlehrgang folgte 1990, die „Wilhelmshavener Zeitung" berichtete: „Angehende Feuerwehrleute müssen sich als Allroundkönner bewähren. Das nötige Wissen dazu erhalten sie derzeit in einer sechsmonatigen Grundausbildung bei der Wilhelmshavener Feuerwehr. [...] Teilnehmer sind neben fünf Nachwuchskräften, die die Abgänge der vergangenen Jahre ersetzen werden, drei Bundeswehrangehörige von Flugplatzstandorten, ein Teilnehmer vom Berufsförderungsdienst der Bundeswehr und ein Werkfeuerwehrmann."[607]

*

Ende Februar 1990 zog wieder einmal ein ausgewachsener Orkan mit Böen von über 12 Windstärken (> 110 km/h) über das Stadtgebiet. Die Feuerwehren waren im Dauereinsatz. Zahlreiche Bäume wurden entwurzelt, am Parkmittelweg/Bismarckstraße erschlug ein umstürzender Baum einen 74-jährigen Mann.

Ein weiterer Großeinsatz forderte die Feuerwehren Anfang August 1990 auf dem Gelände der früheren „Jadewerft" am Kanalhafen. 45 Feuerwehrleute bekämpften zwei Stunden lang den Brand einer leerstehenden alten Lagerhalle. Sie verhinderten, dass die Flammen auf ein benachbartes Farbenlager und einen Öltank übergriffen. Die alte Halle brannte ab.

1991/92 gelang die Beschaffung eines Löschgruppenfahrzeuges LF 24 (Mercedes-Benz/ Schlingmann), wieder verteilt auf zwei Haushaltsjahre. Es ersetzte das erste Hilfeleistungs-Löschfahrzeug HiLF 16 von 1974 und entsprach auch dessen Ausstat-

Abb. 265: Einsatzfahrzeuge Wache I Mozartstraße mit dem neuen Löschgruppenfahrzeug LF 24, 1993 (links der Einsatzleitwagen ELW, rechts davon die Leiterbühne LB 30 und der Rettungswagen RTW 1) (Sammlung Walter Menßen)

tung mit Wasser- und Schaummittelvorrat, Schnellangriffseinrichtung, Hilfeleistungssatz. Dem ständigen Wandel der Normung entsprach die Bezeichnung LF 24. Wegen seiner vielfältigen Möglichkeiten wurde es in Feuerwehrkreisen scherzhaft nach einer populären Serie im Kinderfernsehen auch als „das feuerrote Spielmobil" bezeichnet. 1992 lief erstmals ein speziell als Gerätewagen Tier (GW-Tier) ausgestattetes Fahrzeug zu, als Ersatz für einen bislang u.a. für die Tierrettung (von den Feuerwehrbeamten liebevoll auch „Hund, Katze, Maus" genannt) eingesetzten VW LT 28. Die Berufsfeuerwehr erwarb einen gebrauchten Kastenwagen Volkswagen T 4 und baute die Regale und Halterungen für die Transportbehälter und die Ausrüstung (Käfige, Maulkörbe, Seile, Ketten, Schutzkleidung) selbst ein.

Brandoberamtsrat Erich Gerdes trat am 29. Februar 1992 in den Ruhestand, Oberbürgermeister Eberhard Menzel und Feuerschutzdezernent Jens Graul würdigten bei seiner Verabschiedung die Verdienste und die Loyalität des Feuerwehrchefs, der die Feuerwehr auch in finanziell äußerst schwierigen Zeiten immer auf Kurs gehalten und den sich verändernden Rahmenbedingungen Rechnung getragen habe. Zum 1. März übernahm Brandassessor Dipl. Ing. Thomas Jeziorek die Leitung der Berufsfeuerwehr Wilhelmshaven. Der gebürtige Ratinger war dort in der Freiwilligen Feuerwehr aktiv gewesen und hatte vor dem Referendariat ein Studium der Sicherheitstechnik absolviert. Mit ihm trat erstmals seit 1947 wieder ein Beamter des höheren feuerwehrtechnischen Dienstes an die Spitze der Feuerwehr. Die Aufsichtsbehörde hatte dies unter Hinweis auf die besondere Gefährdungslage des Chemieindustriestandorts Wilhelmshaven immer wieder gefordert.

Das Amt für Brand-, Zivil- und Katastrophenschutz gliederte sich nun in sieben Abteilungen: 37-00 Allgemeine Verwaltung, 37-01 Abwehrender Brandschutz, 37-02 Technik im Brandschutz, 37-03 Vorbeugender Brandschutz, 37-04 Rettungsdienst, 37-05 Einsatzvorbereitung, 37-07 Zivil- und Katastrophenschutz.[608]

Gespart werden musste weiterhin: Auf der Jahreshauptversammlung des Kreisfeuerwehrverbandes am 29. März 1992 kritisierte Stadtbrandmeister Karl Schmid die mangelnde Ausstattung der Feuerwehren mit dem berühmt gewordenen Satz: „Die Bekleidungskammer ist leer. Den Motten bei der freiwilligen Feuerwehr stehen die Tränen in den Augen."[609] Immerhin war die Ausrüstung der Feuerwehrleute ab

Mitte der 1980er Jahre, wenn auch in zeitlichen Abschnitten, erneuert worden. Alle freiwilligen Feuerwehrleute erhielten als Schutzkleidung an Stelle der zuvor gebräuchlichen roten Kombis die seit 1981 genormten orangefarbenen sog. „Strahlrohrführer-Jacken" mit Rückenkoller und dazu eine blauschwarze Latzhose.[610]

Stadtbrandmeister Karl Schmid verstarb völlig überraschend Anfang 1993, zu seinem Nachfolger wurde sein bisheriger Stellvertreter Werner Lau aus Fedderwarden gewählt. Neuer stellvertretender Stadtbrandmeister wurde Frank Eckardt aus Neuengroden.

*

Anfang 1992 legten die in Wilhelmshaven vertretenen Krankenkassen unter der Führung der Allgemeinen Ortskrankenkasse (AOK) ein Gutachten zur „Überprüfung der Gesamtorganisation und der Wirtschaftlichkeit des Rettungsdiensts in der Stadt Wilhelmshaven" vor. Auf der Grundlage einer Bestandsaufnahme der Einsätze, der Bereitstellung von Rettungsmitteln und der Kostenstruktur hatte der Gutachter – die Forschungs- und Planungsgesellschaft für das Rettungswesen (forplan) – ein Sollkonzept im Sinne einer Bedarfsplanung für den Rettungsdienst in Wilhelmshaven entwickelt.

forplan identifizierte geringe Überkapazitäten bei der Fahrzeugbereitstellung für den Rettungsdienst und Krankentransport sowie ein organisatorisches Optimierungspotential (z.B. durch die Einführung von Voranmeldungen für die disponierbaren Krankentransporte). In der Kooperation mit dem Landkreis Friesland von den Rettungswachen „Mitte" und „Nord" in Wilhelmshaven aus sah der Gutachter Chancen, die jedoch mangels auswertbarer Daten nicht konkretisiert werden konnten. Die Stadt Wilhelmshaven beurteilte die Empfehlungen des forplan-Gutachtens als „Parteigutachten" kritisch, erkannte aber den Handlungsbedarf. Schließlich einigte man sich mit den Kostenträgern darauf, einen Rettungsdienstbedarfsplan nach den neuen gesetzlichen Möglichkeiten aufzustellen, erarbeitet von forplan.

Zum 1. Februar 1992 war das Niedersächsische Rettungsdienstgesetz (NRettDG) in Kraft getreten. An die Stelle von Runderlassen und Arbeitspapieren trat eine Legaldefinition: „Der Rettungsdienst hat [...] 1. bei lebensbedrohlich Verletzten oder Erkrankten lebensrettende Maßnahmen am Einsatzort durchzuführen, die Transportfähigkeit dieser Personen herzustellen und sie unter fachgerechter Betreuung mit dafür besonders ausgestatteten Rettungsmitteln in eine für die weitere Versorgung geeignete Behandlungseinrichtung zu befördern (Notfallrettung); [...] 2. sonstige Kranke, Verletzte oder Hilfsbedürftige zu befördern, die nach ärztlicher Verordnung während der Beförderung einer fachgerechten Betreuung oder der besonderen Einrichtung eines Rettungsmittels bedürfen oder bei denen dies aufgrund ihres Zustands zu erwarten ist (qualifizierter Krankentransport)." (§ 2 NRettDG) Die folgende Rettungsdienstbedarfs-Verordnung vom 4. Januar 1993 gab eine Frist von 14 Minuten in 95 % der Fälle vor, von der Einsatzentscheidung der Leitstelle bis zum Eintreffen des Rettungsmittels am Einsatzort.

Die Kreise und kreisfreien Städte waren von nun an Träger des Rettungsdienstes, sie unterhielten eine Rettungsleitstelle sowie bedarfsgerechte Rettungswachen und

Rettungsmittel (Fahrzeuge) und konnten Dritte, also z.B. die Hilfsorganisationen, mit der Durchführung von Aufgaben des Rettungsdienstes beauftragen. Als Grundlage für die „bedarfsgerechte und wirtschaftliche Versorgung der Bevölkerung mit leistungsfähigen Einrichtungen des Rettungsdienstes" (§ 4 Abs. 6 NRettDG) hatten die Träger im Benehmen mit den Kostenträgern einen Rettungsdienstbedarfsplan aufzustellen und regelmäßig fortzuschreiben. Auf dieser Grundlage konnten sie mit den Kostenträgern (Krankenkassen) Entgeltvereinbarungen abschließen. Sollten diese nicht zustande kommen, blieb den Kommunen die Möglichkeit, Entgelte nach Kommunalrecht in Ortssatzungen festzulegen.

Im Dezember 1994 erhielt forplan den Auftrag zur Erstellung eines Rettungsdienstbedarfsplans für Wilhelmshaven. In dem begleitenden Projektausschuss waren Vertreter der Stadtverwaltung und der Krankenkassen sowie ein Vertreter der „Arbeitsgemeinschaft Rettungsdienst der Hilfsorganisationen" (mit beratender Stimme) vertreten. Diese zogen sich jedoch nach der zweiten Sitzung aus dem Gremium zurück, weil sie ihre Interessen in dieser Form als nicht angemessen vertreten betrachteten.

Der erste Rettungsdienstbedarfsplan für den Rettungsdienstbereich der Stadt Wilhelmshaven trat nach einem entsprechenden Ratsbeschluss am 17. Dezember 1997 in Kraft. Die darin festgeschriebenen Standorte der Rettungsleitstelle und der Rettungswachen sowie ihre bedarfsgerechte personelle und sächliche Ausstattung entsprachen im Wesentlichen der bisher schon geltenden Aufstellung des Rettungsdienstes in Wilhelmshaven, wie sie zuletzt 1989 zwischen der Stadt Wilhelmshaven und den Hilfsorganisationen vereinbart worden war. Allerdings wurden lediglich eine ständig besetzte Rettungswache in der Feuer- und Rettungswache I (Mozartstraße) sowie ein zentraler Krankentransportstandort aufgenommen. Zusätzliche Standorte wie z.B. die Rettungswache Nord oder die Standorte der mit dem Krankentransport zu beauftragenden Hilfsorganisationen standen unter dem Vorbehalt eines kostenneutralen Betriebs. Die bereitgehaltenen Fahrzeuge sollten als „Mehrzweck-Fahr-

Abb. 266: Rettungswagen RTW der Berufsfeuerwehr, 2000 (die letzte Generation der Mercedes-Benz 408 Kastenwagen) (Feuerwehr-Archiv)

zeuge" sowohl für die Notfallrettung wie auch für den qualifizierten Krankentransport geeignet sein. Für die Rettungsleitstelle galt die „Nächstes-Fahrzeug-Strategie". Die Fahrzeugvorhaltung für die Notfallrettung orientierte sich an der durchschnittlichen Einsatzzeit und dem Risiko des Auftretens mehrerer Notfallereignisse („risikoabhängige Fahrzeugbemessung").

Auch der anfangs umstrittene Notarzt-Standort am Reinhard-Nieter Krankenhaus und das Rendezvous-Verfahren mit den Rettungswagen wurde festgeschrieben. Im Ergebnis waren zwei Rettungswagen sowie ein Notarztfahrzeug rund um die Uhr an sieben Wochentagen, zwei Krankenwagen tagsüber von Montag bis Freitag und einer am Wochenende bereitzustellen. Der Personalbedarf für die Rettungsleitstelle und die Fahrzeuge ergaben sich aus den geltenden materiellen Anforderungen und den jeweiligen Arbeitszeitvorschriften für die Feuerwehrbeamten und die angestellten Rettungssanitäter der Hilfsorganisationen.

Ende 1997 erhielten das Deutsche Rote Kreuz und die Johanniter-Unfallhilfe den Auftrag für den qualifizierten Krankensport im Rettungsdienstbereich Wilhelmshaven. Neben den wirtschaftlichen Kriterien spielte dabei das Sachargument des langjährigen Engagements der beiden Hilfsorganisationen im Katastrophenschutz eine Rolle.

Das Rettungsassistentengesetz (RettAssG) vom 1. September 1989 hatte die aus der täglichen Einsatzpraxis kommenden wachsenden Anforderungen an den Rettungsdienst umgesetzt. Der „Rettungsassistent" sollte bis zum Eintreffen des Notarztes am Unfallort lebensrettende Maßnahmen durchführen und danach als Assistent des Arztes die Transportfähigkeit des Patienten herstellen und diesen während des Transports zum Krankenhaus überwachen und betreuen. Folgerichtig schrieb das Niedersächsische Rettungsdienstgesetz ab 1992 die Besetzung der Funktionen des Rettungswagenführers, des Notarztfahrers und des Leitstellendisponenten mit geprüften Rettungsassistenten vor. Mit diesem Anforderungsprofil war eine neue Qualifikationsstufe gegenüber dem Rettungssanitäter verbunden, die Anforderungen an die im Rettungsdienst eingesetzten Feuerwehrbeamten erhöhten sich deutlich.

Die Berufsfeuerwehr reagierte und erhielt nach langen Verhandlungen mit der Bezirksregierung Weser-Ems im Dezember 1992 die Lehrberechtigung und die Anerkennung der „Rettungsassistentenschule bei der Berufsfeuerwehr Wilhelmshaven". Damit war sie in der Lage, ihre Beamten und die anderer Feuerwehren in eigener Regie mit den Ausbildern der Feuerwehr und den Ärzten des Reinhard-Nieter-Krankenhauses zu Rettungsassistenten weiter zu qualifizieren. Sie sparte die Kosten einer externen Ausbildung, erzielte mit der Ausbildung für Dritte erhebliche Einnahmen und bot ihren eigenen Beamten zusätzliche Arbeitsmöglichkeiten als Ausbilder. Der Unterricht fand zunächst im Kreisausbildungszentrum auf der Wache Albrechtstraße statt, später beim Zivil- und Katastrophenschutz in der Peterstraße.

Trotz der angespannten Haushaltslage beschaffte die Berufsfeuerwehr 1994 eine neue Drehleiter DLK 23-12 (Iveco-Magirus 150 E) als Vorführgerät zum Preis von 900.000 DM. Sie war mit einem Rettungskorb und einer Halterung für eine Krankentrage, einem Wendestrahlrohr sowie einem Flutlichtscheinwerfer ausgestattet.[611] Die Leiterbühne von 1977 (vgl. Seite 279f.) rückte als Reserveleiter in den zweiten Abmarsch, die Drehleiter DL 30 H von 1964 wurde ausgemustert.

Abb. 267: Brandeinsatz bei Woolworth, Ecke Marktstraße/Gerichtsstraße, 1993 (Feuerwehr-Archiv)

Im gleichen Jahr lief auch ein Gerätewagen Umweltschutz GW-U mit Stromaggregat, Lichtmast, Handkehrmaschine zur Aufnahme des Ölbindemittels bei Ölspuren und einer Verkehrssicherungsausstattung zu. Er ersetzte das Ölschadenfahrzeug ÖSF von 1975. Die Berufsfeuerwehr erwarb dafür einen gebrauchten Kastenwagen (Mercedes-Benz 709 D, Baujahr 1992), der mit eigenen Kräften umgebaut wurde. Das Fahrzeug erhielt auch die Ausrüstung für die Tierrettung und wurde im Bedarfsfall von dem Trupp für Sonderfahrzuge (1/1) besetzt, die Gesamtkosten betrugen 90.000 DM. [612]

Abb. 268: Die neue Drehleiter DLK 23-12, 1994 (Sammlung Walter Menßen)

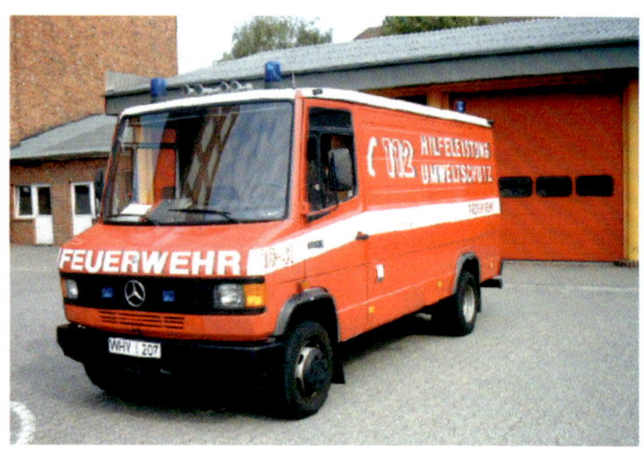


Abb. 269: Gerätewagen Umweltschutz GW-U von 1994 (aufgenommen 2000) (Sammlung Walter Menßen)

Abb. 270: Ausbildung am Rettungskorb der Drehleiter in der neuen Einsatzkleidung, 2002 (Sammlung Markus Bulling)

1994 begann die Berufsfeuerwehr auch mit dem Austausch der Einsatzkleidung gegen neue Hosen und Überjacken auf der Basis der flammenabweisenden NOMEX-Faser. Die neue, dunkelblaue Kleidung war mit gut sichtbaren reflektierenden Streifen versehen.

*

Ende der 1980er Jahre hatte für den Katastrophenschutzstab beim Hauptverwaltungsbeamten (KatS-Stab HVB) eine Phase der personellen Erneuerung begonnen. Die meisten Stabsmitglieder in den Funktionen S 1 (Personal), S 2 (Lage) und S 4 (Versorgung) und das Stabshilfspersonal waren seit 20 Jahren immer wieder aus dem Verwaltungsdienst der Stadt besetzt worden und mit den großen Übungen der WINTEX-Zeit groß geworden (vgl. Seite 295). Die WINTEX-Übungen wurden 1989 eingestellt.

An die Stelle der bisherigen Stabsmitglieder traten junge Beamtinnen und Beamte des gehobenen Dienstes, die nun schrittweise in Lehrgängen und Übungen für den Katastrophenschutz, d.h. für zivile Großschadenslagen ausgebildet wurden. Auch die Fachberater wechselten, sofern sie nicht ohnehin von ihren Organisationen wie der Polizei, dem Technischen Hilfswerk oder den Hilfsorganisationen abgelöst wurden. Die Leitung des Stabes übernahm Feuerschutzdezernent Jens Graul. Den Auftakt der Ausbildung bildete die Stabsrahmen-Übung „Schnelle Hilfe 1990“ mit einer Orkan/Sturmflut-Lage, in die man einen angenommenen Chlorgas-Austritt aus der Anlage der Firma ICI Atlantik eingebettet hatte. Gegenstand der „Jade-Öl-Übung '91" waren die landseitigen Maßnahmen zur Bekämpfung der Folgen eines Ölunfalls auf der Jade. Neben diesen Übungen und den aufeinander aufbauenden Lehrgängen an der Akademie für Notfallplanung und Zivilschutz des Bundes in Bad Neuenahr/Ahrweiler fand eine Reihe stadtinterner Halbtages-Seminare für den Stab zu einzelnen Themen statt wie Ölschadenbekämpfung, Warnen und Evakuieren, Massenanfall von Verletzten oder Sturmflut/Deichverteidigung. Hier wurden insbesondere die konkreten Handlungsabläufe unter realistischen lokalen Bedingungen angesprochen. Das Programm schloss 1999 mit der Stabsrahmenübung „Schnelle Hilfe '99" und einer klassischen Sturmflutlage zunächst ab. „Im Verlauf der Ausbildung und nicht zuletzt mit der Stabsrahmenübung hat der Katastrophenschutzstab seine Befähigung nachgewiesen, mit unterschiedlichen Schadenslagen umzugehen. Insbesondere hat sich die Zusammenarbeit zwischen haupt- und nebenamtlichen Kräften im Stab bewährt", erklärte Oberstadtdirektor Arno Schreiber in einer Pressemitteilung.[613]

1985 hatten im Stadtgebiet noch 106 Sirenenanlagen gestanden, die zweimal jährlich zur Probe ausgelöst wurden.[614] Nach dem Ende des „Kalten Krieges" folgten nun Anfang der 1990er Jahre für den Zivilschutz und in Verbindung damit für den erweiterten Katastrophenschutz tiefgreifende Veränderungen. 1993 begann der Rückbau der Warnsirenen bzw. die Übertragung auf die Kommunen, bis 1997 löste man die Warnämter auf und beendete den Schutzraumbau. Danach folgte die Auflösung der meisten Werkstätten und Depots des Zivilschutzes. Die Grundlage dafür bildete das „Gesetz zur Neuordnung des Zivilschutzes/Gesetz über den Zivilschutz und die Katastrophenhilfe des Bundes" (ZSKG) von 25. März 1997. Zwar blieb die Aufgabe des Zivilschutzes bestehen, nämlich „durch nichtmilitärische Maßnahmen die Bevölkerung, ihre Wohnungen und Arbeitsstätten, lebens- und verteidigungswichtige zivile Dienststellen, Betriebe, Einrichtungen und Anlagen sowie das Kulturgut vor Kriegseinwirkungen zu schützen und deren Folgen zu beseitigen". (§ 1 ZSKG). Die Verteilung der Zuständigkeiten zwischen Bund, Ländern und Gemeinden veränderte sich jedoch grundlegend, die ehemals aufwändig angelegten Strukturen wurden stark vereinfacht. „Zivilschutz ist der Katastrophenschutz im Verteidigungsfall", brachte es das Niedersächsische Ministerium für Inneres und Sport auf den Nenner. „Dem Bund obliegt insoweit die Gesetzgebungszuständigkeit. [...] Träger des Zivilschutzes sind die staatlichen, kommunalen und privaten Einrichtungen, die auch den Katastrophenschutz in Friedenszeiten sicherstellen.[615]

Die operativen Einheiten des Katastrophenschutzes in den Ländern nahmen nun auch den „Schutz der Bevölkerung vor besonderen Gefahren und Schäden, die im Verteidigungsfall drohen wahr." (§ 11 ZSKG). Der Bund verpflichtete sich zur ergänzenden Ausstattung und Ausbildung in den Aufgabenbereichen Brandschutz, ABC-Schutz, Sanitätswesen und Betreuung.

Im Laufe der Zeit bürgerte sich für den Zivilschutz des Bundes und den Katastrophenschutz der Länder im Verteidigungsfall der Sammelbegriff „Bevölkerungsschutz" ein. Der Bund fasste seine verbliebenen Aufgaben im Geschäftsbereich des Bundesministers des Innern in einem zentralen Bundesamt für Zivilschutz (BZS) zusammen, das seit 2004 als Bundesamt für Bevölkerungsschutz und Katastrophenhilfe (BBK) bezeichnet wird.

Die Warnung der Bevölkerung vor besonderen Gefahren im Verteidigungsfall oblag nun im Auftrag des Bundes den Katastrophenwarnstellen der Länder (§ 6 ZSKG). Der Selbstschutz der Bevölkerung war z.B. ebenso wie die Wartung und Unterhaltung der Schutzräume nun eine gemeindliche Aufgabe (§§ 5 bzw. 7 ZSKG). Zur Warnung der Bevölkerung in Gefahrenlagen sowie für die eigene Alarmierung übernahm die Feuerwehr 32 Sirenenanlagen und rüstete 16 davon auf Funkansteuerung um, alle anderen Anlagen wurden demontiert. Jeweils samstags um 12.00 Uhr wird die Funktionsfähigkeit der Sirenen mit einem Probealarm getestet. Seit der Umstellung stützt sich die Information der Bevölkerung vor allem auf die Medien (Verkehrswellen der öffentlichen und privaten Radiosender, Internet und Warn-Apps) sowie die nach § 11 der Störfall-Verordnung vorgeschriebenen Sicherheits-Informationen für die Nachbarschaft störfallrelevanter Industrieanlagen.[616]

Der Bund hob die bisherigen Stärkefestlegungen für die operativen Kräfte auf, aus den „Einheiten" wurden „Komponenten", die aus Bundesmitteln Fahrzeuge erhielten (wie z.B. das Dekon-P 2001 oder den GW-San 2013, vgl. Seiten 369 und 432). Die Ausbildung der Helfer und der zivilen Stäbe wurde in der zentralen Ausbildungseinrichtung in Bad Neuenahr/Ahrweiler gebündelt, die seit 2002 „Akademie für Krisenmanagement, Notfallplanung und Zivilschutz" heißt und personell wie technisch grundlegend erneuert wurde.

**Fahrzeugbestand der Freiwilligen Feuerwehr 1994**

| | |
|---|---|
| Ortsfeuerwehr 1 Heppens<br>(Stützpunkt) | Löschgruppenfahrzeug LF 8<br>Löschgruppenfahrzeug LF 16 TS (Bund) |
| Ortsfeuerwehr 2 Bant<br>(Stützpunkt) | Mannschaftstransportwagen MTW<br>Löschgruppenfahrzeug LF 8<br>Löschgruppenfahrzeug LF 16 TS (Bund) |
| Ortsfeuerwehr 3 Neuengroden<br>(Stützpunkt) | Löschgruppenfahrzeug LF 8<br>Löschgruppenfahrzeug LF 16 TS (Bund) |
| Ortsfeuerwehr 4 Wilhelmshaven-Nord<br>(Stützpunkt) | Löschgruppenfahrzeug LF 8<br>Mannschaftstransportwagen MTW<br>Löschgruppenfahrzeug LF 16 TS (Bund) |
| Ortsfeuerwehr 5 Sengwarden<br>(Schwerpunkt) | Tanklöschfahrzeug TLF 8/18<br>Hilfeleistungs-Löschfahrzeug TSF 8/Hi<br>Rüstwagen RW 1 (Bund)<br>Löschgruppenfahrzeug LF 16 TS (Bund) |
| Ortsfeuerwehr 6 Fedderwarden<br>(Grundausstattung) | Löschgruppenfahrzeug LF 8<br>Tanklöschfahrzeug TLF 16 |

(Feuerwehr-Archiv)

Wilhelmshaven hatte lange Zeit von seiner Rolle als Militärstützpunkt und nationaler Ölhafen profitiert und bis zu sechs Löschgruppenfahrzeuge LF 16 TS aus Bundesbeständen erhalten, die allesamt bei den Ortsfeuerwehren stationiert worden waren. Davon musste die Stadt bis 1996 vier abgeben, die im Sinne einer gleichmäßigen Grundausstattung auf der Basis der Einwohnerzahlen anderen Kommunen in Niedersachsen zugewiesen wurden, ohne die Betrachtung besonderer Risiken und des tatsächlichen Bedarfs. Die Aufsichtsbehörde wies gegenüber den von der Stadt geäußerten Bedenken darauf hin, dass es schließlich Aufgabe der Kommune sei, ihre Feuerwehren angemessen auszustatten und sie sich dabei nicht auf die Bundesfahrzeuge des erweiterten Katastrophenschutzes verlassen könne.

Die verbliebenen zwei Löschgruppenfahrzeuge LF 16 TS (Mercedes-Benz/Wackenhut) wurden nach einsatztaktischen Kriterien den personalstarken Ortfeuerwehren Bant und Neuengroden zugeordnet. Die Ortsfeuerwehr Sengwarden erhielt an Stelle des LF 16 TS (Bund) von 1987 ein Löschgruppenfahrzeug LF 16 (Magirus) der Berufsfeuerwehr. Die übrigen Lücken füllte man zunächst mit drei Mannschaftstransportwagen MTW (Mercedes-Benz), die bis 2000 beschafft wurden. Erst 2001 entstand aus den strukturellen Veränderungen der Freiwilligen Feuerwehr und der gezielten Umstationierung von Fahrzeugen der Berufsfeuerwehr sowie Neubeschaffungen das bis heute geltende Fahrzeugkonzept (vgl. Seite 365).

Es betraf aber nicht nur den Brandschutz: Auch ein großer Teil der bei den Hilfsorganisationen stationierten Krankenwagen des Katastrophenschutzes waren abzugeben. Die bisherige Vorhaltung zweier Sanitätszüge war gegenstandslos geworden. Die Johanniter Unfallhilfe engagierte sich unter den veränderten Bedingungen weiter im Sanitätsdienst, ebenso das Deutsche Rote Kreuz in der Betreuung. Aus dem ABC-Zug als städtische Regieeinheit des Katastrophenschutzes entstand ein Mehrzweckzug mit folgenden Aufgaben: Spüren und Messen von Kontaminationen; Dekontamination von Personen, Fahrzeugen und Geräten; Verpflegung von Einsatzkräften; Lotsen- und Erkundungsdienst; Versorgung; Ausleuchtung von Einsatzstellen.

Hinter der Feuerwehr lagen mehr als zehn fordernde Jahre, geprägt vor allem von der kritischen Haushaltslage der Stadt Wilhelmshaven. Dennoch gelang zum zweiten Mal in der Nachkriegszeit die vollständige Erneuerung der Fahrzeuge des ersten Abmarsches. Viel gravierender wirkte sich der Geldmangel im Personalbestand aus, der nur mit großen Mühen und einem neuen Dienstplan stabilisiert werden konnte. Die Berufsfeuerwehr zog sich aus dem Krankentransport zurück, erhielt aber mit dem Rettungsdienstbedarfsplan auf gesetzlicher Grundlage langfristige Planungssicherheit. Die grundlegenden Veränderungen des Zivil- und Katastrophenschutzes nach dem (vorläufigen) Ende des „Kalten Krieges" stärkten die Verantwortung der Kommune und lösten eine langfristige Neuausrichtung der Ausstattung ihrer freiwilligen Feuerwehren aus.

# Die „erweiterte" Berufsfeuerwehr

Angesichts der anhaltenden angespannten Haushaltslage bei der Stadt Wilhelmshaven wurden in den 1990er Jahren alle kommunalen Einrichtungen grundsätzlich auf den Prüfstand gestellt, auch die Feuerwehr und insbesondere die Berufsfeuerwehr. Dies geschah in der Form eines sogenannten „Prüfauftrags", einer grundlegenden Analyse und Bewertung, deren Ergebnisse dem Rat zur Entscheidung vorgelegt wurden. Die Einwohnerzahl Wilhelmshavens war inzwischen unter die Pflichtgrenze für eine Berufsfeuerwehr (100.000) gesunken, dies rechtfertigte die Frage nach grundsätzlichen Alternativen. Es ging um realistische Veränderungen der Feuerwehr, die den finanziellen Aufwand für die Feuerwehr von damals jährlich 8 Mio. DM deutlich senken würden – durch die Verminderung der Kosten und/oder durch zusätzliche Einnahmen. Dabei wurden sowohl die laufenden Personalkosten als auch die Kosten für Investitionen betrachtet. Letzten Endes musste aber alles den gesetzlichen Vorgaben (Mindeststärke, Hilfsfristen etc.) entsprechen.[617]

Auch bei der Freiwilligen Feuerwehr bestand Handlungsbedarf. Der teilweise Rückzug des Bundes aus dem erweiterten Katastrophenschutz hatte neue Bedingungen geschaffen. Die Unterbringung der Ortsfeuerwehren Bant, Heppens, Neuengroden und Fedderwarden in ihren alten, immer wieder um- und angebauten Gerätehäusern sowie des Kreisausbildungszentrums in einer Baracke an der Feuer- und Rettungswache II (Albrechtstraße) wurde in einer feuerwehrinternen Untersuchung als auf Dauer problematisch angesehen. Angesichts der absehbaren demographischen Veränderungen, insbesondere der geringeren Jahrgangsstärken und eines verändertes Freizeitverhaltens würde die Gesamtzahl der aktiven freiwilligen Feuerwehrleute nicht mehr ohne weiteres zu halten sein. In einem Gesamtkonzept für die Freiwillige Feuerwehr schlug die Leitung der Berufsfeuerwehr deshalb schon 1994 vor, die Ortsfeuerwehren Bant und Heppens als Schwerpunkfeuerwehr an einem neuen Standort im Stadtwesten zusammenzufassen. Die Ortsfeuerwehren Sengwarden und Fedderwarden sollten eine weitere Schwerpunktfeuerwehr am Standort Sengwarden bilden. Und schließlich sollten die Ortsfeuerwehren Neuengroden und Wilhelmshaven-Nord am Standort Albrechtstraße zusammengefasst und die Kreisausbildung mit dem Katastrophenschutz in der Peterstraße 146 konzentriert werden.

Dieser Vorschlag floss in die Bearbeitung des Prüfauftrags „Feuerwehr" im Jahr 1995 ein, dem drei Szenarien zugrunde lagen:

- a) Reduzierung der Berufsfeuerwehr auf eine *hauptamtliche Wachbereitschaft* und Verstärkung der Freiwilligen Feuerwehr
- b) *Erweiterung der Berufsfeuerwehr*, Übernahme zusätzlicher Aufgaben gegen Entgelt im industriellen Brandschutz und Neuaufstellung der Freiwilligen Feuerwehr in Schwerpunkten
- c) Fortführung des *Status Quo*, Berufsfeuerwehr und Freiwillige Feuerwehr im bisherigen Umfang.

So verlockend das Szenario „a) hauptamtliche Wachbereitschaft" angesichts der Rahmenbedingungen auch schien: Praktisch hätte es die Abschaffung der Berufsfeuerwehr in der bisherigen Form bedeutet. Eine hauptamtliche Wachbereitschaft unter der Verantwortung eines dann hauptamtlichen Stadtbrandmeisters würde in Gruppenstärke (1/8) rund um die Uhr bereitstehen, um Kleinbrände zu löschen oder in kleinerem Umfang technische Hilfe zu leisten. Bei allen größeren Einsätzen, insbesondere z.B. bei einem Wohnungsbrand hätte diese Löschgruppe aus der Freiwilligen Feuerwehr heraus rund um die Uhr, auch tagsüber, zum Löschzug verstärkt werden müssen, so wie es damals in Städten wie Pirmasens, Delmenhorst oder Cuxhaven gebräuchlich war. Für die Wilhelmshavener Verhältnisse wurde eine solche Aufwuchsfähigkeit der Freiwilligen Feuerwehr, angesichts der langjährigen Gewöhnung an die Existenz einer Berufsfeuerwehr sehr kritisch beurteilt, sowohl hinsichtlich der Bereitschaft zum ehrenamtlichen Engagement wie auch der Mitwirkungsbereitschaft der Arbeitgeber.

Die Werkfeuerwehren der Industriebetriebe hätten in diesem Szenario bis zur Löschgruppe verstärkt werden müssen, um die verminderte Unterstützung durch die städtische Feuerwehr zu kompensieren. Schließlich galt die ständige Einsatzbereitschaft des städtischen Löschzuges als Voraussetzung für die Begrenzung der Werkfeuerwehren auf Staffelstärke.

Die Untersuchung ergab, dass die Einsparung von 30 Planstellen für hauptamtliches Personal im Szenario a) schon zur Hälfte durch die zukünftig erforderlichen Verdienstausfallentschädigungen einer nach der Einsatzstatistik rund um die Uhr eingesetzten Freiwilligen Feuerwehr aufgebraucht worden wären. Der höhere Aufwand für Werkfeuerwehren hätte sich auf das Unternehmensergebnis und damit auf das Steueraufkommen ausgewirkt.

In dem Szenario „b) erweiterte Berufsfeuerwehr" ging man von zwei verstärkten Löschgruppen (1/12 bzw. 1/14) aus, die bei Bedarf jederzeit zum Löschzug (1/16) einer Berufsfeuerwehr (vgl. Seite 327) aufwachsen konnten. Mindestens eine der beiden war aber auch jederzeit in der Lage, neue Aufgaben im industriellen Brandschutz oder in der Schiffsbrandbekämpfung auf Bundeswasserstraßen zu übernehmen. Die erweiterte Berufsfeuerwehr sollte in der Lage sein, die anstehenden Aufgaben und gesetzlichen Verpflichtungen mit weniger Aufwand zu erfüllen als jeder der einzelnen Akteure mit einer eigenen Brandschutzorganisation. Den erheblichen Mehraufwendungen für zusätzliches Personal und einer neuen, sogenannten „Industriewache" im Stadtnorden, von der aus die Wohngebiete und die Industrieanlagen gleichermaßen hätten erreicht werden können, standen Entgeltzahlungen der Industrie und des Landes Niedersachsen für die Übernahme der zusätzlichen Aufgaben gegenüber. Mit einer stärker aufgestellten Berufsfeuerwehr war auch die Option verbunden, die Freiwillige Feuerwehr in drei Schwerpunktfeuerwehren zusammenzufassen und damit auch bei rückläufigen Mitgliederzahlen öfter einzusetzen zu können als im Status Quo, jedoch nicht so oft wie im Szenario a): die „Ortsfeuerwehr West" aus den Ortsfeuerwehren Bant und Heppens, die „Ortsfeuerwehr Nord" aus den Ortsfeuerwehren Neuengroden und Wilhelmshaven-Nord sowie die „Ortsfeuerwehr Land" aus den Ortsfeuerwehren Sengwarden und Fedderwarden. Für den

Übergang sollten die Feuerwehren als Stützpunktfeuerwehren weitergeführt werden. Die „Ortsfeuerwehr West" sollte am Standort Peterstraße/Banter Weg die verbliebenen Einheiten des Katastrophenschutzes (ABC-Abwehr, Fernmeldewesen) integrieren. Für die „Ortsfeuerwehr Nord" war als neuer Standort die angedachte „Industriewache" vorgesehen, für die „Ortsfeuerwehr Land" der Standort Sengwarden aufgrund seiner Lage zu den Hauptverkehrswegen und den Industrieanlagen. „Dieses Konzept bietet im Verhältnis zum Status Quo den Vorteil, daß die Schwerpunktfeuerwehren mit der vorhandenen Ausstattung auch weiterhin personell und materiell gut bestückt werden können, insbesondere vor dem Hintergrund der Tatsache, daß mit dem Abzug von 4 Löschfahrzeugen LF 16 TS des erweiterten Katastrophenschutzes des Bundes erhebliche Einschränkungen der Freiwilligen Feuerwehr insgesamt verbunden sind", heißt es im Bericht über das Ergebnis des Prüfauftrags.[618]

Die Autoren des Berichts über den Prüfauftrag, Brandrat Thomas Jeziorek und Stadtrat Jens Graul, zogen im März 1996 ein eindeutiges Fazit: „Im Ergebnis hat sich herausgestellt, daß das Szenario ‚Hauptamtliche Wachbereitschaft' nicht nur erheblich teurer ist als die Fortführung des Status Quo, sondern auch wesentliche Sicherheitsprobleme, insbesondere für den vorbeugenden und den industriellen Brandschutz mit sich bringt. Dagegen ist das Szenario ‚Erweiterte Berufsfeuerwehr/Schwerpunktkonzept Freiwillige Feuerwehr' die einzige denkbarbare Alternative zur Fortführung des Status Quo."[619] Unabhängig von den verschiedenen Szenarien sollten die Aufgaben des Katastrophenschutzes vor dem Hintergrund der Neuausrichtung des erweiterten Katastrophenschutzes (vgl. Seite 220) schrittweise der Freiwilligen Feuerwehr zugeordnet und durch die gemeinsame Nutzung von Einrichtungen und Ausrüstungen Synergieeffekte erzielt werden. Die Berufsfeuerwehr sollte ihre Beteiligung am Rettungsdienst auch aus wirtschaftlichen Gründen beibehalten und im Rahmen der Bedarfsplanung weiter stabilisieren.

Nach ausführlicher Beratung der Untersuchungsergebnisse legte der Rat der Stadt Wilhelmshaven mit einer Richtungsentscheidung 1996 die Grundlagen für ein Deka-

Abb. 271: Bergung eines in den Straßengraben abgerutschten Lkw mit Gasflaschen, 28. November 1996 (im Hintergrund links der Rüstwagen RW 1 der Ortsfeuerwehr Sengwarden) (Feuerwehr-Archiv)

den-Konzept zur Entwicklung der Feuerwehr in Wilhelmshaven, das in den Jahren danach in zahlreichen einzelnen Maßnahmen umgesetzt wurde und dem Grunde nach bis heute gilt:

- Übernahme zusätzlicher Aufgaben (Schiffsbrandbekämpfung, Feuerwehrschule)
- Fortführung des Rettungsdienstes
- Konzentration der Freiwilligen Feuerwehren.

Die Berufsfeuerwehr sollte in dem Umfang wachsen können, wie es gelang, dies durch neue Aufgaben zu refinanzieren. Auch wenn längst nicht alle Erwartungen erfüllt werden konnten, die mit dem Szenario „Erweiterte Berufsfeuerwehr" verbunden waren: In fiskalischer Hinsicht gelang es, den Zuschussbedarf zur Feuerwehr bis zur Mitte des folgenden Jahrzehnts auf 40 % des Etats zu reduzieren.

Mit den Ergebnissen des Prüfauftrages war die Optimierung der Feuerwehren in Wilhelmshaven zu einer kontinuierlichen Aufgabe geworden. Die Frage lautete: Konnte es einen Weg geben von dem historisch gewachsenen System der kommunalen Feuerwehren (Berufsfeuerwehr/Freiwillige Feuerwehr), der drei privaten Werkfeuerwehren und der Betriebsfeuerwehr des Marinearsenals zu einem integrierten System der Gefahrenabwehr? Auf der öffentlichen wie auf der privaten Seite war letztendlich der Kostendruck der Treiber der Diskussion. In jedem Fall mussten insbesondere die geltenden Hilfsfristen sowie die Häufigkeitsverteilungen der tatsächlichen Einsätze berücksichtigt werden.

Während Gespräche mit dem Bundesamt für Wehrtechnik und Beschaffung (als vorgesetzte Behörde des Arsenalbetriebs Wilhelmshaven) wegen der damals schon laufenden Planungen zur Zentralisierung der Feuerwehraufgaben am Standort gar nicht erst zustande kamen, schienen im Verhältnis Berufsfeuerwehr-Werkfeuerwehren Optimierungspotentiale und bei den Beteiligten auch ein Gesprächsinteresse vorhanden zu sein. Nach dem Niedersächsischen Brandschutzgesetz (NBrandSchG) konnte eine Werkfeuerwehr zur Brandbekämpfung und Hilfeleistung in der Gemeinde angefordert werden, solange ihre Aufgaben im eigenen Bereich nicht gefährdet wurden. Mit Zustimmung der Aufsichtsbehörde (Bezirksregierung) konnte man ihr auch gemeindliche Aufgaben der Brandbekämpfung und Hilfeleistung übertragen. Eine Berufsfeuerwehr wiederum konnte die Aufgaben einer Werkfeuerwehr übernehmen, wenn ihre originären Aufgaben hierdurch nicht beeinträchtigt wurden. In beiden Fällen galten klar definierte Vorgaben: Für die kommunalen Feuerwehren waren es die Empfehlungen zu Hilfsfristen und Schutzzielen der Arbeitsgemeinschaft der Leiter der Berufsfeuerwehren beim Deutschen Städtetag (AGBF), die 1998 veröffentlicht wurden (vgl. Seite 393). Für die Werkfeuerwehren enthielten die jeweiligen Produktionsgenehmigungen nach Bundesimmissionsschutzgesetz (BImSchG) die entsprechenden Zeitvorgaben für Einsätze in den Anlagen, abgeleitet aus den Sicherheitsanalysen.

So entstand die Idee eines „Brandschutzverbundes Wilhelmshaven", in dem die Feuerwehren der Stadt Wilhelmshaven und der Wilhelmshavener Hafenindustrie zusammenwirken sollten. Die beteiligten Unternehmen und Institutionen würden eine gemeinsame organisatorische Plattform in Form einer öffentlich-privaten Kooperation gründen, in der die Feuerwehren von einer neuen „Industriewache" aus integriert und nicht additiv zusammenarbeiteten, um die Sicherheit für Bürger und Industrie zu verbessern und Synergieeffekte zu nutzen. Kernelement war, so hieß es in einem Konzeptpapier, „[...] ein modulares, auf die Eintrittswahrscheinlichkeit ausgerichtetes System des Kräfteaufwuchses (Rendezvous-Verfahren), in das auch die Freiwilligen Feuerwehren der Stadt Wilhelmshaven und die nebenamtlichen Feuerwehren der Industrie eingebunden sind."[620] Die „Gemeinsame Feuerwehr Wilhelmshaven" oder auch „Regionalfeuerwehr Wilhelmshaven" folgte dem Beispiel der 1998 gegründeten „Gezamenlijke Brandweer" im Industriegebiet von Rotterdam, die als öffentlich-private Kooperation aus etwa 30 Werk- und Kommunalfeuerwehren den Brandschutz sowohl für eine Reihe petrochemischer Betriebe wie auch für die mitten in der Industriezone liegende Gemeinde Rozenburg wahrnimmt. Neben dem Brandschutz bietet diese Organisation außerdem Dienstleistungen für Dritte im Bereich Sicherheit, Ausbildung, Ausrüstung und Gerätewartung an. Vertreter der Wilhelmshavener Industrie, der Behörden und der Feuerwehr besichtigten Anfang 2000 den Hafen Rotterdam und diese besondere Feuerwehrorganisation.

An der Diskussion über die „Gemeinsame Feuerwehr Wilhelmshaven" beteiligten sich neben der Stadt die Chemieunternehmen European Vinyls Corporation (EVC) und Wilhelmshavener Raffineriegesellschaft (WRG). Man dachte über eine gemeinsame „Industriewache" nach, entweder an einem neuen Standort nahe der Autobahn oder auf der vergleichsweise zentral gelegenen Wache der Raffinerie-Feuerwehr. Dort sollte eine verstärke Löschgruppe (Staffel und Trupp) aus Feuerwehrleuten der beiden Werkfeuerwehren und der kommunalen Feuer- und Rettungswache Wache II stationiert werden, die sowohl die Aufgaben der beiden Werkfeuerwehren EVC und WRG wie auch den kommunalen Brandschutz nördlich der Autobahn wahrgenommen hätte. Werkstattleistungen (z.B. Atemschutz) sollten an dem neuen Standort zusammengelegt werden. Zur Einhaltung der Hilfsfristen wäre eine direkte Verbindungsstraße zwischen den beiden Werken erforderlich geworden. Zur Ergänzung der gemeinsamen Feuerwehr hätten die Industriebetriebe ihre nebenamtlichen Brandschutzkräfte ertüchtigen müssen. Für die städtische Feuerwehr wäre mit einer stärkeren Inanspruchnahme der Feuerwache I (Mozartstraße) und der Freiwilligen Feuerwehr bei Paralleleinsätzen zu rechnen gewesen.

Dennoch hätten die drei Partner am Ende, unter Einhaltung aller gesetzlichen Vorgaben, weniger Aufwand betreiben müssen als jeder für sich im Status quo. Notwendige Investitionen in die Infrastruktur hätten sich in überschaubarer Zeit amortisiert. Ein klarer Nachteil dagegen war von Anfang an die im Vergleich zu Rotterdam wesentlich geringere Zahl der Partner, sodass die Vorteile schon beim Ausstieg des ersten Partners nicht mehr gegeben wären. Angesichts dieser Risiken wurde die Idee der „Gemeinsamen Feuerwehr Wilhelmshaven" nicht weiterverfolgt.

*

### Rheinstraße, 28./29. September 1996: Brand in einem Mehrfamilienhaus

In der Nacht zum 29. September 1996 brach in der östlichen Rheinstraße, neben dem Gebäude der späteren Grundschule Rheinstraße) ein Schadenfeuer aus, das die Berufsfeuerwehr vor allem durch die große Anzahl Verletzter forderte. Der Brand war vom Treppenhaus des dreigeschossigen Mehrfamilienhauses ausgegangen und hatte auf die Eingangsbereiche zu den Wohnungen im ersten und zweiten Obergeschoss übergegriffen. Die starke Verqualmung versetzte die zumeist aus Vietnam stammenden Hausbewohner in Panik.

Als die Feuerwehr eintraf, waren bereits vier Personen aus den oberen Stockwerken gesprungen. Ein Taxifahrer, der zufällig vorbeikam, hatte zwei davon in das St. Willehad-Krankenhaus gebracht. Vier weitere Personen konnte die Feuerwehr über Sprungretter bergen, fünf über die Drehleiter, eine über Steckleitern.

Zu diesem Zeitpunkt hatten Trupps des Löschzuges bereits das Gebäude durchsucht und die vorgefundenen Personen zu den Fenstern geleitet. Ein Löschtrupp hatte sich um das Feuer gekümmert, das bereits nach einer halben Stunde unter Kontrolle war. Vierzehn Personen (sechs Erwachsene, acht Kinder) wurden zum Teil schwer verletzt (Knochenbrüche, Kopfverletzungen, Rauchvergiftungen).

Neben dem Löschzug kamen insgesamt sechs Rettungswagen und drei Notärzte aus Wilhelmshaven und Friesland zum Einsatz. Da die meisten Feuerwehrbeamten auch als Rettungssanitäter oder -assistenten ausgebildet waren, konnten sie den Rettungsdienst wirksam verstärken.

1996 beschaffte die Berufsfeuerwehr ein weiteres Wechselladerfahrzeug WLF als gebrauchtes Basisfahrzeug (Mercedes-Benz 1622, Baujahr 1985) mit einer neuen Meiler-Hakenanlage, dazu eine Kranpritsche, d.h. eine Ladepritsche mit Hydraulik-Kran (Meiler/Alustahl Bremen). Für die Neuaufstellung der Freiwilligen Feuerwehr nach dem Abzug der Fahrzeuge des erweiterten Katastrophenschutzes erwarb man einen gebrauchten Mannschaftstransportwagen MTW (Mercedes Sprinter).[621]
Ein Jahr später wurde eine zweite Drehleiter DLK 23-12 (Iveco Magirus 150 E) in Dienst gestellt, sodass nun wieder eine Reserveleiter für den Fall kurzfristiger Ausfälle oder längerer Instandsetzungen zur Verfügung stand und die Leiterbühne von 1977 ausgemustert werden konnte.[622] Das System der Abrollbehälter wurde um eine auswechselbare Pritsche (AB Pritsche, Fa. Bruns) erweitert. Im gleichen Jahr beschaffte die Berufsfeuerwehr einen neuen Einsatzleitwagen ELW 1 auf der Basis des Volkswagen T 4 (Ausbau Freitag/Kehler). Als konsequente Weiterentwicklung des bisherigen Konzepts und entsprechend der inzwischen entwickelten Normen verfügte das Fahrzeug über eine Ausstattung für mittlere Einsätze: ein Arbeitstisch mit zwei Sitzbänken für kurze Lagebesprechungen, Funkgeräte, Absperrmaterial, Handscheinwerfer, Kartenmaterial, Einsatzunterlagen.[623] Für weitergehende Anforderungen hatte der Katastrophenschutz bereits 1996 einen früheren Polizei-Mannschaftswagen zum

Abb. 272: Neue Drehleiter DLK 23-12, 1997 (Foto: Olaf Preuschoff)

Einsatzleitwagen ELW 2 für größere Einsätze und Katastrophenlagen umgebaut, mit Funkausstattung und Funktischen, größerem Tisch für Lagebesprechungen etc. Das Fahrzeug ersetzte die mobile Einsatzleitung von 1985 (vgl. Seite 295).

Am 7. Mai 1997 schloss die Stadt Wilhelmshaven mit der Nordwest-Oelleitung GmbH (NWO), der European Vinyls Corporation (EVC) und der Wilhelmshavener Raffineriegesellschaft (WRG) eine Vereinbarung über den sogenannten „Schaummittelverbund" ab. Sie ersetzte die früheren mündlichen Absprachen. Die Vertragspartner verpflichteten sich zur gemeinsamen Vorhaltung von Schaummitteln, die jedem Einzelnen den Aufwand für eine jeweils größere Menge ersparte. Der Idee lag die Einschätzung zugrunde, dass Paralleleinsätze eher unwahrscheinlich seien. EVC stellte 6.000 Liter Schaummittel bereit, die Berufsfeuerwehr 7.000 Liter. Sie beschaffte dafür einen neuen Abrollbehälter AB Schaum (Fa. Bruns). Die mineralöllagernden bzw. -verarbeitenden Betriebe waren schon von wegen ihres Gefahrenpotentials stärker ausgestattet: WRG brachte 37.000 Liter in den Verbund ein, NWO 32.000 Liter. Die Gesamtmenge von insgesamt 82.000 Litern entsprach dem Löschmittelzufluss für einen etwa einstündigen Schaumangriff. Eine gemeinsame Alarm- und Ausrückeordnung regelte die Alarmierungswege und Abläufe im Zusammenwirken des Schaummittelverbunds.

*

Jahrzehntelang war die Traumatisierung von Helfern und Opfern durch Brände, Verkehrsunfälle oder größere Schadensereignisse in Deutschland keiner Rede wert gewesen. Insbesondere die Kriegsgeneration hatte die kollektive, aber auch die individuelle Verdrängung traumatischer Erfahrungen zur gesellschaftlichen Konvention gemacht. In den frühen 1990er Jahren setzte sich jedoch die Erkenntnis durch, dass die frühzeitige seelisch/psychologische Betreuung von Opfern, aber auch von Einsatzkräften dazu beitragen würde, Folgeschäden zu vermeiden oder zu begrenzen. In der Diskussion spielten die kirchlichen Seelsorger eine wichtige Rolle. Die Eisenbahn-Katastrophe von Eschede am 3. Juni 1998 mit 101 Toten und 194 Verletzten, bei der auch Wilhelmshavener Feuerwehrbeamte eines Lehrgangs an der Landesfeuerwehrschule von Celle aus im Einsatz waren, bestätigte den Handlungsbedarf und war zugleich eine erste große Bewährungsprobe für die Betreuung traumatisierter Opfer von Schadensereignissen.

Zum 1. September 1997 nahm die „Notfallseelsorge Wilhelmshaven" für Unfall- und Brandopfer sowie Helfern ihren Dienst auf. Zwölf, später bis zu vierzehn evangelische Pastorinnen und Pastoren befanden sich abwechselnd montags bis freitags rund um die Uhr in Rufbereitschaft und wurden über die Leitstelle der Berufsfeuerwehr mit Funkmeldeempfängern alarmiert. Die Notfallseelsorger waren zur Kennzeichnung mit Einsatzjacken ausgestattet, sie übernahmen an der Einsatzstelle die Akutseelsorge und bei Bedarf auch die Nachsorge in der Einsatznachbereitung („Debriefing") der Einsatzkräfte. Sie führten Gespräche mit Geschädigten, Helfern und Angehörigen von Opfern in psychischen Ausnahmesituationen nach schweren Verkehrsunfällen oder Schadenslagen, um den Betroffenen Bewältigungsstrategien für traumatische Erfahrungen zu vermitteln, sodass spätere Belastungsstörungen möglichst ausblieben.

Die Seelsorger absolvierten eine regelmäßige fachliche Fortbildung und nahmen an praktischen Übungen der Feuerwehren und Hilfsorganisationen teil. An einem

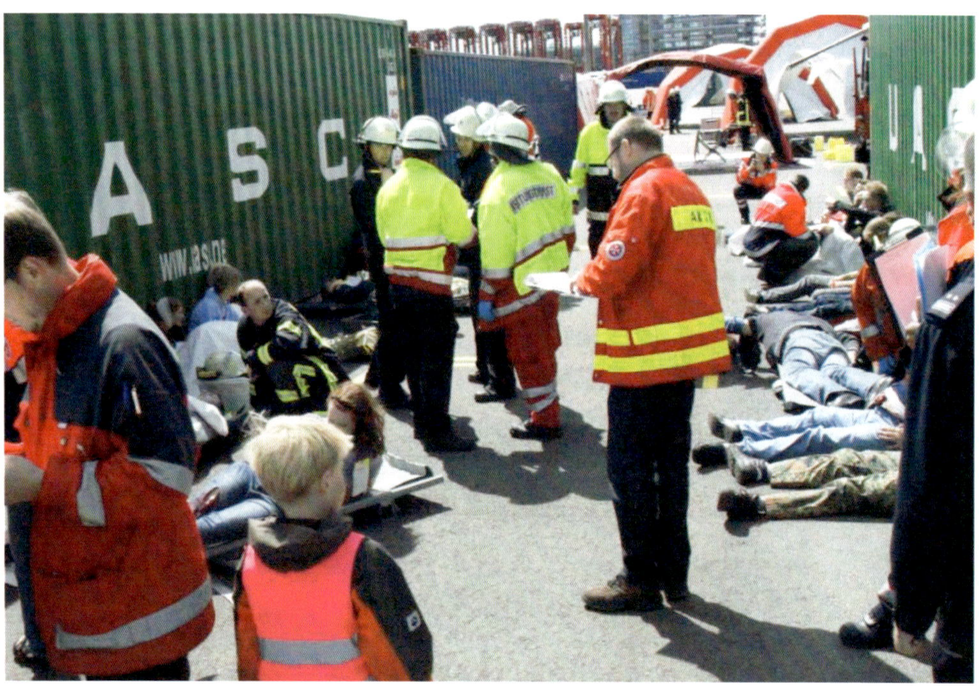

Abb. 273: Notfallseelsorger bei einer Übung am JadeWeserPort, 2012 (Notfallseelsorge Wilhelmshaven)

„Runden Tisch Notfallseelsorge", den die Pastoren Frank Moritz (Bant) und Kai Wessels (Fedderwardergroden) eingerichtet hatten, tauschen sich Seelsorger seitdem regelmäßig mit Vertretern der Feuerwehren und Hilfsorganisationen, der Polizei und der Notärzte über grundsätzliche und fachübergreifende Themen aus. Es war das erste System dieser Art der Oldenburgischen Landeskirche. In den ersten Jahren wurde die Notfallseelsorge bis zu 40-mal jährlich gerufen.[624] Schwerpunkte bildeten plötzliche häusliche Todesfälle, schwere Verkehrsunfälle und Nachgespräche mit Einsatzkräften. 2011 kam ein sechsköpfiges Kriseninterventionsteam des Malteser-Hilfsdienstes (MHD) hinzu und teilte sich die Rufbereitschaften mit den Seelsorgern, sodass deren Zahl auf zehn reduziert werden konnte.

*

Nach einer Novelle zum Niedersächsischen Brandschutzgesetz (NBrandSchG) von 1978 war das Land Niedersachsen selbst für die Brandbekämpfung und Hilfeleistung in den landeseigenen Seehäfen sowie auf den angrenzenden Seewasserstraßen zuständig (§ 5a NBrandSchG). Die Bundesrepublik Deutschland trug auf der Grundlage des Bundeswasserstraßengesetzes als Bestandteil der Verkehrssicherung die Verantwortung für die Brandbekämpfung auf Seewasserstraßen und den angrenzenden Mündungstrichtern. Sie konnte aber Vereinbarungen mit den Ländern abschließen, da die Zuständigkeitsbereiche unmittelbar aneinander grenzten.

Zunächst nahm das Niedersächsische Wirtschaftsministerium im Rahmen seiner Zuständigkeit für die Häfen die neue Aufgabe wahr, aber erst mit der Übertragung auf das Innenministerium begann die Ministerialverwaltung, ernsthaft Fragen der Einsatztaktik, der Qualifikation der Einsatzkräfte und deren Ausrüstung zu behandeln. Die Hafenstädte Emden, Wilhelmshaven, Cuxhaven, Elsfleth und Brake fürchteten die Gefahren eines jederzeit möglichen Ernstfalls. Seit Mitte der 1980er Jahre hatten sie das Land Niedersachsen immer wieder gedrängt, seine Vorstellungen über die Organisation der Brandbekämpfung und Hilfeleistung auf See, vor allem aber die Rolle der kommunalen Feuerwehren offenzulegen und entsprechende Regelungen zu treffen. Aber erst Anfang der 1990er Jahre bekamen Emden und Cuxhaven als erste Hafenstädte Vertragsangebote, 1996 auch Wilhelmshaven. Nach dem Konzept des Innenministeriums sollte ein havariertes Schiff mit Schleppern zu einem Notliegeplatz verholt werden. Entsprechend ausgebildete und ausgerüstete Löschgruppen der Feuerwehren würden mit Schiffen oder Hubschraubern dorthin transportiert werden und die Mehrzweckschiffe der Bundeswasserstraßenverwaltung vor Ort als Plattform für den Einsatz und auch als Rückzugsweg nutzen.

Mit einer Verwaltungsvereinbarung vom 19. November 1997 „über den Einsatz der Feuerwehr Wilhelmshaven bei der Schiffsbrandbekämpfung und bei Hilfeleistungen im Seehafen Wilhelmshaven, in den Hafenanlagen vor dem Rüstersieler Groden (Niedersachsenbrücke), dem Voslapper Groden und den angrenzenden Seewasserstraßen" sicherte sich das Land Niedersachsen die Mitwirkung der Stadt Wilhelmshaven und ihrer Feuerwehren. Parallel dazu hatte es sich mit dem Bund über die Brandbekämpfung und die Hilfeleistung im weiteren Jaderevier geeinigt. Die

Stadt Wilhelmshaven verpflichtete sich, rund um die Uhr auf Abruf eine entsprechend ausgebildete Löschgruppe (1/8) sowie eine zusätzliche feuerwehrtechnische Führungskraft der Berufsfeuerwehr als Einsatzleiter vor Ort bereitzuhalten. Im Bedarfsfall stellte sie der Revierzentrale Wilhelmshaven des Wasser- und Schifffahrtsamtes einen weiteren Beamten des gehobenen feuerwehrtechnischen Dienstes als Berater zur Verfügung. Speziell diese Regelung wurde mit dem Aufbau des Havariekommandos in Cuxhaven 2003 später obsolet. Das Land Niedersachsen übernahm die Personal- und Ausbildungskosten der erforderlichen Feuerwehrbeamten (Funktionsstellen) sowie die Kosten für die zusätzliche feuerwehr-technische Ausrüstung.

1998 gab das Niedersächsische Innenministerium eine Alarm- und Ausrückeordnung für die Schiffsbrandbekämpfung und die Hilfeleistung heraus, in der die Alarmierungs- und Meldewege, die Aufgaben der beteiligten Behörden, Fragen der Einsatzleitung etc. geregelt waren. Zunächst ging man davon aus, dass ein Mehrzweckschiff die Löschgruppe und ihre Ausrüstung (in einem Abrollbehälter) vom nächstgelegenen Hafen aufnehmen und zum Einsatzort bringen würde. Nach den ersten Übungen und Einsatzerfahrungen zeigte sich jedoch, dass ebenso wie bei Einsätzen an Land auch auf See der Zeitfaktor, d.h. die Eintreffzeit am Einsatzort entscheidend sein konnte. Daraus resultierte eine bis heute gültige Einsatzstrategie: Das Mehrzweckschiff fährt direkt zum Havaristen, die Löschgruppe oder mindestens zwei Trupps werden mit einem Teil der Ausrüstung (Atemschutzgerät, Wärmebildkamera, Spezialstrahlrohr) per Hubschrauber oder mit einem schnellen Wasserfahrzeug (Wasserschutzpolizei – WSP oder Deutsche Gesellschaft zur Rettung Schiffbrüchiger – DGzRS) dorthin gebracht und leiten in Zusammenarbeit mit der Besatzung die erforderlichen Maßnahmen ein. Zusätzliches Personal und Ausrüstung werden bei Bedarf mit weiteren geeigneten Fahrzeugen (Dienstfahrzeuge der Wasser- und Schiff-

Abb. 274: Die erste Gruppe von Feuerwehrbeamten zur Erkundung auf dem Mehrzweckschiff Mellum, 23. April 1997 (v.l.n.r. Peter Bär, Walter Menßen, Mario Zirulew, Heinz-Jürgen Meinke, Carsten Biermann, Olaf Richter, Markus Wollering, Ulrich Glage) (Feuerwehr-Archiv)

fahrtsverwaltung, private Schlepper, aber auch Hubschrauber) nachgeführt. Diese veränderte Einsatzstrategie hatte Auswirkungen auf die Ausbildung, in der nun z.B. der Hubschraubertransport und das Auf- und Abwinschen mit einer Seilwinde intensiv geübt wurden.

Auf Einladung der Stadt Wilhelmshaven und der Berufsfeuerwehr fand am 16. September 1999 ein Planspiel zur Schiffsbrandbekämpfung mit etwa 30 Vertretern von Bundes- und Landesbehörden, Industrieunternehmen, Reedereien und Hubschrauberdienstleistern sowie der Feuerwehren aus Bremerhaven und Emden statt. In Form einer moderierten Planübung in Arbeitsgruppen ging man abschnittsweise das Szenario „Brand im Maschinenraum eines Öltankers im Zulauf auf Wilhelmshaven" durch. Viele Beteiligte lernten sich an diesem Tag erstmals kennen und gewannen einen Eindruck von den komplexen Zuständigkeiten (Wasser- und Schifffahrtsverwaltung, Wasserschutzpolizei, Hafenämter, Seeberufsgenossenschaft, Lotsen, Gewerbeaufsichtsämter, Feuerwehren u.v.a.m.) und den zum Teil doch recht unterschiedlichen Denkweisen.

Das Land Niedersachsen und die Stadt Wilhelmshaven erweiterten am 5. Mai 2000 den Einsatzbereich der Feuerwehr Wilhelmshaven mit einer weiteren Verwaltungsvereinbarung auf den Mündungstrichter der Weser (bis auf die Höhe von Blexen) und die angrenzende Seewasserstraße bis zur seewärtigen Begrenzung des Küstenmeeres. Der Bund hatte zuvor seine Verantwortung für den Brandschutz in einer Verwaltungsvereinbarung auf die beiden Länder Niedersachsen und Bremen übertragen. Diese wiederum sicherten den Einsatz der Feuerwehren aus den Hafenstädten auf der Grundlage bilaterale Vereinbarungen zu. Der Bund stellte seine Mehrzweckschiffe als Plattformen zur Verfügung.

Das Land Niedersachsen finanzierte einen weiteren Löschtrupp (1/3) der Berufsfeuerwehr Wilhelmshaven. Gemeinsam erarbeitete man ein Ausbildungskonzept, für dessen Umsetzung der Stellenplan der Berufsfeuerwehr mit sog. „kw-Stellen" („künftig wegfallend") vorübergehend aufgestockt wurde. Zunächst besuchten 33 Feuerwehrbeamte, die als Voraussetzungen einen erfolgreich abgeschlossenen Oberbrandmeisterlehrgang und die Qualifikation als Rettungsassistent mitbringen mussten, im Jahr 2001 den insgesamt 8-monatigen Lehrgang: Schiffstypen, seemännische/schiffstechnische Fachausdrücke, praxisbezogenes technisches Englisch, Umgang mit den Sicherheitseinrichtungen an Bord, Verladen der Einsatzausrüstung von Anlegern und Brücken, spezielle Risiken und Verhaltensmaßregeln bei der Brandbekämpfung auf Schiffen, Überlebenstraining bei einem Seenotfall, Grundausbildung zum Absetzen und Aufnehmen mit dem Hubschrauber. Während die theoretische Schulung in Wilhelmshaven erfolgte, fand die praktische Ausbildung am Einsatzausbildungszentrum Schadensabwehr der Deutschen Marine in Neustadt/Holstein, das Wassergewöhnungstraining und „Überleben auf See" bei den Marinefliegern in Nordholz sowie das Hubschrauber-Winsch-Training auf dem Flugplatz Mariensiel statt. Die Führungskräfte für die Schiffsbrandbekämpfung (Einsatzleiter und Gruppenführer) belegten zusätzlich einen Kurs des privaten Rotterdam International Safety Center (RISC), einem Trainings- und Übungszentrum für Feuerwehren in der niederländischen Hafenmetropole, das sich auf die realitätsnahe Ausbildung in der Brandbe-

Abb. 275: Abrollbehälter Schiffsbrandbekämpfung mit Wechselladerfahrzeug vor dem Schadstoff- und Unfallbekämpfungsschiff (SUBS) Mellum, 2003 (Sammlung Walter Menßen)

kämpfung auf Schiffen und in Industrieanlagen spezialisiert hat. Bis 2007 waren insgesamt 50 Beamte der Berufsfeuerwehr in allen Wachschichten für die Aufgabe Schiffsbrandbekämpfung ausgebildet.

Abb. 276: Wechselladerfahrzeug mit dem Abrollbehälter Gefährliche Stoffe/Güter (AB-Gefahrgut), 1999 (Sammlung Walter Menßen)

Auf der Grundlage der Vereinbarungen mit dem Land Niedersachsen beschaffte die Berufsfeuerwehr im Jahr 2000 einen Abrollbehälter Schiffsbrandbekämpfung (AB Schiffsbrand, Fa. Bruns) mit der Ausrüstung zur Brandbekämpfung, Menschenrettung und technische Hilfeleistung an Bord in 16 Gitterboxen. Dazu gehörten Schläuche, Strahlrohre, Atemschutzgeräte, Fluchthauben, eine Wärmebildkamera, Explosionsmessgeräte etc. Für den zeitkritischen Transport des Abrollbehälters erwarb man ein Wechselladerfahrzeug WLF (MAN 26.314/Meiler).

Bereits ein Jahr zuvor hatte die Berufsfeuerwehr einen Abrollbehälter Gefährliche Güter/Stoffe (AB-Gefahrgut, Fa. Heines) mit einem Trägerfahrzeug (Mercedes-Benz/Meiler) in Dienst gestellt. Er enthielt die erforderliche Ausrüstung zur Erkennung und Sicherung gefährlicher Stoffe und Güter: Messgeräte, Chemieschutzanzüge, Atemschutzmasken, Pumpen und Schläuche für Chemikalien, Auffang- und Transportbehälter, Flutlichtlampen.

Die Erfahrungen aus praktischen Übungen und Planspielen zur Schiffsbrandbekämpfung führten in den darauffolgenden Jahren zur Weiterentwicklung des Konzepts. Maßgeblichen Einfluss hatte die *Pallas*-Katastrophe vor der schleswig-holsteinischen Küste im Jahr 1998. Der Frachter mit 8.000 tdw befand sich Ende Oktober mit einer Ladung Schnittholz auf dem Weg von Schweden nach Spanien, als die Ladung noch vor der dänischen Küste in Brand geriet. Die Wetterbedingungen und der Kompetenzwirrwarr unter den zahlreichen zuständigen Bundes- und Landesbehörden erschwerten die Rettungsmaßnahmen. Schließlich lief die *Pallas* vor Amrum auf Grund, Betriebsstoff trat aus und verursachte im sensiblen Wattenmeer eine Ölpest. Als Reaktion auf die öffentliche Debatte und die Empfehlungen einer Expertenkommission schlossen der Bund und die Küstenländer Ende 2002 Vereinbarungen über die Errichtung einer gemeinsamen zentralen Einsatzleitung und die Zusammenarbeit bei der Bekämpfung von Meeresverschmutzungen ab.

Abb. 277: Einsatzübung auf der Mellum, 9. Mai 2012 (Sammlung Markus Bulling)

Sie richteten zum 1. Januar 2003 in Cuxhaven das „Havariekommando" ein. Es gewährleistet seitdem ein gemeinsames Krisenmanagement bei Schiffsunfällen und Meeresverschmutzungen auf Nord- und Ostsee, indem es die Verantwortung für die „Planung, Vorbereitung, Übung und Durchführung von Maßnahmen zur Verletztenversorgung, zur Schadstoffunfallbekämpfung, zur Brandbekämpfung, zur Hilfeleistung und zur gefahrenabwehrbezogenen Bergung bei komplexen Schadenslagen auf See" sowie die dazu gehörende Öffentlichkeitsarbeit bündelt.[625]

Dazu unterhält das Havariekommando ein maritimes Lagezentrum im 24-Stunden-Betrieb, das erforderlichenfalls Alarmierungen auslöst und Sofortmaßnahmen einleitet. Für komplexe Schadenslagen kann jederzeit ein Havariestab einberufen werden, der ein koordiniertes Vorgehen der beteiligten Einsatzkräfte des Bundes und der Küstenländer sicherstellt: Wasserschifffahrtsverwaltung, Wasserschutzpolizei, Deutsche Marine/Bundeswehr, Deutsche Gesellschaft zur Rettung Schiffbrüchiger, Hafenverwaltungen der Länder.

Die Feuerwehren und Hilfsorganisationen in den Hafenstädten stellen auf der Grundlage der Vereinbarungen rund um die Uhr eine sogenannte „Schiffsbrandbekämpfungsgruppe" bzw. „Brandbekämpfungseinheit" (BBE) oder ein „Verletztenversorgungsteam" (VVT) bereit und aktivieren sie auf Anforderung des Havariekommandos. Die Berufsfeuerwehr Wilhelmshaven hält dafür aktuell mehr als 40 entsprechend ausgebildete Beamte des mittleren und 11 des gehobenen Dienstes vor.

Die aktuellen Einsatzkonzepte, die zur Schiffsbrandbekämpfung und Menschenrettung entwickelt wurden, z.B. in der Arbeitsgemeinschaft der Feuerwehren See (AGF See), basieren auf der Annahme, dass es zunächst eine funktionierende Gefahrenabwehr an Bord durch die entsprechend geschulte Besatzung gab. BBE und VVT (auch zum Eigenschutz der BBE) werden auf dem kürzesten Weg mit dem nächst verfügbaren Transportmittel (Schiff/Hubschrauber) und der notwendigsten Ausrüstung vor Ort gebracht, wohin gleichzeitig ein Schadstoff- und Unfallbekämpfungsschiff (SUBS) als Arbeitsplattform mit weiteren Kräften und weiterer Ausrüstung entsandt wird: *Mellum*, *Neuwerk*, *Scharhörn* und *Gustav Meyer* der Wasser- und Schifffahrtsverwaltung mit Feuerlöschmonitoren, Gasschutz und Material zur Brandbekämpfung. Eine BBE gegliedert sich in den Angriffstrupp, den Wassertrupp und den Schlauchtrupp sowie zwei Führungskräfte, d.h. insgesamt acht Feuerwehrleute. Dabei richtet sich die Aufgabenverteilung der Trupps nach der Lage. Bei einem Transport mit dem Hubschrauber sollte mindestens eine Staffel (1/4) mit dem ersten Flug abgesetzt werden. Bei erkennbar komplexeren Schadenslagen, z.B. einem Brand im Maschinenraum, sollen von vorne herein zwei BBE alarmiert werden. Das Verletztenversorgungsteam (VVT) besteht aus vier Rettungsassistenten bzw. -sanitätern sowie zwei Notärzten.

*

Am 28. März 1998 ging eine Tauchergruppe aus Angehörigen der Berufsfeuerwehr offiziell in Bereitschaft und übernahm von nun an regelmäßig Einsätze. Immer wieder hatten tödlich verlaufene Schwimm- und Tauchunfälle die Lücke im Gefahrenabwehrsystem aufgezeigt. Behördentaucher standen nicht mehr in dem bisherigen Umfang zur Verfügung. 1997 begannen deshalb engagierte Feuerwehrmänner der Berufsfeuerwehr unter der Leitung von Oberbrandmeister Heiko Zilian mit der Ausbildung und Aufstellung einer Tauchergruppe, zunächst als Einheit des Technischen Hilfswerks (THW), das für seine Fachgruppe Brückenbau Taucher suchte. Es folgten mehrere Bergungseinsätze im Großen Hafen, im Handelshafen sowie im Banter See.

Die Tauchergruppe wechselte im Jahr 2000 zum Mehrzweckzug des Katastrophenschutzes (vgl. Seite 338). Allein während des folgenden Jahres gab es acht Einsätze im Innenhafen und in den größeren Binnengewässern. Vom Mehrzweckzug war es nur noch ein kleiner Schritt bis zum Jahre 2002, als die Tauchergruppe offiziell in die Berufsfeuerwehr eingegliedert wurde. Sie besteht aus bis zu 14 geprüften Feuerwehrtauchern, von denen einige aus der Freiwilligen Feuerwehr stammen. Feuerwehrtaucher verfügen über eine spezielle Ausbildung für Such- und Rettungsaufgaben sowie technische Hilfeleistung unter Wasser. 2001 beschaffte man für die Tauchergruppe ein mit Pressluft aufblasbares Schnelleinsatz-Schlauchboot (Zodiac, 3,8 m lang, max. Zuladung 800 kg) mit einem 30 PS Außenborder (Tohatsu), das im Gerätewagen Wasserrettung GW-W mitgeführt wurde.

*

Abb. 278: Übungseinsatz der Tauchergruppe am Großen Hafen/Bontekai, 2007 (Foto: Olaf Preuschoff)

Die Berufsfeuerwehr stellte 1998 ein neues Notarzteinsatzfahrzeug (NEF) auf der Basis eines größeren Mercedes (Mercedes Vito 110 D/Wiethmarscher Ambulanz- und Sonderfahrzeugbau) als Nachfolger des Volkswagen Passat von 1988 in Dienst. Der Bedarf an notfallmedizinischer Zuladung hatte zugenommen: Notfalltaschen und -Rucksäcke, Sauerstoffmasken und -flaschen, Beatmungs- und Infusionstechnik, eine Halsmanschette („Stiffneck"), Medikamente und Verbandsmaterial u.v.a.m. In der Einsatzpraxis hatte sich überdies eine größere Fahrzeug-Silhouette als sicherheitsrelevant erwiesen.

### 14. Oktober 1998, Langewerth: Großbrand einer Scheune

Vermutlich ein Defekt in der Milchkühlanlage löste einen Großeinsatz der Feuerwehr bei einer Stallanlage in Langewerth aus. Eingelagertes Stroh fing Feuer und bald schon brannte der Scheunenbau in ganzer Ausdehnung. Ein Nachbar hatte in der Nacht zum 14. Oktober die Feuerwehr alarmiert, als die Flammen schon aus dem Dach schlugen.

65 Einsatzkräfte der Berufsfeuerwehr und der Ortsfeuerwehren Fedderwarden, Bant und Heppens setzten u.a. drei B-Rohre und das Wenderohr der Drehleiter ein. Sie konnten das angrenzende Wohnhaus und eine unmittelbar benachbarte Scheune retten. Das Feuer war nach vier Stunden unter Kontrolle, den ganzen Tag mussten jedoch noch Brandnester bekämpft werden. Am folgenden Vormittag wurden ein Feuerwehmann und zwei Polizeibeamte beim Einsturz eines Giebels während der Brandermittlung verletzt. („Wilhelmshavener Zeitung", 15. Oktober 1998)

## 29. März 1999, Voslapper Straße in Höhe Utters: Bergung eines Pferdes

Auf der Voslapper Straße zwischen Sengwarden und Voslapp war nahe der Bauernschaft Utters ein Pferd in einen Graben geraten, aus dem es sich aus eigener Kraft nicht mehr befreien konnte. Die Berufsfeuerwehr setzte die Wechselladepritsche mit Hydraulik-Kran ein. Mit Hilfe sorgfältig untergezogener Schläuche konnte das Tier behutsam aus seiner Lage befreit werden und erholte sich rasch.

Abb. 279: (Foto: Gerold Gießenberg)

## 17. November 1999, Straße Am tiefen Fahrwasser: Verkehrsunfall mit einem Tanklastzug

Nach dem Verkehrsunfall eines Tanklasters wurde die Berufsfeuerwehr zu einem technischen Hilfeleistungseinsatz in den Stadtnorden gerufen. Der Anhänger war umgekippt, 15.000 Liter Heizöl drohten auszulaufen. Die Feuerwehr sicherte den Tankanhänger, streute bereits ausgetretenes Heiz- und Hydrauliköl mit Bindemittel ab und bereitete das Umpumpen des Heizöls in ein Spezialfahrzeug vor. Danach wurde der Anhänger mit einem Autokran wieder aufgerichtet.

Abb. 280: (Feuerwehr-Archiv)

## 21. Dezember 1999, Ölaustritt im Tanklager am Ölhafen

Als Folge eines technischen Defekts trat um 3 Uhr morgens an einem Tank im Tanklager der Nordwest-Oelleitung-GmbH (NWO) eine größere Menge Öl aus und lief in den sog. „Tankgarten", der mit einem hohen Wall jeden einzelnen Tank umgibt. Der Vorfall war in der Steuerzentrale der NWO aufgrund der Mengenüberwachung bemerkt worden, die sofort Alarm auslöste.

Die Einsatzkräfte der Berufsfeuerwehr und der Werkfeuerwehr NWO dichteten das Leck ab und pumpten das verbliebene Öl aus dem schadhaften Tank (Gesamtkapazität 92.000 cbm) in andere Lagertanks um. Zwischen 3.000 bis 4.000 cbm Öl wurden aus dem Tankgarten abgesaugt. Für den Fall einer Ausgasung und Entzündung des Öls hielten die Feuerwehren Schaumrohre einsatzklar bereit. Der Einsatz war gegen Mittag beendet. („Wilhelmshavener Zeitung", 22. Dezember 1999)

**Abb. 281: Einsatz im Tanklager der Nordwest-Oelleitung-GmbH, 21. Dezember 1999 (die Einsatzkräfte der Werkfeuerwehr und der Freiwilligen Feuerwehr halten sich bereit, im Hintergrund Spezialfahrzeuge zur Aufnahme des ausgetretenen Öls) (Feuerwehr-Archiv)**

In der Freiwilligen Feuerwehr hatte sich inzwischen die Einsicht in die Notwendigkeit verstärkter Nachwuchsgewinnung immer weiter durchgesetzt. Die Anforderungen an die Ortsfeuerwehren stiegen, sie wurden öfter alarmiert und eingesetzt. Gleichzeitig bekamen sie die Folgen des demographischen und des wirtschaftlichen Wandels zu spüren: geringere Geburtenjahrgänge und vor allem ein verändertes Freizeitverhalten der Jugendlichen. „In jeder der sechs freiwilligen Feuerwehren Wilhelmshavens ist die Anzahl der aktiven Mitglieder rückläufig: Insgesamt sank sie von 262 im Jahre 1984 auf nunmehr 206 Aktive. ‚Pillenknick' und schlechte Arbeitsmarktlage für junge Männer werden hierfür verantwortlich gemacht", hatte die „Wilhelms-

Abb. 282: Wohnungsbrand in der Weserstraße, 1. Juni 1999 (Feuerwehr-Archiv)

havener Zeitung" schon 1989 berichtet.[626] Einige Jahre lang war das Problem durch die Wehrpflichtigen, die sich für 10 Jahre im Katastrophenschutz und bei den Freiwilligen Feuerwehren verpflichten konnten, überlagert worden.

Damals wurde auf Initiative von Ortsbrandmeister Günter Ulrich die Jugendfeuerwehr Fedderwarden als zweite ihrer Art in Wilhelmshaven gegründet, nachdem dort die Zahl der Aktiven aufgrund der wirtschaftlichen Entwicklung, u.a. der Schließung der Olympia-Werke, stark gesunken war.[627] Michael Koch, der aus der Jugendfeuerwehr zu den Aktiven gekommen war, übernahm die Leitung der „dienstältesten" Jugendfeuerwehr Bant von 1978. Der Banter Nachwuchs bekam 1990 ein älteres Löschgruppenfahrzeug LF 8 (Baujahr 1965) für den Ausbildungsdienst. Die Gruppe beteiligte sich viele Jahre an Umweltschutzprojekten wie z.B. 1996 dem Bau eines Krötenschutzzauns am Ostfriesendamm, mit dem die Kröten auf ihrer Wanderung zu den vorbereiteten Durchlässen unter der vielbefahrenen Straße geleitet wurden. Ingo Abben aus Bant wurde später Kreisjugendfeuerwehrwart, Michael Koch und Fred Athen erhielten für ihr Engagement 1993 die Floriansmedaille der Niedersächsischen Jugendfeuerwehren. 1998 folgte die Jugendfeuerwehr Neuengroden und 2003 schließlich die Jugendfeuerwehr Heppens unter der Leitung von Karl-Hermann Wilken.[628] Vier der heutigen Angehörigen der Berufsfeuerwehr stammen aus der Jugendfeuerwehr Wilhelmshaven.

Abb. 283: Übergabe einer Spende (Gesellschaft für Materialkreislauf und Abfallwirtschaft – GMA) an Jugendfeuerwehr Bant, 10. Juni 1993 (Sammlung Markus Bulling)

Die Feuerwehr des Marinearsenals Wilhelmshaven wechselte 1998 im Rahmen der ersten Bundeswehrreform nach dem Ende des „Kalten Krieges" in den Zuständigkeitsbereich des Marineabschnittskommandos (MaKdo) West als zuständige territoriale Kommandobehörde. Ihre Aufgabe war der „Brandschutz auf dem Gelände der Deutschen Marine, Werftanlagen und Schiffen im Hafen". Mit der stärkeren Einsatzorientierung der Marine hatte sich der Schwerpunkt der Gefahrenabwehr in den 1990er Jahren eindeutig in den Marinestützpunkt auf dem Heppenser Groden verlagert, der als Typstützpunkt der Fregatten immer weiter wuchs, während die Aktivitäten auf dem Gelände des Marinearsenals am Bauhafen kontinuierlich zurückgingen. Letztlich war das Arsenal im Wesentlichen für die Wartung und Instandhaltung der Waffensysteme an Bord der Kriegsschiffe und die Demilitarisierung ausgemusterter Einheiten verantwortlich. Werftinstandsetzungen von Kriegsschiffen wurden entweder von Privatwerften oder unter der Regie des Arsenals von Privatfirmen in dem verbliebenen großen Schwimmdock durchgeführt.

Für die Nachfolgerin der traditionsreichen Werftfeuerwehr begann damit eine Phase des personellen Aufwuchses und der technischen Erneuerung, geneinsame Übungen mit der Feuerwehr der Stadt Wilhelmshaven fanden jetzt vor allem im Marinestützpunkt statt.

Im Jahr 2003 führte die veränderte Aufgabenstellung zu einer Umbenennung und einem weiteren Unterstellungswechsel: Als „Stützpunktfeuerwehr" gehört die bisherige Feuerwehr des Marinearsenals nun zum Marinestützpunktkommando und nahm 2006 eine neue Feuerwache auf dem Gelände des Marinestützpunkts in Be-

Abb. 284: Gemeinsame Übung der Berufsfeuerwehr mit der Arsenalfeuerwehr an der Fregatte Bayern im Marinestützpunkt, 21. September 1996 (Sammlung Markus Bulling)

trieb. Seitdem ist sie neben der Gefahrenabwehr auch für die Überprüfung der Feuerlöscher und des Schlauchmaterials sowie der Atemschutzgeräte an Land und auf den Schiffen verantwortlich. Dafür erhielt sie in dem Neubau die erforderlichen Werkstätten und eine moderne Schlauchwaschanlage. Seit der Bundeswehrreform 2013 gehört die Stützpunktfeuerwehr als „Bundeswehrfeuerwehr Wilhelmshaven/Feuerwache Wilhelmshaven" mit den anderen Standortfeuerwehren der Bundeswehr zum „Zentrum für Brandschutz der Bundeswehr" in Sonthofen. Diese Behörde mit mehr als 3.000 Dienstposten im Geschäftsbereich des neu geschaffenen „Bundesamtes für Infrastruktur, Umweltschutz und Dienstleistungen der Bundeswehr (BAIUDBw)" bündelt die Ausbildung und Ausstattung aller Bundeswehrfeuerwehren in den Standorten. Die Aufgaben sind unverändert: Brandschutz im Marinestützpunkt und den zugeordneten Liegenschaften sowie auf Schiffen und Booten der Deutschen Marine; Abwehr von Umweltschäden; Brandsicherheitswachen bei Heißarbeiten auf Schiffen, Hubschrauberlandungen und Munitionsverladungen.[629]

Die Bundeswehrfeuerwehr Wilhelmshaven ist heute mit 76 Feuerwehrleuten rund um die Uhr in Löschzugstärke (1/15 Mann) einsatzbereit. Dafür wird ihr Wachgebäude um etwa ein Viertel seiner Kapazität erweitert. Sie verfügt über zwei Hilfeleistungs-Löschfahrzeuge HLF 16/12 (Daimler-Benz Atego/Ziegler) aus dem Jahr 2003 sowie einen Rüstwagen RW (MAN/TSMK 18) (2007) und zwei Drehleitern DLA (K) 23/12 RK 400 (Iveco Magirus 160 E 30) (2012 bzw. 2013). Im Rahmen der Weiterentwicklung der Bundeswehrfeuerwehren ist inzwischen ein Feuerlösch-Kfz für Gebäudebrände Fl-Kfz Gebäudebrand (MAN TGM 18.280/Ziegler) hinzugekommen.

Dieses Fahrzeug führt einen Vorrat von 3.000 l Wasser und 300 l Schaummittel mit sich und ist mit einem fest installierten Wasserwerfer (1.200 l/Min.) ausgestattet. Zum Fuhrpark gehören neben einem ELW und Anhängern mit Spezialausrüstung (Schlauchboot, Pulverlöschanlage und Stromaggregat) noch ein Transporter mit Doppelkabine und einer Beladung mit leichtem Ölwehrgerät sowie ein Ölabwehranhänger mit einsatzbereit aufgerollten 200 m schwerer Ölsperre. Der Anhänger kann vom Rüstwagen an das Hafenbecken gebracht werden, wo die Ölsperre direkt mit Schleppern ins Wasser gelassen wird.

Bei einem Feueralarm rückt die Bundeswehrfeuerwehr mit den beiden Hilfeleistungs-Löschfahrzeugen bzw. dem Feuerlösch-Kfz und der Drehleiter aus, bei einem Alarm für technische Hilfeleistung mit einem Löschfahrzeug, dem Rüstwagen und der Drehleiter. Die zweite Drehleiter ist wegen der Gewichtsbeschränkung der Schleusentore für Einsätze östlich der Seeschleuse bestimmt. Sie steht dort in einer Halle und wird von ihrem Trupp (1/1) angefahren und besetzt.

*

Immer wieder war über die „historisch gewachsene" Bausubstanz der Feuer- und Rettungswache I (Mozartstraße) diskutiert worden. Pläne für einen Neubau an einem zentraleren Standort waren entwickelt, aber nicht realisiert worden (vgl. Seite 252ff.). Wegen der alten, zum Teil recht provisorischen Hallenbauten bestand aber nach wie vor Handlungsbedarf. In den Altbauten auf dem Gelände befanden sich mit Ausnahme der Atemschutzwerkstatt alle Werkstätten der Berufsfeuerwehr, die zugleich auch die Funktion der feuerwehrtechnischen Zentrale (FTZ) für die Freiwilligen Feuerwehren wahrnahmen: Schlauchwerkstatt, Elektro- und Funkwerkstatt, Kfz-Werkstatt, Feuerlöscherwerkstatt, Kleiderkammer.

Ausgelöst durch die städtebauliche Entwicklung in den innerstädtischen Sanierungsgebieten „City" und „Börsenplatz" entwickelte die Feuerwehrführung gemeinsam mit dem Architekten Heiko Iwersen Ende der 1990er Jahre ein langfristiges Bebauungskonzept für das Feuerwehrgrundstück an der Mozartstraße.[630] Man strebte nicht nur einen zeitgemäßen baulichen Qualitätsstandard an, sondern berücksichtigte auch die erkennbaren konzeptionellen Veränderungen bei der Feuerwehr aus den Ergebnissen des Prüfauftrags von 1995: eine kleinere Berufsfeuerwehr in der Stärke des Norm-Löschzugs verteilt auf zwei Wachstandorte, stärker einbezogene Freiwillige Feuerwehren mit einem höheren Anteil dezentral aufgestellter Fahrzeuge des zweiten Abmarsches.

Die Nutzfläche der Wache sollte auf den tatsächlichen, zukünftigen Bedarf an Stellflächen, Werkstätten, Unterkunfts- und Büroräumen reduziert und die zu klein gewordenen Fahrzeughallen und Werkstattbauten aus der Nachkriegszeit sowie insbesondere das Provisorium von 1977 durch zeitgemäße Neubauten ersetzt werden. Auf der Grundlage der Flächenangaben und der funktionalen Anforderungen der Feuerwehr entwarf der Architekt Heiko Iwersen eine Zielplanung für die zukünftige Bebauung des Grundstücks.

Als erster Bauabschnitt wurden 1999 die alte Kfz-Werkstatt, die Tankstelle sowie das alte Werkstattgebäude von 1952 an der südwestlichen Grundstücksgrenze abgebrochen. Feuerwehrfahrzeuge und städtische Dienstwagen tankten von nun an mit Tankkarten bei privaten Vertragstankstellen. Die Stadt verkaufte einen Teil des Grundstückes zugunsten von neuen Wohngebäuden und einem Parkdeck an der Börsenstraße. Dadurch verringerte sich die Grundstücksfläche um etwa ein Viertel von zuvor rd. 7.800 qm auf nunmehr knapp 6.000 qm.

Auch die Fahrzeughalle von 1949 an der östlichen Grundstücksgrenze musste weichen. An ihrer Stelle entstand nach einer Konzeption von Brandamtsrat Michael Weiser und Hauptbrandmeister Dietz Schmidt bis 1999 für 1,2 Mio. DM die neue „Fahrzeughalle – Ost" für den zweiten Abmarsch. Sie wurde am 25. November 1999 ihrer Bestimmung übergeben. Das neue Gebäude nutzte die bebaubare Grundstückstiefe von fast 18 Metern voll aus und enthielt fünf Stellplätze für Fahrzeuge einschließlich der Abrollbehälter, eine Waschhalle sowie eine Kfz-Werkstatt mit zwei Stellplätzen und je einer Hebebühne für Lkw und Pkw.

Der Werkstatt-Planung war eine Analyse des zukünftigen Fahrzeugbestandes und der regelmäßigen Wartungsarbeiten in eigener Regie (Inspektion, TÜV-Vorbereitung, kleinere Reparaturen) vorhergegangen. Im Gegensatz dazu sollten spezielle Wartungsarbeiten auch zukünftig durch dafür qualifizierte Fachwerkstätten erbracht

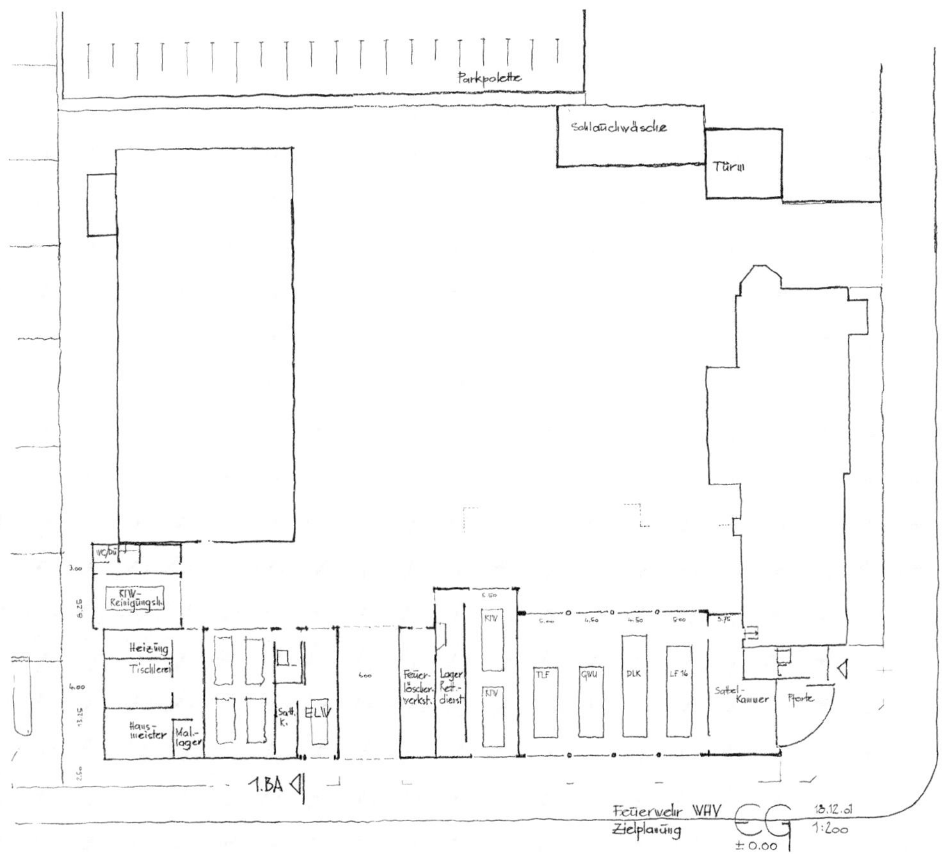


Abb. 285: Zielplanung für die Bebauung des Wachgeländes Mozartstraße, 1999 (Architekt Heiko Iwersen) (Feuerwehr-Archiv)

werden: die Bremsen-Sonderuntersuchungen bei den Stadtwerken, die Feuerwehrtechnik wie z.B. Pumpen oder Leiter-Hydraulik bei den Herstellern. In einem Schwerlastregal können hinter den Stellplätzen Paletten mit Schaummittel, Kleingerät oder Sommer-/Winterreifen gelagert werden. In diesem Bereich richtete die Feuerwehr am Stellplatz des zukünftigen Wasserrettungswagens eine räumlich abgeteilte Taucherwerkstatt ein.

Abb. 286: Neue Fahrzeughalle für den zweiten Abmarsch, Feuer- und Rettungswache I, 2006 (unten Innenansicht mit Fahrzeugständen, Abrollbehältern und Lagerregalen) (Foto: Olaf Preuschoff)

*

Eine besondere Herausforderung stellte für die Feuerwehr und den Katastrophenschutz, aber auch für die Polizei der Jahreswechsel von 1999 auf 2000 dar. Niemand konnte im Vorfeld verlässlich einschätzen, wie die hochgradig von Computernetzwerken abhängige Infrastruktur, insbesondere die Telekommunikation und die Stromversorgung, auf den Stellenwechsel von 99 auf 00 reagieren würden. Es musste sichergestellt sein, dass der normale Brandschutz und der Rettungsdienst gerade in der Silvesternacht nicht beeinträchtigt wurden und die Folgen eventueller Stromausfälle bewältigt werden konnten. Deshalb richtete man im ganzen Stadtgebiet 20 Meldestellen in Schulen, Feuerwehrgerätehäusern, Polizeistationen und Krankenhäusern ein, an die sich die Bürger in Notfällen wenden konnten. Die Meldestellen waren mit jeweils zwei Mann vom Mehrzweckzug des Katastrophenschutzes besetzt und über die ausfallsichere Kommunikationstechnik des Katastrophenschutzes (Funk, Telefon-Standleitung, Feldtelefon) mit der Leitstelle der Berufsfeuerwehr verbunden. Diese hatte ihren Löschzug personell verstärkt und weiteres Personal in Bereitschaft versetzt. In jedem Feuerwehrgerätehaus der Freiwilligen Feuerwehr stand mindestens eine Löschgruppe (1/8, also insgesamt 85 Mann) abruf- und einsatzbereit, um die Reaktionszeit zu verkürzen. Oberstadtdirektor und Dezernent befanden sich mit Funkmeldeempfängern in Rufbereitschaft.

Wie sich zeigte, trat der befürchtete Notfall nicht ein. Eineinhalb Stunden nach dem Datumswechsel wurden die Bereitschaften aufgelöst. In einzelnen Feuerwehrgerätehäusern soll es zu improvisierten, alkoholfreien Silvesterfeiern der etwas anderen Art gekommen sein, an die sich die Beteiligten später als an den Beginn des neuen Millenniums noch gerne erinnerten.

*

Mit der Grundsteinlegung zum Neubau eines Gerätehauses für die Ortsfeuerwehr Bant begann am 19. Mai 2000 ein weiteres größeres Bauprojekt im Rahmen der Neuausrichtung der Feuerwehr Wilhelmshaven. Schon lange hatte das Gebäude in der Oldeoogestraße von 1934 den Anforderungen an eine starke innerstädtische Ortsfeuerwehr nicht mehr genügt. Das Bauvorhaben rückte in der Priorität aber erst nach vorn, als man in einem wirtschaftlich geplanten Neubau außer der Ortsfeuerwehr weitere Nutzungen aufnehmen und damit kleinere Standorte aufgeben konnte:

- Zivil- und Katastrophenschutz: Dieser war mit der Verwaltung und den ehrenamtlichen Helfern bisher in dem bundeseigenen Gebäude Peterstraße 146 untergebracht, an dem der Eigentümer jedoch wegen des Rückzugs aus dem Zivilschutz allmählich das Interesse verlor. Der Bauunterhaltungsrückstand in dem angemieteten Gebäude wäre nur bei einem Kauf zu beheben gewesen. Einiges an Katastrophenschutzgerät war darüber hinaus in Lagerräumen über die ganze Stadt verteilt.
- Kreisausbildungszentrum: Dieses befand sich bisher in einer ehemaligen Industriebaracke auf dem Gelände der Feuer- und Rettungswache II (vgl. Seite 339). Den zukünftigen Anforderungen an die Ausbildung für Dritte in den Bereichen Brandschutz und Rettungsdienst entsprach das nicht.

Im Gewerbegebiet „Groß Belt" an der Güterstraße fand die Feuerwehr ein Grundstück, das nicht nur verkehrsgünstig im Westen der Stadt lag und sich damit einsatztaktisch eignete, sondern auch für Feuerwehrzwecke entwicklungsfähig war.

Im Sommer 2000 war Wilhelmshaven vom 1. Juni bis zum 31. Oktober ein Außen-Standort der Weltausstellung EXPO 2000 in Hannover. Mehr als 700.000 Besucher nutzten die maritimen Angebote der „EXPO am Meer" rund um den Großen Hafen mit den Ausstellungsschwerpunkten am Bontekai, am Banter See und an der Wiesbadenbrücke. Die Berufsfeuerwehr erarbeitete für diese Großveranstaltung ein Sicherheitskonzept. Bei Bedarf konnte am Südstrand eine eigenständige Technische Einsatzleitung (TEL) „EXPO" aktiviert werden. Die Uferabschnitte des Großen Hafens wurden für Notfallmeldungen und zur Orientierung der Einsatzkräfte mit gut lesbaren Nummerntafeln gekennzeichnet. Auf dem Wasser patrouillierten zeitweise Boote der Deutschen Lebensrettungsgesellschaft (DLRG) und des Technischen Hilfswerks (THW), die Tauchergruppe der Feuerwehr hielt sich einsatzbereit. Für besonders besucherstarke Tage bzw. Wochenenden wurden zusätzliche Rettungsdienstkapazitäten vorgehalten. Größere Unfälle blieben erfreulicherweise aus.

Seit August 2000 war die Feuerwehr auch im Internet präsent unter www.ofv-112.de bzw. www.bf-whv.de, betreut von Uwe Hinrichs und Heinz Meinke.[631]

Zu den Beschaffungen des Jahres 2000 gehörte ein weiteres Wechselladerfahrzeug (MAN 26.314/Meiler), dessen Kabine zusätzlich über eine Fahrschulausstattung für die Eigenausbildung der Feuerwehr verfügte. Auch ein zusätzlicher Mannschaftstransportwagen MTW (Mercedes-Benz Sprinter) sowie ein gebrauchter Kastenwagen (Mercedes Benz 312 D) liefen zu, der nach dem Bedarf der Taucher-Gruppe zum Gerätewagen Wasserrettung GW-W umgebaut wurde. Auf seinem Dach war das Schlauchboot für Tauchereinsätze verlastet.[632] Der angehängte Trailer transportierte ein neu angeschafftes größeres Rettungsboot (Dory 15 Fuß-Hartschalen-Rumpf mit 40 PS Tohatsu Außenborder).

Abb. 287: Einsatz des neuen Rettungsboots bei Hochwasser an der Ersten Hafeneinfahrt, 2000 (Sammlung Markus Bulling)

Die Berufsfeuerwehr entwickelte in diesem Jahr ein durchgängiges Konzept für die Beschaffung von Fahrzeugen.[633] Damit konnte sie den Aufwand für Beschaffungen und die Nutzung durch die Berufsfeuerwehr und die Ortsfeuerwehren wirtschaftlicher gestalten und für die Nutzer Planungssicherheit schaffen:

- Alle Fahrzeuge der Feuerwehr bilden einen Pool, aus dem sie nach einsatztaktischen Kriterien der Berufsfeuerwehr oder den Ortsfeuerwehren zugeordnet werden. Damit ist man unabhängig von Veränderungen in den Ortsfeuerwehren und kann auf veränderte Anforderungen aus dem Einsatzgeschehen reagieren.
- Als einheitliche Nutzungs- bzw. Abschreibungszeit für Brandschutz und technische Hilfeleistung werden als Orientierung für Ersatzbeschaffungen 20 Jahre angesetzt.[634]
- Die Löschfahrzeuge werden standardisiert: Der erste Abmarsch der Berufsfeuerwehr erhielt identische Löschgruppenfahrzeuge LF 16/12, die nach 10 Jahren von der Freiwilligen Feuerwehr weitergenutzt wurden; sie entsprechen technisch dem bisherigen Löschgruppenfahrzeug LF 24 bzw. dem früheren Hilfeleistungs-Löschfahrzeug HiLF 16.
- Die zweite Drehleiter wird von der Freiwilligen Feuerwehr besetzt.
- Für die Freiwillige Feuerwehr werden kleinere Löschgruppenfahrzeuge mit Wasservorrat beschafft, die ebenfalls mit einer Schnellangriffseinrichtung ausgestattet sein mussten.
- Das jeweils älteste Löschfahrzeug wird den Jugendfeuerwehren zur Verfügung gestellt.
- Die Mannschaftstransportwagen MTW werden im Pool geführt und bedarfsgerecht den Ortsfeuerwehren zur Verfügung gestellt.

Nach diesen Richtlinien wurde 2001 ein Löschgruppenfahrzeug LF 16/12 (Mercedes-Benz Atego 1325/Ziegler) als erstes einer zukünftigen Serie identischer Fahrzeuge beschafft.[635] Seine Ausstattung entsprach dem bisherigen Löschgruppenfahrzeug LF 24 (vgl. Seite 330). Bei 13 Tonnen Gesamtgewicht verfügte es über einen Wasservorrat von 1.800 Litern mit einer Schnellangriffseinrichtung, eine fest eingebaute Feuerlöschkreiselpumpe (1.600 l/Min.), 120 Liter Mehrbereichsschaummittel, C-Schläuche in Schlauchkörben, B-Schläuche auf einer Schlauchhaspel sowie eine Hilfeleistungsausrüstung mit Stromaggregat, Lichtmast, hydraulisches Spreiz- und Schneidgerät, Leitersatz und Sprungretter.[636]

Auch ein neues Löschgruppenfahrzeug LF 8/6 (MAN/Ziegler) für die Freiwillige Feuerwehr mit 600 l Wasservorrat und Schnellangriffseinrichtung entsprach dem Fahrzeugkonzept. Es wurde 2001 der Ortsfeuerwehr Fedderwarden übergeben. Erstmals entschied sich die Berufsfeuerwehr in diesem Jahr bei einer Ersatzbeschaffung für einen Rettungswagen (RTW) mit Kofferaufbau. Dies sollte zukünftig zum Standard werden, weil es mehr Raum und Komfort bot und durch die einfachere Bauweise auch kostengünstiger war.[637]

Ende August 2000 verließ Brandrat Thomas Jeziorek auf eigenen Wunsch die Berufsfeuerwehr und übernahm die Leitung der Flughafen-Feuerwehr in Düsseldorf, dem drittgrößten deutschen Flughafen. In der Übergangszeit bis zur Neubesetzung nahm Brandamtsrat Hans-Wilhelm Tegtmeier als Stellvertreter kommissarisch die Leitungsaufgaben wahr.

Abb. 288: Neues Löschgruppenfahrzeug LF 16/12, 2002 (Foto: Olaf Preuschoff)

Abb. 289: Löschgruppenfahrzeug LF 8/6, Ortsfeuerwehr Fedderwarden, 2001 (Sammlung Markus Bulling)

Die grundsätzlichen Entscheidungen über die Zukunft der Feuerwehr in Wilhelmshaven waren getroffen, die Berufsfeuerwehr hatte sich neue Aufgabenfelder erschlossen. Nun galt es, aus dem Bestand heraus die organisatorischen und vor allem die baulichen Strukturen für diese Feuerwehr zu schaffen. Auf der Feuer- und Rettungswache I (Mozartstraße) und an der Güterstraße hatte man damit bereits begonnen.

## Neue Aufgaben und der Brandschutzbedarfsplan

Am 11. August 2001 übergab die Feuerwehr ihr neues „Feuerwehr- und Katastrophenschutzzentrum (FKZ)" in der Güterstraße feierlich seiner Bestimmung. Die Fahrzeughalle mit fünf großen Stellplätzen und der zweigeschossige Bürotrakt boten auf rd. 800 qm Nutzfläche Platz für

- die Ortsfeuerwehr Bant mit Jugendfeuerwehr und Spielmannszug,
- die Verwaltung und Technik der Abteilung Zivil- und Katastrophenschutz des Amtes für Brand-, Zivil- und Katastrophenschutz sowie das Lage- und Führungszentrum für den Katastrophenschutz-Stab des Hauptverwaltungsbeamten (KatS-Stab HVB),
- den ehrenamtlichen Mehrzweckzug des Katastrophenschutzes (mit den Komponenten ABC-Schutz, Fernmeldedienst, Betreuung, Versorgung, Verpflegung und Transport) sowie
- das Kreisausbildungszentrum für die Berufsfeuerwehr, die Freiwillige Feuerwehr und den Katastrophenschutz.

Abb. 290: Fahrzeuge der Ortsfeuerwehr Bant und des Katastrophenschutzes im Feuerwehr- und Katastrophenschutzzentrum (FKZ), 2006 (v. l. Versorgungsfahrzeug, mobile Einsatzleitung ELW 2, Dekontaminationslastkraftwagen Personen Dekon Lkw-P, Löschgruppenfahrzeuge LF 8 und LF 16, im Vordergrund ein Kommandowagen des Katastrophenschutzes) (Foto: Olaf Preuschoff)

Aus der Konzentration der verschiedenen Gefahrenabwehr-Organisationen an einem Standort erwartete die Stadt Wilhelmshaven Synergieeffekte bei der Nutzung der Infrastruktur:

- Stellplätze für die Einsatzfahrzeuge der Ortsfeuerwehr Bant und des Katastrophenschutzes
- Umkleideräume für insgesamt 120 ehrenamtliche Helfer der beteiligten Organisationen
- ausreichende Lagerräume für zusätzliche Einsatzbekleidung, Verbrauchs- und Versorgungsgüter, Geräte für die Notwasserversorgung, Material zur Ölunfallbekämpfung und zum Hochwasserschutz, zum Chemieschutz und für den Fernmeldebetrieb
- ein hochmodernes Lage- und Führungszentrum, unterteilbar und damit auch für die Ausbildung der Feuerwehr oder des Katastrophenschutzes nutzbar
- ein zusätzlicher Sanitärbereich für Lehrgangsteilnehmer oder Einsatzkräfte.

Dafür gab man zwei Standorte auf: das alte Feuerwehrgerätehaus in der Oldeoogestraße, weil es zu klein geworden war, und das Gebäude Peterstraße 146, weil es nach dem Rückzug des Bundes aus dem Katastrophenschutz nicht mehr wirtschaftlich zu unterhalten war. Die Bauplanung für das Feuerwehr- und Katastrophenschutzzentrum hatte das städtische Hochbauamt (Architekt Hergen Strodthoff) in enger Abstimmung mit den zukünftigen Nutzern erarbeitet. Während der Realisierung erbrach-

Abb. 291: Innenansicht der Fahrzeughalle des neuen Feuerwehr- und Katastrophenschutzzentrums (FKZ), 2004 (WZ-Bilddienst)

ten die Ortsfeuerwehr Bant und die Helfer des Katastrophenschutzes umfangreiche Eigenleistungen. Der Kostenrahmen von 2,5 Mio. DM konnte eingehalten werden.

Der Rat der Stadt Wilhelmshaven widmete das Gebäude am 16. Mai 2001 dem langjährigen Wilhelmshavener Feuerschutzdezernenten Arthur Grunewald, in dessen Verantwortung die Feuerwehr in Wilhelmshaven die Kriegsfolgen überwand und eine beispielhafte Aufbauleistung erbrachte. Neben dem Eingang des Gebäudes erinnern ein Findling und eine Gedenkplatte an ihn.

Als neuer Leiter der Berufsfeuerwehr Wilhelmshaven trat am 1. Oktober 2001 Brandrat Dipl. Ing. Steffen Lutter den Dienst an. Der gebürtige Hildesheimer war in der Freiwilligen Feuerwehr Viernheim an der Bergstraße groß geworden (Gruppenführer und Ausbilder) und hatte später Maschinenbau studiert. Nach dem Referendariat war er von 1996 bis 1999 hauptamtlicher Leiter der Feuerwehr (Stadtbrandmeister) in Lüdenscheid und danach stellvertretender Leiter der Berufsfeuerwehr Mönchengladbach gewesen.

In diesem Jahr erhielt der Katastrophenschutz aus Bundesmitteln einen neuen Dekontaminations-Lastkraftwagen Personen Dekon Lkw-P (MAN, 10,5 Tonnen). Mit der darauf verladenen Ausrüstung konnten im Rahmen von Gefahrstoff- und insbesondere ABC-Einsätzen kontaminierte Personen gereinigt werden. Dazu standen ein Duschzelt (15 qm) und ein Aufenthaltszelt (25 qm) mitsamt Ausstattung (Duschanlage, Durchlauferhitzer, Duschwannen, Auffangtanks, Stromerzeuger etc.) zur Verfügung. Seit 2014 wird dieser Fahrzeugtyp als Gerätewagen Dekontamination Personen GW-Dekon P bezeichnet.

### 7. Januar 2001, Bremer Straße/Otto-Meentz-Straße: Brand in einem Mehrfamilienhaus

In den Morgenstunden des 7. Januar 2001 brannten Papierabfälle in einer Wohnung des überwiegend leerstehenden Wohnhauses Bremer Straße/Otto Meentz-Straße. Die Feuerwehr löschte den Brand schnell und rettete mit Fluchthauben eine fünfköpfige Familie aus der Dachgeschosswohnung. Wegen der Häufung kleinerer Brände in der Nachbarschaft in den Wochen zuvor vermutete ein Sprecher der Feuerwehr einen Brandstifter. („Wilhelmshavener Zeitung", 7. Januar 2001)

### 17. Juni 2001: Starke Regenfälle über der Stadt

Am Nachmittag des 17. Juni 2001 gingen über Wilhelmshaven in kurzer Zeit außergewöhnlich starke Regenfälle nieder. Das Entwässerungssystem kam dagegen nicht mehr an, der Rückstau aus den Kanalschächten ergoss sich auf die Straßen und von dort in zahlreiche Keller: „An den Straßenrändern tauchten zeitweise die Bordsteine unter die Fluten" berichtete die „Wilhelmshavener Zeitung". Neben der Berufsfeuerwehr kamen die Ortsfeuerwehren Bant, Heppens Neuengroden, Nord und Fedderwarden zum Einsatz. Bis zum Abend pumpte die Feuerwehr etwa 70 Keller leer.

Der Kreisfeuerwehrverband Wilhelmshaven beging am 9. Juni 2002 sein 50-jähriges Bestehen. Dem Festakt im Ratssaal folgte eine Fahrzeugpräsentation der Berufsfeuerwehr, der Freiwilligen Feuerwehren und der Werkfeuerwehren auf dem Rathausplatz.

Aus dem bisherigen Amt für Brand-, Zivil- und Katastrophenschutz wurde in diesem Jahr im Rahmen einer grundlegenden Verwaltungsreform der „Fachbereich Feuerwehr". Dessen Aufgaben definierte man bald schon in Leistungsbeschreibungen, den sog. „Produkten": „Abwehrender Brandschutz", „Vorbeugender Brandschutz", „Rettungsdienst", „Katastrophenabwehr/ Bevölkerungsschutz" und „Aufgabenwahrnehmung für Dritte" (vgl. Anhang 2). Die jährlichen Haushaltsmittel entsprachen dem Bedarf nach der Produktplanung und standen als Budget zur Verfügung. Damit wurde die Umwidmung und Übertragung von Mitteln auf das folgende Haushaltjahr erleichtert. Das sogenannte „Dezember-Fieber", d.h. die bedarfsunabhängige Ausgabe von Mitteln zur Vermeidung nicht übertragbarer Haushaltsreste, gehörte schon bald der Vergangenheit an.

Auf Initiative des Feuerschutzdezernenten bekam der Fachbereich im Investitionshaushalt einen festen jährlichen Betrag für die Fahrzeugbeschaffung, der im Sinne des Fahrzeugkonzepts bewirtschaftet, d.h. ausgegeben oder aufgespart und übertragen werden konnte. Auf diese Weise konnte die Feuerwehr Beschaffungen langfristig planen, die Finanzverwaltung wiederum war unter normalen Umständen vor plötzlichen Nachbewilligungsanträgen geschützt. Damit beschaffte die Berufsfeuerwehr 2002 ein weiteres Löschgruppenfahrzeug LF 16/12 (Mercedes-Benz Atego 1325/Ziegler).[638] Nun waren beide Wachen mit technisch identischen Löschgruppenfahrzeugen ausgestattet, die über eine zusätzliche Ausrüstung für technische Hilfeleistungen verfügten (vgl. Seite 365).

Nachdem sich bei dem Feuerwehr-Schutzhelm aus Kunststoff eines Herstellers im Rahmen einer Überprüfung auf Landesebene gravierende Mängel in der Hitzebeständigkeit herausgestellt hatten, kontrollierte auch die Berufsfeuerwehr Wilhelmshaven ihre 60 Helme. Die Kunststoffhelme eines anderen Herstellers wiesen keinerlei Mängel auf. Allerdings nahm man die Überprüfung zum Anlass, die ebenfalls noch gebräuchlichen älteren Aluminium-Helme zu ersetzen, weil sie keine Zulassung mehr hatten. 2006 folgte die Erneuerung des Helmbestandes nach der Europa-Norm EN 443 von 1997 mit Helmen, die nicht nur den Anforderungen an die Stoßfestigkeit, sondern auch an die Flammen- und Temperaturbeständigkeit bei Innenangriffen in besonderer Weise genügten. Dabei kam es insbesondere auf den Schutz gegen die Gefahr einer plötzlichen Durchzündung („flash over") in Innenräumen an.

Erstmals 2002 legte die Berufsfeuerwehr ein Einsatzkonzept für die Bewältigung eines Massenanfalls von Verletzen nach Verkehrsunfällen, Explosionen, Großbränden etc. vor. Der sog. „MANV" wurde definiert als ein „Notfall mit einer größeren Zahl von Verletzten oder Erkrankten sowie anderen Geschädigten oder Betroffenen, die mit der vorhandenen und einsetzbaren Vorhaltung des Rettungsdienstes aus dem Rettungsdienstbereich nicht versorgt werden kann."[639] Die Entwicklung solcher MANV-Konzepte ging zurück auf Erfahrungen mit Großschadenslagen wie dem Flugzeugabsturz in Ramstein Air Base 1988 (70 Todesopfer) oder dem Eisenbahn-Unglück von Eschede 1998 (101 Todesopfer). Insbesondere in Ramstein hatte sich gezeigt, dass weder die von den US-Amerikanern bevorzugte Strategie des schnellstmöglichen Transports der Verletzten zum Krankenhaus („scoop and run" oder auch „load and go") noch der europäische Ansatz der Stabilisierung der Verletzten an der Einsatzstelle („stay and play") den Herausforderungen einer Großschadenslage mit einem Massenanfall verletzter Personen allein gerecht wurden. Notwendig waren vielmehr eine Logistik für die zentrale Sichtung und Behandlung großer Zahlen von Verletzten an der Einsatzstelle und der koordinierte, angemeldete Transport in die umliegenden Krankenhäuser. In Niedersachsen reagierte auch der Gesetzgeber. Neben die bereits früher normierte Notfallrettung trat im novellierten Niedersächsischen Rettungsdienstgesetz (NRettDG) vom 2. Oktober 2007 „die Bewältigung von Notfallereignissen mit einer größeren Anzahl von Verletzten oder Kranken" bei einem Großschadensereignis unterhalb der Katastrophenschwelle (§ 2 Abs. 2 NRettDG). Der koordinierte Einsatz von Rettungsmitteln, Sanitätern und Notärzten in solchen Lagen wurde wegen der starken Verbindung zum Rettungsdienst den Kommunen übertragen: „Die Träger des Rettungsdienstes bereiten unter Beteiligung der Krankenhausträger Maßnahmen, insbesondere Notfallpläne, zur Bewältigung von Großschadensereignissen vor." (§ 7 Abs. 4 NRettDG)

| Massenanfall von Verletzten | | |
|---|---|---|
| Kategorie | Definition | Transport |
| I | Vitale Bedrohung dringliche Sofortbehandlung | sofort bei Transportfähigkeit |
| II | Schwer verletzt / erkrankt zunächst nicht Vital bedroht | umgehend nach ärztlicher Hilfe |
| III | leicht verletzte / erkrankte Sammelüberwachung | sobald möglich |
| IV | Abwartende Behandlung bei fehlender Struktur, Tote | |
| Die Sichtung von Verletzten beim Massenanfall von Verletzten dient der Beurteilung der Dringlichkeit ihrer Versorgung, d.h. der Reihenfolge ihrer Behandlung, der Transportpriorität, die Wahl des Transportmittels und des Transportzieles. Sie richtet sich nach Anzahl der Verletzten, dem Schweregrad und der Art der Verletzten. | | |

Abb. 292: Sichtungskategorien bei einem Massenanfall von Verletzten (Berufsfeuerwehr Wilhelmshaven)

Fachleute definierten drei MANV-Stufen. Unfälle mit einer bis vier verletzten Personen waren vom regulären Rettungsdienst zu bewältigen. Fünf bis zehn verletzte Personen entsprachen der „MANV-Stufe I", zehn bis 50 Verletzte der „MANV-Stufe II". Darüber hinaus galt die „MANV-Stufe III". Sie entsprach der Versorgungsstufe 3 (50 – 500 Verletzte oder akut Erkrankte) nach den Kriterien des Bevölkerungsschutzes.

Das Einsatzkonzept der Berufsfeuerwehr bestand im Kern aus dem Aufbau einer Rettungsdienst-Infrastruktur an der Einsatzstelle innerhalb von 30 Minuten. Dazu gehörte ein Behandlungsplatz aus vier schnell aufblasbaren Zelten als Verletztensammelstelle zur Registrierung, Sichtung und Erstversorgung der Verletzten, abgestuft nach vier Zustandsprioritäten, sowie zur Vorbereitung des Abtransports in die Krankenhäuser. Den für den Aufbau und die Logistik des Behandlungsplatzes verantwortlichen organisatorischen Leiter (OrgL) stellte die Berufsfeuerwehr, in der Regel mit einem Beamten

Abb. 293: MANV-Großübung auf dem Gelände des Container Terminal Wilhelmshaven, 2012 (im Vordergrund die Verletztensammelstelle, rechts der Gerätewagen Atemschutz GW-A, im Hintergrund die Zelte zur Erstversorgung) (Foto: Olaf Preuschoff)

des gehobenen Dienstes aus dem B-Dienst (vgl. Seite 377). Für alle medizinischen Fragen und den Einsatz der Notärzte sowie des Sanitätspersonals war der Leitende Notarzt (LNA) verantwortlich, ein Notarzt mit entsprechender Zusatzausbildung.[640]

Die Feuerwehr stellte für den Behandlungsplatz je nach Lage einen Löschzug der Berufsfeuerwehr oder der Freiwilligen Feuerwehr bereit. Auf der Seite des Rettungsdienstes kamen neben dem Notarzt die Schnelleinsatzgruppen SEG der Hilfsorganisationen sowie die Rettungswagen der Feuerwehr und der Hilfsorganisationen zum Einsatz. Die SEG bestanden aus bis zu 16 ehrenamtlichen Einsatzkräften/Helfern, die über Funkmeldeempfänger alarmiert wurden. Sie waren vergleichbar mit den „Vorausgruppen" des frühen Zivil- und Katastrophenschutzes. Wenn keine ausreichenden Rettungsmittel sofort zur Verfügung standen, kamen die beiden Löschgruppenfahrzeuge auf den Feuer- und Rettungswachen I und II zum Einsatz. Sie sind im Rettungsdienst als „first responder" (Ersthelfer) klassifiziert, da die ausgebildeten Rettungssanitäter unter den Feuerwehrleuten die Zeit bis zum Eintreffen weiterer Rettungsmittel qualifiziert überbrücken können.

2002 wurde auch ein „Hygieneplan" für den Rettungsdienst aufgestellt, der Maßnahmen und Vorgaben zu den regelmäßigen Hygienemaßnahmen, zum Tragen von Handschuhen, Desinfektion von Geräten, Handdesinfektion, desinfizierende Reinigung des Fahrzeugs nach jedem Transport, Schnelldesinfektion von Geräten und Oberflächen, Umgang mit Infektionsmüll etc. enthielt.

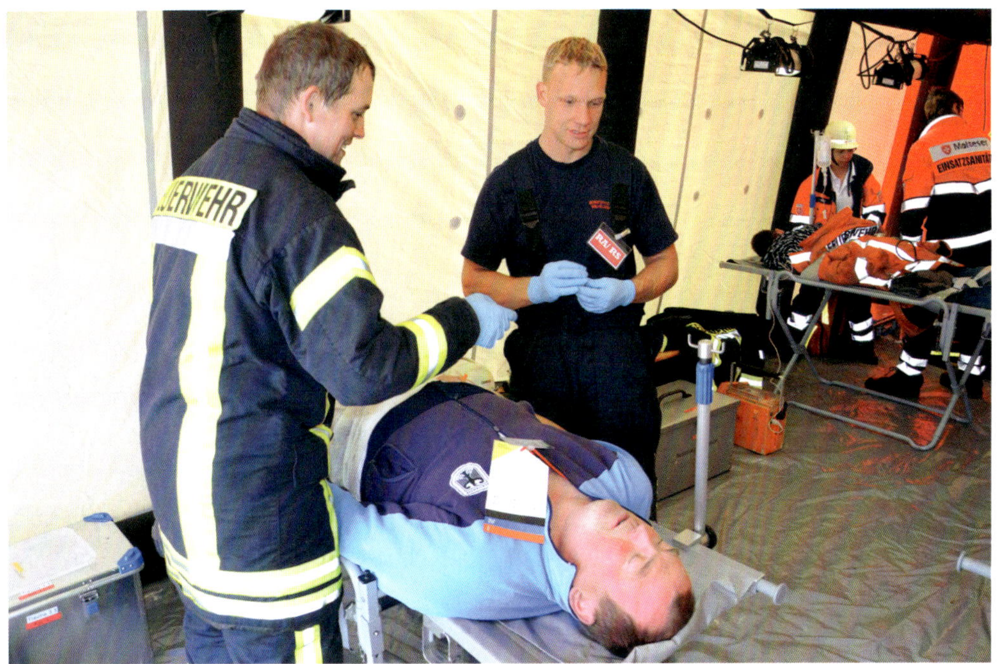

Abb. 294: Sichtung und Erstversorgung von „Verletzten" während der Großübung MANV, 2012 (Foto: Olaf Preuschoff)

### Einsatz am Steinkohlekraftwerk Rüstersieler Groden, 23. Mai 2002

Ein außergewöhnlicher Einsatz: Bei Reparaturarbeiten an einer der beiden Rauchgasentschwefelungsanlagen des Kraftwerks hatte sich die Außenisolierung entzündet. Die Einsatzkräfte löschten den Brand in bis zu 40 m Höhe über die vorhandenen Aufstiegsmöglichkeiten mit drei C-Rohren und der ortsfesten Wasserversorgung. Mit einer Wärmebildkamera detektierte man die Brandnester. (Jahresbericht Fachbereich Feuerwehr/ Kreisfeuerwehrverband 2002)

### Einsatz am Bontekai, 28. Juli 2002

Der russische Großsegler *Towarishsh,* der ursprünglich 1933 als Segelschulschiff *Gorch Fock* der Reichsmarine in Dienst gestellt worden war, lag seit 1999 als Gastschiff der „Expo am Meer" am Bontekai. Am 28. Juli 2002 drangen infolge einer Leckage größere Mengen Wasser in den Maschinenraum ein. Als die schiffseignen Pumpen nicht mehr ausreichten, wurde die Feuerwehr verständigt, die das Wasser mit leistungsfähigen Pumpen außenbords beförderte. Feuerwehrtaucher dichteten die Löcher in der Außenhaut des Schiffes (Jahresbericht des Fachbereichs Feuerwehr Kreisfeuerwehrverband 2002). Das Segelschiff verließ 2003 Wilhelmshaven und liegt heute als Museumsschiff *Gorch Fock I* in Stralsund.

Abb. 295: Wilhelmshavener Einsatz beim Elbehochwasser, 2002 (hinten v. l. Frank Eckardt (OF 3), Karl-Heinz Salamon (OF 4), Armin Lappins (OF 1), Markus Brudek (BF), Carsten Biermann (BF), N.N. (NWO), Rudolf Scholze (MZ), Stefan Voigt (OF 5), Dieter Janssen (OF 5), vorn v. l. Olaf Augustin (OF 1), Ingo Abben (OF 1), Ingo Elmhorst (MZ) (Jahresbericht des Fachbereichs Feuerwehr 2002)

Bei der Bekämpfung des Elbehochwassers im August 2002 kamen auch Helfer aus Wilhelmshaven und Friesland zum Einsatz. 18 Einsatzkräfte der Berufsfeuerwehr, der Freiwilligen Feuerwehr, der Werkfeuerwehr der Raffinerie und des Katastrophenschutzes brachten 28.000 Sandsäcke und eine Sandsackfüllmaschine in den Landkreis Lüchow-Dannenberg.[641]

Abb. 296: Wohnungsbrand in der Weserstraße, Silvester 2002 (Sammlung Markus Bulling)

### Ölhafendamm, 20. September 2002: Gasexplosion in der Justizvollzugsanstalt

Ein Häftling der Justizvollzugsanstalt am Ölhafendamm wollte mit einer Manipulation an der Gasheizungsanlage Suizid begehen. Noch während Feuerwehr und Polizei das Gebäude erkundeten, explodierte die Heizungsanlage. Der Häftling wurde sehr schwer verletzt und verstarb später. Zwei Polizisten und ein Feuerwehrmann erlitten nur leichte Verletzungen, da man rechtzeitig den Gashaupthahn gesperrt hatte. Das Gebäude musste geräumt und die Häftlinge (Freigänger) noch am Abend in eine Oldenburger Haftanstalt verlegt werden. Neben den Feuerwehrkräften kamen mehrere Rettungswagen und die Schnelleinsatzgruppe der Johanniter zum Einsatz. Solange der Löschzug an der Einsatzstelle gebunden war, bezogen die Ortsfeuerwehren Bant und Heppens als Bereitschaft die Feuer- und Rettungswache I (Mozartstraße). (Jahresbericht Fachbereich Feuerwehr/Kreisfeuerwehrverband 2002)

*

Als erster von den Bürgern direkt gewählter „eingleisiger" Verwaltungschef und Hauptverwaltungsbeamter trat Oberbürgermeister Eberhard Menzel am 1. Januar 2003 seinen Dienst an. Er war der Feuerwehr in Wilhelmshaven als ehrenamtlicher Oberbürgermeister seit 1986 eng verbunden.

In diesem Jahr nahm die „Feuerwehrschule Wilhelmshaven" im Feuerwehr- und Katastrophenschutzzentrum (FKZ) an der Güterstraße unter der Leitung von Brandamtmann Peter Bär den Unterrichtsbetrieb auf. Sie bündelte von nun an alle Ausbildungsaktivitäten der Feuerwehr, für den eigenen Bedarf ebenso wie für andere Feuerwehren. Damit erzielte sie Einnahmen, d. h. Deckungsbeiträge für den Feuerwehretat im Sinne der Entscheidungen von 1996. Die sechsmonatige Feuerwehrgrundausbildung zum Truppmann im mittleren feuerwehrtechnischen Dienst wurde im Wesentlichen von eigenen Feuerwehrbeamten durchgeführt. Nach der Grundausbildung mit den Lerngebieten Brennen und Löschen, Elektrizitätslehre, Strahlenschutz, gefährliche Stoffe und zwei jeweils 6-monatigen Einsatzpraktika konnten die Teilnehmer, die in der Regel eine abgeschlossene Ausbildung zum Facharbeiter mitbrachten, die Prüfung zum Truppmann ablegen, die ihnen die Perspektive zum Truppführer, Maschinisten oder Fahrer eines Einsatzfahrzeuges eröffnete. Von dort aus waren der Aufstieg zum Staffel- oder Gruppenführer und weitere Spezialisierungen möglich. Einige Teilnehmer absolvierten erstmals 2005 auch die Ausbildung zum Feuerwehrtaucher. Elf Teilnehmer des ersten 18-monatigen Grundlehrgangs aus Wilhelmshaven und Oldenburg an der Feuerwehrschule Wilhelmshaven bestanden im Dezember 2005 die Laufbahnprüfung für den mittleren feuerwehrtechnischen Dienst an der Landesfeuerwehrschule in Celle. Die sieben Wilhelmshavener Teilnehmer wurden alle übernommen.[642]

Die Feuerwehrschule setzte auf der Grundlage einer erneuten Anerkennung durch die Bezirksregierung Weser-Ems auch die Arbeit der Rettungsassistentenschule

Abb. 297: Abschluss eines weiteren Grundausbildungs-Lehrgangs an der Feuerwehrschule, 1. Oktober 2007 (oben v. r. n. l. Robin Geschke, Michael Becker, Benjamin Ziegeler, Alex Wollnik, Matthias Hempel; vorne v. r. n. l. Benjamin Awischus, Detlev Janssen, Tobias Krümpelbeck, Stefan Drantmann, Christian Köster, Stefan Jungenkrüger, Malte Koeppen, Daniel Schaumburg; Angehörige der WF Ineos, HWB Emden, HWB Emden, WF Ineos, HWB Emden) (WZ-Bilddienst)

von 1992 mit eigenen Kräften und Ärzten des Reinhard-Nieter-Krankenhauses fort. Der erste Lehrgang für Rettungsassistenten mit je fünf Teilnehmern der Berufsfeuerwehren Oldenburg und Wilhelmshaven ging im Frühjahr 2004 erfolgreich zu Ende.[643]

Bis heute haben insgesamt etwa 700 Feuerwehrleute an den Lehrgängen der Feuerwehrschule in Wilhelmshaven teilgenommen, fast 60 % davon kamen von anderen Feuerwehren.

### Einsatz am Steinkohlekraftwerk Rüstersieler Groden, 24. Februar 2003

Eine Elektronikstörung in der Steuerung des EON-Kohlekraftwerks Wilhelmshaven führte zum Ausfall der Schmierung an der Hauptturbine. Das Sicherheitssystem der Anlage funktionierte, die Turbine wurde heruntergefahren. Ein Großaufgebot der Feuerwehr kühlte die Turbinenanlage und insbesondere die Welle herunter, bis keine Gefahr mehr bestand. (Jahresbericht Fachbereich Feuerwehr/Kreisfeuerwehrverband 2003)

Vier Beamte des mittleren Dienstes teilten sich seit diesem Jahr die Rufbereitschaft für die Schiffsbrandbekämpfung, im B-Dienst stand ein zweiter Zugführer (Beamter des gehobenen Dienstes) für die Schiffsbrandbekämpfung bereit. Am Wochenende übernahm ein Beamter des gehobenen Dienstes den A-Dienst als Vertretung des Leiters der Berufsfeuerwehr. Die althergebrachte Stufung „A-B-C" aus den 1970er Jahren (vgl. Seite 248) lautete jetzt „C-B-A".[644]

### Bereitschaftsdienste in der Leitung der Feuerwehr

**C-Dienst:**

- wird von einem Beamten des gehobenen Dienstes als Zugführer im Rahmen der Wachschichteinteilung wahrgenommen; die lageabhängig erforderlichen einsatztaktischen Maßnahmen werden von ihm geplant, angeordnet und ihre Durchführung überwacht
- wird tätig, sobald der Löschzug zum Einsatz ausrückt, im Einsatzleitwagen ELW unterstützt ihn ein Feuerwehrbeamter des mittleren Dienstes als Führungsassistent

**B-Dienst:**

- wird von einem Beamten des höheren/gehobenen Dienstes wahrgenommen
- wird aus der Rufbereitschaft heraus alarmiert bei Ausfall des C-Dienstes oder bei Doppeleinsätzen, Schiffsbrandeinsätzen oder einem Massenanfall von Verletzten

**A-Dienst:**

- wird vom Leiter der Berufsfeuerwehr oder seinem Vertreter wahrgenommen
- wird bei Großschadenslagen oder überörtlichen Einsätzen gerufen
- vertritt die Feuerwehr im kleinen Katastrophenschutz-Stab/Stab für außergewöhnliche Ereignisse (SAE)
- wird bei mehr als drei vorgenommen Rohren (mehr als ein Löschzug im Einsatz) alarmiert, bei Gefahrgut-Lagen, bei ManV-Lagen oder bei größeren Evakuierungen

Auf Initiative von Brandrat Steffen Lutter fand mit der „Übung am Tiefwasserhafen" am 13. September 2003 in Wilhelmshaven erstmals seit Jahren wieder eine Feuerwehr-Großübung statt. Beteiligt waren die Feuerwehr des Marinestützpunktkommandos, die Werkfeuerwehr der Nordwest-Oelleitung-GmbH (NWO) und die Deutsche Lebensrettungs-Gesellschaft (DLRG). Diese Übung war auch die erste gemeinsame Großübung der Bremer und der Wilhelmshavener Feuerwehren. Damit begann ein regelmäßiger Austausch mit Bremen, der von der Einsicht getragen wurde, dass eine wirksame überörtliche Verstärkung für Wilhelmshaven bei Schadenslagen an den Industrieanlagen in Wilhelmshaven im Ernstfall nur von einer großen hauptamtlichen Feuerwehr in einer angemessenen Entfernung zu gewährleisten war. Die Übungs-Szenarien fanden an der Tankerlöschbrücke des Ölhafens (Schiffsbrandbekämpfung) sowie im Tanklager der NWO (Tankbrandbekämpfung) und im Marinestützpunkt statt. Auf der Fregatte *Bremen* übten die Einsatzkräfte die Brandbekämpfung und Menschenrettung an Bord eines Schiffes.

Abb. 298: Rettungswagen RTW (links) und Notarzteinsatzfahrzeug NEF mit den Fahrzeugbesatzungen vor dem Reinhard-Nieter-Krankenhaus, 2007 (Foto: Olaf Preuschoff)

Zum Jahresende stellte die Berufsfeuerwehr einen weiteren neuen Rettungswagen (RTW) in Dienst. Der Kofferaufbau (vgl. Seite 365) setzte sich damit als Standard-Bauweise endgültig durch. In diesem Jahr wurde auch ein neues Notarzteinsatzfahrzeug NEF auf der Basis eines Volkswagen T 4 (Wiethmarscher Ambulanz- und Sonderfahrzeugbau) beschafft, nach dem dessen Vorläufer (Mercedes Vito) bei einem Unfall während eines Einsatzes im Marinestützpunkt zum Totalschaden geworden war.

Die erste Ausgabe von „EinsEinsZwei", dem Wilhelmshavener Feuerwehr-Magazin, herausgegeben vom Kreisfeuerwehrverband, erschien am 4. November 2003. Es berichtete von nun an regelmäßig über interessante Themen der Berufsfeuerwehr, der Freiwilligen Feuerwehr und der Werkfeuerwehren. Die Redaktion bestand aus Angehörigen der Berufsfeuerwehr und der Freiwilligen Feuerwehr: Stefan Janßen, Volker Lotsch, Andreas Menke, Andreas Ohrenberg, Rolf Poppen, Kay Rosenkranz, Hartmut Struckmann und Oliver Tiemann.

*

Am 5. März 2004 legte Oberbürgermeister Menzel den Grundstein für das neue Leitstellengebäude auf dem Gelände der Feuer- und Rettungswache I (Mozartstraße). Die Planung des Architekturbüros Iwersen entsprach den funktionalen Anforderungen des Leitstellenbetriebs und dem baulichen Gesamtkonzept für die Nordseite des Grundstückes Mozartstraße 13 (vgl. Seite 360f.).

Der Schlauchturm auf der Hauptwache von 1958 wurde in diesem Jahr grundlegend saniert. Er hatte nun eine Höhe von 31 Metern, zuzüglich des sechs Meter hohen Funkmasts.[645] Damit gehört er bis heute zu den markanten Gebäuden in der Innenstadt.

## Mellumstraße/Schillerstraße, 10. Mai 2004:
## Treppenhausbrand in einem Mehrfamilienhaus

Am 10. Mai 2004 wurde die Berufsfeuerwehr um 23.21 Uhr zu einem Wohnhausbrand in der Mellumstraße/Ecke Schillerstraße gerufen. Das Treppenhaus des viergeschossigen Mehrfamilienhauses konnte wegen der Verqualmung durch zwei dort brennende Kinderwagen nicht mehr betreten werden. Für die Bewohner in den zwei bewohnten Wohnungen gab es damit keinen direkten Fluchtweg mehr. Beim Eintreffen der Feuerwehr war der Brand so weit fortgeschritten, dass die Zählertafeln im Treppenraum schmolzen und der Strom ausfiel, stellenweise löste sich bereits der Putz von Wänden und Decken.

Zu diesem Zeitpunkt standen die Bewohner der Wohnungen im zweiten und dritten Obergeschoss schon auf den Eckbalkons. Über die Drehleiter konnten insgesamt elf Kinder im Alter zwischen einem und zehn Jahren, drei Erwachsene und vier Hunde gerettet werden. Nur dank des sehr einsichtigen Verhaltens der Erwachsenen waren die Feuerwehrbeamten in der Lage, mit der Drehleiter mehrere Hubfahrten nacheinander durchzuführen und die große Anzahl an Personen zu befördern.

Neben der Berufsfeuerwehr kam die Ortsfeuerwehr Bant zum Einsatz. Die Feuerwehrführung stellte fest: „Durch den schnellen und qualitativ hochwertigen Einsatz der Berufsfeuerwehr sowie der Freiwilligen Feuerwehr der Wache Bant konnte ein Ausbreiten des Brandes verhindert werden. Personen kamen nicht zu Schaden." (Jahresbericht Fachbereich Feuerwehr/Kreisfeuerwehrverband 2004) Das Gebäude war für einige Zeit nicht mehr bewohnbar.

Ein ähnlicher Brand ereignete sich am 3. Dezember 2004 in der Börsenstraße: Abgestellte Gegenstände im Treppenhaus waren angezündet und dadurch der Fluchtweg verqualmt worden. Fünf Personen wurden über die Drehleiter gerettet. Die Feuerwehr setzte zur Entrauchung des Gebäudes das Druckbelüftungsgerät ein.

Im Mai dieses Jahres eröffneten die Wilhelmshavener Feuerwehrbeamten „ihren" Fitnessraum auf der Feuer- und Rettungswache I (Mozartstraße). Er war aus der ehemaligen Fahrzeughalle im Gebäude Mozartstraße 13 räumlich abgeteilt und von den Feuerwehrangehörigen selbst hergerichtet worden. Die Geräte wurden aus dem Feuerwehretat finanziert, da der notwendige Dienstsport von nun an zeitlich flexibler auf der Wache ausgeübt werden konnte. Zuvor hatten die Feuerwehrleute in Eigeninitiative einige Fitnessgeräte auf dem Dachboden des Wachgebäudes aufgestellt, auf der Wache Albrechtstraße nutzten sie mangels Alternativen zunächst die Fahrzeughalle. Seit dem Umzug der Ortsfeuerwehr Nord in das Feuerwehrgerätehaus Mitte 2009 steht im Anbau des Gebäudes Albrechtstraße 115 ein Fitnessraum zur Verfügung. Parallel dazu wurden in einer städtischen Sporthalle im Rahmen des Dienstplans Übungen der „Rückenschule" angeboten.

Abb. 299: Gerätewagen Atemschutz GW-A im Einsatz beim Brand in einem Reitstall am östlichen Mühlenweg, 29. November 2012 (Foto: Olaf Preuschoff)

Mit der Novelle zum Niedersächsischen Brandschutzgesetz (NBrandSchG) vom 16. September 2004 wechselte die Aufsicht über die Berufsfeuerwehren nach der Auflösung der Bezirksregierungen zu den Polizeidirektionen. Innerhalb der Direktion Oldenburg nimmt seitdem das Dezernat 23 (Brandschutz, Katastrophenschutz und zivile Verteidigung) mit einem feuerwehrfachlichen Dezernenten die Aufsicht über die kommunalen Feuerwehren wahr. Der neu geschaffene „Regierungsbrandmeister" vertritt als Ehrenbeamter des Landes die Freiwilligen Feuerwehren im Bereich der Polizeidirektion.

Diese Veränderung war in „Feuerwehrkreisen" nicht unumstritten, schließlich hatte der Gesetzgeber Polizei und Feuerwehr nach dem Zweiten Weltkrieg ganz bewusst auf Abstand zueinander gebracht. Abgesehen davon gibt es bis heute auch systembedingte Unterschiede. Die Feuerwehr nimmt eine Brandstelle vor allem als Einsatzstelle wahr, die Polizei dagegen als Tatort, der möglichst nicht zu betreten ist. Die Einsatzführung der Feuerwehr liegt bei dem mitfahrenden Zugführer vor Ort, der bei Bedarf über die Zentrale Verstärkung anfordert. Die Streifenwagen der Polizei dagegen wurden von der Zentrale aus geleitet, die bei komplexeren Einsätzen ihre Führungsebene dort verstärkt. Gerade dieser Unterschied sollte bei allen späteren Gesprächen über gemeinsame Leitstellen eine wichtige Rolle spielen.

Am 22. Dezember 2004 stellte die Berufsfeuerwehr den neuen Gerätewagen Atemschutz GW-A in Dienst, der den 24 Jahre alten Sondergerätewagen Atemschutz SGW-A von 1981 (vgl. Seite 300) nach einem Unfallschaden ersetzte. Das Fahrzeug (Mercedes-Benz 815 D/Ziegler) war mit 21 einsatzbereiten Atemschutzgeräten und 21 Reserveflaschen sowie einem Schnellaufbau-Zelt für die Regeneration von Ein-

Abb. 300: Tragkraftspritzenfahrzeug TSF W der Ortsfeuerwehr Rüstringen, 2011 (Freiwillige Feuerwehr Rüstringen, 2015)

satzkräften ausgestattet. Im Gegensatz zu seinem Vorgänger enthielt es keine Sondergeräte für Gefahrguteinsätze mehr, da diese inzwischen in dem erforderlichen Umfang auf dem Abrollbehälter Gefährliche Stoffe/Güter (vgl. Seite 351) verfügbar waren. Der GW-A wurde bei der Ortsfeuerwehr Nord (ab 2011 Ortsfeuerwehr Rüstringen) stationiert, der ihn rund um die Uhr mit einem Trupp (1/1) zur Einsatzstelle brachte.

Entsprechend dem Fahrzeugkonzept erhielt die Ortsfeuerwehr Neuengroden in diesem Jahr ein neu beschafftes Tragkraftspritzenfahrzeug TSF W (MAN/Ziegler). Es ist mit einer herausnehmbaren Tragkraftspritze sowie mit einem Wasservorrat (600 Liter) und Schnellangriffseinrichtung ausgestattet. Das Fahrzeug kann wahlweise allein oder in einer Löschgruppe operieren. Es ist aber auch in der Lage, vergleichbar dem Löschgruppenfahrzeug LF 16 TS die Löschwasserförderung und -verteilung eines größeren Verbands zu verstärken. Seine feuerwehrtechnische Beladung entspricht der eines Löschgruppenfahrzeugs LF 8 einschließlich einer Zusatzbeladung für Hilfeleistung, das Fahrzeug bietet Platz für eine Staffelbesetzung (1/5). Damit war es von einer Freiwilligen Feuerwehr auch mit Blick auf die Tagesalarmsicherheit schneller zu besetzen, konnte an der Einsatzstelle aber einen Abschnitt selbstständig übernehmen.

*

Das Havarie-Kommando in Cuxhaven (vgl. Seite 352) versetzte am 12. Januar 2005 die Brandbekämpfungseinheiten BBE in Wilhelmshaven und Emden in Einsatzbereitschaft, ebenso das Mehrzweckschiff *Mellum* und das Gewässerschutzschiff *Gustav*

Abb. 301: Übung zur Schiffsbrandbekämpfung mit Abwinschen auf der Schiffsbrandsimulationsanlage, 2006 (im Vordergrund der Abrollbehälter Schiffsbrandbekämpfung AB-Schiffsbrand) (Foto: Olaf Preuschoff)

Abb. 302: Innenansicht der Schiffsbrandsimulationsanlage mit angedeutetem Wellentunnel, 2006 (links Oberbrandmeister Edmund Hänsel und rechts Oberbrandmeister Holger Taddicken) (WZ-Bilddienst)

*Meyer*. Auf einem mit Papierrollen beladenen Frachtschiff in der Emsmündung war ein Brand ausgebrochen. Ein holländisches Einsatzteam löschte jedoch das Feuer, die deutschen Kräfte kamen nicht mehr zum Einsatz.[646]

Wilhelmshaven und seine Feuerwehr waren in der Schiffsbrandbekämpfung an der Nordseeküste zu einer festen Größe geworden. Am 13. Dezember 2005 schlossen die Stadt Wilhelmshaven und das Land Niedersachsen eine „Vereinbarung über die Errichtung und den Betrieb einer Übungsanlage für die Brandbekämpfung und Hilfeleistung auf Schiffen" ab. Die Stadt Wilhelmshaven stellte ein erschlossenes Grundstück neben dem Feuerwehr- und Katstrophenschutzzentrum (FKZ) an der Güterstraße zur Verfügung. Das Land übernahm die Anschaffungskosten in Höhe von 175.000 € für eine Schiffsbrandsimulationsanlage in zwei Containern des Unternehmens Kidde Fire Protection, in denen die typischen Verhältnisse an Bord eines Schiffes nachgebildet werden konnten: räumliche Enge in einem Wellentunnel, Niedergänge und Schotten. Mit Erdgas befeuerte Brenner erzeugten realistische Feuer. Vom Dach eines der Container konnten Einsatzkräfte mit dem Hubschrauber abgewinscht werden. Während des Durchgangs auf der Übungsanlage überwachte ein Ausbilder die Lehrgangsteilnehmer von einem Leitstand aus.

Abb. 303: Ausbildung in der neuen Atemschutzübungsstrecke, 2014 (WZ-Bilddienst)

Am 27. September 2006 wurde die Anlage in Anwesenheit des niedersächsischen Innenministers Uwe Schünemann ihrer Bestimmung übergeben. Von nun an wurden hier die in den Seehäfen aufgestellten Brandbekämpfungseinheiten (BBE) kommunaler Feuerwehren unter realistischen Bedingungen von Beamten der Berufsfeuerwehr mit ihrem inzwischen erworbenen Know-how gegen Kostenerstattung durch das Land ausgebildet.

Die Berufsfeuerwehr erweiterte die Anlage um einen Container mit einer Atemschutzübungsstrecke, als Ersatz für die mehr als 20 Jahre Anlage in der Feuer- und Rettungswache II (vgl. Seite 302). Dieser Container konnte sowohl in Verbindung mit der Schiffsbrandsimulationsanlage wie auch allein für die Feuerwehr Wilhelmshaven genutzt werden. Sie hatte einige Jahre mit einem angemieteten Atemschutz-Übungscontainer überbrücken müssen, seit die Anlage in der Albrechtstraße nicht mehr den Vorschriften entsprach.[647] Mit den beiden Investitionen war das FKZ an der Güterstraße als Kreisausbildungszentrum vollständig ausgestattet.

## 6. April 2005, Emsstraße: Großbrand in der ehemaligen Kasernenanlage Bant

In einem Gebäude der früheren Kasernenanlage Bant an der Emsstraße brach am Abend des 6. April 2005 ein Feuer aus, verursacht vermutlich von ungebetenen Gästen in der schon länger leerstehenden Anlage. Die Löscharbeiten, an denen neben der Berufsfeuerwehr die Ortsfeuerwehren Bant und Heppens beteiligt waren, dauerten von 23.00 Uhr abends bis in die frühen Morgenstunden des folgenden Tages. (Jahresbericht Fachbereich Feuerwehr/ Kreisfeuerwehrverband 2005)

Die Ortsfeuerwehr Neuengroden ging in die Bereitschaft für das Stadtgebiet, die Ortsfeuerwehr Nord führte den Gerätewagen Atemschutz GW-A nach. Insgesamt befanden sich 50 Feuerwehrleute im Einsatz und weitere 35 in Bereitstellung.

Am 19. Mai 2005 konnte das neue Leitstellengebäude für Feuerwehr und Rettungsdienst an der Peterstraße seiner Bestimmung übergeben werden. Es war der II. Bauabschnitt der Zielplanung für die Entwicklung der Feuer- und Rettungswache I (Mozartstraße). Für die 739 qm Nutzfläche in dem dreigeschossigen Gebäude standen Baukosten in Höhe von 1,7 Mio. € zu Buche.

Die Leitstelle mit drei, später vier Dispositionsplätzen und einem Administratorenplatz sowie den dazugehörigen Sozialräumen befindet sich im zweiten Obergeschoss, ein Stockwerk tiefer der Technikraum. Dort liegt außerdem der sog. „SAE-Raum", in dem der „Stab für außergewöhnliche Ereignisse" bei Lagen unterhalb der Katastrophenschwelle zusammentritt, so wie bislang in dem „kleinen Stabsraum" von 1982. Auch der Ruheraum für den Einsatzleiter vom Dienst sowie die Elektro- und Funkwerkstatt befinden sich auf dieser Etage. Im Erdgeschoss steht der Einsatzleitwagen ELW abfahrbereit mit der Ausfahrt zur Peterstraße, daneben liegen weitere Werkstatt- und Lagerräume. Im Dachgeschoss des Gebäudes sind die Lüftungs- und Klimazentrale für den Leitstellenraum und der Technikraum untergebracht.

Abb. 304: Oberbrandmeister Jochen Bauer als Disponent an einem der Tische in der Leitstelle, 2009 (in der Mitte die zentrale Bedienungseinheit für den Einsatzleitrechner) (Foto: Olaf Preuschoff)

Gegenüber der dritten Fernmeldezentrale im Gebäude Mozartstraße 11 von 1982 stellte die Leitstelle nicht nur räumlich und konzeptionell einen Quantensprung dar. Modernste Technik, u.a. ein Einsatzleitrechner der neuesten Generation, unterstützt die Leitstellen-Disponenten von der Notrufabfrage über eine teilautomatisierte Fahrzeug- bzw. Rettungsmitteldisposition bis zur Einsatzdokumentation. Alle einsatzrelevanten Informationen – die geographische Stadtkarte, besondere Gebäude und Infrastrukturen, der Status der Einsatzfahrzeuge und nicht zuletzt die Informationen und Einsatzpläne für besonders eingestufte Objekte wie z.B. große Industriebetriebe oder z.B. auch die Nordsee-Passage – können auf einem der vier Bildschirme des jeweiligen Disponentenplatzes dargestellt werden. Die Leitstellentechnik kostete mit 670.000 € fast das Zehnfache der Vorgängerversion von 1980 für 150.000 DM.

Die neue Leitstelle für Feuerwehr und Rettungsdienst ging am 1. Juli 2005 in den Echt-Betrieb. Jeweils zwei Feuerwehrbeamte pro Wachschicht besetzten die beiden Disponentenplätze. Nach der Hälfte des 24-Stunden-Dienstes wurden sie aus dem Löschzug heraus abgelöst, um die Ruhe- und Bereitschaftszeiten einhalten zu können. Die Entwicklung der Einsatzzahlen im Rettungsdienst nach der Jahrtausendwende (vgl. Anhang 15) hatte die Auslastung der Leitstelle deutlich erhöht. Mit dem Fortschritt in der Kommunikationstechnik war das Fernmeldenetz der Feuerwehr von 1952 schon lange obsolet geworden und wurde mit der Betriebsaufnahme der neuen Leitstelle abgeschaltet.

Abb. 305: Großübung „Mai-Power 2005": Szenario am Einsatzgruppenversorger Berlin, Marinestützpunkt, 28. Mai 2005 (Sammlung Markus Bulling)

Zwei Jahre nach der „Übung am Tiefwasserhafen" folgte vom 27. bis 29. Mai 2005 mit „Mai-Power 2005" die nächste Großübung, an der mehr als 220 Einsatzkräfte mit 53 Fahrzeugen der Feuerwehr Wilhelmshaven, der Feuerwehr Bremen, der Feuerwehr des Marinestützpunkts sowie der Werkfeuerwehren der Nordwest-Oelleitung-GmbH (NWO), der INEOS Vinyls GmbH und der Wilhelmshavener Raffineriegesellschaft mbH (WRG) teilnahmen. Geübt wurden wie schon beim ersten Mal parallele Schadenszenarien unter realistischen Bedingungen: Ausbruch von Vinylchlorid in der INEOS-Anlage nach einem Stromausfall, Leckage an einer Ölleitung des NWO-Tanklagers, Brand einer Rohöldurchsatzpumpe in der Anlage der WRG, Brandbekämpfung und Menschenrettung auf dem Einsatzgruppenversorger *Berlin* im Marinestützpunkt. Die Bremer Feuerwehr übte bei dieser Gelegenheit zusätzlich die Verlegung eines motorisierten Verbandes über eine längere Entfernung.

Im gleichen Monat wurde der neue Abrollbehälter Rettung (AB Rett), ein wesentlicher Bestandteil des MANV-Konzepts, ausgeliefert und in den Ausbildungs- und Übungsdienst übernommen. Er enthielt die Ausrüstung zur schnellen Einrichtung einer Verletztensammelstelle und eines Behandlungsplatzes am Einsatzort, d.h. zur Erstversorgung von bis zu 50 Verletzten in aufblasbaren Einsatzzelten mit Krankentragen, Notfallkoffer, Infusionsboxen, Verbandmaterial, Medikamentenkoffer, einen Stromerzeuger 230 V, Flutlichtscheinwerfer, Sauerstoffflaschen u.v.a.m.

2005 trat eine neu erarbeitete Bekleidungsordnung für die Feuerwehr in Kraft, in der die Grundausstattung und Zusatzausstattung pro Person und die technischen Spezifikationen beschrieben wurden. Man unterschied bei der Berufsfeuerwehr zwischen

- der Dienstkleidung (Diensthose und Poloshirt/T-Shirt in dunkelblau, Sicherheitsschuhe),
- der Einsatzschutzkleidung für Brandschutz (s.o., dazu Helm, Sicherheitsstiefel und -handschuhe) und Rettungsdienst (Diensthose rot, Jacke gelb-fluoreszierend),
- der Uniform gemäß Ministerialerlass,
- der Kleidung für Taucher (u.a. Overall, Regenjacke, Taucheranzug) und für die Schiffsbrandbekämpfung (gemäß den Vorgaben des Havariekommandos, einschl. Überlebens- bzw. Kälteschutzanzug) sowie
- der Einsatzbekleidung der Schnelleinsatzgruppe Gefährliche Stoffe (u.a. Feuerwehreinsatzhose, Überjacke orange).[648]

Auch die anlassbezogene Trageweise der Dienstkleidung z.B. im Wachdienst, Einsatzdienst, Rettungsdienst, Leitstellendienst, Führungsdienst oder zu besonderen Anlässen war festgelegt, ebenso die Kennzeichnung von Führungskräften an der Einsatzstelle durch Funktionswesten sowie die Helmkennzeichnung. Auf der Grundlage der Bekleidungsordnung ersetzte man schrittweise die Überhosen und -jacken der NOMEX-Schutzkleidung von 1994. Die einmaligen Kosten betrugen beispielsweise für die Erstausstattung eines Feuerwehrmannes rd. 2.000 €. Inzwischen stand im Feuerwehr-Etat ein fester regelmäßiger Betrag für Dienstkleidung zur Verfügung, aus dem die Kleiderkammer die notwendigen Beschaffungen finanzieren konnte.

Auch für die Freiwillige Feuerwehr waren die Einsatzschutzkleidung (u.a. Feuerwehrüberjacke orange „Niedersachsen", Feuerwehrüberhose dunkelblau, Helm, Sicherheitsstiefel und -handschuhe), die Uniform gem. Ministerialerlass, sowie die Bekleidung der Jugendfeuerwehr (u. a Kombi oder Zweiteiler in blau mit orangefarbenem Koller, Schutzhelm und Schutzhandschuhe) definiert und wurden neu beschafft.

Bei einer Inventarisierung aller Fahrzeuge entdeckte man die „Oma", das Tanklöschfahrzeug TLF 16 von 1952, wieder – unter den Reservefahrzeugen des Katastrophenschutzes. Da es dort wegen seines großen Tanks für die Wasserversorgung eingeteilt war, hatte man es technisch kaum verändert. Auf Initiative von Feuerwehrchef Steffen Lutter setzte eine Gruppe von Enthusiasten das Fahrzeug von Grund auf instand, der Oldtimer diente danach in der ursprünglichen weinroten Lackierung viele Jahre lang als Anziehungspunkt bei Feuerwehrveranstaltungen.

### Mühlenweg 63, 9. Januar 2006: Chemieunfall im Gymnasium am Mühlenweg

Nach einem ungewollten Säureaustritt während eines Experiments im Chemieunterricht klagten mehrere Schüler über Reizungen der Atemwege und der Augen. Der um den Gerätewagen Atemschutz GW-A erweiterte Löschzug sowie fünf Rettungswagen wurden alarmiert. Schließlich hätte sich ein Szenario in Richtung eines Massenanfalls Verletzter (MANV 1, vgl. Seite 371) entwickeln können. Die Situation konnte jedoch vor Ort geklärt werden: Niemand musste stationär behandelt werden. Die Säure wurde fachgerecht aufgenommen und entsorgt. (Jahresbericht Fachbereich Feuerwehr/Kreisfeuerwehrverband 2006)

In einer Feierstunde erinnerte der Kreisfeuerwehrverband am 19. November 2005 an die Gründung der Freiwilligen Feuerwehren Wilhelmshaven (1880) und Heppens (1900) vor 125 bzw. 105 Jahren. Sie hatten seinerzeit zu den ersten Bürgerinitiativen in den Jadegemeinden (vgl. Seiten 25 und 39) gehört und lebten nun in der Freiwilligen Feuerwehr Heppens fort. Oberbürgermeister Eberhard Menzel wies in seiner Festrede darauf hin, dass über die 125 Jahre hinweg bei allen Veränderungen eines jedoch Bestand gehabt habe: „Die Bereitschaft, jederzeit private Interessen zurückzustellen und Zeit, Kraft und Gesundheit dafür einzusetzen, Menschen aus der Not zu retten und Sachwerte zu schützen."[649] Dafür dankte er stellvertretend den Angehörigen der Freiwilligen Feuerwehr Heppens.

### Admiral-Klatt-Straße, 16. November 2006: Großbrand in einem Gewerbebetrieb

In einer als Bootshalle genutzten Lagerhalle war ein Feuer ausgebrochen, das mehrere dort abgestellte Boote sowie Behälter mit Farben, Lacken und Betriebsstoffen erfasst hatte. Die Berufsfeuerwehr und die Ortsfeuerwehren Bant, Heppens, Nord, Neuengroden und Sengwarden kamen zum Einsatz, ebenso einige Fahrzeuge des Katastrophenschutzes, insgesamt 102 Einsatzkräfte und 22 Fahr-

Abb. 306: Großbrand in der Admiral-Klatt-Straße, 16. November 2006 (Sammlung Walter Menßen)

zeuge. Wegen der fortgeschrittenen Brandausdehnung – es hatte bereits eine Durchzündung gegeben, weil mehrere Druckgasflaschen hochgegangen waren – war ein Innenangriff nicht mehr möglich. Die Löschmannschaften setzten in den drei Einsatzabschnitten drei Werfer, drei B-Rohre, vier C-Rohre und zwei Schaumrohre ein. Wegen der Rauchentwicklung wurden die Anwohner über Rundfunk aufgefordert, die Fenster geschlossen zu halten. Der Einsatz dauerte insgesamt zwölf Stunden. (Jahresbericht Fachbereich Feuerwehr/Kreisfeuerwehrverband 2006)

## Banter Deich, 30. November und 3. Dezember 2006: Großbrand in einem Recycling-Betrieb

Am 30. November brach auf dem Gelände eines Unternehmens für Kunststoff-Recycling am Banter Deich ein Großbrand aus. In der Lagerhalle (30 x 40 m) brannte loses Kunststoff-Schreddermaterial und auf dem Außengelände ähnliches Material, jedoch in Ballen gepresst. Das Feuer drohte auf die benachbarten Gebäude überzugreifen. Im nahegelegenen Kulturzentrum „Pumpwerk" fand gerade eine Veranstaltung statt.

Abb. 307: Großbrand in einem Kunststoff-Recycling-Betrieb, 30. November 2006 (Sammlung Markus Bulling)

Zum Einsatz kamen neben der Berufsfeuerwehr die Ortsfeuerwehren Bant und Neuengroden mit insgesamt 77 Einsatzkräften. Das brennende Material musste mit einem Radlader auseinandergezogen werden, bevor es mit Wasser und Schaummittel abgelöscht werden konnte (zwei Werfer, zwei Schaumrohre, drei C-Rohre). Es kam zu einer starken Rauchentwicklung. Kräfte der Ortsfeuerwehren Heppens und Wilhelmshaven-Nord stellten den Brandschutz im Stadtgebiet sicher. (Jahresbericht Fachbereich Feuerwehr/ Kreisfeuerwehrverband 2006)

Wenige Tage darauf gab es an gleicher Stelle erneut Feueralarm, weil sich das Kunststoff-Schreddermaterial wieder entzündet hatte. Der Löschzug der Berufsfeuerwehr war am 3. Dezember von morgens bis abends fast zehn Stunden damit beschäftigt, es aus der Halle zu ziehen und im Freien abzulöschen. Dabei wurde er zeitweise von Kräften der Ortsfeuerwehr Bant unterstützt.

*

Nach der Richtungsentscheidung über die Feuerwehr von 1996 waren einzelne Maßnahmen wie die Übernahme der Schiffsbrandbekämpfung, die Feuerwehrschule, der Bau des Feuerwehr- und Katastrophenschutz-Zentrums (FKZ), das Fahrzeugbeschaffungskonzept oder die bauliche Entwicklung der Wache Mozartstraße aus jeweils guten Gründen umgesetzt worden. Auf lange Sicht bedurfte es aber eines fachlichen Rationals, einer vom Rat der Stadt Wilhelmshaven beschlossenen qualitativen Grundlage für die weitere Entwicklung der Feuerwehr, um daraus auch in Zukunft Einzelentscheidungen zur Personalstärke und Fahrzeugausstattung oder zu Standorten von Wachen bzw. Gerätehäusern ableiten zu können. Diese Grundlage sollte der Brandschutzbedarfsplan schaffen.

Die haupt- und nebenamtliche Feuerwehr in Wilhelmshaven stand damit noch einmal auf dem Prüfstand, jedoch nicht, um sie neu zu erfinden, wie Brandoberrat Steffen Lutter feststellte: „Bereits in den vergangenen Jahren hat die Feuerwehr Wilhelmshaven gezeigt, dass sie sich modernisiert hat, und dass sie die an sie gestellten Herausforderungen in vielfacher Hinsicht erfüllt hat. Beispielhaft erwähnt seien hier die Einführung des rechnergestützten Dienstplanes, die gutachterlich begleitete Neuorganisation eines leistungsfähigen und wirtschaftlichen Rettungsdienstes, die Übernahme des Hafenbrandschutzes auf der Jade und im Mündungstrichter der Weser, sowie die Hinwendung zu einem Dienstleistungs- und Ausbildungsbetrieb, in dem viele verschiedene Leistungen für Dritte erfolgreich erbracht werden."[650]

Die Führungskräfte der Feuerwehr legten 2006 einen ersten Entwurf für einen Brandschutzbedarfsplan vor, basierend auf umfangreichen Erhebungen und Analysen des gesamten Einsatzgeschehens der Feuerwehr Wilhelmshaven unter den inzwischen geltenden gesetzlichen Kriterien, erstmals seit 1979.[651] Methodisch und formal orientierte man sich an Empfehlungen aus Nordrhein-Westfalen, da es Entsprechendes für Niedersachsen zu diesem Zeitpunkt noch nicht gab.[652] Ganz bewusst entschied sich die Feuerwehr für die Erarbeitung im eigenen Haus, um die damit verbundenen Orts- und Strukturkenntnisse zu nutzen. Der notwendige kritische Blick von außen erfolgte nach Vorlage des ersten Entwurfs durch eine externe Begutachtung, bevor der Plan seine endgültige Fassung erhielt.

Die Analyse des Stadtgebiets ergab zwei Einsatzschwerpunkte:

- die älteren Wohngebäude ohne zweiten Rettungsweg in den Stadtteilen südlich der Peterstraße, überwiegend im Ausrückebereich der Ortsfeuerwehr Bant
- die Industrieanlagen, Löschbrücken, Verkehrsanlagen sowie der Marinestützpunkt an der Ostküste der Stadt und im Innenhafen, weniger in der Häufigkeit als im individuellen Ausmaß der Gefahren.

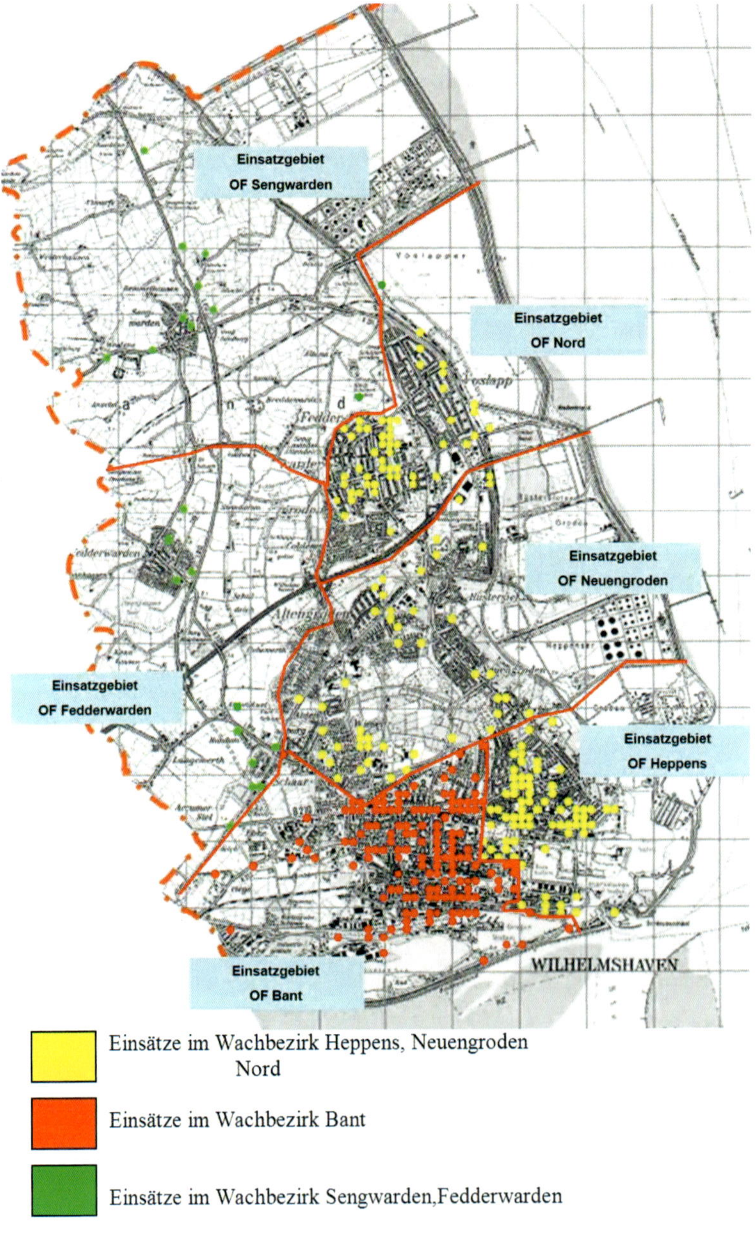


Abb. 308: Räumliche Verteilung der Brandschutz-Einsätze im Stadtgebiet, 2006 (Brandschutzbedarfsplan für die Stadt Wilhelmshaven, 2009)

In einem Gefahrenkataster wurden die Gefahrenarten Brand, Technische Hilfeleistung, chemische Gefahren (einschl. radioaktive und chemische Gefahren) sowie Wassernotfälle als Summenwert auf Rasterflächen von 1.000 x 1.000 Metern räumlich aufgetragen.[653] Deutlich zeigte sich die Konzentration von Gefahren auf den Grodenflächen an der Ostküste, im Hafen, entlang der Verkehrswege und in den dicht besiedelten Stadtteilen.

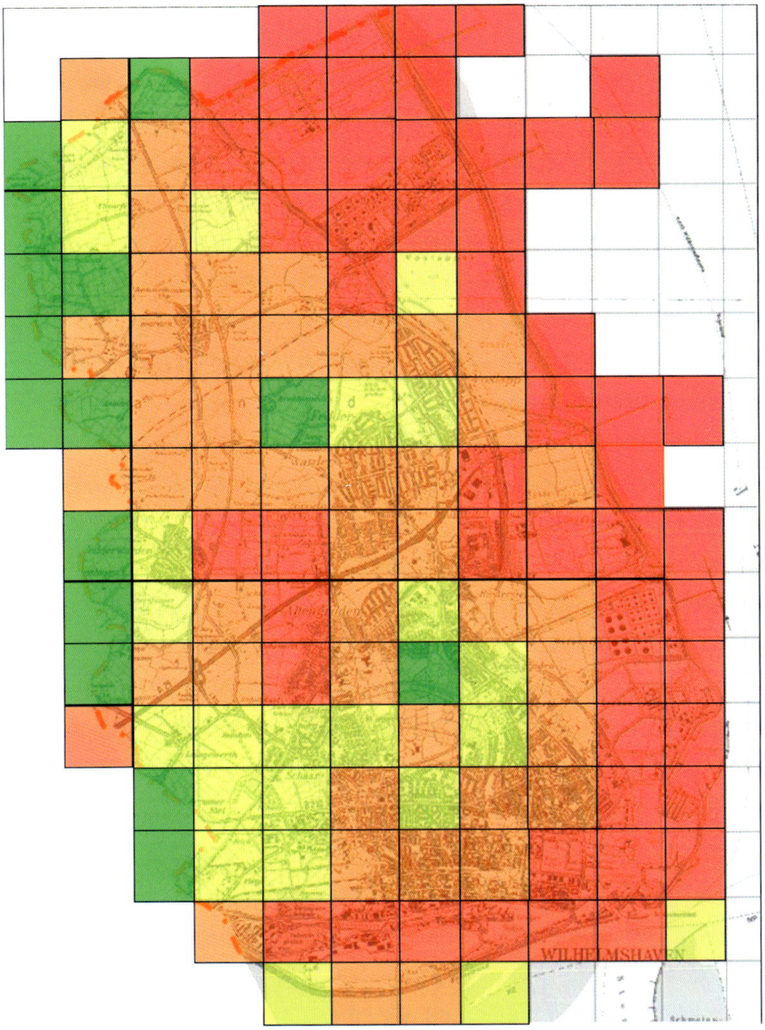

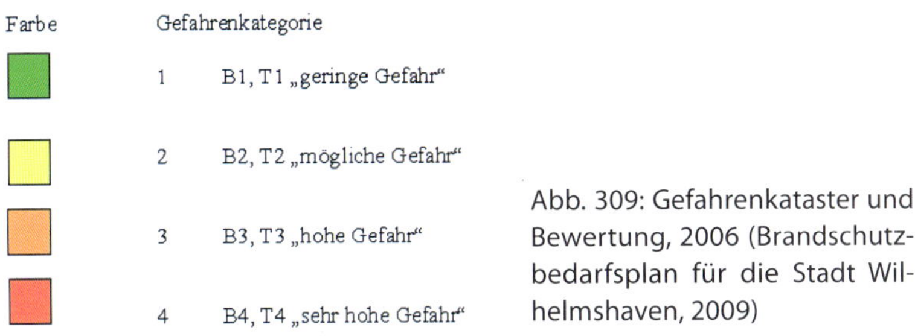


Abb. 309: Gefahrenkataster und Bewertung, 2006 (Brandschutzbedarfsplan für die Stadt Wilhelmshaven, 2009)

Definition der Gefahrenkategorien „Brand"

| Gefahrenkategorie | Kennzeichnende Merkmale |
|---|---|
| B 1 | - im Wesentlichen Wohngebäude<br>- Gebäudehöhe: höchstens 7 m Brüstungshöhe |
| B 2 | - Gebäudehöhe: höchstens 7 m Brüstungshöhe<br>- einzelne kleinere Gewerbebetriebe / Handwerksbetriebe / Beherbergungsbetriebe |
| B 3 | - kleinere Bauten besonderer Art oder Nutzung<br>- Gebäudehöhe: höchstens 12 m Brüstungshöhe<br>- Gewerbebetriebe ohne erhöhten Gefahrstoffumgang oder mit Werkfeuerwehr |
| B 4 | - zum überwiegenden Teil großflächig geschlossene Bauweise<br>- große Objekte besonderer Art oder Nutzung<br>- Gebäudehöhe: höchstens 23 m Brüstungshöhe<br>- Industrie mit erhöhtem Gefahrstoffumgang, ohne Werkfeuerwehr |

(Brandschutzbedarfsplan für die Stadt Wilhelmshaven, 2009)

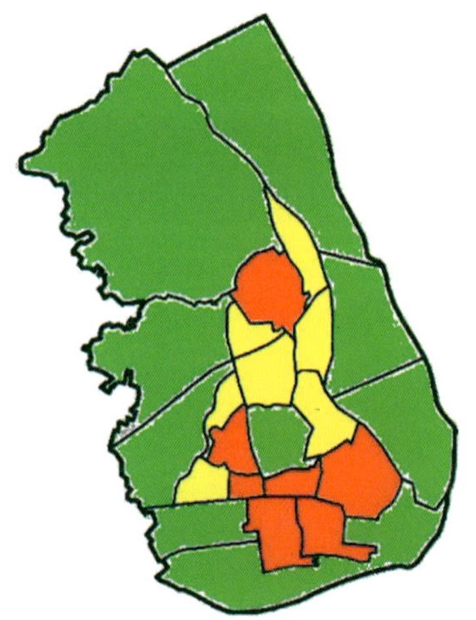

| Ortsteile | Gefährdungsanalyse |
|---|---|
| Sengwarden | • kleiner 20 gering |
| Fedderwarden | • kleiner 20 gering |
| Voslapp/ | • 20 bis 40 mittel |
| F-Groden | • über 40 hoch |
| Himmelreich | • 20 bis 40 mittel |
| Rüsters./ | • 20 bis 40 mittel |
| Neuengr. | • 20 bis 40 mittel |
| Stadtpark | • kleiner 20 gering |
| Heppens | • über 40 hoch |
| Heppenser Groden | • kleiner 20 gering |
| Bant | • über 40 hoch |
| Innenhafen | • kleiner 20 gering |

Abb. 310: Räumliche Verteilung des Gefährdungspotentials im Stadtgebiet, 2006 (Brandschutzbedarfsplan für die Stadt Wilhelmshaven, 2009)

Einsatztaktisch sollten die Gefahrenkategorien I und II durch den Standard-Löschzug (mit Drehleiter) abgedeckt werden. Für die Gefahrenkategorien III und IV war eine erweiterte Ausrüstung erforderlich, die von den Werkfeuerwehren bzw. dem zweiten Abmarsch der Berufsfeuerwehr oder den Freiwilligen Feuerwehren gestellt wurde. Angesichts der Werkfeuerwehren mit der Fähigkeit zum Soforteinsatz wurden die Industrieanlagen an der Ostküste und der Marinestützpunkt aus der weiteren Bewertung ausgeklammert. Die konkrete räumliche Verteilung des Gefährdungspotentials im engeren Stadtgebiet ergab sich aus der Korrelation des Gefahrenkatasters mit der Einwohnerzahl und der Einwohnerdichte in den betroffenen Stadtteilen. In der Darstellung zeigten sich besonders hohe Werte für die Stadtteile beiderseits der Bismarckstraße, Heppens, Europaviertel, Wiesenhof und Fedderwardergroden.

Das entscheidende Kriterium für die Bemessung einer Feuerwehr war die Definition eines Sicherheitsstandards. Dieser wurde als Schutzziel, d. h. als Qualitätsziel für den Schutz vor den Gefährdungspotentialen formuliert. Man definierte für die Aufgaben „Brandbekämpfung", „technische Hilfeleistung" und „Umweltgefahren" zwei wesentliche Komponenten: die Hilfsfrist, innerhalb derer die Rettungsmittel an der Einsatzstelle eingetroffen seien müssen und die Mindeststärke dieser Rettungsmittel für eine sinnvolle Gefahrenabwehr, ausgedrückt in Funktionen bzw. Einsatzkräften.

Da es dafür bis heute keine unmittelbar geltenden gesetzlichen Vorgaben wie z.B. für den Rettungsdienst gibt, zog die Feuerwehr hilfsweise die Empfehlungen der Arbeitsgemeinschaft der Leiter der Berufsfeuerwehren beim Deutschen Städtetag (AGBF) heran, die als anerkannte Regeln der Technik gelten. Das maßgebliche Szenario für die Brandbekämpfung ist der sog. „kritische Wohnungsbrand", ein „Zimmerbrand in einem Obergeschoss eines mehrgeschossigen Wohnhauses mit Tendenz zur Ausbreitung. Der Treppenraum ist durch den Brandrauch für die Bewohner unpassierbar (erster Rettungsweg). Die tatsächliche Gefahrenlage am Einsatzort ist bei Eingang der Meldung nicht bekannt."[654]

### AGBF-Empfehlung zu den Hilfsfristen

Die Arbeitsgemeinschaft der Leiter der Berufsfeuerwehren (AGBF) hat als Empfehlung für Hilfsfristen formuliert: nach höchstens 13 Minuten (davon 5 Min. für Melden, Alarmieren, Ausrücken, 8 Min. für die Fahrtzeit) sollen 10 Kräfte an der Einsatzstelle sein, weitere 5 Kräfte nach weiteren höchstens 5 Minuten.

Dabei legte man den „kritischen Wohnungsbrand" mit Brandbekämpfung und Menschenrettung aus einem höheren Stockwerk zu Grunde. Im Rahmen der ORBIT-Studie („Optimierte Rettung Brandbekämpfung und Integrierte Technische Hilfeleistung") hatte Experten im Auftrag des Bundesministeriums für Forschung und Technologie bereits in den 1970er Jahren die Abläufe und Auswirkungen solcher Brände untersucht.

Die Erträglichkeitsgrenze für Personen, die Brandrauch ausgesetzt waren, war mit 13 Minuten, die Reanimationsgrenze mit 17 Minuten ermittelt worden. Nach 18 – 20 Minuten bestand die Gefahr eines „flash-over", der Durchzündung von Rauchgasen und dem plötzlichen Übergang vom Entstehungsbrand zum Vollbrand eines Raumes.

Die mindestens erforderliche Zahl von Einsatzkräften ergab sich aus den Aufgaben der ersten Priorität, nämlich Brandbekämpfung und Menschenrettung: „Um bei einem Wohnungsbrand eine Brandausbreitung zu verhindern und einen sicheren Löscherfolg zur erzielen. wird ein zweiseitiges Vorgehen mit zwei Trupps erforderlich. Dabei geht der erste Trupp über den verqualmten Treppenraum vor. Das Vorgehen des zweiten Trupps erfolgt über eine Leiter [...]."[655]

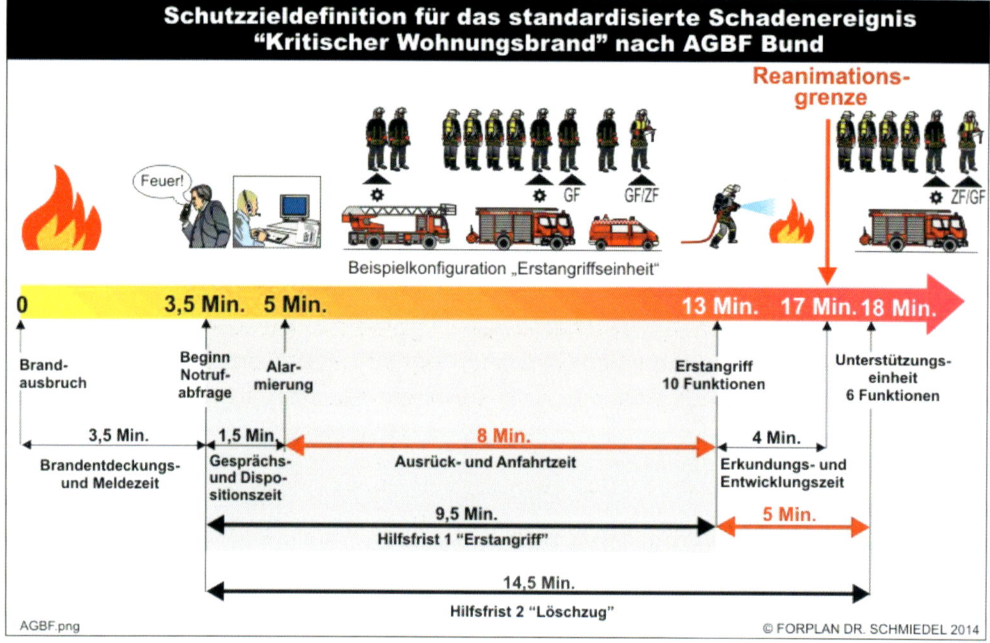


Abb. 311: (Quelle: forplan/Dr. Schmiedel GmbH)

Die Formulierung des Schutzziels im Brandschutzbedarfsplan für die Stadt Wilhelmshaven lautete im Ergebnis: „Die personelle, materielle und organisatorische Konzeption der Feuerwehr Wilhelmshaven muss in 95 % aller Fälle gewährleisten, dass ab Beginn der Notrufabfrage jede Einsatzstelle im Stadtgebiet innerhalb von 9,5 Minuten mit einer taktischen Einheit erreicht werden kann."[656] Da die Aufgabe „technische Hilfeleistung" einsatztaktisch ebenfalls vom Löschzug abgedeckt wurde, galt die Schutzzieldefinition hier entsprechend. Für besondere Gefahrenabwehrmaßnahmen wie z.B. bei Umweltgefahren wurde eine Hilfsfrist von 18 Minuten für den Gerätewagen Umweltschutz GW-U, den Gerätewagen Wasserrettung GW-W oder ein Wechselladerfahrzeug WLF mit dem lageabhängig erforderlichen Abrollbehälter definiert. Die Frist zur Herstellung der Einsatzbereitschaft der Brandbekämpfungseinheit (BBE) Wilhelmshaven betrug nach der Alarm- und Ausrückordnung (AAO) für die Schiffsbrandbekämpfung 30 Minuten.

Aus dem formulierten Schutzziel und den geographischen Verhältnissen in Wilhelmshaven ergab sich eine Feuerwehr-Sollstruktur, die nicht nur dem Schutzziel, sondern auch dem Anspruch an ein vernünftiges Verhältnis von Aufwand und Nutzen sowie den gewachsenen räumlichen Strukturen entsprach. Dabei wurden die beiden Wachstandorte der Berufsfeuerwehr ebenso betrachtet wie die Standorte der Gerätehäuser der Freiwilligen Feuerwehr.

Die zuvor ermittelten Fahrtzeiten unter realistischen Verkehrsbedingungen und die Einsatz-Auswertung hatte eine durchschnittliche Geschwindigkeit unter Blaulicht von 40 km/h ergeben. Das entsprach einer Reichweite von fünf Kilometern in acht Minuten und neun Kilometern in dreizehn Minuten. Übertragen auf die Stadtkarte bestätigte dies die bestehenden Standorte der Wachen Mozartstraße und Albrechtstraße und das seit 1982 praktizierte Rendezvous-Verfahren, nach dem der Löschzug mit einer Staffel und der Drehleiter sowie einer zweiten Staffel von zwei Wachen aus zur Einsatzstelle ausrückt. Im Stadtnorden wurde jedoch unter den gegebenen Bedingungen ein weiterer schutzzielrelevanter Standort notwendig: das Gerätehaus der Ortsfeuerwehr Sengwarden an der Heddostraße. Die Auswertung der Einsätze hatte gezeigt, dass gerade die Ortsfeuerwehren Sengwarden und Fedderwarden aufgrund ihrer traditionellen Verankerung in der Sozialstruktur der Ortschaften weniger als fünf Minuten benötigten, um die Fahrzeuge zu besetzen. Somit konnten sie die Vorgaben des Brandschutzbedarfsplans gemeinsam erfüllen: „Schutzzielrelevante Feuerwachen (gemeint sind Gerätehäuser, der Verf.) sollen zur Gewährleistung des Erreichungsgrades als Grundeinheit 10 Funktionen bzw. als Ergänzungseinheit 6 Funktionen stellen."[657]

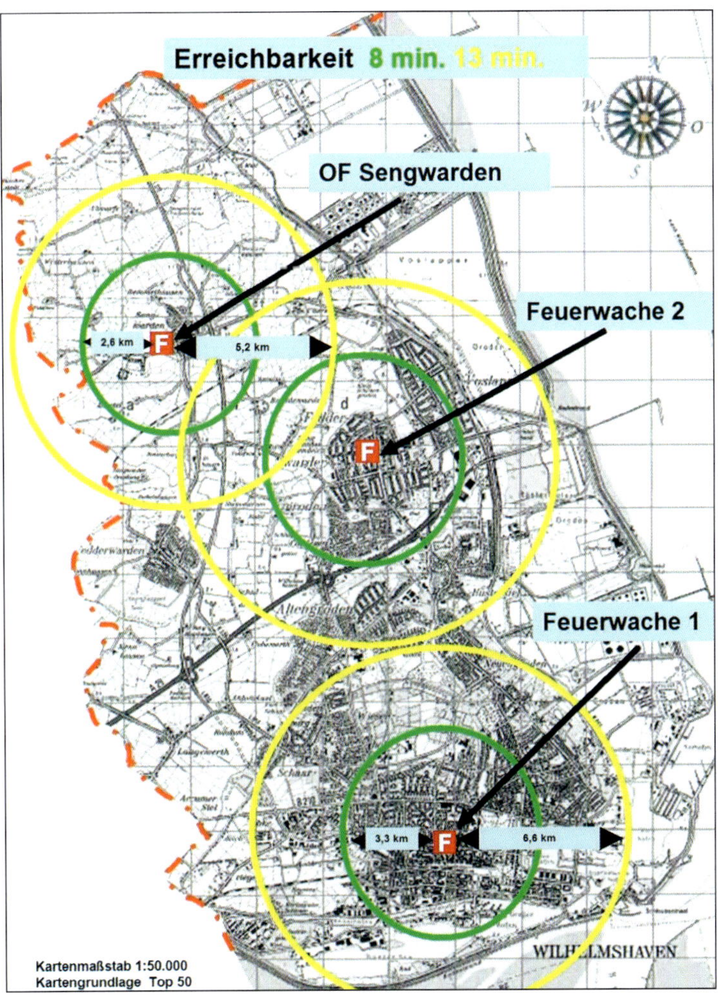


Abb. 312: Schutzzielrelevante Standorte der Feuerwehr Wilhelmshaven (Brandschutzbedarfsplan für die Stadt Wilhelmshaven, 2009)

Auch die Ortsfeuerwehren im inneren Stadtgebiet sollten demzufolge in der Lage sein, jeweils mindestens ein Löschgruppenfahrzeug mit bis zu neun Funktionen sowie ein Sonderfahrzeug mit zwei Funktionen zu besetzen. Nach der Verordnung über die Mindeststärke, die Gliederung nach Funktionen und die Mindestausrüstung der Freiwilligen Feuerwehren im Lande Niedersachsen vom 18. August 2005 sollte eine Ortsfeuerwehr über mindestens 22 aktive Feuerwehrleute verfügen (davon zehn atemschutztauglich) und mit mindestens einem Löschgruppenfahrzeug ausgerüstet sein. Sie sollte in der Lage sein, eine Löschgruppe bzw. Staffel mit mindestens sechs Feuerwehrleuten zu stellen, von denen mindestens vier atemschutztauglich sein mussten, um einen Angriffs- und einen Sicherungstrupp bilden zu können.

In Wilhelmshaven ging es aber nicht allein um die Mindeststärke und nicht mehr wie seit 1945 um die notwendige Stärke der Einheiten der Freiwilligen Feuerwehr als Ergänzung der Berufsfeuerwehr bei größeren Einsätzen. Nach dem Konzept einer arbeitsteiligen Feuerwehr, wie es nach dem Prüfauftrag 1996 auf den Weg gebracht worden war, sollte die Freiwillige Feuerwehr die Berufsfeuerwehr wo immer möglich auch tagsüber entlasten und dafür von vorneherein gleichwertig aufgestellt und ausgestattet sein. Die Analyse der Verfügbarkeit der Ortsfeuerwehren hatte gezeigt, dass die Ortsfeuerwehren Bant, Neuengroden und Sengwarden als tagesalarmsicher gelten konnten. Mit der bei der Ortsfeuerwehr Bant seit 2005 wieder stationierten Drehleiter stellte diese Wehr den zweiten Löschzug bei Paralleleinsätzen, die einsatzstatistisch zweimal jährlich vorkamen. In diesem Fall führte ein Zugführer des gehobenen Dienstes aus dem B-Dienst den zweiten Löschzug.

Die Ortsfeuerwehren mussten dennoch stärker konzentriert werden, um sie alle in die Lage zu versetzen, zukünftig gemeinsam drei Löschzüge mit je 20 Feuerwehrleuten zu bilden: Heppens/Neuengroden/Nord, Bant und Sengwarden/Fedderwarden.[658] Diese Aufteilung sollte auch für die Übernahme von Sonderaufgaben gelten. Angesichts des vergleichsweise geringen Einsatzaufkommens entsprach diese Grunddisposition auch einem vernünftigen Verhältnis von Aufwand und Nutzen. Unter Berücksichtigung einer Personalreserve für die Tagesverfügbarkeit ergab sich eine erforderliche Gesamtstärke der Freiwilligen Feuerwehr von 250 Aktiven, gegenüber einem Ist-Wert von 212 Aktiven im Jahr 2004.[659]

Das Schutzziel für Gefahrenabwehrmaßnahmen außerhalb des Brandschutzes wurde durch die zentrale Stationierung der entsprechenden Fahrzeuge und Geräte eingehalten, zunächst auf der Feuerwache Mozartstraße, später zum Teil auch im Feuerwehr- und Katastrophenschutz-Zentrum sowie im Feuerwehrgerätehaus Mitte.

Die stärkere Verknüpfung von haupt- und ehrenamtlichen Einsatzkräften, wie sie nun auch im Brandschutzbedarfsplan festgelegt wurde, versetzte die Berufsfeuerwehr in die Lage, Zusatzaufgaben mit geringer Einsatzhäufigkeit wie z.B. die Schiffsbrandbekämpfung zu übernehmen, weil in diesem Fall die Freiwillige Feuerwehr und darüber hinaus auch die Rufbereitschaft der Berufsfeuerwehr den Grundschutz im Stadtgebiet sicherstellen würden.

Feuerwehrchef Steffen Lutter brachte es in einem Beitrag für das „Feuerwehr-Magazin" 2007 auf den Punkt: „Ohne die Freiwilligen geht es bei uns nicht. Sie kommen entweder bei größeren Schadensereignissen als Verstärkung und Ablösung hinzu oder stellen den Grundschutz in der Stadt sicher, falls der Zug der Berufsfeuerwehr längerfristig eingebunden ist."[660]

Die externe Überprüfung des Brandschutzbedarfsplans durch ein Beratungsunternehmen bestätigte die Plausibilität der Analysen und die Angemessenheit der Aussagen zu den Wachstandorten und zur Einbindung der Freiwilligen Feuerwehr. Der Entwurf des Brandschutzbedarfsplans wurde noch einmal formal überarbeitet und nach intensiver Beratung am 25. November 2009 vom Rat der Stadt Wilhelmshaven beschlossen, „[…] als Grundlage für die strukturelle Gliederung sowie die erforderliche personelle und sachliche Ausstattung der Feuerwehr Wilhelmshaven". Er war damit einer der ersten in Niedersachsen. Inzwischen haben die meisten Städte mit Berufsfeuerwehren einen Brandschutzbedarfsplan bzw. eine Feuerwehrbedarfsplanung. In der Novelle zum Niedersächsischen Brandschutzgesetz (NBrandSchG) 2012 wurde deshalb im § 2 eine entsprechende Kann-Vorschrift aufgenommen: „Den Gemeinden obliegen der abwehrende Brandschutz und die Hilfeleistung in ihrem Gebiet. Zur Erfüllung dieser Aufgaben haben sie eine den örtlichen Verhältnissen entsprechende leistungsfähige Feuerwehr aufzustellen, auszurüsten, zu unterhalten und einzusetzen. Sie können dazu eine Feuerwehrbedarfsplanung aufstellen."

*

Die veränderte Aufgabenverteilung zwischen Berufsfeuerwehr und Freiwilliger Feuerwehr war schrittweise schon seit 2003 eingeführt und 2006 in der Alarm- und Ausrückeordnung (AAO) verankert worden. Diese regelt die Alarmierung, das Ausrücken und den Einsatz der Feuerwehr Wilhelmshaven sowie die Alarmierung anderer Behörden und Hilfsorganisationen und gilt im Grundsatz bis heute.

### Alarm- und Ausrückeordnung (AAO)

Das zentrale Element der Alarm- und Ausrückeordnung (AAO) sind zehn Gefahrenabwehrstufen (GAS), nach denen die taktischen Einheiten der Feuerwehr in aufsteigendem Umfang alarmiert und eingesetzt werden. GAS 1 erfordert den Einsatz nur einer Einheit, z.B. das Löschfahrzeug mit einer Staffel beim Brand eines Wertstoff-Containers. GAS 2 steht für den Wohnungsbrand, der den Einsatz eines Löschzuges erfordert (vgl. Seite 392).

Ab GAS 4 ist mit einem längeren Einsatz zu rechnen, der die Sicherstellung des Grundschutzes im Stadtgebiet durch einen Löschzug der Freiwilligen Feuerwehr notwendig macht. Bei GAS 5 wird die Ortsfeuerwehr des jeweiligen Löschbezirks voll alarmiert. GAS 8 bedeutet den Einsatz von Werkfeuerwehren und GAS 10 aller Feuerwehren und Hilfsorganisationen, ggf. auch überörtlich.

Die Ortsfeuerwehren sind ab Gefahrenabwehrstufe 4 in ihrem Löschbezirk auch tagsüber zu alarmieren, bei Bedarf auch vertretungsweise aus einem anderen Löschbezirk. Ab 17.00 Uhr und am Wochenende sind sie verstärkt heranzuziehen. Die Ortsfeuerwehr Sengwarden wird wegen der Entfernungen schon ab GAS 2 alarmiert.

Die Löschstaffel (1/5) galt nun als Mindestbesetzung für Löschgruppenfahrzeuge. So waren leistungsfähige Fahrzeuge schneller besetzt und trafen eher an der Einsatzstelle ein, wo sie entweder schon tätig werden oder aber bereits eingetroffene Einheiten verstärken konnten. Je nach Tageszeit führte die jeweilige Ortsfeuerwehr weitere Kräfte mit dem nächsten Fahrzeug nach.

Nichts beschrieb die neue Situation besser als das tatsächliche Geschehen: Bei der Ortsfeuerwehr Neuengroden beispielsweise gab es 2005 30 Alarmierungen zum Einsatz, 2006 waren es 41 Alarmierungen, davon elf Bereitschaften im Feuerwehrgerätehaus.

**Sonderaufgaben der Ortsfeuerwehren 2009**

| Ortsfeuerwehr | Aufgaben | Fahrzeug |
|---|---|---|
| OF 1 Heppens | Massenanfall Verletzter | Wechselladerfahrzeug |
| OF 2 Bant | zweite Drehleiter | Drehleiter DLK 23/12 |
| OF 3 Neuengroden | Massenanfall Verletzter | Abrollbehälter Rettung (AB Rett) |
| OF 4 Nord | Atemschutz | Atemschutzgerätewagen SGW-A |
| OF 5 Sengwarden | Erweiterte Technische Hilfe | Löschgruppenfahrzeug LF 24, Rüstwagen RW |
| OF 6 Fedderwarden | Wasserförderung | Löschgruppenfahrzeug LF 8/6, Löschgruppenfahrzeug LF 8 |

(Brandschutzbedarfsplan für die Stadt Wilhelmshaven, 2009)

**Fahrzeugbestand der Berufsfeuerwehr 2007**

| | |
|---|---|
| Feuerwache I: | Löschgruppenfahrzeug LF 16/12 (Staffel 1/5)<br>Drehleiter DLK (Trupp 1/1)<br>Gerätewagen GW-Tier, GW-Umwelt, GW-Wasserrettung (Trupp 1/1)<br>Wechselladerfahrzeig WLF (Trupp 1/1)<br>Rettungswagen RTW 1 (1/1)<br>Rettungswagen RTW 3 (1/1) (Eigenschutz und Spitzenabdeckung)<br>Einsatzleitwagen ELW 1 (0/1) |
| Feuerwache II: | Löschgruppenfahrzeug LF 16/12 (Staffel 1/5)<br>Rettungswagen RTW 2 (1/1) |
| Reinhard-Nieter-Krankenhaus: | Notarzteinsatzfahrzeug NEF (0/1) |
| Abrollbehälter: | Pritsche/Kran, Ölsperren, Schiffsbrandbekämpfung, Gefährliche Güter, Rettungsdienst, Schaummittel, Schlauch |
| Mehrzweckzug KatS: | Gerätewagen Dekontamination GW-Dekon, Einsatzleitwagen ELW 2, Versorgungsfahrzeug VF |

(Feuerwehr-Magazin, November 2007)

Ab dem 1. Januar 2007 wurden die Planstellen der Wachschichtleiter (bisher A 9 mit Zulage) auf A 10 angehoben und in der Folge mit Beamten des gehobenen Dienstes besetzt. Damit war eine bessere Verteilung der verschiedenen Rufbereitschaften möglich. Gleichzeitig konnte angesichts wachsender Anforderungen die Sachbearbeitung in den Sachgebieten des Fachbereichs verstärkt werden.

Mit dem Brandschutzbedarfsplan waren die Schutzziele und die Wachstandorte definiert sowie die erforderlichen Funktionsstellen bei der Berufsfeuerwehr bestimmt worden. Als nächster Schritt musste der sich daraus ergebende Personalbedarf ermittelt werden. Seit der Einführung des rechnergestützten Dienstplans im Jahr 1990 war das nicht mehr auf methodischer Grundlage erfolgt. Die Führung der Feuerwehr und die Personalverwaltung bzw. Organisation im Rathaus hatten ihre unterschiedlichen Einschätzungen von Jahr zu Jahr im Wege des Kompromisses einander angenähert, jedoch keine gemeinsame belastbare Zahlengrundlage entwickelt. Praktisch war der Dienstplan jahrelang unter dem Stellen-Soll gefahren worden, was sich in einem erheblichen Überstundenaufkommen bemerkbar machte und das System auf Dauer überlastete.

Unabhängig davon stand mit der EU-Arbeitszeitrichtlinie aus dem Jahre 2000 und ihrer Umsetzung in nationales Recht eine neue Herausforderung im Raum. Sie bedeutete eine weitere deutliche Reduzierung der maximalen Wochenarbeitszeit für Feuerwehrbeamte auf 48 Stunden. Die Richtlinie begründete einen individuellen Anspruch jedes einzelnen Feuerwehrbeamten auf einen entsprechenden Dienstplan. Die nationale Ebene und hier vor allem die zuständigen Bundesländer hatten dies lange Zeit unterschätzt. Die entsprechende niedersächsische Arbeitszeit-Regelung trat erst am 13. Juli 2007 in Kraft. Ein Beratungsunternehmen glich nun den Jahresbedarf an Arbeitsstunden bei der Berufsfeuerwehr Wilhelmshaven, wie er sich aus den Funktionsstellen gemäß Dienstplan ergab, mit der jetzt und in Zukunft kalkulierbaren Arbeitszeit je Feuerwehrbeamten ab. Von der Bruttojahresarbeitszeit waren die Zeiten für Urlaub, Krankheit, Feiertage, Fortbildung etc. abzuziehen, die als Mehrbedarf im Dienstplan und damit im Stellenplan auszugleichen waren. Dieser so genannte „Personalfaktor" war in der Vergangenheit immer umstritten gewesen und selten analysiert worden.

Auf der Grundlage von bisher maximal 56 Wochenstunden ergab sich nun ein Stellenbedarf von 101 Stellen, bei 48 Wochenstunden nach neuem Recht betrug er 118 Stellen (+16,7 %). Das war deutlich weniger als bei der Einführung des rechnergestützten Dienstplans 1990 (vgl. Seite 327ff.), offensichtlich hatten sich die Verjüngung der Berufsfeuerwehr durch Neueinstellungen in den 1990er Jahren und der Abbau von Nebenaufgaben schon ausgewirkt.

Nach Einschätzung der Gutachter konnten die bis dahin aufgelaufenen Überstunden bei 56 Wochenstunden und 102 besetzten Planstellen in zwei Jahren abgebaut werden, bei 48 Wochenstunden wäre zusätzliches Personal erforderlich. Im Ergebnis erhielt die Berufsfeuerwehr ab 2009 zusätzliche Planstellen für den Überstundenabbau und die Umstellung auf 48 Wochenstunden, wegen der erkennbaren Altersabgänge zum Teil mit einem Befristungsvermerk.

Am 30. Mai 2007 bestätigte das Oberverwaltungsgericht Lüneburg die 48-Stunden-Obergrenze für den feuerwehrtechnischen Dienst in Niedersachsen und den

Anspruch der Beamten auf Freizeitausgleich für die seit der Anwendbarkeit der EU-Arbeitszeitrichtlinie geleisteten Überstunden, die sogenannten „Lüneburg-Stunden" (nach einem Grundsatzurteil des Niedersächsischen Oberverwaltungsgerichts Lüneburg). Sie waren nicht angeordnet, sondern allein aus der verspäteten Umsetzung der EU-Richtlinie in nationales Recht entstanden und konnten insofern auch nicht wie Überstunden abgegolten werden. Bei der Personalbedarfsberechnung für die Berufsfeuerwehr Wilhelmshaven ging man davon aus, dass die „Lüneburg-Stunden" ähnlich wie nicht ausgleichbare Überstunden finanziell abgegolten wurden, weil es wenig Sinn machte, dafür zeitlich befristet zusätzliches Personal einzustellen.

In einer Dienstvereinbarung verständigten sich die Leitung der Berufsfeuerwehr und der Personalrat zum 1. Januar 2007 darauf, dass bis zur novellierten Arbeitszeitverordnung Feuerwehr (ArbVOFeu) in Niedersachsen maximal 56 Wochenstunden in 24-Stunden-Schichten geleistet werden mussten. Dafür zahlte die Stadt eine pauschale Abgeltung für die nicht angeordnete Mehrarbeit. Man strebte mit jedem Feuerwehrbeamten eine individuelle „opt-out"-Vereinbarung an, als Ausnahme von der Arbeitszeitregelung gegen Entschädigung.

### Zeiteinteilung im 24-Stunden-Dienst 2006

| | |
|---|---|
| 7.45 Uhr | Dienstbeginn |
| 8.00 Uhr | Wachübernahme |
| 8.15 Uhr | Überprüfung Fahrzeuge und Geräte |
| 8.30 Uhr | Aus- und Fortbildung auf der Wache |
| 9.30 Uhr | Pause |
| 10.00 Uhr | Arbeitsdienst in den Werkstätten |
| 12.00 Uhr | Mittagessen/Pause |
| 14.00 Uhr | Arbeitsdienst in den Werkstätten |
| 16.15 Uhr | Pause |
| 16.30 Uhr | Arbeitsdienst |
| 18.00 Uhr | Bereitschaft |
| 7.00 Uhr | Arbeitsdienst (Aufräumen) |
| 8.00 Uhr | Wachübergabe |

### Hannover-Kai (Nordhafen), 20. Mai 2007: Brand auf einem Fahrgastschiff

Auf der MS *Rotterdam*, einem am Hannover-Kai im Nordhafen aufliegenden Kreuzfahrtschiff, war ein Feuer ausgebrochen. Die an Bord aufgestellte Brandsicherheitswache begann jedoch sofort mit den Löscharbeiten, sodass der Löschzug der Berufsfeuerwehr und die Ortsfeuerwehren Heppens bzw. Nord das Feuer bald unter Kontrolle bringen konnten.

Am 18. Oktober 2008 brannte es auf der MS *Rotterdam* erneut. Diesmal löste es einen Großeinsatz der Feuerwehr aus, so der Feuerwehr-Jahresbericht:

Abb. 313: Einsatzkräfte vor der MS Rotterdam, 18. Oktober 2008 (Jahresbericht Fachbereich Feuerwehr/Kreisfeuerwehrverband 2008)

„Auf dem zur Renovierung am Hannover-Kai liegenden ehemaligen Passagierschiff brannten unter Deck Holz und andere Stoffe. Erschwerend kam hinzu, dass das Schiff sehr verqualmt war und damit auch die Anmarschwege zum Brandherd für die Feuerwehrleute nur unter Atemschutz zu bewältigen waren. Das Feuer, das im Maschinenraum ausgebrochen war, wurde im Verlauf des Einsatzes mit einem massiven Leichtschaumeinsatz gelöscht." (Jahresbericht Fachbereich Feuerwehr/Kreisfeuerwehrverband 2008) Der Nachschub an Atemluftflaschen wurde im Pendelverkehr von der Wache Nord herangeführt. Bei diesem Einsatz kam der Wilhelmshavener Feuerwehr die Ausbildung in der Schiffsbrandbekämpfung zu Gute.

### Am Kanalhafen, 10. September 2007: Großbrand in einem Gewerbebetrieb

Auf dem früheren Gelände der Kammgarn-Spinnerei am Kanalhafen brach am 10. September 2007 ein Schadenfeuer aus, das sich zum Großbrand entwickeln sollte, wie die Feuerwehr berichtete: „Beim Eintreffen der ersten Einsatzkräfte brannte eine 20 x 80 Meter große Halle in voller Ausdehnung. Durch die enorme Hitzeentwicklung waren die angrenzenden Bürogebäude stark bedroht. In der Halle befanden sich mehrere Kraftfahrzeuge und Gasflaschen, von denen eine erhebliche Gefahr ausging. Durch den massiven Einsatz von sieben B- und vier C-Rohren konnte ein Übergreifen des Feuers auf ein mehrgeschossiges Bürogebäude verhindert werden." (Jahresbericht Fachbereich Feuerwehr/Kreisfeuerwehrverband 2007)

Neben der Berufsfeuerwehr waren die Ortsfeuerwehren Bant, Neuengroden und Heppens im Einsatz, unterstützt vom Mehrzweckzug des Katastrophenschutzes und dem Technischen Hilfswerk. Ein Löschzug aus haupt- und nebenamtlichen Kräften stellte den Brandschutz im Stadtgebiet sicher.

Abb. 314: Wachschicht 2 der Feuer- und Rettungswache I am Südwest-Kai, 2007 (v.l. Löschgruppenfahrzeug LF 16 12, Einsatzleitwagen ELW, Drehleiter DLK 23-12) (Foto: Olaf Preuschoff)

Im Jahr 2007 beschaffte die Berufsfeuerwehr einen Gerätewagen Tier GW-Tier (Mercedes-Benz/Wiethmarscher Ambulanz- und Sonderfahrzeuge) als Kleintransporter mit Material zur Rettung und zum Transport von Tieren (vgl. Seite 330). Er wurde im Wechsel mit dem Gerätewagen Umweltschutz GW-U mit den Funktionsstellen für Sonderfahrzeuge besetzt (1/1).

Der in diesem Jahr ebenfalls in Dienst gestellte Rettungswagen RTW (Mercedes-Benz Sprinter/Wiethmarscher Ambulanz- und Sonderfahrzeuge) entsprach dem neuen Standard, wie er sich aus den langjährigen Erfahrungen im Alltag des Rettungsdienstes entwickelt hatte. Der Kofferaufbau verfügte über einen zusätzlichen großen Seitenzugang. Zur Ausstattung gehörte erstmals ein Tragestuhl mit Raupengurt zum Transport von Patienten über steile Treppen. Das Fahrzeug war nach jahrzehntelanger Verwendung rot-weißer Kontraststreifen und/oder der Tagesleuchtfarbe wieder im traditionellen Feuerwehr-Rot (RAL 3000) lackiert, nun allerdings mit einer reflektierenden gelben Fahrzeugwarnmarkierung. Da es seit dem 1. März 2007 keine Behördenkennzeichen mehr gab, erhielt der RTW ein Kennzeichen mit dem Buchstaben F vor der Zahlenfolge. Die Berufsfeuerwehr beschaffte außerdem einen Mannschaftstransportwagen MTW (Ford Transit) sowie einen Kommandowagen für den Bereitschaftsdienst (Ford Mondeo).[66]

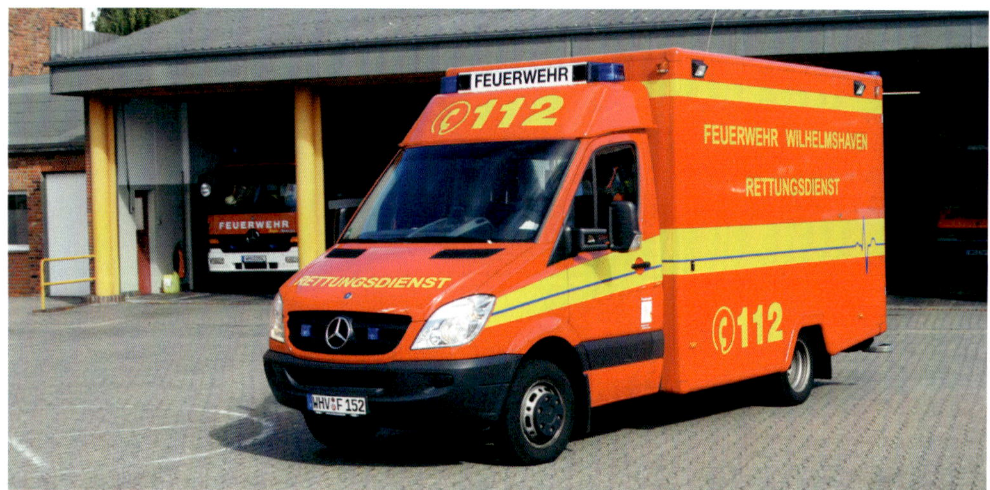


**Abb. 315: Neuer Rettungswagen RTW mit Kofferaufbau, 2007 (Foto: Olaf Preuschoff)**

*

Am 21. Februar 2008 taufte Ursula Menzel, Ehefrau des Oberbürgermeisters, das neue Rettungsboot (Narwhal/Suzuki) der Berufsfeuerwehr auf den Namen *Jade-Retter*. Der Rumpf des 5,20 m langen Bootes bestand aus Glasfaserkunststoff, kombiniert mit einem Schlauchkörper (Hypalon) für eine Nutzlast von 1.390 kg. *Jade-Retter* beendete die 1960 begonnene Tradition der Hartschalen-Boote für Binnengewässer (vgl. Seite 191) und wurde auf einem Trailer mit dem Gerätewagen Wasserrettung GW-W zur Einsatzstelle gebracht. Dort konnte es je nach Örtlichkeit über eine vorhandene Slip-

Abb. 316: Rettungsboot *Jade-Retter* an der Kranvorrichtung am Leiterpark der Drehleiter, 2008 (Feuerwehr-Archiv)

Anlage oder über eine Kranvorrichtung am Leiterpark der Drehleiter zu Wasser gebracht werden. Für Suchaktionen rüstete man später noch einen Struktur-Scanner (Sonar) nach, mit dem beispielsweise ertrunkene Personen geortet werden können.

Die Berufsfeuerwehr beschaffte im Rahmen des Fahrzeugkonzepts in diesem Jahr erstmals ein Hilfeleistungs-Löschfahrzeug HLF 20/20 (MAN/Ziegler).[662] Es führte die Konzeption des Hilfeleistungs-Löschfahrzeugs Hi-LF 16 von 1974 fort und hatte

Abb. 317: Hilfeleistungs-Löschfahrzeug HLF 20/20, 2008 (Jahresbericht Fachbereich Feuerwehr/Kreisfeuerwehrverband 2008)

2004 in der Normung das bisherige Löschgruppenfahrzeug LF 16/12 abgelöst. Zur Ausstattung gehörten neben einer leitungsfähigeren Pumpe (2.000 l/Min.) ein 1.600-l-Wassertank und ein 120-l-Tank mit Schaummittel. Der umfangreiche Hilfeleistungssatz umfasste vor allem für den Einsatz bei Verkehrsunfällen neben dem hydraulischen Spreiz- und Schneidgerät auch Rettungszylinder (zum Vergrößern von Öffnungen an Unfallfahrzeugen) und einen pneumatischen Hebesatz.

Mit dem Zulauf dieses Fahrzeugs wechselte das ältere der beiden Löschgruppenfahrzeuge LF 16/12 zur Ortsfeuerwehr Bant, wo es zusammen mit der Drehleiter den Kern eines der drei Löschzüge bildete, die von der Freiwilligen Feuerwehr gemäß Brandschutzbedarfsplan zu besetzen waren (vgl. Seite 396).

Aus dem Zusammenprall eines mit Schülern der Grundschule Kirchreihe besetzten Schulbusses mit einem Pkw an der Kreuzung Kirchreihe/Herbartstraße hätte im Juni 2008 das Szenario eines Massenanfalls von Verletzten entstehen können. Sieben der 43 Kinder im Bus sowie die Pkw-Fahrerin erlitten leichte Verletzungen. Neben dem Notarzt wurden vier Rettungswagen eingesetzt, die die Verletzten in die Krankenhäuser brachten. Die unverletzten Kinder brachte man in die Schule zurück, wo sich ein Notfall-Seelsorger um sie kümmerte.

An das „Pferdehebekommando" der Nachkriegszeit (vgl. Seite 152) erinnerte ein Einsatz am 12. Juni 2008. Eine Oldenburger Stute war in den Graben neben ihrer Weide am Friesendamm geraten und konnte sich nicht mehr selbst befreien. Beraten von einem Tierarzt zogen die Feuerwehrleute das etwa 500 kg schwere Tier mit Hilfe untergezogener Löschschläuche aus dem Graben. Die Stute war so geschwächt, dass sie erst mit Hilfe eines herbeigerufenen Autokrans wieder auf die Beine gestellt werden konnte.

Zur Großübung „Harzpower 2008" trafen sich mehr als 300 Einsatzkräfte aus Wilhelmshaven, Bremen und dem Harz vom 9. bis 11. Mai in Bad Harzburg. Aus Wilhelmshaven waren die Berufsfeuerwehr, die Ortsfeuerwehr Neuengroden, die Feuerwehr des Marinestützpunktkommandos sowie das Bundeswehrsanitätszentrum beteiligt. Die Übungs-Szenarien stellten einen Waldbrand mit Löschwasserversorgung über große Entfernungen sowie einen Brand in einem Industriewerk mit zahlreichen Verletzten dar.

In der ersten Dekade des neuen Jahrhunderts etablierte sich die Feuerwehr Wilhelmshaven in neuen Aufgabenfeldern wie der Notfallvorsorge für den Massenanfall von Verletzten oder der Ausbildung für Dritte. Auf dem Weg zu neuen Strukturen übernahm sie wichtige Neubauten: das Feuerwehr- und Katastrophenschutzzentrum in der Güterstraße, das später um eine Schiffsbrandsimulationsanlage mit Atemschutzübungsstrecke ergänzt wurde, sowie die neue Leitstelle auf dem Gelände der Feuer- und Rettungswache I (Mozartstraße).

Mit dem Brandschutzbedarfsplan als einem der ersten in Niedersachsen galt seit 2009 ein vom Rat der Stadt Wilhelmshaven beschlossenes Rational zur Struktur und Entwicklung der Feuerwehr.

## Strukturen für die Zukunft

Am 26. September 2008 legte Oberbürgermeister Eberhard Menzel den Grundstein für ein weiteres wichtiges Bauprojekt, das „Feuerwehrgerätehaus Mitte" am Kreuzelwerk für die Ortsfeuerwehren Neuengroden, Heppens und Nord. Das Raumprogramm umfasste eine Fahrzeughalle mit acht Ständen, Sozial- und Funktionsräume, Büro- und Schulungsräume für zusammen etwa 100 Feuerwehrangehörige sowie eigene Räume für die Jugendfeuerwehr. Das Projekt stellte einen weiteren Schritt in Richtung der im Brandschutzbedarfsplan festgeschriebenen Konzentration der Ortfeuerwehren dar. Abgesehen davon genügte keines der bisherigen Gerätehäuser – Triftweg (1928), Albrechtstraße (1951) und Schellingstraße (1912/1978) – den aktuellen und zukünftigen Anforderungen. Die Baukosten in Höhe von 2,9 Mio. € sollten durch die Aufgabe und Verwertung der drei bisherigen Standorte teilweise gegenfinanziert werden.[663]

Der Oberbürgermeister erklärte: „Der Grundstein, den wir heute legen, steht aber nicht nur für ein neues Gebäude der Freiwilligen Feuerwehr Wilhelmshaven, sondern auch für eine veränderte Struktur der Feuerwehr. Ich möchte mich ausdrücklich bei den Ortsfeuerwehren Heppens, Neuengroden und Nord bedanken, dass sie bereit waren, ihre bisherigen Standorte aufzugeben und den Schritt in ein gemeinsames neues Feuerwehrgerätehaus zu gehen. Die ehrenamtlichen Kräfte haben den nötigen Weitblick gezeigt, wie zukünftig der Brandschutz in der Stadt Wilhelmshaven sichergestellt werden kann. Denn nur durch das Zusammenlegen der Einheiten ist die notwendige Personalstärke auch tagsüber gewährleistet, um ihren Beitrag zur Sicherheit in dieser Stadt zu leisten."[664] Das Gelände am Kreuzelwerk, der zuletzt Ende der 1970er Jahre als Standort für die Berufsfeuerwehr untersucht worden war (vgl. Seite 284), stand mit der Entwicklung des Eigenbetriebs „Wilhelmshavener Entsorgungsbetriebe (WEB)" (Abfallwirtschaft, Stadtreinigung, Stadtentwässerung) wieder stärker im Fokus. Die WEB (heute Technische Betriebe Wilhelmshaven – TBW), die aus den städtischen Ämtern für Abfallwirtschaft und Stadtentwässerung hervorgegangen waren, hatten dort 2005 ein zentrales Verwaltungsgebäude errichtet und das vorhandene Hallen- sowie das Sozialgebäude aus den 1960er Jahren grundlegend modernisiert. 2009 folgten die Stadtwerke und verlegten ihren Busbetrieb mit Zentralwerkstatt zum Kreuzelwerk, auf das Grundstück eines früheren Bauhofs des Tiefbauamts (Straßenunterhaltung).

Im Rahmen der Grundsteinlegung zum Feuerwehrgerätehaus Mitte erhielt Ortsbrandmeister Frank Eckardt, Neuengroden, der seit 1993 auch das Amt des stellvertretenden Stadtbrandmeisters wahrnahm, das Feuerwehrehrenkreuz in Silber des Deutschen Feuerwehrverbandes. Eckardt gehörte zu den maßgeblichen Unterstützern des Projekts am Kreuzelwerk. Er verstarb am 17. Januar 2009.

Die Umsetzung des III. Bauabschnitt der Zielplanung von 1999 für die Feuer- und Rettungswache I (Mozartstraße) begann im Oktober 2009 mit dem Abbruch der „provisorischen" Fahrzeughalle von 1977 für den ersten Abmarsch. Geplant war nun eine Fahrzeughalle mit Unterkunftsräumen, Sattelkammer und Lagerräumen nach einem Entwurf der Architekten Oda und Hannes Griesemann.

**Planckstraße, 17. August 2009:
Brand nach Gasexplosion in einer Autoverwertung**

Am Nachmittag des 17. August 2009 wurde die Feuerwehr zum Grundstück eines Autoverwertungsbetriebs in der Planckstraße gerufen. Ein Mitarbeiter des Energieversorgungsunternehmens hatte Gasgeruch festgestellt und die nahe gelegene Hauptversorgung bereits abgestellt. Während der Anfahrt des Löschzuges explodierte das Werkstatt- und Wohngebäude und geriet in Brand. Da man nicht ausschließen konnte, dass sich in dem zerstörten brennenden Gebäude noch Menschen befanden, alarmierte der Einsatzleiter der Berufsfeuerwehr die Ortsfeuerwehren Bant, Heppens, Neuengroden und Nord, auch um den Brandschutz im Stadtgebiet sicherzustellen.
Mit zwei B-Rohren und einem C-Rohr löschten die Einsatzkräfte mehrere kleine Brände. Ein Spürhund der Rettungshundestaffel suchte ergebnislos die Trümmer nach eventuell Verschütteten ab. Insgesamt waren 70 Einsatzkräfte vor Ort, der Einsatz dauerte bis 23.30 Uhr. (Jahresbericht Fachbereich Feuerwehr/Kreisfeuerwehrverband 2009)

In diesem Jahr befanden sich noch neun Luftschutzbunker des Bundes in der auftragsgemäßen Betreuung durch die Stadt Wilhelmshaven: acht allgemeine Schutzbauten für die Bevölkerung (Bundesministerium des Innern) sowie das nicht fertiggestellte Hilfskrankenhaus Virchowstraße (Niedersächsisches Sozialministerium), der ehemalige Bunker des Städtischen Krankenhauses zwischen Rhein- und Weserstraße. Fünf der Schutzbauten nutzte der Katastrophenschutz zu dieser Zeit noch als Materiallager, drei waren an private Nutzer vermietet. Der Bund erklärte die Anlagen aus seiner Sicht allesamt für entbehrlich und bot sie der Stadt zum Weiterbetrieb in eigener Regie und auf eigene Kosten an. Da die Stadt Wilhelmshaven die Wahrscheinlichkeit eines globalen konventionellen bzw. atomaren Krieges nicht anders einschätzte als der Bund, lehnte sie das Angebot dankend ab. Alle neun Bunker wurden in der Folge entwidmet und fielen an den jeweiligen Grundstückseigentümer zurück, drei an die Stadt Wilhelmshaven, sechs an die Bundesrepublik Deutschland. Der städtische Eigenbetrieb „Grundstücke und Gebäude der Stadt Wilhelmshaven (GGS)", der 2006 aus dem städtischen Hochbauamt und dem Liegenschaftsamt gebildet worden war, vermarktete den Bunker Virchowstraße inzwischen erfolgreich für ein Wohnungsbauprojekt auf dem Dach des Gebäudes. Die beiden anderen städtischen Bunker (Arngaststraße, Kreuzstraße) werden als gewerbliche Lager genutzt.

Mit der „Gemeinsamen Leitstelle Friesland-Wilhelmshaven" wurde für die Feuerwehr Wilhelmshaven im Sommer 2009 ein weiteres Zukunftsprojekt Wirklichkeit. Die Stadt Wilhelmshaven und der Landkreis Friesland hatten dafür zwei Jahre zuvor, am 29. Juni 2007, den Zweckverband „Gemeinsame Leitstelle Friesland-Wilhelmshaven" gegründet.

Nach der Polizeireform 2005 und der Einrichtung von Polizeidirektionen und Polizeiinspektionen hatte der niedersächsische Innenminister Uwe Schünemann eine landesweite Diskussion über die Einzugsbereiche von Leitstellen angestoßen und Vorschläge zur Zusammenfassung von Leitstellen vorgelegt. Polizei, Feuerwehren und Rettungsdienste sollten kreisübergreifend unter einem Dach in sogenannten „bunten Leitstellen" zusammenarbeiten und auf diese Weise Ressourcen einsparen. Eine solche Leitstelle würde zwischen 400.000 und 800.000 Einwohner betreuen können. Zum gegenseitigen Vorteil sollten die Aufwendungen für das Personal im Schichtbetrieb und die Kosten der Einführung des Digitalfunks auf mehrere Träger verteilt werden.

Zu diesem Zeitpunkt war die Leitstellenstruktur in Niedersachsen mit landesweit 49 Standorten historisch gewachsen noch recht kleinteilig. Beinahe jeder Landkreis und jede kreisfreie Stadt verfügte über eine eigene Leitstelle für Feuerwehr und/oder Rettungsdienst. Lediglich die Regionsleitstelle Hannover mit einem Einzugsbereich von mehr als 1,1 Mio. Einwohnern arbeitete damals schon in einem größeren Maßstab. Nach den Vorschlägen des Innenministers hätte sich die Zahl der Leitstellen insgesamt mehr als halbiert, auf einen Wert zwischen 12 und 22. Die Arbeitsgemeinschaft der Leiter der Berufsfeuerwehren in Niedersachsen (AGBF Niedersachsen) hielt eine Zielzahl von 12 Leitstellen mit einem Einzugsbereich von jeweils 600.000 Einwohnern für sachlich vertretbar. Auch die Kostenträger des Rettungsdienstes unterstützten die Vorschläge des Ministers, schließlich trugen sie 60 % der Kosten der Leitstellen.

Ein von der Polizeiabteilung des Ministeriums entwickelter Vorschlag sah im Nordwesten die Zusammenfassung der Landkreise Wittmund, Friesland, Ammerland, Unterweser, Cuxhaven sowie der Städte Wilhelmshaven und Oldenburg in einem Leitstellenbereich beiderseits der Jade mit mehr als 800.000 Einwohnern vor. Diese widersprach jedoch nicht nur die gewachsenen „landsmannschaftlichen" Strukturen der Feuerwehren, sondern vor allem den Einzugsbereichen der großen kommunalen Krankenhäuser und in Verbindung damit der kommunalen Rettungsdienste wie z.B. in Oldenburg oder in Wilhelmshaven/Friesland. So notwendig der Anstoß zur Diskussion durch den Minister auch gewesen war: Realisiert wurden in den folgenden Jahren, ob mit oder ohne Polizei, nicht zufällig nur solche Kooperationen, die auch in die Krankenhaus- und Rettungsdienstlandschaft passten.

Die Stadt Wilhelmshaven hatte gerade in ihre neue Leitstelle investiert (vgl. Seite 384f.) und ein natürliches Interesse daran, diese Investition betrieblich stärker auszulasten. Der Landkreis Friesland wiederum stand mit seiner Leitstelle in der Feuerwehrtechnischen Zentrale (FTZ) Jever vor erheblichen personellen Engpässen und technischen Investitionen. Beide wollten ihre Krankenhäuser und Rettungsdienste stärken. Die beiden Gebietskörperschaften und deren Feuerwehren nahmen 2005 Gespräche auf. Dabei hielten sie ausdrücklich die Tür für den Landkreis Wittmund und die neue Polizeiinspektion Wilhelmshaven-Friesland-Wittmund geöffnet.

Nach zeitaufwändigen Verhandlungen vereinbarten Wilhelmshaven und Friesland die Zusammenarbeit auf Augenhöhe in einem Zweckverband. Dieser wurde Träger der gemeinsamen Leitstelle, für die die Stadt Wilhelmshaven das bereits vorhandene Gebäude und die Technik zur Verfügung stellte. Die Organe des Zweckverbands waren die Verbandversammlung und der Geschäftsführer, aus naheliegenden Gründen in Gestalt des Leiters der Berufsfeuerwehr Wilhelmshaven. Soweit wie möglich wurde die Leitstelle vom Führungsdienst der Berufsfeuerwehr betreut (Verwaltung, Technik). Sie übernahm die Aufgaben der Rettungsleitstelle nach dem Rettungsdienstgesetz und der Feuerwehrleitstelle nach dem Brandschutzgesetz: Notrufabfrage und Einsatzdisposition für Brandschutz, Hilfeleistung und Rettungsdienst, einschließlich des am Nordwest-Krankenhaus in Sande stationierten Rettungshubschraubers „Christoph 26" sowie die Disposition für die hausärztliche Rufbereitschaft im Landkreis Friesland.

Es gelang, zwei völlig unterschiedliche Strukturen – die als Fachbereich organisierte hauptamtliche Berufsfeuerwehr in Wilhelmshaven und die damit verbundenen Freiwilligen Feuerwehren sowie die von der Ordnungsverwaltung des Landkreises Friesland betreuten selbstständigen nebenamtlichen Freiwilligen Feuerwehren der kreisangehörigen Gemeinden – in einer Leitstelle zusammenzufassen, Unterschiede zu respektieren und Synergieeffekte zu nutzen. Eine wichtige Voraussetzung dafür war, dass innerhalb des Stadtgebietes sowie des Kreis- und Gemeindegebietes weiterhin die jeweiligen Alarm- und Ausrückeordnungen galten.

Insgesamt zwölf Feuerwehrbeamte aus Wilhelmshaven und sechs Angestellte des Landkreises Friesland besetzten umschichtig durchgehend die zwei Funktionen an den Disponententischen. Nachdem der Tisch für Ausbildung und Dateneingabe immer öfter zur Einsatzabwicklung benötigt wurde, rüstete der Zweckverband 2011 einen weiteren Tisch nach. In einem Nebenraum auf der gleichen Etage standen darüber hinaus zwei Arbeitsplätze zur Verfügung, von denen aus die Leitstelle mit Per-

Abb. 318: Wilhelmshavener und Friesländer Disponenten in der „Gemeinsamen Leitstelle Friesland Wilhelmshaven", 2015 (Foto: Norbert Meiners)

sonal des Löschzugs bei besonderen Lagen mit einem erhöhten Notrufaufkommen wie zum Beispiel bei Starkregen oder Orkanschäden entlastet werden konnte.

Der Echtbetrieb begann am 1. Juli 2009, von nun an wurden alle Anrufe/Notrufe aus Friesland nach Wilhelmshaven umgeleitet. Eine Richtfunkstrecke verband den Sendemast in Jever für die friesländischen Feuerwehren und den dortigen Rettungsdienst mit der Leitstelle. Am 28. Juli 2009 folgte die offizielle Einweihung, als erste Leitstelle ihrer Art in Niedersachsen. „Die gemeinsame Leitstelle ist die Antwort der beiden Kommunen auf steigende technische und personelle Anforderungen und die berechtigte Erwartung an eine möglichst effiziente Erledigung kommunaler Aufgaben", hieß es in einer Pressemitteilung.[665] Sie sei ein weiteres Beispiel dafür, wie man Haushaltsmittel sparen und dennoch die Qualität der Leistung deutlich verbessern konnte. Frieslands Landrat Sven Ambrosy, so berichtete das „Jeversche Wochenblatt", „unterstrich die immense Arbeit, die im Vorfeld zu leisten gewesen wäre. ‚250.000 Datensätze für Friesland wurden ins neue System eingepflegt, um jede Hofstelle und jeden Hydranten zu erfassen.' In der Leitstelle begegneten sich nicht nur Mitarbeiter aus Friesland und Wilhelmshaven, sondern träfen auch zwei Welten aufeinander: Die Freiwillige Feuerwehr Frieslands und die Wilhelmshavener Berufsfeuerwehr. Hier gäbe es keinen Standesdünkel. In der Leitstelle ergänze man sich. [...] Die Kollegen seien voneinander sehr begeistert."[666]

In den folgenden Jahren wurden die ursprünglich erwarteten Einsparungen zwar durch den erhöhten Aufwand wegen des zunehmenden Einsatzaufkommens im Rettungsdienst weitgehend neutralisiert. Diese Aufwendungen hätte allerdings auch jeder der beiden Partner für sich zu tragen gehabt, ohne die Vorteile der Fusion. 2011 bewältigte die gemeinsame Leitstelle bereits insgesamt 34.670 Einsätze, je zur Hälfte aus Wilhelmshaven und Friesland. Mehr als 90 % davon waren dem Rettungsdienst zuzuordnen.

Das Angebot an die Polizei, in benachbarten Räumen der Gemeinsamen Leitstelle Wilhelmshaven-Friesland die Leitstelle der Polizeiinspektion Wilhelmshaven-Friesland einzurichten, wurde nicht angenommen – zugunsten der „Kooperativen Großleitstelle Oldenburg" (Landkreise Ammerland, Cloppenburg, Oldenburg und Wesermarsch sowie Städte Oldenburg und Delmenhorst), die 2012 den Betrieb aufnahm.

Auch der Landkreis Wittmund ging seinen eigenen Weg und schloss sich, nachdem der Innenminister die dortige Polizei aus der Polizeiinspektion Wilhelmshaven-Friesland-Wittmund (Polizeidirektion Oldenburg) wieder herausgelöst und der Polizeiinspektion Aurich-Wittmund (Polizeidirektion Osnabrück) zugeordnet hatte, der „Kooperativen Regionalleitstelle" in Wittmund (Landkreise Aurich, Wittmund und Polizeiinspektion Emden) an, die am 1. April 2014 in Betrieb ging. Auf diese Weise blieb auch die seit dem 17. Jahrhundert gültige Grenze zwischen Ostfriesland und dem oldenburgisch geprägten Jeverland, die sog. „Goldene Linie", gewahrt.

*

Am 12. September 2009 übergaben Vertreter der Stadt Wilhelmshaven und der Feuerwehr das „Feuerwehrgerätehaus Mitte" feierlich seiner Bestimmung. Der Gebäudekomplex am Kreuzelwerk (Architektin Sabine Riedel, Architekturbüro Dirk Lohe) wurde das neue gemeinsame Domizil der Ortsfeuerwehren Wilhelmshaven-Nord, Neuengroden und Heppens. Es enthielt die erforderlichen Schulungsräume, Büroräume, Umkleiden und Sanitärräume und erstmals auch eigene Räume für die Jugendfeuerwehr. In der Fahrzeughalle standen acht Stellplätze zur Verfügung, auf dem Freigelände sechs Stellplätze für Abrollbehälter in einem Carport. Eine netzunabhängige Stromversorgung sowie eine Großküche qualifizierten den Standort auch für Aufgaben im Katastrophenschutz, z.B. zur Versorgung von Evakuierten.

**Abb. 319: Feuerwehrgerätehaus Mitte, 2015 (Foto: Klaus Schreiber)**

Die Lage am Kreuzelwerk entsprach dem geographischen Mittelpunkt der Wohnorte der Einsatzkräfte. So waren die Voraussetzungen für eine leistungsfähige und tagesalarmsichere Einheit der Freiwilligen Feuerwehr geschaffen. Die alten Standorte der drei Ortsfeuerwehren Heppens, Neuengroden und Nord wurden nach dem Umzug aufgegeben.

Mit der Konzentration der Freiwilligen Feuerwehren waren die Voraussetzungen für neue Aufgaben gegeben. Neben dem Gerätewagen Atemschutz GW-A (vgl. Seite 381) besetzten die Freiwilligen Feuerwehren nun rund um die Uhr auch ein Wechselladerfahrzeug WLF für Abrollbehälter im zweiten Abmarsch. Die Feuerwehr stellte in diesem Jahr ein neues Fahrzeug (MAN/Wilken) in Dienst, das insbesondere für den Abrollbehälter Rettung (AB Rett) für den Einsatz beim Massenanfall von Verletzten vorgesehen war.

*

Auch nach der Jahrtausendwende machte sich der demographische Wandel bei den Freiwilligen Feuerwehren weiterhin bemerkbar. Fachleute des Niedersächsischen Innenministeriums stellten fest, dass die allmähliche Überalterung der Bevölkerung, vor allem aber der Rückgang der Altersgruppe der unter 20-Jährigen in Verbindung mit einem Rückgang der erwerbstätigen Fachkräfte zu einem Rückgang der Mitgliederzahlen und der Bewerberzahlen bei den hauptamtlichen wie bei den ehrenamtlichen Feuerwehren führen würden. Gleichzeitig würden die Anforderungen an die Feuerwehren (u.a. Einsatzhäufigkeit, Qualifizierung) weiter steigen.[667] Auch die Abschaffung der Wehrpflicht im Jahr 2011 und damit der Möglichkeit der 10-jährigen Verpflichtung bei der Freiwilligen Feuerwehr und beim Katastrophenschutz verringerten das Helferpotential spürbar. Dabei ging es Wilhelmshaven noch vergleichsweise gut: nach dem „Lernatlas" der Bertelsmann-Stiftung wies die Stadt 2011 ein überdurchschnittliches Engagement bei der Freiwilligen Feuerwehr auf (5. Rang von 43 betrachteten Städten).[668]

Die Freiwilligen Feuerwehren in Wilhelmshaven führten dennoch mittlerweile regelmäßig Maßnahmen zur Nachwuchsgewinnung durch: Kinder- und Jugendfeuerwehren, „Tage der offenen Tür" in den Gerätehäusern u.v.a.m. Die Zahl der Aktiven, das zeigten der Brandschutzbedarfsplan und die Entscheidungen über die Zukunft der Freiwilligen Feuerwehr, war kein Selbstzweck, sondern eine konkrete Erwartung der Stadt als Träger der Ortsfeuerwehren, abgeleitet aus einer langfristigen Konzeption für die Feuerwehr in Wilhelmshaven.

Das Niedersächsische Ministerium für Inneres und Sport veröffentlichte 2010 den Abschlussbericht einer Projektgruppe mit Empfehlungen „Zur Sicherstellung des Brandschutzes in Niedersachsen unter besonderer Berücksichtigung des demographischen Wandels".[669] Für sechs Handlungsfelder wurden Maßnahmen vorgeschlagen:

- Überprüfung der Schutzziele und Anpassung der Feuerwehrstrukturen (Brandschutzbedarfsplan)
- Förderung des Ehrenamtes (EhrenamtsCard und Ehrenamtsbescheinigung)
- Aus- und Fortbildung
- Nachwuchsgewinnung (Jugend- und Kinderfeuerwehren, Tage der offenen Tür)
- Integration
- Öffentlichkeitsarbeit (Image-Kampagne).

Vieles davon wurde in Wilhelmshaven, wie die Begriffe in den Klammern zeigen, schon umgesetzt. Der Brandschutzbedarfsplan und die Anpassung der Feuerwehrstrukturen waren beschlossen, ein neuer Standort der Freiwilligen Feuerwehr und des Kreisausbildungszentrums in der Güterstraße bezogen. Seit 2005 vergab die Stadt Wilhelmshaven eine EhrenamtsCard mit attraktiven Vergünstigungen für ehrenamtlich Tätige, ausdrücklich auch bei der Freiwilligen Feuerwehr.

Der Rat der Stadt Wilhelmshaven beschloss am 17. Oktober 2010 einstimmig eine Änderung der Satzung für die Freiwillige Feuerwehr, mit der die Initiativen der Wehren zur Nachwuchswerbung unterstützt wurden. Die neue Jugendabteilung der Ortsfeuerwehr Sengwarden, die ortswehrübergreifend von der Ortsfeuerwehr Fedderwarden und ihrer Jugendfeuerwehr betreut wurde, vervollständigte das flächendeckende Angebot an Jugendfeuerwehren. Als weitergehendes Angebot wurde die Möglichkeit geschaffen, Kinderfeuerwehren als selbstständige Abteilungen der Ortsfeuerwehren einzurichten.

Der neu aufgestellte Mehrzweckzug der Ortsfeuerwehr Bant mit den Schnelleinsatzgruppen Gefahrgut (SEG-GSG) und Kommunikationstechnik (SEG-IuK) erhielt eine formale Grundlage. Damit wurde die Umstrukturierung des kommunalen Katastrophenschutzes nach den Veränderungen auf Bundes- und Landesebene (vgl. Seite 336ff.) abgeschlossen.

Die Suche nach qualifiziertem Nachwuchs entwickelte sich auch für die Berufsfeuerwehr immer mehr zu einem Problem. Die sinkenden Bewerberzahlen für die

Eigenausbildung, der wachsende Einstellungsbedarf infolge der EU-Arbeitszeitrichtlinie und die Abwanderung ausgebildeter Feuerwehrleute zu anderen Berufsfeuerwehren führten zu neuen Personalengpässen. Die Länge der Ausbildung, d.h. mehrfache Berufsausbildung (der Gesellenbrief in einem handwerklichen Beruf, die Ausbildung zum Feuerwehrmann und zum Rettungsassistenten) erwiesen sich immer mehr als Wettbewerbsnachteil. Das gesetzlich vorgegebene Pensionierungsalter von 60 Jahren erforderte aus der Sicht des Arbeitgebers/Dienstherrn mit dem Blick auf eine angemessene Lebensarbeitszeit ein Einstiegsalter von deutlich unter 30 Jahren. Eine Zeitlang konnte die Berufsfeuerwehr gerade am Marinestandort Wilhelmshaven ehemalige Zeitsoldaten mit Hilfe des Berufsförderungsdienstes der Bundeswehr für die Ausbildung zum Feuerwehrmann gewinnen und damit einige Abgänge ausgleichen. Darüber hinaus entschloss sie sich zur Teilnahme an einem Pilotprojekt des Landes Niedersachsen und der Arbeitsgemeinschaft der Leiter der Berufsfeuerwehren (AGBF Niedersachsen) in Zusammenarbeit mit der Siemens AG zur einstufigen gewerblich/feuerwehrtechnischen Ausbildung von Feuerwehrleuten. Acht ausgewählte Nachwuchskräfte begannen am 1. September 2011 ihre Ausbildung am Ausbildungszentrum der Siemens AG in Hannover. Sie stammten aus den Berufsfeuerwehren Hannover, Hildesheim und Wilhelmshaven, das den 18-jährigen Sören Bücker entsandte. Die jungen Männer und Frauen absolvierten zunächst eine 18-monatige duale Ausbildung zum Industrieelektriker mit IHK-Abschluss. Danach folgten 18 Monate Grundausbildung Feuerwehr mit Speziallehrgängen und Einsatzpraktika als Brandmeisteranwärter für den mittleren feuerwehrtechnischen Dienst sowie die Abschlussprüfung an der Landesfeuerwehrschule in Celle (heute Niedersächsische Akademie für Brand- und Katastrophenschutz, Standort Celle). Die Kosten trugen die beteiligten Kommunen und das Niedersächsische Innenministerium.[670] Mit der effektiveren und kürzeren Ausbildung sollten bei gleicher Qualität ein jüngeres Einstiegsalter in den Feuerwehrdienst und eine größere Attraktivität für junge Bewerber erreicht werden. Sören Bücker ist inzwischen als Brandmeister bei der Berufsfeuerwehr Wilhelmshaven tätig. Trotz der unbestrittenen Vorteile wurde das Programm ohne die Landesförderung als Pilotprojekt nicht fortgesetzt, weil es für die Kommunen allein zu teuer war.

## Wilhelmshavener Raffineriegesellschaft, Voslapper Groden, 1. Mai 2010: Brand in der Destillationsanlage

Am Abend des 1. Mai 2010 brach in der Destillationsanlage der Raffinerie ein Brand aus. An einigen Stellen der 60 m hohen Anlage schlugen Flammen heraus. Neben dem Löschzug der Berufsfeuerwehr und der Werkfeuerwehr der Wilhelmshavener Raffineriegesellschaft (WRG) kamen die Ortsfeuerwehren Sengwarden und Fedderwarden zum Einsatz. Sie bekämpften die Flammen und kühlten die benachbarten Anlagenteile. Der Schaummittelverbund wurde alarmiert, ebenso die Werkfeuerwehren der Nordwest-Oelleitung-GmbH (NWO) und der INEOS Vinyls, insgesamt mehr als 100 Einsatzkräfte. Es hatte sich als vorausschauend erwiesen, dass die Feuerwehren genau dieses Szenario ein Jahr vorher gemeinsam geübt hatten. Gegen 4.00 Uhr morgens am folgenden Tag war der Brand gelöscht.

Den Brandschutz in der Stadt stellten während des Einsatzes die Rufbereitschaft der Berufsfeuerwehr (Wachschichten 1 und 2) sowie die Ortsfeuerwehren Bant, Heppens, Nord und Neuengroden in ihren Gerätehäusern sicher. (Jahresbericht Fachbereich Feuerwehr/Kreisfeuerwehrverband 2010)

*

Am 3. Juni 2010 ging die digitale Alarmierung der Einsatzkräfte der Freiwilligen Feuerwehr Wilhelmshaven in Betrieb. Jeder Aktive erhielt einen Meldeempfänger, mit dem von der Leitstelle aus Gruppen oder Züge alarmiert werden können, auch mit der Möglichkeit, kurze Textnachrichten zu versenden. Für Sengwarden und Fedderwarden blieben die altgewohnten Sirenen in Betrieb.[671]

Die Analyse der Einsätze für den Brandschutzbedarfsplan hatte gezeigt, dass die meisten der sogenannten „Kleineinsätze" (Gerätewagen Umweltschutz GW-U, Gerätewagen Tier GW-T, Wechselladerfahrzeuge WLF) zwischen 9.00 Uhr und 21.00 Uhr abzuarbeiten waren. Folglich wurde mit dem Schichtmodell ab dem 1. Januar 2010 eine der beiden Funktionsstellen für Sonderfahrzeuge bei der Berufsfeuerwehr zwischen 20.00 Uhr abends und 8.00 Uhr morgens aus dem Plan genommen, die sog. „Nachtabsenkung".

In diesem Jahr vervollständigte die Berufsfeuerwehr ihre Ausrüstung für die Wasserrettung mit einem leichten, von vier Mann zu tragenden Schlauchboot (Delphin/Tohatsu) auf einem Trailer, das auf der Feuer- und Rettungswache II (Albrechtstraße) stationiert wurde. Von hier aus kann es mit dem Hilfeleistungs-Löschfahrzeug HLF 20/20 vor allem auf den Gewässern im Stadtnorden (u.a. Maade, Barghauser See, Graben Fort Rüstersiel) von der Löschstaffel direkt zum Einsatz gebracht werden.

*

Die Freiwilligen Feuerwehren Neuengroden und Wilhelmshaven-Nord schlossen sich am 10. Februar 2011 zur Freiwilligen Feuerwehr Rüstringen zusammen. Diese Fusion war ein weiterer wichtiger Schritt auf dem Weg zur Konzentration der Freiwilligen Feuerwehren im Stadtgebiet auf leistungsfähige Standorte (Mitte, Süd, Sengwarden/Fedderwarden). Die neue Wehr konnte ihre Tagesalarmsicherheit und ihre Leistungsfähigkeit deutlich verbessern und dauerhaft zusätzliche Aufgaben übernehmen.

„Mit der Gründung der OF Rüstringen steht nun eine tagesalarmsichere Schwerpunktfeuerwehr zur Verfügung, die durch die effektive Nutzung der digitalen Alarmierung bedarfsgerecht eingesetzt werden kann und weiterhin ihren Stadtteilen als verlässlicher Partner auch im Vereinswesen zur Verfügung steht", heißt es im Jahres-

Abb. 320: Feuerwehrgerätehaus Mitte mit den Fahrzeugen der Ortsfeuerwehr Rüstringen, 2011 (v. l. Wechselladerfahrzeug WLF, Löschgruppenfahrzeug LF 16 TS, Tragkraftspritzenfahrzeug TSF W, Tanklöschfahrzeug TLF 8/18, Rüstwagen RW 1, Gerätewagen Atemschutz GW-A) (Freiwillige Feuerwehr Rüstringen, 2015)

bericht 2011 der Feuerwehr.[672] Die neue Ortsfeuerwehr (OF 7) nahm zunächst einmal ihre klassischen Aufgaben gemäß Alarm- und Ausrückeordnung (AAO) wahr:

- im Löschbezirk Maadebogen, Schaar, Aldenburg, Wiesenhof, Altengroden, Rüstersiel, Neuengroden, Voslapp, Fedderwardergroden, Himmelreich-Coldewei sowie Stadtpark
- Bereitschaft rund um die Uhr für Einsätze im Stadtgebiet zur Unterstützung der Berufsfeuerwehr.

Hinzu kamen eine Reihe von Sonderaufgaben:

- Besetzung des Sondergerätewagens Atemschutz GW-A
- Aufbau und die Unterstützung eines Behandlungsplatzes für den Massenanfall von Verletzten mit dem Abrollbehälter Rettung (AB-Rett)
- Unterstützung des Schaummittelverbundes mit dem Abrollbehälter Schaummittel (AB- Schaum)
- Bereitstellung von Ölsperren mit dem Abrollbehälter zur Ölbekämpfung (AB-Ölwehr)
- Sicherstellung der Löschwasserversorgung über lange Strecken
- Betrieb des Feuerwehrgerätehauses als Notunterkunft bzw. zur Verpflegung bei Großschadenslagen.

Dabei handelte es sich durchweg um zeitkritische Aufgaben des zweiten Abmarsches, die rund um die Uhr abgerufen werden konnten und somit die Berufsfeuerwehr entlasteten.

Oberbürgermeister Eberhard Menzel zog bei der Gründungsfeier der Ortsfeuerwehr Rüstringen geschichtliche Parallelen: „Aus der ‚Freiwilligen Feuerwehr Bant' von 1897 wurde die ‚Freiwillige Feuerwehr Bant-Rüstringen I', aus den Freiwilligen Feuerwehren Heppens von 1900 und Neuengroden von 1919 wurde die ‚Freiwillige Feuerwehr Neuengroden-Rüstringen II'. [...] Die Stadt Rüstringen übernahm die Ausstattung und die Geräte der in Vereinsform geführten Wehren und investierte in neue Fahrzeuge und neue Gerätehäuser am Triftweg und in der Oldeoogestraße. Die ,Freiwillige Feuerwehr Rüstringen von 2011' – wie man sie später einmal nennen wird – knüpft mit ihrem Namen an diese Tradition an: neue Organisationsformen, bessere Ausrüstung und zentrale Standorte für eine größere Schlagkraft im Dienste der Gemeinschaft."[673]

**Börsenstraße, 18. Mai 2011: Brand im Treppenhaus eines Mehrfamilienhauses**

**Abb. 321: Brandstelle Börsenstraße/Kieler Straße, 2011 (Sammlung Markus Bulling)**

Am 18. Mai 2011 wurden im Eingang eines Wohngebäudes in der Börsenstraße/Ecke Kieler Straße Kinderwagen und Sperrmüll angezündet. Der Rauch breitete sich rasch im ganzen Treppenhaus aus. Zum Einsatz kamen neben der Berufsfeuerwehr die Ortsfeuerwehr Bant sowie mehrere Rettungswagen. Das Feuer war schnell gelöscht, aber der Rauch hatte 18 Personen in ihren Wohnungen eingeschlossen. Sechs von ihnen mussten mit Rauchvergiftungen behandelt werden.[674]

Im Rahmen einer Feierstunde übergab die Berufsfeuerwehr am 5. Juli 2011 das neue Hallen- und Unterkunftsgebäude der Feuer- und Rettungswache I (Mozartstraße) (Architekten Oda und Hannes Griesemann) seiner Bestimmung. Der Neubau in der Regie des Eigenbetriebs „Gebäude und Grundstücke der Stadt Wilhelmshaven (GGS)" bildete den dritten Bauabschnitt der Zielplanung von 1999 (vgl. Seite 360) für den gesamten Wachstandort. Die Gesamtkosten betrugen 3,6 Mio. €, von denen 2,1 Mio. € über das Konjunkturprogramm II von Bund und Land für die kommunale Infrastruktur finanziert werden konnte, da die Planung rechtzeitig genug vorangetrieben worden war.

Während die Feuerwehrbeamten in den Jahrzehnten zuvor vieles auf der Wache selbst gebaut hatten, wurde diesmal für sie gebaut – bei laufendem Wachbetrieb. Der erste Abmarsch rückte während dieser Zeit von der neuen Halle des zweiten Abmarsches aus (vgl. Seite 361), dessen Fahrzeuge wiederum vorübergehend auf andere Feuerwehrstandorte verteilt worden waren.

Oberbürgermeister Eberhard Menzel würdigte insbesondere die Leistung von Brandamtsrat Michael Weiser, der als Projektleiter für die Neubauten an der Peterstraße seit Ende der 1990er Jahre wie „Bob der Baumeister" immer wieder Probleme gelöst und Stolpersteine aus dem Wege geräumt habe.[675] Die Architekten entschie-

Abb. 322: Neubau der Fahrzeughalle mit Unterkünften, Feuerwache Mozartstraße, Ansicht von der Straßenseite, 2015 (Foto: Olaf Preuschoff)

den sich bei der Fassade des Neubaus bewusst für einen sehr dunkel gebrannten Klinker in Verbindung mit farblich deutlich hervortretenden Tor- und Fensterelementen – als Kontrast zu den Fassaden des alten Schulgebäudes an der Mozartstraße und des Leitstellengebäudes an der Peterstraße. An der Ecke Peter-/Mozartstraße erhielt das Gebäude mit einem großen „Schaufenster der Feuerwehr" einen architektonischen Akzent. Hier informiert die Feuerwehr seitdem interessierte Passanten über ihre Einsätze, die Technik, Ausrüstung u.v.a.m.

In der neuen Fahrzeughalle stehen drei Stellplätze für den Löschzug (Löschgruppenfahrzeug, Drehleiter sowie das Kleinalarmfahrzeug KLAF) zur Verfügung, davon abgetrennt zwei Stellplätze für die Rettungswagen RTW 1 und RTW 3 (als Eigensicherung des Löschzuges und zur Spitzenabdeckung im Rettungsdienst). Zu jedem der beiden Abschnitte gehört ein eigener Werkstattbereich. Die Hallen wurden stützenfrei ausgeführt, die Durchfahrtshöhe von 4,50 m lässt genügend Spielraum für zukünftige Fahrzeuggenerationen.

Aus hygienischen Gründen wird die Rettungsdienst-Halle durch eine Hygieneschleuse abgetrennt, die sowohl die anderen Räume vor einsatzbedingten Kontaminationen schützt und andererseits verhindert, dass ein frisch desinfiziertes Rettungsfahrzeug vor dem nächsten Einsatz selbst wieder kontaminiert wird. Die Einsatzfahrzeuge rücken bei Alarm über die Peterstraße aus, unterstützt durch eine Ampelvorrangschaltung. Das bedeutet einen Zeitgewinn von 20 – 30 Sekunden zugunsten der Hilfsfrist (vgl. Seite 393). Nach dem Einsatz rücken die Fahrzeuge von der Hofseite über die Einfahrt Mozartstraße wieder in die Hallen ein.

Unter Beteiligung der Mannschaften konzipierten die Architekten die Unterkunftsräume über den Fahrzeughallen völlig neu. „Unten High-Tech, darüber High-Class: Die modernen Mannschaftsunterkünfte, Schulungs- und Sozialräume überzeugen mit Wohlfühl-Design", berichtete die „Wilhelmshavener Zeitung".[676] Jeder Feuerwehrbeamte hat einen eigenen Raum, getrennt nach Brandschutz und Rettungsdienst. Schränke für das individuelle Bettzeug ermöglichen das Durchtauschen während der Wachschicht. Zwei separate Ruheräume mit eigenem Sanitärbereich sind für Gäste oder zukünftig für weibliche Feuerwehrangehörige bestimmt. Ein 100 m² großer Fitnessraum im 1. Obergeschoss neben den Hallen mit Kraft- und Ausdauermaschinen, Hantelbänken und einer Tischtennisplatte ergänzt das Angebot für die Mannschaften.

Die Sattelkammer mit der Einsatzkleidung wurde völlig neu geplant und ausgestattet, so die Projektbeschreibung: „Kommt der Löschzug von einem ‚schmutzigen' Einsatz zurück, gelangt die Mannschaft direkt aus der Fahrzeughalle zur Stiefelwäsche und anschließend in die Sattelkammer. In diesem Raum hängt die Einsatzklei-

Abb. 323: Flur mit den neuen Mannschaftsunterkünften, 2011 (Foto: Olaf Preuschoff)

Abb. 324: Sattelkammer mit Einsatzkleidung neben der neuen Fahrzeughalle, 2011 (Foto: Olaf Preuschoff)

dung einschließlich der Stiefel an speziellen Bügeln. Der Raum ist wie alle anderen Räume im Erdgeschoss pflegeleicht gefliest, verfügt aber über eine Fußbodenheizung. Er wird maschinell mit Wärmetauschern be- und entlüftet. Hat sich die Mannschaft ihrer Einsatzkleidung entledigt, gelangt sie über kurze Wege durch die Umkleideräume mit den Spinden in die Dusch- und Waschräume. Dies entspricht einer Schwarz-Weiß-Trennung, da jeder Feuerwehrmann seine Duschsachen, Wechselkleidung und Handtuch aus dem Umkleideraum mitnimmt."[677]

**Abb. 325: Neubau der Fahrzeughalle mit Unterkünften, Feuerwache Mozartstraße, Ansicht von der Hofseite, 2011 (Feuerwehr-Archiv)**

Als zeitsparende Direktverbindung zwischen den Aufenthaltsräumen und der Fahrzeughalle dient eine Sprungschachtanlage, die sich allerdings gegenüber den traditionellen „Rutschstangen" von 1954 als technisch aufgerüstet präsentiert: „Die Schächte sind jeweils mit einer Ampel ausgerüstet, durch die sofort – ohne sich in den Schacht beugen zu müssen – zu sehen ist, ob der vorausspringende Kollege den Rutschschacht schon verlassen hat."[678]

Die Berufsfeuerwehr hatte wahrlich lange genug auf die grundlegende Erneuerung ihrer Wachgebäude an der Mozartstraße gewartet und viele Jahre lang mancherlei Provisorien hinnehmen müssen. Mit dem Brandschutzbedarfsplan, einer zeitgemäßen Personalentwicklung und einem rationellen Fahrzeugkonzept hatte sie allerdings auch wesentliche Grundlagen für diese Zukunftsinvestition geleistet.

**Werkstätten der Berufsfeuerwehr/ Feuerwehrtechnische Zentrale 2011**

| | |
|---|---|
| KFZ – Werkstatt | Bauunterhaltungs – Werkstatt |
| Feuerlöscher – Werkstatt | Funk – Werkstatt |
| Schlauch – Werkstatt | Elektro – Werkstatt |
| Atemschutz – Werkstatt | Rettungsdienstlager |
| Geräte – Werkstatt | Kleiderkammer |

Bald darauf wurde am 15. Juli 2011 auch der Neubau einer zweiständigen Fahrzeughalle für die Ortsfeuerwehr Sengwarden eingeweiht. Er war notwendig geworden, weil die nächste Generation der Feuerwehrfahrzeuge auch hier größere Durchfahrtsbreiten und -höhen erforderte. Für Sengwarden war die Beschaffung eines Rüstwagens geplant, der nach dem Brandschutzbedarfsplan die schutzzielrelevante Funktion der Ortsfeuerwehr entlang der vom Güterverkehr stark in Anspruch genommenen Bundesautobahn A 29, Landstraßen L 810 und L 807 und dem Industriestammgleis unterstützen sollte.

Die Ortsfeuerwehr Sengwarden verfügte inzwischen über das große Löschgruppenfahrzeug LF 24 von 1991 sowie „außer der Reihe" über das Tanklöschfahrzeug TLF 16/28 T von 1976, das die Kameraden liebevoll restaurierten und nun für die Löschwasserzufuhr bei Einsätzen im ländlichen Raum einsetzten.

Der Neubau enthält zwei ausreichend bemessene Fahrzeugstände mit Abgasabsauganlagen, die Gebäudetechnik (Elektroanlagen, Notstromeinspeisung, Ölabscheider etc.) entspricht dem Stand der Technik. Entsprechend den Anforderungen an einen schutzzielrelevanten Standort und die Unfallverhütungsvorschriften wurde der Parkplatz vergrößert und eine eigene Feuerwehrzufahrt mit Bedarfsampel geschaffen. Die Baukosten betrugen insgesamt 320.000 €. Anlässlich der Hallenübergabe erhielt Feuerschutzdezernent Dr. Jens Graul aus der Hand von Regierungsbrandmeister Gerd Junker die Deutsche Feuerwehr-Ehrenmedaille, verliehen vom Deutschen Feuerwehrverband „in Würdigung hervorragender Leistungen auf dem Gebiet des Feuerwehrwesens".

Abb. 326: Neue Fahrzeughalle der Ortsfeuerwehr Sengwarden, 2011 (Jahresbericht Fachbereich Feuerwehr/Kreisfeuerwehrverband 2011)

Ende 2011 übernahm die Berufsfeuerwehr Wilhelmshaven eine vom Havarie-Kommando Cuxhaven beschaffte COBRA-Schneidlöscheinheit (COLDCUT Cobra C 330 D Marine Unit) des schwedischen Herstellers Coldcut-Systems zum Einsatz in ihrer Brandbekämpfungseinheit für Schiffsbrände (BBE). Mit einem Wasserhochdruckstrahl von bis zu 300 bar eignet sich das Gerät

Abb. 327: Ausbildung am COBRA-System in der School of Sea Safety der Königlich Schwedischen Marine in Karlskrona/Schweden, 2012 (der Wasserstrahl durchdringt eine ca. 10 mm starke Stahlplatte) (Foto: Norbert Meiners)

Abb. 328: Vorführung des COBRA-Systems im Feuerwehr- und Katastrophenschutzzentrum (FKZ), 2013 (Übung auf einem dort aufgestellten, ausgemusterten Kutter; die Ausbilder tragen die leichtere Schutzkleidung aus pbi-Faser) (Foto: Norbert Meiners)

speziell für die Bekämpfung von Bränden in geschlossenen Räumen (z.B. Container auf Schiffen) – ohne die Gefahr der Durch- oder Rückzündung. Der Wasserstrahl kann fast alle gängigen Bau- und Konstruktionsmaterialien durchdringen und durch das rapide Herabkühlen der Brandgase einen unmittelbaren Löscheffekt bewirken.[679]

## Schillerstraße/Peterstraße, 1. September 2011: Wohnungsbrand in einem Mehrfamilienhaus

Der Wohnungsbrand in einem Gebäude an der Schillerstraße/Ecke Peterstraße war am 1. September 2011 abends in einer Küche ausgebrochen und hatte auf die benachbarten Räume sowie ein Treppenhaus übergegriffen. Zum Einsatz kamen die Berufsfeuerwehr und die Ortsfeuerwehren Bant und Rüstringen. Wegen der Größe des Gebäudes und der Brandausbreitung bildete der Einsatzleiter mehrere Einsatzabschnitte. Ein Löschtrupp der Freiwilligen Feuerwehr konnte einen Löschtrupp der Berufsfeuerwehr bei einer plötzlichen Verpuffung schützen, zwei Feuerwehrmänner erlitten nur leichte Brandverletzungen. Aus dem Gebäude wurden zehn Personen evakuiert, acht davon mit leichten Verletzungen.[680]

Abb. 329: „Feuer aus!" im Gebäude Schillerstraße/Peterstraße, 2011 (Jahresbericht Fachbereich Feuerwehr/Kreisfeuerwehrverband 2011)

## Papingastraße, 19. Januar 2011: Tier in Not

Wieder einmal hieß es am 19. Januar 2011 für die Berufsfeuerwehr „Tier in Not": Seit dem 3. Januar galt die Katze „Meily" als vermisst. Es stellte sich heraus, dass sie sich in dem ehemaligen Bunker (Luftschutzturm) an der Papingastraße ver-

Abb. 330: „Meily“ und das Rettungsteam, 19. Januar 2011 (Jahresbericht Fachbereich Feuerwehr/Kreisfeuerwehrverband 2011)

steckt hatte und in einen Schacht geraten war. Aus dem konnte sie sich selbst nicht mehr befreien, war aber noch gut zu hören. Die Feuerwehr ortete das Tier von außen mit Hilfe einer Wärmebildkamera. Gerüstbauer der Firma Nietiedt stellten am Bunker ein Gerüst auf, von dem aus der an dieser Stelle relativ dünne Beton aufgestemmt werden konnte: „Meily“ war gerettet.

Nach dem Ausbruch eines Brandes an Bord des RoRo-Schiffs *Hafnia Seaways* am 19. Oktober 2011 abends auf dem Seeweg vor den ostfriesischen Inseln wurde die Brandbekämpfungseinheit (BBE) Wilhelmshaven vom Havariekommando in Cuxhaven angefordert. 38 Minuten nach der Alarmierung stiegen zehn Wilhelmshavener Feuerwehrleute mit ihrer Spezialausrüstung im Vorhafen der IV. Hafeneinfahrt auf dem Mehrzweckschiff *Mellum* ein. Sie sollten vom Schiff aus mit einem Hubschrauber an Bord des Havaristen abgesetzt werden, was aber aufgrund des hohen Seegangs nicht möglich war. Als das Manöver im Schutz der Elbmündung wiederholt werden sollte, war das Feuer bereits von der Besatzung der Fähre mit Unterstützung von sechs Feuerwehrleuten aus Brunsbüttel gelöscht worden.[681] Gegen 22.30 kehrten die Wilhelmshavener Feuerwehrleute zurück. Während des Einsatzes hatte die Ortsfeuerwehr Rüstringen den Brandschutz im Stadtnorden übernommen, während man das Hilfeleistungs-Löschfahrzeug HLF 20/20 mit seiner Löschstaffel von dort zur Feuer- und Rettungswache I (Mozartstraße) verlegte. Wäre in der Innenstadt ein Löschzugeinsatz gefordert worden, hätte die Zentrale zusätzlich die Ortsfeuerwehren Bant und Heppens alarmiert.

Im Rahmen der Ausbildung für einen Massenanfall von Verletzten (MANV) fanden 2011 mehrere Stellproben mit der Ausrüstung des Abrollbehälters Rettung AB-Rett statt, der die aufblasbaren Zelte und deren Ausstattung enthielt. Gegenstand der Übungen war die Einrichtung eines Verbandsplatzes zur Erstbehandlung einer großen Zahl Verletzter an der Einsatzstelle. Daran beteiligt waren die Ortsfeuerwehr Rüstringen mit dem Wechselladerfahrzeug und dem Abrollbehälter, der diensthabende Löschzug der Berufsfeuerwehr, die Hilfsorganisationen sowie der Ärztliche Leiter Rettungsdienst.[682]

Oberbürgermeister Andreas Wagner trat am 1. Dezember 2011 als neugewählter Hauptverwaltungsbeamter seinen Dienst an.

*

Vor dem Hintergrund der EU-Arbeitszeitrichtlinie und der darauf aufbauenden Arbeitszeitverordnung Feuerwehr (ArbZVOFeu) in Niedersachsen (vgl. Seite 400) hatten Dienststellenleitung und Personalrat der Berufsfeuerwehr zum 1. Januar 2010 eine neue Vereinbarung über den Dienstplan abgeschlossen. Die Feuerwehrbeamten leisteten in vier Wachabteilungen jeweils 12-Stunden-Schichten (Tag oder Nacht) in einem festgelegten Rhythmus. Zusätzlich sah der Dienstplan Verfügungsdienste vor, die wie vorher auch z.B. bei Krankmeldungen nach dem Maßstab des persönlichen Stunden-Kontos abgerufen werden konnten. Dienstschichten, Verfügungsdienste und Freizeit waren gesetzeskonform aufgeteilt.

Die Schichtlängen wurden später entsprechend der tatsächlichen dienstlichen Beanspruchung auf 11-Stunden-Tagschichten und 13-Stunden-Nachtschichten geändert, neu eingeführte „Dienstgruppen" sollten eine gleichmäßigere Beanspruchung der Spezialisten wie z.B. Rettungsassistenten oder Maschinisten auf den Fahrzeugen sicherstellen. In der Praxis führte dieses Schichtmodell jedoch vor allem wegen der häufigen Wechsel zwischen Tag- und Nachtschichten zu großer persönlicher Unzufriedenheit und zu einer höheren Krankenquote als im bisherigen 24-Stunden-Dienst. Die höhere Ausfallquote wiederum gefährdete trotz der inzwischen vollzogenen Personalverstärkung auf 120 Feuerwehrbeamte im Einsatzdienst die Besetzung der vorgeschriebenen Funktionsstellen bzw. verursachte ein zusätzliches Überstundenaufkommen. Feuerwehrführung, Personalrat und Personalverwaltung einigten sich in langwierigen Gesprächen unter Vermittlung von Feuerschutzdezernent Dr. Graul schließlich darauf, am 1. Januar 2012 zum 24-Stunden-Dienst in drei Wachschichten zurückzukehren. Der neue Dienstplan, der sich wie einst der „Bremer Plan" (vgl. Seite 270) an einem Vorbild bei der Feuerwehr Bremen orientierte, entsprach zwar nicht nach den Buchstaben, sehr wohl aber nach dem Sinngehalt den Rechtsvorschriften zur Arbeitszeit.

**Zeiteinteilung in der 24-Stunden-Schicht 2014 (Montag – Donnerstag)**

| | |
|---|---|
| 8.00 – 8.30 Uhr | Schichtbeginn, Einteilung Personal, Fahrzeug- und Geräteübernahme |
| 8.30 – 9.30 Uhr | Arbeitszeit |
| 9.30 – 10.00 Uhr | Frühstück |
| 10.00 – 12.00 Uhr | Arbeitszeit |
| 12.00 – 13.00 Uhr | Mittagspause |
| 13.00 – 15.30 Uhr | Arbeitszeit |
| 15.30 – 15.45 Uhr | Kaffeepause |
| 15.45 – 16.30 Uhr | Arbeitszeit |
| 16.30 – 18.00 Uhr | Aus- und Fortbildung, Verfügungszeit, Sport |
| 18.00 – 7.45 Uhr | Bereitschaft (bei Bedarf Aus- und Fortbildung) |

Der rechnergestützte Dienstplan basierte auf 20 Funktionsstellen für den Einsatzdienst, zzgl. zwei Stellen tagsüber und einer Stelle nachts für die Leitstelle. Wie früher mussten nun alle Abwesenheiten wieder innerhalb der Wachschichten aufgefangen werden. Gleichzeitig wurde jedoch der Personalfaktor, die Reserve für Urlaub, Krankheit und Ausbildung, auf der Grundlage aktueller Erhebungen neu berechnet und beim Planstellen-Soll berücksichtigt.

**Verteilung der Funktionsstellen nach dem Dienstplan 2014**

| | |
|---|---|
| Feuer- und Rettungswache I (Mozartstr.): | Löschgruppenfahrzeug 6 FA<br>Drehleiter 2 FA<br>Einsatzleitwagen 1 FA<br>Rettungswagen 2 FA<br>Kleinalarmfahrzeug 2 FA (nachts 1 FA) |
| Feuer- und Rettungswache II (Albrechtstr.): | Löschgruppenfahrzeug 6 FA<br>Rettungswagen 2 FA |
| Notarzteinsatzfahrzeug: | 1 FA |

Neben den schon früher gebräuchlichen Verfügungsdiensten bei kurzfristigen Personalausfällen wurde jeder Feuerwehrbeamte in der Wachschicht außerdem für sog. „Vario-Dienste" eingeteilt, die in einem vorgegebenen Rahmen zur Sicherung der Mindesteinsatzstärke als Ersatz für unabweisbare Ausfälle maximal 24 Stunden vorher abgerufen und in echte Dienste umgewandelt werden konnten.

Der Schichtwechsel erfolgte fortan um 12 Uhr mittags. Die im Rettungsdienst und in der Leitstelle eingeteilten Feuerwehrbeamten wechselten wegen der kontinuierlichen Beanspruchung nach zwölf Stunden (später elf Stunden) mit den Kollegen im Brandschutz.[683] Im Zusammenhang mit der Neueinteilung der Wachschichten wurde die feste Zuordnung der Beamten des C-Dienstes (Einsatzleiter vom Dienst, vgl. Seite 247) zu einer Wachschicht/Wachabteilung wieder aufgegeben. In einem Schreiben an den Oberbürgermeister, dem die Unterschriften von mehr als 50 Feuerwehrbeamten beigefügt waren, anerkannte die Mannschaft ausdrücklich die Bemühungen der Stadt Wilhelmshaven, die Personalbemessung und die Diensteinteilung auf eine vernünftige Grundlage zu stellen.[684] 2014 wurde der Schichtbeginn einvernehmlich wieder auf 8.00 Uhr morgens gelegt.

Nach einer Novelle des Niedersächsischen Gesetzes über den Brandschutz und die Hilfeleistung der Feuerwehr (NBrandSchG) zum 18. Juli 2012 betrug die Altersgrenze für aktive ehrenamtliche Feuerwehrangehörige nun 63 statt bisher 62 Jahre. Angehörige von Berufs- oder Werkfeuerwehren konnten von jetzt ab auch die Funktion des Orts- bzw. Stadtbrandmeisters in der Freiwilligen Feuerwehr übernehmen. Der Gesetzgeber schuf auch die Möglichkeit zur Einrichtung von Kinder- und Jugendfeuerwehren für Kinder zwischen dem 6. und 12. Lebensjahr sowie Jugendliche zwischen dem 10. und 18. Lebensjahr. Das Gesetz ermöglichte erstmals die Aufstellung einer kommunalen Feuerwehrbedarfsplanung. Die Vorschriften zur Bekämpfung von Schiffsbränden und Hilfeleistung auf Schiffen in Seehäfen und auf Wasserstraßen wurden nach den ersten praktischen Erfahrungen in den Einsätzen präzisiert.[685]

*

Alle 53 Angehörigen der vier Wilhelmshavener Jugendfeuerwehren erhielten im Juli 2012 aus dem Bekleidungsetat der Berufsfeuerwehr neue robuste Parkas und Helme

Abb. 331: Übergabe der neuen Parkas und Helme an die Jugendfeuerwehren, 10. Juli 2012 (v. l. Stadtrat Dr. Jens Graul, Oberbürgermeister Andreas Wagner, Brandoberrat Steffen Lutter, Stadtbrandmeister Michael Feist, Jugendfeuerwehrwart Stephan Reinsch-OF Rüstringen, Brandinspektor Marc Albers) (Foto: Olaf Preuschoff)

für den Ausbildungsdienst. Oberbürgermeister Andreas Wagner und Feuerwehrchef Steffen Lutter betonten die Wichtigkeit der Nachwuchsförderung für die Feuerwehr.

Auf dem Gelände des Container-Terminals fand am 21. Juli 2012 kurz vor dessen Inbetriebnahme eine Großübung „Massenanfall Verletzter (MANV)" statt. Neben der Berufsfeuerwehr beteiligten sich daran die Ortsfeuerwehr Rüstringen, die Johanniter Unfallhilfe (JUH) sowie die Notfallseelsorge. Das Übungs-Szenario war ein schwerer Verkehrsunfall mit einem Reisebus (während einer Hafenbesichtigung) und infolgedessen zahlreichen Verletzten. Geübt wurde vor allem die Rettung und Betreuung der Verletzten, der Aufbau des Verbandsplatzes mit einer Verletztensammelstelle und die Behandlung der Patienten entsprechend der Sichtungskategorien (vgl. Seite 371).

Kirchen, Feuerwehr, Polizei und Hilfsorganisationen begingen am 2. September gemeinsam das 15-jährige Bestehen der Notfallseelsorge. Nach dem Gottesdienst in der Banter Kirche unter Mitwirkung von Vertretern der Organisationen fand auf dem Platz vor der Kirche eine Rettungsübung (nach einem Verkehrsunfall) für die Öffentlichkeit statt.

Mit der Inbetriebnahme des Container Terminal Wilhelmshaven (CTW) durch den Betreiber EUROGATE im JadeWeserPort am 12. September 2012 erweiterte sich der Verantwortungsbereich der Feuerwehr Wilhelmshaven um 120 Hektar Terminalfläche, 170 Hektar terminalnahe Gewerbeflächen in der sog. „Logistic Zone" sowie 70 Hektar Verkehrsflächen. Die Stadt Wilhelmshaven und das Unternehmen EUROGATE Container Terminal Wilhelmshaven GmbH hatten im Juli 2012 eine Vereinbarung über den Brandschutz und die Hilfeleistung auf dem Gelände des Container-Terminals und der Bahnumschlagsanlage abgeschlossen. Gegen eine jährliche Aufwandspauschale übernahm die Feuerwehr die Aufgaben der Brandbekämpfung und technischen Hilfeleistung auf dem Betriebsgelände, insbesondere die Rettung aus den im Containerumschlag eingesetzten Portalhubwagen (van carrier), von den Verladekränen der Bahnumschlagsanlage und den Container-Verladebrücken sowie den Einsatz bei Unfällen mit Gefahrgutcontainern.

Abb. 332: Rettungskorb für die Höhenrettung verletzter oder erkrankter Personen von den Container-Verladebrücken, 2012 (Feuerwehr-Archiv)

Zur Behandlung von leckgeschlagenen oder beschädigten Gefahrgutcontainern war bereits in der Planung für den Container-Terminal ein gesonderter, überdachter Behandlungsplatz mit separater Entwässerung vorgesehen worden, auf dem be-

Abb. 333: Container Terminal Wilhelmshaven: Einsatzübung auf dem Behandlungsplatz für Gefahrgut, 2016 (zwei Feuerwehrbeamte nähern sich in Chemiekalienschutzanzügen einem angenommen schadhaften Container) (Feuerwehr-Archiv)

schädigte Container gesichert und ggf. behandelt werden konnten. Die Berufsfeuerwehr verpflichtete sich, jederzeit innerhalb von 15 Minuten eine Löschgruppe (1/8) mit einem Beamten des gehobenen Dienstes zur Einsatzstelle zu bringen, um die von dem Container ausgehenden möglichen Gefahren zu erkunden und die notwendigen Maßnahmen einzuleiten.

EUROGATE stellte der Feuerwehr die erforderliche Ausrüstung in Form eines Abrollbehälters Dekontamination (AB-Dekon) zur Verfügung, der u.a. mit einer sofort aktivierbaren Duschanlage für kontaminiertes Personal beladen war, vergleichbar dem Gerätewagen Dekontamination Personen GW Dekon-P des Katastrophenschutzes (vgl. Seite 369), Darüber hinaus enthielt der AB Dekon Chemikalienschutzanzüge (CSA), Schutzausrüstung, Messgeräte, Sicherheitsbehälter für Chemikalien und Transportgeräte, Spezialpumpen, Reinigungsmittel, Dichtmaterial u.v.a.m.

Auf dem Terminalgelände sollte in diesem Jahr auch ein außergewöhnlicher Feuerwehreinsatz folgen, allerdings ohne unmittelbaren Bezug zum normalen Terminal-Betrieb. Das Containerschiff *MSC Flaminia* (6.750 TEU) einer deutschen Reederei befand sich mit 2.876 Containern an Bord auf dem Weg von Charleston nach Antwerpen, als am 14. Juli 2012 mitten auf dem Atlantik nach einer Explosion in einem Laderaum im Mittelschiff ein Brand ausbrach. Er forderte drei Todesopfer. Nachdem mehrere herbeigerufene Handelsschiffe erste Hilfsmaßnahmen eingeleitet hatten, löschten schließlich mehrere niederländische Bergungsschlepper den Brand, installierten an Bord eine provisorische Stromversorgung und schleppten den Havaristen in Richtung britische Südwestküste. Da es keine Freigabe für einen britischen oder französischen Nothafen gab, erteilte das Havariekommando in Cuxhaven am 21. August die Genehmigung zum Einlaufen in deutsche Hoheitsgewässer und bestimmte den gerade erst eröffneten Container-Terminal in Wilhelmshaven als Notliegeplatz.

Abb. 334: Container Terminal Wilhelmshaven: Einsatzübung Gefahrgut, 2016 (links der Abrollbehälter Gefährliche Stoffe/Güter, rechts das Hilfeleistungs-Löschfahrzeug HLF 20/20 mit Einsatzkräften bei der Vorbereitung) (Feuerwehr-Archiv)

Abb. 335: Ankunft der MSC Flaminia in Wilhelmshaven, 9. September 2012 (Verfasser)

Dort traf der Schleppverband am 9. September 2012 ein. *MSC Flaminia* hatte zu diesem Zeitpunkt wegen des Löschwassers etwa 19 m Tiefgang. Unter der Leitung des Havariekommandos begannen umfangreiche Bergungs- und Sicherungsmaßnahmen. Im Vordergrund stand die Sorge um die Stabilität des Schiffes, die Kontamination des Löschwassers und die 153 Gefahrgutcontainer an Bord, von denen 72 zerstört und 24 beschädigt waren. Durch die hohen Brand-Temperaturen waren einige Schadstoffverbindungen möglicherweise chemisch aufgelöst worden, dafür andere wiederum neu entstanden. Nach einem Gesamtplan, der die Stabilitätslage

Abb. 336: Zerstörte Laderäume und Container im Mittelschiff der MSC Flaminia, 2012 (Verfasser)

des Schiffes berücksichtigte, wurden schrittweise die unbeschädigten Container mit Hilfe einer dafür abgestellten Containerbrücke des Container Terminal Wilhelmshaven (CTW) entladen und das Löschwasser abgepumpt. Niederländische Bergungsspezialisten machten sich daran, die weitgehend zerstörten bzw. verformten Container aus den Laderäumen des Mittelschiffs zu entfernen.

An Land wurden die geborgenen Container je nach Schadstoffbelastung und Zustand der Ladung eingestuft und dem entsprechenden Entsorgungsweg zugeführt. Fachleute schätzten den Restwert der Ladung in den leicht beschädigten Container für die Schadensregulierung. Die unbeschädigten Container wurden ihren Bestimmungsorten zugestellt. Fachunternehmen pumpten das Löschwasser als kontaminiertes Abwasser zur Aufbereitung ab. Im November ging die Federführung für alle weiteren Maßnahmen auf die niedersächsische Staatliche Gewerbeaufsicht über.

Bis zur Bergung der letzten kritischen Container stellte die Berufsfeuerwehr Wilhelmshaven eine Brandsicherheitswache. Dafür stellte sie den Abrollbehälter AB-Aufenthalt, zu dem man den früheren Abrollbehälter Einsatzleitung aus dem Jahr 1978 umgebaut hatte, direkt beim Schiff auf. Wiederholt traten an Bord der *MSC Flaminia* Glutnester, z.B. in Containern mit Papier, mit einem Temperaturanstieg auf weit über $200^0$ Celsius auf, sodass die z.T. sehr schwer zugänglichen Stellen bis Ende Oktober 2012 immer wieder abgelöscht bzw. gekühlt werden mussten. Dabei kamen den Feuerwehrbeamten ihre Ausbildung in der Schiffsbrandbekämpfung und das COBRA-System (vgl. Seite 419f.) sehr zugute.

Am 18. März 2013 verließ *MSC Flaminia* nach einem halben Jahr Wilhelmshaven. Nachdem sie eine neue Mittelsektion erhalten hatte und auch sonst gründlich überholt wurde, ist sie seit Juli 2014 wieder in der Container-Fahrt unterwegs.

Im Rahmen eines Austauschs mit dem Fife Fire and Rescue Service, dessen Mitgliedsgemeinde Dunfermline in Schottland und die Stadt Wilhelmshaven seit 1979 eine Städtepartnerschaft verbindet, verbrachte Brandamtsrat Michael Weiser im Juni 2012 zwölf Tage in Schottland. Zum Gegenbesuch hielt sich Station Manager Dave Wishart im September 2012 bei der Berufsfeuerwehr Wilhelmshaven auf. Die Feuerwache in Dunfermline wird mit drei Einsatzfahrzeugen und einer verstärkten Löschgruppe rund um die Uhr besetzt. Dave Wishart ist einer der im Schichtdienst eingesetzten Wach- bzw. Einsatzleiter. Bei größeren Schadenereignissen wird die Wache von den benachbarten Wachen aus verstärkt.

„Beiden Teilnehmern wurde während ihrer jeweiligen Aufenthalte ein feuerwehrspezifisches, aber auch ein kulturelles Programm geboten […]“, heißt es im Jahresbericht der Feuerwehr.[687] Im Mittelpunkt der Besichtigungen in Wilhelmshaven standen der Brandschutz im Hafen, bei den Industriebetrieben und bei der Deutschen Marine sowie die Schiffsbrandbekämpfung. Der Fife Fire and Rescue Service ist inzwischen im Scottish Fire and Rescue Service für ganz Schottland aufgegangen.

Die Ortsfeuerwehr Rüstringen gründete am 6. November 2012 die erste Kinderfeuerwehr in Wilhelmshaven. Damit wollte sie die soziale Kompetenz und Teamfähigkeit der Kleinen fördern und eine emotionale Beziehung zur Feuerwehr herstellen. Bis zu 30 Kinder im Alter von sechs bis zehn Jahren werden seitdem unter der Leitung eines Kinderfeuerwehrwarts durch Betreuer der Feuerwehr und Fachkräfte

Abb. 337: Station Manager Dave Wishart, Fife Fire and Rescue Service (Mitte), im Rathaus, September 2012 (v. l. Steffen Lutter, Oberbürgermeister Andreas Wagner, Dr. Jens Graul, Michael Weiser)[686]

für Sozialpädagogik, Erziehung und Kinderpflege zweimal monatlich nachmittags für zwei Stunden spielerisch an die Feuerwehr herangeführt: mit „Feuerwehr-Basics" wie Notruf oder Erste Hilfe, Verkehrserziehung, Umweltschutz, dazu kommen u.a. Basteln, Sport und Besichtigungen. Mit zehn Jahren können sie zur Jugendfeuerwehr wechseln.

- Regeln der Kinderfeuerwehr
- Was ist die Feuerwehr?
- UVV
- Brandschutz
- Sprechfunk und Kartenkunde
- Erste Hilfe
- Notruf/Verhalten bei Gefahr
- Atemschutz/Schutzkleidung
- Geräte-, Fahrzeug- und Schlauchkunde
- Brandklassen-/Löschmittel
- Knoten und Stiche
- Eis- und Wasserrettung
- Gefahren zu Weihnachten und Silvester
- Was macht die Jugendfeuerwehr
- Hydranten-Suchspiel
- Umwelttag/Müllentsorgung
- Wanderungen
- Yoga für Kinder
- Laternen basteln und Laternenumzug
- Experimentierstunde
- Verkehrserziehung
- Fußball
- Besuch von Freizeitparks
- Zelten
- Wasserspiele
- Themenparties
- Basteln
- Filme
- Stadtrally/Schnitzeljagd

Abb. 338: Themen und Aktivitäten bei den Gruppennachmittagen der Kinderfeuerwehr Rüstringen, 2012 (Freiwillige Feuerwehr Rüstringen 2015)

Die Gemeinsame Leitstelle Friesland-Wilhelmshaven führte in diesem Jahr die standardisierte Notrufabfrage und die Telefonreanimation ein. Mit der auf Algorithmen (d.h. in das Computersystem eingegebene wiederkehrende Stichworte, Abläufe und Verknüpfungen) gestützten Führung des Notrufgespräches durch den Disponenten können die Ergebnisse automatisiert an das Einsatzleitsystem zur weiteren Disposition eingegeben werden. Schon während des Notfallgesprächs ist der Disponent nun in der Lage, dem Anrufer Anweisungen zur Ersten Hilfe oder Verhaltenshinweise im Brandfall zu geben. Bei der Telefonreanimation handelt es sich um eine standardisierte Reanimationsanleitung für Notfallzeugen durch einen entsprechend geschulten Leitstellendisponenten während des Notrufgesprächs. Stellt der Disponent im Notrufgespräch fest, dass ein Herz-Kreislauf-Stillstand vorlag, leitet er den Anrufer schrittweise bei der Herzdruckmassage inkl. Mund-zu-Mund-Beatmung an. Damit kann die Zeitspanne zwischen Herz-Kreislauf-Stillstand und dem Eintreffen des Rettungswagens/Notarztes genutzt werden.

Der Einsatzleitrechner der Leitstelle aus dem Jahr 2007 wurde nach fünf Jahren auf einen Server des städtischen Eigenbetriebs „Städtische Datenverarbeitung Wilhelmshaven (SDW)“ verlegt, in der Leitstelle selbst standen nur noch die Endgeräte. SDW stellte auch das aus Sicherheitsgründen unabdingbare Redundanzsystem. Die Voraussetzungen dafür waren mit der Verlegung eines stadtweiten Lichtwellenleiternetzes zwischen den wichtigsten städtischen Dienststellen und Betrieben geschaffen worden, ein wenig auf den Spuren des feuerwehreigenen Fernsprechnetzes von 1952 (vgl. Seite 172). 2012 begannen auch die Vorbereitungen für die Umstellung auf den Digitalfunk. Mit diesem separaten Mobilfunknetz würden zukünftig alle Behörden und Organisationen mit Sicherheitsaufgaben (BOS) ein leistungsfähiges und abgesichertes Sprach- und Datenfunksystem nutzen können (vgl. Seite 443).

### Börsenstraße, 5. November 2012: Wohnungsbrand in einem Mehrfamilienhaus

In den Morgenstunden des 5. November 2012 brach im Erdgeschoss eines Mehrfamilienhauses in der Börsenstraße ein Feuer aus: „Aus der Wohnung schlugen bereits Flammen durch die aufgrund der Wärme zerborstenen Fenster“, so steht es im Jahresbericht der Feuerwehr für 2012. Im Einsatz waren die Berufsfeuerwehr, die Ortsfeuerwehren Rüstringen, Bant und Heppens sowie zusätzliche Rettungswagen, insgesamt rund 70 Einsatzkräfte. Sie verhinderten ein Übergreifen des Feuers auf die oberen Wohnungen. Fünf Personen wurden über die Drehleiter gerettet. Ein Schwerverletzter und vier Personen mit Rauchvergiftungen mussten ins Krankenhaus gebracht werden. Die schwerverletzte Person verstarb später.

**Abb. 339: Feuerwehreinsatz bei einem Wohnungsbrand in der Börsenstraße, 4. November 2012 (Foto: Olaf Preuschoff)**

Während die Ausschreibung für einen neuen Rüstwagen RW im Jahr 2010 noch lief, stellte das Bundeskartellamt regelmäßige Preisabsprachen zu Lasten der Kunden unter den führenden deutschen Fahrzeugherstellern fest und verhängte Bußgelder. Die Ausschreibung für den Rüstwagen musste aufgehoben und mit entsprechenden Erklärungen der Anbieter wiederholt werden. Gleichzeitig nahm ein Teil der Herstellerfirmen vorübergehend nicht an Ausschreibungen teil. So verlängerten sich die Lieferzeiten, weil die verbliebenen Anbieter wesentlich mehr Aufträge zu bearbeiten hatten. Die Auslieferung des Fahrzeugs erfolgte erst Anfang 2013, das Vergabeverfahren hatte im Ganzen mehr als zwei Jahre in Anspruch genommen.

Der Rüstwagen RW (MAN/Empl) konnte schließlich am 15. Februar 2013 der Ortsfeuerwehr Sengwarden übergeben werden, zu deren Aufgaben auch die technische Hilfeleistung bei Verkehrsunfällen an der A 29, L 810 und dem Industriestammgleis gehört. Er ersetzte ein 29 Jahre altes Vorgängerfahrzeug (Mercedes-Benz/Wackenhut), das seit 1984 in Sengwarden stationiert war (vgl. Seite 320).

Das neue Fahrzeug im Wert von 390.000 € verfügte über eine starke Seilwinde. Die in Boxen verlastete Ausrüstung umfasste Motorsägen und schweres Werkzeug aller Art einschließlich der erforderlichen Schutzkleidung, Stative und Lampen zur Ausleuchtung der Einsatzstelle, einen Stromerzeuger, Auf- und Abseilgerät, Spanngurte, Sicherungsseile, Ketten u.v.a.m. Damit war die Feuerwehr in der Lage, in einem breiten Spektrum technische Hilfe zu leisten, u.a. bei Verkehrsunfällen vor allem mit LKW, bei Sturmschäden, Kellerüberflutungen oder Gebäudeeinstürzen.

Nach Abschluss der Modernisierungsarbeiten konnte das Gebäude Mozartstraße 13 im März 2013 wieder bezogen werden. Im Erdgeschoss befinden sich die Leitung

Abb. 340: Rüstwagen RW für die Ortsfeuerwehr Sengwarden, 2012 (Jahresbericht Fachbereich Feuerwehr/Kreisfeuerwehrverband 2012)

des Wachbetriebs sowie die Umkleiden und Waschräume der Wache. Die Verwaltung der Feuerwehr und des Rettungsdienstes sowie der Dienststellenpersonalrat nutzen das 1. Obergeschoss, das Geschoss darüber die Fachbereichsleitung und die Abteilungen für den operativen und den vorbeugenden Brandschutz. Im Erdgeschoss des Gebäudes Mozartstraße 11 sind seitdem die Kleiderkammer, die Feuerlöscherwerkstatt, die Schlauchwäsche und im Obergeschoss die Abteilung Technik sowie das Büro des Ärztlichen Leiters Rettungsdienst untergebracht.[688] Der Gebäudeteil und das Grundstück Mozartstraße 9, die im Rahmen des Gesamtkonzepts bereits früher verkauft worden waren, wurden an den privaten Eigentümer übergeben.

Am 21. Mai 2013 übernahm die Johanniter-Unfallhilfe in Wilhelmshaven einen Gerätewagen Sanität GW-San aus Bundesmitteln. Der Lkw (MAN TGL 10220, 6,7 to Leergewicht und 3,3 to Zuladung) verfügt über einen Kofferaufbau und eine Doppelkabine mit sechs Sitzplätzen für eine Sanitätsstaffel. Er ist mit der erforderlichen Ausstattung zur medizinischen Erstversorgung einer größeren Zahl von Schwerverletzten und/oder akut Erkrankten beladen: Schnelleinsatzzelt mit Beleuchtung, Rettungsmittel (Tragen, Vakuummatratzen), Stromerzeuger, Sauerstoff- und Beatmungsgeräte, Notfallrucksäcke und Behandlungskisten mit dem medizinischen Bedarf (Medikamente, Verbandmaterial) etc. Mit diesem Fahrzeug war die Hilfsorganisation in der Lage, entweder einen eigenen Sichtungs- und Behandlungsplatz für eine größere Zahl Verletzter einzurichten und zu betreiben oder einen bereits vorhandenen zu verstärken.

Unter der Regie des Bundes wurden und werden im Rahmen der Neuausrichtung des Bevölkerungsschutzes sog. „Medizinische Task Forces (MTF)" der Hilfsorganisationen in den Ländern mit jeweils bis zu 24 Fahrzeugen ausgestattet, die im Rahmen der vom Bund sichergestellten Versorgungsstufe 4 (Großschadenslagen mit 1.000 oder mehr Verletzten oder akut Erkrankten) im Rahmen der überörtlichen Hilfe zusammengezogen werden können.[689] Die MTF treten an die Stelle des früheren flächendeckend bereitgestellten Sanitäts- und Betreuungsdienstes (mit Arzttrupp-Wagen und Krankentragen-Wagen). In Niedersachsen sind sie heute auf der Ebene der sechs Polizeidirektion, z.B. in Oldenburg, organisiert. Mit dem Zivilschutz- und Katastrophenhilfegesetz (ZSKG) vom 9. April 2009 hatte der Bund den Grundgedanken des „erweiterten Katastrophenschutzes" fortgeschrieben: „Die nach Landesrecht im Katastrophenschutz mitwirkenden Einheiten und Einrichtungen nehmen auch die Aufgaben zum Schutz der Bevölkerung vor den besonderen Gefahren und Schäden, die im Verteidigungsfall drohen, wahr. Sie werden zu diesem Zwecke ergänzend ausgestattet und ausgebildet." (11 Abs. 1 ZSKG) Damit wurde den Ländern die Möglichkeit eingeräumt, die vom Bund bereitgestellten Mittel auch für länderübergreifende Großschadenslagen oder Naturkatastrophen wie z.B. die Hochwasser an Oder und Elbe einzusetzen: „Der Bund ergänzt die Ausstattung des Katastrophenschutzes in den Aufgabenbereichen Brandschutz, ABC-Schutz, Sanitätswesen und Betreuung." (§ 13 Abs. 1 ZSKG). Dies war ein weiterer Schritt zur Integration der Bundesaufgabe „Zivilschutz" im Verteidigungsfall gemäß Artikel 73 des Grundgesetzes mit der Länderaufgabe „Katastrophenschutz" unter dem Begriff „Bevölkerungsschutz".

### Posener Straße, 26. Mai 2013, Großbrand in einem Einkaufszentrum

Am 26. Mai 2013 kam es gegen 3.25 Uhr zu einem Brand in einem Einkaufszentrum in Fedderwardergroden (Posener Straße), ausgelöst durch Brandstiftung nach einem Einbruch. Als die Feuerwehr eintraf, brannte der Gebäudekomplex in voller Ausdehnung. Neben der Berufsfeuerwehr kamen die Ortsfeuerwehren Heppens, Bant, Fedderwarden sowie Rüstringen zum Einsatz, insgesamt 80 Einsatzkräfte mit drei C- und drei B-Rohren, einem Monitor über die Drehleiter sowie einem Wasserwerfer.
Dennoch brannte der Gebäudekomplex bis auf die Grundmauern nieder, da die Holzbinder-Dachkonstruktion sehr früh Schaden genommen hatte und keinen Innenangriff mehr zuließ. Wegen der Rauchentwicklung wurden die Anlieger vorsorglich aufgefordert, Fenster und Türen zu schließen. Die Ortsfeuerwehr Sengwarden und die Drehleiter der Ortsfeuerwehr Bant übernahmen den Grundschutz für das Stadtgebiet. Die Löscharbeiten dauerten bis ca. 7.00 Uhr, die Nachlöscharbeiten bis 14.00 Uhr. [690]

**Abb. 341: Großbrand im Einkaufsmarkt Fedderwardergroden, 26. Mai 2013 (Einsatz eines Monitors von der Drehleiter aus) (Foto: Olaf Preuschoff)**

Selbst bei der Feuerwehr kann es brennen: In der elektrischen Motorvorwärmung der in der in der neuen Fahrzeughalle abgestellten Drehleiter DLK 23/12 (1997) entwickelte sich am 4. Juni 2013 zunächst unbemerkt ein Schwelbrand. Die in der Halle installierte Brandmeldeanlage schlug schließlich an, der Brand konnte gelöscht werden. Das Führerhaus wurde dennoch zum Totalschaden, da die dort zusammenlau-

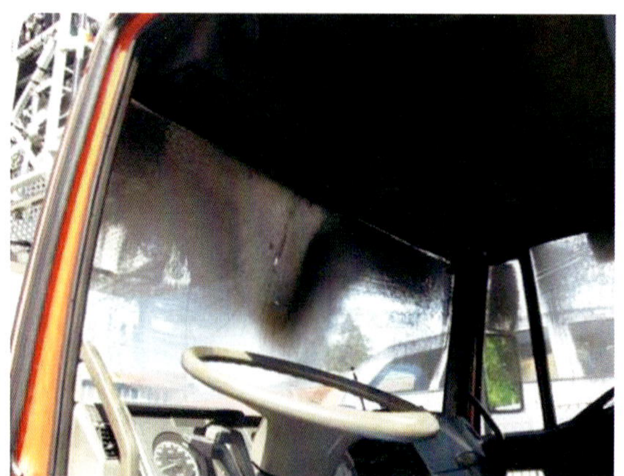

Abb. 342: Wirtschaftlicher Totalschaden nach dem Brand: das Fahrerhaus der Drehleiter DLK 23/12 am 4. Juni 2013 (Jahresbericht Fachbereich Feuerwehr/ Kreisfeuerwehrverband 2013)

Abb. 343: Drehleiter DLA-(K) 23/12, 2013 (Foto: Ralph Neusüß, www.bos-fahrzeuge.info)

fenden Kabel und Steuerungseinrichtungen für Motor und Hydraulik schon zerstört worden waren. Unter Zurückstellung anderer Investitionen wurde noch im gleichen Jahr für 600.000 € eine vollautomatische Drehleiter mit Rettungskorb DLA-(K) 23/12 (Mercedes-Benz/Metz) als Vorführfahrzeug kostengünstig erworben. 2006 war durch eine Änderung der Norm aus der DLK 23/12 die DLA-(K) 23/12 geworden.[691]

Die Metz-Gelenkdrehleiter des Typs L32A xs auf dem Fahrgestell des Mercedes-Benz Atego 1529 F kann bis auf 32 Meter ausgefahren werden. Erstmals verfügt sie über einen abneigbaren vier Meter langen Korbarm, mit dem der Rettungskorb (mit Krankentrage, Wenderohr und Scheinwerfer) wesentlich besser zu manövrieren ist. Die charakteristischen seitlichen Geräteräume hinter dem Fahrerhaus nehmen größerer Geräte wie die Krankentrage und die Auffahrbohlen sowie einen Vorrat an Pressluftatmern auf.

## Gewerbegebiet Güterstraße, 11. August 2013: Großbrand in einem Gewerbebetrieb

Am Nachmittag des 11. August 2013 brach in einem Bürogebäude mit angrenzender Lagerhalle in einem Gewerbegebiet in Bant ein Brand aus. Nach kurzer Zeit waren neben der Berufsfeuerwehr alle Ortsfeuerwehren (außer Rüstringen und Sengwarden) mit insgesamt 60 Einsatzkräften im Einsatz (drei B- und fünf C-Rohre), um das Übergreifen der Flammen auf die Lagerhalle zu verhindern. „Den eingesetzten Kräften gelang es, durch einen massiven Innen- und Außenangriff den Brand auf den Bürokomplex zu begrenzen und die angrenzende Lagerhalle zu halten", heißt es im Jahresbericht der Feuerwehr 2013. Der Einsatz dauerte vier Stunden. Währenddessen stellten die Ortsfeuerwehren

Sengwarden und Rüstringen den Grundschutz in der Stadt sicher. Zwei Feuerwehrleute erlitten Verletzungen und mussten im Krankenhaus ambulant behandelt werden.

Abb. 344: Großbrand im Gewerbegebiet Güterstraße, 11. August 2013 (Foto: Olaf Preuschoff)

Als das Sturmtief „Xaver" am 5. Dezember 2013 über ganz Nordwestdeutschland hinweg zog, löste es allein in Wilhelmshaven 58 Feuerwehreinsätze aus. Die Feuerwehr teilte das Stadtgebiet zur Entlastung der Leitstelle in drei Einsatzabschnitte ein: Nord (Ortsfeuerwehren Sengwarden/Fedderwarden), Mitte (Ortsfeuerwehr Rüstringen), Süd (Ortsfeuerwehren Bant/Heppens). Das Sturmtief verursachte eine schwere Sturmflut, die Deichtore am Südstrand wurden wegen des außergewöhnlich hohen Hochwasserpegels vorsorglich geschlossen.[692]

Feuerschutzdezernent Dr. Jens Graul trat nach 28 Jahren im Amt zum Jahresende 2013 in den Ruhestand. Nach seinem letzten Termin, dem Besuch bei der diensthabenden Wache an Heiligabend nachmittags, eskortierte ihn die Berufsfeuerwehr mit einem Löschgruppenfahrzeug nach Hause.

Oberbürgermeister Andreas Wagner übernahm die Aufgaben des Feuerschutzdezernenten. In der Verwaltungsspitze wurden sieben Referate gebildet, zusammengefasst in zwei Dezernaten. Der Fachbereich Feuerwehr (37) gehörte nun mit den Fachbereichen Bauordnung und Umwelt im Dezernat des Oberbürgermeisters (I) zum Referat 2 unter der Leitung vom Baudirektor Niksa Marusic.

*

Zum 1. März 2014 fusionierten die Freiwilligen Feuerwehren Bant und Heppens zur Freiwilligen Feuerwehr Bant-Heppens (OF 1). Als Feuerwehrhaus, wie man heutzutage sagt, nutzte sie weiterhin das Feuerwehr- und Katastrophenschutzzentrum (FKZ) in der Güterstraße. Nach der Fusion der Ortsfeuerwehren Neuengroden und Nord zur Ortsfeuerwehr Rüstringen 2011 war dies ein weiterer Schritt auf dem Weg zur Konzentration der Freiwilligen Feuerwehren im Stadtgebiet.

Die neue Ortsfeuerwehr verfügte über rund 80 Aktive, mit denen sie in der Lage war, je ein Löschgruppenfahrzeug LF 16/12 und LF 16 TS (Bund), die zweite Drehleiter DLK 23-12 sowie ein Löschgruppenfahrzeug LF 8 zu besetzen. Darüber hinaus stand ein Mannschaftstransportwagen MTW zur Verfügung, der heute als Mehrzweckfahrzeug MZF bezeichnet wird, weil er auch für andere Transportaufgaben geeignet ist.

Der Ausrückebereich der Ortfeuerwehr Bant-Heppens erstreckt sich vom Gewerbegebiet Güterstraße im Westen über die Innenstadt (Stadttheater, Nordseepassage, Bahnhof), den Innenhafen und den Südstrand bis zum Marinestützpunkt im Osten und im Norden bis zur Grenze von Aldenburg und Neuengroden. Im Rahmen von Sonderaufgaben besetzt die neue Ortsfeuerwehr ein Wechselladerfahrzeug WLF mit dem Abrollbehälter Dekontamination (AB Dekon) sowie den Gerätewagen Dekontamination Personal GW-Dekon P des Katastrophenschutzes. Damit war sie auch in das Sicherheitskonzept für den Container Terminal Wilhelmshaven (CTW) eingebunden (vgl. Seite 424).

Mit der Fusion der beiden Wehren wurde das Materiallager des Katastrophenschutzes in der Seipel-Halle aufgegeben und in eine Halle auf dem Gelände der Kaserne Ebkeriege verlagert, nahe dem Feuerwehr- und Katastrophenschutz-Zentrum (FKZ) in der Güterstraße.

Nichts zeigte die Entwicklung der Freiwilligen Feuerwehren in Wilhelmshaven zu einer wirkungsvollen Verstärkung der Berufsfeuerwehr besser als der Abgleich mit den Kriterien der Feuerwehrverordnung (FwVO) über die Mindeststärke, Gliederung und Mindestausrüstung von Feuerwehren vom 30. April 2010. Zur Einstufung von Ortsfeuerwehren unterschied man

- Feuerwehren mit Grundausstattung (eine Löschgruppe 1/8),
- Stützpunktfeuerwehren (eine Löschgruppe 1/8 sowie ein selbstständiger Trupp 1/2 oder zwei Staffeln 1/5) sowie
- Schwerpunktfeuerwehren (ein Löschzug 1/16)
- und ordnete dieser Struktur die jeweiligen Mindestzahlen aktiver Feuerwehrleute und eine entsprechende Reserve von mindestens 100 % zu.

Danach bestand die Freiwillige Feuerwehr Wilhelmshaven nun aus zwei Schwerpunktfeuerwehren, den Ortsfeuerwehren Rüstringen und Bant-Heppens, sowie zwei Stützpunktfeuerwehren, den Ortsfeuerwehren Sengwarden und Fedderwarden, die bei größeren Einsätzen im Verbund einen Löschzug (wie eine Schwerpunktfeuerwehr) stellten. Die Konzeption des Brandschutzbedarfsplans war damit vollständig umgesetzt worden. In der Alarm- und Ausrückeordnung (AAO) (vgl. Seite 397) wurden die drei Löschbezirke der Ortsfeuerwehren angepasst: Ortsfeuerwehr Bant/Heppens (OF 1), Ortsfeuerwehr Rüstringen (OF 7) sowie die Ortsfeuerwehren Sengwarden (OF 5) und Fedderwarden (OF 6) in einem gemeinsamen Bezirk.

Im Jahr 2014 konnten nach entsprechender Zusatzausbildung neun Fachärzte für Notfallmedizin am Reinhard-Nieter-Krankenhaus durch Oberbürgermeister Andreas Wagner zu „Leitenden Notärzten" für den Massenanfall von Verletzten (MANV) ernannt werden. Neben dem von der Feuerwehr gestellten „Organisatorischen Leiter Rettungsdienst (OrgL)" waren sie am Einsatzort für die Beurteilung der notfallmedizinischen Lage und die Koordination der eingesetzten notfallmedizinischen und sanitätsdienstlichen Kräfte verantwortlich. Die Vorhaltung der Leitenden Notärzte war Bestandteil der Einsatzplanung für den Massenanfall von Verletzten (MANV) und Aufgabe der Kommune als Träger des Rettungsdienstes (vgl. Seite 371ff.).

2014 nahm die „Gemeinsame Leitstelle Friesland-Wilhelmshaven" 37.890 Notrufe an und disponierte 33.684 Einsätze. Vor allem die Einsätze im Rettungsdienst hatten in den zurückliegenden Jahren zu einer kontinuierlichen Zunahme beigetragen. Die Leitstelle alarmierte bzw. disponierte inzwischen – neben den beiden Wachen der Berufsfeuerwehr und 27 Ortsfeuerwehren – acht Rettungswachen, sechs Tageswachen für Krankentransport und Rettungsdienst, drei Standorte von Notarzteinsatzfahrzeugen, den Rettungshubschrauber „Christoph 26" sowie lageabhängig auch die Hilfsorganisationen. Wegen der steigenden Anforderungen an die Organisation wird der Zweckverband seit dem 1. Juli 2014 von Maren Bartels als hauptamtlicher Geschäftsführerin geleitet. Michael Becher erhielt die Ernennung zum „Leiter Leitstelle" und auch für die Aktualisierung der Daten im Einsatzleitrechner wurde das Team personell vergrößert. Mit intensiven Fortbildungsmaßnahmen qualifizieren sich die Disponenten immer weiter für die strukturierte Notrufabfrage und die Telefonreanimation. Der Trend geht zu einem spezialisierten Berufsbild eines „Leitstellendisponenten", der nicht nur die erforderliche Sachkunde, sondern auch die Gesprächsführung in Stresssituationen beherrschen muss. Die besonderen Anforderungen an die Arbeit in der Leitstelle werden auf Dauer die Besetzung mit Personal aus dem Einsatzdienst der Berufsfeuerwehr immer schwieriger machen.

Zum 1. Oktober 2014 wurde in der Verwaltungsspitze der Stadt Wilhelmshaven ein weiteres Dezernat gebildet. Es umfasste auch das Referat 2, zu dem seit Anfang 2014 der Fachbereich Feuerwehr gehörte. Der vom Rat der Stadt gewählte Stadtrat Oliver Leinert übernahm damit die Aufgaben des Feuerschutzdezernenten und absolvierte seinen Antrittsbesuch bei der Feuerwehr.

*

Mit dem Notfallsanitätergesetz (NotSanG) des Bundes kündigte sich für den Rettungsdienst der Berufsfeuerwehr ab dem 1. Januar 2015 eine weitere Veränderung an. An die Stelle des Rettungsassistenten trat als erweiterte Qualifikationsstufe der Notfallsanitäter. Er soll, so beschreibt es § 4 Abs. 1 Satz 1 des Gesetzes, „fachliche, personale, soziale und methodische Kompetenzen zur eigenverantwortlichen Durchführung und teamorientierten Mitwirkung insbesondere bei der notfallmedizinischen Versorgung und dem Transport von Patientinnen und Patienten" aufweisen. Dies bezieht sich auf alle Aspekte der Erstversorgung, Stabilisierung und des Transports eines Notfallpatienten, allein oder im Zusammenwirken mit einem Notarzt. Dementspre-

Abb. 345: Rettung einer eingeschlossenen Person über die Drehleiter bei einem Wohnungsbrand am Allensteinweg in Fedderwardergroden, 23. Januar 2015 (Foto: Olaf Preuschoff)

chend dauert die Ausbildung zum Notfallsanitäter als Erstausbildung nun drei Jahre – anstatt bisher zwei Jahre für den Rettungsassistenten. Nach den Vorgaben des Niedersächsischen Rettungsdienstgesetzes soll auf einem Rettungswagen mindestens ein Notfallsanitäter eingesetzt werden. Qualifizierte Rettungsassistenten können sich in einer Übergangfrist im Rahmen einer Weiterbildung zum Notfallsanitäter qualifizieren. Die Berufsfeuerwehr Wilhelmshaven beabsichtigte zunächst, ihren Nachschulungsbedarf für die Besatzungen der Rettungswagen RTW und des Notarzteinsatzfahrzeuges NEF mit einer „wachbegleitenden Fortbildung" im Feuerwehr- und Katastrophenschutz-Zentrum (FKZ) sowie am Klinikum Wilhelmshaven (vormals Reinhard-Nieter-Krankenhaus) zu decken.

Dieses Konzept wurde jedoch von der Landeschulbehörde nicht anerkannt. Eine eigene, hauptamtlich besetzte Notfallsanitäter-Schule im FKZ für die eigenen Feuerwehrbeamten erwies sich jedoch als zu teuer, zumal wenn man in Zukunft auch fertig ausgebildete Notfallsanitäter zur Ausbildung im mittleren feuerwehrtechnischen Dienst einstellen würde. Der Rat der Stadt Wilhelmshaven entschied deshalb im November 2015 zugunsten der externen Weiterbildung von 20 – 25 Rettungsassistenten der Berufsfeuerwehr durch externe Notfallsanitäter-Schulen, z.T. im Blockunterricht im FKZ.

## Emsstraße, 31. Januar 2015: Großbrand in einem Metallrecyclingbetrieb

Um 17.54 Uhr wurden der Leitstelle Rauch und Feuerschein über dem Firmengelände der ALBA Metall Nord GmbH (vormals Jade-Stahl GmbH) an der Emsstraße gemeldet. Schon bei der Annäherung an das Firmengelände forderte der Einsatzleiter die Ortsfeuerwehr Bant-Heppens nach.
Im Bereich des Portalkrans waren größere Mengen Altmetall aus geschredderten Elektrogeräten mit Anhaftungen aus Kunststoff in Brand geraten. Eine

Abb. 346: Großbrand auf dem Gelände der ALBA Metall Nord GmbH, 31. Januar 2015 (WZ-Bilddienst)

mächtige Rauchwolke zog vom Brandherd aus nach Nordosten. Die Feuerwehr bekämpfte den Brand mit Hilfe des Wenderohrs an der Drehleiter, mit B- und C-Rohren und einem Monitor. Die zweite Drehleiter (OF Bant-Heppens) und das Löschgruppenfahrzeug der Wache Nord wurden zunächst noch als Reserve

für Einsätze im Stadtgebiet zurückgehalten. Das Löschwasser entnahm man aus Hydranten, später auch aus dem Kanalhafen. Im Verlaufe des Einsatzes verstärkte die Ortsfeuerwehr Rüstringen die Einsatzkräfte mit dem Gerätewagen Atemschutz GW-A für den Nachschub an Pressluftatmern und einem weiteren Löschgruppenfahrzeug LF 16 TS, das mit einem B-Rohr den Schutz des Portalkrans übernahm.
Mit Hilfe des Portalkrans konnte das brennende Schreddermaterial auseinandergezogen werden, um die einzelnen Glutnester besser ablöschen zu können. Zur Verstärkung kam hier ein privater Hafenschlepper mit Monitor vom Kanalhafen aus zum Einsatz. Die Feuerwehr mischte dem Löschwasser zur Verringerung der Oberflächenspannung ein chemisches Netzmittel bei und vergrößerte damit die Eindringtiefe des Löschwassers.
Trotzdem war das Ablöschen der Glutnester mühsam und zeitaufwändig. Der Einsatz dauerte einschließlich der Brandwachen etwa 20 Stunden. Die Einsatzkräfte wurden vor Ort verpflegt und im Laufe der Nacht durch frische Kräfte abgelöst. Den Brandschutz in der Stadt stellten zeitweise zwei Löschfahrzeuge aus Sande und Schortens und eine der beiden Drehleitern der Bundeswehrfeuerwehr Wilhelmshaven (Marinestützpunkt) sicher. Insgesamt kamen dabei 132 Feuerwehrleute zum Einsatz.

Im März 2015 beschaffte die Berufsfeuerwehr aufgrund einer Initiative von Oberbürgermeister Andreas Wagner außerplanmäßig für insgesamt rund 93.000 € vier gebrauchte Fahrzeuge. Damit konnten Bedarfslücken geschlossen werden, die trotz des Fahrzeugkonzepts von 2001 vor allem aufgrund zeitaufwändiger Beschaffungen entstanden waren:

- ein Versorgungsfahrzeug VF (Mercedes-Benz Sprinter Kastenwagen) für den Mehrzweckzug des Katastrophenschutzes
- einen Mannschaftstransportwagen MTW (Volkswagen T 5, 8-Sitzer) als Ersatz für ein mehr als 30 Jahre altes Fahrzeug bei der Ortsfeuerwehr Sengwarden
- ein Löschgruppenfahrzeug LF 16 (Mercedes-Benz/Rosenbauer) als Schulfahrzeug für die Kreisausbildung (Berufsfeuerwehr/Freiwillige Feuerwehr), die nach der Abgabe des älteren Schulfahrzeuges, das 1984 beschaffte Löschgruppenfahrzeug LF 16 zuletzt mit Einsatzfahrzeugen erfolgt war
- ein Wechselladerfahrzeug WLF mit Kran (Mercedes-Benz) als Ersatz für ein 30 Jahre altes Fahrzeug (vgl. Seite 344).

Es handelte sich um jüngere oder wenig gelaufene Fahrzeuge für den Einsatz im Verstärkungsbereich (außerhalb des ersten oder zweiten Abmarsches), sodass die Beschaffung durchaus als wirtschaftlich angesehen werden konnte.

In diesem Jahr stellte die Berufsfeuerwehr den Gerätewagen Umweltschutz GW-U von 1994 (vgl. Seite 334) außer Dienst und veränderte die Fahrzeug-Ausstattung für die Sonderaufgaben. Sie beschaffte einen Ford Transit mit Kastenaufbau (4,8 t) als

Abb. 347: Beschaffungen „außer der Reihe", 2015 (v. l. Wechselladerfahrzeug WLF, Versorgungsfahrzeug VF, Mannschaftstransportwagen MTW, Löschgruppenfahrzeug LF 16) (Sammlung Walter Menßen)

Abb. 348: Gerätewagen Logistik GW-L (links) und Gerätewagen Tierrettung GW-Tier, 2015 (Jahresbericht Fachbereich Feuerwehr/Kreisfeuerwehrverband 2015)

Gerätewagen Logistik GW-L und belud ihn mit der Ausrüstung für die Beseitigung von Ölspuren. Gleichzeitig baute sie einen ausgesonderten Rettungswagen zum Gerätewagen Tierrettung GW-Tier um. Dieser löste wegen der Einsatzhäufigkeit den GW-U auf dem Stellplatz für das Kleinalarmfahrzeug KLAF in der Fahrzeughalle ab. Die inzwischen gegenüber den 1990er Jahren sehr umfangreiche Ausrüstung für Umweltgefahren befand sich längst auf dem speziellen Abrollbehälter gefährliche Stoffe und Güter (AB Gefahrgut) (vgl. Seite 351). Als nächster Schritt ist die Beschaffung eines weiteren Gerätewagens Logistik GW-L vorgesehen, der dann für verschiedene Transportaufgaben ausgerüstet und eingesetzt werden soll (z.B. Nachschub an Ausrüstung oder Verpflegung bei längeren Einsätzen).

Unter großem öffentlichen Interesse beging die Berufsfeuerwehr am 8. und 9. Mai 2015 ihr 75-jähriges Bestehen. Zur Feierstunde begrüßte Brandoberrat Steffen Lutter am 8. Mai in der Fahrzeughalle des zweiten Abmarsches in der Wache Mozartstraße Vertreter der Stadt (Rat und Verwaltung), der Freiwilligen Feuerwehren, des Oldenburgischen Feuerwehr-Verbandes und des Niedersächsischen Landesfeuerwehrverbandes, der befreundeten Behörden (Polizei, Bundeswehr etc.) und vor allem viele Ehemalige der Berufsfeuerwehr, darunter die früheren „Chefs" Erich Gerdes und Thomas Jeziorek.

Die Festrede hielt Landesbranddirektor Jörg Schallhorn vom Niedersächsischen Innenministerium. Grußworte überbrachten Oberbürgermeister Andreas Wagner,

Abb. 349: Festakt zum 75-jährigen Bestehen der Berufsfeuerwehr Wilhelmshaven, 8. Mai 2015 (vorn v. r. Brandoberrat Steffen Lutter, Landesbranddirektor Jörg Schallhorn, Oberbürgermeister Andreas Wagner) (Foto: Björn Lübbe, WZ Bilddienst)

Branddirektor Karl-Heinz Knorr (Bremen) für die Arbeitsgemeinschaft der Leiter der Berufsfeuerwehren (AGBF), ein Vertreter des Dienststellenpersonalrats, Regierungsbrandmeister Dieter Schnittjer und Feuerwehrseelsorger Pastor Frank Moritz. In diesem Rahmen erhielt die EUROGATE Container Terminal Wilhelmshaven GmbH die Auszeichnung „Partner der Feuerwehr" des Deutschen Feuerwehrverbands als Anerkennung dafür, dass sie Feuerwehrangehörige beschäftigt und bei der Wahrnehmung ihrer Pflichten unterstützt.

Am Tag darauf öffnete die Berufsfeuerwehr die Tore zur Feuer- und Rettungswache I (Mozartstraße) und präsentierte sich als moderne und schlagkräftige Gefahrenabwehrorganisation „zum Anfassen": Besichtigung von Fahrzeugen und Abrollbehältern in der neuen Halle und draußen in der Mozartstraße, Vorführungen der Tauchergruppe und des COBRA-Systems, Informationen zur Arbeit der „Gemeinsamen Leitstelle Friesland Wilhelmshaven", praktische Einsatz-Demonstrationen zur Brandbekämpfung und Hilfeleistung, sachkundige Führungen durch das neue bzw. erneuerte Wachgebäude. In der Halle des zweiten Abmarsches war eine Ausstellung zur Geschichte der Berufsfeuerwehr zu sehen. Mehr als 2.000 Besucher folgten über den Tag der Einladung. „Freiwillige und Berufsfeuerwehr haben wieder einmal hervorragend zusammengearbeitet – das war beste Werbung für unseren Beruf", resümierte Feuerwehrchef Steffen Lutter.[693]

Während des ganzen Tages lief der Betrieb der Leitstelle und des Rettungsdienstes weiter. Die Freiwillige Feuerwehr machte den hauptamtlichen Feuerwehrkameraden ein besonderes Geburtstagsgeschenk: Damit die Berufsfeuerwehr sich in der

Abb. 350: Tag der offenen Tür auf dem Gelände der Feuerwache Mozartstraße, 9. Mai 2015 (Foto: Björn Lübbe, WZ Bilddienst)

Mozartstraße angemessen präsentieren konnte, sicherte die Ortsfeuerwehr Bant-Heppens von ihrem Feuerwehrhaus im Feuerwehr- und Katastrophenschutzzentrum (FKZ) aus gemeinsam mit dem Löschgruppenfahrzeug der Feuer- und Rettungswache II (Albrechtstraße) den Grundschutz im Stadtgebiet. Die Ortsfeuerwehr Rüstringen hielt sich in Bereitschaft.

Mit einer Live-Vorführung für die Gäste der Feierstunde am 8. Mai begann im Jubiläumsjahr die Einführung des Digitalfunks bei den Feuerwehren und beim Rettungsdienst in Wilhelmshaven und Friesland. Damit ist die Umstellung der gesamten drahtlosen Kommunikation zwischen der Leitstelle, den Fahrzeugen sowie den Einsatzkräften auf einen neuen Gerätestandard verbunden. Die Grundlage dafür bildet ein bundesweit verfügbares standardisiertes Mobilfunknetz der Bundesanstalt für den Digitalfunk der Behörden und Organisationen mit Sicherheitsaufgaben (BOS) auf neuen, abgesicherten Frequenzen.[694] Im Geschäftsbereich des Bundesministers des Innern betreibt die BOS dieses Mobilfunknetz mit dem TETRA-System der Firma EADS für mehr als 500.000 Teilnehmer (2015) mit 64 Vermittlungsstellen und mehr als 4.300 Basisstationen in Zusammenarbeit mit den Ländern. In den einzelnen Bundesländern koordiniert und steuert eine Autorisierte Stelle Digitales Netz (ASDN) die Nutzung des Digitalfunknetzes in ihrem Zuständigkeitsbereich, für Niedersachsen bei der Zentralen Polizeidirektion Niedersachsen in Hannover. Dort melden sich regionale oder lokale Nutzer und ihre Leitstellen an. Nun ist es möglich, neben der „klassischen" drahtlosen Kommunikation z.B. auch Textdokumente, Bilder oder Kartenausschnitte zu versenden. Die eigene Position der Einsatzkraft oder des Fahrzeu-

Abb. 351: Angehörige der Berufsfeuerwehr Wilhelmshaven im Jubiläumsjahr 2015 (Fotos: Klaus Schreiber)

ges kann über das satellitengestützte Global Positioning System (GPS) erfasst und kommuniziert werden, auch für Notrufe. Organisationsübergreifend können z.B. Polizei und Feuerwehren oder Hilfsorganisationen einsatzabhängig zusammengeschaltet werden. An der Einsatzstelle selbst kommunizieren die Einsatzkräfte direkt untereinander wie bisher mit Funkgeräten (2-Meter-Band).

In Wilhelmshaven wurde der Ausbau der Leitstelle und der Anschluss an das bundesweite Digitalfunknetz, die Aufrüstung des Leitstellenrechners und Schulung der Disponenten am 27. November 2015 abgeschlossen und der digitale Funkbetrieb umgestellt. Nun folgte die schrittweise Ausstattung der Einsatzkräfte und Fahrzeuge von Feuerwehr und Rettungsdienst mit entsprechenden Endgeräten. Bis auf weiteres funkte die Leitstelle parallel digital und analog.

Abb. 352: Führungsdienst und Verwaltung der Berufsfeuerwehr im Jubiläumsjahr 2015 (Fotos: Klaus Schreiber)

## Seegebiet bei Helgoland, 26. Mai 2015: Einsatz auf dem Frachter Purple Beach

Der unter der Flagge der Marshall-Inseln fahrende Frachter *Purple Beach* ging auf dem Weg nach Brake/Unterweser am 25. Mai auf der Tiefwasserreede nahe Helgoland vor Anker, als sich eine stärkere Rauchentwicklung und Erhitzung in einem der mit 20.000 Tonnen Düngemittel gefüllten Laderäume bemerkbar machte.

Abb. 353: Einsatz des Schadstoff- und Unfallbekämpfungsschiffs (SUBS) Neuwerk am Frachter Purple Beach (Jahresbericht Fachbereich Feuerwehr/Kreisfeuerwehrverband 2015)

„Die Berufsfeuerwehr Wilhelmshaven wurde mit ihrer Brandbekämpfungseinheit mehrere Tage auf dem Havaristen durch das Havariekommando eingesetzt. Die Kräfte wurden sowohl mit dem Hubschrauber als auch mit dem Schadstoffunfallbekämpfungsschiff „Mellum" zum Havaristen, der auf Reede lag, hinausgebracht", heißt es im Jahresbericht der Feuerwehr für 2015.[695]

Nach einiger Zeit wurden die Löschversuche der Besatzung und der zum Schiff entsandten Brandbekämpfungseinheiten aufgegeben und das Schiff evakuiert. Der Hochseeschlepper *Nordic* und das Mehrzweckschiff *Neuwerk* fluteten die betroffenen Laderäume, um die chemische Reaktion des Düngermittels zu unterbrechen und schleppten die *Purple Beach* am 1. Juni, nach Wilhelmshaven, wo es mit erheblichem Tiefgang an einem Notliegeplatz am JadeWeserPort festmachte.

Einsatzkräfte der Berufsfeuerwehr Wilhelmshaven führten die Sicherung und Kühlung der Ladung fort, bis es in den Nordhafen zur kontrollierten Entladung geschleppt werden konnte.

Ein Starkregenereignis forderte am 15. August wieder einmal die Einsatzkräfte der Feuerwehr und des Technischen Hilfswerks heraus. In der Zeit zwischen 14.00 Uhr nachmittags und 4.00 Uhr nachts wurden 358 Keller leergepumpt.

Im Herbst des Jahres bekamen die Werkfeuerwehren in Wilhelmshaven Zuwachs. Das neue Steinkohlekraftwerk der Engie Deutschland AG, vormals GDF SUEZ Energie Deutschland AG, auf dem Rüstersieler Groden ging in den kommerziellen Betrieb. Die Anlage bezieht Importkohle über die benachbarte Niedersachsen-Brücke und gehört bei einer Leistung von 731 Megawatt zu den effizientesten ihrer Art. Wegen der für die Rauchgasreinigung bevorrateten Menge an Ammoniak muss das Kraftwerk als Störfallbetrieb nach dem Bundesimmissionsschutzgesetz (BImSchG) eine nebenamtliche Werkfeuerwehr vorhalten. Diese steht werktags tagsüber in Staffelstärke (1/5) und in den übrigen Zeiten sowie an Wochenenden mit 1/3 bereit. Die Werkfeuerwehrleute mit Truppführer-Ausbildung arbeiten hauptamtlich in der Instandhaltung der Anlage. Der ebenfalls hauptamtliche Leiter der Werkfeuerwehr ist gleichzeitig, wie bei anderen Unternehmen auch, Manager für Umwelt, Sicherheit und Arbeitsschutz.

### Börsenstraße/Parkstraße, 20. Dezember 2015: Brand im Treppenhaus eines Mehrfamilienhauses

Aufgrund eines Defekts in der Stromverteilung brach am 4. Advent im Treppenhaus des Wohnhauses Börsenstraße/Parkstraße ein Brand aus. Als die Einsatzkräfte eintrafen, stand das Treppenhaus in Flammen. Der Rauch breitete sich in zwei höher gelegene Wohnungen aus, sodass es weithin sichtbar aus den Fenstern qualmte. Da das Treppenhaus als Fluchtweg versperrt war, retteten sich einige Hausbewohner auf Fensterbänke und ein Vordach. Mütter ließen ihre kleinen Kinder in die Arme herbeigeeilter Passanten fallen.

Die Feuerwehr war mit insgesamt 50 Einsatzkräften der Berufsfeuerwehr und der Freiwilligen Feuerwehr Bant-Heppens vor Ort, zur Rettung der Hausbewohner setzte sie zwei Drehleitern und ein Sprungkissen ein. Dabei verletzte sich ein Hausbewohner leicht. Trotz ausströmenden Gases war das Feuer schnell unter Kontrolle, da die Feuerwehr über die zweite Drehleiter einen direkten Löschangriff vortrug. Fünf Menschen wurden mit Rauchvergiftungen ins Krankenhaus gebracht. Die Polizei schätzte den Sachschaden auf 500.000 €.

Während des Einsatzes stellte die Freiwillige Feuerwehr Rüstringen den Grundschutz in der Stadt sicher. Alles in allem handelte es sich um ein seit den 1990er Jahren immer wieder auftretendes Szenario jenseits des „kritischen Wohnungsbrandes", das wegen der möglichen Flammenausbreitung im Gebäude und der großen Anzahl Betroffener immer wieder den ganzen Einsatz von Berufsfeuerwehr und Freiwilliger Feuerwehr forderte.

*

Für 2016 verzeichnete die Feuerwehr in Wilhelmshaven mit 897 Brandschutzeinsätzen einen signifikanten Anstieg um mehr als die Hälfte gegenüber dem langjährigen Mittelwert von etwa 500 (vgl. Anhang 15). Ein wesentlicher Grund dafür, so Feuerwehrchef Steffen Lutter, bestand in der seit dem Jahresbeginn geltenden Verpflichtung zum Einbau von Rauchmeldern, die allein in 99 Fällen zu einer frühzeitigen Alarmierung geführt habe: „Die Installation der Haushaltsrauchmelder hat somit den Brandschutz erheblich verbessert […]."[696]

Erstmals fand 2016 eine Bereitschaftsübung der Städte Oldenburg, Wilhelmshaven und Delmenhorst statt. Mit mehr als 100 Einsatzkräften rückte am 22. Oktober je ein Löschzug der Freiwilligen Feuerwehren aus den beteiligten Städten zu einem angenommenen Brand in einem Waldstück bei Delmenhorst an. Im Mittelpunkt stand der Marsch im geschlossenen Verband, der in den Städten bislang selten auf Zug-Ebene und gar nicht auf Bereitschaftsebene geübt wurde.

Vertreter der Feuerwehren der drei kreisfreien Städte hatten sich Ende 2014 darauf verständigt, eine gemeinsame Feuerwehr-Bereitschaft aufzustellen, die „Stadtfeuerwehrbereitschaft Delmenhorst-Oldenburg-Wilhelmshaven". Auch wenn sie nach dem Niedersächsischen Brandschutzgesetz (§ 3 Abs. 3 NBrandSchG) nicht zur Vorhaltung einer Kreisfeuerwehrbereitschaft verpflichtet waren, so hatte es in der Vergangenheit immer wieder Anforderungen zur übergemeindlichen Hilfeleistung gegeben, z.B. bei dem Elbehochwasser (vgl. Seite 374). Die kreisfreien Städte taten sich angesichts der starken Einbindung ihrer freiwilligen Feuerwehren in das alltägliche Einsatzgeschehen allerdings schwer, dafür eine eigene Bereitschaft aus drei Zügen vorzuhalten. So lag es nahe, die Kräfte zu bündeln: „Die Feuerwehrbereitschaft hat die Aufgabe, Gefahren und Schadensereignisse, die mit Mitteln und Einrichtungen für den gemeindlichen Brandschutz und für die Hilfeleistung – selbst unter Einbeziehung der Nachbarschaftshilfe – nicht mehr erfolgreich abgewehrt werden können, gezielt und umfassend zu bekämpfen", heißt es in dem zugrunde liegenden Konzept.[697] Für die Fachaufgaben „Brandschutz (Wasserförderung)" und „Technische Hilfeleistung" stellen die Freiwilligen Feuerwehren der drei Städte jeweils die Fahrzeuge und Mannschaften für einen Zug bereit. Die drei Züge verfügten zusammengefasst als Bereitschaft über die aufgabenspezifische Ausstattung:

- Brandschutz (Wasserförderung): zwei Schlauchwagen 2000, vier Löschgruppenfahrzeuge LF 16 TS, ein Wechselladerfahrzeug WLF mit Kran und Mulde, 6.400 Meter B-Schlauch
- Technische Hilfeleistung: ein Rüstwagen RW 1, ein Hilfeleistungs-Löschfahrzeug HLF 24/12, zwei Hilfeleistungs-Löschfahrzeuge HLF 16, je ein Wechselladerfahrzeug mit Kran/Mulde und Abrollbehälter Rüstmaterial.

Bei einer Gesamtstärke der Bereitschaft von rd. 110 Einsatzkräften besteht das Wilhelmshavener Kontingent aus jeweils 26 Einsatzkräften. Organisation, Ausbildung und Führung der Bereitschaft und ihrer Züge liegen in der Hand der Freiwilligen Feuerwehr, die Anforderung und Alarmierung erfolgen über die Polizeidirektion Oldenburg (ggf. mit Voralarm). Die Bereitschaft ist nach zwei Stunden abmarschbereit. Der Sammelpunkt für die Wilhelmshavener Einheiten ist das Feuerwehr- und Katastrophenschutzzentrum in der Güterstraße, die gesamte Bereitschaft sammelt sich an einem einsatzabhängig definierten Ort in der Region. Wilhelmshavens stellvertretender Stadtbrandmeister Walter Menßen ist stellvertretender Bereitschaftsführer, Jürgen Radermacher von der Ortsfeuerwehr Sengwarden Zugführer des 3. Zuges. Nachdem die organisatorischen Vorbereitungen nach gut einem Jahr angeschlossen waren, konnte die „Stadtfeuerwehrbereitschaft Delmenhorst-Oldenburg-Wilhelmshaven" zum Septem-

**VI. Bereitstellung der Feuerwehr Wilhelmshaven** **Stärke: 1 5 17 23**

**Zug 3**

Leistungsmerkmale Feuerwehr Wilhelmshaven

1.200 m B-Schlauch

| *Fahrzeug* | *Ortsfeuerwehr* | | *Funkrufnamen* | *Stärke* | | | |
|---|---|---|---|---|---|---|---|
| KdoW | BF | Zugtrupp | Flo. WHV 01-10-03 | 1 | 1 | 1 | 3 |
| LF 16-TS | OF 7 | | Flo. WHV 20-44-20 | | 1 | 5 | 6 |
| LF 16-TS | OF 1 | | Flo.WHV 10-44-10 | | 1 | 5 | 6 |
| MTW | OF 5 | | Flo.WHV 21-17-01 | | 1 | 5 | 6 |
| TLF 8-18 | OF 7 | | Flo.WHV 20-20-20 | | 1 | 1 | 2 |

Abb. 354: Fahrzeuge und Mannschaftsstärke des 3. Zuges der Stadtfeuerwehrbereitschaft, gestellt von der Freiwilligen Feuerwehr Wilhelmshaven, für die Fachaufgabe „Brandschutz (Wasserförderung)", Aufteilung auf die Ortsfeuerwehren (Feuerwehr Wilhelmshaven)

ber 2016 einsatzbereit gemeldet werden. Die 2015 begonnene Einführung des Digital-Funks wurde im Jahr darauf mit der Umrüstung der Fahrzeuge abgeschlossen, 60 Jahre nach der Geburtsstunde von „Florian Wilhelmshaven". Dazu mussten 45 Fahrzeuggeräte neu beschafft werden. Die neue Technologie erforderte intensive Schulungsmaßnahmen für nahezu alle Angehörigen der Berufsfeuerwehr und der Freiwilligen Feuerwehr. Der Parallelbetrieb der Leitstelle endete am 9. Januar 2017.

Mit der Abschaltung des analogen Funks müssen auch die bisher 32 Sirenenanlagen im Stadtgebiet umgerüstet und bis 2018 durch 11 digitalansteuerbare Hochleistungssirenen ersetzt werden.

### Posener Straße, 16. März 2016: Großbrand in einer KFZ- Werkstatt

In den Abendstunden brach in einem KFZ-Handel mit angeschlossener Werkstatt aus unbekannter Ursache ein Feuer aus. „Beim Eintreffen des ersten Löschfahrzeuges der Feuerwache 2 brannte der Werkstattbereich in voller Ausdehnung. Im weiteren Verlauf kam es zur Durchzündung des gesamten Ladengeschäftes. Dabei kam es zu massivem Zerknallen von Druckbehältern. Kurzzeitig mussten sich die Einsatzkräfte aufgrund von Eigengefährdung zurückziehen." (Jahresbericht Kreisfeuerwehrverband 2016) Die Berufsfeuerwehr ging gegen das Feuer mit Unterstutzung der Ortswehren Sengwarden, Fedderwarden und Rüstringen vor. Währenddessen stellte die Ortsfeuerwehr Bant-Heppens den Stadtbrandschutz sicher. Für die Nachlöscharbeiten musste das Ladengeschäft mit einem Bagger eingerissen werden. Bis in die Morgenstunden war eine Brandsicherheitswache vor Ort.

**Abb. 355: Großbrand in der Posener Straße, 2016 (Feuerwehr Wilhelmshaven)**

### Bordumstraße, 4. Juni 2016: Brand in einem Wohngebäude

Gegen 2.00 Uhr am frühen Morgen wurde die Berufsfeuerwehr Wilhelmshaven alarmiert. „Passanten hatten im Bereich des Hausflurs Rauchentwicklung festgestellt und den Notruf gewählt. Beim Eintreffen der ersten Fahrzeuge wurde eine massive Verrauchung des Treppenraumes festgestellt. Zwei Personen machten sich in den Fenstern des zweiten Obergeschosses bemerkbar. Zwei Trupps gingen parallel zur Brandbekämpfung und Menschenrettung vor."

(Jahresbericht Kreisfeuerwehrverband 2016) Von der Drehleiter aus wurde eine Person in einem oberen Stockwerk bis zur Rettung durch den Angriffstrupp betreut. Insgesamt wurden vier Personen mittels Fluchthauben durch den Treppenraum aus dem Haus geführt. Es gab keine Verletzten. Neben der Berufsfeuerwehr kam die Ortsfeuerwehr Bant-Heppens zum Einsatz.

### Peterstraße, 11. Juli 2016: Feuer in einem Wohngebäude

Mit dem Wachwechsel wurde die aufziehende Wachschicht der Berufsfeuerwehr zu einem Brand in der Peterstraße gerufen. Im Bereich Peterstraße/Mitscherlichstraße hatten Passanten Rauch wahrgenommen. Die Einsatzkräfte der Berufsfeuerwehr stellten eine starke Verrauchung im Innenhof sowie im gesamten Treppenraum fest. „Mehrere Personen befanden sich in ihren Wohnungen an den Fenstern, konnten den Treppenraum aber nicht mehr begehen. Zwei Trupps unter Atemschutz retteten die Bewohner mittels Fluchthauben über die Treppen. Ein weiterer Trupp nahm die Brandbekämpfung vor. Im Keller brannte ein Verschlag im Vollbrand. Das Feuer konnte schnell gelöscht werden." (Jahresbericht des Kreisfeuerwehrverbandes 2016) Die Ortsfeuerwehr Bant-Heppens stellte einen Sicherheitstrupp für die Kräfte der Berufsfeuerwehr.

### Autobahn A 29, 5. August 2016: Schwerer Verkehrsunfall

Am Morgen des 5. August ereignete sich auf der A 29 ein schwerer Verkehrsunfall, als in Fahrtrichtung Oldenburg zwei Fahrzeuge kollidierten. „Dabei wurden zwei Personen in einem Kleinwagen eingeklemmt und schwer verletzt. Die Personen mussten mit schwerem technischen Gerät der Feuerwehr aus ihrem Fahrzeug befreit werden. Eine weitere Person wurde leicht verletzt. Die Verletzten wurden auf umliegende Krankenhäuser verteilt." (Jahresbericht des Kreisfeuerwehrverbandes 2016) Vor Ort waren Kräfte der Berufsfeuerwehr, der Ortsfeuerwehr Sengwarden, des Rettungsdienstes und der Rettungshubschrauber „Christoph 26".

**Abb. 356: Schwerer Verkehrsunfall auf der Autobahn A 29, 2016 (Feuerwehr Wilhelmshaven)**

Abb. 357: Eine neue Fahrzeuggeneration: das Hilfeleistungs-Löschfahrzeug HLF 20/20, 2016 (Foto: Kay Rosenkranz)

Am 29. November 2016 stellte die Berufsfeuerwehr zwei Hilfeleistungs-Löschfahrzeuge HLF 20/20 der neuesten Bauart in Dienst. Sie ersetzen das LF 16/12 auf der Feuer- und Rettungswache I von 2002 und das HLF 20/20 auf der Feuer- und Rettungswache II von 2008. Beide Fahrzeuge, in deren Konzept die praktischen Erfahrungen und die Anregungen der Mannschaft einflossen, sind mit einem Wasservorrat von 2.000 Litern und Schnellangriffseinrichtung, 125 Liter Schaummittel sowie dem schon lange bewährten umfangreichen Hilfeleistungssatz ausgestattet. Neben den Hitzeschutzanzügen werden jetzt auch Kälteschutzanzüge (z.B. für Eisrettungseinsätze) mitgeführt. Erstmals ist die Mannschaftskabine nicht mehr ein verlängertes Fahrerhaus, sondern konstruktiver Bestandteil des Aufbaus Die Pumpensteuerung wurde fast vollständig digitalisiert, anstelle des klassischen Pumpenhebels ist der touchscreen getreten. Druckschwankungen in der Wasserförderung oder Mehranforderungen von den Verteilern werden nun automatisch und nicht von Hand nachgesteuert. Da beide Fahrzeuge technisch identisch sind, können sie bei Bedarf zwischen den beiden Wachstandorten getauscht werden.

Im Dezember 2016 zeigte sich einmal mehr, wie wichtig regelmäßige Übungen der beteiligten Organisationen für den Fall eines Massenanfalls von Verletzten (MANV) sind. In der Integrierten Gesamtschule war am Vormittag des 7. Dezember eine Dose mit Reizgas auf den Boden gefallen, die Substanz trat aus und verursachte bei einer größeren Zahl von Schülerinnen und Schülern des 10. Jahrgangs Beschwerden. Feuerwehrleute des Löschzuges der Berufsfeuerwehr, verstärkt um eine Einheit der Freiwilligen Feuerwehr, nahm unter Atemschutz Messungen vor und lüfteten die betroffenen Räume. Notärzte und Rettungsassistenten des Rettungsdienstes untersuchten 18 junge Leute, von denen vier zur Beobachtung ins Krankenhaus gebracht wurden.

**Abb. 358: Das neue Hilfeleistungs-Löschfahrzeug HLF 20/20 mit geöffneten Gerätefächern und ausgefahrenem Lichtmast, 2016 (Foto: Olaf Preuschoff)**

Gemeinsam mit dem Feuerwehr- und Katastrophenschutz-Zentrum in der Güterstraße bildete das Feuerwehrgerätehaus Mitte am Kreuzelwerk 2010 die Voraussetzung für die Konzentration der innerstädtischen Freiwilligen Feuerwehren 2011 bzw. 2014, die damit wiederum zusätzliche Aufgaben wie z.B. bei einem Massenanfall von Verletzten übernehmen konnten.

Als Konsequenz aus einer weiteren Arbeitszeitverkürzung für Feuerwehrbeamte stieg die Personalstärke der Berufsfeuerwehr ab 2007 weiter an, gestützt auf eine Personalbedarfsplanung und den rechnergestützten Dienstplan mit der Rückkehr zum früheren 3-Wachschichten-System.

Die neue Leitstelle 2005 und die Fahrzeughalle mit Unterkunft 2011 schlossen die grundlegende Erneuerung der Feuer- und Rettungswache I (Mozartstraße) zunächst ab. Damit waren für die Arbeit der Feuerwehr nicht nur aktuelle Stand der Technik, sondern auch zeitgemäße Bedingungen für Mannschaft und Fahrzeuge gewährleistet. Mit der Gemeinsamen Leitstelle Friesland-Wilhelmshaven engagiert sich die Berufsfeuerwehr seit 2009 in praktischer regionaler Zusammenarbeit.

# Immer auf dem Sprung: Kein Einsatz ist wie der andere

von Alice Düwel[698]

Fahrzeuge desinfizieren – Maschinen warten – Schläuche waschen – Feuerwehrleute haben ganz normale Jobs. Nur wenn der Alarm ertönt, lassen sie alles stehen und liegen. Der Druck ist groß. Jeder Handgriff muss sitzen. Ein Fehler kann Leben kosten. Und die Zeit ist ein starker Gegner.

Es ist 8 Uhr morgens, Wachwechsel bei der Berufsfeuerwehr Wilhelmshaven. Die Männer stehen sich in der Maschinenhalle gegenüber: rechts diejenigen, die gerade ihren Dienst antreten, links die mit den Augenringen. Zwei sehen besonders müde aus. „Die sind die Nacht durchgefahren auf dem Rettungswagen", erklärt Wachleiter Michael Hoffmann. Eine Schicht dauert 24 Stunden. Nur zwei Männer gehen am Abend nach Hause. Das KLAF, das kleine Alarmfahrzeug, ist nachts regulär nicht besetzt. Jetzt, wenige Minuten nach Schichtbeginn, ist es schon unterwegs – zum Tierarzt. Und anschließend geht es gleich weiter, eine Ölspur beseitigen. Die Polizei wartet schon. Die Feuerwehrleute nennen die KLAF-Einsätze auch liebevoll „Hund, Katze, Maus". An diesem Morgen haben sie einen verletzten Schwan eingefangen, oft sind es auch streunende Hunde, die sie zu später Stunde noch ins Tierheim bringen.

Frank Vermaßen, der Obermeister vom Dienst, hat den Überblick über alle Einsätze. Er schreibt die Berichte. Wenn es später darum geht, wer für den Schaden aufkommt, ist jedes Detail wichtig. Im Hof fährt Oberbrandmeister Heiner Kruse mit der Drehleiter hoch hinaus. Maschinist Stefan Heckersbruch kontrolliert Schere und Spreizer, Kettensäge und Stromaggregat. „Im Ernstfall muss ich Vertrauen ins Gerät haben können", sagt Kruse. Und dazu gehört die tägliche Routinekontrolle. Die Drehleiter rückt nicht bei jedem Einsatz mit aus. Solange er nicht alarmiert wird, arbeitet Kruse deshalb im Wechsel mit zwei weiteren Kollegen seiner Schicht in der Leitstelle.

Dort ist gerade die Hölle los. Montag, Mittwoch und Freitag sind Dialysetage. Da sind die Rettungswagen (zwei von der Berufsfeuerwehr plus ein Reservefahrzeug und tagsüber vier von privaten Trägern) im Dauereinsatz. Das System zeigt an, wo ein Wagen frei ist. Sind alle besetzt, ist Improvisation gefragt. „Wir haben auch schon mit dem Löschgruppenfahrzeug einen Arzt an seinem freien Tag zu Hause abgeholt und zu einem Notfall gebracht", erzählt Frank Vermaßen.

Noch vor der Frühstückspause ertönt der erste Alarm für das Löschgruppenfahrzeug: „Undefinierbarer Rauch im Treppenhaus." Alles rennt in die Fahrzeughalle. Am Garderobenständer hängen hitzebeständige Jacken und Helme. Daneben stehen Schutzstiefel, die Hosenbeine darüber gekrempelt, damit man schnell beides auf einmal anziehen kann. „Alle da?", fragt Gruppenführer Hoffmann vom Beifahrersitz. „Alle da", antwortet Obermeister Vermaßen von hinten. Während der Fahrt schnallen er und Angriffstruppmann Olaf Baumann sich die Sauerstoffflaschen auf den Rücken.

Der Maschinist rollt den Schlauch aus. Ein Nachbar steht im Treppenhaus. „Die Frau ist in der Wohnung", sagt er. Und da weiß Vermaßen: „Jetzt müssen wir zusehen." Dass der Rauch tatsächlich aus der Wohnung der alten Dame kommt, ist in dem Moment klar, als er die Dichtung entfernt hat. Der Gestank nach verbranntem Essen wird unerträglich. „Hammer, Blech – Zack, zack!", brüllt Vermaßen. Baumann reicht ihm ein Werkzeug nach dem anderen an, aber die Tür will nicht aufspringen. Sie ist durch ein gehärtetes Stahlschloss gesichert und von innen abgeschlossen. Nur mit der Kettensäge könnten sich die Feuerwehrleute Zutritt verschaffen.

Da kommt per Funk die Nachricht: Ein Balkonfenster steht auf Kipp. Der zweite Angriffstrupp hat schon die Leiter aufgestellt. Wenig später erscheint Olaf Baumann mit einem rauchenden Kochtopf in der Hand auf dem Balkon. Die alte Dame liegt im Schlafzimmer. Als sie aufwacht, sieht sie erst die Atemschutzgeräteträger, dann die Rettungsassistenten. Die 91-Jährige war eingeschlafen, nachdem sie ihre Kartoffeln aufgesetzt hatte. Es geht ihr gut. Die Feuerwehrleute rücken wieder ab. Beim Frühstück in der Wache sind alle da, nur das Team des Rettungswagens fehlt.

Frank Vermaßen geht zurück in sein Büro, Berichte schreiben. Olaf Baumann packt im medizinischen Lager Atemmasken, Schläuche und Einweghandschuhe zusammen, hakt alles auf einer Liste ab und gibt die Bestellung weiter an die KLAF-Besatzung. „Für die Kollegen in der Wache Nord", erklärt er. Jeder hat seine Aufgabe: Kartoffeln schälen für das Mittagessen, Maschinen und Fahrzeuge warten, Rettungswagen desinfizieren. Das Fahrzeug gleicht einer mobilen Intensivstation: EKG, Beatmungsgerät, Defibrillator – alles wartungspflichtig. Blutdruckmanschetten müssen alle zwei Jahre quasi geeicht werden. Die Besatzung des Löschfahrzeugs muss sich dabei immer in der Nähe der Maschinenhalle aufhalten. Im Turm muss jemand Dienst leisten, der im Alarmfall nicht sofort gebraucht wird. Dort werden in 25 Meter Höhe die frisch gewaschenen Löschschläuche zum Trocknen aufgehängt – weit weg von den Einsatzfahrzeugen.

Dann ertönt das zweite Mal an diesem Tag der Alarmgong, ausgelöst durch einen Brandmelder in der Admiral-Zimmermann-Kaserne in Sengwarden. Der ganze Löschzug macht sich auf den Weg. „Entweder wir drehen gleich wieder um oder wir stehen dort die ganze Nacht", weiß Vermaßen. Noch vor Erreichen der Hooksieler Landstraße beim Kreisverkehr dreht der Maschinist um. Die Kaserne hat Entwarnung gegeben. Eine verkohlte Pizza hat den Alarm ausgelöst. „Ich fahr' allein hin und guck' mir das an", gibt Einsatzleiter Marc Albers über Funk durch. Für den Bericht muss alles dokumentiert werden.

Beim Mittagessen fehlen einige Gesichter. Albers ist noch in Sengwarden. Die Männer aus der Leitstelle wechseln sich ab und Til Lohe hat sich gerade den Kartoffelbrei aufgefüllt, da schlägt sein Pieper schon wieder Alarm.

Um 18 Uhr, als für alle der Bereitschaftsdienst beginnt, hat er elf Einsätze gefahren. Insgesamt werden es in dieser Schicht 51 Einsätze für die Mannschaft, die meisten fahren die Rettungswagen. Mehrere Fahrradstürze, ein Reitunfall, Unterzuckerung – 70 Prozent der Hilferufe enden mit einem Transport ins Krankenhaus. Kurz vor 20 Uhr – die Feuerwehrleute haben es sich gerade im Aufenthaltsraum bequem gemacht, Frau und Kindern per Telefon eine gute Nacht gewünscht – da ertönt wieder der vertraute Gong. Alles rennt zu den Rutschstangen, die direkt in die Maschinenhalle führen.

In einem Mehretagenhaus an der Bremer Straße hat ein Fernseher Feuer gefangen. Der Einsatzleiter ist als erster vor Ort. Per Funk gibt er seine Anweisungen an Gruppenführer Hoffmann draußen weiter. Der schickt die Atemschutzgeräteträger mit einer Zehn-Liter-Kübelspritze rein. Fünfter Stock, auf dem Rücken die 20 Kilo schweren Sauerstoffflaschen. Als Vermaßen und Baumann den Fernseher vom Tisch anheben, lodern die Flammen. Das geschmolzene Plastik tropft auf den Laminatboden. Die Männer löschen den Brand in der Badewanne. Der Schaden ist gering. Die Feuerwehr war innerhalb weniger Minuten vor Ort.

Zurück auf der Wache hat Til Lohe nun zum ersten Mal Zeit etwas zu essen. Er hat die rote Rettungsassistentenjacke gegen die blaue Uniform des Löschzugs getauscht. Nach zwölf Stunden Dauereinsatz wird das Team auf dem Rettungswagen ausgewechselt. Für die nächsten zwölf Stunden ist Lohe Wassertruppmann auf dem Löschfahrzeug.

Nacheinander verschwinden die Männer im Bad. Die Einsatzbereitschaft muss jederzeit gewährleistet sein. „Ich bin auch schon mit Schaum in den Haaren ins Löschfahrzeug gestiegen", erzählt Frank Vermaßen. Im Fernsehen läuft Fußball. Bei der Berufsfeuerwehr Wilhelmshaven gibt es keine einzige Frau. „Ich würde es gut finden, wenn Frauen bei uns arbeiten, aber sie müssen ihren Mann stehen", sagt Michael Hoffmann. Bewerberinnen scheitern oft am Sporttest.

Feuerwehrleute müssen immer in Topform sein. Ihre Fitness stellen sie in jährlichen Belastungstests unter Beweis. Im Feuerwehr- und Katastrophenschutzzentrum in der Güterstraße simuliert Ausbilder Ulrich Glage Schiffs- und Kellerbrände. Denn auch das gehört zu den Aufgaben der Berufsfeuerwehr: Einige Männer, darunter Frank Vermaßen, sind als Schiffsbrandbekämpfer ausgebildet. Im Ernstfall werden sie per Hubschrauber zu ihrem Versorgungsschiff „Mellum" gebracht. Sie sind im Überleben auf See trainiert, kennen weder Platzangst noch Panik.

Im Brandsimulator kriechen die Atemschutzgeräteträger bei mehreren hundert Grad Hitze in voller Schutzausrüstung und mit schweren Sauerstoffflaschen auf dem Rücken durch enge, dunkle Gänge. Glage überwacht Puls- und Atemfrequenz. Wer die Norm nicht erfüllt, wird „ausgemustert". „Das ist ein Problem", sagt Einsatzleiter Marc Albers. Es gibt nicht viele Jobs außerhalb des Rettungswesens. Dann bleibe nur die Frührente.

Albers stemmt im Fitness-Raum der Wache Gewichte. An Schlaf ist noch lange nicht zu denken. Um 0.40 Uhr wird der Löschzug zur Verstärkung des Rettungswagens gerufen. Als Til Lohe die Adresse hört, sagt er: „Die kenne ich. Das ist eine unserer Patientinnen – 180 Kilo." Notärztin und drei Rettungsassistenten können die Patientin nicht tragen. „Sowas kommt öfter vor", sagt Lohe. „Als Rettungsdienst ist es immer gut, zu wissen, dass man die Jungs im Hintergrund hat." Tragetuch und Liege halten bis 225 Kilo. Darüber hinaus muss die Feuerwehr den Schwerlasttransport der Johanniter aus Hude bestellen.

Fünf Mann packen an, einer trägt die Geräte. Die Patientin wird unter Reanimation ins Reinhard-Nieter-Krankenhaus gebracht. Ein Kollege vom Löschfahrzeug fährt im Rettungswagen mit. Jeder Feuerwehrmann hat mindestens die Rettungsassistentenausbildung. Die Positionen, auf denen sie arbeiten, wechseln mit jeder Schicht.

Maschinist Heckersbruch schaltet Blaulicht und Martinshorn ein. Auf dem Weg ins Krankenhaus wird er dreimal geblitzt. Die Männer bringen die Patientin direkt auf die Intensivstation. Trotzdem wird sie diese Nacht nicht überleben. Am Morgen beim Kaffeetrinken sprechen die Feuerwehrleute noch darüber. Um 8 Uhr, wenn sie nach Hause zu Frau und Kind gehen, nicht mehr. „Man darf die Eindrücke nicht mit nach Hause nehmen", sagt Wachleiter Hoffmann. Er ist im 36. Dienstjahr. Und doch nur ein Mensch: „Meinen ersten toten Säugling sehe ich bis heute vor mir. Das war 1981."

## Ein Blick in die Zukunft

von Steffen Lutter

Die Entwicklung der Feuerwehr in Wilhelmshaven wird maßgeblich durch die städtebauliche und wirtschaftliche Entwicklung und die sich daraus ergebende Einwohnerzahl der Stadt bestimmt. Allerdings ist bei abnehmender Einwohnerzahl eine Zunahme der Einsätze im Brandschutz und Rettungsdienst zu beachten. Dieses begründet sich im Wesentlichen im demographischen Wandel. So nimmt die im Durchschnitt ältere Bevölkerung verstärkt die medizinische und technische Gefahrenabwehr der Stadt in Anspruch.

Gleichzeitig stehen weniger jüngere Bürger für die Tätigkeit in der Freiwilligen Feuerwehr zur Verfügung. Diese Entwicklung führte dazu, dass auf der Grundlage des Brandschutzbedarfsplans der Stadt Wilhelmshaven die Feuerwehr neu strukturiert wurde. Dabei ist auch die Randlage der Stadt an der Nordsee zu berücksichtigen.

### Standorte

Die Standorte der Feuerwehr wurden in den letzten Jahren von neun auf sieben reduziert. Dabei erfolgte die Auswahl geeigneter zukünftiger Standorte auf der Grundlage von Fahrzeitsimulationen, die unter Berücksichtigung der einsatztaktischen Aufgaben eine optimale Versorgung der Bevölkerung gewährleisten. Die Abbildung auf Seite 457 zeigt nach dem Ampelprinzip die Erreichbarkeit der Stadt von der neuen Feuer- und Rettungswache II (FRW 2) aus, welche an der Einmündung der Inhausersieler Landstraße in die Posener Str. realisiert wird.

Gleichzeitig sind die Standorte der fusionierten Ortsfeuerwehren Bant-Heppens und Neuengroden-Nord (jetzt Ortsfeuerwehr Rüstringen) erkennbar. Die Reduzierung der Ortsfeuerwehren führt dazu, dass auch unter dem demographischen Wandel eine gute personelle Verfügbarkeit an den Standorten sichergestellt ist.

Ziel ist es, zukünftig die Standorte auf insgesamt sechs Liegenschaften zu reduzieren. Dabei soll die z.Zt. in der Ebkeriege angemietete Unterkunft des Mehrzweckzuges Katastrophenschutz (MZZ KatS) aufgegeben werden und eine gemeinsame Unterbringung auf dem Gelände in der Güterstraße 60 realisiert werden.

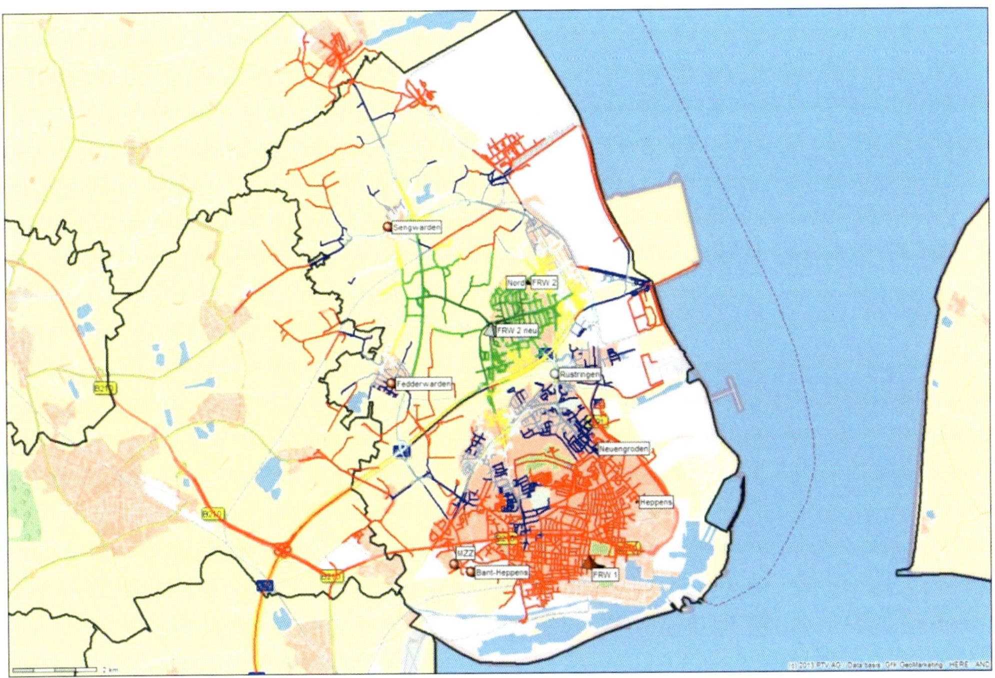


Abb. 359: Fahrzeitsimulation für die Feuer- und Rettungswache II (Inhausersieler Landstr./Posener Str.), 2015 (Berufsfeuerwehr Wilhelmshaven)

## Infrastruktur

### Bunte Wache

Mit der Realisierung des Neubaus der Feuer- und Rettungswache II im Norden der Stadt wird eine „Bunte Wache" geschaffen, die folgende Funktionen erfüllt:

- Feuer- und Rettungswache der Berufsfeuerwehr der Stadt Wilhelmshaven
- Polizeiwache
- Rettungswache der Johanniter Unfallhilfe
- Stabsräume für den Katastrophenschutz (KatS) der Stadt Wilhelmshaven, die von der Abteilung Vorbeugender Brandschutz mitgenutzt werden
- Redundante Leitstelle als Fernmeldezentrale des KatS-Stabes.

Der Bau einer gemeinsamen Wache stellt dabei eine zukunftsfähige sinnvolle Konzentration der Einheiten dar, die für die Sicherheit der Bevölkerung zuständig sind.

Der Neubau bietet aber auch die Möglichkeit, die Feuerwehr im Stadtnorden im Blick auf die Entwicklung des Container Terminals Wilhelmshaven (CTW) zu verstärken. So sollen die Mitarbeiter der Abteilung Vorbeugender Brandschutz – zusammen mit dem ersten Löschfahrzeug – im Fall eines Gefahrgutalarms am CTW innerhalb von Minuten vor Ort sein können.

### Feuerwehrhaus Sengwarden

Die Veränderungen im Feuerwehrwesen führten in den letzten Jahren zu einem grundlegenden Umdenken bei der Einsatzstellenhygiene, die sich auch in den Feu-

**Abb. 360: Neubau der Feuer- und Rettungswache II an der Inhausersieler Landstraße, 2017 (Gebäudeteil links: Rettungsdienst Berufsfeuerwehr und Johanniter Unfallhilfe, Gebäudemitte: Großfahrzeuge der Berufsfeuerwehr, Gebäudeteil rechts: Tageswache der Polizei) (Gebäude und Grundstücke der Stadt Wilhelmshaven – GGS)**

erwehrhäusern (FH) widerspiegelt. Aktuell wird in Sengwarden die Persönliche Schutzausrüstung (PSA) in der Fahrzeughalle aufgehängt, d.h. es fehlt die notwendige bauliche Trennung zwischen dem Schwarz- und Weißbereich. Der Bereich der Fahrzeughalle ist dabei der so genannte Schwarzbereich. Mit dem geplanten Anbau soll die PSA in einem eigenen Umkleideraum mit einer Mindesttemperatur von 16° C erfolgen. Ziel ist es dabei, die gesamte Ablauforganisation im Feuerwehrhaus Sengwarden so zu optimieren, dass eine konsequente Schwarz-Weiß-Trennung erfolgt.

### Feuerwehrhaus Fedderwarden

Das Feuerwehrhaus der Ortsfeuerwehr Fedderwarden als Stützpunktfeuerwehr entspricht nicht mehr dem heutigen Mindeststandard. Es ist ein Neubau erforderlich, der es ermöglicht, Feuerwehrfahrzeuge der heutigen Generation sicher unterzustellen. Dieser ist in unmittelbarer Nähe zum jetzigen Standort in der Poststraße geplant.

### Feuerwehrhaus Bant-Heppens

Das Grundstück in der Güterstraße 60 ist ausreichend bemessen, um ein Übungsgelände zu realisieren, welches insbesondere den neuen Anforderungen an die Ausbildung im Bereich der Absturzsicherung entspricht. Darüber hinaus besteht hier die Möglichkeit, entsprechend geeignete Fahrzeughallen für die Fahrzeuge des KatS und des Aus- und Fortbildungszentrums zu errichten.

### Schiffsbrandsimulationsanlage des Landes Niedersachsen

In die Schiffsbrandsimulationsanlage des Landes Niedersachsen ist die Atemschutzübungsstrecke der Feuerwehr Wilhelmshaven integriert, die in Containerbauweise auf dem Gelände in der Güterstraße 60 errichtet ist. Um die Ausbildung der Brandbekämpfungseinheiten der Kommunen, die in die Schiffsbrandbekämpfung eingebunden sind, realistisch darzustellen, ist eine Erweiterung der bestehenden Anlage geplant. Hierbei sollen weitere Container mit der vorhandenen Anlage verbunden werden, die es ermöglichen, längere Angriffswege zu simulieren sowie weitere gasbefeuerte Brandstellen zu realisieren.

## Personal

### Berufsfeuerwehr

Die Personalentwicklung der Berufsfeuerwehr in den letzten Jahren wurde im Wesentlichen durch die veränderten gesetzlichen Rahmenbedingungen bestimmt. So führten insbesondere die Verkürzung der Arbeitszeit und die neuen Standards in der Aus- und Fortbildung zu einer Erhöhung des Personalfaktors. Reichten in den 1990er Jahren noch vier Feuerwehrleute aus, um eine Funktion rund um die Uhr zu besetzen, so sind heute dafür fünf Feuerwehrleute erforderlich.

Im Hinblick auf die zukünftige Personalverfügbarkeit im Brandschutz sind die Synergie-Effekte der kombinierten Feuer- und Rettungswachen sowie die Auswirkungen des Container Terminals Wilhelmshaven (CTW) am JadeWeserPort verstärkt zu bewerten. Diese führen aufgrund des Kostenersatzes zu einer erheblichen Entlastung bei den Personalkosten der Stadt Wilhelmshaven.

Ein wesentliches Element bei der Refinanzierung der Feuerwehr ist auch die Schiffsbrandbekämpfung, die von der Berufsfeuerwehr im Auftrag des Landes durchgeführt wird. Aufgrund der Umstrukturierung der Brandbekämpfungseinheiten (BBE) zu Maritime Incident Response Groups (MIRG) bleibt abzuwarten, welche Aufgaben zukünftig der Berufsfeuerwehr Wilhelmshaven übertragen werden.

### Freiwillige Feuerwehr

Die Personalentwicklung der ehrenamtlichen Feuerwehrangehörigen (FA) weist über die Jahre einen positiven Trend auf, allerdings hat die Personalstärke im Jahr 2014 erheblich abgenommen.

Die demographische Entwicklung lässt erwarten, dass die Öffentlichkeits- und Jugendarbeit zum Halten der Personalstärke der Ortsfeuerwehren intensiviert wer-

| Jahr | 2006 | 2007 | 2008 | 2009 | 2010 | 2011 | 2012 | 2013 | 2014 | 2015 | 2016 |
|---|---|---|---|---|---|---|---|---|---|---|---|
| FA | 188 | 212 | 247 | 253 | 234 | 225 | 240 | 254 | 213 | 225 | 224 |

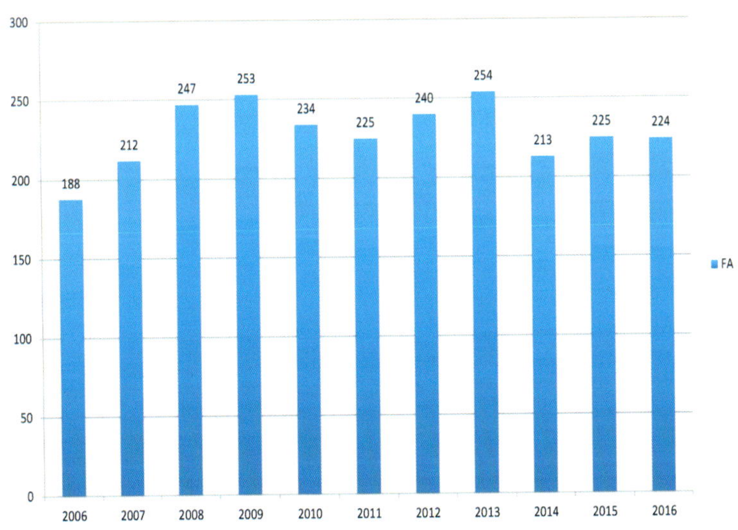


Abb. 361: Personalentwicklung der Freiwilligen Feuerwehr Wilhelmshaven (2006 – 2016)

den muss. Dieses spiegelt sich auch in diversen Kampagnen der Landesregierung in Zusammenarbeit mit dem Niedersächsischen Feuerwehrverband wider. Hier müssen in den nächsten Jahren auch auf kommunaler Ebene weitere Alternativen gesucht werden, damit die notwendige Verfügbarkeit von ehrenamtlichen Feuerwehrangehörigen zur Sicherstellung des Brandschutzes gewährleistet ist.

## Technik

### Digitalfunk

Mit der Einführung des Digitalfunks können auch die Positionsdaten der Fahrzeuge zur Standortbestimmung genutzt werden. Insbesondere im Rettungsdienst ermöglicht die Nutzung der GPS-Daten eine Optimierung der „Nächstes-Fahrzeug-Strategie". Somit kann unabhängig vom Standort der Rettungswache dasjenige Fahrzeug zum Einsatz gerufen werden, welches die geringste Distanz zum Notfallort hat.

### Persönliche Schutzausrüstung (PSA)

Die Erkenntnisse über die Giftigkeit und Wirkung der Verbrennungsprodukte auf den menschlichen Organismus im Einsatz machen es notwendig, ein Reinigungsmanagement für die PSA aufzubauen, welches im Interesse der Feuerwehrangehörigen konsequent umgesetzt werden muss. Insbesondere ist bereits eine beginnende Schwarz-Weiß Trennung am Einsatzort notwendig, um eine Verschleppung von Verbrennungsrückständen zu vermeiden. Zur Umsetzung ist eine Logistik aufzubauen, die sicherstellt, dass die Feuerwehrangehörigen nach einem Einsatz jederzeit wieder qualifiziert eingekleidet werden können.

### Schlauchwaschanlage

Zukünftig wird der Schlauchturm auf dem Gelände der Feuer- und Rettungswache I in der Mozartstraße nur noch als Antennenträger für die Gemeinsame Leitstelle Friesland-Wilhelmshaven dienen. Die Trocknungsfunktion übernimmt eine Schlauchwaschanlage, die als geschlossenes System selbstständig die zugeführten Schläuche reinigt, prüft und trocknet. Die z.Zt. noch vorhandene Krananlage zum Hochziehen der Schläuche im Schlauchturm kann somit zurückgebaut werden.

### Wasserversorgung

Der Wasserversorger muss die Qualität des Trinkwassers gewährleisten. Diese erfordert es, dass die Feuerwehr aufgrund der veränderten Normen zukünftig mit Rückfluss-Verhinderern arbeiten muss, um Wasserverunreinigungen zu vermeiden. Außerdem versucht der Wasserversorger zu verhindern, dass Wasser in den Rohrleitungen stagniert. Dieses führt zwangsläufig zu einer Verringerung des Rohrdurchmessers, welches nicht den Anforderungen der Feuerwehr entspricht.

Für das Stadtgebiet ist ein Löschwasserkonzept zu entwickeln, welches es ermöglicht, auf die offenen Gewässer zuzugreifen. Dabei ist insbesondere beim Container-Terminal Wilhelmshaven ein Wasserversorgungssystem einzusetzen, welches unabhängig von der Tide die Wasserförderung sicherstellt.

# Anhang

## 1 Glossar – häufig verwandte Begriffe bei der Feuerwehr[699]

### Alarm- und Ausrückeordnung

Die Alarm- und Ausrückeordnung (AAO) enthält die Alarmstichworte, Alarmstufen und darauf aufbauend die zu alarmierenden Fahrzeuge für die Einsätze der Feuerwehr. Sie ist im Einsatzleitrechner der Leitstelle hinterlegt und unterstützt die Disponenten dabei, nach der Eingabe eines Alarmstichwortes schnell die notwendigen Fahrzeuge und Einheiten zu alarmieren.

Als Einheiten sind die Kräfte der kommunalen Feuerwehr, der Werkfeuerwehren, der sonstigen Feuerwehren (z.B. Bundeswehrfeuerwehr), der Hilfsorganisationen, des Katastrophenschutzes (z.B. Technisches Hilfswerk) oder der privaten Leistungserbringer (z.B. Personennahverkehr, Energieversorgung) definiert. Darüber hinaus können auch andere Organisationen, z.B. die Polizeidienststellen, Vertreter der Stadtverwaltung oder Fachbehörden von Land und Bund informiert oder alarmiert werden.

### Atemschutz

Zum Schutz gegen Atemgifte und Sauerstoffmangel tragen die Einsatzkräfte des Angriffstrupps beim Innenangriff umgebungsluftunabhängige Atemschutzgeräte, die umgangssprachlich als „Pressluftatmer" bezeichnet werden. Diese verfügen über einen Atemluftvorrat für etwa 30 Minuten in einer Druckluftflasche, der dem Geräteträger über eine Vollmaske zugeführt wird. Die Überwachung der Atemschutzgeräteträger gewährleistet, dass die Einsatzkräfte während des Einsatzes rechtzeitig abgelöst werden. Ersatzflaschen werden in den Löschfahrzeugen mitgeführt oder vom Gerätewagen Atemschutz GW-A nachgeführt.

Als Atemschutzgeräteträger müssen die Feuerwehrleute besondere gesundheitliche Voraussetzungen erfüllen, die sog. „Atemschutzgerätetauglichkeit". Die Berufsfeuerwehr unterhält zur Reinigung, Desinfektion, Prüfung, Wartung und Reparatur der Geräte und Masken eine eigene Atemschutzgerätewerkstatt mit Füllanlage. Auch bei Gefahrguteinsätzen kann der Pressluftatmer zum Schutz gegen gesundheitsschädliche Gase in Frage kommen.

### Bergen

Als Bergen bezeichnet man das Sicherstellen von Leichen, Tieren oder gefährdeten Gegenständen.

### B- oder C-Schlauch

Die Feuerwehr verwendet im Löscheinsatz druckbeständige Schläuche (Druckschläuche), die nach ihrer Nennweite bezeichnet werden. Die gebräuchlichsten sind der C-Schlauch mit 42 bzw. 52 mm Nennweite als der klassische Schlauch des Angriffstrupps und der B-Schlauch mit 75 mm Nennweite, wenn über längere Zeit größere Mengen Wasser z.B. zur Brandbekämpfung oder Kühlung benötigt werden. Der kleinere D-Schlauch (25 mm) oder die wesentlich größeren A- oder F-Schläuche (110 bzw. 150 mm) kommen eher selten zum Einsatz.

### Blaulicht

Die blauen Rundumkennleuchten an den Einsatzfahrzeugen von Polizei, Feuerwehr und Hilfsorganisationen werden umgangssprachlich als „Blaulicht" bezeichnet. Das Warnlicht an Polizei- und Feuerwehrfahrzeugen kam Anfang der 1930er Jahre auf und war ursprünglich ein feststehendes Rotlicht. Wegen der Anforderungen des Luftschutzes (Verdunklung) wurde es Ende der 1930er Jahre auf das blaue Farbspektrum umgestellt.

Die blaue Rundumkennleuchte bürgerte sich erst in den 1950er Jahren ein. Ihr Farbton unterscheidet sich deutlich von der allgemeinen Fahrzeugbeleuchtung und den ansonsten gebräuchlichen Warnleuchten (Bau- oder Abschleppfahrzeuge etc.). Seit einigen Jahren wird sie an Rettungswagen, Löschfahrzeugen, Drehleitern etc. durch blaue Frontblitzer ergänzt, die – anstelle der bislang gebräuchlichen aufblinkenden Hauptscheinwerfer – insbesondere den entgegenkommenden Verkehr warnen sollen.

### **Brand** (s. Feuer)

### Brandingenieur

Bis in die 1956er Jahre war der „Brandingenieur" das Einstiegsamt in den gehobenen Führungsdienst einer hauptamtlichen Feuerwehr. Man konnte es durch den Aufstieg oder durch ein Studium erreichen und absolvierte dann die erforderliche Ausbildung mit Prüfung. Seit 1956 lautet die Bezeichnung „Brandinspektor" (Laufbahngruppe 2, erstes Einstiegsamt).

### Brandsicherheitswache

Veranstaltungen, Bauarbeiten und ähnliche Anlässe, bei denen eine erhöhte Brandgefahr besteht und bei denen im Fall eines Brandes eine größere Anzahl von Menschen oder Sachwerte gefährdet sein können, dürfen nur bei Anwesenheit einer Brandsicherheitswache durchgeführt werden. Sie besteht aus ausgebildeten Feuerwehrleuten, die die Funktionsfähigkeit der Sicherheitsanlagen und die Einhaltung der Sicherheitsvorschriften kontrollieren und im Notfall die erforderlichen Erstmaßnahmen (Evakuierung, Menschenrettung, Brandbekämpfung) einleiten.

### Brandspritze

Schon die ersten Pumpen zur Beförderung von Löschwasser im Feuerwehreinsatz bezeichnete man als „Brandspritzen" oder auch „Feuerspritzen". Technisch betrachtet waren sie Handdruckspritzen, deren Pumpenschwengel mit Menschenkraft bewegt wurden. Ihnen folgten die Dampfspritzen und schließlich die Motorspritzen. Letztere waren oft als kleinere tragbare Geräte auf einem Anhänger verladen. War eine größere Pumpe fest auf einem Kraftfahrzeug installiert und wurde vom Motor angetrieben, sprach man von einer Kraftspritze oder Kraftfahrspritze, dem Vorläufer des späteren Löschfahrzeugs.

## Drehleiter

Drehleiter ist der umgangssprachliche Begriff für die von der Feuerwehr eingesetzten Hubrettungsfahrzeuge. Sie wird entweder zur Menschenrettung aus den oberen Stockwerken eines Gebäudes, zur Eröffnung eines weiteren Angriffsweges oder auch zur Abgabe von Löschwasser aus größeren Höhen eingesetzt.

Die Bezeichnung ist DLK, wenn sie an der Spitze des Leiterparks einen fest montierten Rettungskorb hat oder DLA (K), wenn sie als Automatik-Drehleiter gleichzeitig aufgerichtet und ausgefahren werden kann. Die Ziffern hinter der Abkürzung, z.B. 23/12, geben die Nennrettungshöhe (23) bzw. die Nennausladung (12) in Metern an.

## Eigensicherung

Einer der wichtigsten Grundsätze bei einem Feuerwehreinsatz ist die Eigensicherung. Sie umfasst alle Vorkehrungen zum Schutz der Einsatzkräfte, beispielsweise der Schutz vor dem Straßenverkehr, die Ausleuchtung der Einsatzstelle oder die Vorhaltung eines Rettungswagens für Unfälle im Einsatz.

## Einheiten (Trupp, Staffel, Gruppe, Zug)

Die kleinste Einheit der Feuerwehr ist der Trupp, bestehend aus zwei Einsatzkräften als Angriffs-, Wasser- oder Schlauchtrupp. Er ist Teil einer Staffel oder Gruppe oder besetzt ein Sonderfahrzeug wie die Drehleiter oder den Rüstwagen. Ein selbstständiger Trupp wird von drei Einsatzkräften gebildet und kann als kleinste taktische Einheit eigenständig eingesetzt werden. Dieser Trupp hat dann einen Truppführer (1) und zwei Truppmänner (2) und wird als Trupp (1/2/**3**) bezeichnet.[700]

Die Staffel besteht aus dem Staffelführer, dem Maschinisten sowie einem Angriffs- und einem Wassertrupp (1/5/**6**). Sie kann als kleinste selbstständig handlungsfähige Einheit die Grundfunktionen eines Löschangriffs einschl. Menschenrettung und Wasserversorgung wahrnehmen. Der Angriffstrupp unter Atemschutz rettet Menschen oder bringt das erste Strahlrohr vor, der Wassertrupp sorgt für die Wasserversorgung (z.B. Anschluss an Hydranten) und bringt tragbare Leitern in Stellung. Er kann unter Atemschutz auch Menschen retten oder einen zweiten Angriffstrupp bilden.

Die Gruppe besteht aus dem Gruppenführer, dem Melder, dem Maschinisten sowie dem Angriffstrupp, dem Wassertrupp und dem Schlauchtrupp (1/8/**9**). Der Schlauchtrupp stellt die Verbindung zwischen Löschwasserquelle, Verteiler und Strahlrohr her. Weitere Aufgaben können die Vornahme von tragbaren Leitern, zusätzlichem Gerät (z.B. Beleuchtung) oder die Menschenrettung sein.

Der Zug besteht aus dem Zugführer, dem Zugtrupp (Führungsassistent, Melder, Fahrer) sowie aus mehreren Löschgruppen oder Staffeln bzw. selbstständigen Trupps. Er kann aufgrund seiner Größe arbeitsteilig vorgehen und/oder Trupps z.B. als Angriffsreserve (Pressluftatmer) zurückhalten. Ein Trupp (0/2/**2**) steht als Sicherheitstrupp voll ausgerüstet an der Einsatzstelle bereit, um evtl. in Gefahr geratene Einsatzkräfte in Sicherheit zu bringen.

Die daraus resultierende Mannschaftsstärke beträgt 22 Einsatzkräfte (1/21/**22**). Zur Sicherstellung des Schutzzieles nach AGBF ist die Einsatzstärke eines Löschzuges bei den Berufsfeuerwehren wie auch in Wilhelmshaven bereits mit 16 Einsatzkräften (zwei Löschstaffeln, ein Leitertrupp, Führungsassistent, Zugführer) (1/15/**16**) gegeben.

## Einsatzleitung

Der Einsatzleiter der Feuerwehr hat die Gesamtverantwortung für die Maßnahmen der Feuerwehr am Einsatzort. Er beurteilt die Gefahrenlage, trifft die Entscheidungen zur Einsatztaktik und gibt die entsprechenden Befehle an die Einsatzkräfte. Bei Bedarf trifft er Absprachen mit beteiligten Behörden und Hilfsorganisationen. Er beurteilt den Erfolg der Maßnahmen, der Ablauf wiederholt sich (Führungskreislauf: Lagefeststellung – Planung – Befehlsgebung). Der Einsatzleiter, auch als „Einsatzleiter vom Dienst (EvD)" im C- Dienst bezeichnet, ist bei der Berufsfeuerwehr eine Führungskraft des gehobenen feuerwehrtechnischen Dienstes (Laufbahngruppe 2, erstes Einstiegsamt). Er übernimmt im Einsatz die Funktion des Zugführers.

## Einsatzleitwagen

Der Einsatzleitwagen (ELW) dient der Einsatzleitung zur Anfahrt zur Einsatzstelle sowie zur Führung des Einsatzes (ohne Stab). Dazu ist der ELW 1 mit zwei Kommunikationsarbeitsplätzen sowie einer kleinen feuerwehrtechnischen Beladung (u.a. Leuchtmittel, Signalmittel, Warnwesten, Messgeräte) ausgestattet. Der größere ELW 2 eignet sich zur Unterstützung der Stabsarbeit einer Technischen Einsatzleitung (TEL) und verfügt über wesentlich mehr Raum und erweiterte Kommunikationsmittel. Vielfach werden dafür umgebaute Busse als ELW 2 eingesetzt.

## Einsatzübung

Eine Übung mit Einheiten der Feuerwehr oder der Hilfsorganisationen unter möglichst realen Bedingungen auf einem abgesperrten Gelände bezeichnet man als Einsatzübung. Sie dient dem Üben der Abläufe, der Kommunikation und der Handhabung des Geräts. Wird die Einsatzübung speziell zur Überprüfung des Leistungsniveaus einer Feuerwehreinheit angesetzt, spricht man auch von einer Inspektionsübung.

## Feuer

Als Feuer bezeichnet man einen Verbrennungsvorgang mit Flammenbild. Es ist die Umwandlung von entzündlichen Stoffen unter Zusatz von Sauerstoff zu Verbrennungsprodukten (z.B. Gasen). Dabei wird Wärme freigesetzt.

Ist das Feuer ungewollt oder gerät außer Kontrolle, spricht man von einem Brand. Der Löschvorgang besteht darin, den Verbrennungsprozess durch Ersticken (Verdünnen des Sauerstoffs, Abmagern oder Abtrennen des brennbaren Stoffes), Abkühlen (Unterschreiten der Mindestverbrennungstemperatur) oder chemische Einwirkung auf die entzündlichen Stoffe zu unterbrechen.

Die Feuerwehr klassifiziert Brände nach dem Umfang der erforderlichen Einsatzkräfte bzw. Löschmittel:

- Kleinbrand: nicht mehr als ein Löschfahrzug mit einem C-Rohr (z.B. Pkw- oder Wertstoffcontainer-Brand)
- Mittelbrand: nicht mehr als ein Löschzug/nicht mehr als drei C-Rohre (z.B. einfacher Wohnungsbrand)
- Großbrand: mehrere Löschzüge und mehr als drei C-Rohre (z.B. Brand eines oder mehrerer Gebäude)

## Feuer- und Rettungswache

Die Unterkünfte der Berufsfeuerwehren oder Freiwilligen Feuerwehren mit hauptamtlichen Kräften werden als Feuerwache bezeichnet. Sie enthalten Stellplätze für die Feuerwehrfahrzeuge, Aufenthalts- und Schlafräume für die Wachschicht, Schulungsräume, Werkstätten und Magazine sowie Verwaltungsräume. Feuerwachen sind rund um die Uhr im Schichtdienst besetzt, die jeweils diensthabenden Feuerwehrangehörigen der Wachabteilung bezeichnet man als Wachschicht.

Ist auf der Wache auch ein Rettungswagen stationiert, spricht man von einer Feuer- und Rettungswache. Für die gemeinsame Unterbringung unterschiedlicher Gefahrenabwehrorganisationen an einem Wachstandort (Feuerwehr, Polizei, Hilfsorganisation) hat sich inzwischen der Begriff „Bunte Wache" eingebürgert.

## Flash-over

Staut sich in einem Raum die vom Feuer freigesetzte Wärme, führt die hohe Temperatur zur Gasbildung aus den Molekularstrukturen der Einrichtung. Es entstehen zündfähige Gasgemische, die den Feuerübersprung auf die Atmosphäre des gesamten Raums zur Folge haben, die plötzliche Raumdurchzündung, den sog. „Flash over". Er stellt eine besondere Gefahr für die Einsatzkräfte der Feuerwehr dar und erfordert eine geeignete persönliche Schutzausrüstung.

## Feuerwehrhaus

Die Unterkunft einer Freiwilligen Feuerwehr in ihrem Ausrückebereich wird heute in Niedersachsen als Feuerwehrhaus (früher: Feuerwehrgerätehaus) bezeichnet. Sie enthält Stellplätze für die Feuerwehrfahrzeuge, Lagerräume für Gerät, Umkleiden, Aufenthalts- bzw. Schulungsräume und Sanitärräume für die Feuerwehrangehörigen. In dem Begriff Feuerwehrhaus kommt nicht nur das erweiterte Raumangebot, sondern auch der Gemeinschaftscharakter einer Freiwilligen Feuerwehr zum Ausdruck.

## Gefahrguteinsatz

Sind in einer Schadenslage (z.B. Verkehrsunfall) gefährliche Stoffe und Güter betroffen, die explosionsgefährlich, giftig, ätzend, krebserzeugend, radioaktiv oder infektiös wirken können, spricht man von einem Gefahrguteinsatz. Die Einsatzleitung wird den oder die betreffenden Stoffe identifizieren, den Austritt solcher Stoffe unterbinden, die Umgebung der Einsatzstelle vor schädlichen Wirkungen schützen und die fachgerechte Entsorgung einleiten. Dazu verfügt die Feuerwehr über spezielle „Chemieschutzanzüge" und eine umfangreiche technische Ausrüstung.

## Großschadensereignis

Ein Großschadensereignis ist ein Schadensereignis mit einer besonders großen Zahl von Geschädigten und erheblichen Sachschäden unterhalb einer Katastrophe (Großbrand, Massenkarambolage, Flugzeugabsturz etc.). Es kann dennoch lageabhängig hilfreich sein, Strukturen und Methoden des Katastrophenschutzes zu nutzen (z.B. Stabsarbeit, Kommunikationsmittel).

### Hilfeleistungs-Löschfahrzeug

Das Hilfeleistungs-Löschfahrzeug (HLF) verbindet die Ausstattung eines traditionellen Löschgruppenfahrzeugs mit einem umfangreichen Gerätesatz für die technische Hilfeleistung. So spiegelt es auch die allmähliche Veränderung des Einsatzspektrums gerade der kommunalen Feuerwehren wider. Wie beim Löschgruppenfahrzeug gibt die Zahl nach der Abkürzung HLF die Pumpenleistung an. Die, mit 100 multipliziert, den Nennförderstrom der fest eingebauten Feuerlöschkreiselpumpe in Liter/Min. angibt, z.B. HLF 10 oder HLF 20. Dementsprechend steht die zweite Zahl für den mitgeführten Wasservorrat an (x 100).

### Hilfsfrist

Die Zeitspanne zwischen dem Eingang des Notrufes und dem Eintreffen des ersten Rettungsmittels am Schadensort wird als Hilfsfrist bezeichnet.

### Hilfsorganisationen

Private humanitäre Organisationen auf dem Gebiet der sozialen oder medizinischen Betreuung werden als Hilfsorganisationen bezeichnet. Sie arbeiten mit haupt- und ehrenamtlichen Mitarbeitern im alltäglichen Geschehen (z.B. Rettungsdienst, häusliche Pflege) werden aber auch bei Katastropheneinsätzen herangezogen. Die Hilfsorganisationen finanzieren sich aus Mitteln ihrer jeweiligen Träger, aus Spenden und den Entgelten für ihre Leistungen.

Das Technische Hilfswerk (THW) ist eine nicht rechtsfähige Bundesanstalt für Aufgaben der technischen Hilfeleistung im Bevölkerungsschutz, die sich auf eine große Zahl ehrenamtlicher Helfer stützt und aus Bundesmitteln finanziert wird.

### Hochhaus

Als Hochhaus gilt nach dem Bauordnungsrecht ein Gebäude, dessen höchstgelegener Aufenthaltsraum höher als 22 Meter über dem Gelände liegt. Bis zu dieser Höhe können Menschen über die Drehleiter gerettet werden. Hochhäuser müssen deshalb bauliche Rettungswege wie z.B. einen Sicherheitstreppenraum vorweisen.

### Hydrant

Das Löschwasser wird im Feuerwehreinsatz vor allem über Hydranten aus dem Wasserversorgungsnetz entnommen. Sie sind heute in der Regel Unterflurhydranten und deshalb mit rot-weißen Hinweisschildern an Hauswänden oder Zäunen gekennzeichnet. Der Wassertrupp der Feuerwehr setzt im Einsatz ein Standrohr auf den Hydranten und öffnet mit speziellem Werkzeug das Ventil. Die regelmäßige Überprüfung und Pflege der Hydranten wird in Wilhelmshaven von den Ortsfeuerwehren in ihrem jeweiligen Ausrückebereich wahrgenommen.

Löschwasser kann auch mit Saugschläuchen aus offenen Gewässern (z.B. Entwässerungsgräben im ländlichen Raum) oder aus Hafenbecken entnommen werden.

### Innenangriff

Mit einem Innenangriff gehen Feuerwehrtrupps in brennenden Gebäuden oder Gebäudeteilen mit Schutzausrüstung zur Menschenrettung und Brandbekämpfung vor. Er ist das gebotene Mittel der Wahl, weil er direkt auf den Brandherd oder die

Brandursache zielt. Der Innenangriff vermindert den Brandschaden und die Schäden durch Löschwasser. Die Voraussetzungen dafür sind, dass keine unmittelbare Einsturzgefahr besteht und neben dem Angriffstrupp ein Sicherheitstrupp zur Verfügung steht. In der Praxis ist der Innenangriff also der Staffel (1/5/**6**) vorbehalten.

### Katastrophe

Von einer Katastrophe spricht man, wenn das Leben oder die Gesundheit vieler Menschen, die natürlichen Lebensgrundlagen oder bedeutende Sachwerte in besonders großem Maß geschädigt wurden oder bedroht sind und die kurzfristig verfügbaren Einsatzmittel zur Gefahrenabwehr nicht ausreichen (z.B. Hochwasser, Erdbeben, längerer Ausfall der Stromversorgung). Sie erfordert das koordinierte Vorgehen von Behörden und Hilfsorganisationen auf der Grundlage besonderer Rechtsvorschriften.

### Katastrophenschutz

Der Katastrophenschutz (KatS) umfasst alle Maßnahmen der Behörden und Hilfsorganisationen zur Bewältigung einer Katastrophe. Dazu gehören auch vorbereitende Maßnahmen, wie zum Beispiel die Aufstellung von Katastrophenschutzplänen oder die Information der Bevölkerung über das richtige Verhalten in Gefahrenlagen. Der rechtliche Rahmen des Katastrophenschutzes wird im Wesentlichen nach Landesrecht gestaltet.

Örtlich zuständig ist der Oberbürgermeister/Landrat als Leiter der Kommunalverwaltung (Hauptverwaltungsbeamter/HVB). Ihm arbeitet der Katastrophenschutzstab (KatS-Stab HVB) zu, in den auch Bundes- und Landesbehörden und Hilfsorganisationen eingebunden sind. Bund und Länder wirken im Katastrophenschutz als Teil des Bevölkerungsschutzes zusammen, der Bund unterstützt die Katastrophenhilfe in den Ländern.

Die Feuerwehr stellt einen wesentlichen Teil der operativen Kräfte, in den Städten zumeist auch den organisatorischen Rahmen des Katastrophenschutzes.

### Kleinalarmfahrzeug

Das Kleinalarmfahrzeug (KLAF) ist ein Sonderfahrzeug der Feuerwehr und wird vornehmlich für kleinere technische Hilfeleistungen eingesetzt. Aufgrund seiner Ausstattung und Bestückung ist es für nachfolgende Einsätze besonders geeignet: Wasserschäden, Fenster und Türen absichern oder öffnen, Straßen und Verkehrshindernisse absichern, Tierrettung, Beseitigen von Tierkadavern, Ölspurbeseitigung u.v.a.m. Diese Funktion wurde in Wilhelmshaven durch den Gerätewagen Umweltschutz GW-U und wird heute durch den Gerätewagen Tierrettung GW-Tier nur tagsüber mit zwei Feuerwehrangehörigen (1/1/**2**) besetzt.

### Kommandowagen

Der Kommandowagen dient dem Einsatzleiter oder dem Leiter der Berufsfeuerwehr dazu, die Einsatzstelle zu erreichen und zu erkunden. Er ist mit Sondersignal, Leuchtmittel, Warnwesten und Funkgeräten ausgestattet.

### Kritischer Wohnungsbrand

Die Zahl der für einen Löschzug benötigten Feuerwehrleute in ihren jeweiligen Funktionen richtet sich nach einer alltäglich möglichen Einsatzsituation, dem so genannten „kritischen Wohnungsbrand", den die Einsatzkräfte zu bewältigen haben. Dieses Ereignis wird wie folgt beschrieben: Zimmerbrand in einem Obergeschoss eines mehrgeschossigen Wohnhauses mit Tendenz zur Ausbreitung. Der Treppenraum als erster Rettungsweg ist durch den Brandrauch für die Bewohner unpassierbar. Die tatsächliche Gefahrenlage am Einsatzort ist bei Eingang der Meldung nicht bekannt.

Der Löschzug muss personell und technisch in der Lage sein, mindestens zwei Aufgaben parallel zu lösen: Menschenrettung und Brandbekämpfung. Dazu benötigt er mindestens zwei Trupps sowie die Reservetrupps als Verstärkung oder Ablösung. Das ergibt zwei Staffeln auf je einem Löschfahrzeug. Außerdem wird auf jeden Fall eine Drehleiter mit einem Trupp für den zweiten Rettungsweg benötigt.

### Kupplungen

Kupplungen sind die genormten metallenen Anschlusselemente zwischen den Schläuchen und der Armatur (Strahlrohr, Verteiler, Pumpe).

### Leitern

Bei den tragbaren Leitern unterscheidet man die Steck-, die Schiebe- und die Hakenleiter. Die Steckleiter ist eine einfache Leiter, die mit bis zu vier Elementen zusammengesteckt und damit verlängert werden kann. Sie ist die meist benutzte Leiter und wird bis zum 2. Obergeschoss eingesetzt.

Die dreiteilige Schiebeleiter mit ihrem Gewicht von 80 bzw. 100 kg ist personalintensiv und kann bis zum dritten Obergeschoss eines Gebäudes eingesetzt werden. Die Hakenleiter ist grundsätzlich einteilig. Sie kann an Balkonen oder Fensterstürzen eingehakt werden, ist aber im Einsatz nicht mehr gebräuchlich.

### Leiterpark

Die ineinander liegenden Leitersegmente einer Drehleiter, die hydraulisch-mechanisch teleskopartig ausgefahren werden, bezeichnet man als Leiterpark.

### Löschbezirk

Der Löschbezirk (auch Ausrückebereich) beschreibt den Teilbereich des Stadtgebiets, in dem eine Ortsfeuerwehr zuständig ist. Hier wird sie nach der Alarm- und Ausrückeordnung primär alarmiert bzw. eingesetzt. Daneben erfüllen die Ortsfeuerwehren Sonderaufgaben im gesamten Stadtgebiet.

### Löschfahrzeug

Das Löschfahrzeug ist mit einer wasserfördernden Pumpe, einem Wasservorratsbehälter und den erforderlichen Geräten für die Brandbekämpfung und technische Hilfeleistung ausgestattet. Man unterscheidet hauptsächlich Löschgruppenfahrzeuge und Tanklöschfahrzeuge. Zunehmend verbreitet ist das Hilfeleistungs-Löschfahrzeug mit einer erweiterten Ausstattung zur technischen Hilfeleistung.

Die Kurzbezeichnung der Fahrzeuge gibt ihre Funktion in Buchstaben und die Ziffern dahinter die Pumpenleistung sowie den Wasservorrat an.

### Löschgruppenfahrzeug

Das Löschgruppenfahrzeug (LF) unterstützt eine Löschgruppe im Einsatz. Es ist das am weitesten verbreitete und am häufigsten eingesetzte Löschfahrzeug. Wesentliche Merkmale sind die fest eingebaute, über den Motor angetriebene Feuerlöschpumpe, der Wasservorratstank und ein Gerätesatz für die technische Hilfeleistung. Die erste Zahl nach der Abkürzung LF gibt die Pumpenleistung (x 100) an. Ist eine zweite Zahl angegeben (z.B. LF 16/12), steht sie für den mitgeführten Wasservorrat (x 100).

### Löschmonitor

Als Monitore (oder auch Wasserwerfer) bezeichnet man tragbare oder stationär auf dem Fahrzeugdach montierte große Strahlrohre, die von Hand oder durch Fernbedienung gesteuert betrieben werden können. Sie kommen vor allem dann zum Einsatz, wenn eine größere Menge Wasser zur Niederschlagung von Flammen oder z.B. zur Kühlung von Tankanlagen über einen längeren Zeitraum benötigt wird.

### Martinshorn

Die druckluftbetriebene Sondersignalanlage ist neben der Farbe Rot (RAL 3000) das Erkennungszeichen der Feuerwehr. Das Martinshorn macht zusammen mit dem Blaulicht andere Verkehrsteilnehmer darauf aufmerksam, dass Sonder- und Wegerechte in Anspruch genommen werden sollen.

Namensgeber ist die Firma Max B. Martin, die Anfang der 1930er Jahre ein Mehrton-Horn für Polizei und Feuerwehr entwickelte, das sich im Rahmen der Aufrüstung der Feuerwehren im Dritten Reich bald durchsetzte und die zuvor gebräuchlichen Glocken und Rasselwecker an den Fahrzeugen ablöste.

### Persönliche Schutzausrüstung

Der Feuerwehrangehörige trägt zum Schutz vor Gefahren im Dienst (Einsatz oder Übung) die persönliche Schutzausrüstung (PSA). Sie besteht aus dem Feuerwehrschutzanzug mit Feuerwehrschuhwerk und Handschuhen, dem Feuerwehrhelm (evtl. mit Helmvisier) und dem Haltegurt. Die Kleidung soll wärme- und wasserabweisend sowie atmungsaktiv sein und ist mit reflektierenden Warnstreifen versehen.

### Retten

Unter diesem Begriff werden alle Maßnahmen zusammengefasst, die Menschen oder Tiere durch Sofortmaßnahmen aus lebensbedrohlichen Situationen, Zwangslagen etc. befreien und ihren Gesundheitszustand stabilisieren.

### Rüstwagen

Als Sonderfahrzeug für Einsätze der technischen Hilfeleistung verfügt der Rüstwagen (RW) über eine umfangreiche Ausstattung an Werkzeugen und Spezialgeräten, mit denen Arbeiten an Fahrzeugen oder baulichen Strukturen durchgeführt werden können (z.B. Menschenrettung, Einsturzsicherung). Das Fahrzeug ist mit einem Trupp (1/1/2) besetzt.

### Spreiz- und Schneidgerät

Löschfahrzeuge mit einer Ausstattung für die technische Hilfeleistung verfügen in der Regel über einen sog. „Hydraulischen Rettungssatz". Dieser besteht aus verschiedenen Geräten zur Rettung von Menschen nach Unfällen: Rettungsschere, Rettungsspreizer, Rettungszylinder. Damit können beispielsweise verklemmte Fahrzeugtüren geöffnet oder eingedrückte Fahrzeugdächer abgenommen werden. Die Geräte werden hydraulisch angetrieben, die erforderliche Pumpe mit Stromerzeuger ist Teil der Ausstattung.

### Schlauchhaspel

Auf der Schlauchhaspel sind in der Regel fünf bis acht B-Schläuche aufgerollt. Musste die Haspel früher mit mehreren Feuerwehrkräften abgehängt und bewegt werden, so bedient man sich heute der sog. Einmannhaspeln.

### Schlauchtragekorb

In einem Schlauchtragekorb sind in der Regel zwei B- oder drei C-Schläuche in Buchten verladen, so dass sie von einem bzw. zwei Feuerwehrkräften relativ schnell transportiert und vor Ort ausgebracht werden können.

### Schnellangriffseinrichtung

Sie besteht aus einem formstabilen Druckschlauch mit vormontiertem Strahlrohr, der über die Pumpe des Löschfahrzeugs mit dem Wassertank verbunden ist und ohne weitere Vorbereitungen eingesetzt werden kann.

### Schutzziel

Zur Ermittlung der Größe einer Feuerwehr, d.h. der erforderlichen Anzahl an Einsatzkräften, der Fahrzeuge (Rettungsmittel) und deren optimaler Standorte im Ausrückegebiet muss zunächst der zu gewährleistende Sicherheitsstandard festgelegt werden. Dieser wird als Schutzziel definiert. Es beschreibt, innerhalb welcher Hilfsfrist nach dem Eingang des Notrufs welche Rettungsmittel zu jeder Tages- und Nachtzeit am Schadensort eintreffen sollen.

Im Brandschutz bildet die Einsatzsituation des kritischen Wohnungsbrandes dafür die Grundlage. Daraus ergeben sich die erforderlichen Rettungsmittel und die verfügbare Zeit, um Menschenleben zu retten und/oder eine Ausbreitung des Brandes zu verhindern. Die Schutzziele sind im Brandschutzbedarfsplan definiert und durch einen Beschluss des Rates der Stadt Wilhelmshaven als verbindlich erklärt worden. Die Hilfsfrist für den Rettungsdienst ist den Kommunen als Trägern des Rettungsdienstes im Niedersächsischen Rettungsdienstgesetz (NRettDG) vorgegeben.

### Stabsrahmenübung

Die Stabsrahmenübung ist neben den Lehrgängen die übliche Form der Ausbildung eines Katastrophenschutzstabes. Sie läuft nur für den übenden Stab ab, ohne die Einsatzkräfte „draußen". Grundlage ist ein vorgegebenes Übungsszenario, das der Stab mit seinen Mitteln und Methoden (Lagebeurteilung, Planung, Entscheidung) durchspielt. Die Außenwelt wird durch einen Gegenstab abgebildet, der die Arbeit des übenden Stabes beobachtet und Einfluss auf den Verlauf nimmt. Die gesamte Kommunikation läuft über die Fernmeldekomponente des Katastrophenschutz-Lagezentrums.

### Strahlrohr

Das handgeführte Strahlrohr ist das standardmäßige Löschinstrument des Angriffstrupps. Es wird von einem C-Schlauch vom Verteiler aus mit Löschwasser versorgt und kann mit unterschiedlichem Druck und verschiedenen Streubreiten eingesetzt werden. Während das C-Strahlrohr von einem Feuerwehrangehörigen gehalten werden kann, sind für das B-Rohr zwei bis drei Personen erforderlich.

### Stützpunkt- oder Schwerpunktfeuerwehr

Für die Ortsfeuerwehren als kommunale Einrichtungen der Freiwilligen Feuerwehr werden in den einschlägigen Rechtsvorschriften Größenklassen definiert, die als Maßstab für die Planung der Gemeinden gelten. Die „Grundausstattungsfeuerwehr" wird nur in ihrem Löschbezirk tätig, sie muss mindestens eine Löschgruppe (1/8/**9**) stellen und über ein Löschfahrzeug mit Gruppenbesatzung verfügen.

Die „Stützpunktfeuerwehr" stellt mindestens eine Löschgruppe (1/8/**9**) und einen selbstständigen Trupp (1/2/**3**), alternativ zwei Löschstaffeln (1/5/**6**). Die Mindestausrüstung besteht aus einem Löschfahrzeug mit Gruppenbesatzung sowie einem weiteren Fahrzeug mit Truppbesatzung oder zwei Löschfahrzeugen mit Staffelbesatzung.

Die „Schwerpunktfeuerwehr" stellt mindestens einen Löschzug (1/1/2/18/**22**), sie verfügt über mindestens zwei Löschfahrzeuge mit Gruppenbesatzung oder entsprechende Fahrzeugäquivalente sowie ein Einsatzleitfahrzeug (ELW). Sie kann auch außerhalb der Gebietskörperschaft eingesetzt werden.

In allen drei Fällen ist zur Berechnung der Mindeststärke eine Personalreserve von 100 % hinzuzurechnen. Für Kommunen mit Berufsfeuerwehr gelten die Festlegungen des Brandschutzbedarfsplans. In Wilhelmshaven sind die beiden innerstädtischen Ortsfeuerwehren Schwerpunktfeuerwehren mit je einem Löschzug. Die beiden Ortsfeuerwehren im ländlichen Raum sind Stützpunktfeuerwehren, bilden aber im Einsatz gemeinsam einen Löschzug.

### Tanklöschfahrzeug

Das Tanklöschfahrzeug (TLF) hat eine fest eingebaute Feuerlöschpumpe wie die Löschgruppenfahrzeuge und in der Regel eine Kabine für eine Staffel oder einen selbstständigen Trupp. Es führt jedoch einen größeren Wasservorrat mit sich, sodass Brände eine vergleichsweise längere Zeit autark bekämpft werden können. Die Zahl hinter der Abkürzung TLF bezeichnet die Pumpenleistung.

### Technische Einsatzleitung

In länger andauernden Katastrophenlagen, bei Großschadenslagen oder komplexen Feuerwehreinsätzen kann es angezeigt sein, unterhalb der Gesamtleitung eine Technische Einsatzleitung (TEL) einzurichten, die mit eigenem Stabspersonal und Kommunikationsmitteln eine bestimmte Aufgabe (z.B. Evakuierung, Betreuung) oder einen räumlichen Einsatzabschnitt (z.B. einen Deichabschnitt bei Hochwasser) verantwortet. Auch die Einsatzleitung des Behandlungsplatzes für den Massenanfall von Verletzten (MANV) ist eine solche technische Einsatzleitung.

## Technische Hilfeleistung

Zur Technischen Hilfeleistung gehören alle Maßnahmen, die zur Abwehr von Gefahren für Menschen oder Sachen aus Schadensereignissen mit Hilfe einer spezialisierten Ausrüstung durchgeführt werden. Typische Ereignisse sind Verkehrsunfälle, umstürzende Bäume oder einstürzende bzw. einsturzgefährdete Gebäude sowie überflutete Straßen und Keller.

## Tragkraftspritze

Als Tragkraftspritze (TS) bezeichnet man eine tragbare Löschwasserpumpe mit einer Leistung von 800 oder 1.600 Liter/Min. Sie kann mittels seitlicher Tragegriffe von vier Einsatzkräften bewegt werden. Die TS wird entweder auf einem Anhänger (TSA) zum Einsatz gebracht oder ist in einem Tragkraftspritzenfahrzeug (TSF) eingebaut.

## Trockenlöschfahrzeug/Pulverlöschfahrzeug

Für Einsätze bei Bränden von wasserunverträglichen Stoffen (z.B. bestimmten Metallen) auf Flughäfen oder in Chemiebetrieben verfügt das Trockenlöschfahrzeug (TroLF) über eine große Pulverlöschanlage mit einem entsprechenden Löschmittelvorrat (zwischen 500 und 3.000 kg im Vergleich zu 10 kg bei einem Handfeuerlöscher) und eine kleine feuerwehrtechnische Beladung. Als Sonderfahrzeug wird es mit einem Trupp (1/1/**2**) besetzt.

## Verteiler

Der Verteiler ist die wasserführende Armatur zwischen der Löschwasserzufuhr (zumeist *B*-Schlauch) und der Wasserversorgung für die Strahlrohre der Angriffstrupps.

## Vorbeugender Brandschutz

Der Vorbeugende Brandschutz umfasst alle Maßnahmen, die einen Brand verhindern oder seine Ausbreitung und Auswirkungen eingrenzen. Dazu gehören bauliche oder anlagentechnische Elemente (z.B. feuerhemmende Baustoffe, Brandschutztüren, Fluchtwege) und organisatorische Elemente (z.B. Feuerwehreinsatzpläne, Brandschutzordnungen, Brandschutzerziehung). Die Einhaltung der entsprechenden Vorschriften wird in regelmäßigen Brandschauen überprüft.

## Wachschicht

Der Einsatzdienst der Berufsfeuerwehr ist in drei Wachabteilungen aus den für 24 Stunden eingeteilten Feuerwehrangehörigen organisiert, aufgeteilt in Wachschichten für die Feuer- und Rettungswachen I (Mozartstraße) und II (Albrechtstraße). Die beiden jeweiligen Wachschichtleiter (Hauptbrandmeister) steuern den inneren Dienstbetrieb einer Wachschicht und tragen die Verantwortung für die Einsatzbereitschaft von Mannschaft und Gerät. Dazu gehören die Aufstellung des Monatsdienstplans oder die regelmäßige Aufgaben- bzw. Arbeitsverteilung.

Die Wachabteilung bildet eine organisatorische Klammer, ohne eigene Führungsebene. Der Wachschichtleiter in der Mozartstraße trägt die Verantwortung für die größere Wachschicht (Löschfahrzeug, Drehleiter, Rettungswagen), er ist auch für den Personalaustausch zwischen den beiden Wachschichten zuständig. Zu seiner Unterstützung sind je ein „Oberbrandmeister vom Dienst" und ein „Brandmeister vom Dienst" eingeteilt.

Im Einsatz nimmt der im Dienst befindliche Wachschichtleiter der Feuer- und Rettungswache I (Mozartstraße) die Funktion des Gruppenführers wahr, sein Kollege von der Feuer- und Rettungswache II (Albrechtstraße) die des Staffelführers. Für den aus den Fahrzeugen beider Wachen gebildeten Löschzug ist der gleichzeitig ausrückende Einsatzleiter der Zugführer.

### Wenderohr

Das Wenderohr ist am Korb der Drehleiter befestigt und kann zum Löscheinsatz als Wasserwerfer aus größerer Höhe eingesetzt werden.

## 2 Die Aufgaben der Berufsfeuerwehr heute[701]

1. Produkt „Abwehrender Brandschutz"

- Abwehr von Gefahren durch Brände
- Hilfeleistung bei Unglücksfällen sowie bei Notständen
- Abwehr von Umweltgefahren und Schäden durch gefährliche Stoffe und Güter
- Einrichtung und Unterhaltung von Werkstätten zur Unterbringung, Pflege und Prüfung von Fahrzeugen, Gerät und Material der Feuerwehr („Feuerwehrtechnische Zentrale").
- Einrichtung, Betrieb und Unterhaltung einer ständig besetzten Feuerwehreinsatzleitstelle (FEL) für Brandschutz- und Hilfeleistungs-Leitstelle (als Teilaufgabe der Leitstelle)
- Einsatzleitung bei Großschadensereignissen (unter Beteiligung der Freiwilligen Feuerwehr, der Polizei, der Hilfsorganisationen des Rettungsdienstes, des Technischen Hilfswerkes (THW), der Deutschen Lebensrettungsgesellschaft (DLRG) und andere externer Organisationen)
- Einrichtung von Strukturen für die Abwehr von Großschadensereignissen (z.B. Katastrophenschutz-Stab des Oberbürgermeisters als Hauptverwaltungsbeamter)
- Erstellen von Alarm- und Einsatzplänen
- Fort- und Weiterbildung, Erprobung der Leistungsfähigkeit durch Übungen
- Betreuung und Verwaltung der Freiwilligen Feuerwehr
- Durchführung von Ausbildungslehrgängen
- Organisation und Koordination der Notfallseelsorge
- Leistung von Nachbarschaftshilfe in anderen Gemeinden auf deren Ersuchen oder auf Anforderung der Aufsichtsbehörde
- Hilfeleistung im Rettungsdienst, insbesondere bei Großschadenslagen.

2. Produkt „Vorbeugender Brandschutz"

- Mitwirkung im baurechtlichen Verfahren, Stellungnahmen bzw. Gutachten zum abwehrenden Brandschutz
  - passiver Brandschutz durch geeignete Bauelemente wie z.B. feuerbeständige Wände, Decken und Türen
  - Löschwasserversorgung
  - Zugänglichkeit, Flucht- und Rettungswege
  - Lage und Anordnung der zum Anleitern bestimmter Stellen zur Sicherstellung des zweiten Rettungsweges
  - Löschwasserrückhalteanlagen
  - Anlagen, Einrichtungen und Geräte für die Brandbekämpfung sowie für die Brandmeldung und die Alarmierung im Brandfall
  - betriebliche Maßnahmen zur Brandverhütung und Brandbekämpfung sowie zur Rettung von Menschen und Tieren
  - Durchführung der hauptamtlichen Brandschau
  - Stellung von Brandsicherheitswachen nach baurechtlichen Vorschriften (Sonderbauverordnung)
  - Stellung von Brandsicherheitswachen bei Veranstaltungen, auf denen eine erhöhte Brandgefahr besteht oder bei Ausbruch eines Brandes eine große Anzahl von Personen gefährdet ist
  - Aufklärung der Bevölkerung über das Verhalten bei Bränden, sachgerechtem Umgang mit Feuer, das Verhüten von Bränden sowie über die Möglichkeit der Selbsthilfe

3. Produkt „Rettungsdienst"

- Mitwirkung im Rettungsdienst gemäß Rettungsdienstbedarfsplan
- Einrichtung, Betrieb und Unterhaltung einer Rettungsleitstelle (als Teilaufgabe der Leitstelle)
- Planung, Organisation und Überwachung des Rettungsdienstes im Gebiet der Stadt Wilhelmshaven
- Stellen einer örtlichen Einsatzleitung, die bei einem größeren Notfall am Einsatzort Aufgaben der Rettungsleitstelle übernimmt

4. Produkt „Katastrophenabwehr/Bevölkerungsschutz"

- Betreuung der im Katastrophenschutz mitwirkenden Hilfsorganisationen
- Planung und Sicherstellung der Führungsarbeit im Betrieb des Stabsraumes/Lagezentrums Katastrophenschutz-Stab Hauptverwaltungsbeamter
- Planung und Durchführung des Zivilschutzes
- Planung der Versorgung und Bedarfsdeckung
- Wahrnehmung der Aufgaben der zivilen Verteidigung
- Einrichtung, Betrieb und Unterhaltung eines ständigen Meldekopfes für den zivilen Katastrophenschutz (als Teilaufgabe der Leitstelle).

5. Produkt „Aufgabenwahrnehmung für Dritte"

- Bekämpfung von Schiffsbränden und Hilfeleistung auf Schiffen
  - in den Hafenanlagen vor dem Rüstersieler Groden, dem Voslapper Groden und den angrenzenden Seewasserstraßen
  - im Mündungstrichter der Weser und der angrenzenden Seewasserstraßen bis zur seewärtigen Begrenzung des Küstenmeeres
- Aus- und Fortbildung für Dritte (z. B. Berufsfeuerwehren anderer Städte, Werkfeuerwehren)
- Aus- und Fortbildung für die Brandbekämpfung und Hilfeleistung auf Schiffen der Feuerwehreinsatzkräfte der kommunalen Feuerwehren im Land Niedersachsen
- Betrieb einer Feuerlöscherwerkstatt zur Prüfung und Wartung von Feuerlöschern von Einrichtungen der Stadt Wilhelmshaven
- Weiterleitung von Warn- und Wettermeldungen
- Annahme und Weiterleitung von Notdienstanforderungen, Alarmierung von Rufbereitschaften für andere Fachbereiche und Einrichtungen (z. B. Fachbereich Bürgeramt und öffentliche Ordnung, Dezernentenrufbereitschaft)
- Beseitigung von Öl- und Kraftstoffspuren auf öffentlichen Verkehrs- und Wasserflächen
- Schließen der Deichtore bei Sturmflutwarnung
- Überprüfung von Steigleitungen
- Unterstützung von städtischen Großveranstaltungen

## 3 Hauptleute/Führer der Freiwilligen Feuerwehren 1880 – 1945

Freiwillige Feuerwehr Wilhelmshaven

1880 – 1881 Alwin Weigelin
1881 – 1884 Hermann Grashorn
1884 – 1886 Emil Wittber
1886 – 1890 Adolf Grohmann
1890 – 1900 Julius Bürger
1900 – 1916 Wilhelm Thörner
1916 – 1930 Hinrich Janßen
1930 – 1933 Otto Fröhlich
1934 – 1942 Heinrich Isermann
1942 – 1945 Waldemar Baron

Freiwillige Feuerwehr Bant,
Rüstringen I/Oldeoogestraße

1897 – 1920 Wilhelm Köster
1920 – 1923 Gerhard Heeren
1923 – 1925 Wilhelm Kluth
1925 – 1934 Karl Ott
1934 – 1945 Otto Maier

Freiwillige Feuerwehr Heppens,
Rüstringen II

1900 – k. A. Friedrich Wilken
k. A ... Otto
k. A. Wilhelm Knauf
k. A. – 1930 Folkert Ommen

Freiwillige Feuerwehr Neuende,
Rüstringen III

1904 – 1912 Ibo Koch
1912 – 1922 Johann Rogge
1922 – 1930 Wilhelm Ulich

Freiwillige Feuerwehr Neuengroden,
Rüstringen IV bzw. II/Triftweg

| | |
|---|---|
| 1919 – 1932 | Wilhelm Tietken |
| 1932 – 1934 | Johann Gerdes |
| 1934 – 1945 | Karl Matzke |

Freiwillige Feuerwehr Voslapp

| | |
|---|---|
| 1940 – 1945 | Fritz Upts |

## 4 Angehörige der Feuerschutzpolizei Wilhelmshaven 1945[702]

(Ort in Klammern: abgeordnet von anderen Feuerwehren)

| | | | |
|---|---|---|---|
| Major | Spohn | Hauptwachtmeister | Behrens (W'münde) |
| Hauptmann | Warnsholz | Bez.Oberwachtm. | John |
| Hauptmann | Flachsbart | Bez.Oberwachtm. | Wöhlbrand |
| Bez.-Oberleutnant | Melber | Bez.Oberwachtm. | Scherf |
| Leutnant | Dämmrich | Bez.Oberwachtm. | Müller |
| Leutnant | Strowig | Bez.Oberwachtm. | Eilers |
| Leutnant | Albrecht | Bez.Oberwachtm. | Flügge |
| Leutnant | Graetz (LS-Polizei) | Bez.Oberwachtm. | Taddiken |
| Meister | Grotheer | Bez.Oberwachtm. | Gerdes |
| Meister | Steffens | Bez.Oberwachtm. | Steitz (Wesermünde) |
| Meister | Wilts | Bez.Oberwachtm. | Behrens, (W'münde) |
| Meister | Ellerhold | Bez.Oberwachtm. | Wölke (LS-Polizei) |
| Meister | Bethke | Bez.Oberwachtm. | Spreen (LS-Polizei) |
| Meister | Schlee | Bez.Oberwachtm. | Angerstein (LS-Pol.) |
| Meister | Podlanski (Bremen) | Bez.Oberwachtm. | Wille (LS-Polizei) |
| Hauptwachtmeister | Grenz | Bez.Oberwachtm. | Heubaum (LS-Pol.) |
| Hauptwachtmeister | Richter | Bez.Oberwachtm. | Habermann(LS-Pol.) |
| Hauptwachtmeister | Holzwarth | Bez.Oberwachtm. | Körting (LS-Polizei) |
| Hauptwachtmeister | Riemichen | Bez.Oberwachtm. | Burmeister (LS-Pol.) |
| Hauptwachtmeister | Kuschmann | Oberwachtmeister | Kampmeyer (Bre.) |
| Hauptwachtmeister | Jung | Oberwachtmeister | Weers (LS-Polizei) |
| Hauptwachtmeister | Janßen, Erich | Oberwachtmeister | Holweg (LS-Polizei) |
| Hauptwachtmeister | Lehmann (Hamburg) | Wachtmeister | Friedhoff (LS-Pol.) |
| Hauptwachtmeister | Behnke (Hamburg) | Wachtmeister | Hofmann, (LS-Pol.) |
| Hauptwachtmeister | Strüwing (Hamburg) | Wachtmeister | Dirks (LS-Polizei) |
| Hauptwachtmeister | Bernhardt (Bremen) | Wachtmeister | Behrens, (LS-Pol.) |
| Hauptwachtmeister | Höving (Bremen) | Wachtmeister | Döring (LS-Polizei) |
| Hauptwachtmeister | Hartig (Bremen) | Wachtmeister | Stahlmann (LS-Pol.) |
| Hauptwachtmeister | Hinners (Bremen) | Wachtmeister | Strelitz (LS-Pol.) |
| Hauptwachtmeister | Streckfuß (Bremen) | Wachtmeister | Schmidt (LS-Pol.) |
| Hauptwachtmeister | Becker (Bremen) | Wachtmeister | Bleek (LS-Polizei) |
| Hauptwachtmeister | Leppin (LS-Polizei) | Rottwachtmeister | Dahms (LS-Polizei) |
| Hauptwachtmeister | Henn (Wesermünde) | Rottwachtmeister | Angerstein (LS-Pol.) |
| Hauptwachtmeister | Lohaus (W'münde) | Rottwachtmeister | Egon (LS-Polizei) |

Zum auswärtigen Einsatz abgeordnet:

| | | | |
|---|---|---|---|
| Hauptwachtmeister | <u>Walther</u> | Hauptwachtmeister | Buß |
| Hauptwachtmeister | Winkler | Bez.Oberwachtm. | Groll |
| Hauptwachtmeister | <u>Zitting</u> | Bez.Oberwachtm. | <u>Ehrke</u> |
| Hauptwachtmeister | <u>Semrau</u> | Bez.Oberwachtm. | Faber |
| Hauptwachtmeister | Löffler | Bez.Oberwachtm. | Rehberg |
| Hauptwachtmeister | <u>Janßen, Herrmann</u> | Bez.Oberwachtm. | Horst |

(Unterstrichen: Feuerwehrmänner, die auch ein Jahr später noch der Berufsfeuerwehr angehörten)

## 5 Personalübersicht der Berufsfeuerwehr 1946

| Name, Vorname | Geb.-Datum | Geburtsort | Dienstbezeichnung |
|---|---|---|---|
| **Meyer zu Köcker, Hans** | **24.05.1905** | **Bielefeld** | **Brandrat** |
| Dämmrich, Rudolf | 23.11.1908 | Werdam/Sachsen | Brandingenieur |
| Macijewski, Andreas | 31.10.1899 | Radlow/Schlesien | Hauptbrandmeister |
| Ellerhold, Adolf | 04.05.1894 | Käsemark/Danzig | Unterbrandmeister |
| Schlee, Hermann | 15.05.1900 | Offenbach | Unterbrandmeister |
| Hermann, Reinhard | 31.07.1897 | Borschenen/Ostpreußen | Unterbrandmeister |
| Heide, Heinrich | 17.06.1906 | Obersalzbrunn/N.Schlesien | Unterbrandmeister |
| Steffens, Thilo | 08.03.1897 | Rees/Kreis Kleve | Unterbrandmeister |
| Bethke, Fritz | 17.04.1897 | Königsberg | Unterbrandmeister |
| Grotheer, Richard | 16.06.1907 | Wesermünde | Unterbrandmeister |
| **Jung, Johannes** | **23.05.1897** | **Wilhelmshaven** | **Unterbrandmeister** |
| Kuschmann, Kurt | 23.02.1904 | Forst/Lausitz | Oberfeuerwehrmann |
| Leppin, Bernhard | 23.09.1895 | Regelin/Kr. Ruppin | Oberfeuerwehrmann |
| Gerdes, Theodor | 23.04.1911 | Rüstringen | Oberfeuerwehrmann |
| **Riemichen, Willi** | **01.06.1903** | **Leibach/Kr. Beskow** | **Oberfeuerwehrmann** |
| Walther, Edmund | 07.03.1910 | Plauen/Vogtland | Oberfeuerwehrmann |
| Semrau, Herbert | 25.04.1907 | Nakel/Posen | Oberfeuerwehrmann |
| **Wöhlbrand, Hans** | **19.02.1910** | **Hamburg** | **Oberfeuerwehrmann** |
| John, Paul | 18.10.1908 | Wilhelmshaven | Oberfeuerwehrmann |
| **Janßen, Onno** | **03.04.1886** | **Norden** | **Oberfeuerwehrmann** |
| Scherf, Johann | 12.10.1910 | Wilhelmshaven | Oberfeuerwehrmann |
| Grenz, Albert | 09.08.1902 | Danzig | Oberfeuerwehrmann |
| Holzwarth, Lorenz | 05.01.1904 | Regensburg | Oberfeuerwehrmann |
| Fricke, Theodor | 16.01.1914 | Bunte/Ostfriesland | Oberfeuerwehrmann |
| Janßen, Erich | 18.01.1906 | Wilhelmshaven | Oberfeuerwehrmann |
| Behrends, Hans | 29.08.1899 | Wilhelmshaven | Feuerwehrmann |
| **Dahms, Franz** | **12.08.1898** | **Essen** | **Feuerwehrmann** |
| Friedhoff, Heinrich | 14.02.1892 | Sonsbeck/Kr. Wesel | Feuerwehrmann |
| Eiben, Johann | 28.08.1910 | Wilhelmshaven | Feuerwehrmann |

| | | | |
|---|---|---|---|
| Richter, Walter | 04.09.1907 | Wilhelmshaven | Feuerwehrmann |
| **Krummbügel, Wilhelm** | **12.12.1904** | **Wilhelmshaven** | **Feuerwehrmann** |
| **Brandt, Karl** | **13.12.1904** | **Braunschweig** | **Feuerwehrmann** |
| Haase, August | 16.09.1903 | Geestemünde | Feuerwehrmann |
| Müller, Anton | 27.08.1904 | Bant | Feuerwehrmann |
| Gerdes, Johannes | 17.10. 1904 | Wilhelmshaven | Feuerwehrmann |
| Lührs, Fritz | 24.04.1907 | Rüstringen | Feuerwehrmann |
| Schwengel, Hinrich | 15.01.1911 | Jever | Feuerwehrmann |
| Stahlmann, Willy | 15.05.1894 | Holtensen/Kr. Einbeck | Feuerwehrmann |
| Planteur, Wilhelm | 05.03.1908 | Rüstringen | Feuerwehrmann |
| Eilers, Gerhard | 18.11.1904 | Wilhelmshaven | Feuerwehrmann |
| Dirks, Karl | 28.03.1894 | Pumpsiel/Kr. Wittmund | Feuerwehrmann |
| **Döring, Paul** | **27.02.1892** | **Wilhelmshaven** | **Feuerwehrmann** |
| Janßen, Wilhelm | 04.03.1907 | Wilhelmshaven | Feuerwehrmann |
| Hinrichs, Gerhard | 16.09.1913 | Wilhelmshaven | Feuerwehrmann |
| **Flügge, Gerhard** | **07.06.1905** | **Bant** | **Feuerwehrmann** |
| Bautz, Ludwig | 16.10.1904 | Tuniscken/Ostpreußen | Feuerwehrmann |
| Schneider, Wilhelm | 05.02.1905 | Dudweiler/Saar | Feuerwehrmann |
| Freese, Heinrich | 16.08.1910 | Moorweg/Kr. Wittmund | Feuerwehrmann |
| Schoon, Willi | 24.05.1911 | Wilhelmshaven | Feuerwehrmann |
| Spreen, Friedrich | 11.04.1890 | Schorkumerdeich/Blexen | Feuerwehrmann |
| Faber, Ludwig | 18.09.1912 | Wega/Ederkreis | Feuerwehrmann |
| Wojtas, Günther | 10.02.1923 | Berlin | Fm.-Anwärter |
| **Schönlein, Hans-Gerd** | **13.09.1911** | **Berlin** | **Fm.-Anwärter** |
| **Söllner, Eberhard** | **20.03.1916** | **München** | **Fm.-Anwärter** |
| Wilde, Hans | 23.09.1927 | Breslau | Fm.-Anwärter |
| **Naumann, Heinz** | **11.01.1920** | **Chemnitz** | **Fm.-Anwärter** |
| **Kraus, Hubert** | **27.04.1914** | **Wuppertal-Barmen** | **Fm.-Anwärter** |
| Scherf, Hans | 01.01.1920 | Rüstringen | Fm.-Anwärter |
| Dietz, Hans | 19.09.1916 | Mainz | Fm.-Anwärter |
| Aden, Otto | 13.02.1909 | Wilhelmshaven | Fm.-Anwärter |
| Karl, Johann | 12.04.1916 | Amberg/Oberpfalz | Fm.-Anwärter |
| Grube, Friedrich | 23.10.1916 | Wilhelmshaven | Fm.-Anwärter |
| Wigger, Hans | 10.07.1926 | Wilhelmshaven | Fm.-Anwärter |
| **Brach, Georg** | **17.04.1918** | **Offenbach** | **Fm.-Anwärter** |
| Heeren, Kätchen | | | Telefonistin |
| Willms, Hedwig | | | Verw.-Angestellte |
| Sabrowski, Helene | | | Reinemachefrau |

Zugänge nach dem Mai 1946:

| | | | |
|---|---|---|---|
| Adam, Erich | 14.07.1916 | Wilhelmshaven | Oberfeuerwehrmann |
| van Büren, Bernhard | 26.07.1908 | Sande | Feuerwehrmann |
| Ehrke, Willy | 11.03.1912 | Baabe/Rügen | Oberfeuerwehrmann |
| **Karl, Johann** | **12.04.1906** | **Amberg** | **Feuerwehrmann** |

| | | | |
|---|---|---|---|
| Kranich, Wilhelm | 10.03.1909 | Wilhelmshaven | Feuerwehrmann |
| Schwarz, Herbert | 09.03.1914 | Oldenburg | Feuerwehrmann |
| Zitting, Heinrich | 01.10.1909 | Wilhelmshaven | Oberfeuerwehrmann |
| **Schoon, Willy** | **24.05.1911** | **Wilhelmshaven** | **Feuerwehrmann** |
| Janßen, Hermann | 25.01.1908 | Lehe/Kr. Wesermünde | k. A. |

Die Übersicht basiert auf Personallisten, die Anfang Mai 1946 für die Entnazifizierung und Übernahme von Feuerwehrleuten aus der Feuerschutzpolizei, dem Luftschutz oder der Werftfeuerwehr sowie für Neueinstellungen aufgestellt wurden.

Sie wurden vom Verfasser mit einer Personalkartei, Stand 1951, abgeglichen. Hervorgehoben sind diejenigen Feuerwehrangehörigen, die ausweislich der Personalkartei 1951 (StAW, Best. 3753) die Feuerwehr bis etwa 1951 aus den unterschiedlichsten Gründen wieder verließen. Einige von ihnen (Kraus, Krummbügel, Schönlein) kehrten jedoch im Laufe der 1950er Jahre wieder zur Berufsfeuerwehr zurück.

Diese Kartei wurde offenkundig schon während des Krieges begonnen, sie enthielt ursprünglich auch Angaben über die Mitgliedschaften in der NSDAP oder Parteiorganisationen wie der SS. Diese Angaben wurden vermutlich unmittelbar nach dem Kriegsende geschwärzt.

Die Gesamtzahl von 65 Feuerwehrleuten liegt über dem damaligen von der Militärregierung festgelegten Stellen-Soll von 59, welches durch Nichtübernahme von Anwärtern u.ä. erst gegen Ende 1946 erreicht wurde.

## 6 Aktive Angehörige der Freiwilligen Feuerwehr 1949[703]

(Einheitsführer unterstrichen)

Wache Mozartstraße (17 Aktive):

| | |
|---|---|
| <u>Harms, Johann</u> | 16.05.1898 |
| Azzolini, Karl-Heinz | 20.10.1927 |
| Dehne, Friedrich Wilhelm | 18.09.1925 |
| Goldammer, Benno | 27.02.1928 |
| Haasche, Heinrich | 15.02.1927 |
| Heidemann, Helmut | 20.05.1928 |
| Legrand, Gerhard | 24.09.1918 |
| Leiner, Gustav | 07.11.1925 |
| Link, Erich | 21.05.1897 |
| Matthiesen, Heinz | 24.12.1926 |
| Radine, Rudolf | 25.08.1928 |
| Rickleffs, Franz | 19.05.1927 |
| Schönbohm, Johann | 11.01.1911 |
| Schwartz, Richard | 04.03.1927 |
| Warner, Bernhard | 28.12.1927 |
| Weber, Rolf | 08.04.1925 |
| Schulze, Günther | 04.09.1923 |

Wache Oldeoogestraße (24 Aktive)

| | |
|---|---|
| <u>Meyer, Otto</u> | 29.06.1891 |
| Bogena, Erich | 18.10.1931 |
| David, Horst | 28.02.1931 |
| David, Heinz | 13.08.1929 |
| Doden, Georg | 01.08.1895 |
| Fritsch, Alex | 29.05.1903 |
| Fiedler. Martin | 1.02.1913 |
| Görrels, Kurt | 28.04.1929 |
| Gruben, Johann | 30.04.1905 |
| Kempen, Hans | 23.08.1931 |
| Kempf, Bruno | 21.07.1920 |
| Ewald Klusmann | 14.06.1928 |
| Kromer, Alfred | 25.08.1931 |
| Kraft, Max | 09.01.1903 |
| Krüger, Rudolf | 01.05.1893 |
| Klemptner, Fritz | 16.10.1915 |
| Meinhard, Otto | 24.02.1929 |

| | |
|---|---|
| Peter, Gerhard | 29.05.1930 |
| Pollmann, Kurt | 30.01.1928 |
| Psarski, Helmut | 07.02.1914 |
| Schmidt, Bruno | 13.10.1920 |
| Weddermann, Heinrich | 02.07.1892 |
| Krüger, Enno | 16.09.1931 |
| Bents, Johann | 06.05.1887 |

Wache Neuengroden (25 Aktive)

| | |
|---|---|
| <u>Michel, Ludwig</u> | 28.08.1894 |
| Arians, Egon | 15.07.1931 |
| Dunker, Bernhard | 09.07.1900 |
| Franke, Werner | 09.07.1921 |
| Gorek, Richard | 01.04.1914 |
| Gose, Hermann | 15.04.1928 |
| Güldenstein, Günther | 01.01.1930 |
| Harms, Karl | 06.10.1927 |
| Hasberg, Heinrich | 07.01.1931 |
| Hilbert, Kurt | 16.06.1926 |
| Hoßbach, Walter | 14.08.1908 |
| Janßen, August | 07.06.1927 |
| Jünemann, Georg | 06.04.1921 |
| Matzke, Wilhelm | 29.11.1904 |
| Matzke, Werner | 12.10.1921 |
| Michel, Karl | 15.05.1929 |
| Möhlmann, Johannes | 16.11.1925 |
| Nordmann, Benno | 04.02.1923 |
| Pipoh, Erich | 21.08.1926 |
| Rögener, Erwin | 07.01.1930 |
| Schröder, Joachim | 30.09.1930 |
| Schultze, Fritz | 21.07.1913 |
| Vienup, Rudolf | 15.06.1910 |
| Westphal, Herbert | 23.07.1920 |
| Wilken, Fritz | 02.07.1928 |

Wache Fedderwardergroden (15 Aktive)

| | |
|---|---|
| <u>Ruseler, Fritz</u> | 02.03.1898 |
| Götze, Emil | 09.09.1880 |
| Linke, Herbert | 16.02.1913 |
| Eikens, Johann | 07.07.1919 |
| Bredehorn, Karl | 21.02.1923 |
| Schneider, Otto | 09.11.1913 |
| Buß, Walter | 21.01.1929 |
| Ehrhardt, Rolf | 10.11.1927 |
| Faß, Ernst | 13.01.1916 |
| Rabben, Günther | 05.08.1924 |
| Meyer, Karl-Heinz | 11.10.1923 |
| Götze, Emil | 09.02.1914 |
| Schmidt, Herbert | 13.10.1927 |
| Ruseler, Werner | 28.12.1925 |
| Riedel, Fredo | 01.10.1921 |

Wache Voslapp (15 Aktive)

| | |
|---|---|
| <u>Buchholz, Franz</u> | 05.09.1903 |
| Ahrens, Günther | 04.08.1926 |
| Christophers, Johann | 17.04.1930 |
| Fellensiek, Helmut | 14.06.1927 |
| Höpner, Günther | 12.10.1924 |
| Omland, Harry | 20.09.1928 |
| Omland, Horst | 01.08.1930 |
| Peters, Johann | 01.01.1924 |
| Rölke, Heinrich | 27.09.1927 |
| Seifert, Alexander | 05.07.1931 |
| Schoolmann, Otto | 08.11.1927 |
| Toben, Hinrich | 11.11.1929 |
| Uphoff, Jelte | 12.10.1926 |
| Ziegeler, Heinrich | 08.02.1929 |
| Halanna, Günther | 09.03.1927 |

insgesamt 96 Aktive

## 7 Leiter der Berufsfeuerwehr und Stellvertreter 1945 – 2015

**Leiter:**

| | |
|---|---|
| Hans Meyer zu Köcker | 1945 – 1947 |
| Andreas Macijewski | 1947 – 1960 |
| Richard Grotheer | 1960 – 1967 |
| Theodor Gerdes | 1967 – 1971 |
| Hans Wigger | 1971 – 1983 |
| Erich Gerdes | 1983 – 1992 |
| Thomas Jeziorek | 1992 – 2000 |
| Steffen Lutter | seit 2001 |

**Stellvertreter:**

| | |
|---|---|
| Rudolf Dämmrich | 1945 – 1960 |
| Theodor Gerdes | 1960 – 1967 |
| Gerhard Hinrichs | 1967 – 1973 |
| Erich Adam | 1973 – 1976 |
| Hans Wilde | 1976 – 1983 |
| Willi Dau | 1983 – 1986 |
| Hans-Wilhelm Tegtmeier | 1987 – 2004 |
| Michael Weiser | 2004 – 2007 |
| Gerold Gießenberg | 2007 – 2012 |
| Dr. Thomas Abel | 2012 – 2014 |
| Michael Weiser | seit 2014 |

## 8 Einheitsführer und Ortsbrandmeister der Freiwilligen Feuerwehren 1945 – 2016

Einheit Oldeoogestraße/
Ortsfeuerwehr Bant:

| | |
|---|---|
| 1945 – 1952 | Otto Maier |
| 1952 – 1960 | Georg Doden |
| 1960 – 1991 | Otto Meinhardt |
| 1991 – 2001 | Claus Deckena |
| 2001 – 2004 | Armin Lappins |
| 2005 – 2014 | Olaf Augustin |

Einheit Mozartstraße/
Ortsfeuerwehr Heppens:

| | |
|---|---|
| 1945 – 1948 | Waldemar Baron |
| 1948 – 1963 | Johann Harms |
| 1963 – 1982 | Albert Schmidt |
| 1982 – 1990 | Benno Goldamer |
| 1990 – 1999 | Detlef Bordiehn |
| 1999 – 2001 | Michael Knaack |
| 2001 – 2004 | Detlef Bordiehn |
| 2004 – 2012 | Michael Feist |
| 2012 – 2014 | Lars Schomburg |

Ortsfeuerwehr Bant-Heppens:

| | |
|---|---|
| seit 2014 | Olaf Augustin |

Einheit Triftweg/
Ortsfeuerwehr Neuengroden:

| | |
|---|---|
| 1945 – 1954 | Karl Matzke |
| 1954 – 1955 | Ludwig Michel |
| 1955 – 1962 | Bernhard Dunker |
| 1962 – 1967 | Herbert Urner |
| 1967 – 1974 | Willi Hoffmann |
| 1974 – 1985 | Hans Möhlmann |
| 1985 – 1988 | Günter Klockgether |
| 1988 – 2008 | Frank Eckhardt |
| 2009 – 2011 | Malte Schröder |

Ortsfeuerwehr Rüstringen (OF 7)

| | |
|---|---|
| 2011 – 2014 | Malte Schröder |
| 2014 – 2017 | Sebastian Wensing |

Einheit Voslapp:

| | |
|---|---|
| 1945 – 1948 | Fritz Upts |
| 1948 – 1950 | Franz Buchholz |

Einheit Fedderwardergroden:

| | |
|---|---|
| 1945 – 1950 | Fritz Ruseler |

Einheit/Ortsfeuerwehr
Wilhelmshaven-Nord:

| | |
|---|---|
| 1950 – 1958 | Fritz Ruseler |
| 1958 – 1962 | Johann Peters |
| 1962 – 1974 | Johann Schoenboom |
| 1974 – 1979 | Johann Peters |
| 1979 – 1989 | Heinrich Rölke |
| 1989 – 1998 | Peter Bruns |
| 1998 – 2001 | Klaus Stießel |
| 2001 – 2003 | Hans-Georg Burmeester |
| 2003 – 2009 | Karlheinz Salamon |
| 2009 – 2011 | Horst Erber |

Ortsfeuerwehr Sengwarden:

| | |
|---|---|
| bis 1946 | Carl Katerbow |
| 1946 – 1948 | Hans Duden |
| 1948 – 1962 | Hans Reemtsma |
| 1962 – 1980 | Walter Schremmer |
| 1980 – 1992 | Diedrich Bokker |
| 1992 – 1999 | Manfred Meiners |
| 1999 – 2003 | Wolfgang Rast |
| 2003 – 2015 | Dieter Janßen |
| seit 2015 | Christian Ludwig |

Ortsfeuerwehr Fedderwarden

| | |
|---|---|
| bis 1974 | Erwin Schipper |
| 1974 – 2000 | Günter Ulrich |
| 2000 – 2004 | Herbert Meyerhoff |
| 2005 – 2009 | Michael Martens |
| 2009 – 2010 | Ralf Reichow |
| 2010 – 2016 | Andreas Ohrenberg |
| seit 2016 | Horst Rother |

## 9 Stadtbrandmeister der Freiwilligen Feuerwehr Wilhelmshaven 1974 – 2015

Stadtbrandmeister:

| | |
|---|---|
| 1974 – 1993 | Karl Schmid |
| 1993 – 2012 | Werner Lau |
| seit 2012 | Michael Feist |

Stellvertreter:

| | |
|---|---|
| 1974 – 1981 | Walter Haack |
| 1981 – 1987 | Herrmann Schaaf |
| 1987 – 1993 | Werner Lau |
| 1993 – 2005 | Frank Eckardt |
| 2005 – 2006 | Volker Lotsch (kommissarisch) |
| 2006 – 2008 | Frank Eckardt |
| 2008 – 2009 | Walter Menßen |
| 2009 – 2010 | Michael Feist (kommissarisch) |
| seit 2010 | Walter Menßen |

## 10 Feuerschutzdezernenten 1940 – 2015

| | |
|---|---|
| 1940 – 1945 | Bürgermeister Ulrich Balfanz |
| 1945 – 1967 | Stadtrat/Stadtdirektor Arthur Grunewald |
| 1967 – 1973 | Stadtdirektor Dr. Hans-Jürgen Meyer-Abich |
| 1973 – 1977 | Stadtrat Dr. Alexander Engelhardt |
| 1977 – 1982 | Stadtdirektor Dr. Hans-Jürgen Meyer-Abich |
| 1982 – 1983 | Oberstadtdirektor Dr. Gerhard Eickmeier |
| 1985 – 1986 | Oberstadtdirektor Arno Schreiber |
| 1986 – 2013 | Stadtrat Dr. Jens Graul |
| 2014 | Oberbürgermeister Andreas Wagner |
| seit 2014 | Stadtrat Oliver Leinert |

# 11 Personalübersicht der Berufsfeuerwehr 1975[704]

| Name, Vorname | Beruf | Eintritt | Dienstbezeichnung |
|---|---|---|---|
| Wigger, Hans | Elektriker | 23.05.1945 | Brandoberamtmann |
| Adam, Erich | Feuerwehrmann | 14.10.1937 | Brandamtmann |
| Wilde, Hans | Klempner | 25.03.1946 | Brandamtmann |
| Gerdes, Erich | Schneider | 01.09.1958 | Brandoberinspektor |
| Dau, Willi | Elektriker | 01.01.1958 | Brandinspektor |
| Scherf, Hans | Kfz-Mechaniker | 07.11.19 45 | Hauptbrandmeister |
| Dietz, Hans | Kfz-Mechaniker | 11.07.1945 | Hauptbrandmeister |
| Woytas, Günter | Schuhmacher | 11.07.1945 | Hauptbrandmeister |
| Claus, Heinz | Kfz-Mechaniker | 16.01.1956 | Hauptbrandmeister |
| Templin, Helmut | Maler | 01.01.1955 | Hauptbrandmeister |
| Knudsen, Fred | Schneider | 01.09.1955 | Hauptbrandmeister |
| Wilken, Fritz | Zimmermann | 20.07.1959 | Hauptbrandmeister |
| Logemann, Heinz | Lackierer | 01.03.1957 | Oberbrandmeister |
| Wieting, Hans | Kfz-Mechaniker | 01.08.1959 | Oberbrandmeister |
| Oltmanns, Johannes | Tischler | 01.09.1958 | Oberbrandmeister |
| Tobias, Dieter | Kfz-Mechaniker | 27.07.1959 | Oberbrandmeister |
| Gerdes, Ewald | Tischler | 15.07.1962 | Oberbrandmeister |
| Bergmann, Bernhard | Schlosser | 01.06.1963 | Oberbrandmeister |
| Enkler, Rolf | Kfz-Mechaniker | 01.07.1963 | Oberbrandmeister |
| Meinardus, Harald | Feinmechaniker | 27.04.1964 | Oberbrandmeister |
| Kohrs, Erich | Tischler | 01.06.1963 | Oberbrandmeister |
| Wassermann, Wilhelm | Kfz-Mechaniker | 01.01.1954 | Oberbrandmeister |
| Christians, Günter | Maurer | 01.09.1958 | Oberbrandmeister |
| Pollak, Wolfgang | Klempner | 01.06.1963 | Oberbrandmeister |
| Eiben, Adolf | Schlosser | 27.04.1964 | Oberbrandmeister |
| Vienup, Jochen | Tischler | 01.01.1958 | Oberbrandmeister |
| Schneider. Rudolf | Holzbildhauer | 01.09.1958 | Oberbrandmeister |
| Lindner, Egon | Zimmermann | 15.07.1959 | Oberbrandmeister |
| Logemann, Horst | Maschinenschlosser | 04.09.1964 | Oberbrandmeister |
| Meier, Bodo | Mechaniker | 01.04.1965 | Oberbrandmeister |
| Kruse, Harald | Maurer | 01.06.1963 | Oberbrandmeister |
| Lorenz, Klaus | Elektriker | 24.07.1963 | Oberbrandmeister |
| van Allen, Peter | Kfz-Mechaniker | 01.10.1963 | Oberbrandmeister |
| Reichardt, Karl-Heinz | Tischler | 01.03.1966 | Oberbrandmeister |
| Eyben, Harald | Maschinenschlosser | 01.01.1966 | Brandmeister |
| Grube, Fritz | Dreher | 04.08.1945 | Brandmeister |
| Reiher, Dieter | Schuhmacher | 15.08.1955 | Brandmeister |
| Eilers, Hans-Georg | Maler | 15.08.1957 | Brandmeister |
| Ratzke, Karl-Heinz | Klempner | 15.06.1960 | Brandmeister |
| Buchholz, Karl-Heinz | Maler | 01.06.1963 | Brandmeister |
| Gundlach, Hans-Georg | Kfz-Mechaniker | 01.11.1960 | Brandmeister |

| | | | |
|---|---|---|---|
| Dämmrich, Bernhard | Klempner | 01.10.1963 | Brandmeister |
| Weers, Helmut | Elektriker | 01.10.1961 | Brandmeister |
| Hertel, Peter | Tischler | 14.09.1964 | Brandmeister |
| Födisch, Wolfgang | Kfz-Mechaniker | 02.01.1965 | Brandmeister |
| Bohlen, Gerold | Dachdecker | 18.04.1966 | Brandmeister |
| Borchers, Dieter | Schlosser | 17.04.1967 | Brandmeister |
| Gauer, Bernhard | Kfz-Mechaniker | 01.07.1967 | Brandmeister |
| Mechau, Horst | Dachdecker | 01.01.1967 | Brandmeister |
| Baumann, Adolf | Kfz-Mechaniker | 01.07.1967 | Hauptfeuerwehrmann |
| Sievers, Heinz | Feinmechaniker | 01.07.1967 | Hauptfeuerwehrmann |
| Borchers, Georg | Maurer | 01.07.1967 | Hauptfeuerwehrmann |
| Tegtmeier, Hans-Wilhelm | Elektriker | 01.01.1967 | Hauptfeuerwehrmann |
| Weiß, Klaus-Peter | Schmied | 11.12.1967 | Hauptfeuerwehrmann |
| Rector, Georg | Klempner | 23.12.1967 | Hauptfeuerwehrmann |
| Meier, Wilfried | Maschinenschlosser | 01.02.1968 | Hauptfeuerwehrmann |
| Berends, Dieter | Kfz-Schlosser | 01.07.1968 | Hauptfeuerwehrmann |
| Schroer, Wilhelm | Elektriker | 14.10.1968 | Hauptfeuerwehrmann |
| Ducci, Dieter | Klempner | 01.04.1969 | Hauptfeuerwehrmann |
| Musielski, Wolfgang | Mechaniker | 01.04.1969 | Hauptfeuerwehrmann |
| Kempf, Kuno | Kfz-Mechaniker | 14.04.1969 | Hauptfeuerwehrmann |
| Gottwald, Heinz | Mechaniker | 06.04.1970 | Hauptfeuerwehrmann |
| Raabe, Peter | Elektriker | 06.04.1970 | Oberfeuerwehrmann |
| Peters, Hans-Joachim | Maurer | 13.06.1970 | Oberfeuerwehrmann |
| Wölfel, Alfred | Stahlbauer | 01.10.1970 | Feuerwehrmann |
| Bohlken, Fritz | Dachdecker | 01.10.1970 | Feuerwehrmann |
| Schmidt, Dietz | Werkzeugmacher | 01.10.1970 | Feuerwehrmann |
| Preis, Uwe | Schornsteinfeger | 01.05.1971 | Feuerwehrmann |
| Lüders., Weert | Klempner | 01.05.1971 | Feuerwehrmann |
| Kubanek, Horst | Schornsteinfeger | 01.10.1971 | Feuerwehrmann |
| Petersen, Peter | Schuhmacher | 01.10.1971 | Feuerwehrmann |
| Heimbuch, Dieter | Zimmermann | 01.10.1971 | Feuerwehrmann |
| Wieland, Helmut | Tischler | 01.10.1971 | Feuerwehrmann |
| Hinrichs, Uwe | Kfz-Mechaniker | 01.10.1971 | Feuerwehrmann |
| Wagner, Reinhard | Elektriker | 01.10.1971 | Feuerwehrmann |
| Schwarting, Heiko | Seemann | 01.10.1971 | Feuerwehrmann |
| Bär, Peter | Mechaniker | 01.10.1971 | Feuerwehrmann |
| Janßen, Bernd | Feinmechaniker | 01.10.1971 | Feuerwehrmann |
| Lütke, Günter | Tischler | 11.10.1971 | Anwärter |
| Peters, Hinrich | Maschinenschlosser | 11.10.1971 | Anwärter |
| Reimers, Willi | Bäckermeister | 15.10.1971 | Anwärter |
| Bartels, Horst | Maler | 11.10.1971 | Anwärter |
| Hand, Lothar | Kfz-Mechaniker | 11.10.1971 | Anwärter |
| Rosentreter, Reimer | Schuhmacher | 01.02.1973 | Anwärter |
| Wessels, Heinz-Georg | Maurer | 1.02.1973 | Anwärter |

| | | | |
|---|---|---|---|
| Brauer, Manfred | Elektriker | 05.02.1973 | Anwärter |
| Krell, Karl-Heinz | Friseur | 15.02.1973 | Anwärter |
| Klausen, Werner | Kfz-Mechaniker | 15.02.1973 | Anwärter |
| Döring, Walter | Feinmechaniker | 26.02.1973 | Anwärter |
| Franzek, Erhard | Kfz-Mechaniker | 01.06.1973 | Anwärter |
| Harms, Franz | Tischler | 01.06.1973 | Anwärter |
| Hesse, Hans-Joachim | Maschinenschlosser | 01.06.1973 | Anwärter |
| Nittka, Manfred | Elektriker | 01.06.1973 | Anwärter |
| Schnieders, Hans-Joachim | Feinmechaniker | 01.06.1973 | Anwärter |
| Pupkes, Günter | Feinmechaniker | 12.06.1973 | Anwärter |
| Schneider, Rolf | Kfz-Mechaniker | 01.07.1973 | Anwärter |
| Leischwitz, Joachim | Kfz-Mechaniker | 01.08.1973 | Anwärter |
| Gießenberg, Gerold | Stahlbauschlosser | 01.08.1973 | Anwärter |
| Ulpts, Claus | Maurer/Zimmermann | 07.01.1974 | Anwärter |
| Voigt, Uwe | Dreher | 16.01.1974 | Anwärter |
| von Malottki, Reinhard | Schlosser | 01.06.1974 | Anwärter |
| Burchardt, Herbert | Tischler | 01.08.1974 | Anwärter |

## 12 Aktive der Freiwilligen Feuerwehr 1986[705]

Ortsfeuerwehr Bant (OF 1):[706]

Ortsbrandmeister: Otto Meinhardt

Stellvertreter: Ewald Kluhsmann

Anja Abben
Arnold Abben
Ingo Abben
André Athen
Fred Athen
Karl Augurski
Frank Baloch
Hans-Günther Beining
Wilfried Beining
Horst Benjamins
Helmut Biel
Erich Bogena
Bernd Brachtendorf
Jochen Hesse
Ute Hinrichs
Rita Hinrichs
Edmund Hänsel
Karl-Heinz Hertwig
Dieter Brosig
Helmut Clemens
Hermann Cölmann
Heike Dannemann
Andreas David
Heinz David
Horst David
Claus Deckena
Eckhard Doers
Günther Feilmann
Karl Flade
Jens Gerth
Britta Gleibs
Peter Gloth
Claudia von der Grinten
Günter Güldenstein
Frank Herzog
Friedrich Hopmann
Monika Hopmann
Werner Jager
Heiko Janßen
Michael Janssen
Ralph Kahler

Hans-Peter Kappe
Hans Kempen
Fred Kentopf
Ramona Klöker
Waldemar Klöker
Ewald Kluhsmann
Michael Koch
Wilfried Koch
Michael Kodritzki
Rainer Kohrs
Andrea Kolken
Helmut Kraeft
Hartmut Krüger
Kirsten Lauxmann
Peter Lembke
Uwe Meesmann
Birgit Meinhardt
Otto Meinhardt
Dieter Meister
Olaf Menzel
Erich Meyer
Horst Micholka
Volkmar Ommen
Uwe Reinecke
Horst Rehberg
Walter Rittberg
Horst Rohlfs
Kai Salchow
Olaf Salchow
Erich Schlüter
Michael Schmidt
Andreas Specht
Dieter Specht
Wilhelm Stamm
Bernd Trautmann
Andreas Weber
Carsten Wieting
Hans-Hermann Wilke

Ortsfeuerwehr Heppens (OF 2):
Ortsbrandmeister: Benno Goldammer
Stellvertreter: Hans-Günther Krüßmann
Wilhelm Assing
Maria Böder
Werner Boiken
Detlef Bordiehn
Dirk Dettmer
Benno Goldammer
Herbert Grüttner
Heinrich Haasche
Hans-Peter Habben
Heinrich Herrlau
Hasko Klein
Thorsten Klein
Holger Knops
Karl-Heinz Kriete
Hans-Günther Krüßmann
Detlef Marxfeld
Heinz Marxfeld
Lutz Reelfs
Harald Ricklefs
Wolfgang Ricklefs
Carsten Rocker
Dieter Rothe
Arend Sander
Hermann Scheuer
Astrid Schmidt
Eitel Schoon
Willy Schulz
Horst Strudthoff
Focko Tülp

Ortsfeuerwehr Neuengroden (OF 3):
Ortsbrandmeister: Günter Klockgether
Stellvertreter: Frank Eckardt
Heinz Albers
Markus Bulling
Fritz Buscher
Heiko de Vries
Frank Eckardt
Rolf Frerichs
Hans Freitag
Peter Friederichs
Andreas Gerhard
Holger Goldenstein
Dieter Graw
Wolfgang Graw

Klaus Gropp
Michael Gronewold
Christian Hanuschek
Holger Heeren
Günter Klockgether
Ralf Köster
Rudolf Krutz
Heinrich Lampe
Wolfgang Nienkirchen
Wolfgang Meinardus
Wilhelm Otten
Kurt Schlömp
Karl Schmid sen.
Karl Schmid jun.
Claus Schmidt
Hans-Wilhelm Schröder
Jens Thiemann
Heiko Waldek
Albertus Wattjes
Uwe Wende
Klaus Wilke
Cord Willers
Horst Willers

Ortsfeuerwehr Wilhelmshaven-Nord (OF 4):
Ortsbrandmeister: Heinrich Rölke
Stellvertreter: Karl-Heinz Salamon
Raimond Angermann
Peter Bruns
Günter Burau
Bodo Burmester
Frank Burmester
Hans-Georg Burmester
Walter Buß
Werner Erdwiens
Jens Fastje
Ralf Fastje
Manfred Falk
Detlef Grotzinger
Felix Hermesdorf
Rico Heuer
Manfred Horst
Klaus Isermann
Hans-Gerd Janssen
Johann Janssen
Holger Joseph
Hans-Hermann Juilfs
Bernd Loeber
Heiner Politze
Joachim Rahm
Siegfried Redenius
Heinrich Rölke
Karl-Heinz Salamon
Thomas Schäfer
Klaus Stießel
Thorsten Thiel

Ortsfeuerwehr Sengwarden (OF 5):
Ortsbrandmeister: Dietrich Bokker
Stellvertreter: Stefan Voigt
Uwe Bohlsen
Dietrich Bokker
Matthias Bokker
Bernd Bruns
Karl Dierks
Bernhard Duden
Dirk Ehring
Bernd Eiseld
Jens Eiseld
Stephan Harms
Hans-Jürgen Hess
Hans-Jürgen Hölscher
Claus Janßen
Detlef Janßen
Georg Janßen
Günter Janßen
Helmut Janßen
Rainer Janßen
Manfred Meiners
Walter Menßen-Tiarks
Gerold Meyer
Robert Neugebauer
Bernhard Poppen
Lutz Rahner
Walter Reemtsma
Jörg Renken-Olthoff
Thomas Ross

Udo Schier
Rudi Schönwälder
Georg Schwarz
Ewald Taddiken
Jürgen Thaden
Detlef Tjarks
Stefan Voigt
Heinz-Werner Walter
Peter Will

Ortsfeuerwehr Fedderwarden (OF 6):
Ortsbrandmeister: Günter Ullrich
Stellvertreter: Werner Lau
Robert Bormann
Heiko Diesen
Jürgen Frank
Waldemar Haack
Franz Hammermann
Hans Hillerns
Stephan Jelken
Paul Jeske
Rainer Juilfs
Werner Lau
Michael Martens
Herbert Meyerhoff
Heiko Neumann
Horst Neußer
Wolfgang Rast
Horst Redenius
Olaf Redenius
Dieter Reil
Horst Rother
Hermann Schaaf
Enno Schipper
Heinz Schmidt
Bernd Schmörwangen
Michael Speulda
Jens Tautenhahn
Günter Ullrich
Tjark Winterland
Reinhard Zipke

## 13 Personalübersicht der Berufsfeuerwehr 2015

| Name, Vorname | erlernter Beruf | Dienstbezeichnung |
|---|---|---|
| Wachschichten 1 – 3: | | |
| Arbeiter, Sven | KFZ-Mechaniker | Brandmeister |
| Awischus, Benjamin | Maler-Lackierer | Brandmeister |
| Bartels, Torben | Industriemechaniker | Brandmeister |
| Baumann, Olaf | Maurer | Brandmeister |
| Bücker, Sören | Industrieelektriker | Brandmeister |
| Cordes, Jens | Industriekaufmann | Brandmeister |
| Friese, Alexander | Maurer | Brandmeister |
| Gerndt, Peter | Metallbauer | Brandmeister |
| Hülsebusch, Florian | Rettungsassistent | Brandmeister |
| Janssen, Detlef | Dreher/Maschinenbautechniker | Brandmeister |
| Koch, Matthias | Schreiner | Brandmeister |
| Köster, Christian | Maurer | Brandmeister |
| Krüger, Tim | Rettungsassistent | Brandmeister |
| Lohe, Til | Dachdeckermeister | Brandmeister |
| Lüttmann, Matthes | Fliesenleger/Kachelofenbauer | Brandmeister |

| | | |
|---|---|---|
| Schmidt, Tammo | Industriemechaniker | Brandmeister |
| Stümer, Falco | Tischler | Brandmeister |
| Wegener, Marc | Schiffselektriker | Brandmeister |
| Wolf, Hendrik | Elektriker | Brandmeister |
| Wolters, Sören | Maurer | Brandmeister |
| Braasch, Aendy | k. A. | Brandmeister |
| Dötsch, Christoph | Zentral-Heizungs-Lüftungsbauer | Brandmeister |
| Drantmann, Stefan | Elektroinstallateur | Brandmeister |
| Friedrichs, Jens | Gas-Wasser-Installateur | Brandmeister |
| Jungenkrüger Stephan | Kommunikationselektriker | Brandmeister |
| Koeppen, Malte | Mechatroniker | Brandmeister |
| König, Jens | Landmaschinenmechaniker | Brandmeister |
| Peters, Ingo | Metallbauer | Brandmeister |
| Schaumburg, Daniel | IT-System Elektroniker | Brandmeister |
| Schöbel, Sven | KFZ-Mechatroniker | Brandmeister |
| Sermond, Volker | Elektromeister | Brandmeister |
| Stomberg, Christian | Rettungsassistent | Brandmeister |
| Thielsch, Mirco | Fliesen-Platten-Mosaikleger | Brandmeister |
| Thole, Jan-Bernd | Tischler | Brandmeister |
| v.Wecheln, Stephan | Chemikant | Brandmeister |
| Vägel, Jochen | Zimmerer/Hochbautechniker | Brandmeister |
| Wohlgezogen, Christophe | Verwaltungsfachangestellter | Brandmeister |
| Zahn, Patrick | Zimmerer/Speditionskaufmann | Brandmeister |
| Andratzke, Matthias | Tischler | Brandmeister |
| Bücker, Dieter | Zimmerer | Brandmeister |
| Fahrenholtz, Henning | Kachelofen u. Luftheizungsbauer | Brandmeister |
| Haubrich, Daniel | Zimmerer | Brandmeister |
| Hofsommer, Daniel | KFZ-Mechaniker | Brandmeister |
| Höhlich, Marvin | Tischler | Brandmeister |
| Jordan, Johann | Maurer | Brandmeister |
| Klingenberg, Benjamin | Betonbauer/Bürokaufmann | Brandmeister |
| Krümpelbeck, Tobias | Werkzeugmechaniker | Brandmeister |
| Mäder, Thomas | KFZ-Mechaniker | Brandmeister |
| Major, Henning | Kaufmann im Einzelhandel | Brandmeister |
| Neuser, Yannick | Rettungsassistent | Brandmeister |
| Pissulla, Tobias | Mechatroniker | Brandmeister |
| Seidemann, Hauke | k. A. | Brandmeister |
| Siemens, Matthias | Industriemechaniker | Brandmeister |
| Siemers, Michael | Mechatroniker | Brandmeister |
| Süsens, Hauke | Tischler | Brandmeister |
| Teufert, Glen | Zimmerer | Brandmeister |
| Vienup, René | Zimmermann | Brandmeister |
| Greulich, Frank | Gas-Wasser-Installateur | Hauptbrandmeister |
| Blaes, Patrick | Konstruktionsmechaniker | Oberbrandmeister |

| | | |
|---|---|---|
| Fremy, Jens | Kommunikationselektroniker | Oberbrandmeister |
| Heckersbruch, Stefan | Chemielaborant | Oberbrandmeister |
| Kruse, Heiner | Zerspanungsmechaniker | Oberbrandmeister |
| Reinecke, Michael | Betriebsschlosser | Oberbrandmeister |
| Rosenkranz, Kay | KFZ-Mechaniker | Oberbrandmeister |
| Rother, Horst-Dieter | Rohrnetzbauer | Oberbrandmeister |
| Schwart, Gerd-Rüdiger | Gas-Wasser-Installateur | Oberbrandmeister |
| Vermaßen, Frank | Zimmermann/Dachdecker | Oberbrandmeister |
| Zaage, Wilhelm | Heizungsbauer | Oberbrandmeister |
| Ziegeler, Benjamin | Bau-Möbeltischler | Oberbrandmeister |
| Bauer, Jochen | KFZ-Elektriker | Oberbrandmeister |
| Breuler, Jörg-Ernst | Berufskraftfahrer Güterverkehr | Oberbrandmeister |
| Claaßen, Björn | Energieanlagenelektroniker | Oberbrandmeister |
| Frank, Dmitri | KFZ-Mechaniker | Oberbrandmeister |
| Günnemann, Andreas | Elektroinstallateur | Oberbrandmeiste |
| Harms, Thomas | Gas-Wasser-Installateur | Oberbrandmeister |
| Hofhenke, Markus | KFZ-Mechaniker | Oberbrandmeister |
| Nienkirchen, Volker | Industriemechaniker | Oberbrandmeister |
| Palka, Thomas | Energieanlagenelektroniker | Oberbrandmeister |
| Redenius, Horst-Dieter | Maurer | Oberbrandmeister |
| Richter, Olaf | Maschinenschlosser | Oberbrandmeister |
| Rieken, Jost | Elektroinstallateur | Oberbrandmeister |
| Samel, Jens | KFZ-Mechaniker | Oberbrandmeister |
| Sudholz, Norbert | Maschinenschlosser | Oberbrandmeister |
| Wittkopp, Matthias | Maler-Lackierer | Oberbrandmeister |
| Engelbrecht, Marco | Industrieelektroniker | Oberbrandmeister |
| Falkenhof, Daniel | Zimmerer/Maurer | Oberbrandmeister |
| Festerling, Dirk | Gas- Wasser-Installateur | Oberbrandmeister |
| Frey, Carsten | Tischler | Oberbrandmeister |
| Kahler, Ralph | Maschinenbauer | Oberbrandmeister |
| Kokoska, Stefan | Kommunikationselektriker | Oberbrandmeister |
| Onken, Jens | Modelltischler | Oberbrandmeister |
| Plinke, Karl-Rudolf | Kommunikationselektroniker | Oberbrandmeister |
| Schäfer, Maik | KFZ-Mechaniker | Oberbrandmeister |
| Sölken, Torsten | Funkelektroniker | Oberbrandmeister |
| Uipts, Volker | Industriemechaniker | Oberbrandmeister |
| Wollering, René | Koch | Oberbrandmeister |
| Ziegler, Marco | Heizungsbauer | Oberbrandmeister |
| Hoffmann, Frank | Energieanlagenelektroniker | Hauptbrandmeister |
| Hoffmann, Michael | KFZ-Elektriker | Hauptbrandmeister |
| Meinke, Heinz Jürgen | Radio-Fernseh-Mechaniker | Hauptbrandmeister |
| Taddicken, Holger | KFZ-Fluggeräte-Mechaniker | Hauptbrandmeister |
| Bartsch, Rainer | Starkstromelektriker | Hauptbrandmeister |
| Brudek, Markus | Energieanlagenmechaniker | Hauptbrandmeister |

| | | |
|---|---|---|
| Bulling, Markus | Werbetechniker | Hauptbrandmeister |
| Hänsel, Edmund | Bauschlosser | Hauptbrandmeister |
| Tiemann, Oliver | Nachrichtengerätemechaniker | Hauptbrandmeister |
| Evenburg, Rainer | KFZ-Mechaniker | Hauptbrandmeister |
| Meiners, Norbert | Dreher/Fräser | Hauptbrandmeister |
| Mechau, Lars | Luftfahrzeugmechanikermeister | Hauptbrandmeister |
| Reimann, Christian | k. A. | Hauptbrandmeister |
| Schipper, Udo | Stahlbauer | Hauptbrandmeister |
| Wollering, Markus | KFZ-Mechaniker | Hauptbrandmeister |
| | | |
| Führungsdienst: | | |
| Lutter, Steffen | Dipl.Ing. Maschinenbau | Brandoberrat |
| Dr. Abel, Thomas | Chemiker | Brandrat |
| Weiser, Michael | Bau-Ingenieur | Brandamtsrat |
| Wiedenhöft, Uwe | Funkelektroniker/Elektro-Ing. | Brandamtmann |
| Erber, Holger | Bau-Ingenieur | Brandamtmann |
| Albers, Marc | Industrieelektroniker | Brandoberinspektor |
| Becher, Michael | Elektromaschinenbauer | Brandoberinspektor |
| Biermann, Carsten | Raumausstatter | Brandoberinspektor |
| Bornschein, Björn | Vermessungsingenieur | Brandoberinspektor |
| Götz, Ralf | Fluggerätemechaniker | Brandoberinspektor |
| Saworski, Andreas | Funkelektroniker | Brandoberinspektor |
| Schulze, Stefan | Kommunikationselektroniker | Brandoberinspektor |
| Wolf, Rüdiger | Bau-Ingenieur | Brandoberinspektor |
| Zirulew, Mario | Bäcker | Brandoberinspektor |
| Ackermann, Gerd | Industriemeister Metall | Hauptbrandmeister |
| Fähnders, Axel | Feinmechaniker | Hauptbrandmeister |
| Joswig, Ralf | Elektroniker | Hauptbrandmeister |
| Menßen, Walter | Sattler/Polsterer | Hauptbrandmeister |
| | | |
| Verwaltung/Werkstatt: | | |
| Kiani, Minou | | |
| Halama, Gabriele | | |
| Grunert, Katharina | | |
| Frerichs, Maren | | |
| Kranz, Ralf | | |
| Visser, Heinz | | |
| Heyen, Hinrich | | |
| Lammers, Rüdiger | KFZ-Meister / Werkstatt | |
| | | |
| Katastrophenschutz: | | |
| Elmhorst, Ingo | | |
| Wellnowski, Michael | | |

# 14 Dienstgrade und Führungsfunktionen der Feuerwehr

## Berufsfeuerwehr

| Dienstgrad: | Funktion: |
|---|---|
| Brandmeisteranwärter (Vorbereitungsdienst) | |
| Brandmeister | |
| Oberbrandmeister | Truppführer |
| Hauptbrandmeister | Gruppenführer |
| Hauptbrandmeister (A 9 mit Zulage) | Wachschichtleiter |
| Brandinspektoranwärter (Vorbereitungsdienst) | |
| Brandinspektor | |
| Brandoberinspektor A 10 | Zugführer |
| Brandamtmann A 11 | |
| Brandamtsrat A 12 | |
| Brandoberamtsrat A 13 | |
| Brandreferendar (Vorbereitungsdienst) | |
| Brandrat A 13 | Verbandsführer |
| Brandoberrat A 14 | |
| Branddirektor A 15 | |
| Leitender Branddirektor A 16 | |

## Freiwillige Feuerwehr:

| Dienstgrad: | Funktion: |
|---|---|
| Feuerwehrmannanwärter | |
| Feuerwehrmann | Truppmann |
| Oberfeuerwehrmann | Truppmann 2 |
| Hauptfeuerwehrmann | Truppführer, Gerätewart |
| Erster Hauptfeuerwehrmann | höchster Mannschaftsdienstgrad |
| Löschmeister | stv. Gruppenführer |
| Oberlöschmeister | Gruppenführer |
| Hauptlöschmeister | Kreisausbilder o.ä. |
| Erster Hauptlöschmeister | stv. Ortsbrandmeister (Feuerwehr mit Grundausstattung) |
| Brandmeister | Ortsbrandmeister/Zugführer (Feuerwehr mit Grundausstattung) |
| Oberbrandmeister | Ortsbrandmeister Stützpunktfeuerwehr)/ stv. Ortsbrandmeister (Schwerpunktfeuerwehr) |
| Hauptbrandmeister | Ortsbrandmeister (Schwerpunktfeuerwehr) |
| Erster Hauptbrandmeister | stv. Stadtbrandmeister in Städten mit Berufsfeuerwehr |
| Abschnittsbrandmeister | Stadtbrandmeister in Städten mit Berufsfeuerwehr |

| | |
|---|---|
| Kreisbrandmeister | Leiter der Freiwilligen Feuerwehr in einem Landkreis |

**Führungsfunktionen im Einsatz:**

| | |
|---|---|
| einzelnes Löschfahrzeug/Löschstaffel: | Staffelführer (Führungslehrgang mittl. Dienst) |
| Löschgruppenfahrzeug | Gruppenführer (Führungslehrgang mittl. Dienst) |
| mehrere Löschfahrzeuge/Löschzug: | Zugführer (gehobener Dienst) |
| mehrere Löschzüge: | Verbandsführer (höherer Dienst) |

## 15 Feuerwehr-Statistik 1946 – 2016

(nach den Jahresberichten der Berufsfeuerwehr bzw. des Kreisfeuerwehrverbandes)

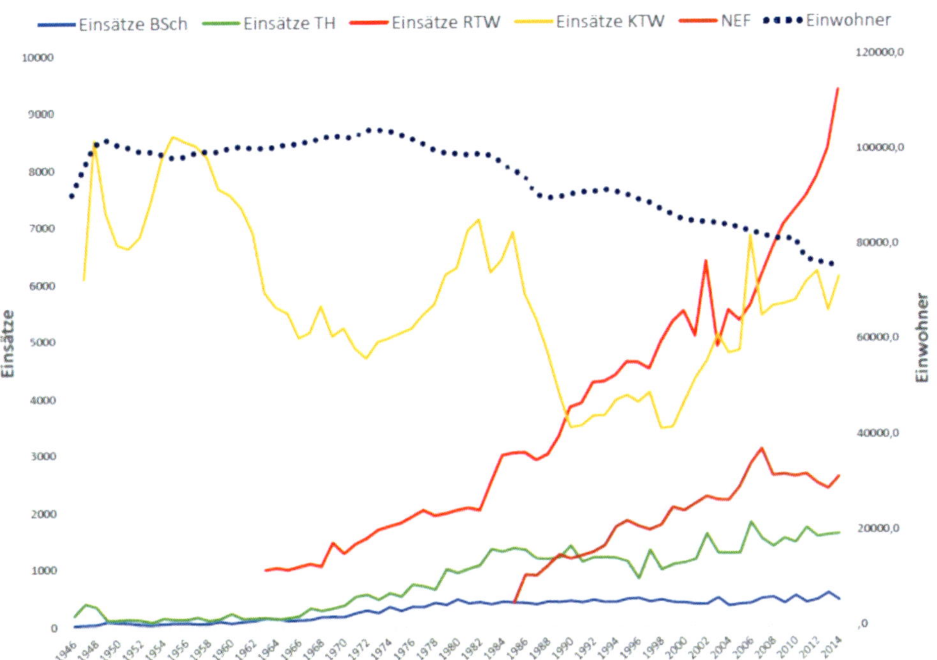

| Jahr | Einwohner | Feuerwehrbeamte | Aktive der Freiwilligen Feuerwehr | Einsätze Brandschutz | Einsätze technische Hilfeleistung | Einsätze Rettungswagen (RTW) | Krankentransporte (KTW) | Einsätze Notarzteinsatzfahrzeug (NEF) |
|---|---|---|---|---|---|---|---|---|
| 1946 | 90.935 | 59 | 106 | 25 | 192 | | -- | |
| 1947 | 96.082 | 59 | 106 | 35 | 404 | | 6.093 | |
| 1948 | 101.220 | 56 | 106 | 40 | 344 | | 8.530 | |
| 1949 | 102.462 | 56 | 106 | 87 | 111 | | 7.253 | |
| 1950 | 101.375 | 57 | 106 | 72 | 115 | | 6.696 | |
| 1951 | 100.817 | 55 | 106 | 64 | 126 | | 6.625 | |
| 1952 | 99.949 | 55 | 106 | 37 | 108 | | 6.831 | |
| 1953 | 99.816 | 54 | 97 | 35 | 72 | | 7.447 | |
| 1954 | 99.275 | 55 | 83 | 47 | 141 | | 8.197 | |
| 1955 | 98.535 | 55 | 92 | 60 | 122 | | 8.595 | |
| 1956 | 98.777 | 56 | 90 | 60 | 119 | | 8.491 | |
| 1957 | 99.585 | 56 | 90 | 49 | 157 | | 8.417 | |
| 1958 | 99.871 | 56 | 93 | 46 | 101 | | 8.212 | |
| 1959 | 99.766 | 61 | 96 | 84 | 127 | | 7.663 | |
| 1960 | 100.533 | 60 | 98 | 54 | 219 | | 7.557 | |
| 1961 | 100.858 | 61 | 116 | 79 | 129 | | 7.332 | |
| 1962 | 100.485 | 61 | -- | 96 | 135 | | 6.886 | |
| 1963 | 100.538 | 67 | -- | 136 | 146 | 985 | 5.845 | |
| 1964 | 100.671 | 67 | 122 | 130 | 117 | 1.018 | 5.588 | |
| 1965 | 101.294 | -- | 133 | 95 | 141 | 988 | 5.486 | |
| 1966 | 101.370 | 67 | 143 | 107 | 175 | 1.044 | 5.046 | |
| 1967 | 101.932 | -- | 145 | 113 | 310 | 1.089 | 5.140 | |
| 1968 | 102.484 | 75 | 143 | 160 | 268 | 1.045 | 5.611 | |
| 1969 | 103.150 | -- | 146 | 164 | 307 | 1.462 | 5.071 | |
| 1970 | 102.978 | -- | 152 | 161 | 356 | 1.272 | 5.213 | |
| 1971 | 102.627 | 88 | 135 | 225 | 514 | 1.440 | 4.862 | |
| 1972 | 104.333 | 92 | 205 | 270 | 546 | 1.535 | 4.685 | |
| 1973 | 104.305 | 100 | 218 | 226 | 454 | 1.684 | 4.969 | |
| 1974 | 104.218 | 102 | 212 | 331 | 570 | 1.743 | -- | |
| 1975 | 103.417 | 102 | 217 | 262 | 510 | 1.803 | -- | |
| 1976 | 102.539 | 101 | 250 | 331 | 718 | 1.909 | 5.208 | |
| 1977 | 101.516 | 101 | 250 | 326 | 687 | 2.023 | 5.446 | |
| 1978 | 100.148 | 101 | 250 | 399 | 630 | 1.923 | 5.629 | |
| 1979 | 99.426 | -- | 237 | 362 | 980 | 1.963 | 6.153 | |
| 1980 | 99.230 | 110 | 262 | 458 | 918 | 2.022 | 6.267 | |
| 1981 | 99.030 | -- | 254 | 386 | 987 | 2.062 | 6.920 | |
| 1982 | 99.174 | 118 | 255 | 406 | 1.054 | 2.019 | 7.118 | |
| 1983 | 98.892 | 111 | 239 | 370 | 1.338 | 2.508 | 6.183 | |
| 1984 | 97.495 | 111 | 262 | 412 | 1.291 | 2.976 | 6.406 | |
| 1985 | 95.570 | 112 | 239 | 401 | 1.351 | 3.018 | 6.896 | 398 |
| 1986 | 94.896 | 110 | 226 | 391 | 1.320 | 3.027 | 5.803 | 883 |

| Jahr | Einwohner | Feuerwehrbeamte | Aktive der Freiwilligen Feuerwehr | Einsätze Brandschutz | Einsätze technische Hilfeleistung | Einsätze Rettungswagen (RTW) | Krankentransporte (KTW) | Einsätze Notarzteinsatzfahrzeug (NEF) |
|---|---|---|---|---|---|---|---|---|
| 1987 | 90.740 | 110 | 211 | 367 | 1.165 | 2.891 | 5.369 | 871 |
| 1988 | 89.892 | 109 | 206 | 413 | 1.163 | 2.991 | 4.783 | 1.042 |
| 1989 | 90.051 | 111 | 201 | 402 | 1.180 | 3.305 | 4.076 | 1.239 |
| 1990 | 90.561 | 111 | 192 | 423 | 1.393 | 3.825 | 3.453 | 1.164 |
| 1991 | 91.149 | -- | 207 | 398 | 1.103 | 3.897 | 3.489 | 1.222 |
| 1992 | 91.106 | 108 | 199 | 439 | 1.182 | 4.256 | 3.664 | 1.286 |
| 1993 | 91.680 | 115 | 197 | 401 | 1.186 | 4.272 | 3.671 | 1.394 |
| 1994 | 91.230 | 111 | 195 | 401 | 1.174 | 4.381 | 3.940 | 1.715 |
| 1995 | 90.667 | 107 | 195 | 455 | 1.109 | 4.613 | 4.028 | 1.828 |
| 1996 | 89.604 | -- | 199 | 466 | 803 | 4.603 | 3.906 | 1.733 |
| 1997 | 88.950 | 106 | 200 | 405 | 1.312 | 4.491 | 4.079 | 1.668 |
| 1998 | 87.590 | 109 | 202 | 439 | 961 | 4.955 | 3.432 | 1.749 |
| 1999 | 86.453 | 107 | 191 | 393 | 1.056 | 5.303 | 3.458 | 2.058 |
| 2000 | 85.287 | 107 | 199 | 386 | 1.085 | 5.503 | 3.910 | 2.001 |
| 2001 | 84.994 | 105 | 180 | 362 | 1.150 | 5.955 | 4.451 | 2.129 |
| 2002 | 84.751 | 100/8 | 184 | 360 | 1.595 | 6.382 | 4.617 | 2.250 |
| 2003 | 84.586 | 105/8 | 164 | 473 | 1.256 | 4.878 | 5.085 | 2.192 |
| 2004 | 84.118 | 100/8 | 173 | 328 | 1.251 | 5.520 | 4.756 | 2.181 |
| 2005 | 83.552 | 103/7 | 185 | 359 | 1.255 | 5.334 | 4.810 | 2.416 |
| 2006 | 82.797 | 98/7 | 194 | 376 | 1.794 | 5.608 | 6.828 | 2.816 |
| 2007 | 82.192 | 101/10 | 235 | 461 | 1.504 | 6.126 | 5.415 | 3.079 |
| 2008 | 81.411 | 102/10 | 255 | 478 | 1.369 | 6.610 | 5.591 | 2.614 |
| 2009 | 81.137 | 120/10 | 253 | 376 | 1.514 | 7.028 | 5.623 | 2.635 |
| 2010 | 81.105 | 120/11 | 234 | 507 | 1.439 | 7.271 | 5.685 | 2.599 |
| 2011 | 79.720 | 120/12 | 225 | 388 | 1.699 | 7.509 | 6.015 | 2.639 |
| 2012 | 79.332 | 109/11 | 240 | 437 | 1.539 | 7.857 | 6.199 | 2.479 |
| 2013 | 78.524 | 119/12 | 254 | 554 | 1.570 | 8.337 | 5.498 | 2.382 |
| 2014 | 78.237 | 119/12 | 213 | 425 | 1.587 | 9.377 | 6.106 | 2.595 |
| 2015 | 78.803 | 119/13 | 225 | 263 | 1.639 | 9.335 | 5.963 | 2.376 |
| 2016 | 79.123 | 103/17 | 224 | 897 | 1.663 | 9.895 | 5.417 | 2.503 |

# 16 Quellen, Literatur

## 16.1 Archive

Stadtarchiv Wilhelmshaven (StAW)

| | |
|---|---|
| Best. 2000-5 | Sammlung Arthur Grunewald |
| Best. 2000-8 | Sammlung Kampen |
| Best. 2000-35 | Sammlung Dr. Ingo Sommer |
| Best. 2000-57 | Sammlung Alfred Wulf |
| Best. 3637 | Stadtgeschichtliche Sammlung – Feuerwehr |
| Best. 5370 | Fotosammlung Feuerwehr |
| Best. 120/114 | Personalverwaltung, Berufsfeuerwehr (Dienstkleidung, Dienstgradabzeichen) |
| Best. 120/115 | Personalverwaltung, Berufsfeuerwehr (Allgemeines, Personalbedarf) |

WZ-Bilddienst (seit Frühjahr 2022 im Stadtarchiv Wilhelmshaven, Bestand: Stadtarchiv/Sammlung WZ-Bilddienst)

Weiteres Quellenmaterial im Stadtarchiv
(ehemals Feuerwehr- bzw. Verwaltungsbücherei etc.):
Fachliteratur

Feuerwehrverband für die Provinz Hannover, Zur Geschichte des Feuerlöschwesens und der Feuerversicherung in der Provinz Hannover, Lüneburg 1888
Rudolf Bethke, Feuerlöschmittel, München 1941
Rudolf Bethke, Feuerlöschtaktik, München 1943
Walter Hamilton, Handbuch für den Feuerwehrmann, Stuttgart 1969
F. Heimberg/W. Fuchs, Die Ausbildung der Feuerwehren, 1947
Johannes Meyer, Feuerschutz, Braunschweig 1950
Hans G. Kernmayer (Hrsg.), Der goldene Helm – Werden, Wachsen und Wirken der Feuerwehr, München 1950
Karl Schlosser, Die Geräte der Feuerwehr, München 1942
Karl Schlosser, Die Grundausbildung des Feuerwehrmannes an den Geräten, München 1941
Walter Schnell, Die Dreiteilung des Löschangriffs, Celle 1935

Zeitschriften

Die Feuerwehr – Norddeutsche Zeitschrift für den Brandschutz und für die Freiwillige Feuerwehr in Schleswig-Holstein, Niedersachsen, Hamburg und Bremen, Jahrgänge 1959 – 1974
Brandschutz, Zeitschrift für das gesamte Feuerwehr- und Rettungswesen, Stuttgart/Köln, Jahrgänge 1948 – 1974
Ziviler Luftschutz, Koblenz, Jahrgänge 1953 – 1960
Deutscher Feuerwehrverband, Feuerwehrjahrbücher 1994/95 – 2000

Dienstbücher und Verzeichnisse

Feuerwehr Wilhelmshaven, Dienstbuch 13. Juli – 5. August 1945
Berufsfeuerwehr und Freiwillige Feuerwehr Wilhelmshaven, Dienstbuch 1956
Freiwillige Feuerwehr Wilhelmshaven, Mitgliederverzeichnis Neuengroden und Wilhelmshaven-Nord, 1956
Freiwillige Feuerwehr Wilhelmshaven, Mitgliederverzeichnis Mozartstraße und Oldeoogestraße, 1956

Niedersächsisches Landesarchiv Oldenburg (NLA-OL)

Rep. 945, Best. 140-4, Nr. 785 Generalstaatsanwaltschaft Oldenburg, Synagogenbrand Wilhelmshaven 1946/49

Best 136/Nr. 4305 Entwurf eines Reichsgesetzes über das Feuerlöschwesen 1934 – 1950
Best. 136/Nr. 4319 Gesuche von Gemeinden usw. von Befreiung von der [...] vorgeschriebenen Verpflichtung zum Halten einer Feuerspritze 1876 – 1900
Best. 136/Nr. 4333 Zuschüsse für das Feuerlöschwesen in der Stadt Wilhelmshaven 1939 – 1944
Best. 136/Nr. 4335 Feuerlöschordnungen, Heft 22 Gemeinde Bant
Best. 136/Nr. 4335 Feuerlöschordnungen, Heft 24 Gemeinde Heppens
Best. 136/Nr. 4335 Feuerlöschordnungen, Heft 28 Gemeinde Neuende
Best. 136/Nr. 4335 Feuerlöschordnungen, Heft 35 Stadt Rüstringen
Best. 136/Nr. 4348 Feuerwehr-Verband des Herzogtums Oldenburg und des königlich-preußischen Jadegebiets 1904 – 1936
Best. 136/Nr. 4339 Unvermutete Alarmübungen der Feuerwehren im Landesteil Oldenburg 1928 – 1935
Best. 136/Nr. 4340 Feuerwehren – Allgemeines 1935 – 1957
Best. 136/Nr. 4377 Feuerlösch- usw. Apparate, Feuerlösch- und Rettungswesen 1934/1936
Best. 136/Nr. 18786 Aufbau und Einrichtung der Feuerschutzpolizei 1939 – 1945
Best. 136/Nr. 18788 Ausbildung der Feuerschutzpolizei 1938 – 1944
Best. 136/Nr. 20541 Feuerlösch- usw. Apparate; Feuerlösch- und Rettungswesen etc. 1936 – 1964
Bestand 136/Nr. 20544 Ausbildung der Hitler-Jugend im Feuerlöschdienst 1939 – 1942
Best. 136/Nr. 20547 Einsatz der Feuerwehren 1943 – 1968
Best. 230 – 4, Nr. 673 Zweckverband Wangerland für die Förderung des Löschwesens 1922 – 1934
Best. 231 – 3/Nr. 1678 Landkreis Friesland: Feuerlöschpolizei, Feuerwehren, Organisation
Best. 231 – 3/Nr. 1685 Landkreis Friesland; Feuerlöschpolizei, Feuerwehren: Ausrüstung, Geräte, Beschaffungspläne, Feuermelder, Kreisschlauchmacherei
Best. 231 – 3/Nr. 1689 Landkreis Friesland; Feuerlöschpolizei, Feuerwehren: Einsatz der Feuerwehren 1940 – 1943
Best. 231-3/Nr. 1693 Landkreis Friesland; Feuerwehren in der Gemeinde Varel-Land: Verbesserung des Feuerlöschwesens in Varel

## 16.2 Literatur


Stefan Appelius/Olaf Bartsch, Helfen als Aufgabe – Arbeiter-Samariter in Wilhelmshaven, Wilhelmshaven 1985
Berufsfeuerwehr Gelsenkirchen, 100 Jahre Berufsfeuerwehr Gelsenkirchen, Gelsenkirchen 2004
Berufsfeuerwehr Wilhelmshaven, 100 Jahre Feuerwehr Wilhelmshaven, Wilhelmshaven 1980
Berufsfeuerwehr Wilhelmshaven, 50 Jahre Berufsfeuerwehr Wilhelmshaven 1940 – 1990, Wilhelmshaven 1990
Karl Boch, Wilhelmshaven – Fünf Jahre Aufbau einer zerstörten Stadt, Band II, 1950, Stadtarchiv Wilhelmshaven, Best. Ab 15 1
Werner Brune (Hrsg.), Wilhelmshavener Heimatlexikon, Band I – III, Wilhelmshaven 1986
Emil Buscher, Rüstringen als Stadt 1. Klasse – mit besonderer Berücksichtigung der Verhältnisse der Gemeinde Heppens, Heppens 1906
Denkschrift 75 Jahre Marinewerft Wilhelmshaven, Wilhelmshaven 1931
Ingrid Dunger, Wilhelmshaven 1870 – 1914, Staats-, Kommunal- und Parteipolitik im Jadegebiet zwischen Reichsgründung und Erstem Weltkrieg, Wilhelmshaven 1962
Cord Eberspächer/Jörg-Michael Henneberg/Ingo Sommer/Ruth Steinberg, Wilhelm II. und Wilhelmshaven – zur Topographie einer wilhelminischen Stadt, Wilhelmshaven 2003
Tobias Engelsing, Im Verein mit dem Feuer – Die Sozialgeschichte der Freiwilligen Feuerwehr von 1830 bis 1950, Lengwil (CH) 1990
Dieter Farrenkopf, Das Amt 37 in den deutschen Stadtverwaltungen, in: Entstehung und Entwicklung der Berufsfeuerwehren, in: Tagungsband zur 20. Tagung der Internationalen Arbeitsgemeinschaft für Feuerwehr- und Brandschutzgeschichte im CTIF, Pribyslaw/Czechien 2012

Freiwillige Feuerwehr Bant, 75 Jahre Freiwillige Feuerwehr Wilhelmshaven, Wache Oldeoogestraße, Wilhelmshaven 1972

Freiwillige Feuerwehr Bant, 100 Jahre Ortsfeuerwehr Bant, Wilhelmshaven 1997

Freiwillige Feuerwehr Heppens, Chronik 1880 – 2005 Freiwillige Feuerwehr Wilhelmshaven/Ortswehr Heppens, Wilhelmshaven 2005

Freiwillige Feuerwehr Neuengroden, 75 Jahre Freiwillige Feuerwehr Neuengroden, Wilhelmshaven 1993

Freiwillige Feuerwehr Wilhelmshaven, Festschrift 75 Jahre Freiwillige Feuerwehr Wilhelmshaven, Wilhelmshaven 1955

Freiwillige Feuerwehr Wilhelmshaven-Nord, 50 Jahre Freiwillige Feuerwehr Wilhelmshaven Ortsfeuerwehr Nord, 1940 – 1990, Wilhelmshaven 1990

Feuerwehr Jever, 125 Jahre Freiwillige Feuerwehr Jever, Jever 2008

Holger Frerichs, Der Bombenkrieg in Friesland 1939 bis 1945, Jever 1997

Jens Graul, Die freiwilligen Feuerwehren in Sengwarden und Fedderwarden 1933 – 2008, Wilhelmshaven 2010

Jens Graul, Wilhelmshaven – Captain Edward Conder RN und der Neuanfang 1945, Wilhelmshaven 2014

Jens Graul/Ulrich Räcker-Wellnitz, Die Sportanlagen an der Freiligrathstraße, Wilhelmshavener Beiträge zur Stadt- und Kulturgeschichte, Band 2, Wilhelmshaven 2012

Edgar Grundig, Chronik der Stadt Wilhelmshaven, Band II, Wilhelmshaven 1959

Feuerwehr-Magazin, Der Kaiser, unsere Ölreserven und ein irrer Brandstifter, Bericht über die Berufsfeuerwehr Wilhelmshaven, Ausgabe 6/1987

Clemens Hellenschmidt, Der DRK-Krankentransport 1943 – 1945, Hamburg 2010

Harald Henne, Einblicke und Ausblicke – Auszüge aus der Geschichte des Oldenburgischen Feuerwehrverbandes e.V. (unveröffentlichtes Manuskript, 2008)

Harald Henne, Oldenburgischer Feuerwehrverband e.V. – Über 125 Jahre regionaler Zusammenschluss der Oldenburgischen Feuerwehren (unveröffentlichtes Manuskript, 2010)

Dieter Jarausch, Das Feuerwehrwesen im Deutschen Reich von 1933 – 1945 Umorganisation aufgrund geänderter Gesetzgebung, in: Tagungsband „Zwischen Gleichschaltung und Bombenkrieg" – Symposium zur Geschichte der deutschen Feuerwehren im Nationalsozialismus 1933 – 1945, herausgegeben vom Verein zur Förderung des Deutschen Brandschutzes e.V., Köln 2012

Dieter Jarausch, Walter Schnell und die Dreiteilung des Löschangriffs, in: Tagungsband „Zwischen Gleichschaltung und Bombenkrieg" – Symposium zur Geschichte der deutschen Feuerwehren im Nationalsozialismus 1933 – 1945, herausgegeben vom Verein zur Förderung des Deutschen Brandschutzes e.V., Köln 2012

Thomas Köhler, Tabuisierung der Erinnerung: Die Feuerwehren als Pogromakteure am 9. und 10. November 1938, in: Tagungsband „Zwischen Gleichschaltung und Bombenkrieg" – Symposium zur Geschichte der deutschen Feuerwehren im Nationalsozialismus 1933 – 1945, herausgegeben vom Verein zur Förderung des Deutschen Brandschutzes e.V., Köln 2012

Gerhard Koop/Kurt Galle/Fritz Klein, Von der Kaiserlichen Werft zum Marinearsenal, München 1982

Kreisfeuerwehrverband Wilhelmshaven, EinsEinsZwei – Magazin der Feuerwehr in Wilhelmshaven, Ausgaben 1/2003 bis 10/2009

Peter Kupferschmidt, Einsatzfahrzeuge Erweiterter Katastrophenschutz 1968 bis 1999, Band 4, Willich 2012

Andreas Linhardt, Feuerwehr im Luftschutz 1926 – 1945, Braunschweig 2002

Marinearsenal Wilhelmshaven, 50 Jahre Marinearsenal 1957 – 2007, Wilhelmshaven 2007

Marinestützpunktkommando Wilhelmshaven, Bundeswehrstandort Wilhelmshaven, 2014

Nieders. Ministerium für Inneres und Sport, Zur Sicherstellung des Brandschutzes in Niedersachsen unter besonderer Berücksichtigung des demographischen Wandels, Hannover 2010

Oldenburgischer Feuerwehrverband, Chronik des Oldenburgischen Feuerwehrverbandes anlässlich seines 100jährigen Bestehens, Oldenburg 1982
Oldenburgische Landesbrandkasse, 175 Jahre Oldenburgische Landesbrandkasse, Oldenburg 1939
Olaf Preuschoff, Wehr am Meer, Bericht über die Berufsfeuerwehr Wilhelmshaven, Feuerwehr-Magazin Ausgabe 11/2007
Peter Kupferschmidt. Einsatzfahrzeuge Erweiterter Katastrophenschutz 1968 bis 1999, Band 4, Willich 2012
Birgit Neumann-Dietzsch, Franz Radziwill im Nationalsozialismus, in: Birgit Neumann-Dietzsch/Viola Weigel (Hrsg.), Der Maler Franz Radziwill in der Zeit des Nationalsozialismus, Bielefeld 2011
Friedrich Paffrath, Wilhelmshaven 1945 – 1952, Ein Bericht über den Wiederaufbau unserer kommunalen Selbstverwaltung und des Wirtschaftslebens unserer Stadt, Wilhelmshaven 1952
Rudolf Prescher, Berufsfeuerwehren/Feuerlöschpolizeien/ Feuerschutzpolizeien von A-Z, Bericht Nr. 9 (Brandschutzgeschichte) der Vereinigung zur Förderung des Deutschen Brandschutzes, November 1984
Friedrich Wilhelm Riemann, Bant – Denkschrift der Wilhelmshavener Zeitung, 1. November 1904/ Nachdruck 2004
Erwin Rodehau, Die Führung der Freiwilligen Feuerwehren im Deutschen Reich 1933 – 1945, in: Tagungsband „Zwischen Gleichschaltung und Bombenkrieg" – Symposium zur Geschichte der deutschen Feuerwehren im Nationalsozialismus 1933 – 1945, herausgegeben vom Verein zur Förderung des Deutschen Brandschutzes e.V., Köln 2012
Hans Rösner, Die Berufsfeuerwehren im Land Niedersachsen, Tagungsband zur 20. Tagung der Internationalen Arbeitsgemeinschaft für Feuerwehr- und Brandschutzgeschichte im CTIF, Pribyslaw/ Czechien 2012, Seite 118 ff.
Ingo Sommer, Die Stadt der 500.000 NS-Stadtplanung und Architektur in Wilhelmshaven, Braunschweig/Wiesbaden 1993
Stadt Wilhelmshaven/Fachbereich Feuerwehr, Brandschutzbedarfsplan für die Stadt Wilhelmshaven, Wilhelmshaven 2009
Walter Suhren, Die wirtschaftliche und soziale Entwicklung Rüstringens, Oldenburg 1926
Rolf Uphoff, Als der Tag zur Nacht wurde – und die Nacht zum Tage, Wilhelmshaven im Bombenkrieg, Oldenburg 1992
Rolf Uphoff, „... hier lasst uns einen Hafen bau'n", Wilhelmshaven 1995
Vereinigung zur Förderung des Deutschen Brandschutzes, Referat 11, Merkblatt 11/02 „Existenz- und Altersbestimmung einer Berufsfeuerwehr"
Curt Wagener, Die Feuersnot in Alt-Heppens (unveröffentlichtes Manuskript), StAW, Best. 2000-57
Sammlung Alfred Wulf
Martin Wein, Stadt wider Willen – Kommunale Entwicklung in Wilhelmshaven/ Rüstringen 1853 – 1937, Marburg 2006

# 17 Anmerkungen

1 vgl. Curt Wagener, Die Feuersnot in Alt-Heppens (unveröffentlichtes Manuskript), Stadtarchiv Wilhelmshaven (StAW) Best. 2000-57 Sammlung Alfred Wulf

2 Tobias Engelsing, Im Verein mit dem Feuer – Die Sozialgeschichte der Freiwilligen Feuerwehr von 1830 bis 1950, Lengwil (CH) 1999, Seite 14

3 ebd., Seite 80

4 Rudolf Prescher, Berufsfeuerwehren/Feuerlöschpolizeien/Feuerschutzpolizeien von A-Z, Bericht Nr. 9 (Brandschutzgeschichte) der Vereinigung zur Förderung des Deutschen Brandschutzes, November 1984

5 Engelsing, a.a.O., Seite 60

6 ebd., Seite 92

7 nach einer zeitgenössischen Bestandsaufnahme zum Zeitpunkt der Gebietsübernahme, zitiert bei Rolf Uphoff, „... hier lasst uns einen Hafen bau'n", Wilhelmshaven 1995, Seite 73

8 wiedergegeben bei Uphoff, „...hier lasst uns...", a.a.O., Seite 96

9 nach Ingrid Dunger, Wilhelmshaven 1870 – 1914, Staats- Kommunal- und Parteipolitik im Jadegebiet zwischen Reichsgründung und Erstem Weltkrieg, Göttingen 1962, Anlage 10

10 ebd.

11 Petition der oldenburgischen Stadt Heppens zur Erhöhung der Reichsbeihilfe zu den Gemeindelasten, Dezember 1907, wiedergegeben bei Walter Suhren, Die wirtschaftliche und soziale Entwicklung Rüstringens, Oldenburg 1926, Seite 291, vgl. auch: Edgar Grundig, Chronik der Stadt Wilhelmshaven, Band II, Wilhelmshaven 1959, Seiten 293 und 305

12 Grundig, Band II, a.a.O., Seite 294

13 Wilhelm Winkler, Die Freiwillige Feuerwehr Wilhelmshaven und ihre Geschichte (unveröffentlichtes Manuskript), Mai 1954, Feuerwehr-Archiv (FwA). Es fällt auf, dass dieser Text in die Broschüre zum 75-jährigen Bestehen der Freiwilligen Feuerwehr Wilhelmshaven 1955 übernommen wurde, allerdings ohne den dem Manuskript als Nachtrag beigefügten Abschnitt über die „Militär- und Garnisonfeuerwehr" vor 1880.

14 vgl. Schreiben vom 4. Juni 1889, Anlage zum Bericht des Amtes Jever an das oldenburgische Staatsministerium, 12. Juni 1889, in: Niedersächsisches Landesarchiv Oldenburg (NLA-OL) Best. 136/Nr. 4319 Gesuche von Gemeinden usw. auf Befreiung von der [...] vorgeschriebenen Verpflichtung zum Halten einer Feuerspritze 1876 – 1900

15 9. Januar 1910

16 Meinardus verwaltete den fiskalischen Landbesitz (Domänen), der größtenteils zunächst noch an Landwirte verpachtet war. Bis 1873 nahm er in Wilhelmshaven auch die Aufgaben der Ortspolizei- und Steuerbehörde wahr.

17 vgl. Grundig, a.a.O., Band II., Seite 275

18 Wilhelmshavener Zeitung, wiedergegeben bei Freiwillige Feuerwehr Heppens, Chronik 1880 – 2005 – Freiwillige Feuerwehr Wilhelmshaven/Ortswehr Heppens, Wilhelmshaven 2005, Seite 7. Nach dem Adressbuch 1928/29 hatte es die Haus-Nr. 30 und verfügte in dieser Zeit auch über einen Fernsprech-Anschluss.

19 vgl. Heimat am Meer, Beilage der Wilhelmshavener Zeitung, Nr. 49, 10. Dezember 1966

20 Wilhelm Winkler nennt ihn auch „Turnverein ‚Jahn'", vgl. Manuskript eines Interviews mit der Wilhelmshavener Zeitung 1955, StAW Best. 3637 Feuerwehr

21 Die Intendantur war zu jener Zeit die Verwaltungsbehörde der Kaiserlichen Marine im Jadegebiet, zuständig u.a. für die Personal- und Liegenschaftsverwaltung. In dieser Funktion ist sie vergleichbar mit der früheren Bundeswehr-Standortverwaltung (StOV), heute Bundeswehrdienstleistungszentrum (BWDLZ)

22 10. Februar 1880

23 ebd., zitiert bei: Berufsfeuerwehr Wilhelmshaven, 100 Jahre Feuerwehr Wilhelmshaven, Wilhelmshaven 1980, Seite 13
24 Festschrift 75 Jahre Freiwillige Feuerwehr Wilhelmshaven, Wilhelmshaven 1955, Seite 7
25 ebd.
26 Schlauchführer: von der Ecken und Blum, Ehrenräte: Meyer, Teike, Kulms und Blum (ebd.)
27 4. März 1915
28 „50. Jahrbuch" des Oldenburgischen Landes-Feuerwehr-Verbandes e.V., 1932, wiedergegeben in der Chronik des Verbandes, herausgegeben anlässlich des 100jährigen Bestehens 1982, Seite 10
29 ebd., Seite 17
30 vgl. Harald Henne, Oldenburgischer Feuerwehrverband e.V. – Über 125 Jahre regionaler Zusammenschluss der Oldenburgischen Feuerwehren (unveröffentlichtes Manuskript)
31 Grundig, Band II, a.a.O., Seite 275
32 „50. Jahrbuch" des Oldenburgischen Landes-Feuerwehr-Verbandes e.V., a.a.O., Seite 42
33 Henne, Oldenburgischer Feuerwehrverband e.V., a.a.O.
34 vgl. Wilhelmshavener Zeitung, 30. Oktober 2006 („So las man in der WZ")
35 Wilhelm Winkler, Die Freiwillige Feuerwehr Wilhelmshaven und ihre Geschichte, in: Festschrift 75 Jahre Freiwillige Feuerwehr Wilhelmshaven, a.a.O.
36 Winkler, Die Freiwillige Feuerwehr…, a.a.O., Seite 14
37 Dunger, a.a.O., Seite 263
38 vgl. NLA-OL, Best. 136/Nr. 4319
39 Schreiben vom 4. Juni 1889, Anlage zum Bericht des Amtes Jever an das oldenburgische Staatsministerium, 12. Juni 1889, ebd.
40 Bericht des Amtes Jever an das oldenburgische Staatsministerium, 12. Juni 1889, ebd.
41 vgl. Ortsfeuerwehr Bant, 100 Jahre Ortsfeuerwehr Bant, Wilhelmshaven 1997, und: 100 Jahre Feuerwehr Wilhelmshaven, a.a.O. sowie: Grundig, Band II, a.a.O., Seite 276
42 100 Jahre Ortsfeuerwehr Bant, a.a.O., Seite 11
43 Anlage zu einem Bericht des Amtes Jever an das oldenburgische Staatsministerium, 28. April 1897, in: NLA-OL, Best. 136/Nr. 4335 Feuerlöschordnungen, Heft 22 (Gemeinde Bant)
44 H. Sperling, Hertwig, Specht, Schulz, Lütjens, Harms, Wilken, Flacke, Hampel, v. Nosseck, Ehmkes, Salzer, Meyer, Matzke, Abrahams und Heeren, vgl. Freiwillige Feuerwehr Bant, 100 Jahre Ortsfeuerwehr Bant, a.a.O., Seite 12
45 75 Jahre Freiwillige Feuerwehr Wilhelmshaven, a.a.O., Seite 15
46 100 Jahre Ortsfeuerwehr Bant, a.a.O., Seite 14
47 75 Jahre Freiwillige Feuerwehr Wilhelmshaven, a.a.O., Seite 15
48 75 Jahre Freiwillige Feuerwehr Wilhelmshaven, Wache Oldeoogestraße, Wilhelmshaven 1972, Seite 9
49 Dunger, a.a.O., Seite 263
50 Friedrich Wilhelm Riemann, Bant – Denkschrift der Wilhelmshavener Zeitung, 1. November 1904/Nachdruck 2004, Seite 28
51 100 Jahre Ortsfeuerwehr Bant, a.a.O., Seite 19
52 vgl. NLA-OL, Best. 136/Nr. 4335, Feuerlöschordnungen, Heft 24 Gemeinde Heppens, sowie Grundig, Band II, a.a.O., Seite 276
53 75 Jahre Freiwillige Feuerwehr Wilhelmshaven, Seite 18
54 ebd., Seite 19
55 vgl. Harald Henne, Einblicke und Ausblicke – Auszüge aus der Geschichte des Oldenburgischen Feuerwehrverbandes e.V. (unveröffentlichtes Manuskript, 2008)
56 28. September 1905
57 14. Juli 1908
58 29. Juli 1914

59 vgl. NLA-OL, Best. 136/Nr. 4335, Feuerlöschordnungen, Heft 28 (Gemeinde Neuende)
60 vgl. Jens Graul, Die freiwilligen Feuerwehren in Sengwarden und Fedderwarden 1933 – 2008, Wilhelmshaven 2010, Seite 12
61 12. November 1904
62 vgl. „Bericht über die Revision der freiwilligen Feuerwehren Rüstringen I, II, und III" durch den Oldenburgischen Feuerwehrverband 30. Oktober 1912, in: NLA-OL, Best. 136/ Nr. 4348 Feuerwehr-Verband des Herzogtums Oldenburg und des königlich-preußischen Jadegebiets 1904 – 1936
63 ebd.
64 vgl. Wilhelmshavener Zeitung, 28. Juni 2011 („So las man in der WZ")
65 vgl. „Bericht über die Revision der freiwilligen Feuerwehren Rüstringen I, II, und III" durch den Oldenburgischen Feuerwehrverband 30. Oktober 1912, in: NLA-OL, Best. 136/ Nr. 4348
66 3. April 1908
67 13. Juni 1930
68 vgl. Grundig, Band II, a.a.O., Seite 276
69 Adressbuch 1924/25, StAW
70 Hinrich Janßen war im Hauptberuf Hausverwalter im Pflegeheim der Stadt Wilhelmshaven.
71 NLA-OL, Best. 136/Nr. 4335 Feuerlöschordnungen, Heft 35 (Stadt Rüstringen)
72 ebd.
73 Protokoll der Sitzung des Stadtmagistrats Rüstringen am 23. Dezember 1929, StAW Best. 900 Protokolle
74 Die Zahlungen der Stadt Wilhelmshaven an die Werft beliefen sich 1924 auf 1.168 Reichsmark, 1934 auf 3.000 Reichsmark und 1938 auf 6.400 Reichsmark (Berufsfeuerwehr Wilhelmshaven, 50 Jahre Berufsfeuerwehr Wilhelmshaven 1940 – 1990, Wilhelmshaven 1990, Seite 8).
75 Programmheft, FwA
76 ebd.
77 ebd.
78 vgl. Festschrift des DRK-Kreisverbandes Wilhelmshaven zum 50-jährigen Bestehen, 1959. Die Gründer waren vor allem der Optikermeister Friedrich Kuhlmann und der Buchdruckereibesitzer Eilert Heine.
79 vgl. Stefan Appelius/Olaf Bartsch, Helfen als Aufgabe – Arbeiter-Samariter in Wilhelmshaven, Wilhelmshaven 1985, Seite 7
80 23. September 2016 („WZ vor 100 Jahren – 1916")
81 vgl. Wilhelmshavener Zeitung, 27. Juli 2017 („So las man in der WZ")
82 Das Gebäude wurde 1935 zugunsten der Hausgruppe am Mühlenweg des Bauvereins Rüstringen abgebrochen.
83 Programmheft, FwA
84 13. Juni 1930
85 ebd.
86 ebd.
87 vgl. Graul, Die freiwilligen Feuerwehren ..., a.a.O., Seite 17
88 Z.B. den vom Oldenburgischen Staatsministerium erlassenen Ausführungsbestimmungen zum Gesetz über feuerpolizeiliche Vorschriften.
89 vgl. NLA-OL, Best. 136/Nr. 4335, Heft 35
90 Schriftführer Friedrich Haaren, Kassierer Gerhard Nikolai (Ortsfeuerwehr Neuengroden, 75 Jahre Freiwillige Feuerwehr Neuengroden, Wilhelmshaven 1993, Seite 10)
91 Protokollbuch der Freiwilligen Feuerwehr Neuengroden 1919 bis 1935, transkribiert von Stadtbrandmeister Karl Schmid 1989, Seite 142, StAW Best. 3637
92 75 Jahre Freiwillige Feuerwehr Wilhelmshaven, a.a.O., Seite 21

93 Wilhelm Winkler, Die Freiwillige Feuerwehr Wilhelmshaven und ihre Geschichte, in: Festschrift 75 Jahre Freiwillige Feuerwehr Wilhelmshaven, a.a.O.

94 „50. Jahrbuch" des Oldenburgischen Landes-Feuerwehr-Verbandes e.V., a.a.O., Seite 56

95 Henne, Oldenburgischer Feuerwehrverband …, a.a.O. 1927 waren 93 Wehren Mitglieder des Verbandes.

96 Er hatte von Gerhard Heeren übernommen, der 1920 zum Nachfolger von Wilhelm Köster gewählt worden war. Zu Kluths Nachfolger wurde 1925 Karl Ott bestimmt.

97 Festschrift 75 Jahre Freiwillige Feuerwehr Wilhelmshaven, a.a.O., Seite 20, vgl. auch Wilhelmshavener Zeitung, 18. Oktober 1912

98 Werner Brune (Hrsg.), Wilhelmshavener Heimatlexikon, Wilhelmshaven 1986, Band III, Seite 472

99 Friedrich Bohländer in einem Zeitungsbeitrag, 23. Mai 1930, in: NLA-OL, Best. 136/Nr. 4335, Heft 35

100 Bericht von Oberbürgermeister Paul Hug an das Oldenburgische Ministerium des Innern, 15. September 1924, ebd.

101 ebd.

102 ebd.

103 ebd.

104 ebd.

105 ebd.

106 ebd.

107 Stellungnahme des Oldenburgischen Landes-Feuerwehr-Verbandes, 3. Dezember 1928, in: NLA-OL Best. 136/Nr. 4339 Unvermutete Alarmübungen der Feuerwehren im Landesteil Oldenburg 1928 – 1935

108 Die hochwertige Magirus-Drehleiter der Freiwilligen Feuerwehr Heppens ist hier nicht mehr aufgeführt, da sie während des Großbrandes auf der Reichmarinewerft 1928 zerbrach.

109 Protokoll der Überprüfung des Feuerlöschwesens der Stadt Rüstringen am 3. Juli 1928, in: NLA-OL, Best. 136/Nr. 4339

110 ebd.

111 75 Jahre Freiwillige Feuerwehr Wilhelmshaven, a.a.O., Seite 17

112 vgl. Abkommen zwischen der Marinewerft und der Stadt Rüstringen, in: NLA-Ol, Best. 136/4335, Heft 35

113 Protokoll der Überprüfung des Feuerlöschwesens der Stadt Rüstringen am 3. Juli 1928, in: NLA-OL, Best. 136/Nr. 4339

114 vgl. Protokollbuch der Ortsfeuerwehr Neuengroden 1919 bis 1935, a.a.O., Seite 126

115 Protokoll der Sitzung des Stadtmagistrats Rüstringen, 20. Februar 1928, in: StAW, Best. 900 Protokolle

116 Protokollbuch der Ortsfeuerwehr Neuengroden 1919 bis 1935, a.a.O., Seite 145

117 Stadtrat Kleine in der Sitzung des Stadtmagistrats Rüstringen am 2. September 1929, in: StAW, Best. 900 Protokolle

118 Zeitungsbeitrag, 23. Mai 1930, in NLA-OL, Best. 136/Nr. 4335, Heft 35, a.a.O.

119 ebd.

120 Protokoll der Monatsversammlung der Freiwilligen Feuerwehr Heppens, 12. April 1930, StAW, Best. 2000-57 Sammlung Alfred Wulf

121 ebd.

122 ebd.

123 Zu diesem Zeitpunkt amtierte Wilhelm Ulich als erster Hauptmann, J. Wiechmann als sein Stellvertreter und G. Wilts als Schriftführer. Die Zugführer waren G. Janssen, J. Bartels und E. Thumann. (Sitzungsprotokoll des Stadtmagistrats Rüstringen, 5. Februar 1930, StAW, Best. 900 Protokolle)

124 Protokoll der Monatsversammlung der Freiwilligen Feuerwehr Heppens, 12. April 1930, StAW, Best. 2000-57 Sammlung Alfred Wulf
125 27. Januar 1931, in: NLA-OL, Best. 136, Nr. 4335, Heft 35
126 Bericht an das Oldenburgische Ministerium des Innern, 22. Oktober 1930, ebd.
127 So äußert er sich in einem Zeitungsbeitrag vom 23. Mai 1930. In: NLA-OL, Best. 136/Nr. 4335, Heft 35
128 75 Jahre Freiwillige Feuerwehr Wilhelmshâven, a.a.O., Seite 22
129 Protokollbuch der Ortsfeuerwehr Neuengroden 1919 bis 1935, a.a.O., Seite 218; vgl. auch das Manuskript der Ansprache zum 50jährigen Bestehen der Freiwilligen Feuerwehr Neuengroden am 22. Februar 1969, eingeheftet im Original-Protokollbuch der Wehr, 1928 bis 1935 und 1954 bis 1969, Seite 253
130 „50. Jahrbuch" des Oldenburgischen Landes-Feuerwehr-Verbandes e.V., a.a.O., Seite 80
131 Engelsing, a.a.O., Seite 131
132 § 2 Preußisches Gesetz über das Feuerlöschwesen, 15. Dezember 1933
133 ebd., § 4
134 Runderlass des Reichs- und Preußischen Ministers des Innern, 12. Januar 1935, in: NLA-OL, Best 136/ Nr. 4305 Entwurf eines Reichsgesetzes über das Feuerlöschwesen 1934 – 150
135 Dienstanweisung des Oldenburgischen Ministers des Innern zur Einsetzung des Landesbranddirektors 1937, zitiert bei Henne, Oldenburgischer Feuerwehrverband ..., a.a.O.
136 Henne, Einblicke und Ausblicke..., a.a.O.
137 ebd.
138 zitiert ebd.
139 zitiert bei Graul, Die freiwilligen Feuerwehren ..., a.a.O., Seite 20
140 a.a.O., Seite 125
141 Protokollbuch der Freiwilligen Feuerwehr Neuengroden, a.a.O. Seite 237
142 ebd., Seite 239/240
143 vgl. NLA-OL, Best. 136/Nr. 18786 Aufbau und Einrichtung der Feuerschutzpolizei 1939 – 1945
144 Erwin Rodehau, Die Führung der Freiwilligen Feuerwehren im Deutschen Reich 1933 – 1945, in: Tagungsband „Zwischen Gleichschaltung und Bombenkrieg" – Symposium zur Geschichte der deutschen Feuerwehren im Nationalsozialismus 1933 – 1945, herausgegeben vom Verein zur Förderung des Deutschen Brandschutzes e.V., Köln 2012, Seite 79
145 Engelsing, a.a.O., Seite 124
146 zitiert bei Henne, Oldenburgischer Feuerwehrverband ..., a.a.O.
147 75 Jahre Freiwillige Feuerwehr Wilhelmshaven, a.a.O., Seite 12
148 5. Dezember 1934
149 15. Juli 1935
150 Die Kraftfahrspritze KS 15 wurde ab 1943 als Löschgruppenfahrzeug LF 15 und nach dem Krieg als Löschgruppenfahrzeug LF 16 geführt.
151 Das Fahrzeug wurde erst 1966 abgemeldet.
152 15. Juli 1935
153 Hannoversche Feuerwehrzeitung, 1935, Seite 246, FwA
154 ebd., Seite 336, FwA
155 Beilage des Wilhelmshavener Kuriers, 23. September 1935
156 Hannoversche Feuerwehrzeitung 1935, Seite 336, FwA
157 ebd.
158 Wilhelmshavener Neueste Nachrichten, 23. September 1935
159 Hannoversche Feuerwehrzeitung 1935, Seite 246, FwA
160 Wilhelm Winkler, Die Freiwillige Feuerwehr Wilhelmshaven und ihre Geschichte ..., a.a.O. Auf Anweisung Adolf Hitlers waren die 31 Opfer eines Luftangriffs auf das Schiff in dessen Heimathafen gebracht worden. Von der Nordgazellebrücke (heute Bontekai) begleitete eine

große Trauerparade die Toten in den Abendstunden zum Ehrenfriedhof, wo sie am folgenden Tag mit einem Staatsbegräbnis in Anwesenheit Hitlers und Himmlers beigesetzt wurden.

161 ebd.

162 Protokollbuch der Ortsfeuerwehr Neuengroden 1919 bis 1935, a.a.O.

163 ebd., Seite 248

164 ebd., Seite 250

165 ebd., Seite 254

166 ebd., Seite 252

167 4. August 1934, Erstzulassung des Fahrzeugs am 15. August 1934 (Kfz-Brief)

168 Alle technischen Angaben aus dem bei der Stadt Cloppenburg erhaltenen Kfz-Brief von 1934.

169 Protokollbuch der Ortsfeuerwehr Neuengroden 1919 bis 1935, a.a.O., sowie Dienstbuch der Freiwilligen Feuerwehr Neuengroden/Wilhelmshaven-Nord, StAW

170 4. Dezember 1935

171 Ursprünglich als Saalschutz- und Personenschutzorganisation der NSDAP für Adolf Hitler gegründet, wurde die SS in den 1930er Jahren zur zentralen Sicherheits- und Unterdrückungsorganisation, deren „Totenkopf-Verbände" u.a. die Konzentrationslager bewachten und die mit der Waffen-SS auch militärische Kampfverbände aufstellte. Ihr besonderes Merkmal war die Loyalität gegenüber dem NS-System und insbesondere gegenüber Adolf Hitler.

172 Das Nationalsozialistische Kraftfahrkorps (NSKK) wurde 1930 als Parteiorganisation zur Verkehrserziehung gegründet und betätigte sich später auch im Pannendienst. Uniform und Dienstgrade entsprachen denen der SA, deren Motor-SA im NSKK aufgegangen war. Während des Zweiten Weltkriegs übernahm das NSKK Transportaufgaben für die Organisation Todt und die Wehrmacht.

173 2. Dezember 1935

174 28. Oktober 1935

175 Kraftfahrzeugbrief, StAW Best. 3637 Feuerwehr

176 12. Oktober 1936

177 Festschrift 75 Jahre Freiwillige Feuerwehr Wilhelmshaven, a.a.O., Seite 22

178 Wilhelmshavener Zeitung, 15. Januar 1936

179 Martin Wein, Stadt wider Willen – Kommunale Entwicklung in Wilhelmshaven/Rüstringen 1853 – 1937, Marburg 2006, Seite 315

180 WHV/Statistik – Bevölkerungsentwicklung 1853 – 2014

181 Schreiben vom 7. Juli 1935, in: NLA-OL, Best. 136/Nr. 4377 Feuerlösch- usw. Apparate, Feuerlösch- und Rettungswesen 1934/1936

182 ebd.

183 24. Mai 1937

184 15. Dezember 1938

185 2. Juni 1938

186 ebd.

187 Nach der Firma Deutsche Signal-Instrumenten-Fabrik Max B. Martin in Philippsburg/Baden-Württemberg.

188 vgl. Winkler, Die Freiwillige Feuerwehr Wilhelmshaven und ihre Geschichte …, a.a.O. Seite 14

189 22. Juli 1938

190 10. November 1938, zitiert bei Thomas Köhler, Tabuisierung der Erinnerung: Die Feuerwehren als Pogromakteure am 9. und 10. November 1938, in: Tagungsband „Zwischen Gleichschaltung und Bombenkrieg" – Symposium zur Geschichte der deutschen Feuerwehren im Nationalsozialismus 1933 – 1945, herausgegeben vom Verein zur Förderung des Deutschen Brandschutzes e.V., Köln 2012, Seite 117

191 9. Februar 1949, NLA-OL Rep. 945, Best. 140-4 Nr. 785 Akte der Generalstaatsanwaltschaft Oldenburg, Synagogenbrand Wilhelmshaven 1946/1949

192 Urteilsbegründung am 6. Juli 1949, a.a.O.

193 Diese Freiwilligen-Organisation war 1919 im Geschäftsbereich des Reichsministerium des Inneren ursprünglich aus Freikorps-Pioniersoldaten gegründet worden, zunächst als Nothilfe in bestreikten Versorgungs- und Verkehrsbetrieben, später im Katastrophen- und Luftschutz. 1936 wurde die Organisation in den Zuständigkeitsbereich des Reichsführers SS und Chefs der Deutschen Polizei eingegliedert und während des Krieges in eine technische Hilfspolizei umgewandelt.

194 Andreas Linhardt, Feuerwehr im Luftschutz 1926 – 1945, Braunschweig 2002, Seite 68

195 a.a.O., Seite 106

196 Oberbefehlshaber der Luftwaffe, Erfahrungen auf dem Gebiet des Luftschutzes – der Sicherheits- und Hilfsdienst, 23. August 1941, FwA

197 Notiz über ein Gespräch im Rathaus am 2. Januar 1935, FwA

198 vgl. auch Bekanntmachung in der Wilhelmshavener Zeitung, 1. August 1939

199 vgl. Rundschreiben des Reichsführers SS und Chefs der Deutschen Polizei an die nachgeordneten Stellen, 28. Juni 1939, in: NLA-OL, Best. 136/Nr. 20544 Ausbildung der Hitler-Jugend im Feuerlöschdienst 1939 – 1942

200 a.a.O., Seite 178

201 Dieter Jarausch, Das Feuerwehrwesen im Deutschen Reich von 1933 – 1945 – Umorganisation aufgrund geänderter Gesetzgebung, in: Tagungsband „Zwischen Gleichschaltung und Bombenkrieg" – Symposium zur Geschichte der deutschen Feuerwehren im Nationalsozialismus 1933 – 1945, herausgegeben vom Verein zur Förderung des Deutschen Brandschutzes e.V., Köln 2012, Seite 47

202 vgl. NLA-OL, Best. 136/Nr. 20544

203 28. Oktober 1939. Die frühere Oberrealschule war am 9. März 1938 von den Nationalsozialisten nach dem Mitbegründer der NSDAP und Chefredakteur des Parteiblatts „Völkischer Beobachter" benannt worden. Der von der Militärregierung nach Kriegsende 1945 eingesetzte Oberbürgermeister Dr. Friedrich Paffrath machte die Umbenennung sofort rückgängig.

204 Wilhelmshavener Zeitung, 15. Januar 1936

205 29. Oktober 1937

206 ebd.

207 15. Dezember 1939

208 Erfahrungsbericht „Feuerlöschwesen; Vorbereitung und Erfahrungen, Landesbranddirektor Fortmann, 6. Februar 1941, Akte „Einsatz der Feuerwehren bei Luftangriffen auf Wilhelmshaven 1941", FwA

209 1 Sachsen, 2 Hannover, 3 Ostpreußen, 4 Ukraine, 5 Böhmen-Mähren, 6 Niederlande

210 vgl. Joachim Haase, Die überörtlichen Feuerwehreinheiten im Zweiten Weltkrieg, in: Tagungsband „Zwischen Gleichschaltung und Bombenkrieg" – Symposium zur Geschichte der deutschen Feuerwehren im Nationalsozialismus 1933 – 1945, herausgegeben vom Verein zur Förderung des Deutschen Brandschutzes e.V., Köln 2012, Seite 151, Seite 146

211 Erlass des Oberbefehlshabers der Luftwaffe vom 25. November 1939

212 vgl. Wilhelmshavener Zeitung, 20. Juni 2016 („So las man in der WZ")

213 vgl. Rundschreiben des Polizeipräsidenten Wilhelmshaven, 15. Mai 1942, in NLA-OL. Best. 231- 3/ Nr. 1689 Landkreis Friesland, Feuerlöschpolizei, Feuerwehren: Einsatz der Feuerwehren 1940 – 1943

214 Goldbach übernahm 1943 als Generalmajor die Führung der Berliner Feuerschutzpolizei. Er war Mitglied der SS. Wegen der von ihm angeordneten Evakuierung von 100 Löschfahrzeugen und ihrer Besatzungen aus Berlin kurz vor Kriegsende wurde er standrechtlich erschossen.

215 Walter Schnell, Die Dreiteilung des Löschangriffs, Celle 1935, Seite 15

216 Entwurf einer DIN FEN 180 „Der Löschzug der Berufsfeuerwehr, Stärke und Ausrüstung", 1933, zitiert im Merkblatt 11/02 des Vereins zur Förderung des Deutschen Brandschutzes (VfDB), Referat 11

217 Dieter Jarausch, Walter Schnell und die Dreiteilung des Löschangriffs, in: Tagungsband „Zwischen Gleichschaltung und Bombenkrieg" – Symposium zur Geschichte der deutschen Feuerwehren im Nationalsozialismus 1933 – 1945, herausgegeben vom Verein zur Förderung des Deutschen Brandschutzes e.V., Köln 2012, Seite 95

218 Gesetz über das Feuerlöschwesen vom 23. November 1938, wiedergegeben bei 50 Jahre Berufsfeuerwehr, a.a.O., Seite 9

219 Runderlass des Reichsführers SS und Chefs der Deutschen Polizei vom 28. Januar 1943, in: NLA-OL, Best. 231-3/Nr. 1678 Landkreis Friesland, Feuerlöschpolizei, Feuerwehren, Organisation

220 Ab 1941 lauteten die Dienstgrade der Feuerschutzpolizeien des Reichs und der Gemeinden: Oberstleutnant/Major – Hauptmann – Bezirksleutnant – Leutnant – Meister – Hauptwachtmeister – Bezirksoberwachtmeister – Oberwachtmeister – Wachtmeister und Rottwachtmeister, jeweils mit dem Zusatz „der Feuerschutzpolizei" (vgl. Runderlass des Reichsführers SS und Chefs der Deutschen Polizei vom 9. Juni 1941, Best. 120/114 Personalverwaltung, Berufsfeuerwehr (Dienstkleidung, Dienstgradabzeichen)).

221 Runderlass des Reichs- und Preußischen Ministers des Innern, 23. November 1939, in: NLA-OL, Best. 136/Nr. 4305

222 Harald Henne (Einblicke und Ausblicke…, a.a.O.) erwähnt die Umstellung auf eine aus der Fertigung für die Wehrmacht stammende dunkelgelbe Lackierung ab 1943, die sich allerdings nicht mehr flächendeckend durchsetzte.

223 23. April 1939

224 14. Februar 1940

225 Bericht vom 28. September 1938, Akte „Einrichtung einer Berufsfeuerwehr", FwA

226 ebd.

227 Bericht vom 28. September 1938, ebd.

228 Schreiben vom 28. Oktober 1938, ebd.

229 ebd.

230 50 Jahre Berufsfeuerwehr, a.a.O. Seite 10

231 Bericht Bürgermeister Balfanz an den Reichsstatthalter – Inspekteur der Ordnungspolizei – für Oldenburg und Bremen, in Hamburg, 19. Januar 1939, Akte „Einrichtung einer Berufsfeuerwehr", FwA

232 Vermerk vom 31. Mai 1939, ebd.

233 ebd.

234 ebd.

235 Vermerk für den Oldenburgischen Innenminister, 30. Mai 1939, ebd.

236 Fernschreiben vom 14. Oktober 1939, ebd.

237 Bericht an das Oldenburgische Ministerium des Innern, 20. Oktober 1939, ebd. Sie wurden schon bald größtenteils wieder entlassen.

238 Schreiben an das Oldenburgische Ministerium des Innern, 28. November 1939, Akte Einrichtung einer Berufsfeuerwehr, a.a.O.

239 vgl. Ingo Sommer, Die Stadt der 500.000 – NS-Stadtplanung und Architektur in Wilhelmshaven, Braunschweig/Wiesbaden 1993, Seite 189

240 Schreiben an das Oldenburgische Ministerium des Innern, 28. November 1939, Akte Einrichtung einer Berufsfeuerwehr, a.a.O.

241 ebd.

242 Schreiben an das Oldenburgische Ministerium des Innern, 7. März 1940, ebd.

243 vgl. Wilhelmshavener Zeitung, 11. September 2015 („So las man in der WZ")

244 Grundig, Band II, a.a.O., Seite 278

245 50 Jahre Berufsfeuerwehr, a.a.O., Seite 12

246 Rudolf Prescher, Berufsfeuerwehren/Feuerlöschpolizeien/Feuerschutzpolizeien von A-Z, Bericht Nr. 9 (Brandschutzgeschichte) der Vereinigung zur Förderung des Deutschen Brandschutzes, November 1984

247 Schreiben an das Oldenburgische Ministerium des Innern, 26. März 1940, Akte Einrichtung einer Berufsfeuerwehr, a.a.O.
248 vgl. Schreiben der Dienststelle an die Kommunalverwaltung in Bremen, Durchschrift an das Oldenburgische Ministerium des Innern und Stadt Wilhelmshaven, 29. April 1940, ebd.
249 Verfügung des Reichsführers SS vom 22. Mai 1940, a.a.O. Die Bedenken der Feuerwehr Bremen gegen die Versetzung Zettners waren „zur Kenntnis genommen" worden. (Schreiben Reichsführer SS vom 9. Mai 1940), ebd.
250 Schreiben an das Oldenburgische Ministerium des Innern, 12. Juni 1940, ebd.
251 Mitteilung der Dienststelle Reichsführer SS an die Stadt Wilhelmshaven, 17. Juli 1942, ebd.
252 der 1937 eingetreten war, vgl. Feuerwehrdienstbuch 1956, StAW
253 Protokoll der Sitzung des Magistrats, 6. September 1940, StAW, Best. 900 Protokolle
254 Protokoll der Sitzung des Magistrats, 6. September 1940, StAW, Best. 900 Protokolle
255 Mitteilung der Aufsichtsbehörde an die Stadt Wilhelmshaven, 20. März 1942, Akte Einrichtung einer Berufsfeuerwehr, a.a.O.
256 Sommer, a.a.O., Seite 74 ff.
257 Protokollbuch der Freiwilligen Feuerwehr Wilhelmshaven-Nord, 1965 bis 1983, Freiwillige Feuerwehr Rüstringen (von 2011)
258 75 Jahre Freiwillige Feuerwehr Wilhelmshaven, a.a.O., Seite 23
259 Sommer a.a.O., Seite 92/93
260 Damit ist das Gebiet zwischen dem neuen Hauptbahnhof bei Schaar und der heutigen Bundesstraße 210 gemeint, wo u.a. ein repräsentativer „Stadteingang" mit „Kulturforum" (Theater, Kunsthalle) geplant war. Vgl. Sommer, a.a.O., Seite 188
261 Schreiben der Stadt Wilhelmshaven an das Oldenburgische Ministerium des Innern, 17. Januar 1941, Akte Einrichtung einer Berufsfeuerwehr, a.a.O.
262 vgl. Sommer, a.a.O., Seite 137 ff.
263 Friedrich Paffrath, Wilhelmshaven 1945 – 1952, Ein Bericht über den Wiederaufbau unserer kommunalen Selbstverwaltung und des Wirtschaftslebens unserer Stadt, Wilhelmshaven 1952, a.a.O., Seite 56; Jahresbericht der Städtischen Berufsfeuerwehr 1946
264 Bericht des Oberbürgermeisters an den Reichsminister des Innern, 7. April 1941, Akte Einrichtung einer Berufsfeuerwehr, a.a.O.
265 Verfügung der Dienststelle des Reichsführers SS, 21. Februar 1941, ebd.
266 50 Jahre Berufsfeuerwehr, a.a.O., Seite 12
267 Die Ordnungspolizei stellte in den frontfernen besetzten Gebieten die Sicherheit und Ordnung her und war wie im Reichsgebiet auf Kreis- und Stadtkreisebene organisiert.
268 Erlass der Dienststelle des Reichsführers SS, 22. Januar 1943, Akte Einrichtung einer Berufsfeuerwehr, a.a.O.
269 vgl. Genehmigungsverfügung Reichsminister des Innern „aus Gründen der Staatssicherheit", 5. Februar 1941, ebd.
270 50 Jahre Berufsfeuerwehr, a.a.O., Seite 12
271 ebd., Seite 14
272 Runderlass des Reichsführers SS und Chefs der Deutschen Polizei, 8. Mai 1942, in: NLA-OL Best. 136/Nr. 18788 Ausbildung der Feuerschutzpolizei
273 ebd.
274 Runderlass des Reichsführers SS und Chefs der Deutschen Polizei, 29. April 1940, ebd.
275 Schreiben an die Stadt Wilhelmshaven, 25. April 1941, ebd.
276 Schreiben der Stadt Wilhelmshaven an die Aufsichtsbehörden, 2. Februar 1943, ebd.
277 Protokoll der Magistratssitzung, 6. September 1940, StAW Best. 900 Protokolle
278 Mitteilung vom 8. August 1941, Akte Einrichtung einer Berufsfeuerwehr, FwA
279 Schreiben der Stadt Wilhelmshaven an die Aufsichtsbehörden, 2. Februar 1943, ebd.
280 50 Jahre Berufsfeuerwehr, a.a.O., Seite 14

281 Rolf Uphoff, Als der Tag zur Nacht wurde – und die Nacht zum Tage, Wilhelmshaven im Bombenkrieg, Oldenburg 1992, Seite 72
282 Mitteilung des Personalreferats beim Reichsführer SS an die Stadt Wilhelmshaven, 30. Oktober 1942, Akte Einrichtung einer Berufsfeuerwehr, a.a.O.
283 ebd.
284 Uphoff, Als der Tag …, a.a.O., Seite 70
285 Winkler, Die Freiwillige Feuerwehr Wilhelmshaven …, a.a.O.
286 75 Jahre Freiwillige Feuerwehr Wilhelmshaven, a.a.O., Seite 18
287 Bericht des Oberbürgermeisters an die Aufsichtsbehörde, 7. April 1941, Akte Einrichtung einer Berufsfeuerwehr, a.a.O.
288 Rundschreiben des Polizeipräsidenten Wilhelmshaven, 15. Mai 1942, in: NLA-OL, Best. 231-3/Nr. 1689
289 ebd.
290 Uphoff, Als der Tag …, a.a.O., Seite 89
291 Holger Frerichs, Der Bombenkrieg in Friesland 1939 bis 1945, Jever 1997, Seite 315
292 Erfahrungsbericht „Feuerlöschwesen; Vorbereitung und Erfahrungen. Landesbranddirektor Fortmann, 6. Februar 1941, Akte Einsatz der Feuerwehren bei Luftangriffen auf Wilhelmshaven 1941, FwA
293 vgl. NLA-OL, Best. 231-3/Nr. 1689 a.a.O.
294 Erfahrungsbericht des Polizeipräsidenten über die Luftangriffe am 15./16. und 16./17. Januar 1941, Akte Einsatz der Feuerwehren bei Luftangriffen auf Wilhelmshaven 1941, a.a.O.
295 ebd.
296 ebd.
297 Erfahrungsbericht „Feuerlöschwesen; Vorbereitung und Erfahrungen“, Landesbranddirektor Fortmann, 6. Februar 1941, a.a.O.
298 ebd.
299 vgl. Jens Graul, Die freiwilligen Feuerwehren …, a.a.O., Seite 29
300 vgl. NLA-OL, Best. 231-3/Nr. 1689 Landkreis Friesland, a.a.O.
301 Rundschreiben der Schutzpolizei Wilhelmshaven, 1. September 1941, FwA
302 50 Jahre Berufsfeuerwehr, a.a.O., Seite 15
303 ebd.
304 50 Jahre Berufsfeuerwehr, a.a.O., Seite 14
305 Akte Einsatz der Feuerwehren bei Luftangriffen auf Wilhelmshaven 1941, FwA
306 Uphoff, Als der Tag …, a.a.O., Seite 109
307 „Erste Bereitschaft Feuerlösch- und Entgiftungsdienst“, Lagebericht des Polizeipräsidenten, 26. Februar 1943, FwA
308 Schreiben vom 24. Februar 1942, in: NLA-OL, Best. 136/Nr. 4333 Zuschüsse für das Feuerlöschwesen in der Stadt Wilhelmshaven 1939 – 1944
309 Erfahrungsbericht des Polizeipräsidenten über die Luftangriffe am 26. Februar und 22. März 1943, FwA
310 50 Jahre Berufsfeuerwehr, a.a.O., Seite 15
311 Schreiben vom 10. August 1942, in NLA-OL, Best. 231-3/Nr. 1693 Verbesserung des Feuerlöschwesens in Varel
312 Schreiben Polizeipräsident an Landrat, 1. September 1942, ebd.
313 vgl. auch Birgit Neumann-Dietzsch, Franz Radziwill im Nationalsozialismus, in: Birgit Neumann Dietzsch/Viola Weigel (Hrsg.), Der Maler Franz Radziwill in der Zeit des Nationalsozialismus, Bielefeld 2011
314 Erlass des Reichsführers SS und Chefs der Deutschen Polizei vom 19. September 1943, in: NLA-OL, Best. 136/Nr. 4340 Feuerwehren Allgemeines 1935 – 1957
315 Runderlass des Reichsführers SS und Chefs der Deutschen Polizei vom 10. August 1944, in: NLA-OL, Best. 136/Nr. 4340

316 Mitteilung des Höheren SS-Polizeiführers beim Befehlshaber der Ordnungspolizei Hamburg, 7. März 1943, in: NLA-OL, Best. 136/Nr. 20541 Feuerlösch- usw. Apparate; Feuerlösch- und Rettungswesen etc. 1936 – 1964
317 vgl. NLA-Ol Best. 231-3/Nr. 1685 Landkreis Friesland; 1943 Wehren am Rand Wilhelmshavens
318 Mitteilung von Manfred Gihl, Hamburger Feuerwehrhistoriker e.V., an den Verfasser, 30. September 2014
319 Alle Informationen, soweit nicht anders angegeben, von seinem Sohn, Brandamtsrat a.D. Hanns-Helmuth Spohn. Mitteilung an den Verfasser am 17, Oktober 2014
320 Uphoff, a.a.O., Seite 155
321 ebd.
322 Zeitzeugenbericht, wiedergegeben in der Chronik des Oldenburgischen Feuerwehrverbandes anlässlich seines 100jährigen Bestehens, Oldenburg 1982, Seite 181
323 Die *Köln* sank im Bauhafen auf ebenen Kiel und wurde außer Dienst gestellt. Festungskommandant Kapitän zur See Walter Mulsow ließ die noch intakte Schiffsartillerie auf die von Süden anrückenden alliierten Truppen bei Varel feuern.
324 50 Jahre Berufsfeuerwehr, a.a.O., Seite 33
325 Tagesbefehl des Oberwerftdirektors, 25. Juli 1945, Sammlung Deutsches Marinemuseum Wilhelmshaven
326 nach Unterlagen der britischen Marine, vgl. auch Jens Graul, Wilhelmshaven – Captain Edward Conder RN und der Neuanfang 1945, Wilhelmshaven 2014, Seite 101
327 Hauptquartier des XXX. Corps der British Army of the Rhine, später Regional Commissioner Hannover Region als räumliche Untergliederung der obersten britischen Militärregierung (Control Commission for Germany) in Bad Oeynhausen
328 Rundschreiben vom 5. Juni 1945, in: NLA-OL, Best. 136/Nr. 4340
329 Jahresbericht der Städtischen Berufsfeuerwehr 1946, FwA
330 vgl. NLA-OL, Best. 136/Nr. 4340 sowie Jahresbericht der Städtischen Berufsfeuerwehr 1947, FwA
331 Schreiben Hauptmann Flachsbart an den Oberbürgermeister, 14. Juli 1945, in: StAW Best. 120/115 Personalverwaltung, Berufsfeuerwehr (Allgemeines, Personalbedarf)
332 Bericht an die Militärregierung Hannover, 24. Juli 1945, in: NLA-OL Best. 136/Nr. 4340
333 ebd.
334 Bericht Landesbranddirektor Heimberg an die Militärregierung Hannover, 24. Juli 1945, in: NLA-OL, Best. 136/Nr. 4340
335 Mitteilung des Vertrauensmanns der städtischen Berufsfeuerwehr, Unterbrandmeister Johannes Jung, an den Entnazifizierungsausschuss für die Stadtverwaltung Wilhelmshaven, 3. Mai 1946, in: StAW, Best. 3637
336 Mitteilung an den Entnazifizierungsausschuss für die Stadtverwaltung Wilhelmshaven, 2. Mai 1946, in: StAW Best. 3637 Feuerwehr
337 Personalliste der Berufsfeuerwehr, Stand 3. Mai 1946, StAW Best. 3637 Feuerwehr
338 Protokoll der konstituierenden Sitzung des Vertrauensausschusses am 22. August 1945, in: StAW, Best. 900 Protokolle
339 Niederschrift über die Sitzung des Hauptausschusses am 4. September 1945, StAW, Best. 900 Protokolle. Der Hauptausschuss entschied – etwa wie heute der Verwaltungsausschuss – über wichtige Angelegenheiten der laufenden Verwaltung. Ihm gehörten die Vorsitzenden der Fachausschüsse, Oberbürgermeister Dr. Paffrath, Bürgermeister Balfanz, Stadtkämmerer Dr. Kellerhoff und Hans Beutz als Verbindungsmann zur Militärregierung an.
340 Karl Boch, Wilhelmshaven – Fünf Jahre Aufbau einer zerstörten Stadt, Band II, 1951, Seite 710
341 Manuskript eines Interviews der Wilhelmshavener Zeitung mit Wilhelm Winkler anlässlich des 75-jährigen Gründungsjubiläums, in: StAW Best. 3637
342 Protokollbuch der Freiwilligen Feuerwehr Wilhelmshaven – Nord, a.a.O.
343 75 Jahre Freiwillige Feuerwehr Wilhelmshaven, a.a.O., Seite 24

344 Ruseler war 1925 in die Freiwillige Feuerwehr Wilhelmshaven eingetreten und 1935 zum Oberbrandmeister ernannt worden (vgl. Akte Freiwillige Feuerwehr/Personalangelegenheiten 1948 – 1967, FwA)

345 50 Jahre Freiwillige Feuerwehr Wilhelmshaven, Ortsfeuerwehr Nord, 1990, Seite 25

346 Protokoll der Sitzung des Vertrauensausschusses, 2. Oktober 1945, StAW, Best. 900 Protokolle. Stadtrat Walter Kleine, der in Rüstringen als Ordnungsdezernent für die Feuerwehr verantwortlich gewesen war, wechselte nach Delmenhorst.

347 Manuskript seiner Ansprache zum 25jährigen Jubiläum der Berufsfeuerwehr 1965, FwA

348 Dienstanweisung, 22. November 1945, StAW, Bestand 2000-5 Arthur Grunewald

349 ebd.

350 Schreiben vom 27. Oktober 1945, ebd.

351 Mitteilung an die Stadt Wilhelmshaven, 5. Dezember 1945, ebd.

352 Boch, a.a.O., Seite 710 sowie Protokoll einer Besichtigung der Feuerwehr durch den Betriebsausschuss der Stadtvertretung am 13. Mai 1946, StAW Best. 2000-5 Arthur Grunewald

353 Jahresbericht der Städtischen Berufsfeuerwehr 1946, FwA

354 StAW Best. 120/115 Personalverwaltung, Berufsfeuerwehr (Allgemeines, Personalbedarf)

355 Friedrich Paffrath, Wilhelmshaven 1945 – 1952, a.a.O., Seite 56 sowie Boch, a.a.O. Seite 710

356 Personalliste der Berufsfeuerwehr, Stand 3. Mai 1946, StAW Best. 3637 Feuerwehr; vgl. auch Bericht von Oberbürgermeister Dr. Paffrath an das Nds. Innenministerium, 8. Januar 1947, Bestand 120/115, s. Anm. 354

357 Schreiben Meyer zu Köcker, 19. November 1946, StaW Best. 2000-5 Arthur Grunewald: „Im Stadtarchiv Wilhelmshaven, Best. 3637, ist eine Liste mit insgesamt 32 „Gefolgschaftsmitgliedern" der Werftfeuerwehr erhalten, die zur Stadt Wilhelmshaven wechseln sollten. Wegen der Stärkebegrenzung der Berufsfeuerwehr kamen im Endeffekt nur 19 Feuerwehrleute zum Zuge.

358 In einer Mitteilung an das Nds. Innenministerium am 9. Oktober 1948 wird die Zahl 35 genannt, vgl. StAW Bestand 120/115 Personalverwaltung, Berufsfeuerwehr (Allgemeines, Personalbedarf)

359 Die ehrenamtliche SS wurde zur Unterscheidung von dem hauptamtlichen Teil wie z.B. der Waffen-SS oder den mit dem Sicherheitsbereich verbundenen SS-Gliederungen als sog. „Allgemeine SS" oder auch „Heimat-SS" bezeichnet. Sie war regional in Abschnitten bzw. Oberabschnitten organisiert (z.B. Abschnitt Oldenburg, Oberabschnitt Hamburg).

360 Schreiben vom 13. Februar 1946, StAW, Best. 2000-5 Nachlass Grunewald. Spohn bemühte sich zunächst, zusammen mit Karl Graetz eine Spedition aufzubauen. 1950 ging er mit seiner Familie nach Hamburg zurück.

361 Jahresbericht der Städtischen Berufsfeuerwehr 1946, FwA

362 ebd.

363 Jahresbericht der Städtischen Berufsfeuerwehr 1947, FwA

364 50 Jahre Berufsfeuerwehr, a.a.O., Seite 22

365 ebd., Seite 19

366 ebd., Seite 19

367 Protokoll einer Besichtigung der Feuerwehr durch den Betriebsausschuss der Stadtvertretung am 13. Mai 1946, StAW Best. 2000-5 Arthur Grunewald

368 Jahresbericht der Städtischen Berufsfeuerwehr 1946, FwA

369 Ein weiteres Fahrzeug dieses Typs war von der Militärregierung beschlagnahmt worden.

370 Jahresbericht der Städtischen Berufsfeuerwehr 1946 sowie Protokoll einer Besichtigung der Feuerwehr durch den Betriebsausschuss am 13. Mai 1946, in: StAW, Best. 2000-5 Arthur Grunewald

371 Jahresbericht der Städtischen Berufsfeuerwehr 1947, FwA

372 Bericht an die Militärregierung Hannover, 24. Juli 1945, in: NLA-OL, Best. 136/Nr. 4340

373 Gerdes/Wigger, a.a.O., Seite 22

374 Mitteilung des Oldenburgischen Staatsministeriums des Innern, 2. Januar 1946, Akten Zivil- und Bevölkerungsschutz, StAW (Zwischenarchiv)
375 Boch, a.a.O., Seite 710
376 vgl. Tätigkeitsbuch der Berufsfeuerwehr 1945 – 1954, StAW, Best. 3637 Feuerwehr
377 Schon in der Weimarer Verfassung hatte der Reichspräsident als Staatsoberhaupt die Möglichkeit gehabt in bestimmten Fällen Anordnungen oder Verfügungen mit Gesetzeskraft zu erlassen. Adolf Hitler erweiterte dieses Recht in mehreren Verfassungsänderungen, zuletzt 1942, zu seinen Gunsten und machte davon regelmäßig Gebrauch.
378 Möglicherweise handelte es sich aber auch um einen für das Dritte Reich typischen Machtkampf zwischen Personen, in diesem Fall dem „Reichsgesundheitsführer" Dr. Leonardo Conti und dem „Generalkommissar des Führers für das Sanitäts- und Gesundheitswesen" Dr. Karl Brandt, zugleich Hitlers chirurgischer Leibarzt (vgl. Hellenschmidt, a.a.O., Seite 74).
379 Verfügung des Oldenburgischen Staatsministeriums, 16. Februar 1946, FwA
380 Vorlage des Kommandos der Berufsfeuerwehr, 23. Januar 1847, StAW, Best. 2000-5 Arthur Grunewald
381 Der „Phänomen Granit 1500" wurde ab 1938 von den Phänomen-Werken in Zittau für den zivilen Bedarf als „Schnelllastwagen" mit 1,5 t Zuladung wie auch für die Wehrmacht hergestellt. Die Produktion lief nach dem Krieg in der DDR weiter („Phänomen Granit 27" etc., später „Robur").
382 Paffrath, Wilhelmshaven 1945 bis 1952, a.a.O. Seite 56
383 Jahresbericht der Städtischen Berufsfeuerwehr 1947, FwA
384 vgl. Graul, Wilhelmshaven 1945…, a.a.O., Seite 147 bzw. 161
385 ebd., Seite 172 ff.
386 Jahresbericht der Städtischen Berufsfeuerwehr 1948, FwA
387 Jahresbericht der Städtischen Berufsfeuerwehr 1947, FwA
388 Protokoll der Sitzung vom 29. November 1946, StAW, Best. 900 Protokolle
389 Nach Angaben des Stadtarchivs Bochum, Mitteilung an den Verfasser vom 17, März 2015
390 Hier wie bei allen folgenden Wechseln wird jeweils der Dienstgrad zum Zeitpunkt der Amtsübernahme verwandt. Er veränderte sich jedoch aufgrund von Beförderungen oder Änderungen der Laufbahnverordnung.
391 Jahresbericht der Städtischen Berufsfeuerwehr 1948, FwA
392 Jahresbericht der Städtischen Berufsfeuerwehr 1953, FwA
393 Mittelung auf eine Anfrage der Stadt Wolfsburg, 3. Juli 1951, Best. 120/115 Personalverwaltung, Berufsfeuerwehr (Allgemeines, Personalbedarf)
394 Protokoll der Dienstbesprechung des Kommandos der Berufsfeuerwehr mit den Führern der Freiwilligen Feuerwehr, 1. Juli 1947, in: StAW, Best. 2000-5 Arthur Grunewald
395 siehe auch F. Heimberg/W. Fuchs, Die Ausbildung der Feuerwehren, 1947
396 Jahresbericht der Städtischen Berufsfeuerwehr 1947, FwA
397 vgl. Henne, Einblicke und Ausblicke ..., a.a.O.
398 ebd.
399 ebd.
400 ebd.
401 Jahresbericht der Städtischen Berufsfeuerwehr 1949. FwA
402 50 Jahre Berufsfeuerwehr, a.a.O., Seite 24
403 Jahresbericht der Städtischen Berufsfeuerwehr 1949, FwA
404 Jahresbericht der Städtischen Berufsfeuerwehr 1948, FwA
405 15. Januar 1948
406 Jahresbericht der Städtischen Berufsfeuerwehr 1947, FwA
407 Jahresbericht der Städtischen Berufsfeuerwehr 1948, FwA
408 50 Jahre Berufsfeuerwehr, a.a.O., Seite 24

409 Jahresbericht der Städtischen Berufsfeuerwehr 1947, FwA
410 vgl. hierzu auch Ulrich Räcker-Wellnitz, „Das Lager ist wichtiger als der Lohn" – Arbeiterunterkünfte in Wilhelmshaven 1933 – 1945, Wilhelmshaven 2010
411 Jahresbericht der Städtischen Berufsfeuerwehr 1948, FwA
412 Boch, a.a.O., Seite 710
413 3. April 1950
414 ebd.
415 50 Jahre Freiwillige Feuerwehr Wilhelmshaven Ortsfeuerwehr Nord., a.a.O., Seite 25
416 9. April 1951
417 Richard Grotheer, Manuskript seiner Ansprache zum 25jährigen Jubiläum der Berufsfeuerwehr 1965, FwA
418 9. Mai 1952
419 ebd.
420 17. Juni 1953
421 a.a.O., Seite 710
422 Die ersten Taucher waren Otto Aden, Hans Dietz, Willi Ehrke, Friedrich Grube, Gerhard Hinrichs, Herbert Schwarz und Hans Wilde; Gustav Magnus besaß die Lehrbefähigung für Helmtaucher der Berufsgenossenschaft See.
423 Jahresbericht der Berufsfeuerwehr 1954/1955, FwA
424 11. November 1954
425 75 Jahre Freiwillige Feuerwehr Wilhelmshaven, a.a.O., Seite 28
426 Geleitwort zur Festschrift 75 Jahre Freiwillige Feuerwehr Wilhelmshaven, a.a.O.
427 Doden hatte bereits 1952 die Nachfolge von Otto Maier angetreten.
428 75 Jahre Freiwillige Feuerwehr Wilhelmshaven, a.a.O., Seite 25
429 26. Januar 1956
430 Jahresbericht der Städtischen Berufsfeuerwehr 1955, FwA
431 vgl. Bericht von Brandamtmann Andreas Macijewski, 13. Oktober 1958, in. NLA-OL, Best. 136/Nr. 20547 Einsatz der Feuerwehren 1943 – 1968
432 Jahresbericht der Städtischen Berufsfeuerwehr 1956, FwA
433 75 Jahre Freiwillige Feuerwehr Neuengroden, a.a.O., Seite 12
434 Jahresbericht der Städtischen Berufsfeuerwehr 1958
435 Jahresbericht der städtischen Feuerwehr 1960, FwA; die Baukosten betrugen 175.000 DM
436 ebd.
437 Jahresbericht der Städtischen Berufsfeuerwehr 1958, FwA
438 Jahresbericht der Städtischen Berufsfeuerwehr 1960, FwA
439 Jahresbericht der städtischen Feuerwehr 1961/62, FwA
440 Jahresbericht der städtischen Feuerwehr 1960, FwA
441 ebd.
442 Jahresbericht der Städtischen Berufsfeuerwehr 1959/60
443 Schreiben vom 12. März 1961, Altakte, FwA
444 zu einem Preis von 100.000 DM
445 Jahresbericht der städtischen Feuerwehr 1964, FwA
446 vgl. u.a. Jahresbericht der städtischen Feuerwehr 1961/62, FwA
447 11. Dezember 1963
448 Jahresbericht der Städtischen Berufsfeuerwehr 1957, FwA
449 Beide Fahrzeuge wurden Anfang der 1970er Jahre verschrottet, die ausgebaute Kreiselpumpe des Löschfahrzeugs ging an einen Tauchbetrieb.
450 Jahresbericht der Städtischen Berufsfeuerwehr 1961/62, FwA
451 10. Dezember 1963
452 23. Januar 1962

453 Jahresbericht der städtischen Feuerwehr 1960, FwA
454 Marinearsenal Wilhelmshaven, 50 Jahre Marinearsenal 1957 – 2007, Wilhelmshaven 2007, Seite 95
455 ebd.
456 Der Kaiser, unsere Ölreserven und ein irrer Brandstifter, Bericht über die Berufsfeuerwehr Wilhelmshaven, „Feuerwehr-Magazin", Ausgabe 6/1987, Seite 16
457 Der Hersteller Magirus-Deutz benannte seine Nutzfahrzeugserien nach den Planeten Saturn, Merkur und Jupiter. Die kommunalen Löschfahrzeuge und Drehleitern waren in der Regel auf Fahrgestellen der Saturn-Serie aufgebaut. Die schwerere Jupiter-Serie war u.a. den Fahrzeugen für die Industrie, die Bundeswehr und den Tiefbau vorbehalten.
458 Jahresbericht der Berufsfeuerwehr 1972, FwA
459 Hilfsorganisationen werden heute definiert als „öffentlich-rechtlich oder privatrechtlich organisierte Personenvereinigungen, die sich zur Mitwirkung im Zivil- und Katastrophenschutz verpflichtet haben." (website des Bundesamtes für Bevölkerungsschutz und Katastrophenhilfe – BBK, zitiert bei Hellenschmidt, a.a.O., Seite 4)
460 10. Januar 1962
461 Akten Zivilschutzamt, StAW (Zwischenarchiv)
462 12. Juli 1966
463 Nordwest-Zeitung, 12. Juli 1966
464 Akten Zivilschutzamt, StAW (Zwischenarchiv)
465 2. Februar 1967
466 Tätigkeitsbericht des LS- Brandschutzdienstes 1969, Akten Zivilschutzamt, StAW (Zwischenarchiv)
467 ebd.
468 29. Januar 1965, StAW Best. 3637 Feuerwehr
469 26. Oktober 1962
470 Wilhelmshavener Zeitung, 4. September 1964
471 ebd.
472 Wilhelmshavener Rundschau, 15. März 1968
473 Tätigkeitsbericht des LS-Brandschutzdienstes 1969, Akten Zivilschutzamt, StAW (Zwischenarchiv)
474 Die Eindeichung des Rüstersieler Watts mit dem neuen Seedeich und die Aufspülung von Neuland zum Zwecke der Industrieansiedlung wurden erst 1969 abgeschlossen.
475 11. Februar 2012 (Sonderbericht „Sturmflut vor 50 Jahren")
476 Jahresbericht der Städtischen Berufsfeuerwehr 1963/64, FwA
477 vgl. Stadt Wilhelmshaven, Dezernat für öffentliche Sicherheit und Ordnung, Katastrophen-Einsatzplan, 15. November 1962, StAW (Zwischenarchiv)
478 Jahresbericht der städtischen Feuerwehr 1964, FwA
479 Jahresbericht Kreisfeuerwehrverband 1966, FwA
480 ebd.
481 „Vor fünfzig Jahren", 19. Mai 2017
482 Wilhelmshavener Rundschau, 15. März 1968
483 Akten Zivilschutzamt, StAW (Zwischenarchiv)
484 Verwaltungsbericht der Abteilung Zivilschutz 1975/76, StAW (Zwischenarchiv)
485 Peter Kupferschmidt, Einsatzfahrzeuge Erweiterter Katastrophenschutz 1968 bis 1999, Band 4, Willich 2012, Seite 46
486 Jahresbericht Freiwillige Feuerwehr 1972, FwA
487 Jahresbericht Freiwillige Feuerwehr 1972, FwA, sowie 100 Jahre Ortsfeuerwehr Bant, a.a.O., Seite 27
488 Mitteilung an die Abteilung Zivilschutz, 2. Juli 1975, Akte Zivilschutzamt, StAW (Zwischenarchiv)

489 Akten Zivilschutzamt, StAW, (Zwischenarchiv)
490 Jahresbericht der Städtischen Berufsfeuerwehr 1963/64, FwA
491 15. Juli 1966
492 Von der Eröffnung des Turniers in Wilhelmshaven auf dem Sportforum 1988 ist ein digitalisierter Amateur-Videofilm erhalten.
493 2. November 1962
494 Jahresbericht des Kreisfeuerwehrverbands 1966, FwA
495 Jahresbericht der städtischen Feuerwehr 1965, FwA
496 21. Mai 1964
497 50 Jahre Berufsfeuerwehr, a.a.O., Seite 46
498 ebd.
499 Ein Zeitzeuge hat dem Verf. später einmal berichtet, dass die Exaktheit durch lange Übung erreicht wurde; für die Synchronität sorgte ein leiser, aber deutlicher Zischlaut, den ein Feuerwehrmann an der Wand jeweils als Signal an seine Kameraden für die nächste Bewegung von sich gab.
500 Jahresbericht der städtischen Feuerwehr 1965, FwA
501 veröffentlicht in: Stadt Wilhelmshaven – Kulturbüro, Wilhelmshavener Filmgeschichte(n), Edition 02, Wilhelmshaven 2003
502 vgl. Henne, Einblicke und Ausblicke ..., a.a.O.
503 Jahresbericht der städtischen Feuerwehr 1965, FwA
504 Jahresbericht Kreisfeuerwehrverband 1966, FwA
505 Manuskript von Brandamtmann Hans Wilde, zusammengestellt zum 30-jährigen Bestehen 1970, FwA
506 2. November 1962
507 Jahresbericht der Städtischen Berufsfeuerwehr 1965/66, FwA
508 ebd.
509 50 Jahre Berufsfeuerwehr, a.a.O., Seite 43
510 Jahresbericht Kreisfeuerwehrverband 1966, FwA
511 Jahresbericht Kreisfeuerwehrverband 1970, FwA
512 ebd. sowie Jahresbericht der Feuerwehr 1971, FwA
513 Jahresbericht der städtischen Feuerwehr 1965, FwA, vgl. auch Jens Graul/Ulrich Räcker-Wellnitz, Die Sportanlagen an der Freiligrathstraße, Wilhelmshaven 2012, Seite 62
514 50 Jahre Berufsfeuerwehr, a.a.O., Seite 39
515 ebd.
516 2. April 1967
517 Jahresbericht der Städtischen Berufsfeuerwehr 1967, FwA
518 Jahresbericht der Städtischen Berufsfeuerwehr 1969, FwA
519 Jahresbericht der Städtischen Berufsfeuerwehr 1968, FwA
520 ebd.
521 Einer der bekanntesten U-Boot-Kommandanten des Zweiten Weltkriegs (U 96 bzw. „Das Boot").
522 Manuskript von Brandamtmann Hans Wilde, zusammengestellt zum 30-jährigen Bestehen 1970, FwA
523 DIN 75080 von 1950, novelliert 1967, vgl. Hellenschmidt a.a.O., Seite 103
524 Jahresberichte der Feuerwehr 1971 und 1972, FwA
525 Manuskript von Brandamtmann Hans Wilde, zusammengestellt zum 30-jährigen Bestehen 1970, FwA
526 Ab 1960 stellte die junge Bundesmarine insgesamt sechs Zerstörer der *Fletcher*-Klasse in Dienst, die sie von den USA leihweise erhalten hatte. Sie erhielten die Namen Z 1 bis Z 6, waren in Kiel stationiert und fuhren bis in die 1970er Jahre.
527 Jahresbericht der Feuerwehr 1971, FwA

528 16. März 1971
529 Jahresbericht der Feuerwehr 1973, FwA
530 Organisationsanweisung vom 16. August 1979, FwA
531 Organisationsanweisung vom 15. Juli 1975, FwA
532 Organisationanweisung vom 4. November 1980, FwA
533 vgl. 100 Jahre Berufsfeuerwehr Gelsenkirchen, Gelsenkirchen 2004. Hanns-Dieter Spohn verstarb 1991.
534 Jahresbericht der Feuerwehr 1973, FwA
535 Jahresbericht der Feuerwehr 1971, FwA
536 Jahresbericht der Berufsfeuerwehr 1972, FwA. Dr. Mieglitz arbeitete später als Chemielehrer am Käthe-Kollwitz-Gymnasium und am Max-Planck-Gymnasium.
537 Jahresbericht der Feuerwehr 1973, FwA
538 Jahresbericht der Feuerwehr 1973, FwA
539 Jahresbericht der Feuerwehr 1972, FwA
540 ebd.
541 Gespräch mit dem Verfasser am 13. Juli 2015
542 Raumprogramm und Bauvorschlag für eine Feuerwache (Neubau) der Berufsfeuerwehr der Stadt Wilhelmshaven, Dezember 1970, FwA
543 ebd. Als Autor kann Hans Wigger angenommen werden, dessen Überlegungen nach der Erinnerung von Zeitzeugen durch Oberbrandmeister Helmut Templin mit Hilfe eines Zeichenbretts dokumentiert wurden.
544 Merkblatt des Senators für Inneres, Januar 1970, FwA
545 Vorgang, FwA
546 Hbm. = Hauptbrandmeister (Zugführer bzw. Leiter einer freiwilligen Feuerwehr/Schwerpunktfeuerwehr), Obm. = Oberbrandmeister (Zugführer bzw. Leiter einer freiwilligen Feuerwehr/Stützpunktfeuerwehr)
547 Jahresbericht Freiwillige Feuerwehr 1972, FwA
548 Protokollbuch der Freiwilligen Feuerwehr Wilhelmshaven-Nord, a.a.O., Seite 59
549 Offener Brief an den Ortsrat vom 23. Oktober 1980, zitiert bei Graul, Die freiwilligen Feuerwehren in Sengwarden …, a.a.O., Seite 45
550 vgl. Graul, Die freiwilligen Feuerwehren …, a.a.O., Seite 45
551 Wilhelmshavener Zeitung, 7. Februar 1980
552 Jahresbericht Freiwillige Feuerwehr 1972, FwA
553 Jahresbericht der Berufsfeuerwehr 1973, FwA
554 Wilhelmshavener Zeitung, 16. August 1973
555 Protokollbuch der Freiwilligen Feuerwehr Wilhelmshaven-Nord, a.a.O., Seite 170
556 Jahresbericht Kreisfeuerwehrverband 1974, FwA
557 Presseerklärung zur Jahresstatistik für 1974, FwA
558 50 Jahre Berufsfeuerwehr, a.a.O., Seite 57
559 ebd.
560 50 Jahre Berufsfeuerwehr, a.a.O., Seite 88
561 Jahresbericht Kreisfeuerwehrverband 1976, FwA
562 Jahresbericht Kreisfeuerwehrverband 1975, FwA
563 18. November 1977
564 Nach der Karosseriebaufirma Seipel, die nach dem Zweiten Weltkrieg viele Jahre in der Halle arbeitete.
565 50 Jahre Berufsfeuerwehr, a.a.O., Seite 71
566 Exposé für einem neuen Standort für die Feuerwache, 19. Januar 1979, FwA
567 In Wilhelmshaven waren seit 1943 an Stelle des immer weiter zerstörten Straßenbahnnetzes Oberleitungs-Bus-Linien eingerichtet worden. Die „Trolley-Busse" fuhren ab 1952 auch nach

Voslapp, 1960 wurden sie aus betriebswirtschaftlichen Gründen durch dieselgetriebene Gelenkbusse ersetzt, der Fahrdraht und ein Teil der Masten abgebaut.

568 100 Jahre Feuerwehr, a.a.O., Seite 47

569 Exposé für einen neuen Standort …, a.a.O.

570 ebd.

571 ebd.

572 Organisationsanweisung vom 29. März 1978, FwA

573 ebd.

574 17. Februar 1979

575 20. Februar 1979

576 Oberstadtdirektor Gerhard Eickmeier bzw. Stadtdirektor Hans-Jürgen Meyer-Abich, Stabsfunktionen 1 und 4 (Personal, Versorgung) Enno Wilkens (Schulamt), S 2 (Lage) Wolfgang Frank (Rechtsamt), S 3 (Einsatz) Hans Wigger (Berufsfeuerwehr), Fachberater Polizei: Horst Heitmann; vgl. Verwaltungsbericht der Abteilung Zivilschutz 1979/80, StAW (Zwischenarchiv)

577 Dienstanweisung vom 2. Juni 1978, FwA

578 Dienstanweisung, 8. Januar 1981, FwA

579 Organisationsübersicht, 1. Juni 1980, FwA

580 Unsere Feuerwehren, Beilage der Wilhelmshavener Zeitung, 24. Mai 1986, Seite 9

581 11. April 1980

582 100 Jahre Feuerwehr Wilhelmshaven, a.a.O., Seite 9

583 Jahresbericht Kreisfeuerwehrverband 1982, FwA

584 50 Jahre Berufsfeuerwehr, a.a.O., Seite 74

585 7. Mai 1982

586 ebd.

587 So bezeichnet nach der damaligen kameralistischen Haushaltsystematik, heute „Leistungs- oder Produkthaushalt" in der 2007 eingeführten „doppischen" Haushaltshaltsystematik.

588 Jahresbericht Kreisfeuerwehrverband 1983. FwA

589 Jahresbericht Kreisfeuerwehrverband 1985, FwA

590 Im Jahr 1983 waren ausweislich des Jahresberichtes der Feuerwehr 2.508 Notfalltransporte und 6.183 Krankentransporte gefahren worden, insgesamt 8.691.

591 Organisations- und Einsatzvereinbarung zwischen der Stadt Wilhelmshaven und den Hilfsorganisationen, 23. Dezember 1983

592 Jahresbericht Kreisfeuerwehrverband 1970, FwA

593 Dieter Farrenkopf, Das Amt 37 in den deutschen Stadtverwaltungen, in: Entstehung und Entwicklung der Berufsfeuerwehren – Tagungsband zur 20. Tagung der Internationalen Arbeitsgemeinschaft für Feuerwehr- und Brandschutzgeschichte im CTIF, Pribyslaw/Czechien 2012, Seite 104

594 Zusammenfassender Bericht an die Bezirksregierung Weser-Ems, 18. Juli 1986

595 Jahresbericht Kreisfeuerwehrverband 1987, FwA

596 ebd.

597 Jahresbericht Kreisfeuerwehrverband 1989, FwA

598 Jahresbericht Kreisfeuerwehrverband 1988, FwA, sowie: Verwaltungsbericht der Abteilung Zivilschutz 1988/89, StAW (Zwischenarchiv)

599 Jahresbericht Kreisfeuerwehrverband 1989, FwA

600 Jahresbericht Kreisfeuerwehrverband 1990

601 50 Jahre Berufsfeuerwehr Wilhelmshaven, a.a.O.

602 Jahresbericht Kreisfeuerwehrverband 1989, FwA

603 Stand 1987, nach einem Gesprächsvermerk der Hauptverwaltung

604 Wilhelmshavener Zeitung, 8. August 1991

605 Vermerk, 25. Juni 1991

606 Der Bundesdurchschnitt betrug immerhin 41,0 Jahre.
607 vgl. Wilhelmshavener Zeitung, 5. November 2015 („So las man in der WZ")
608 Jahresbericht des Kreisfeuerwehrverbands 1992, FwA
609 Wilhelmshavener Zeitung, 30. März 1992
610 Verordnung über die Dienstkleidung, die Dienstgradabzeichen und die persönliche Ausrüstung der Mitglieder der Freiwilligen Feuerwehren im Lande Niedersachsen vom 29. Juli 1981
611 Jahresbericht des Kreisfeuerwehrverbands 1994, FwA
612 ebd.
613 2. Juni 1999, FwA
614 Verwaltungsbericht der Abteilung Zivilschutz 1986/86
615 Website des Niedersächsischen Ministeriums für Inneres und Sport, 2015
616 12. Verordnung zur Durchführung des Bundesimmissionsschutzgesetzes – 12. BImSchVO
617 vgl. hierzu Bericht über die Prüfaufträge 3.3. – 3.5., 23. März 1996, FwA
618 Bericht über die Prüfaufträge 3.3. – 3.5., 23. März 1996, FwA
619 ebd.
620 Konzeptpapier 1998, FwA
621 Jahresbericht Kreisfeuerwehrverband 1996, FwA
622 Jahresbericht Kreisfeuerwehrverband 1997, FwA
623 ebd.
624 In den Jahren 1997 – 2007 wurden 431, bis 2012 rund 600 Einsätze der Notfallseelsorge aufgezeichnet.
625 Website des Havariekommandos
626 20. März 1989
627 vgl. Graul, Die Freiwilligen Feuerwehren ..., a.a.O., Seite 54
628 Jahresbericht des Kreisfeuerwehrverbands 1998, FwA
629 Marinestützpunktkommando Wilhelmshaven, Bundeswehrstandort Wilhelmshaven, 2014, Seite 48/49
630 Maßgeblich beteiligt waren der Stadtkämmerer Wolfgang Frank, Feuerschutzdezernent Dr. Jens Graul, Brandrat Thomas Jeziorek und Brandamtmann Michael Weiser sowie der Leiter des Bauordnungsamtes, Baudirektor Karl-Georg Sonnemann.
631 Jahresbericht Kreisfeuerwehrverband 2000, FwA
632 ebd.
633 vgl. auch: Stadt Wilhelmshaven, Fachbereich Feuerwehr, Brandschutzbedarfsplan für die Stadt Wilhelmshaven, Wilhelmshaven 2009, Seite 90
634 Zum Vergleich: Fahrzeuge des Zivilschutzes mit einer geringeren Beanspruchung werden in 25 Jahren abgeschrieben, die intensiv genutzten Rettungswagen in fünf Jahren.
635 Jahresbericht Kreisfeuerwehrverband 2000, FwA
636 EinEinsZwei, Ausgabe 1/2003
637 Jahresbericht Fachbereich Feuerwehr 2001, FwA
638 Jahresbericht Fachbereich Feuerwehr/Kreisfeuerwehrverband 2002, FwA
639 vgl. DIN 13050:2009-02 Begriffe im Rettungsdienst
640 Jahresbericht Fachbereich Feuerwehr/Kreisfeuerwehrverband 2002, FwA
641 Jahresbericht Fachbereich Feuerwehr/Kreisfeuerwehrverband 2002, FwA
642 Jahresbericht Fachbereich Feuerwehr/Kreisfeuerwehrverband 2005, FwA
643 Jahresbericht Fachbereich Feuerwehr 2003/Kreisfeuerwehrverband, FwA
644 Es galt nun eine andere Reihenfolge gegenüber 1978 (Seite 291), als der Einsatzleiter vom Dienst den A-Dienst wahrgenommen hatte.
645 Jahresbericht Fachbereich Feuerwehr/Kreisfeuerwehrverband 2004, FwA
646 Jahresbericht Fachbereich Feuerwehr/Kreisfeuerwehrverband 2005, FwA
647 Jahresbericht Fachbereich Feuerwehr/Kreisfeuerwehrverband 2004, FwA

648 Bekleidungskonzept 2005 (Arbeitsgruppe Markus Brudek, Karsten Biermann, Frank Greulich, Peter Gerndt, Markus Hofhenke, Norbert Meiners und Heiko Zilian)
649 Wilhelmshavener Zeitung, 21. November 2005
650 Stadt Wilhelmshaven, Fachbereich Feuerwehr, Brandschutzbedarfsplan für die Stadt Wilhelmshaven, Wilhelmshaven 2009, Seite IV
651 Peter Bär, Gerold Gießenberg, Michael Weiser, Uwe Wiedenhöft, Werner Lau (Stadtbrandmeister), Gesamtbearbeitung Steffen Lutter
652 Landesfeuerwehrverband Nordrhein-Westfalen, Hinweise und Empfehlungen für die Anfertigung von Brandschutzbedarfsplänen für die Gemeinden des Landes Nordrhein-Westfalen, 2001
653 Entsprechend der Methodik z.B. der Hessischen Verordnung über die Organisation, Stärke und Ausrüstung der öffentlichen Feuerwehren, 29. August 2001
654 Brandschutzbedarfsplan für die Stadt Wilhelmshaven, a.a.O., Seite 42
655 ebd.
656 ebd., Seite 44
657 ebd., Seite 58
658 nach zwei Fusionen heute Heppens/Bant und Neuengroden/Nord
659 Brandschutzbedarfsplan für die Stadt Wilhelmshaven, a.a.O., Seite 80
660 Feuerwehr-Magazin 11/2007, Seite 80
661 Jahresbericht Fachbereich Feuerwehr/Kreisfeuerwehrverband 2007, FwA
662 Jahresbericht Fachbereich Feuerwehr/Kreisfeuerwehrverband 2008, FwA
663 ebd.
664 Manuskript der Ansprache zur Grundsteinlegung am 26. September 2008, FwA
665 Pressemitteilung zur Inbetriebnahme der Gemeinsamen Leitstelle Friesland Wilhelmshaven, 28. Juli 2009, FwA
666 Jeversches Wochenblatt, 29. Juli 2009
667 Niedersächsisches Ministerium für Inneres und Sport, Zur Sicherstellung des Brandschutzes in Niedersachsen unter besonderer Berücksichtigung des demographischen Wandels, Hannover 2010. An den Empfehlungen waren Vertreter der Kommunen und der Spitzenverbände, der Feuerwehren auf allen Ebenen, der Ministerien, der Feuerwehrschulen und der Aufsichtsbehörden beteiligt gewesen.
668 Jahresbericht Fachbereich Feuerwehr/Kreisfeuerwehrverband 2011
669 Niedersächsisches Ministerium für Inneres und Sport, Zur Sicherstellung des Brandschutzes in Niedersachsen …, a.a.O.
670 Jahresbericht Fachbereich Feuerwehr/Kreisfeuerwehrverband 2011, FwA
671 Jahresbericht Fachbereich Feuerwehr/Kreisfeuerwehrverband 2010. FwA
672 Jahresbericht Fachbereich Feuerwehr/Kreisfeuerwehrverband 2011, FwA
673 Manuskript der Ansprache, FwA
674 Jahresbericht Fachbereich Feuerwehr/Kreisfeuerwehrverband 2011, FwA
675 US-amerikanische Comic-Figur, bekannt für ihr Motto: „Yo, wir schaffen das!"; Wilhelmshavener Zeitung, 6. Juli 2011
676 Wilhelmshavener Zeitung, 6. Juli 2011
677 Projektbeschreibung, FwA
678 Projektbeschreibung, FwA
679 Jahresbericht Fachbereich Feuerwehr/Kreisfeuerwehrverband 2011, FwA
680 ebd.
681 Jahresbericht Fachbereich Feuerwehr/Kreisfeuerwehrverband 2011, FwA
682 ebd.
683 Jahresbericht Fachbereich Feuerwehr/Kreisfeuerwehrverband 2012, FwA
684 Schreiben vom 20. April 2012

685 Jahresbericht Fachbereich Feuerwehr/Kreisfeuerwehrverband 2012, FwA
686 Jahresbericht Fachbereich Feuerwehr/Kreisfeuerwehrverband 2012, FwA
687 ebd.
688 Jahresbericht Fachbereich Feuerwehr/Kreisfeuerwehrverband 2013, FwA
689 Versorgungsstufe 1 (5 – 50 Personen), Versorgungsstufe 2 (50 – 500 Personen), Versorgungsstufe 3 (500 – 1.000 Personen), Versorgungsstufe 4 (mehr als 1.000 Personen)
690 Jahresbericht Fachbereich Feuerwehr/Kreisfeuerwehrverband 2013, FwA
691 DL(A)K 23/12 steht für automatische Drehleiter mit fest installiertem Rettungskorb, 23 Meter Ausfahrhöhe und 12 Meter Ausladung
692 Jahresbericht Fachbereich Feuerwehr/Kreisfeuerwehrverband 2013, FwA
693 Wilhelmshavener Zeitung, 11. Mai 2015
694 Polizeiorganisation des Bundes und der Länder, Feuerwehren, Rettungsdienste und Hilfsorganisationen, Katastrophenschutzbehörden, Technisches Hilfswerk, Zollverwaltung
695 Jahresbericht Fachbereich Feuerwehr/Kreisfeuerwehrverband 2015, FwA
696 Jahresbericht des Kreisfeuerwehrverbandes 2016, Seite 4
697 Konzept „Stadtfeuerwehrbereitschaft Delmenhorst-Oldenburg-Wilhelmshaven", 2015
698 veröffentlicht in der Wilhelmshavener Zeitung am 6. Oktober 2014
699 nach verschiedenen Quellen, u.a. Brandschutz/Deutsche Feuerwehr-Zeitung, Das Feuerwehr-Lehrbuch, Stuttgart 2013, unter Mitwirkung von Brandreferendarin Sonja Störzbach, Brandoberinspektoranwärter René Pletscher, Brandamtsrat Michael Weiser und Brandoberrat Steffen Lutter
700 Der Summenwert wird in diesem Zusammenhang hervorgehoben.
701 Produktplan des Fachbereichs Feuerwehr
702 Meldung des Kommandos der Feuerschutzpolizei an den Oberbürgermeister, 16. Mai 1945, StAW Best. 120/115 Personal, Berufsfeuerwehr (Allgemeines, Personalbedarf)
703 StAW, Best. 2000-5 Arthur Grunewald
704 FwA
705 Sonderbeilage der Wilhelmshavener Zeitung „Unsere Feuerwehren", 24. Mai 1986
706 einschließlich Spielmannszug
707 1. Juni 1945 – 13. April 1946, danach jeweils 1. April bis 31. März, bis 1960
708 Wegen der Umstellung des Berichtszeitraums für neun Monate, danach immer zum Jahresende des Berichtsjahrs.
709 Korrektur nach der Volkszählung 1987
710 amtliche Statistik, jeweils zum Jahresende
711 Von diesem Jahr an wurden die Beamten im Wachdienst und im Tagesdienst getrennt dargestellt.
712 Berufsfeuerwehr und Hilfsorganisationen